大學院開設六十周年記念
國學院大學貴重書影印叢書 第五巻

起請文と那智参詣曼荼羅

朝倉書店

扉題字　佐野光一　文学部教授

目次

凡　例

一、本書は國學院大學図書館所蔵の『東寺足軽禁制起請文』『久我家文書』『吉田神道関係近世文書』『那智参詣曼荼羅』巻子本・掛幅本および國學院大學博物館所蔵の『志摩国鳥羽藩御側坊主等起請文』より、本書のテーマに沿った資料を抜粋して収めた。

二、巻頭カラーには、各資料より、代表的なもの、カラーで見るのがふさわしいものを抜粋して収録した。

三、各資料は、紙継目で切り分けを行うと、どうしても文書の内容を壊すことになるため、あえて重複をさせることで、文面を確実に写真上に残すようにした。資料に衍文があるわけではない。

四、翻刻の編者註は適宜〔　〕で示した。

五、モノクロページの『志摩国鳥羽藩御側坊主等起請文』の牛玉宝印は、わかりやすいものを抜粋して収録した。

六、「久我家文書の起請文」の各資料に付した〈　〉内の番号は、刊本『久我家文書』（続群書類従完成会、全五巻）の掲載番号である。

七、「吉田神社の起請文」に付した〈　〉内の番号は、國學院大學図書館の貴重書番号〈貴—二一五七〉以下の管理番号である。

八、掲載資料の中にはすでに國學院大學図書館のデジタルライブラリーで画像を公開しているものもあるが、本書からの翻刻出版等には國學院大學図書館、國學院大學博物館の許可が必要である。

〈巻頭カラー〉

起請文と牛玉宝印

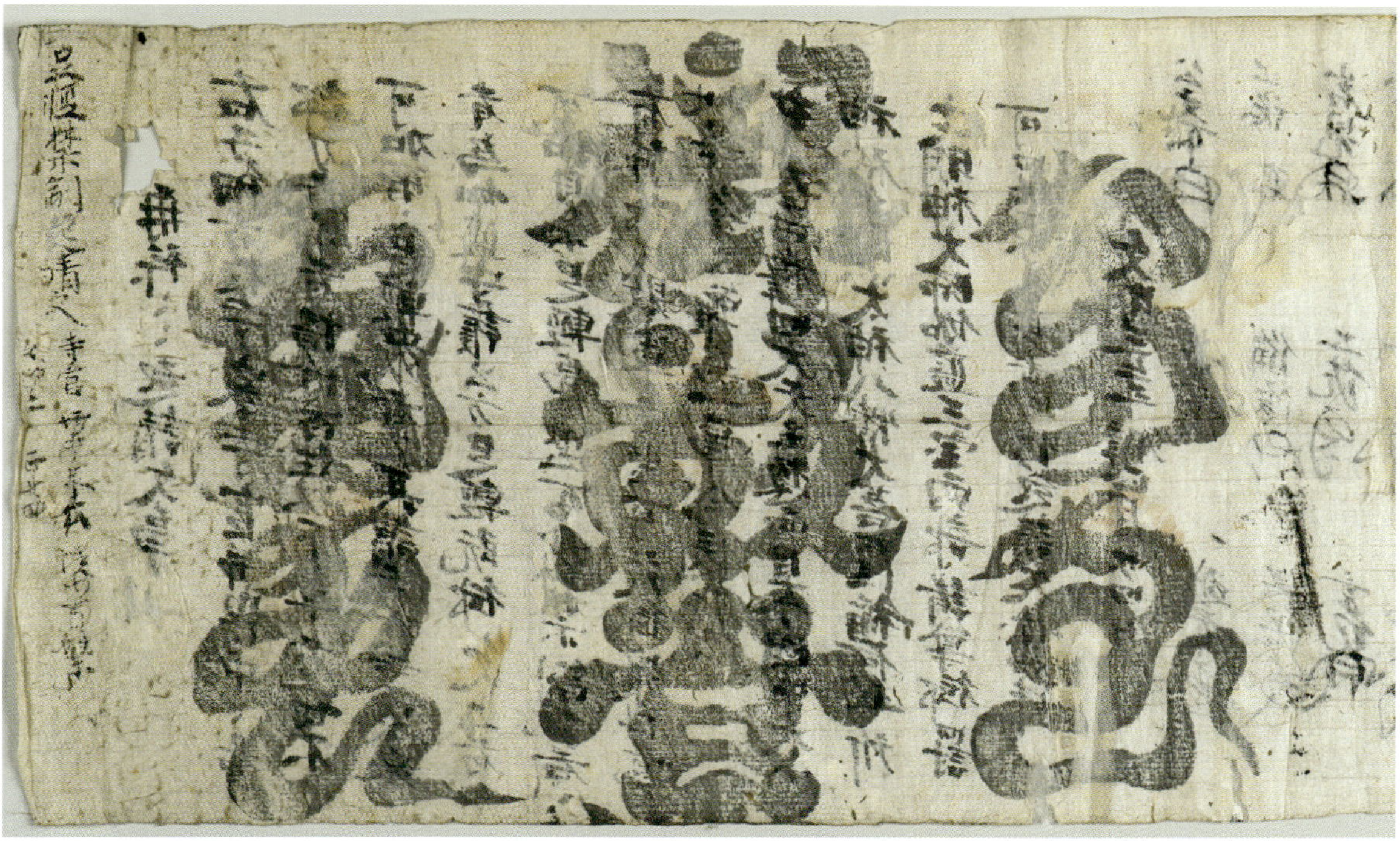

東寺足軽禁制起請文　牛玉宝印

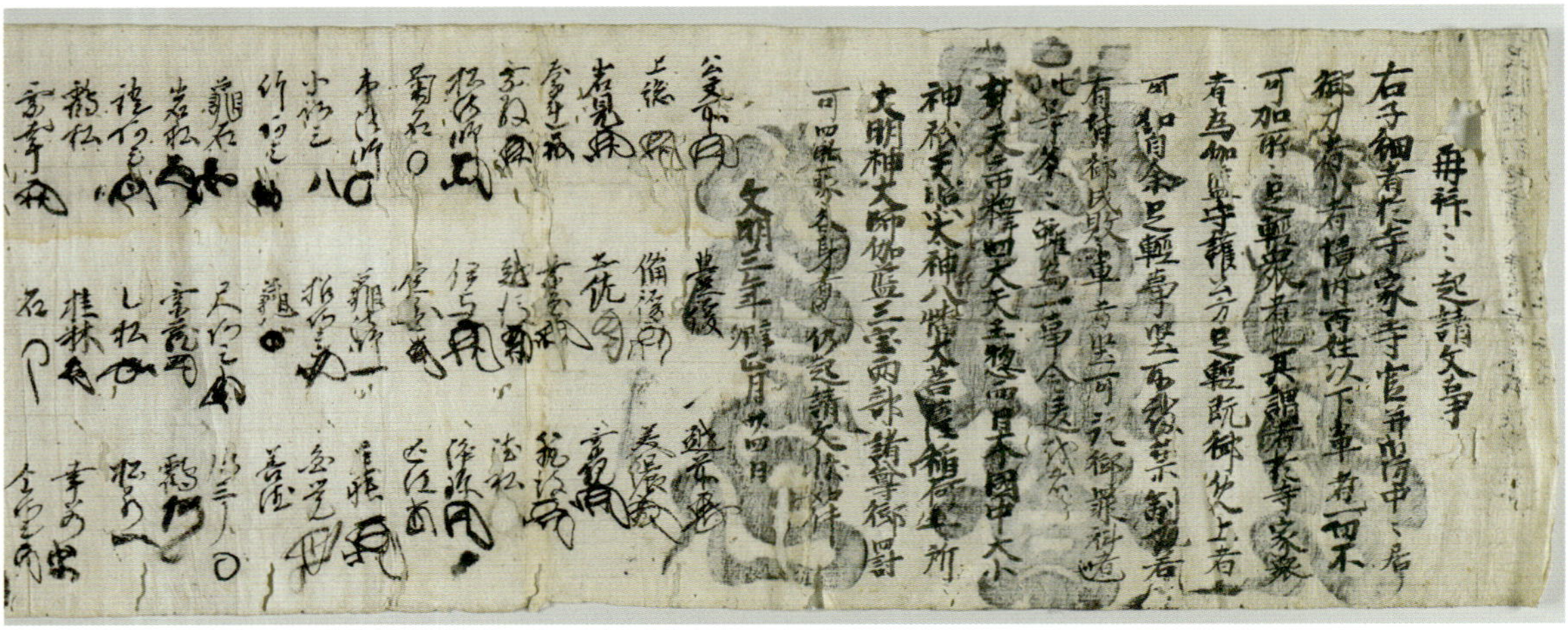

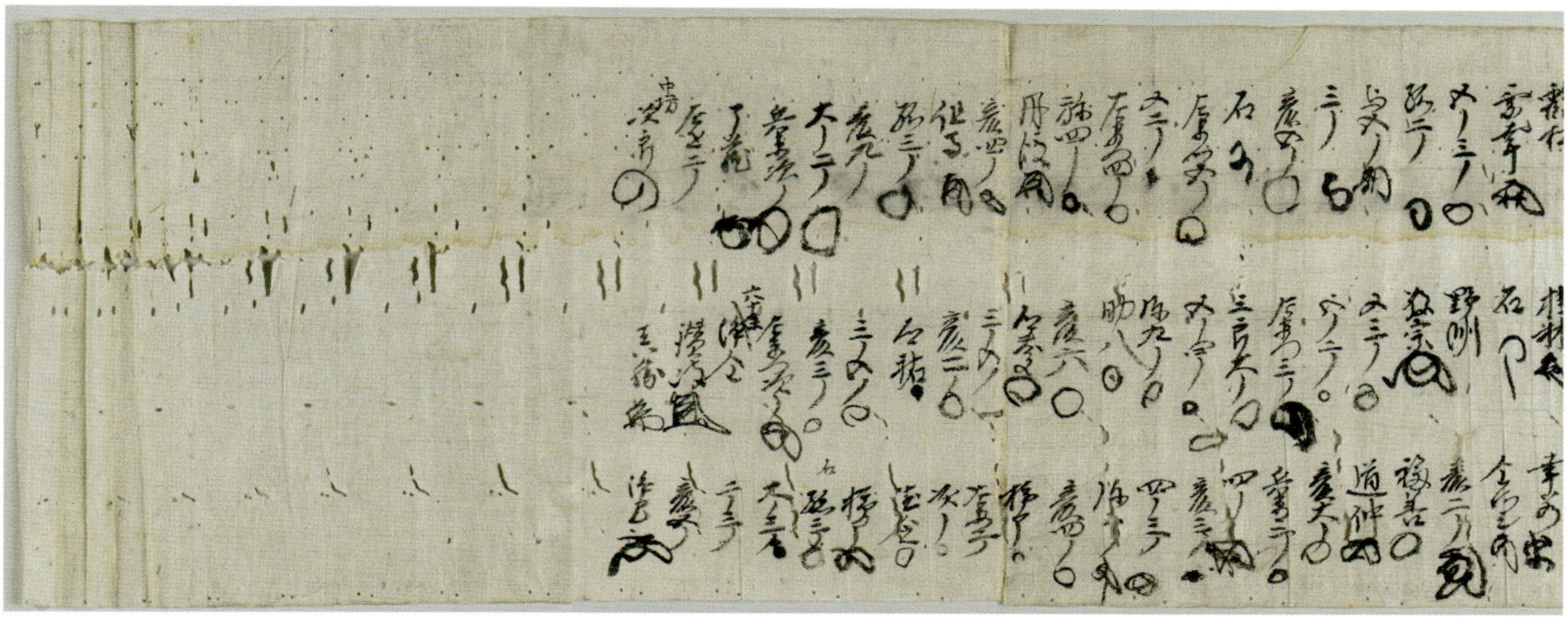

東寺足軽禁制起請文（本文 20-24 頁）　全体図

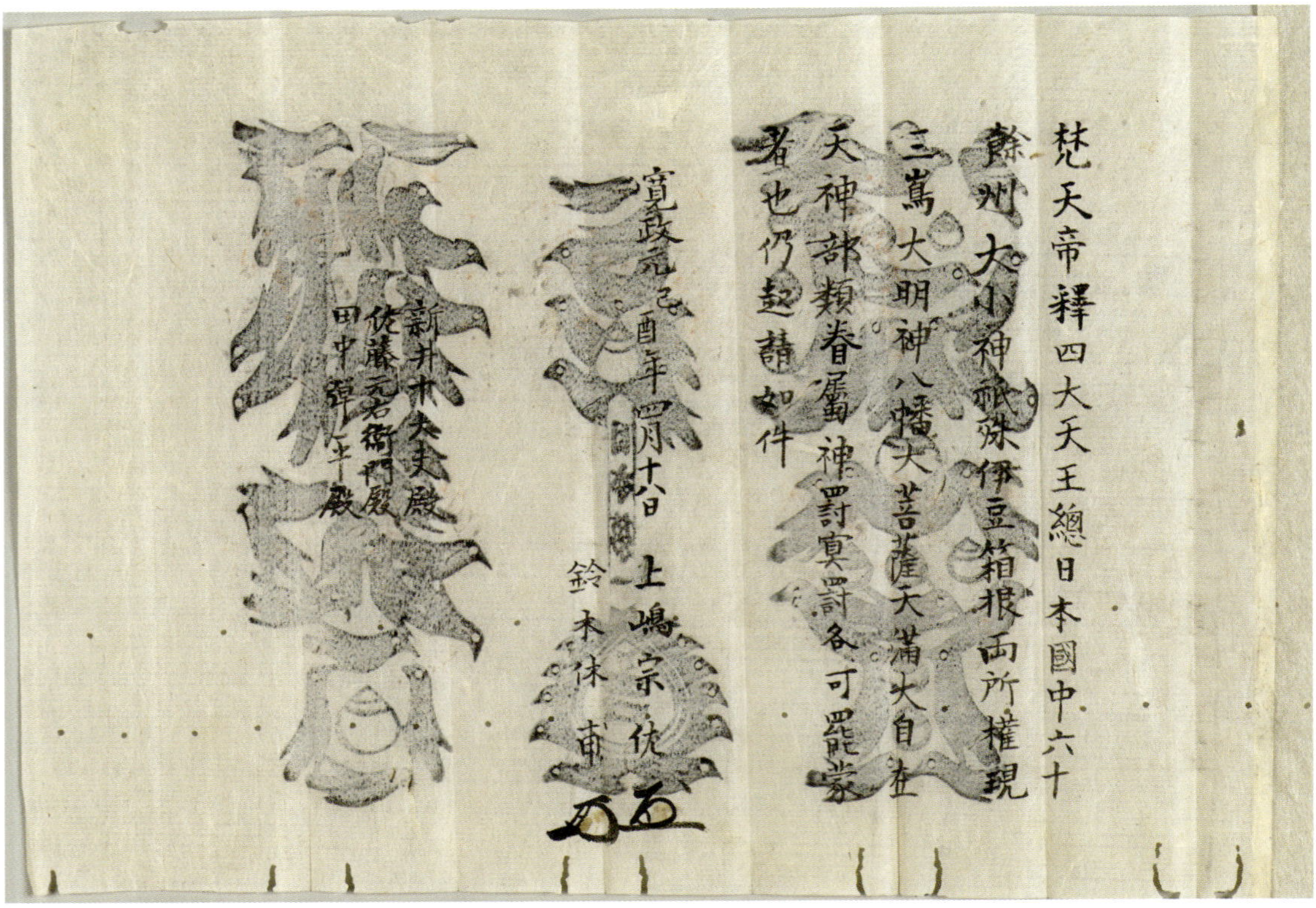

鈴木休甫・上島宗佐連署起請文（志摩国鳥羽藩御側坊主等起請文（一））（28 頁）第 2 紙起請文

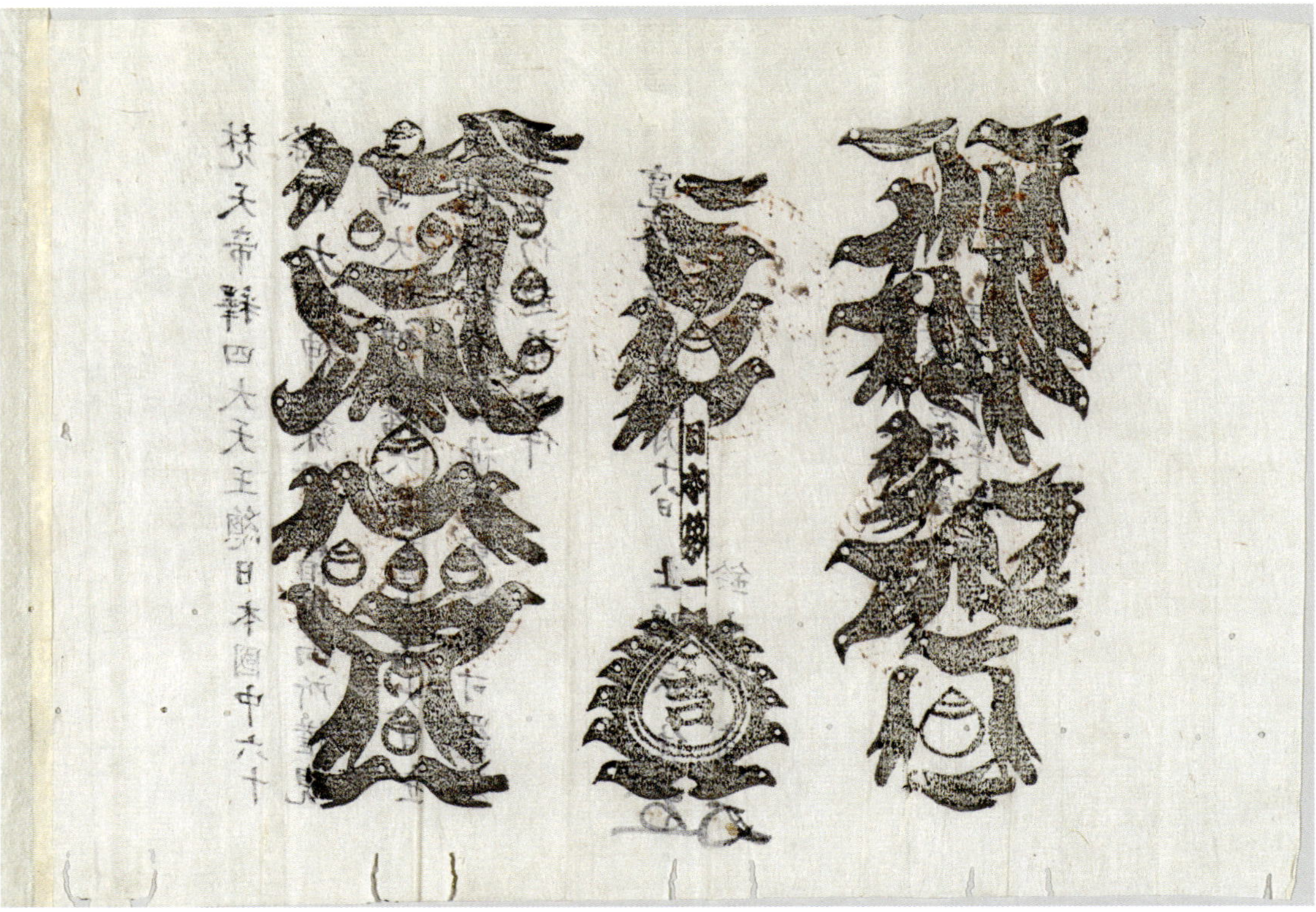

鈴木休甫・上島宗佐連署起請文（志摩国鳥羽藩御側坊主等起請文（一））（29 頁）第 2 紙牛玉宝印

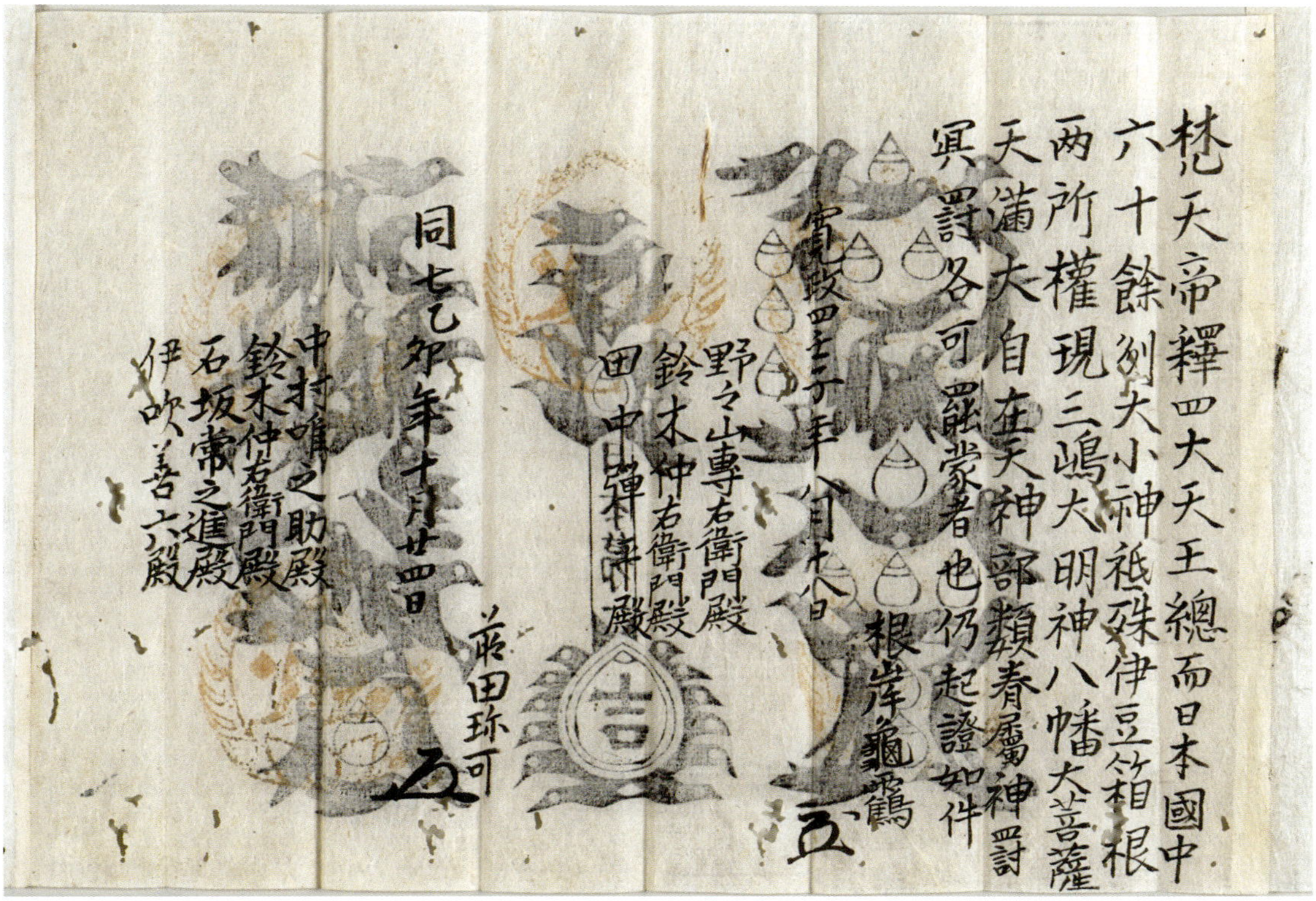

根岸龜鶴他起請文（志摩国鳥羽藩御側坊主等起請文（四））（36 頁）第 2 紙起請文

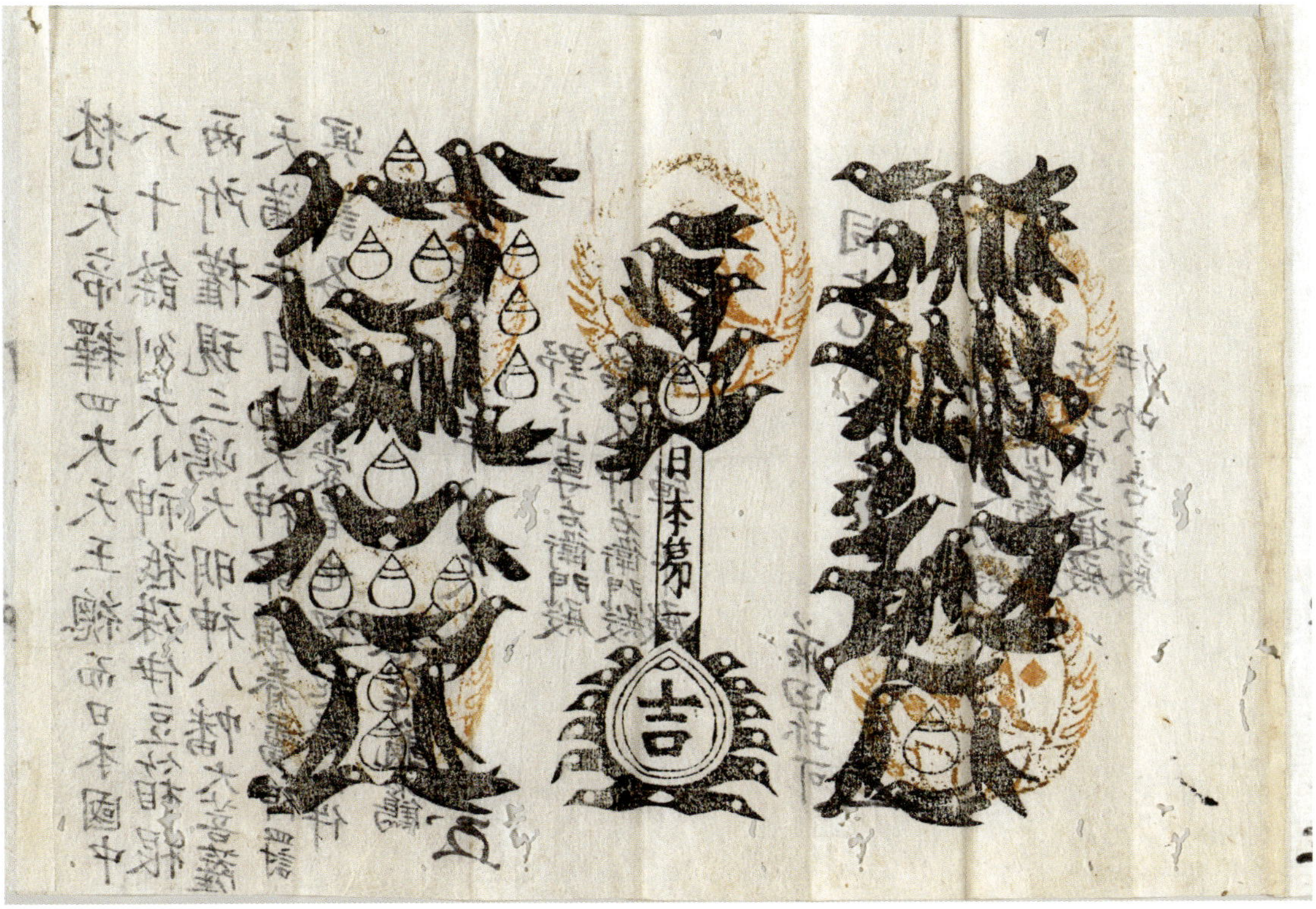

根岸龜鶴他起請文（志摩国鳥羽藩御側坊主等起請文（四））（38 頁）第 2 紙牛玉宝印

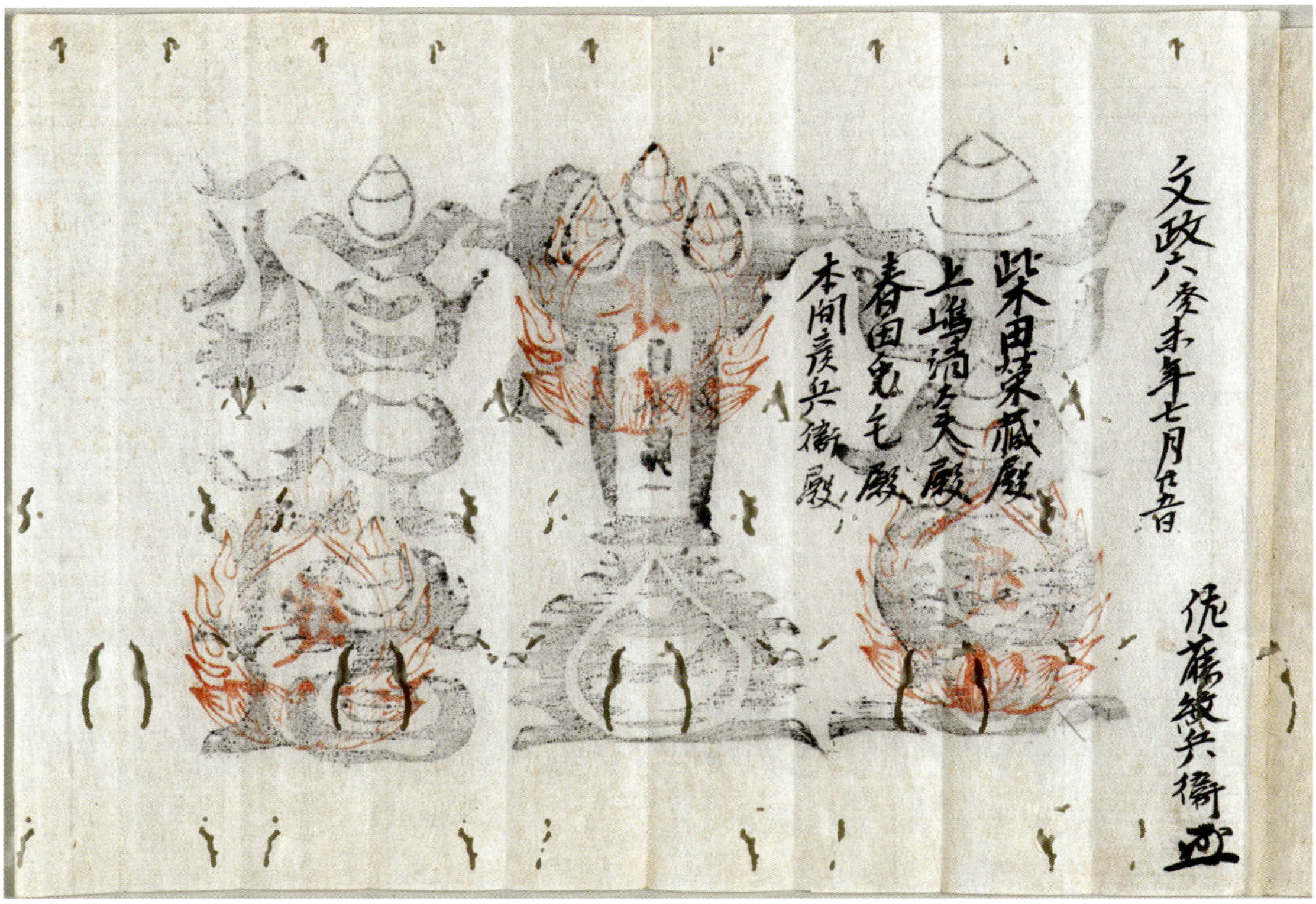

根岸龜靍他起請文（志摩国鳥羽藩御側坊主等起請文（四））（37 頁）第 3 紙起請文

根岸龜靍他起請文（志摩国鳥羽藩御側坊主等起請文（四））（39 頁）第 3 紙牛玉宝印

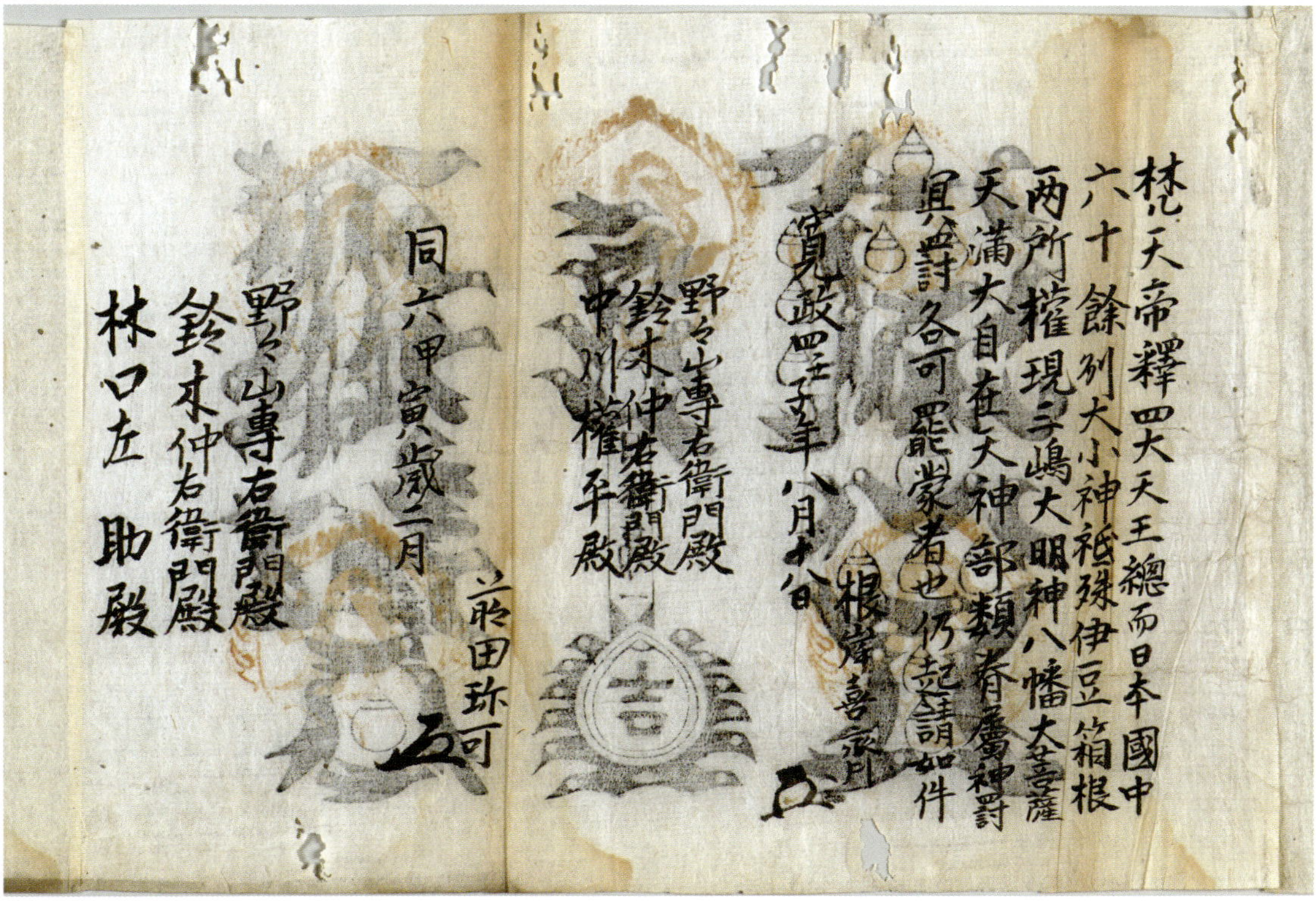

梵天帝釋四大天王總而日本國中
六十餘州大小神祇殊伊豆箱根
両所權現三嶋大明神八幡大菩薩
天滿大自在天神部類眷屬神罰
冥罰各可罷蒙者也仍起請如件
寛政四壬子年八月十日　根岸喜斎
野々山専右衛門殿
鈴木仲右衛門殿
中川権平殿
同六甲寅歳二月　前田珎可
野々山専右衛門殿
鈴木仲右衛門殿
林口左助殿

根岸喜齋他起請文（志摩国鳥羽藩御側坊主等起請文（五））（41 頁）第 2 紙起請文

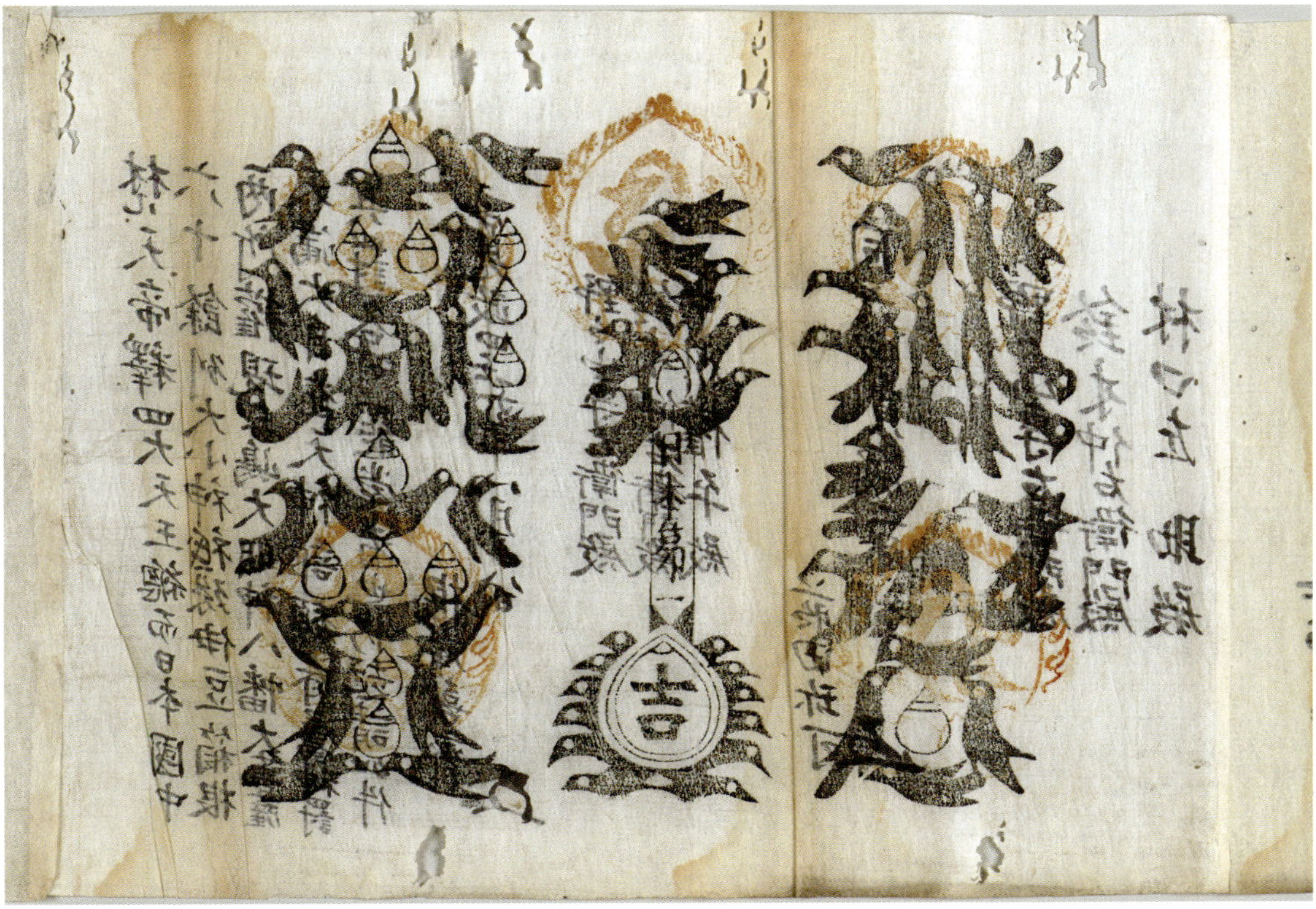

根岸喜齋他起請文（志摩国鳥羽藩御側坊主等起請文（五））（50 頁）第 2 紙牛玉宝印

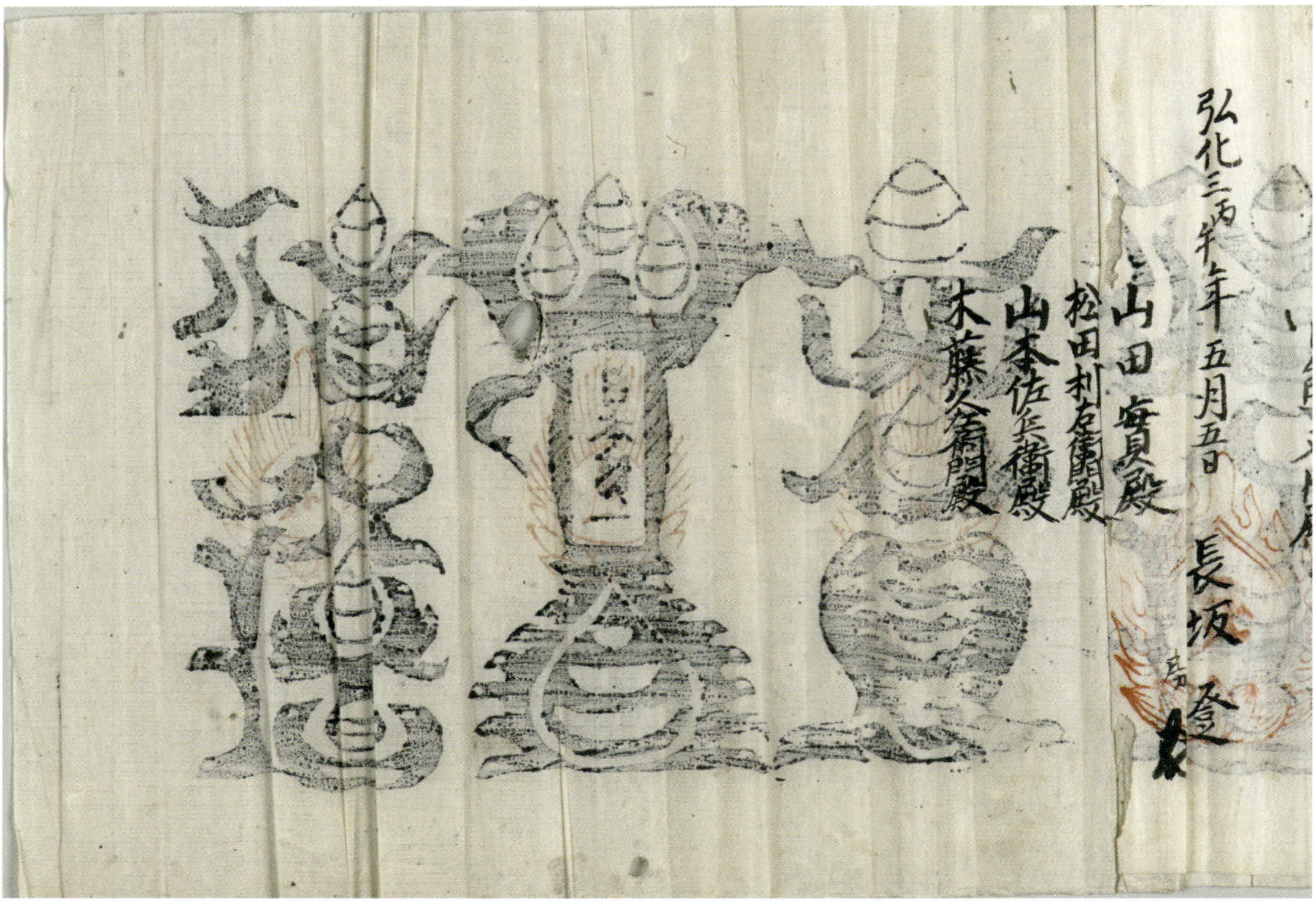

根岸喜齋他起請文（久我家文書の起請文（五））（49 頁）第 10 紙起請文

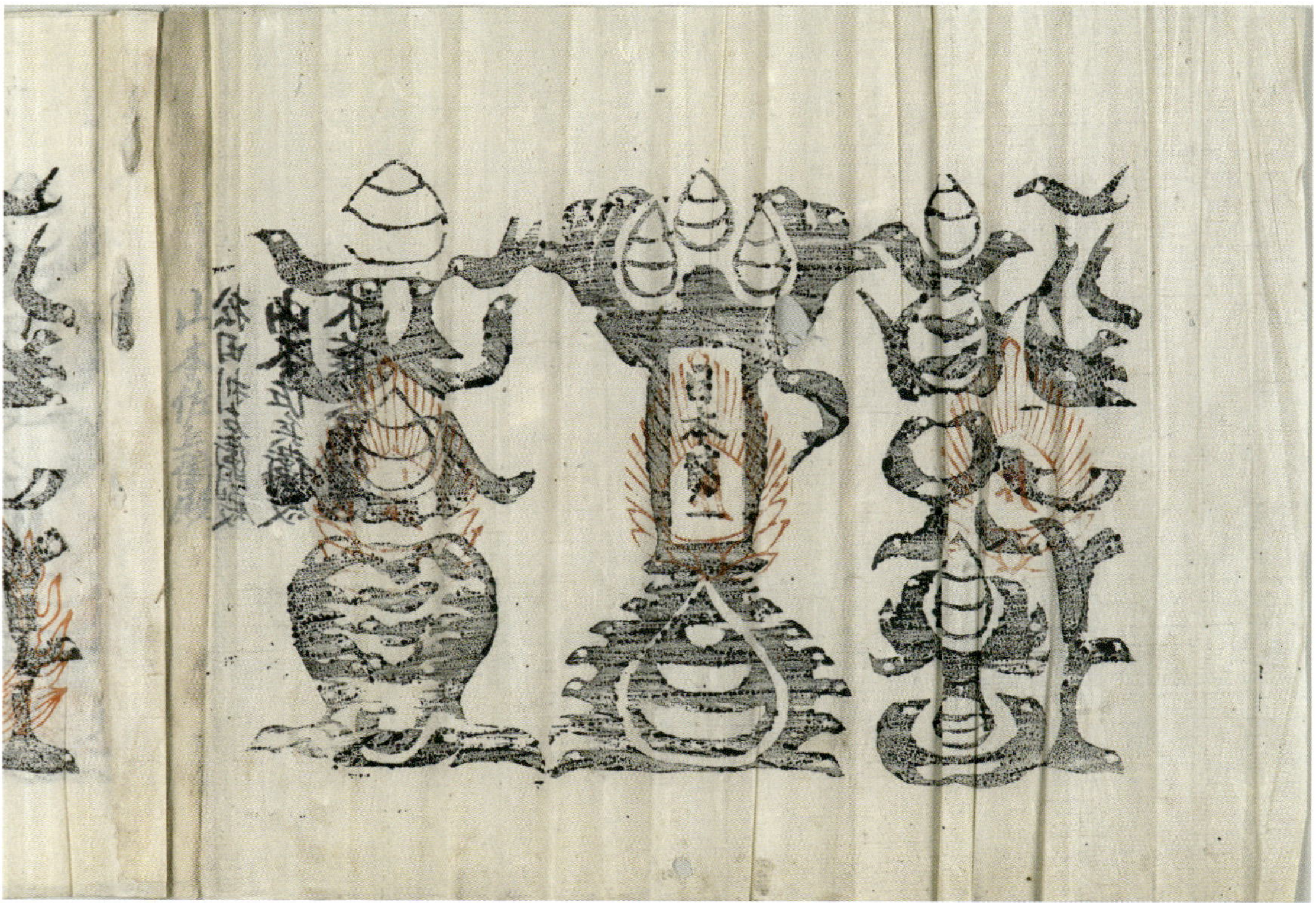
根岸喜齋他起請文（久我家文書の起請文（五））（51 頁）第 10 紙牛玉宝印

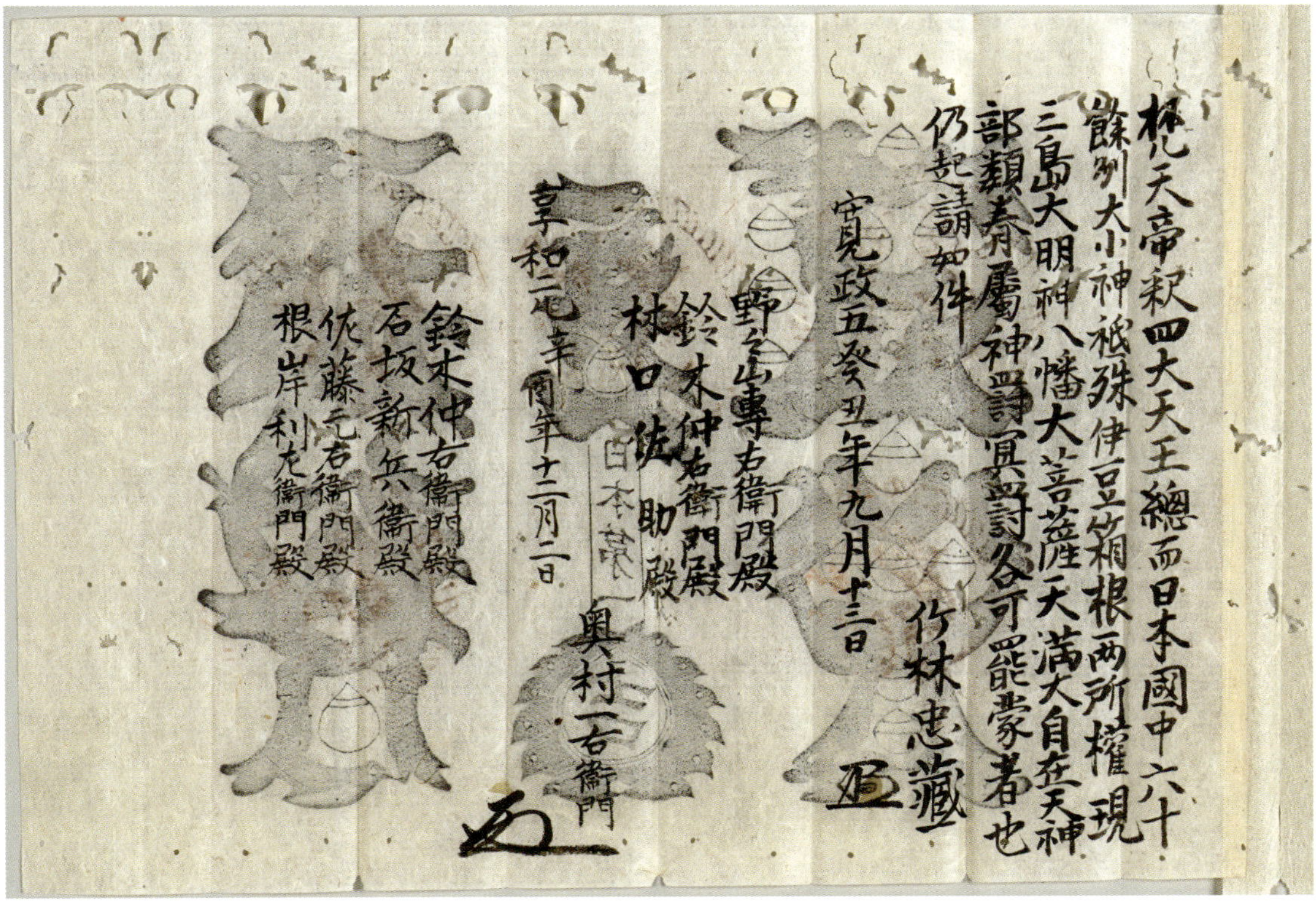

梵天帝釈四大天王總而日本國中六十
餘州大小神祇殊伊豆箱根両所權現
三島大明神八幡大菩薩天満大自在天神
部類眷屬神罰冥罰各可罷蒙者也
仍起請如件
寛政五癸丑年九月十三日　竹林忠藏
野々山専右衛門殿
鈴木仲右衛門殿
林口佐助殿
日本第一
享和元辛酉年十二月二日　奥村一右衛門
鈴木仲右衛門殿
石坂新兵衛殿
佐藤元右衛門殿
根岸利右衛門殿

竹林忠蔵他起請文（志摩国鳥羽藩御側坊主等起請文（六））（54 頁）第 2 紙起請文

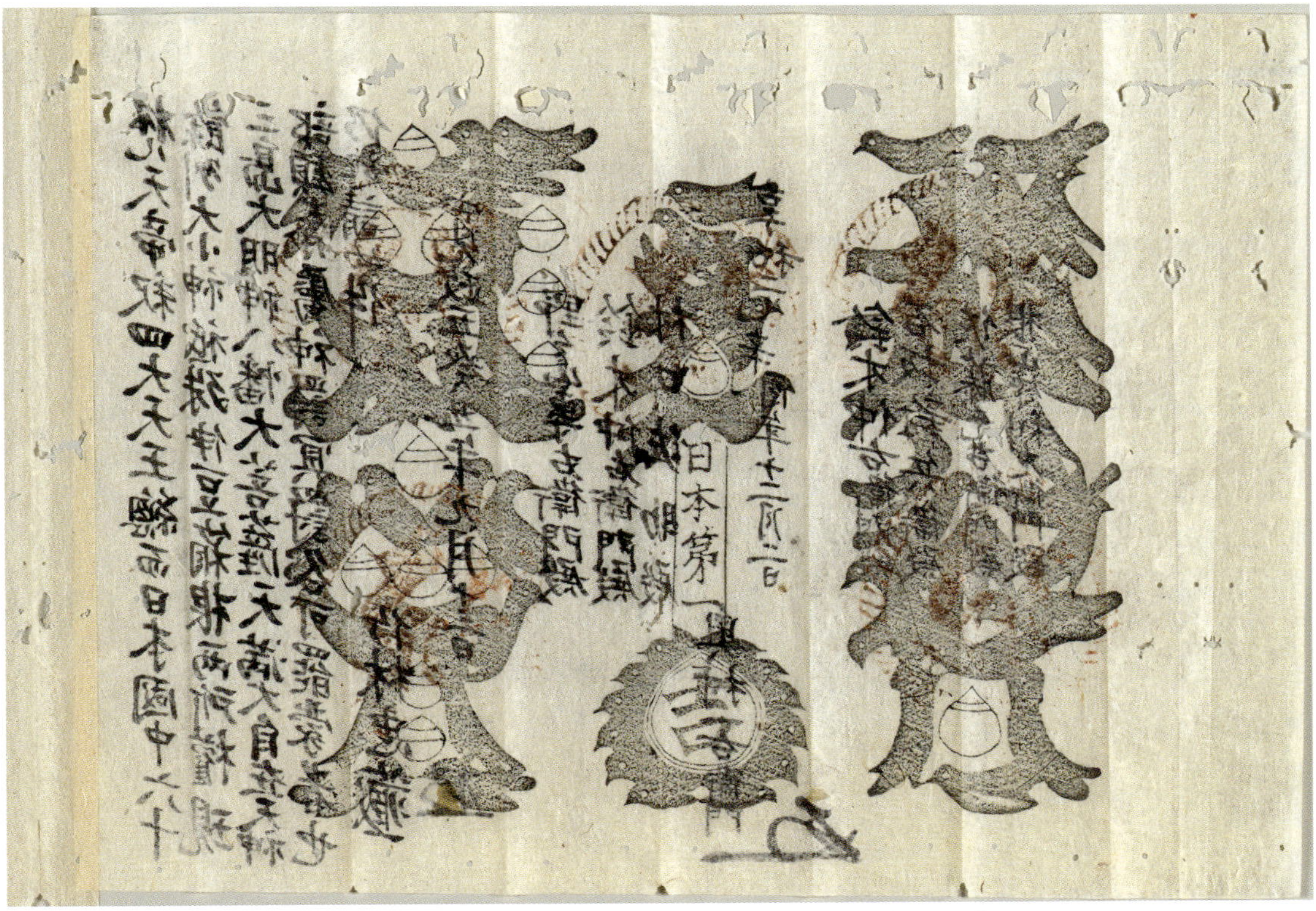

竹林忠蔵他起請文（志摩国鳥羽藩御側坊主等起請文（六））（55 頁）第 2 紙牛玉宝印

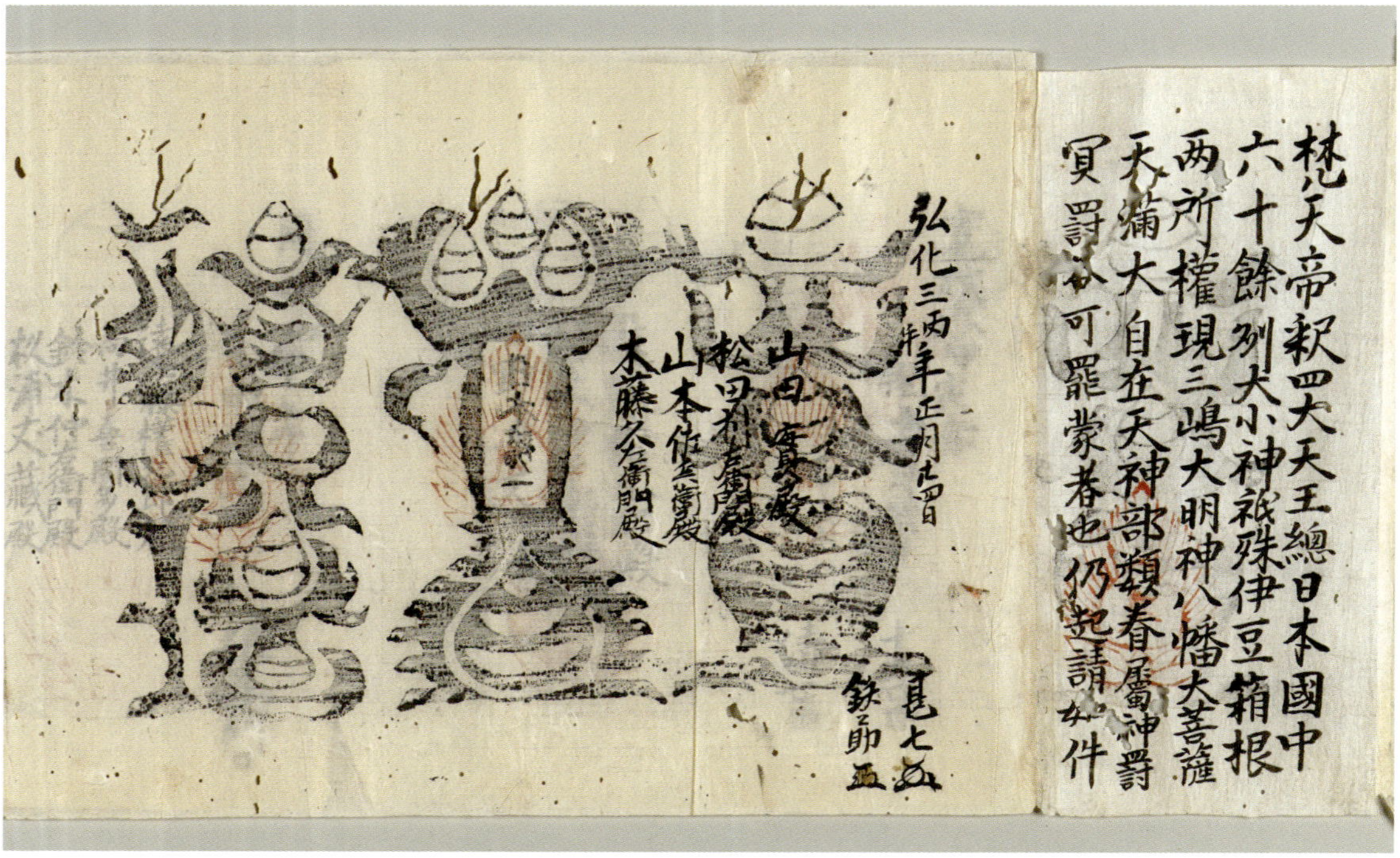

清七・十吉他起請文（志摩国鳥羽藩御側坊主等起請文（八））（62 頁）第 2・14 紙起請文

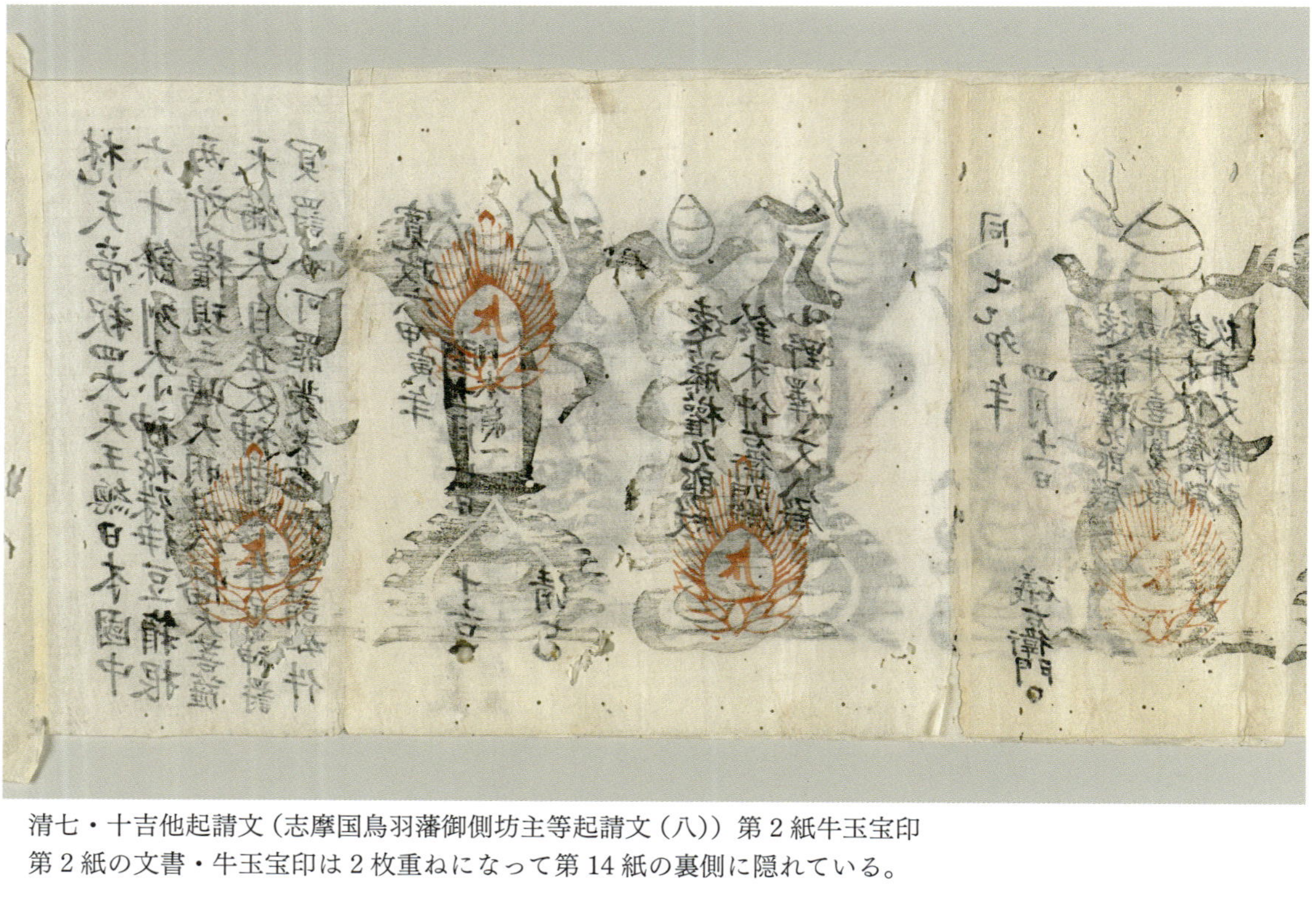

清七・十吉他起請文（志摩国鳥羽藩御側坊主等起請文（八））第 2 紙牛玉宝印
第 2 紙の文書・牛玉宝印は 2 枚重ねになって第 14 紙の裏側に隠れている。

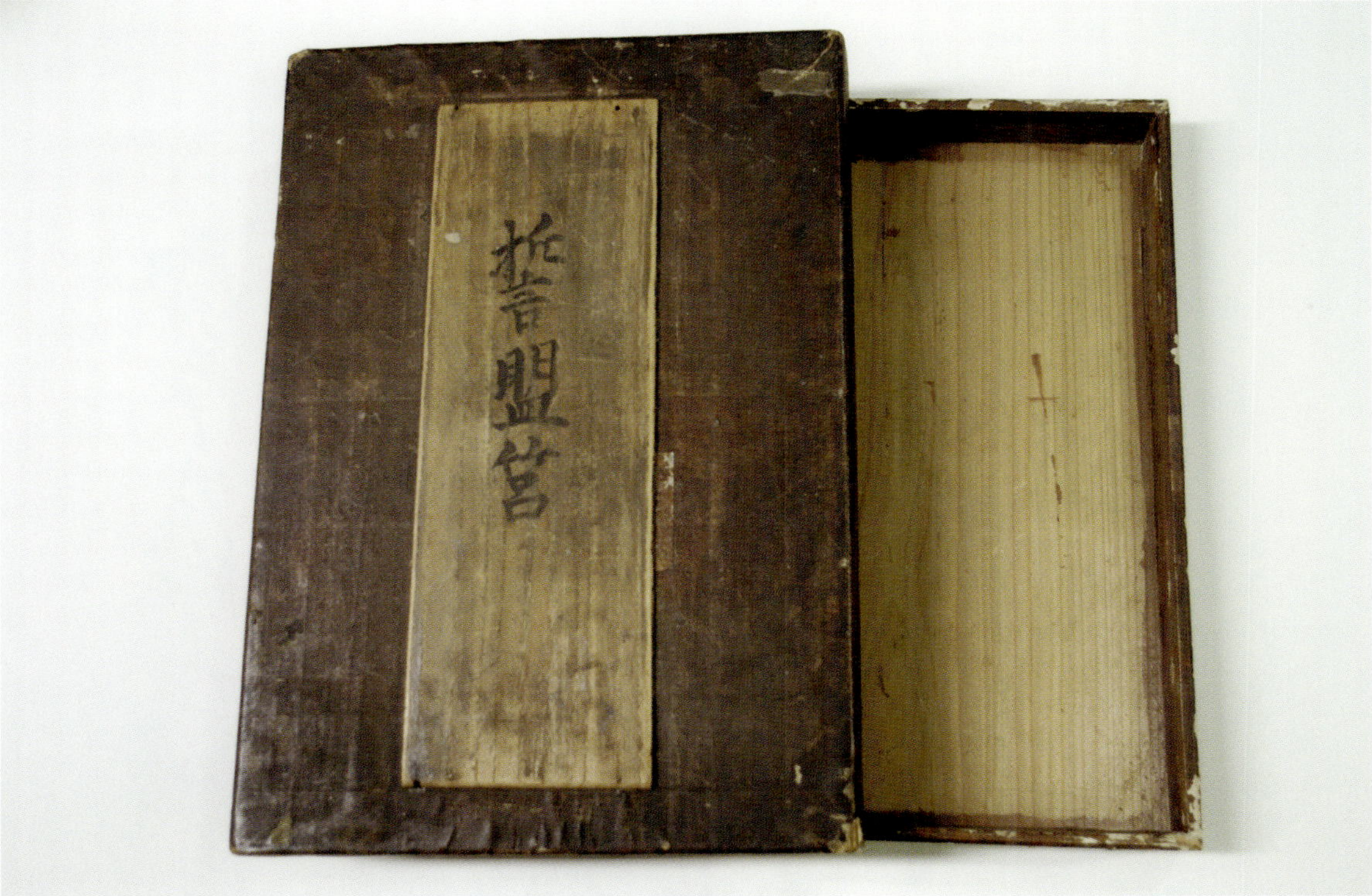

志摩国鳥羽藩御側坊主等起請文　外函（蓋寸法は、縦 39.5 × 横 27.2 cm、函内深さ 4.4 cm）

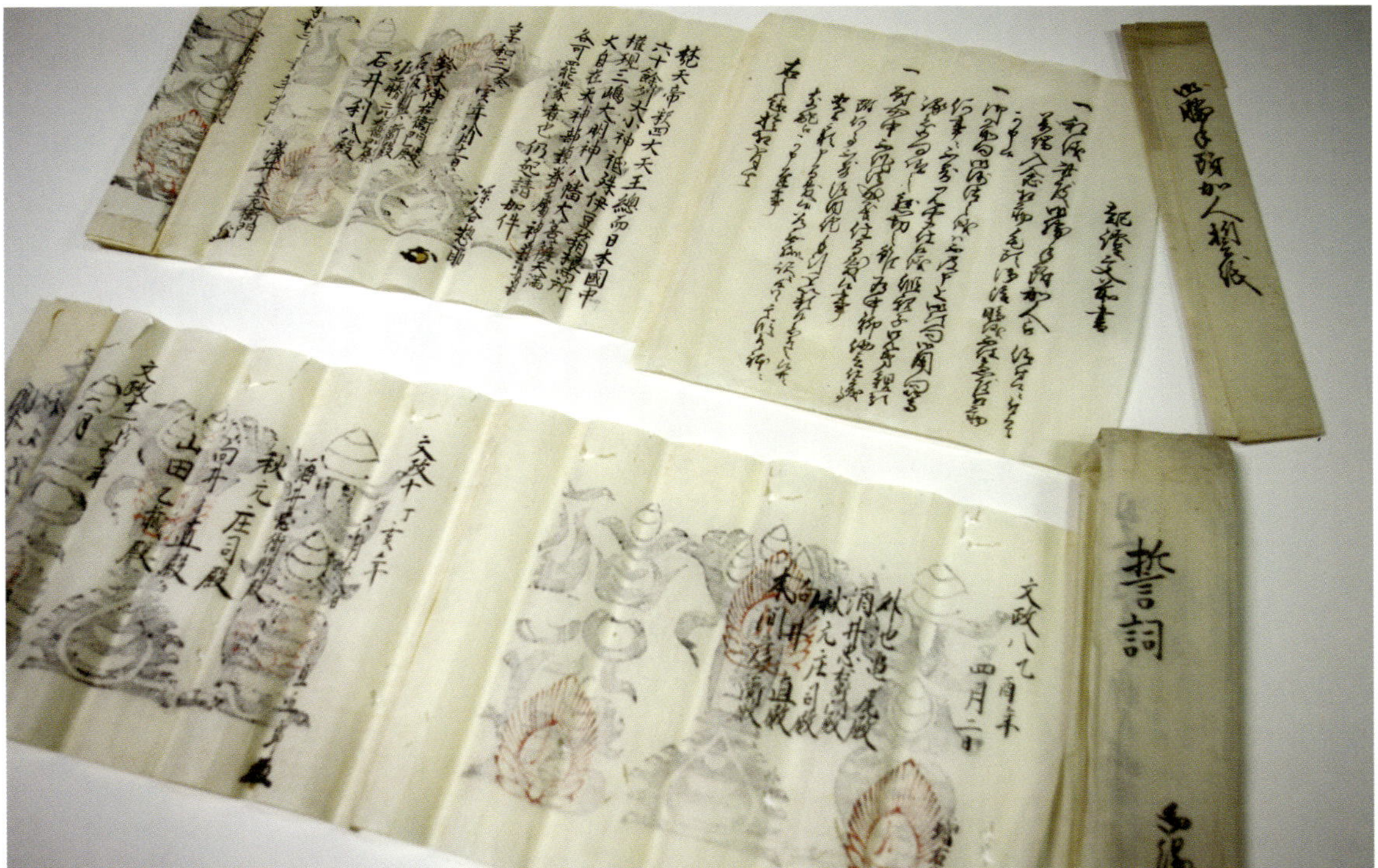

志摩国鳥羽藩御側坊主等起請文（一七、一八）

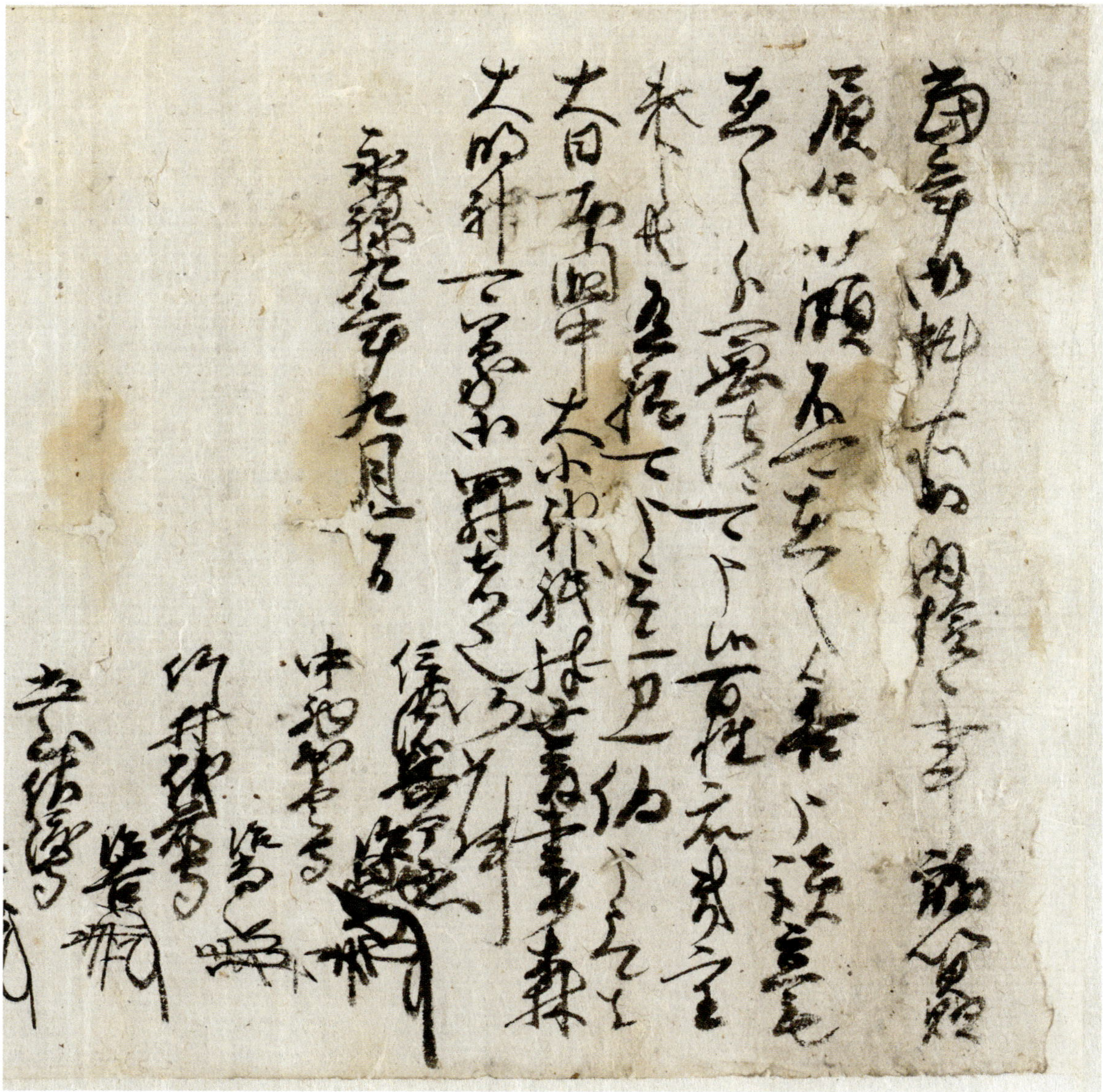
永禄九年九月十日

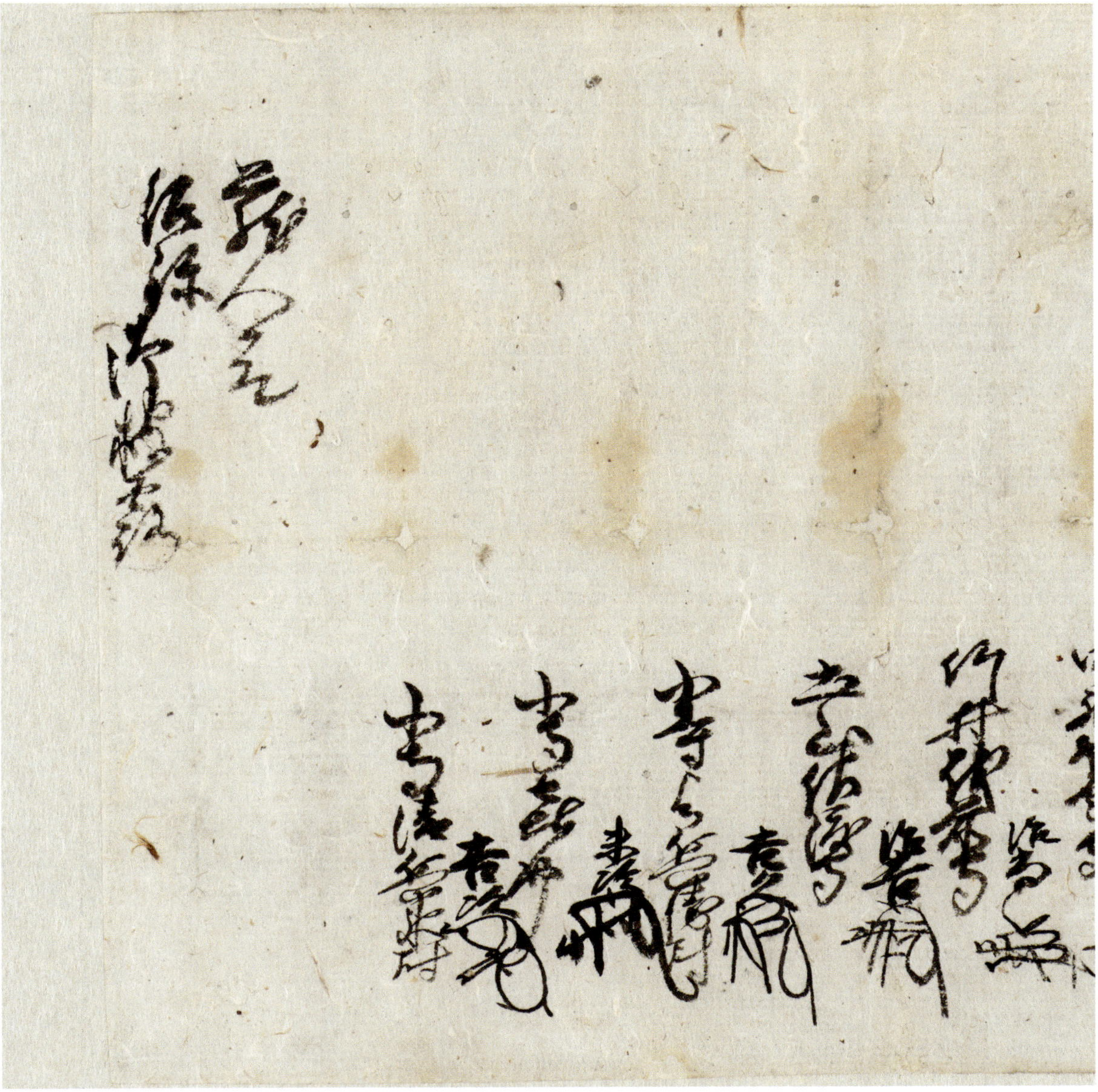

信濃治昆外六名連署起請文（久我家文書の起請文（六））（290−291 頁）

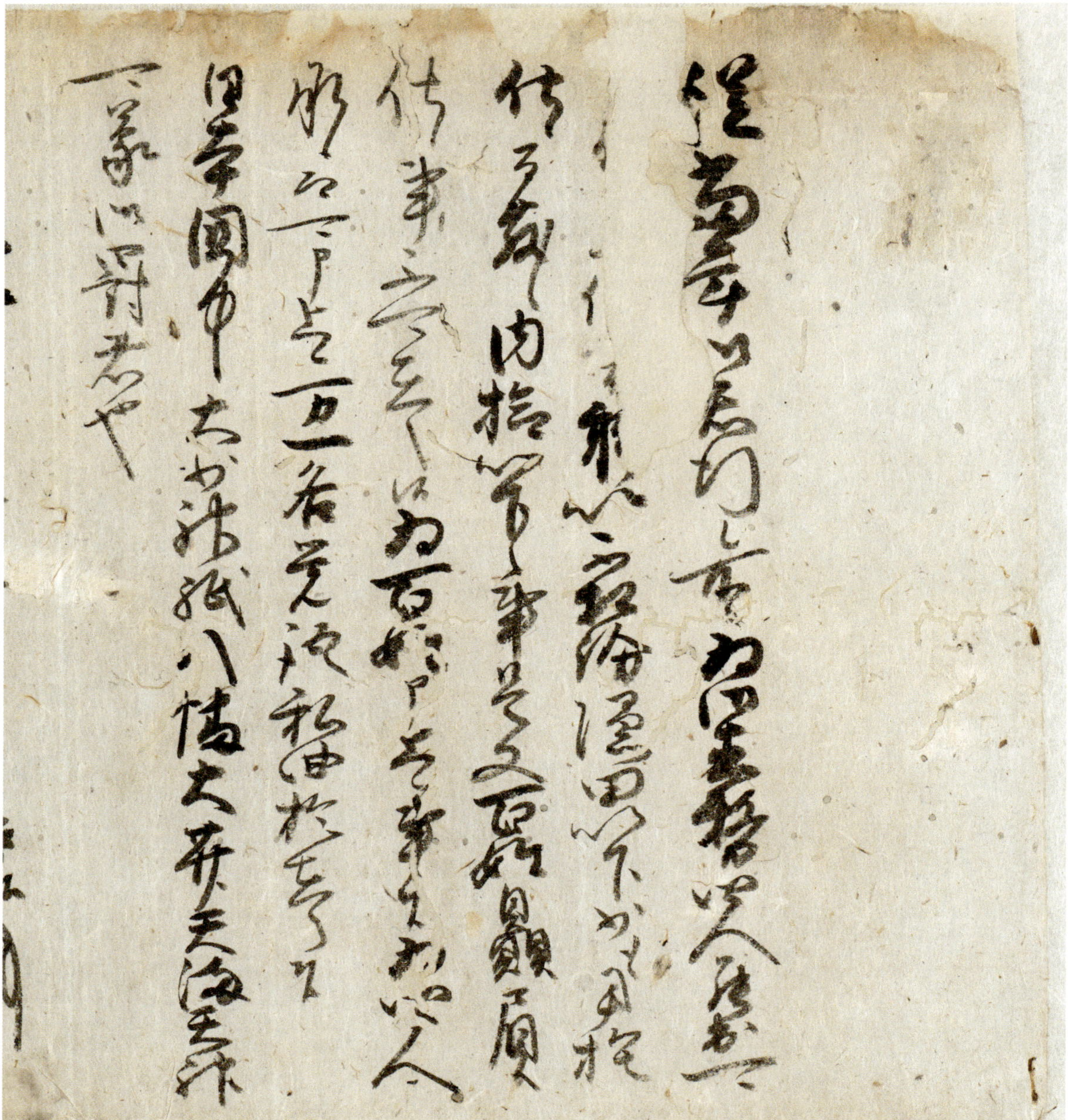

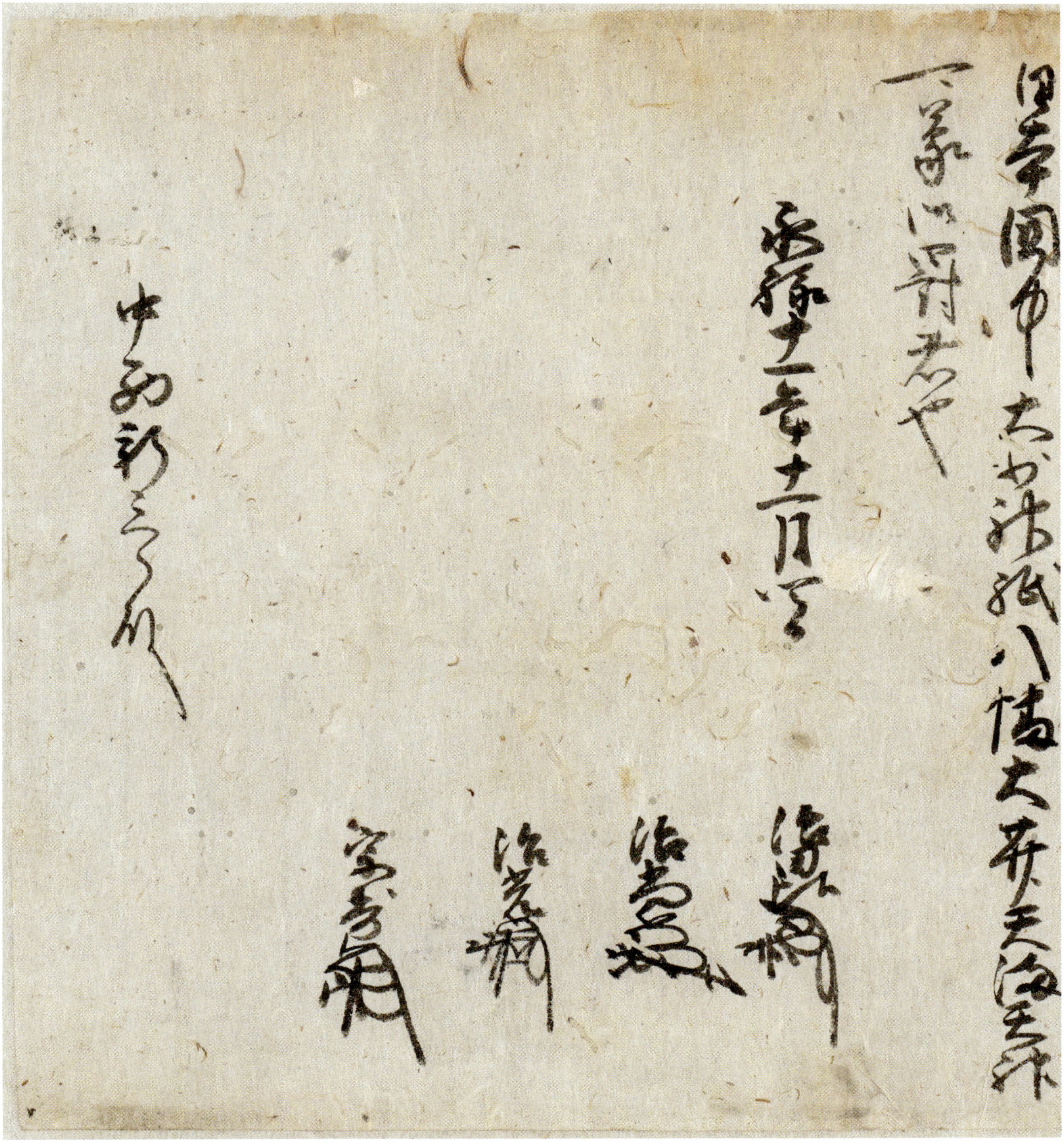

久我家奉公人連署起請文（久我家文書の起請文（七））（292－293 頁）

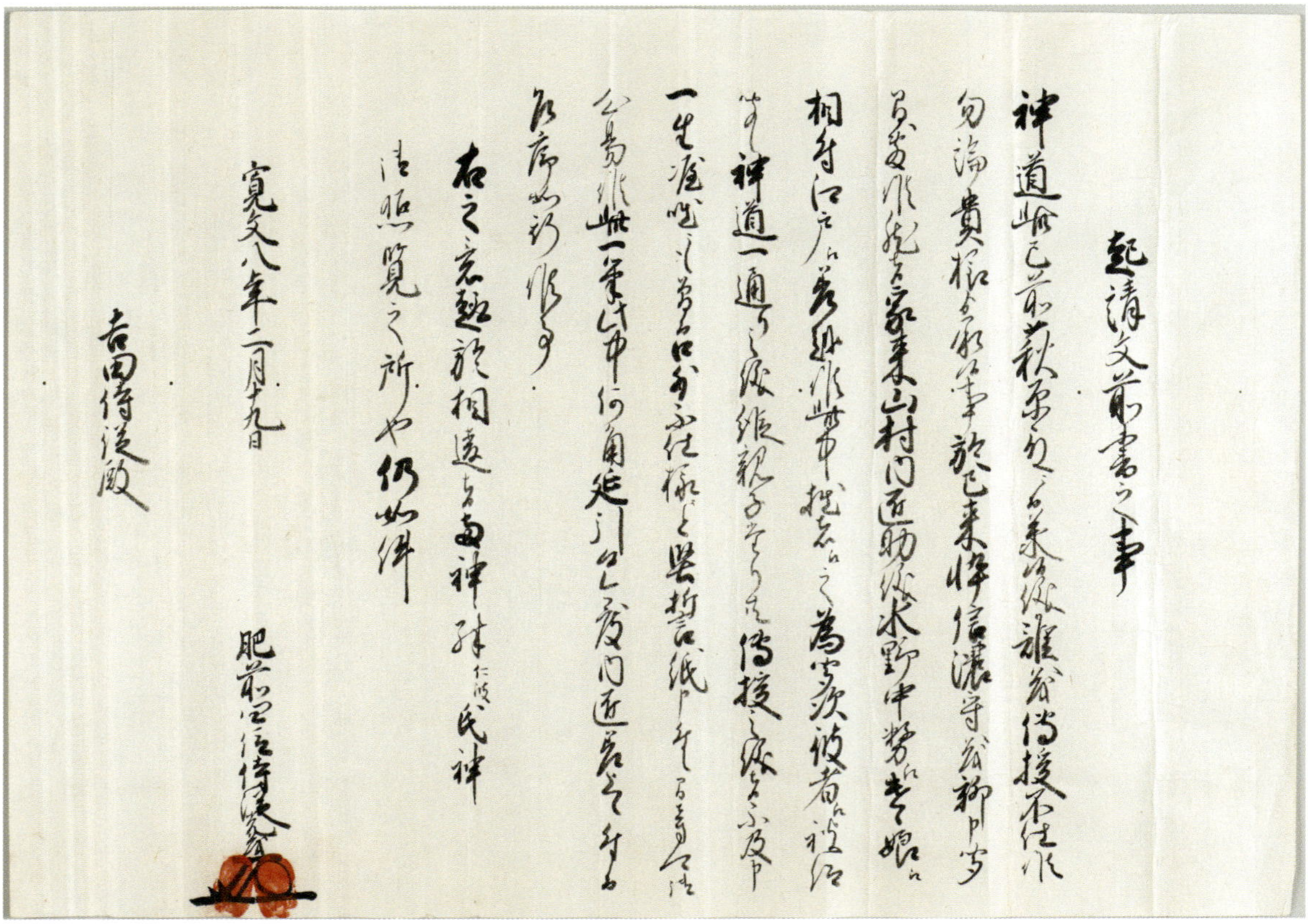

鍋島光茂起請文（吉田神社の起請文（三））（300−301 頁）

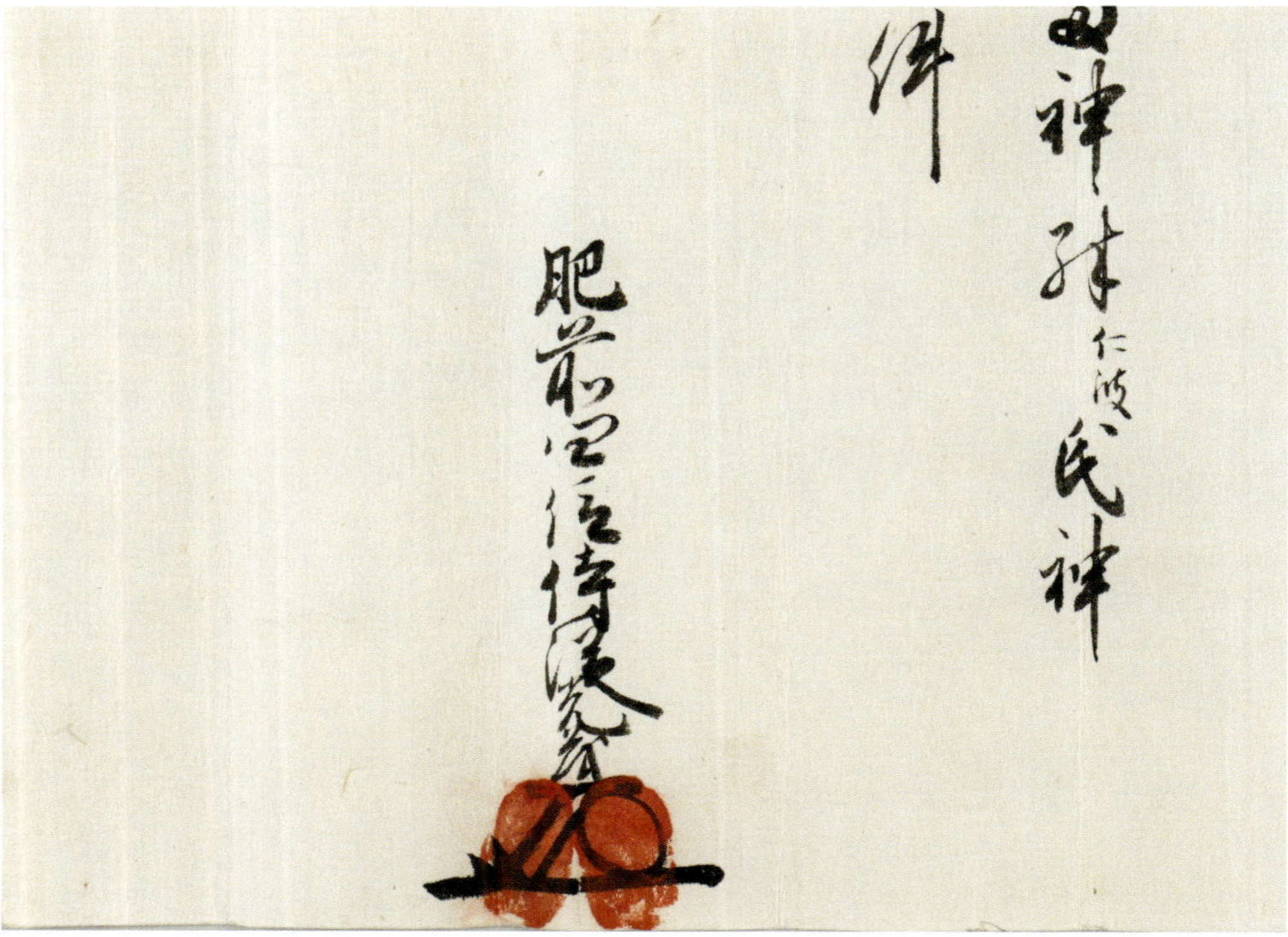

鍋島光茂起請文（吉田神社の起請文（三））（301 頁）指印

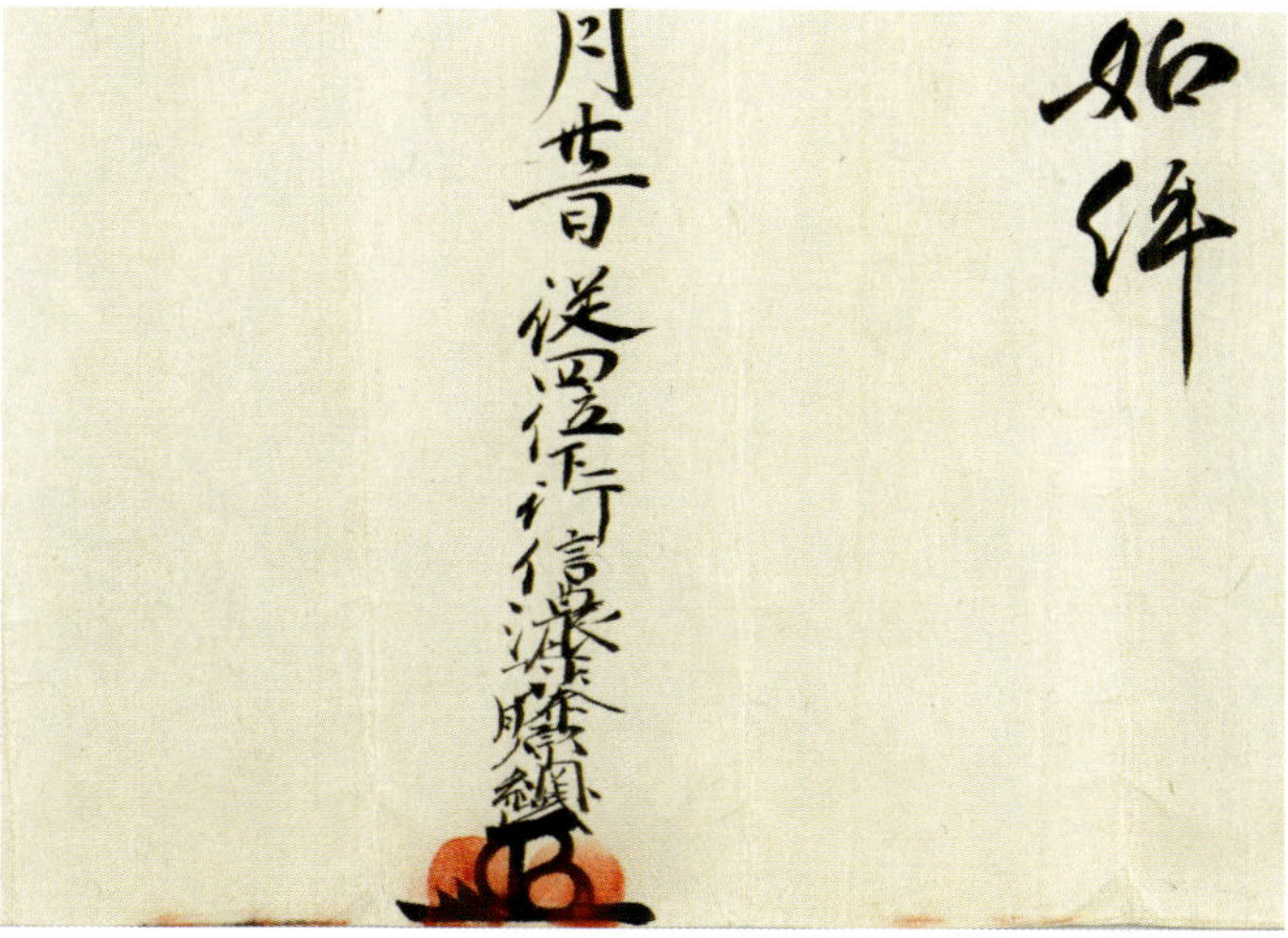

鍋島綱茂起請文（吉田神社の起請文（八））（311 頁）指印

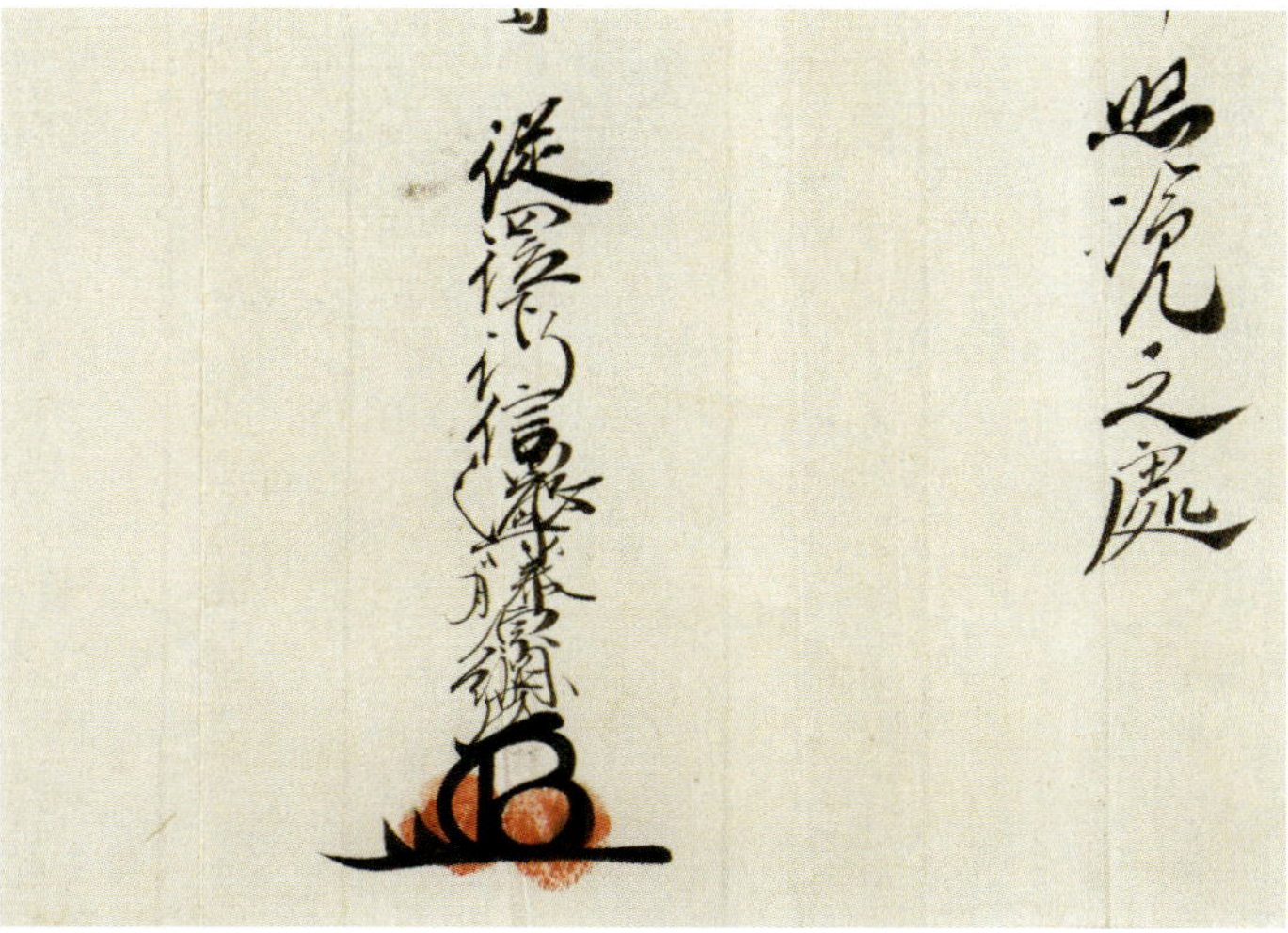

鍋島綱茂起請文（吉田神社の起請文（一二））（319 頁）指印

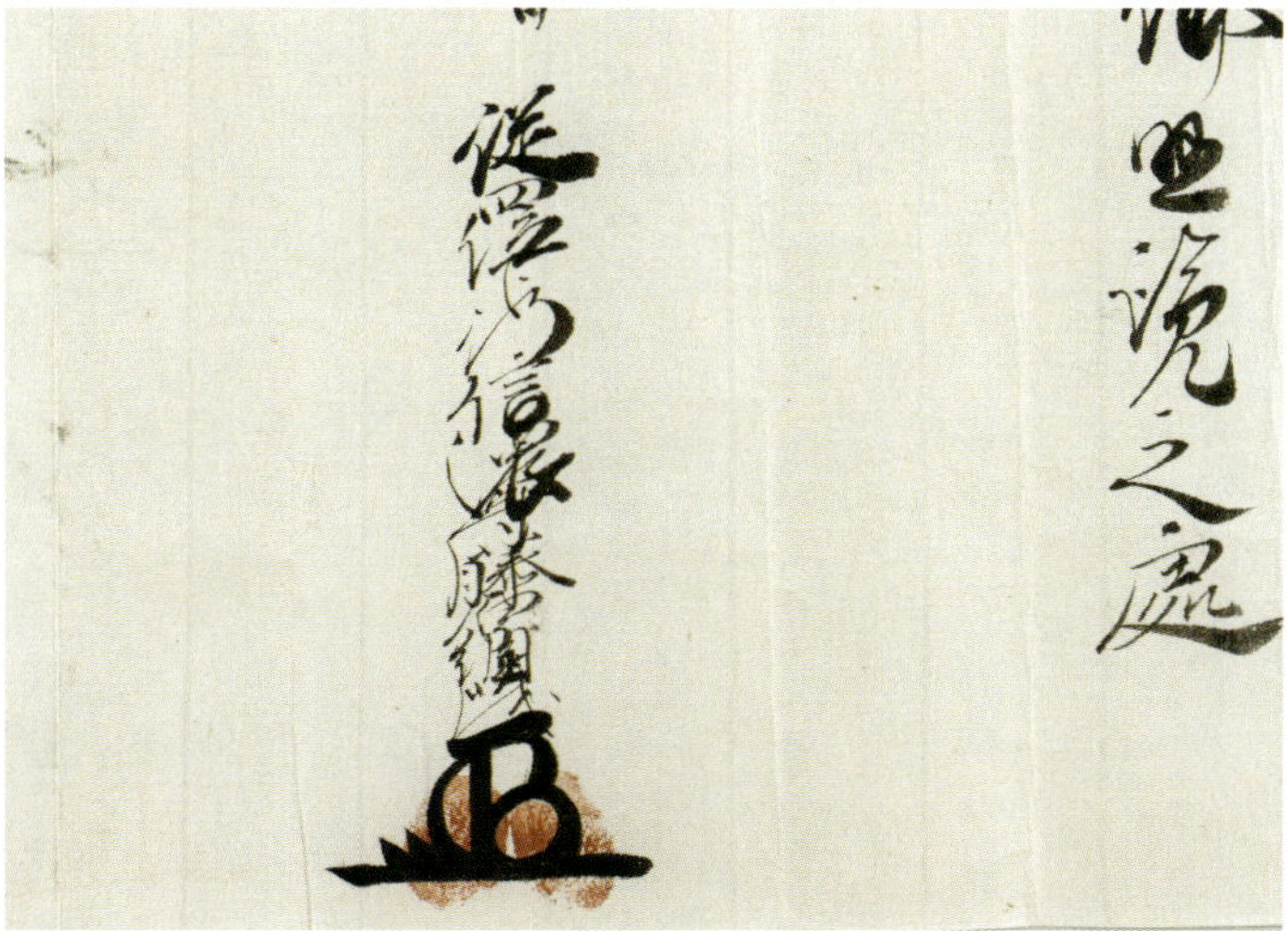

鍋島綱茂起請文（吉田神社の起請文（二四））（343 頁）指印

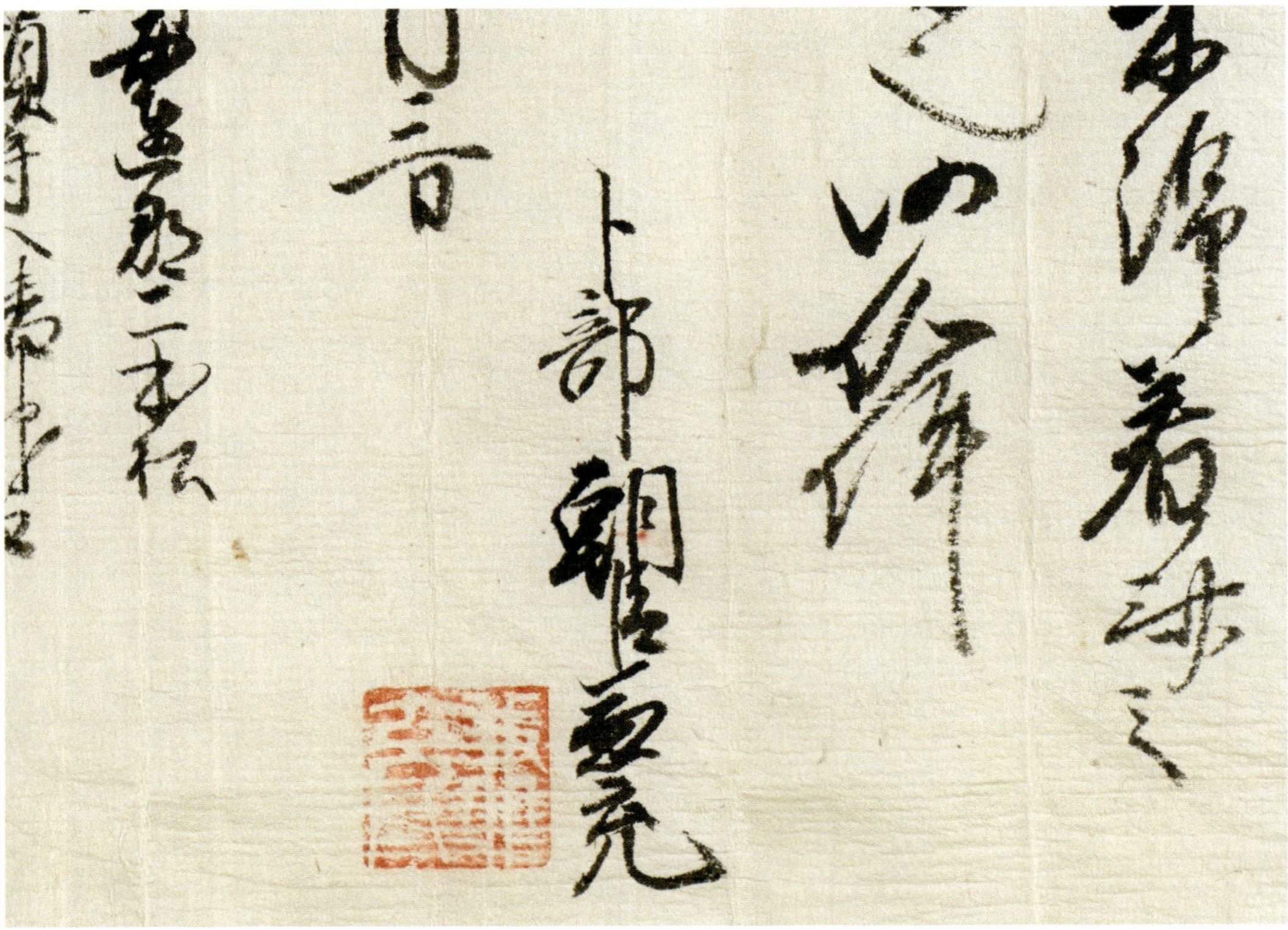

卜部兼充免許状（吉田神社の起請文（一一））（317 頁）朱印

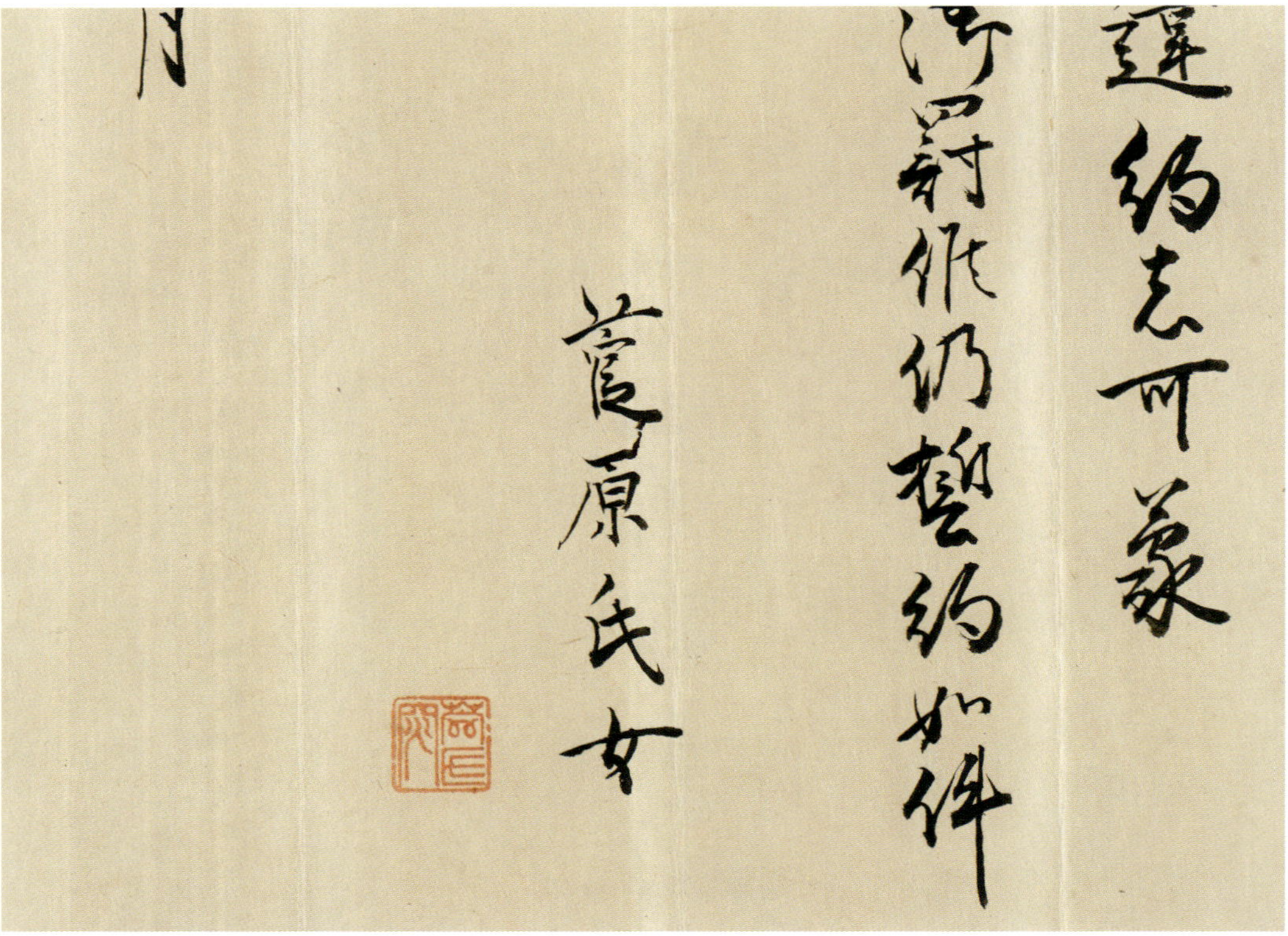

菅原氏女起請文（吉田神社の起請文（一三））（321 頁）朱印

東寺足軽禁制起請文

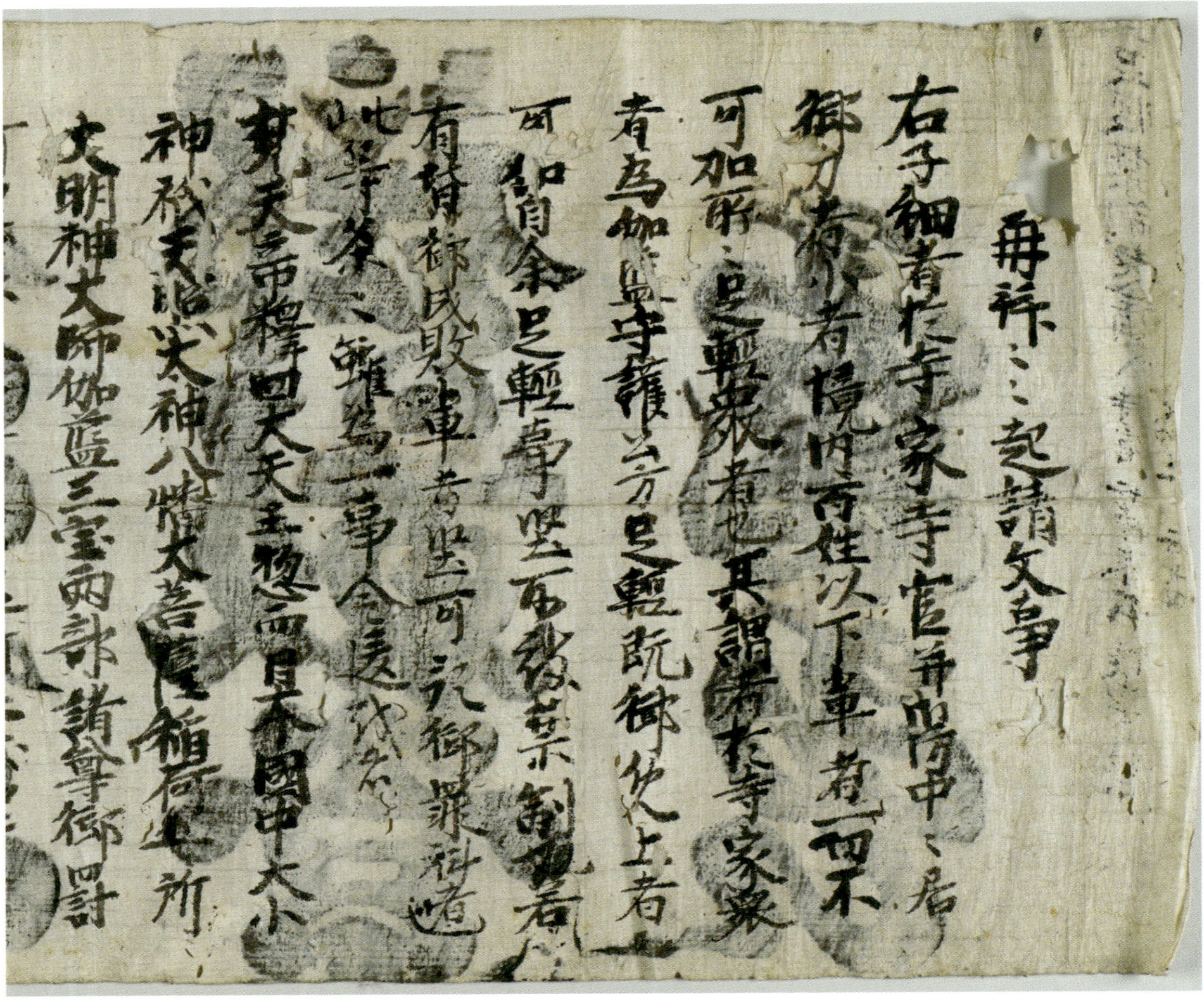

〈第一紙　御影堂牛玉宝印　二六・七×四五・九糎〉

（端裏書）
「足軽禁制起請文寺官□境内百姓等　文明三　正廿四」

再拝々々起請文事

右子細者、於寺家寺官并御坊中々居・
御力者・小者・境内百姓以下輩者、一切不
可加所々足軽衆者也、其謂者、於寺家衆
者、為伽藍守護公方足軽既御免上者、
可加自余足軽事堅所被禁制也、若
有背御成敗・輩者、堅可預御罪科者也、
此等条々雖為一事令違越者、
梵天・帝釈・四大天王、惣而日本国中大小
神祇・天照太神・八幡大菩薩・稲荷・五所
大明神・大師・伽藍・三宝・両部諸尊御罸、

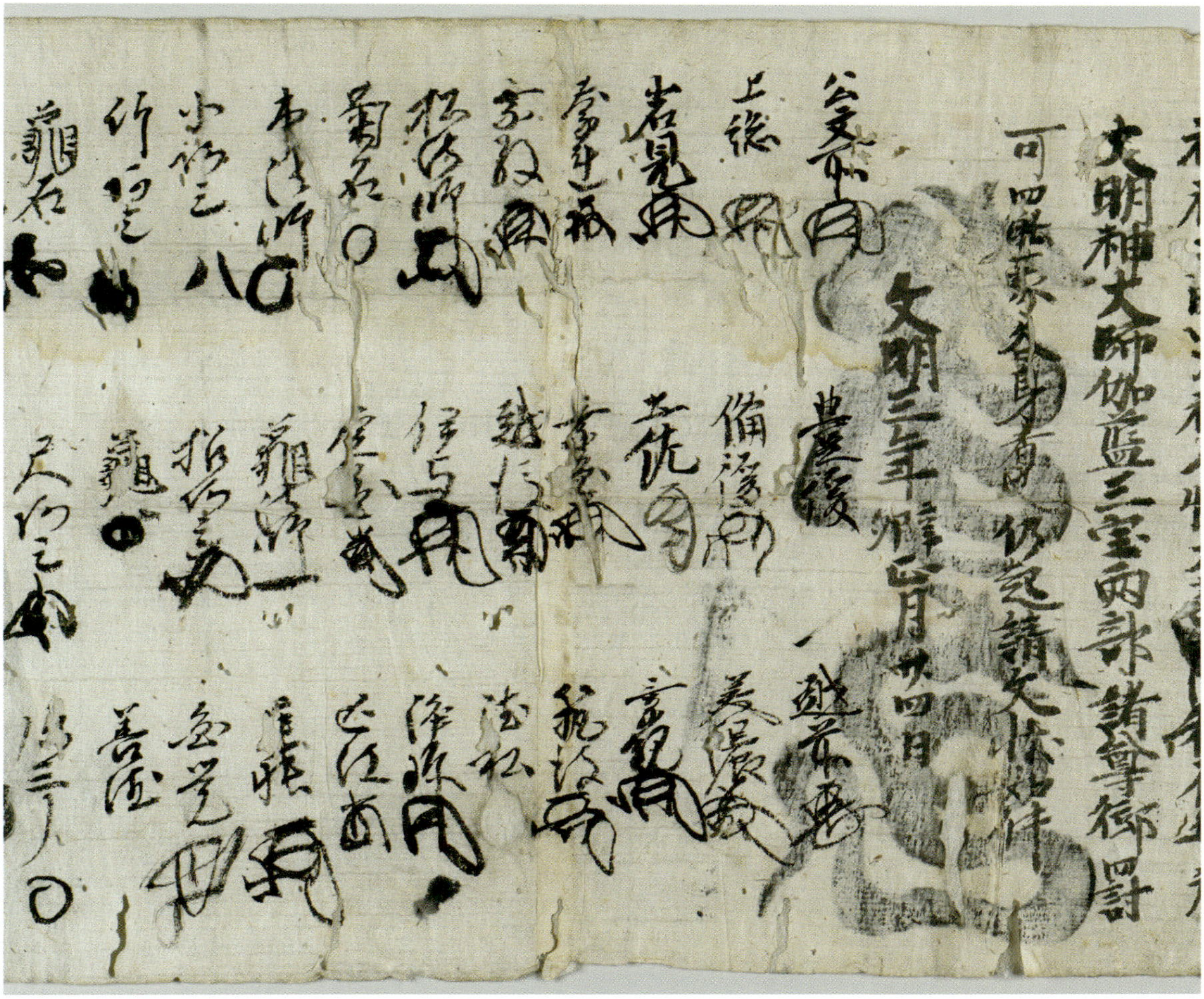

可罷蒙各身者也、仍起請文状如件、

文明三年辛卯正月廿四日

公文所（花押）　豊後　越前（花押）
上総（花押）　備後（花押）　美濃（花押）
岩見（花押）　土佐（花押）　乗観（花押）
慶連（花押）　乗円（花押）　筑後（花押）

〈以下第二紙　二六・七×四七・二糎〉

乗敬（花押）　越後（花押）　法松
松法師（花押）　伊与（花押）　浄祢（花押）
菊名（略押）　定円（花押）　近江（花押）
本法師（略押）　亀法師（略押）　尾張（花押）
小阿ミ（略押）　招阿ミ（花押）　円覚（花押）
竹阿ミ（花押）　亀（略押）　善徳

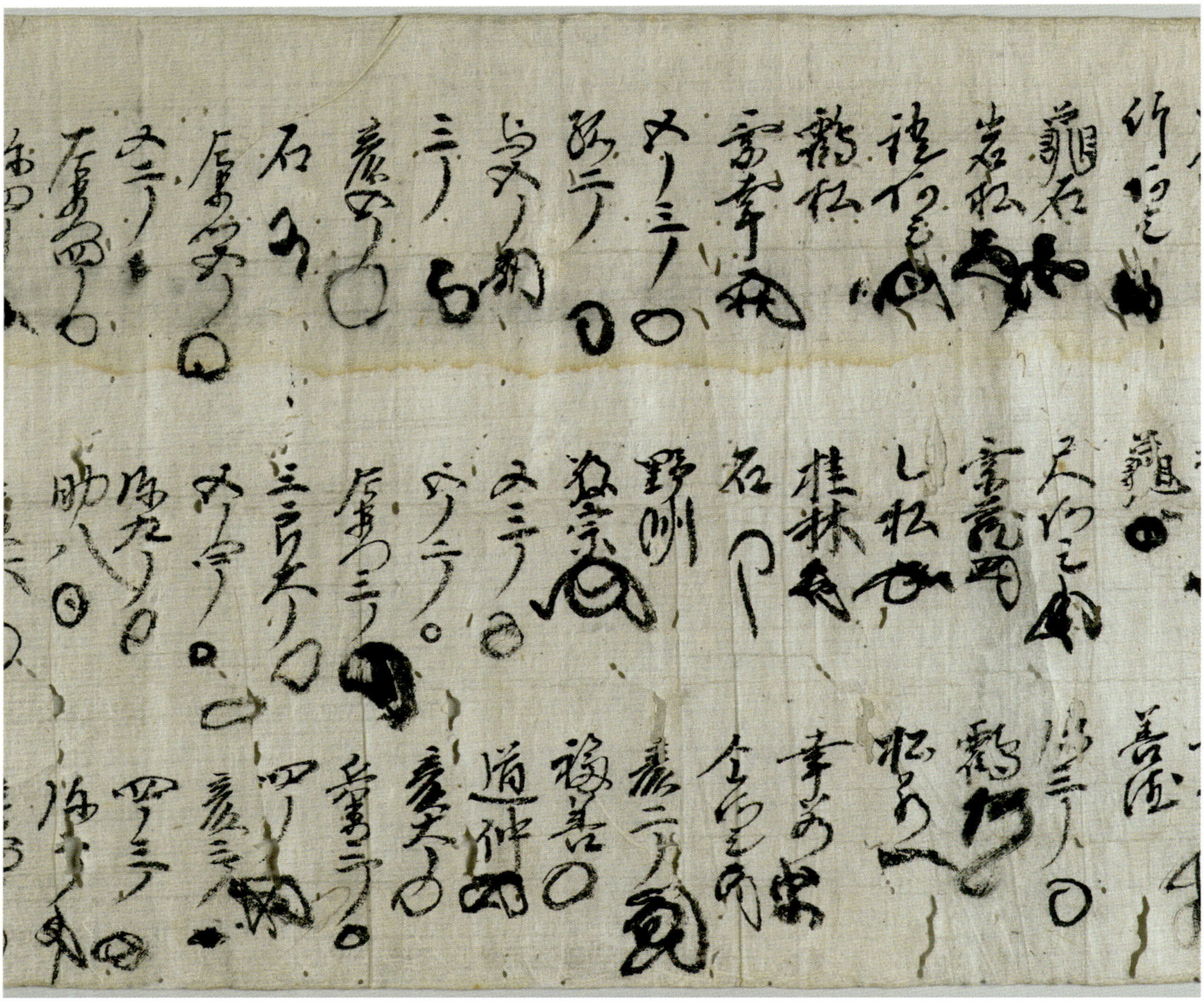

亀石（花押）　尺阿ミ（花押）　□〔弥〕三郎（略押）
岩松（花押）　乗蔵（花押）　鶴阿（略押）
證阿ミ（花押）　乙松（花押）　松若（略押）
鶴松　桂林（花押）　幸若（花押）
乗幸（花押）　石（略押）　全阿ミ（花押）
五郎三郎（略押）　野洲　彦二郎（花押）
弥二郎（略押）　敬宗（花押）　福善（略押）
与五郎（花押）　又三郎（略押）　道仲（花押）
三郎（略押）　五郎二郎（筆軸印）　彦大郎（略押）
彦五郎（略押）　左衛門三郎（略押）　兵衛三郎（略押）
石（略押）　三郎大郎（略押）　四郎（花押）
左衛門五郎（略押）　五郎四郎（略押）（略押）　彦三郎（略押）
又二郎（略押）　弥九郎（略押）　四郎三郎（略押）
左衛門四郎（略押）　助八（略押）　弥□郎（花押）

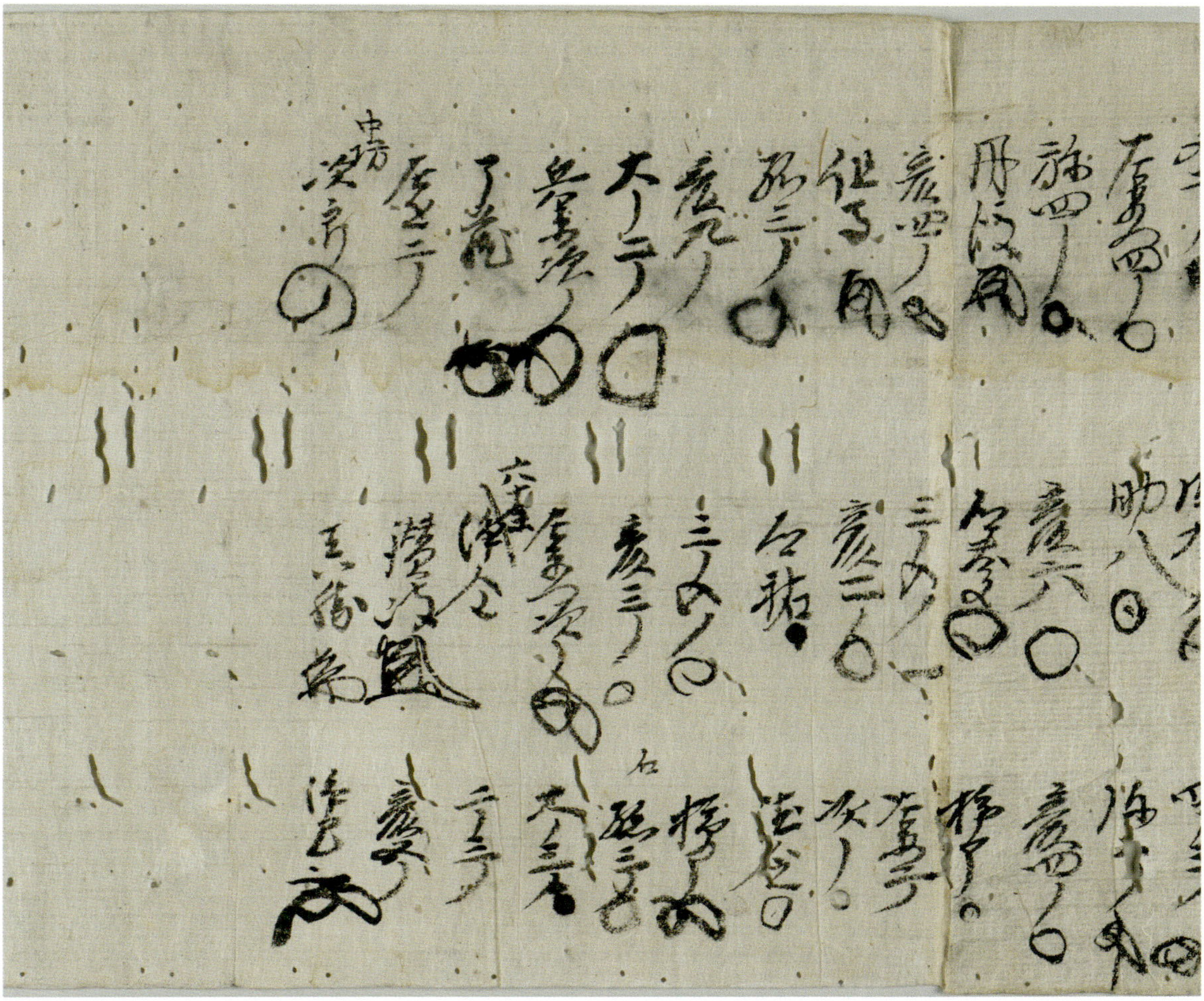

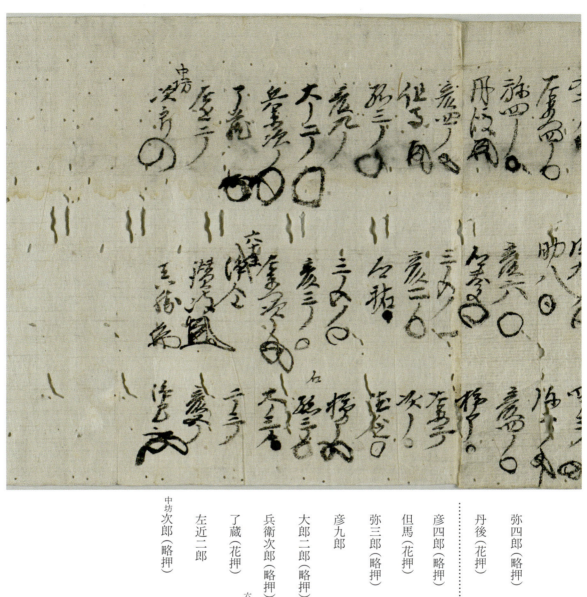

弥四郎（略押）　彦六（略押）　彦四郎（略押）
丹後（花押）　道慶（略押）　掃部（筆軸印）

〈以下第三紙　二六・七×四六・九糎〉

彦四郎（略押）　三郎五郎（略押）　左衛門二郎
但馬（花押）　彦二郎（略押）　次郎（筆軸印）
弥三郎（略押）　道祐（筆軸印ヵ）　法徳全（略押）
彦九郎　三郎五郎（略押）　掃部（花押）
大郎二郎（略押）　彦三郎（略押）　石孫三郎（略押）
兵衛次郎（略押）　左衛門次郎（花押）　大郎三郎（筆軸印ヵ）
了蔵（花押）　六十余（合点）浄全　二郎三郎
左近二郎　讃岐（花押）　彦五郎
中坊次郎（略押）　真勝（花押）　浄見（花押）

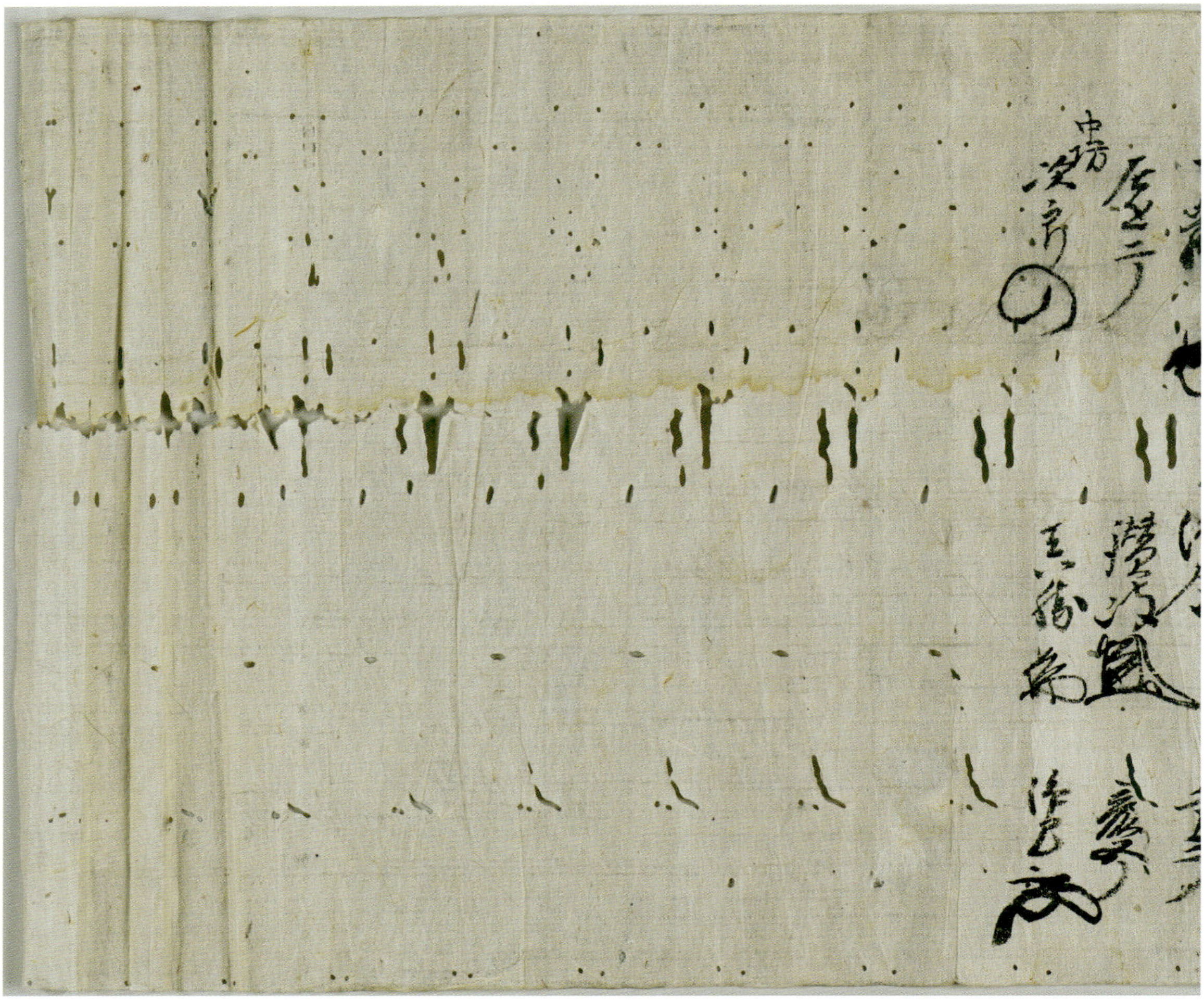

志摩国鳥羽藩御側坊主等起請文

一、鈴木休甫・上嶋宗佐連署起請文

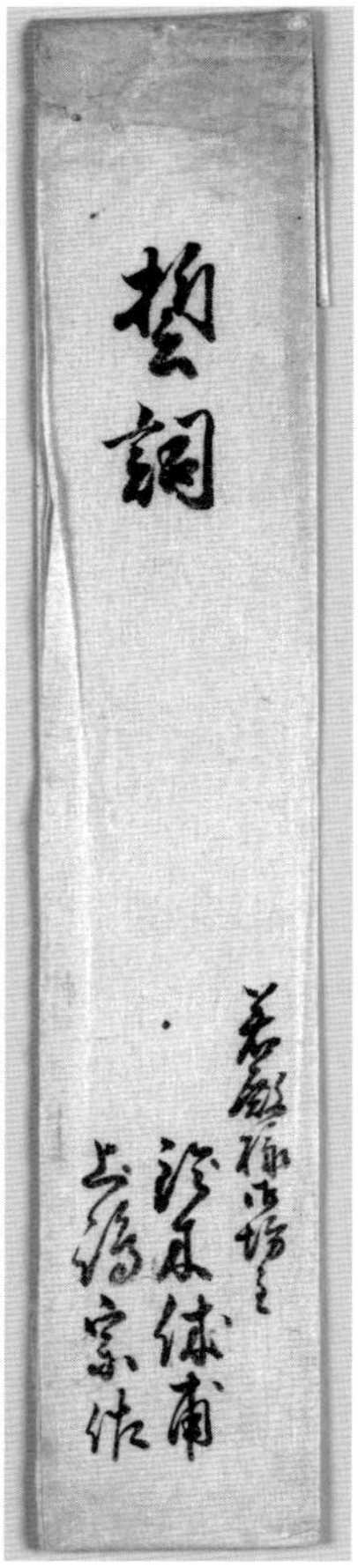

（包紙ウハ書）

誓詞

若殿様御坊主
鈴木休甫
上嶋宗佐

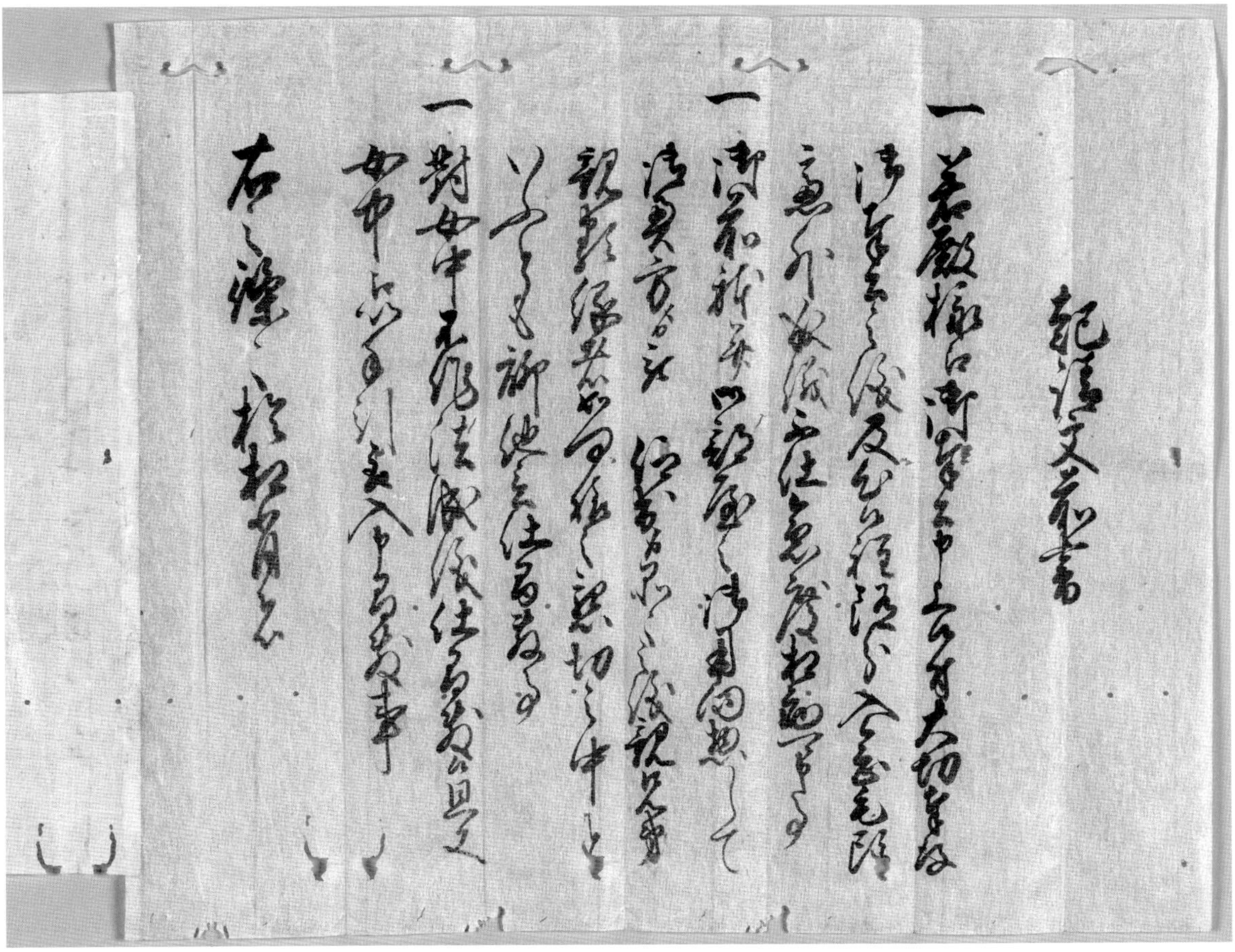

〈第一紙　二八・二×三三・一糎〉

起請文前書

一　若殿様江御奉公申上候付、大切奉存、
御奉公之儀及心候程随分入念、毛頭
慮外成儀不仕、急度相勤可申事、

一　御前躰幷御部屋之御用向、惣して
御奥方ゟ被　仰出候品々之儀、親兄弟
親類縁者如何様之懇切之中と
いふとも、聊他言仕間敷事、

一　對女中不作法成儀仕間敷候、且又
女中江以手引取入申間敷事、

右之條々於相背者、

〈紙継目〉

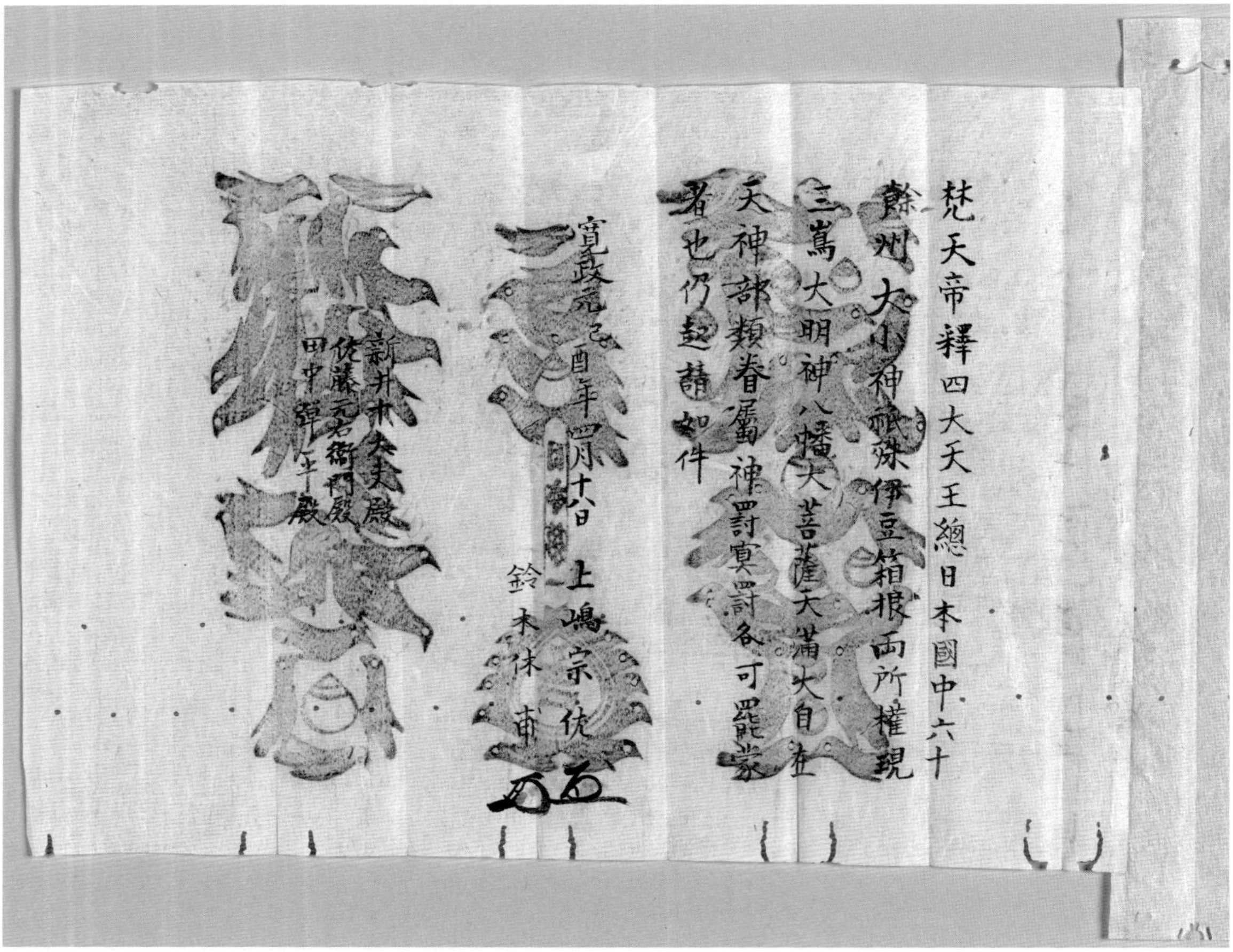

〈第二紙　那智滝宝印　二四・〇×三四・〇糎〉

梵天・帝釋・四大天王、總日本國中六十
餘州大小神祇、殊伊豆箱根両所権現・
三嶌大明神・八幡大菩薩・天滿大自在
天神・部類眷屬神罰冥罰各可罷蒙
者也、仍起請如件、

寛政元己酉年四月十八日　上嶋宗佐（血判・花押）
鈴木休甫（血判・花押）

新井十大夫殿
佐藤元右衛門殿
田中弾平殿

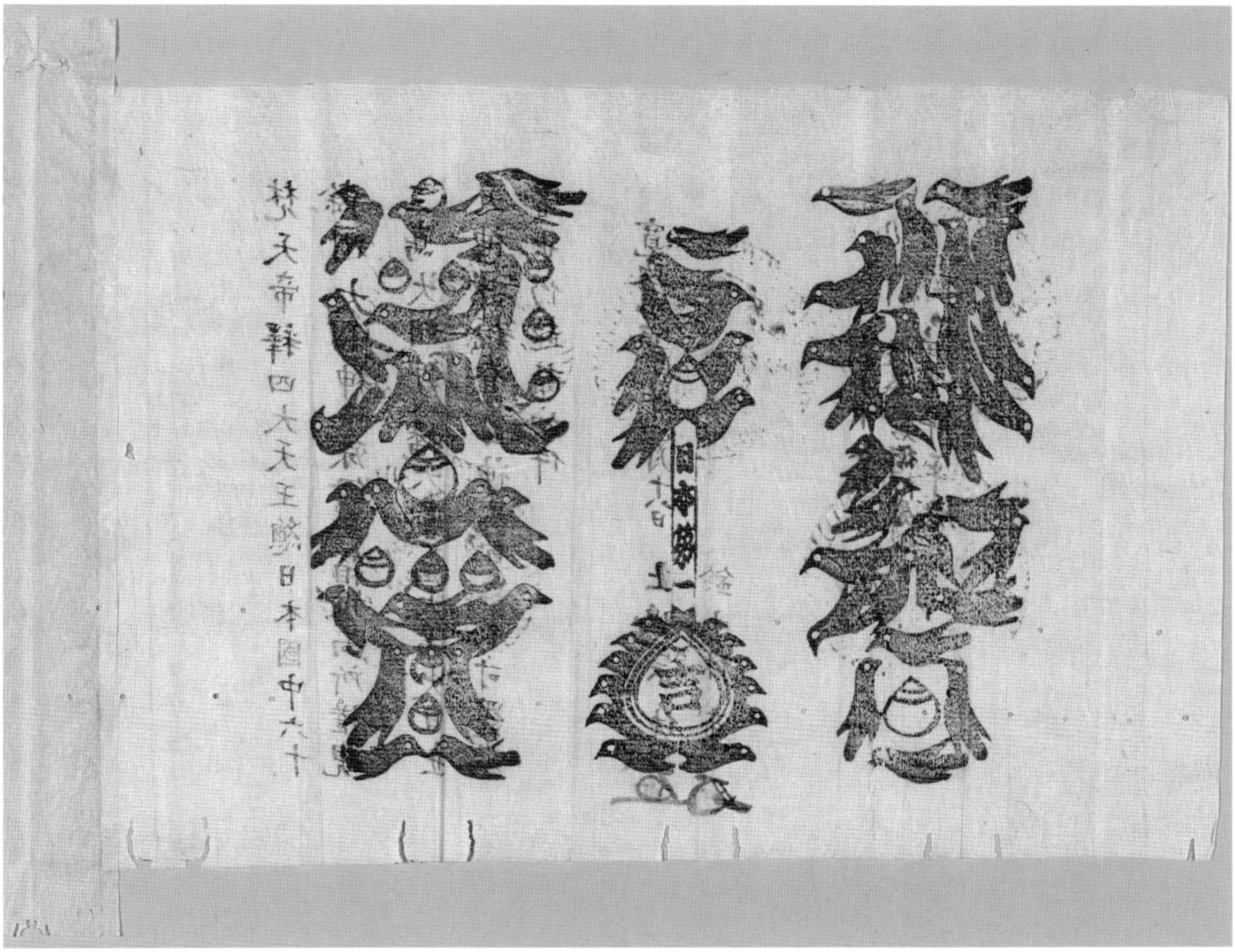

二、萩原助太郎等連署起請文

（包紙ウハ書）
御稽古御相手被仰付候節之誓詞
誓約状

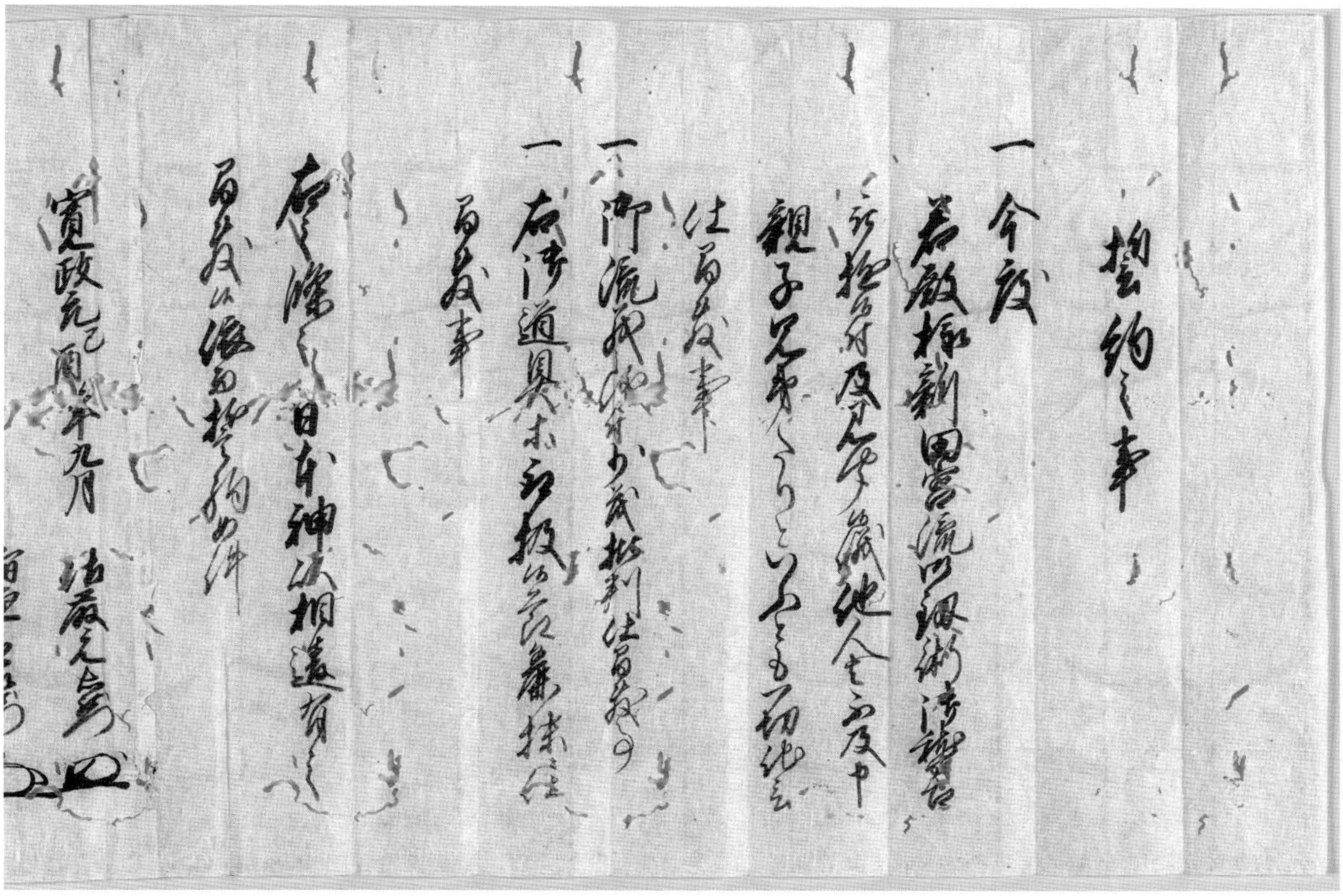

〈第一紙　二八・九×三九・一糎〉

誓約之事

一　今度

若殿様新田宮流御釼術御稽古

被遊候付、及見聞候儀、他人は不及申、

親子兄弟たりといふとも、一切他言

仕間敷事、

一　御流義之儀ニ付、少も批判仕間敷事、

一　右御道具等取扱候節、麁末ニ仕

間敷事、

右之條々、　日本神仏相違有之

間敷候、依而誓約如件、

〈紙継目〉

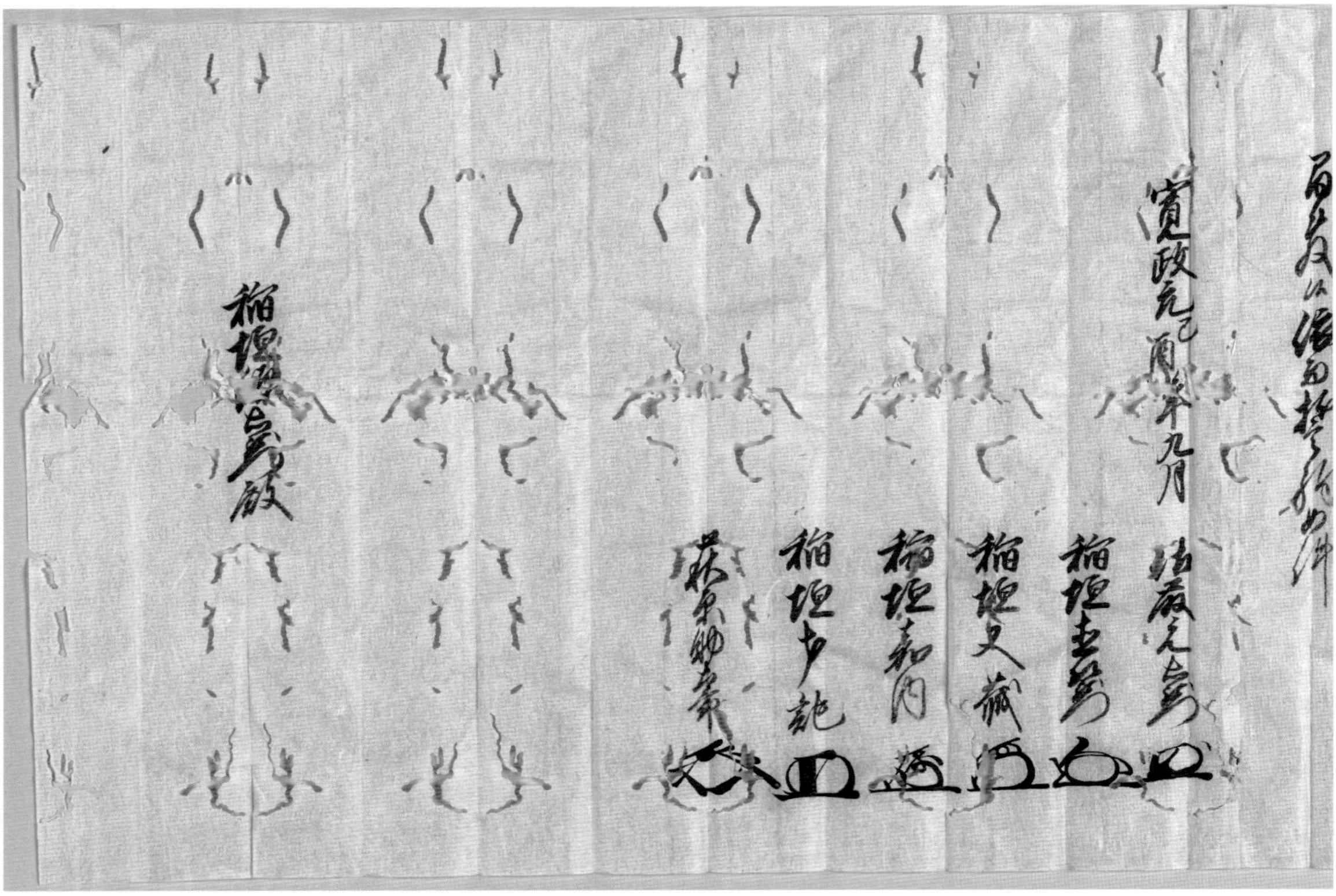

〈第二紙　二八・六×四〇・五糎〉

寛政元己酉年九月　佐藤元右衛門（花押）

稲垣直左衛門（花押）

稲　垣　又　蔵（花押）

稲　垣　嘉　内（花押）

稲　垣　才　記（花押）

萩　原　助　太　郎（花押）

稲垣源右衛門殿

三、鈴木休甫等連署起請文案

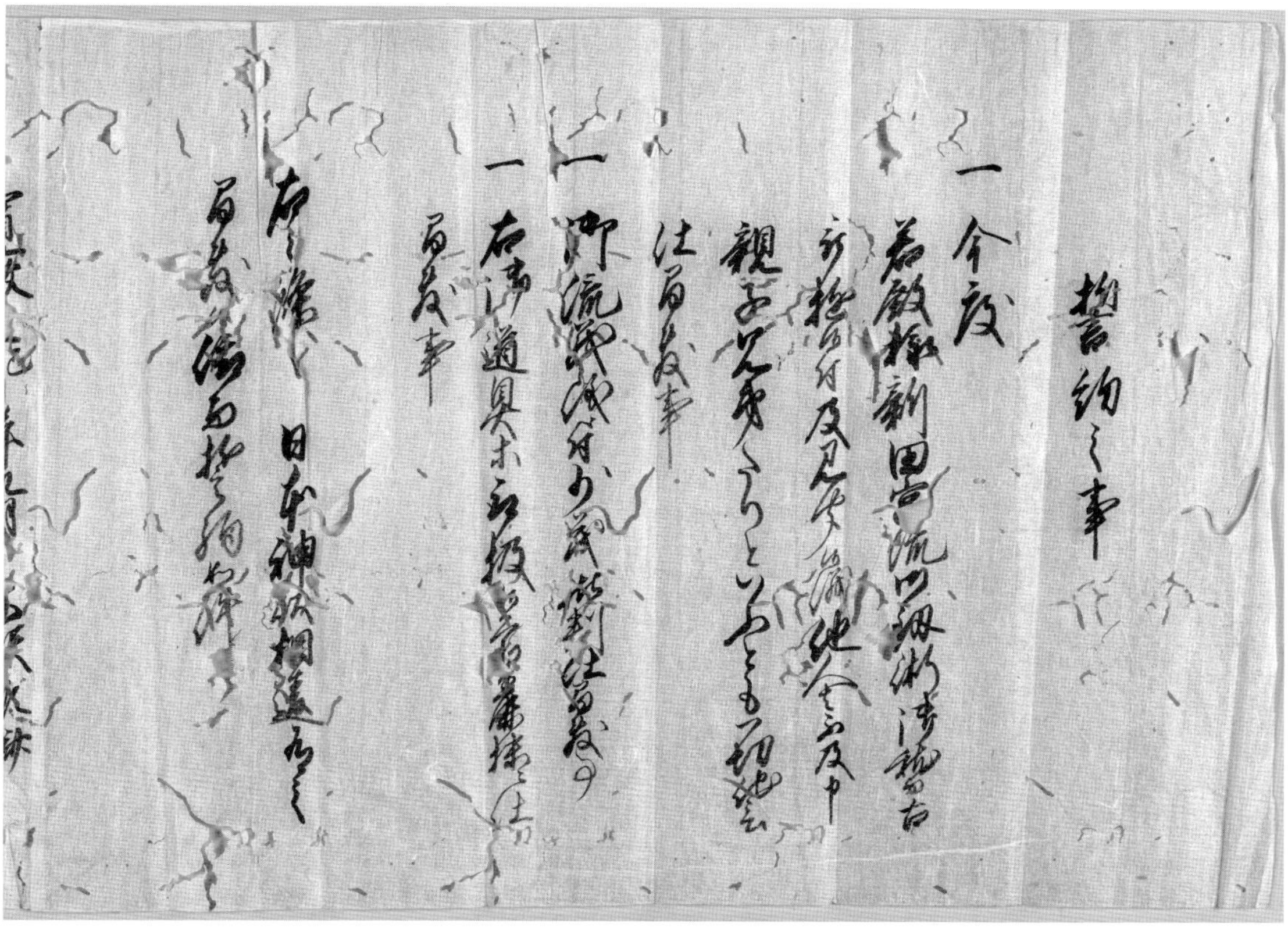

〈第一紙　二八・九×四〇・二糎〉

誓約之事

一　今度
若殿様新田宮流御釼術御稽古
被遊候付、及見聞候儀、他人は不及申、
親子兄弟たりといふとも、一切他言
仕間敷事、

一　御流義之儀ニ付、少も批判仕間敷事、

一　右御道具等取扱候節、麁抹ニ仕
間敷事、

右之條々、日本神仏相違有之
間敷候、依而誓約如件、

〈紙継目〉

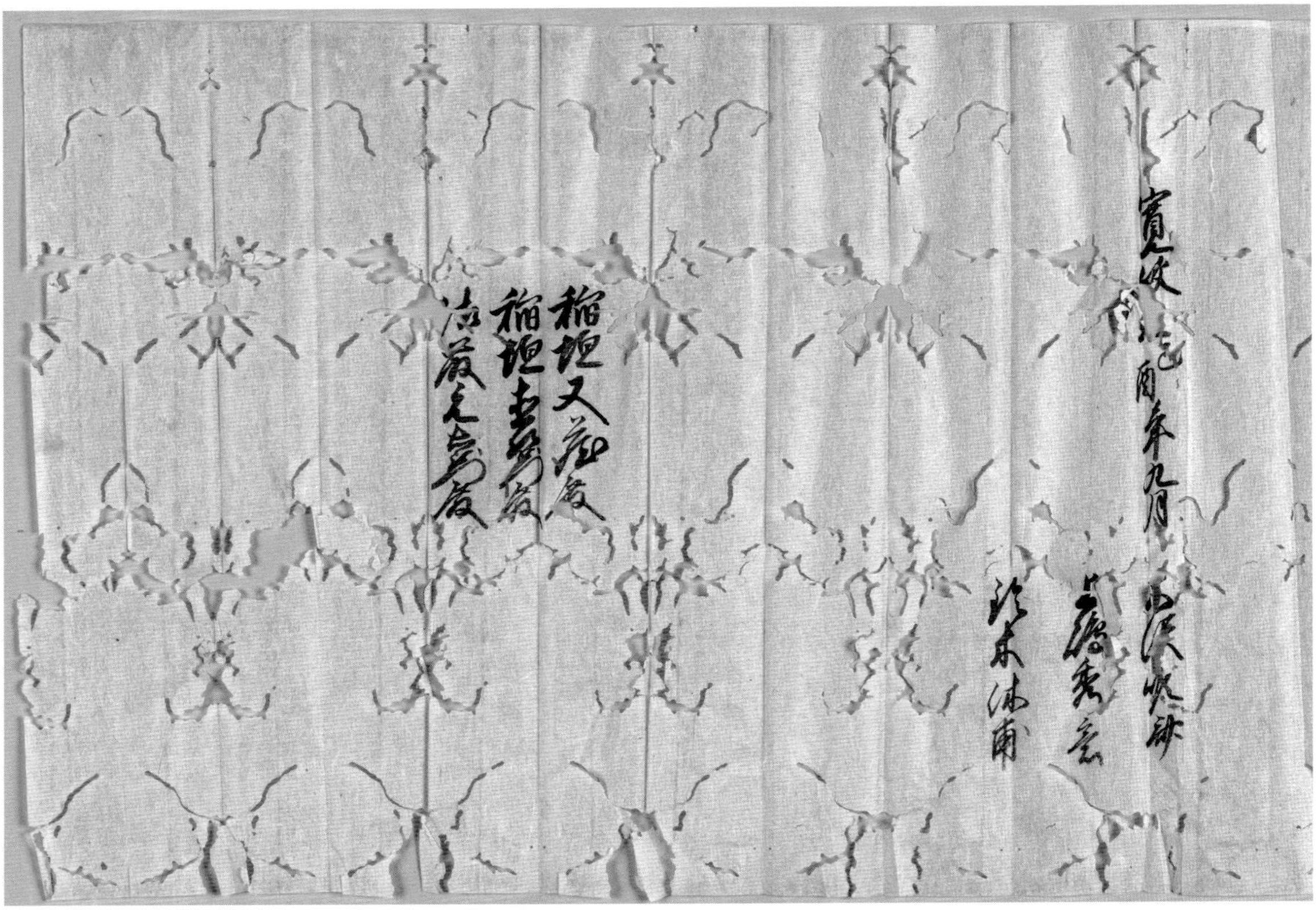

〈第二紙　二八・九×四〇・二糎〉

寛政元己酉年九月　大沢順齋
　　　　　　　　上嶋秀意
　　　　　　　　鈴木休甫

稲　垣　又　蔵殿
稲垣直左衛門殿
佐藤元右衛門殿

四、根岸龜靍他起請文

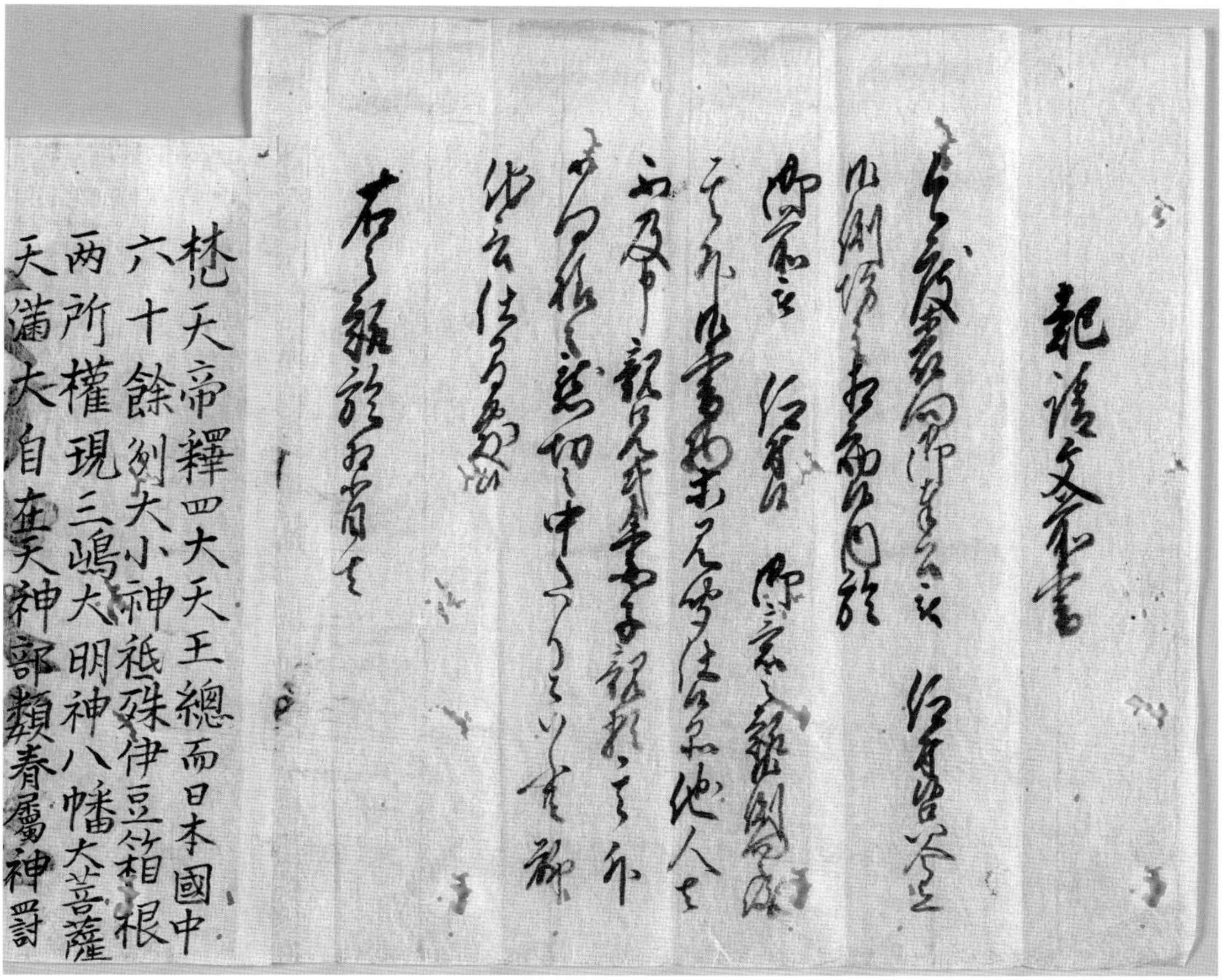
梵天帝釋四大天王總而日本國中
六十餘州大小神祇殊伊豆箱根
両所權現三嶋大明神八幡大菩薩
天滿大自在天神部類眷屬神罰

〈第一紙　二七・七×二七・六糎〉

起請文前書

今度表向御奉公被　仰付候、只今迄
御側坊主相勤候内、於
御前被　仰付候　御意之趣、御側向之儀、
其外御書物等見聞仕候品、他人は
不及申、親兄弟妻子親類其外
如何様之懇切之中たりといふ共、聊
他言仕間敷候、

右之趣於相背は、

〈紙継目〉

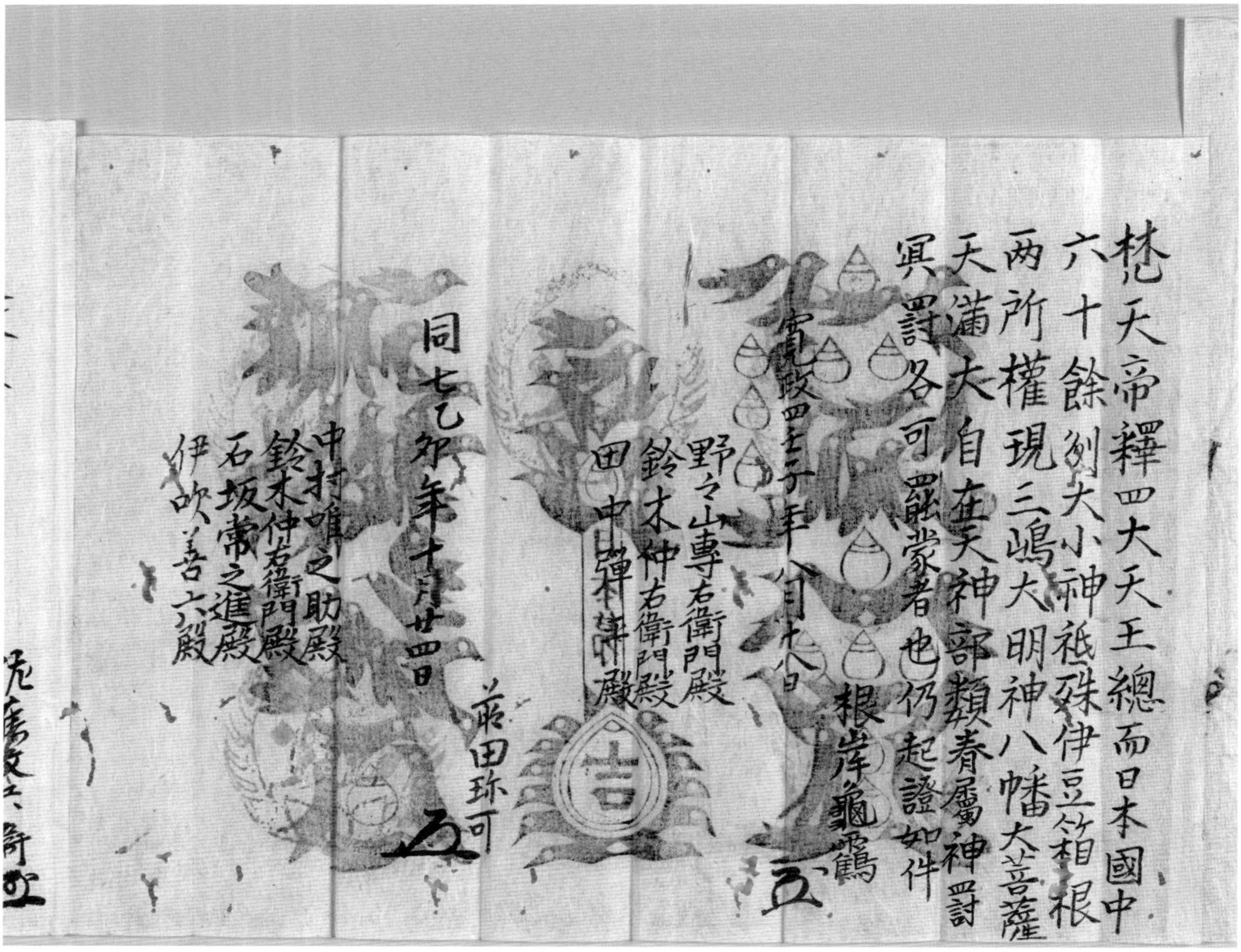

〈第二紙　那智滝宝印　二四・二×三四・六糎〉

梵天・帝釈・四大天王、總而日本國中
六十餘州大小神祇、殊伊豆箱根
両所權現・三嶋大明神・八幡大菩薩・
天滿大自在天神・部類眷屬神罰
冥罰各可罷蒙者也、仍起證如件、

根岸龜靏（血判・花押）

寛政四壬子年八月十八日

野々山専右衛門殿
鈴木仲右衛門殿
田　中　弾　平殿

同七年乙卯年十月廿四日

前田珎可（血判・花押）

中村唯之助殿
鈴木仲右衛門殿
石坂常之進殿
伊　吹　善　六殿

〈紙継目〉

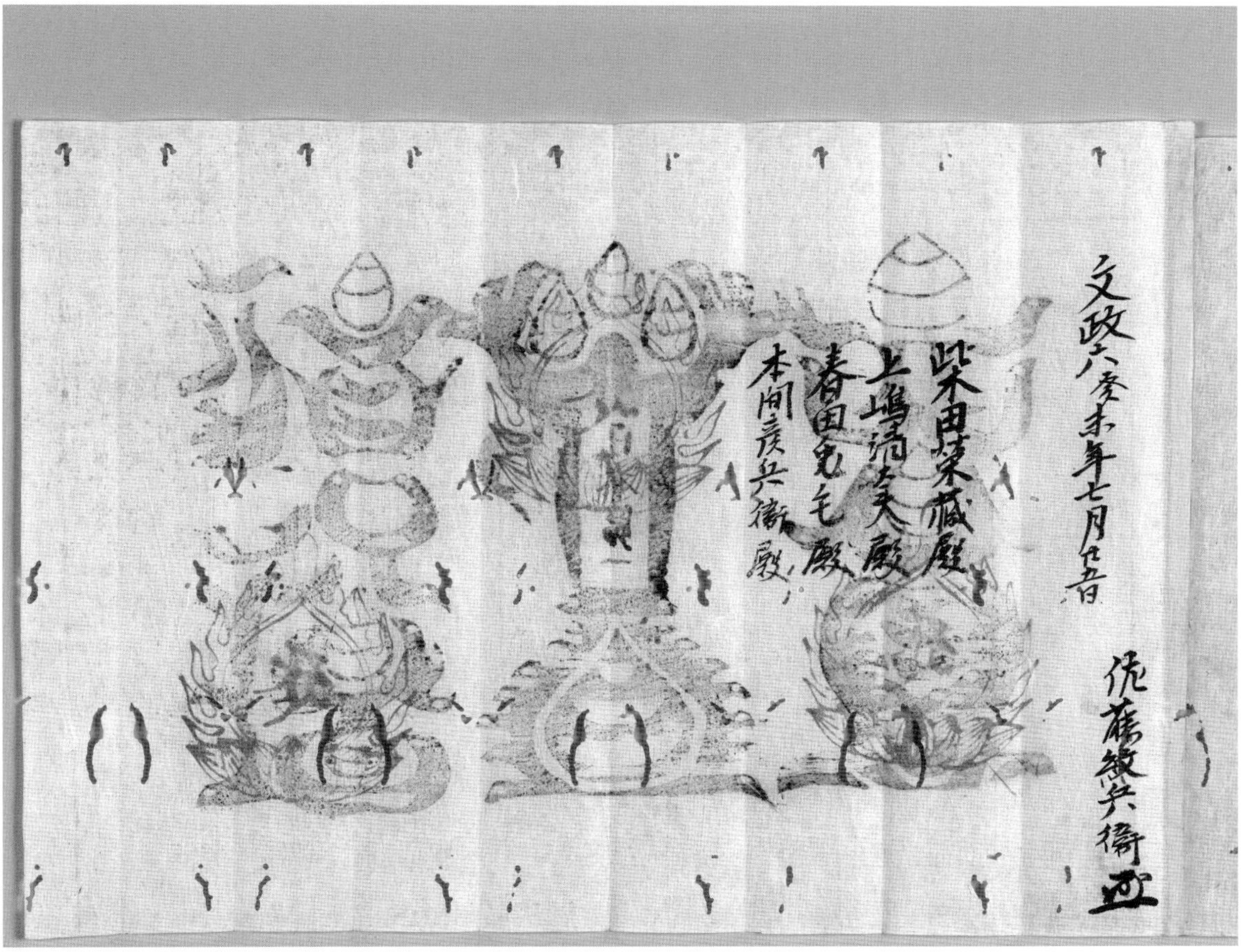

〈第三紙　熊野本宮牛玉宝印　二四・六×三四・五糎〉

文政六癸未年七月廿五日

佐藤紋兵衛（血判・花押）

柴田栄蔵殿

上嶋清太夫殿

春田兎毛殿

本間彦兵衛殿

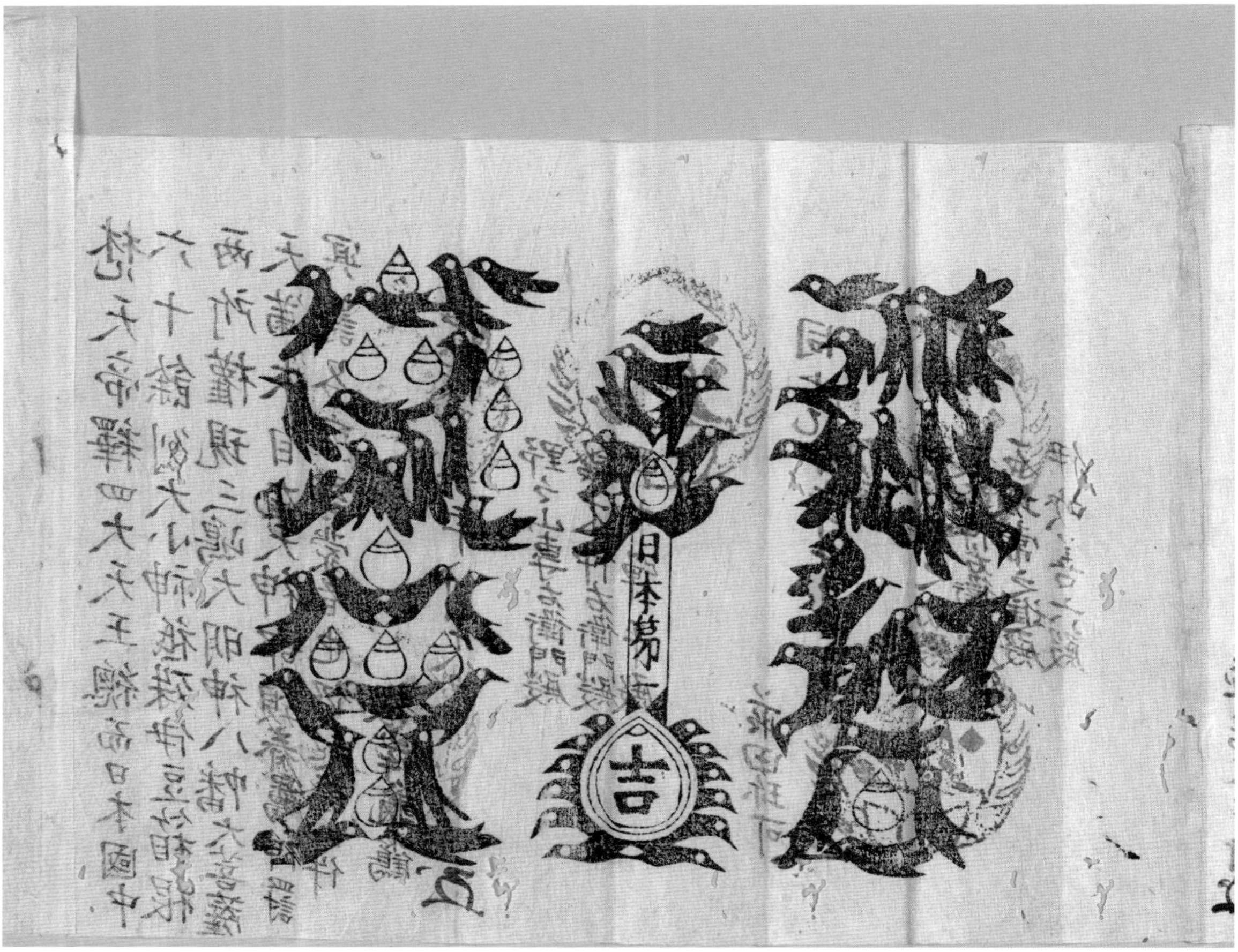
日本第一
吉

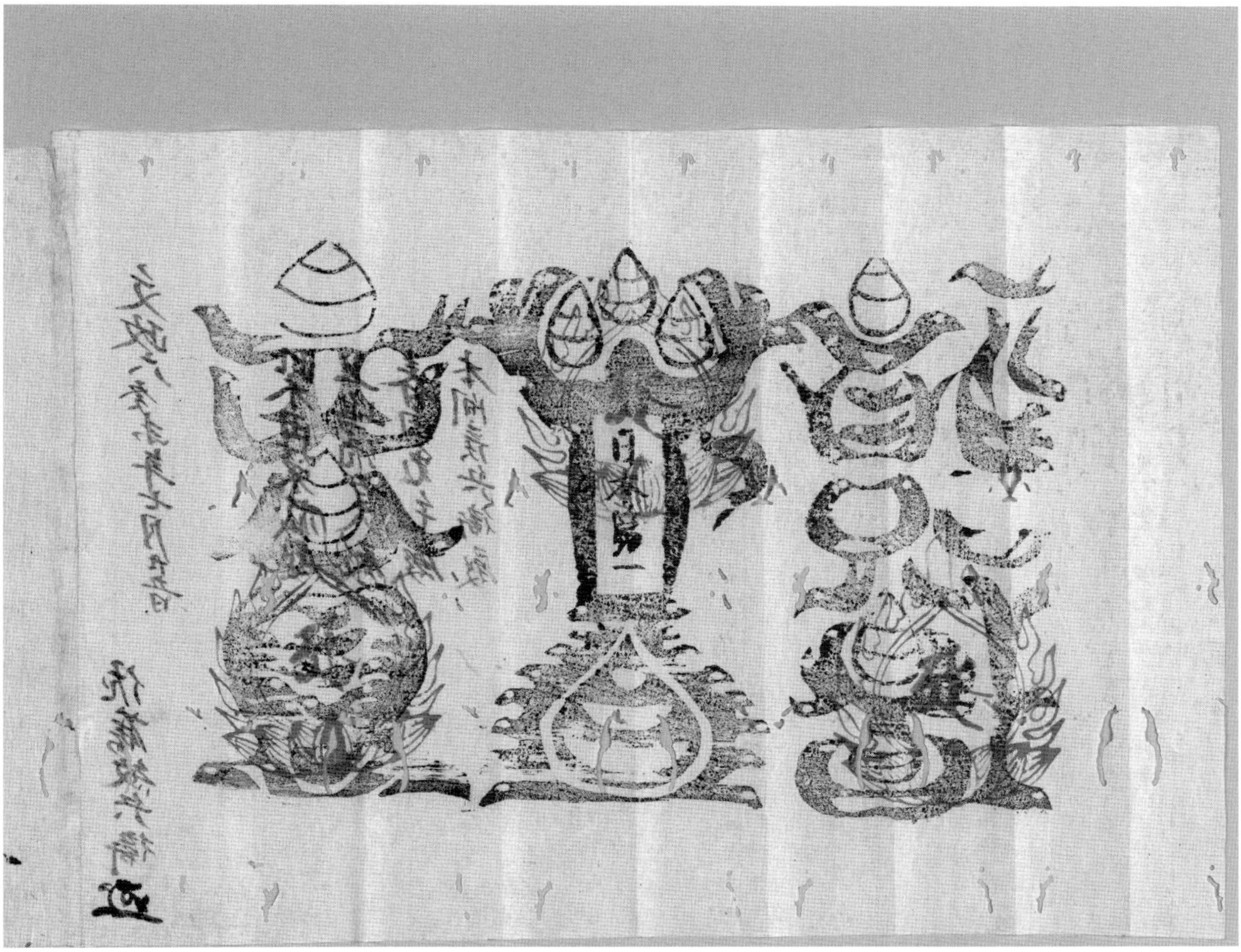

五、根岸喜齊他起請文

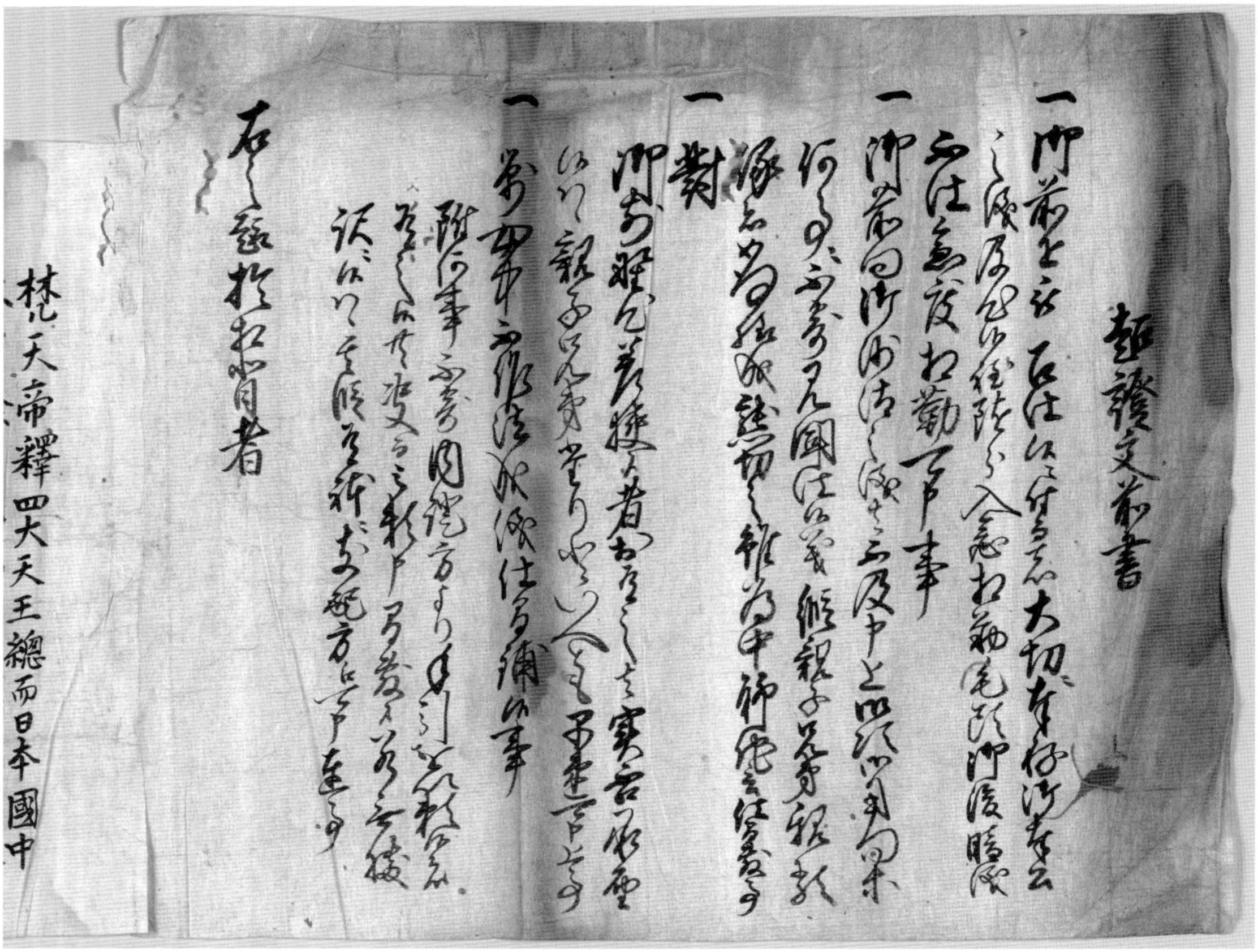

〈第一紙　二八・二×三三・七糎〉

起證文前書

一 御前近被　召仕候ニ付而者、大切ニ奉存、御奉公
之儀及心候程随分入念相勤、毛頭御後暗儀
不仕、急度相勤可申事、

一 御前向御沙汰之儀は不及申上、御次御用向等
何事ニ不寄見聞仕候義、縦親子兄弟親類
縁者如何様成懇切之雖為中、聊他言仕間敷事、

一 對
御前墅心差挾候者於有之は、実否承届
候ハヽ、親子兄弟たりといへとも早速可申上事、

一 對女中不作法成儀仕間鋪候事、
附、何事不寄内證方より手引を以頼候者
有之候共、決而被頼申間敷候、若無據
訳ニ候ハヽ、其段有躰ニ支配方江可申達事、

右之趣於相背者、

〈紙継目〉

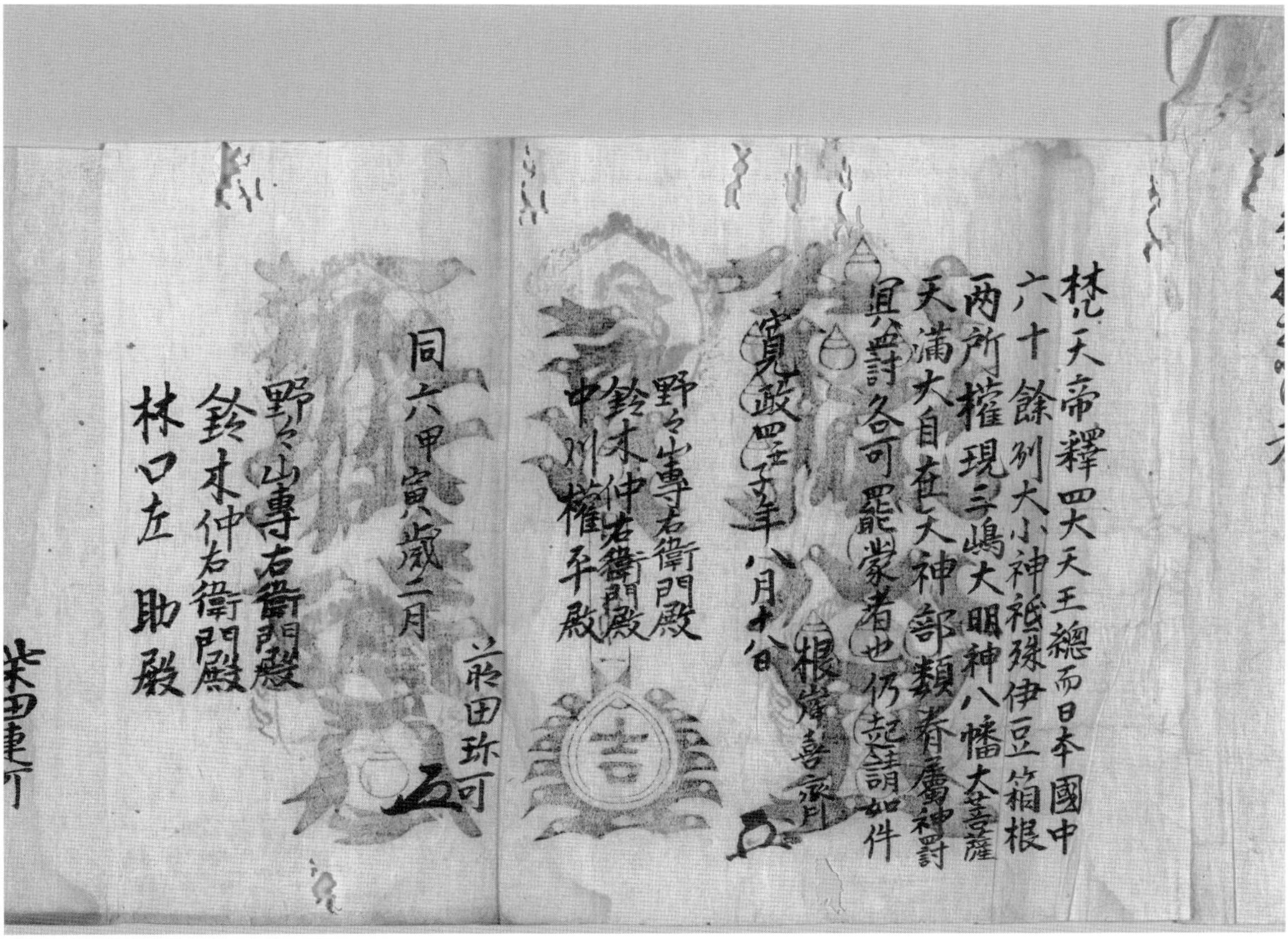

〈第二紙　那智滝宝印　二四・五×三二・三糎〉

梵天・帝釈・四大天王、總而日本國中
六十餘州大小神祇、殊伊豆箱根
両所權現・三嶋大明神・八幡大菩薩・
天滿大自在天神・部類眷屬神罰
冥罰各可罷蒙者也、仍起請如件、

根岸喜齊

寛政四壬子年八月十八日　（血判・花押）

野々山専右衛門殿
鈴木仲右衛門殿
中　川　權　平殿

前田珎可

同六甲寅歳二月　（血判・花押）

野々山専右衛門殿
鈴木仲右衛門殿
林　口　左　助殿

〈紙継目〉

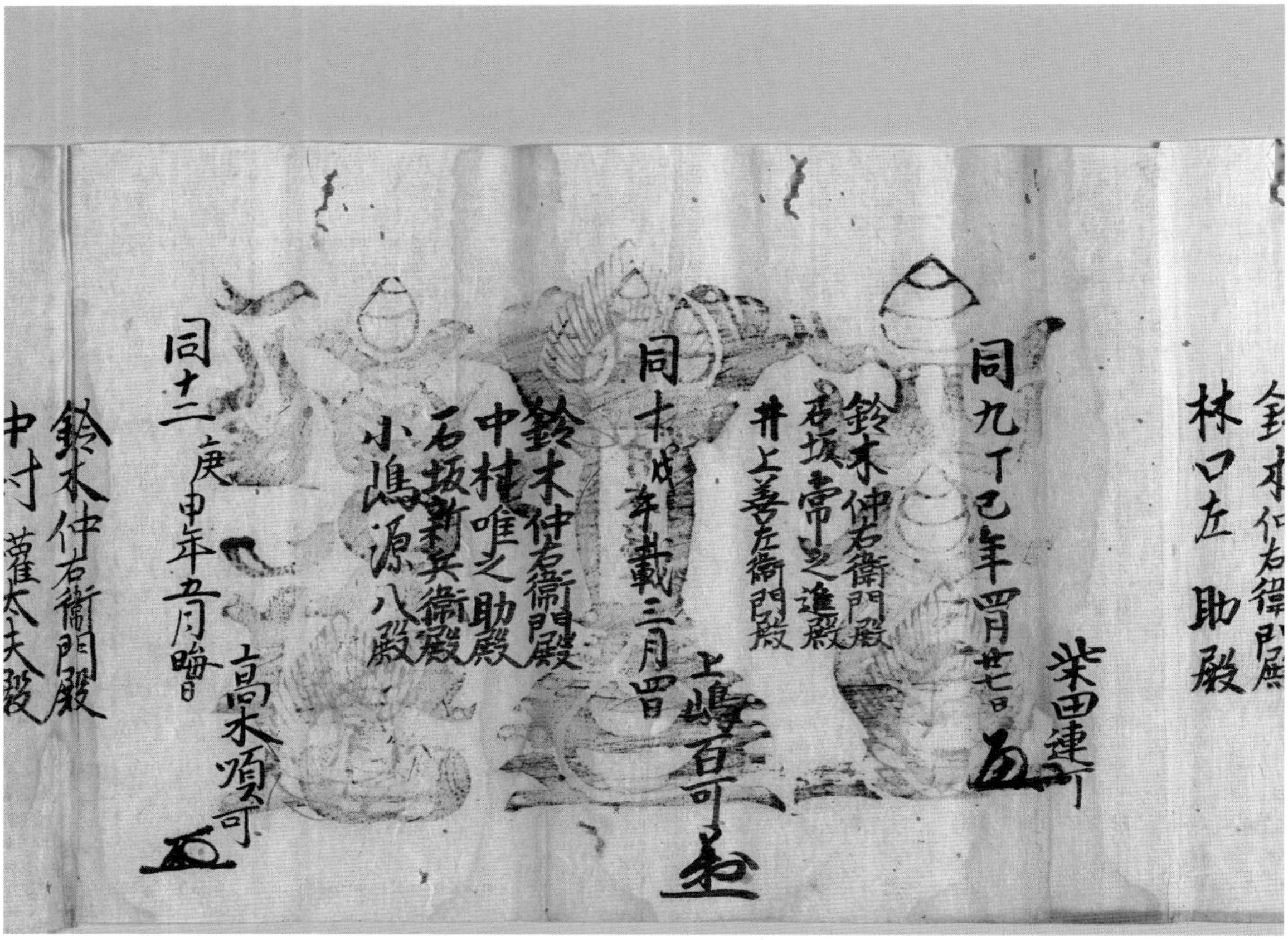

〈第三紙　熊野本宮牛玉宝印　二四・一×三三・七糎〉

同九丁巳年四月廿七日

柴田連可（血判・花押）

鈴木仲右衛門殿
石坂常之進殿
井上善左衛門殿

同十戊午載三月四日

上嶋百可（血判・花押）

鈴木仲右衛門殿
中村唯之助殿
石坂新兵衛殿
小嶋源　八殿

同十二庚申年五月晦日

高木順可（血判・花押）

〈紙継目〉

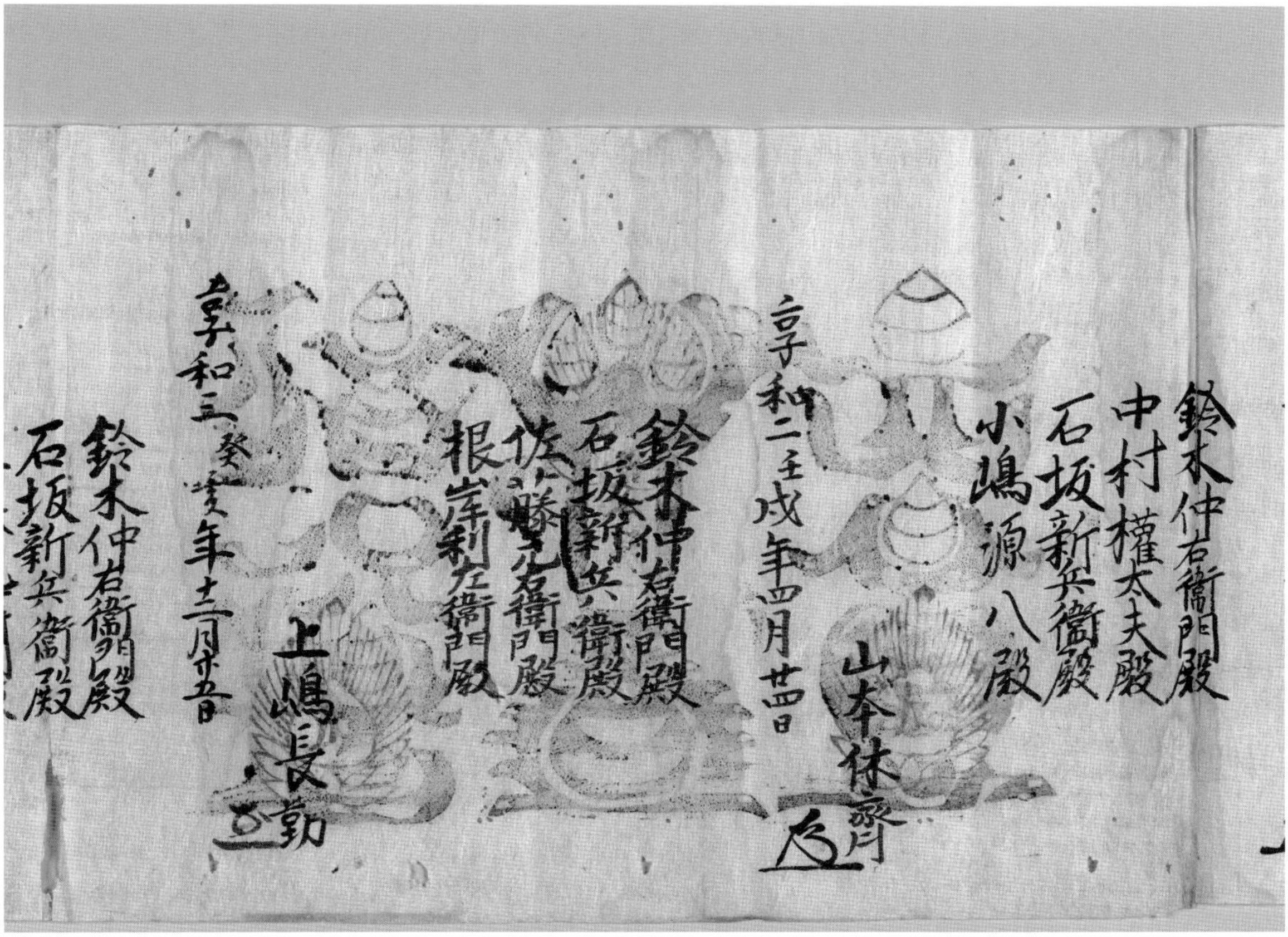

鈴木仲右衛門殿〈第四紙　熊野本宮牛玉宝印　二四・六×三四・七糎〉
中村權太夫殿
石坂新兵衛殿
小嶋源八殿

享和二壬戌年四月廿四日
山本休齊（血判・花押）

鈴木仲右衛門殿
石坂新兵衛殿
佐藤元右衛門殿
根岸利左衛門殿

享和三癸亥年十二月廿五日
上嶋長勤（血判・花押）

鈴木仲右衛門殿〈紙継目〉

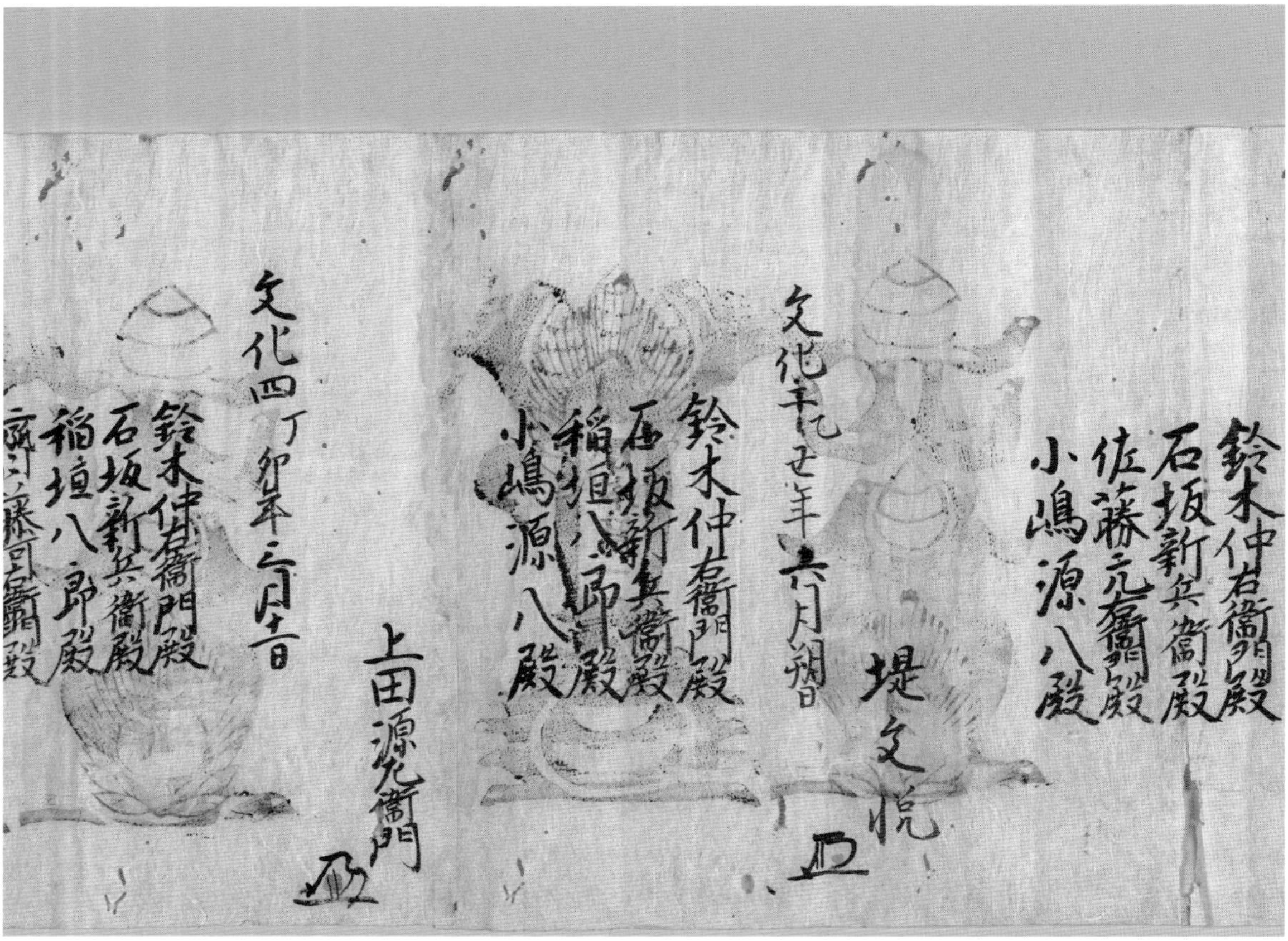

石坂新兵衛殿……………〈第五紙　熊野本宮牛玉宝印 二四・六×二三・一糎〉

佐藤元右衛門殿

小嶋源八殿

堤文悦（血判・花押）

文化二乙丑年六月朔日

鈴木仲右衛門殿

石坂新兵衛殿

稲垣八郎殿

小嶋源八殿

……………〈紙継目〉

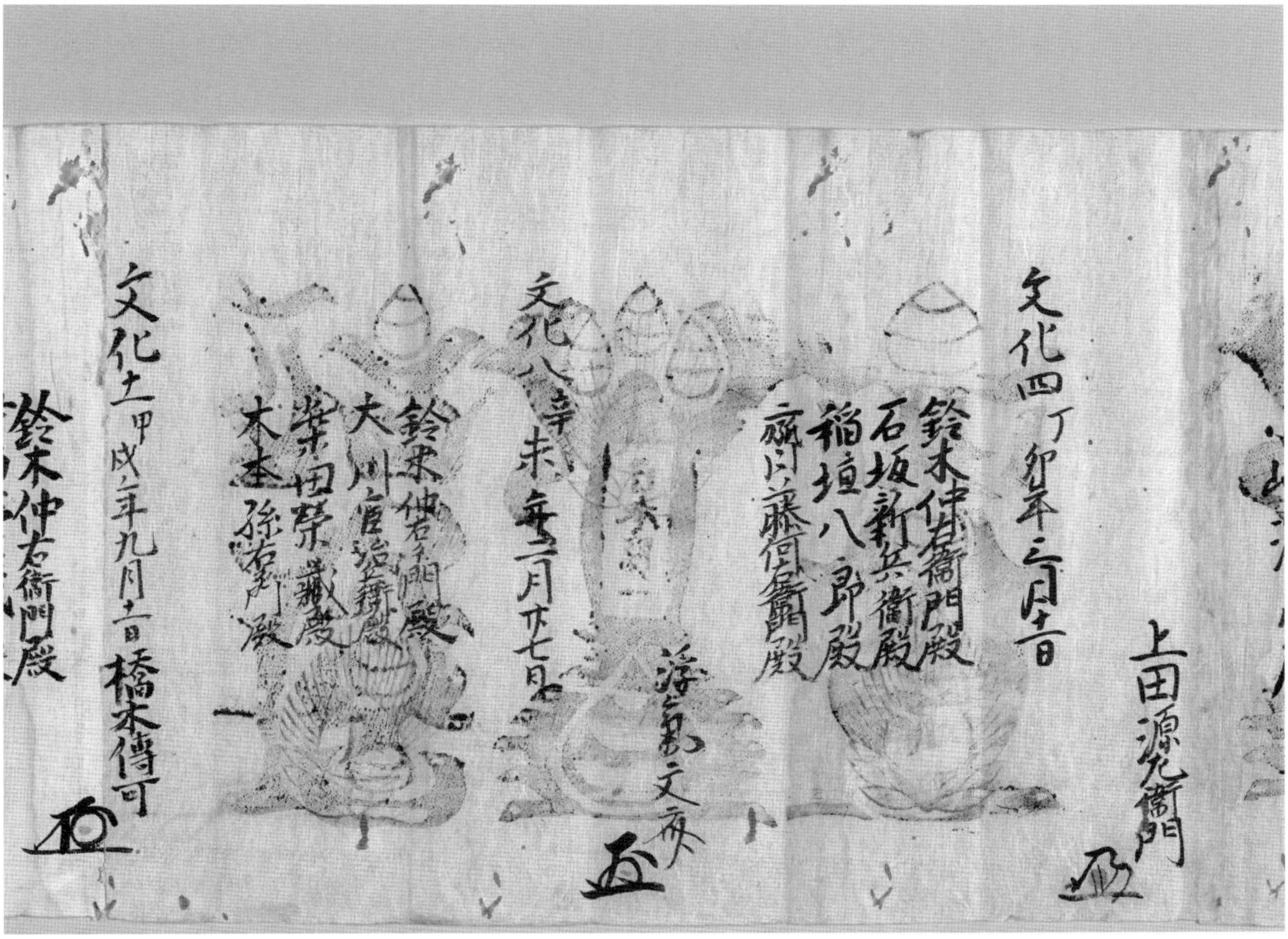

〈第六紙　熊野本宮牛玉宝印　二四・七×三四・六糎〉

上田源左衛門（血判・花押）

文化四丁卯年三月十一日

鈴木仲右衛門殿
石坂新兵衛殿
稲垣八郎殿
齊藤何右衛門殿

浮氣文齊（血判・花押）

文化八辛未年二月廿七日

鈴木仲右衛門殿
大川宦治兵衛殿
柴田榮藏殿
木本孫右衛門殿

文化十一甲戌年九月十一日　橋本傳可（血判・花押）

〈紙継目〉

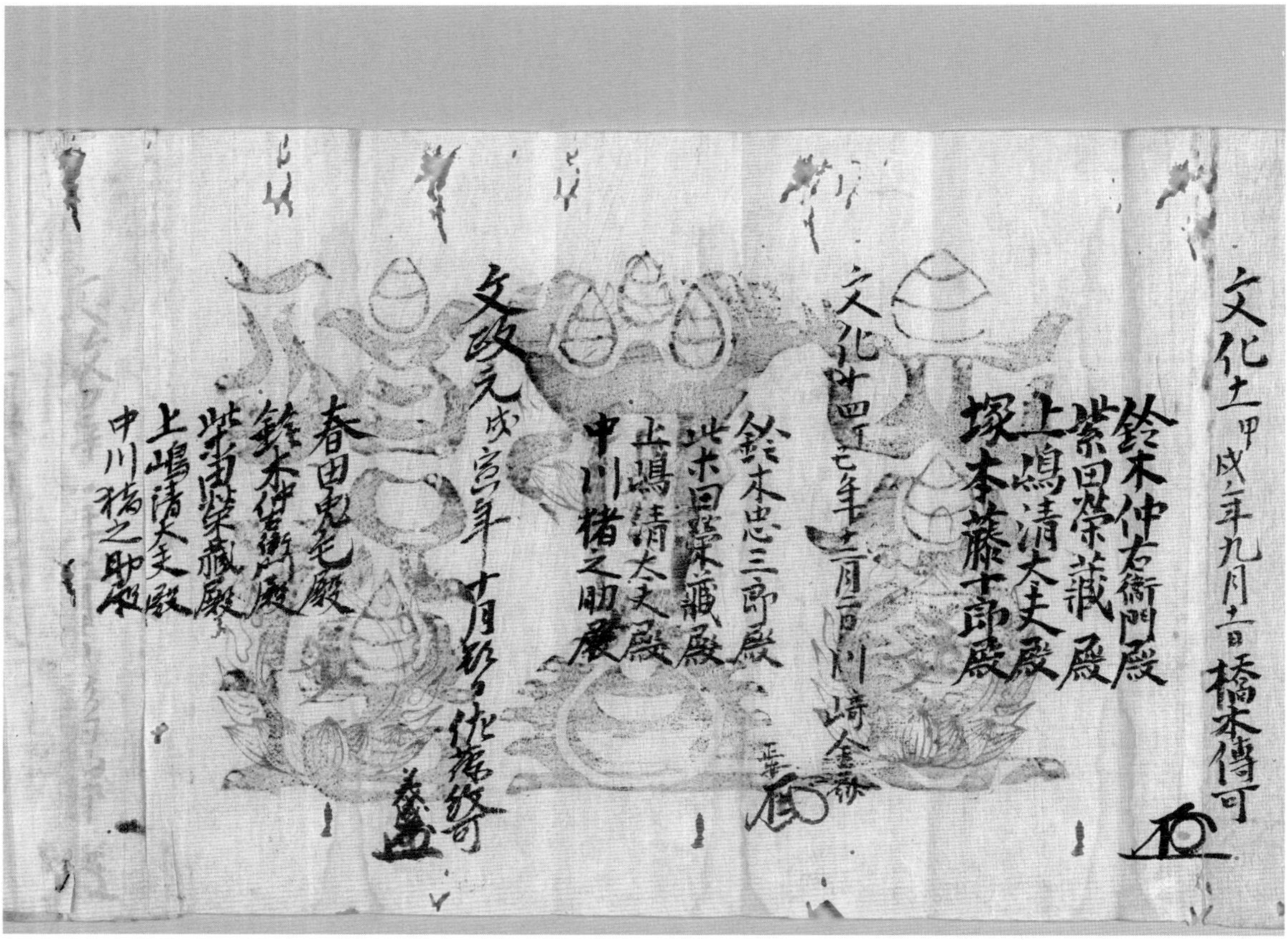

〈第七紙　熊野本宮牛玉宝印　二四・二×三一・八糎〉

鈴木仲右衛門殿
柴田　榮　藏殿
上嶋清太夫殿
塚本藤十郎殿

文化十四丁丑年十二月二日　川崎金齊
正安（血判・花押）

鈴木忠三郎殿
柴田　榮　藏殿
上嶋清太夫殿
中川猪之助殿

文政元戊寅年十月朔日　佐藤紋可
美成（血判・花押）

春田　兎　毛殿
鈴木仲右衛門殿
柴　田　榮　藏殿
上嶋清太夫殿
中川猪之助殿

〈紙継目〉

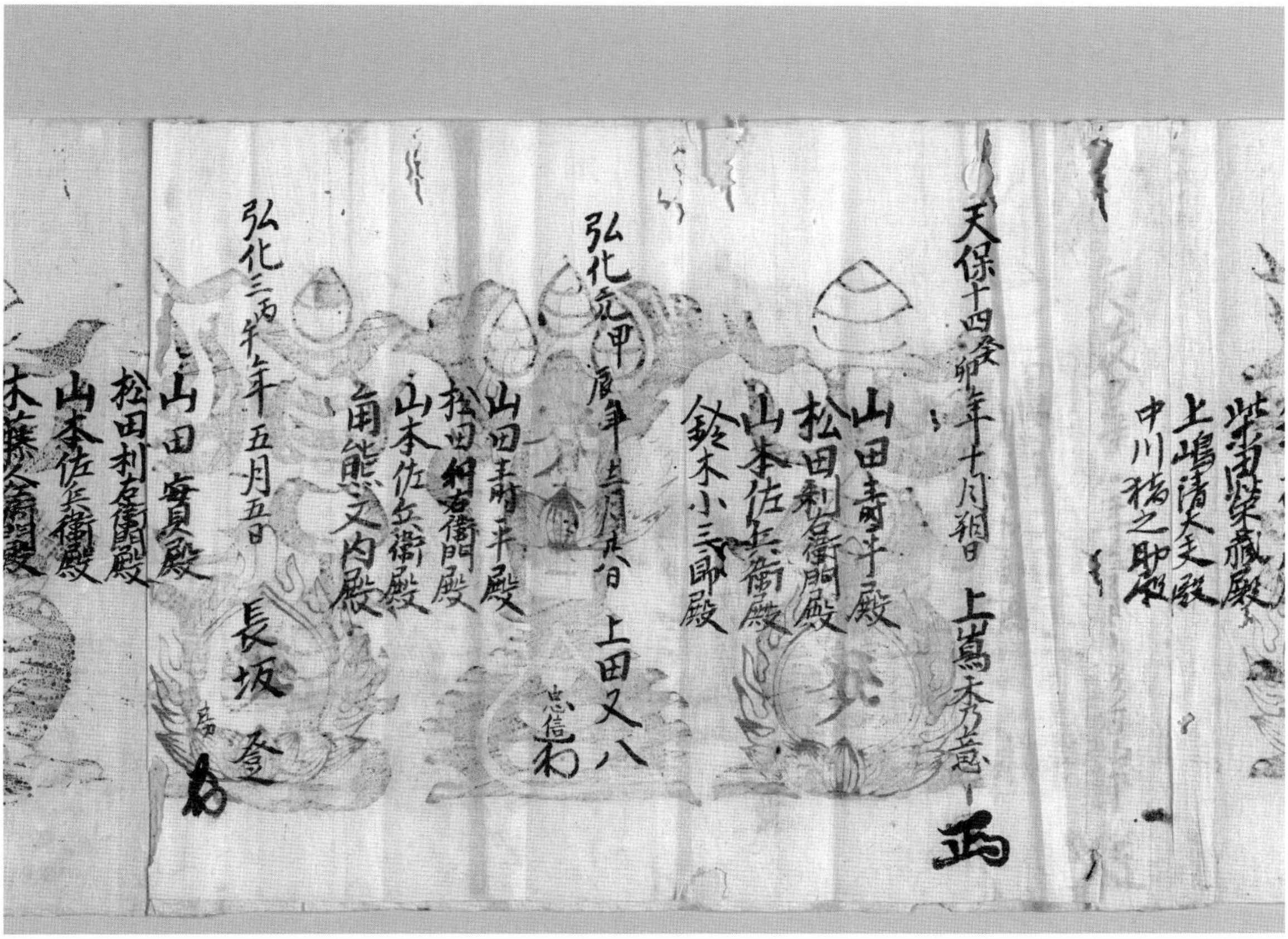

……〈第八紙　熊野本宮牛玉宝印　二四・七×二九・五糎〉

〔以下、第九紙裏の翻刻　写真は第九紙〕

「文政四辛巳年十一月廿日　杉田仙甫武美（血判・花押）

柴田榮藏殿

上嶋清太夫殿

春田兎毛殿

中川猪之助殿

天保十四癸卯年十月朔日　上嶋秀意

山田壽平殿

松田利右衛門殿

山本佐兵殿」
ゝ　ゝゝ

……〈紙継目〉

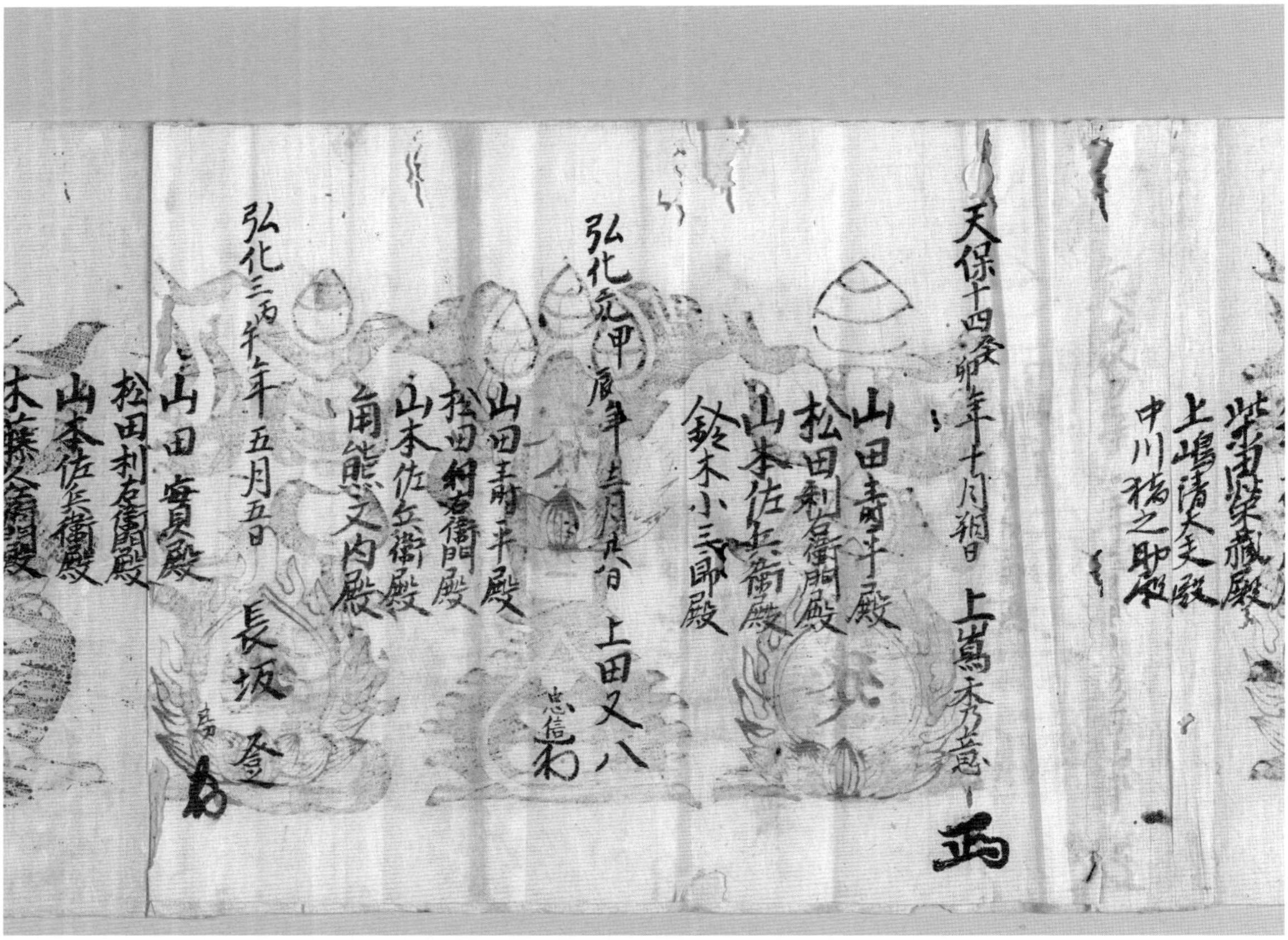

〈第九紙　熊野本宮牛玉宝印　二四・六×二八・七糎〉

天保十四癸卯年十月朔日　上嶌秀意（血判・花押）

山田壽平殿
松田利右衛門殿
山本佐兵衛殿
鈴木小三郎殿

弘化元甲辰年十二月廿八日　上田又八
忠信（血判・花押）

山田壽平殿
松田利右衛門殿
山本佐兵衛殿
角熊文内殿

弘化三丙午年五月五日　長坂登
房（血判・花押）

山田實殿

〈紙継目〉

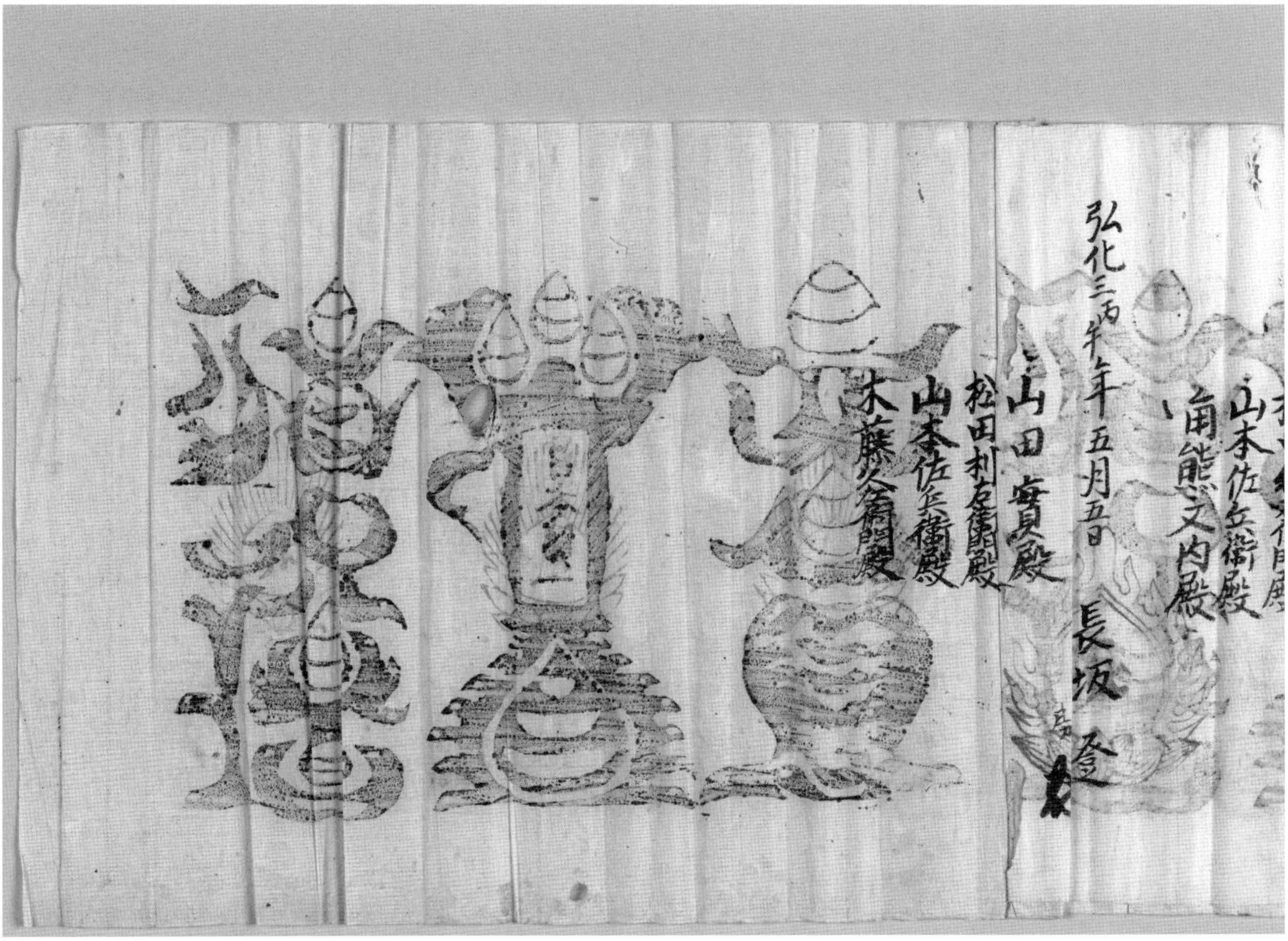

〈第十紙　熊野本宮牛玉宝印　二四・七×三二・七糎〉

松田利右衛門殿
山本佐兵衛殿
木藤久左衛門殿

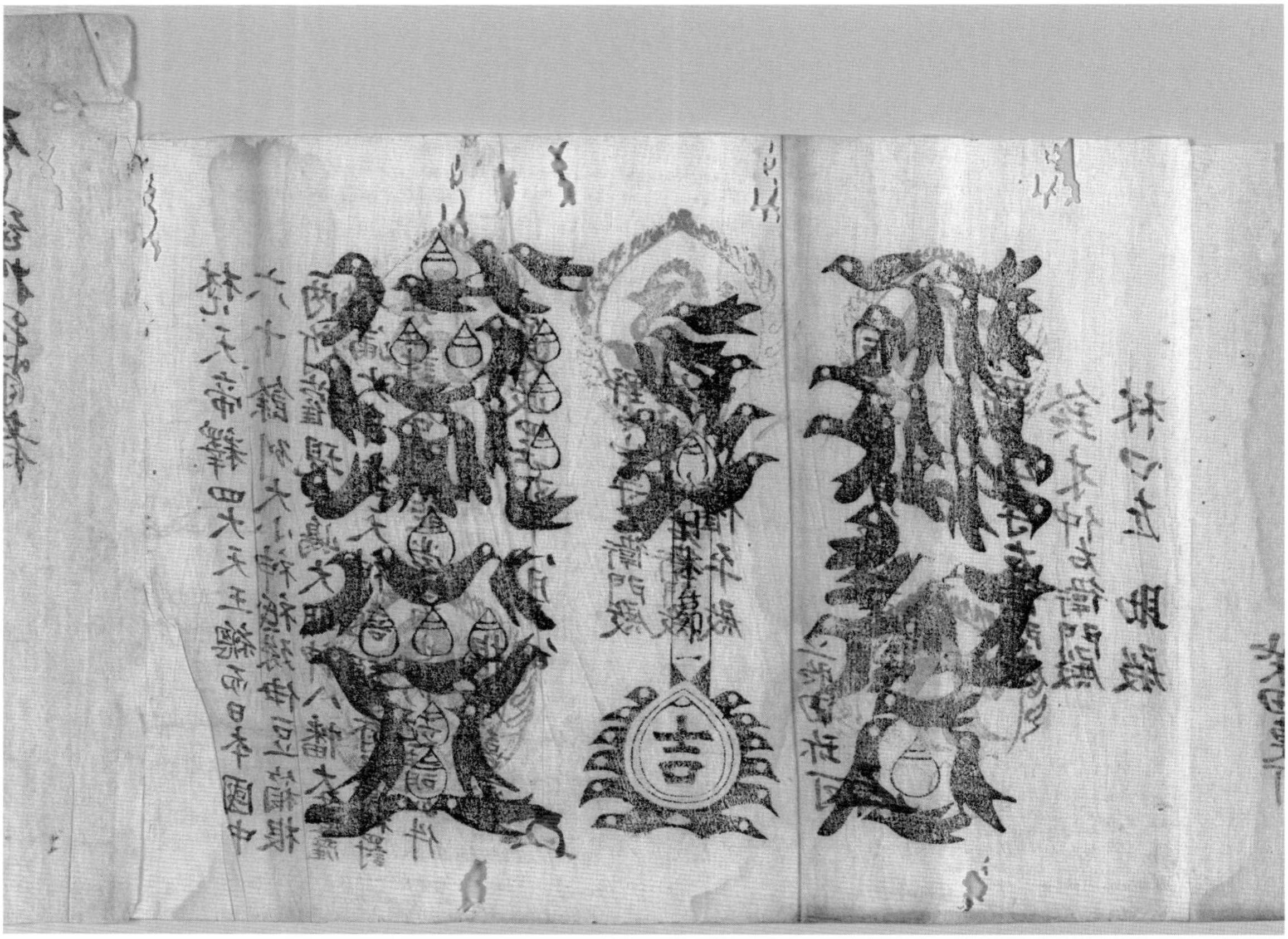

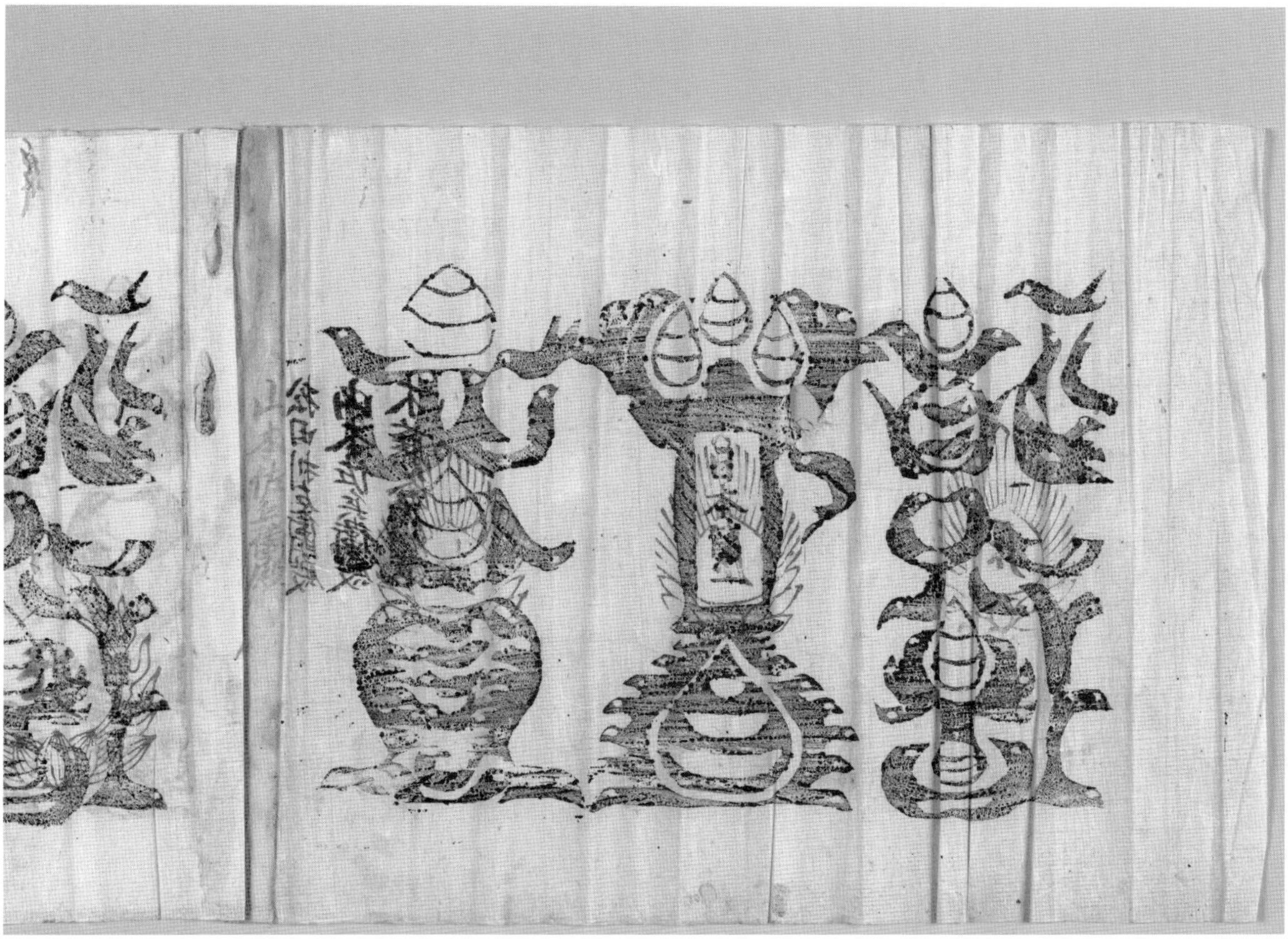

六、竹林忠蔵他起請文

（包紙ウハ書）

御勝手附
誓盟

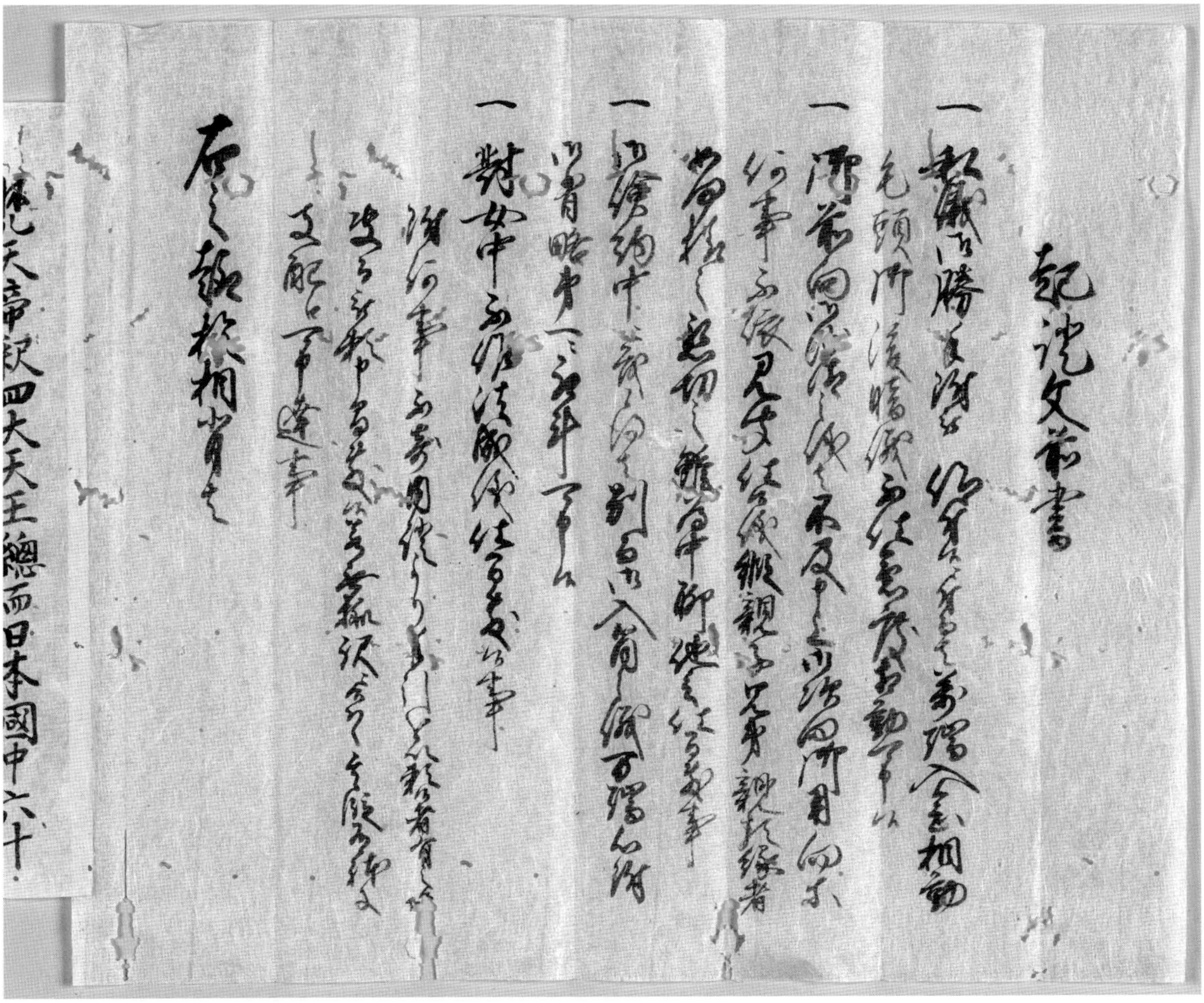

〈第一紙　二八・三×三二・六糎〉

起證文前書

一　私儀、御勝手附被　仰付候ニ付而は、萬端入念相勤、
毛頭御後暗儀不仕、急度相勤可申候、

一　御前向御沙汰之儀は不及申上、御次向御用向等
何事不依見聞仕候儀、縦親子兄弟親類縁者
如何様之懇切之雖為中、聊他言仕間敷事、

一　御倹約中ニも候得は、別而御入筒之儀万端心附
御省略第一ニ取計可申候、

一　對女中不作法成儀仕間敷候事、
附、何事不寄内證より手引を以頼候者有之候共、
決而被頼申間敷候、若無拠訳ニ候ハヽ、其段有躰に
支配江可申達事、

右之趣於相背は、

〈紙継目〉

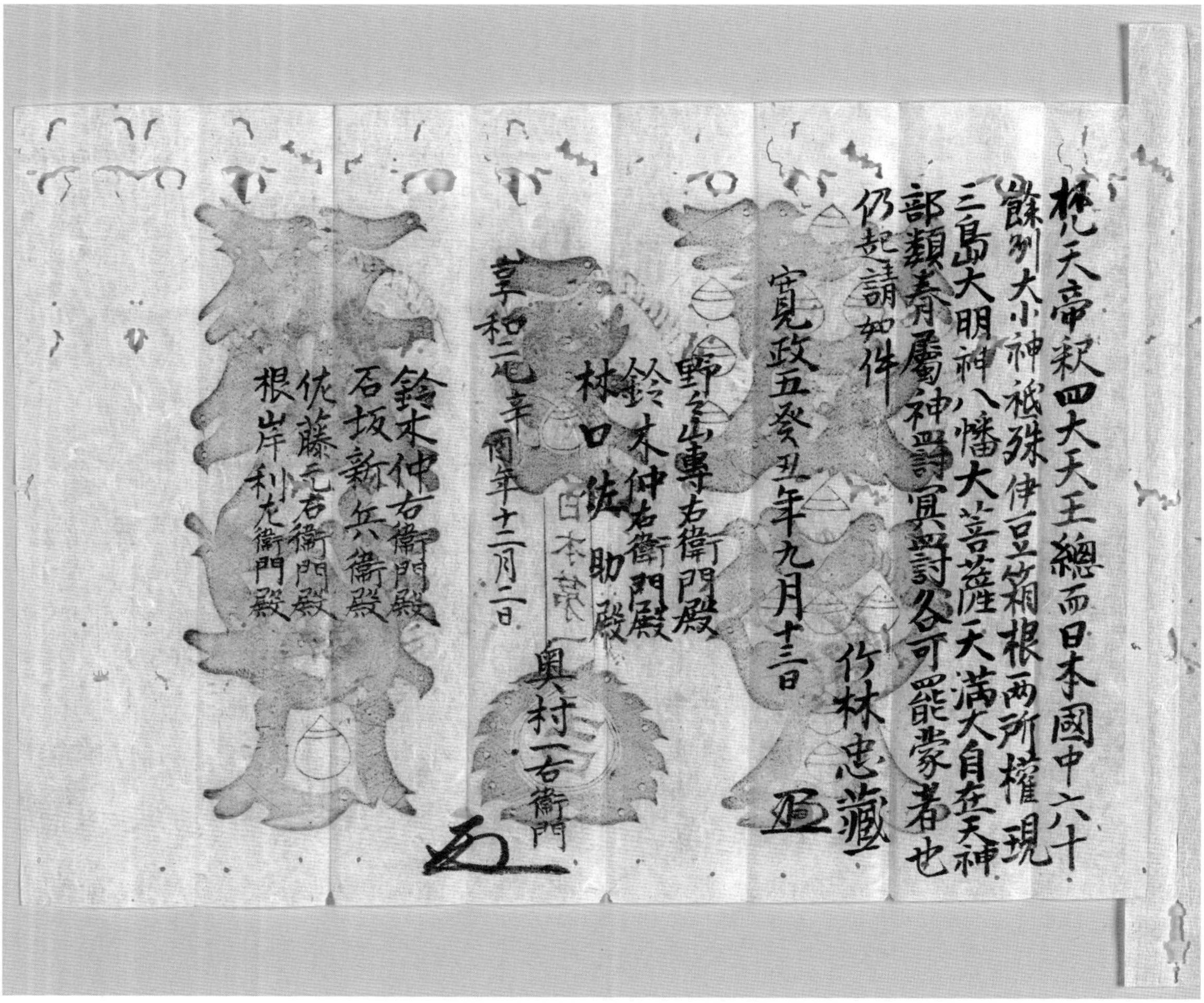

〈第二紙　那智滝宝印　二三・六×三三・〇糎〉

梵天・帝釈・四大天王、總而日本國中六十
餘州大小神祇、殊伊豆箱根両所權現・
三島大明神・八幡大菩薩・天満大自在天神・
部類眷屬神罰冥罰各可罷蒙者也、
仍起請如件、

竹林忠藏

寛政五癸丑年九月十三日（血判・花押）

野々山専右衛門殿
鈴木仲右衛門殿
林　口　佐　助殿

奥村一右衛門

享和元辛酉年十二月二日（血判・花押）

鈴木仲右衛門殿
石坂　新　兵　衛殿
佐藤元右衛門殿
根岸利左衛門殿

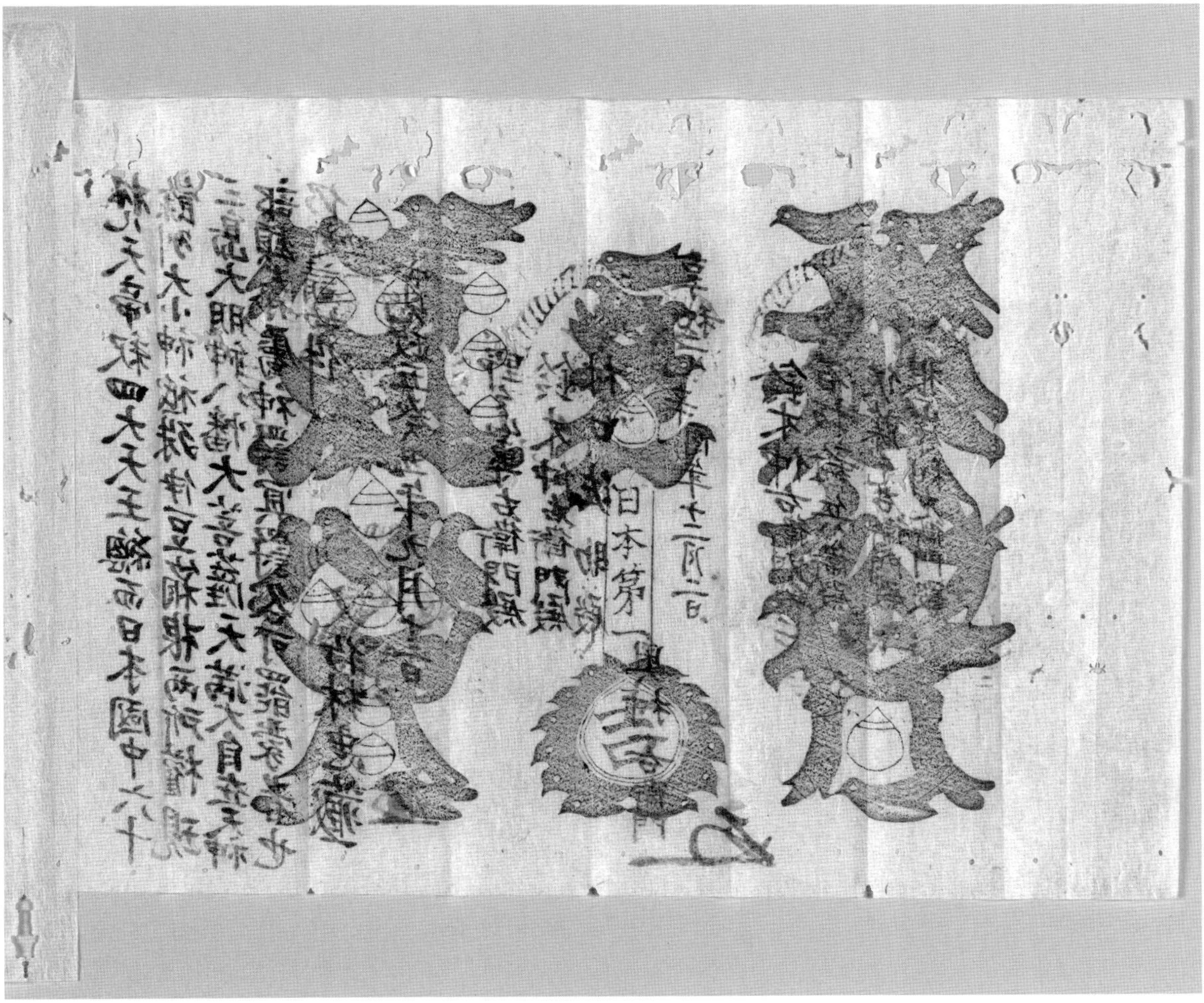

七、池田兵右衛門起請文

（包紙ウハ書）

御勝手附

返誓詞

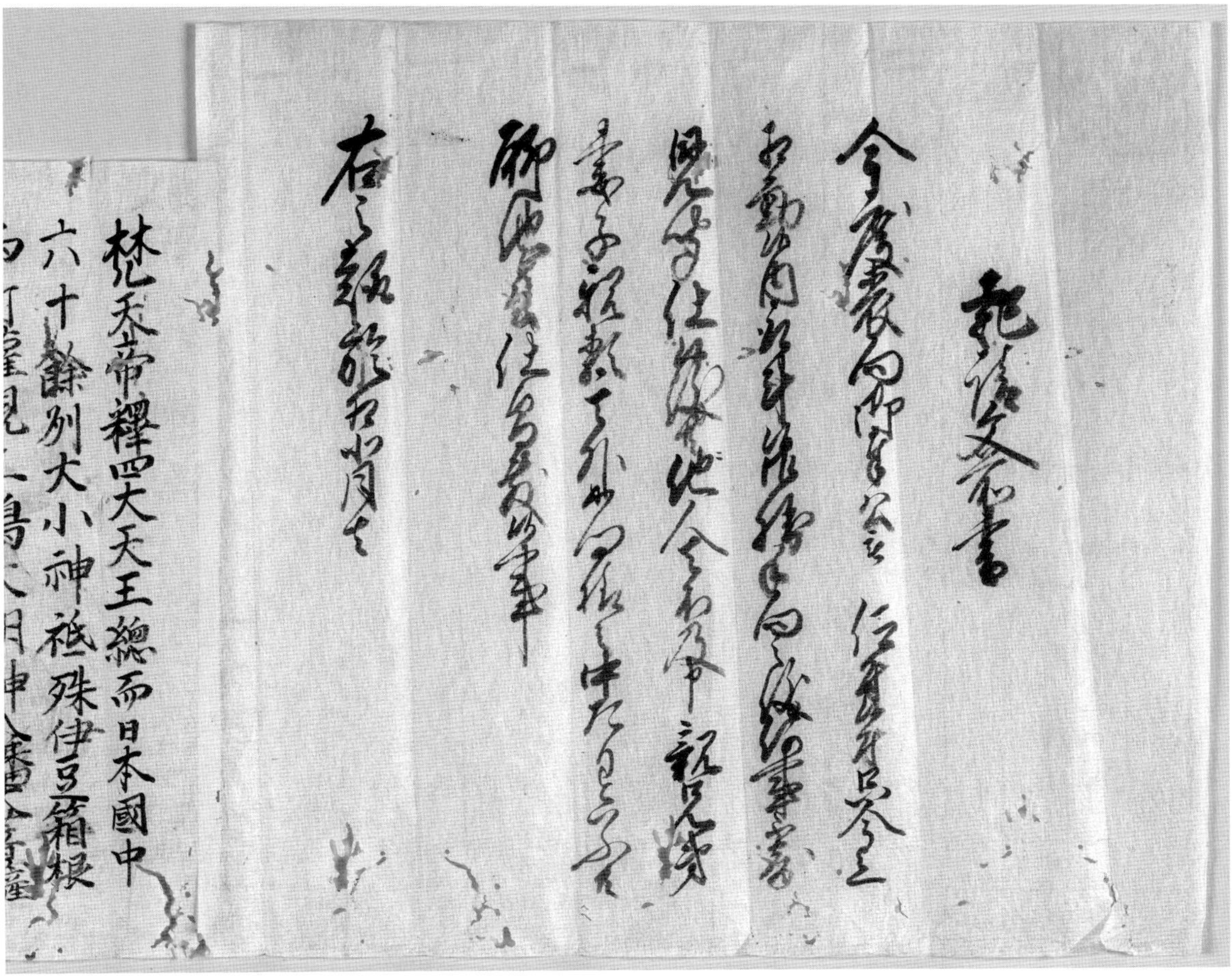

〈第一紙　二八・二×二九・二糎〉

起請文前書

今度表向御奉公被　仰付候付、只今迄
相勤候内、取計候御勝手向之儀、何事不寄
見聞仕候儀共ニ、他人は不及申、親兄弟
妻子親類其外如何様之中たりといふ共、
聊他言仕間敷候事、

右之趣於相背は、

〈紙継目〉

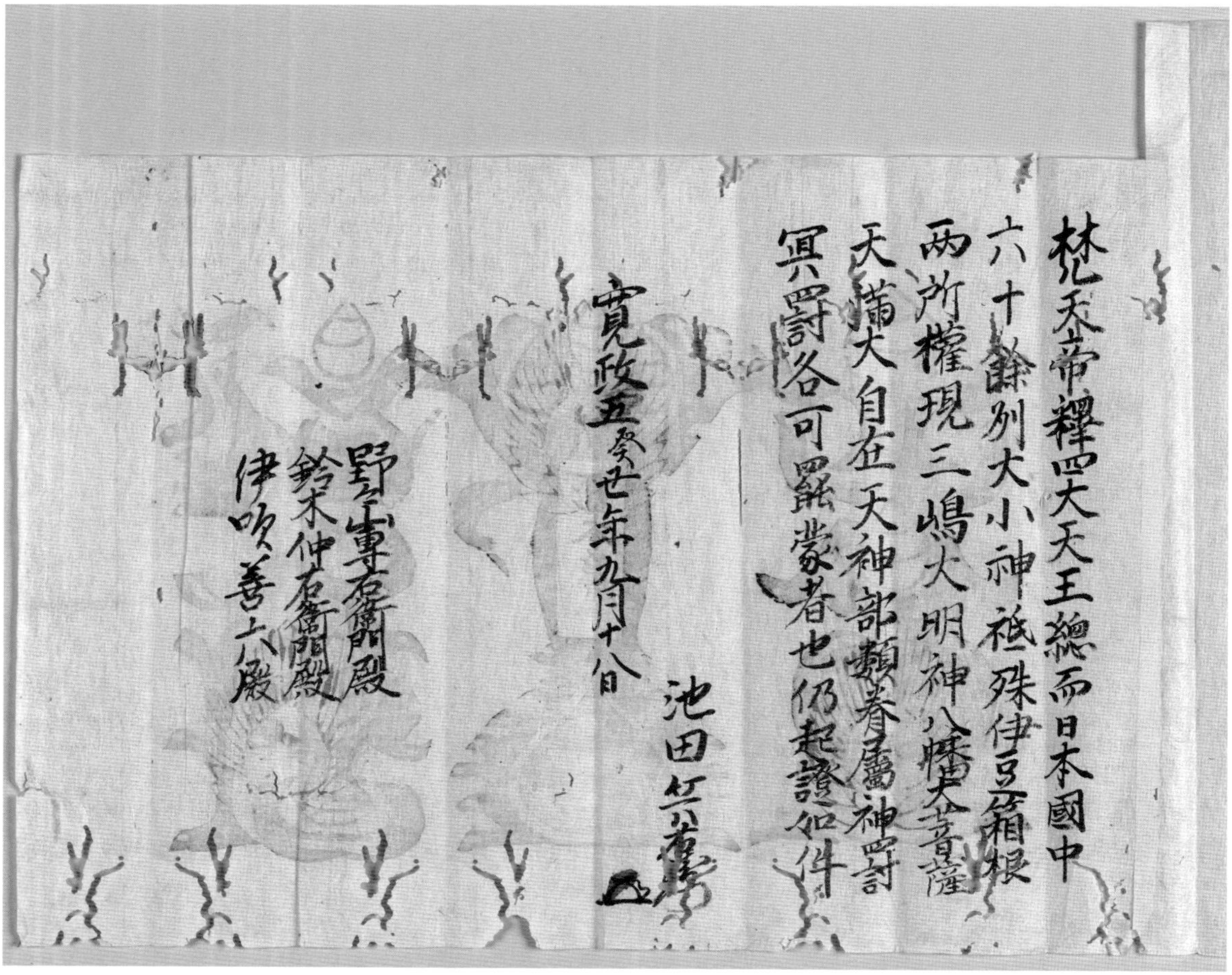

……………………〈第二紙　熊野本宮牛玉宝印　二四・〇×三三・二糎〉

梵天・帝釈・四大天王、總而日本國中
六十餘州大小神祇、殊伊豆箱根
両所權現・三嶋大明神・八幡大菩薩・
天滿大自在天神・部類眷屬神罰
冥罰各可罷蒙者也、仍起證如件、

池田兵右衛門（血判・花押）

寛政五癸丑年九月十八日

野々山専右衛門殿
鈴木仲右衛門殿
伊　吹　善　六殿

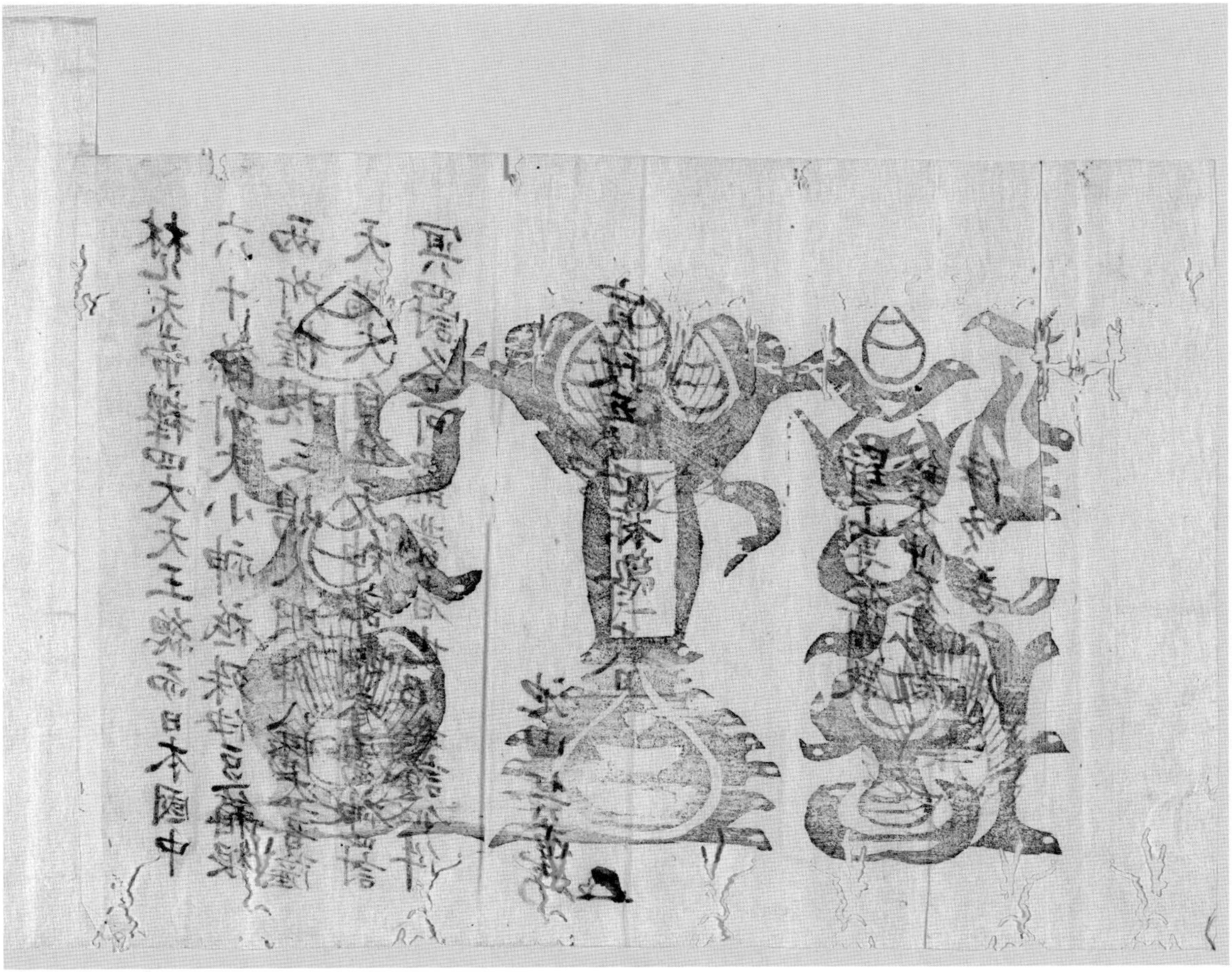

八、清七・十吉他起請文

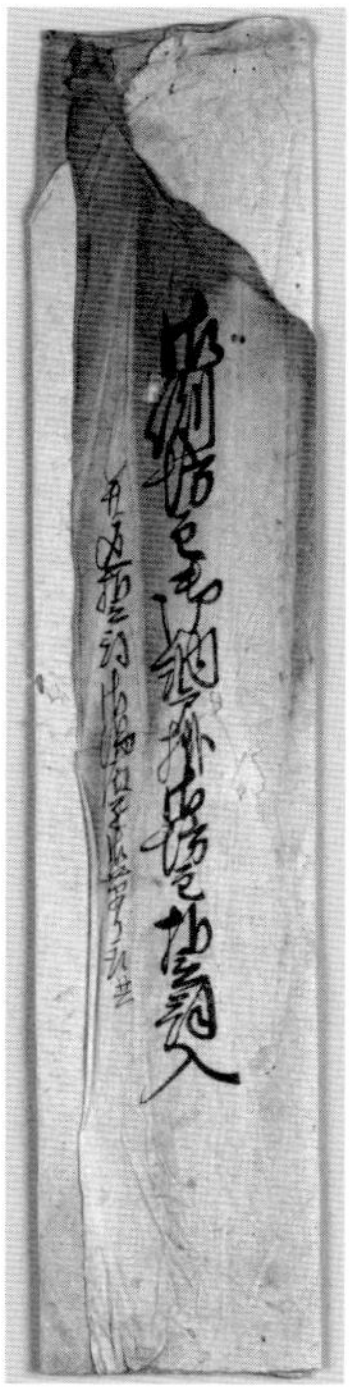

（包紙ウハ書）
御側坊主・御納戸掛御坊主誓詞入
并返誓詞、御湯殿懸・御草り取共

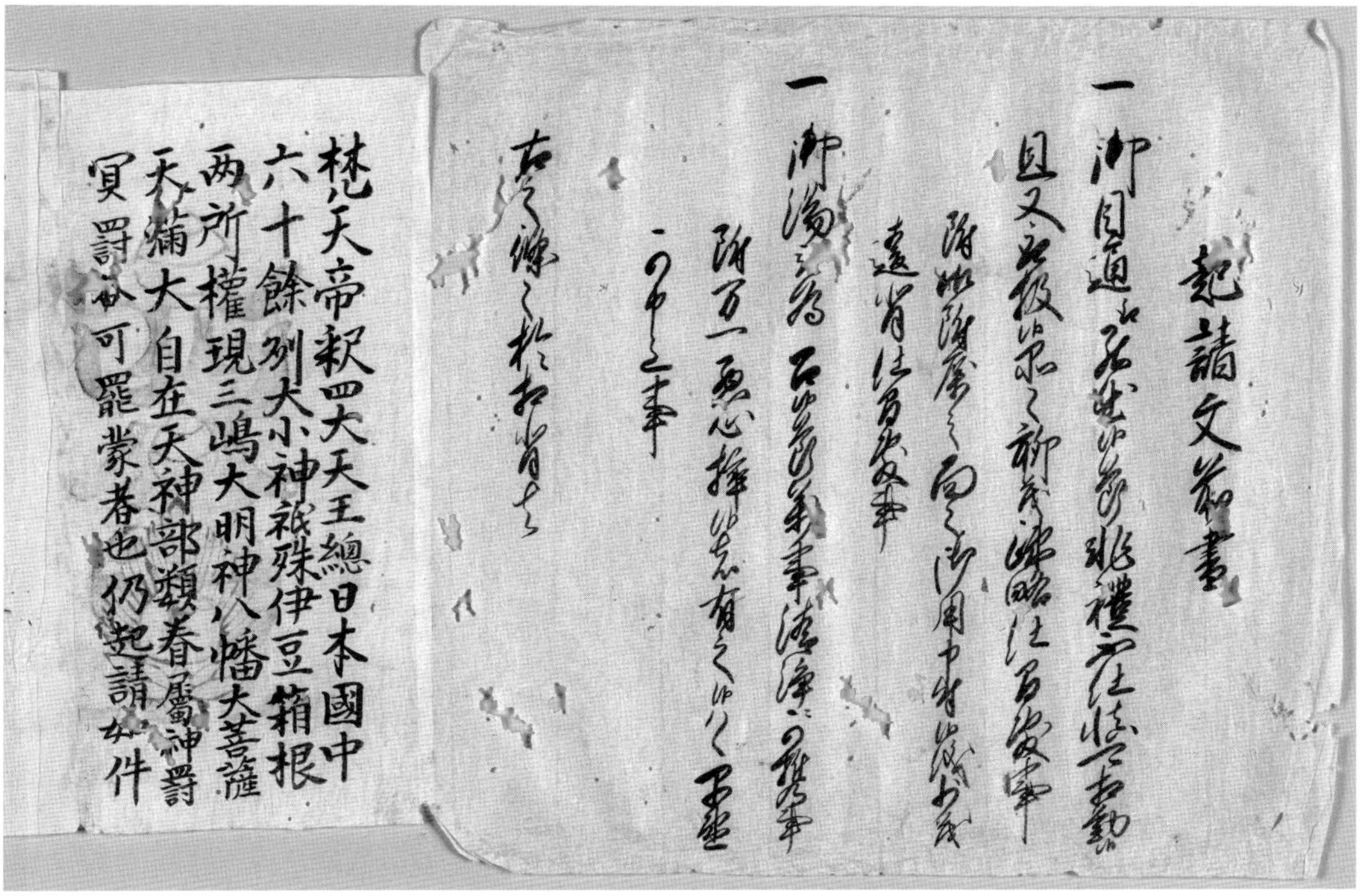

〈第一紙　二七・九×二九・六糎〉

起請文前書

一　御目通江罷出候節、非禮不仕、慎可相勤候、
且又取扱候品々、聊も疎略仕間敷事、
附、御附属之面々御用申付候儀、少も
違背仕間敷事、

一　御湯被為　召候節、萬事清浄ニ可携事、
附、万一悪心挟候者有之候ハヽ、早速
可申上事、

右之條々於相背は、

〈紙継目〉

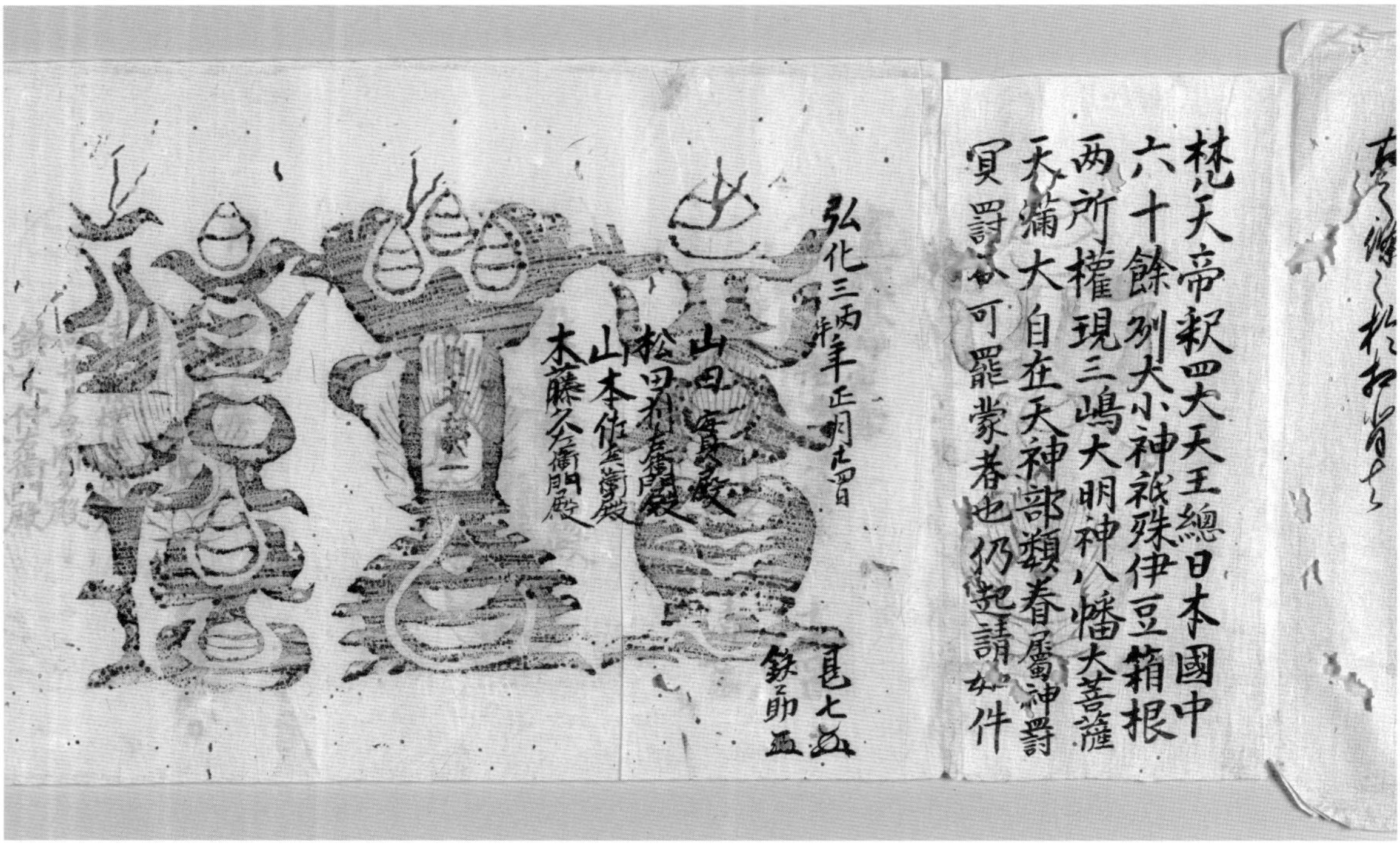

〈第二紙　熊野本宮牛玉宝印　二四・一×三三・九糎〉

梵天・帝釈・四大天王、總日本國中
六十餘州大小神祇、殊伊豆箱根
両所權現・三嶋大明神・八幡大菩薩・
天滿大自在天神・部類眷屬神罰
冥罰各可罷蒙者也、仍起請如件、

〔以下、第十四紙下裏の翻刻　写真は第十四紙〕

「寛政六甲寅年
閏十一月七日　十吉（血判・略押）
清七（血判・略押）
遠藤權九郎殿
鈴木仲右衛門殿
小野澤文八殿」

〈紙継目〉

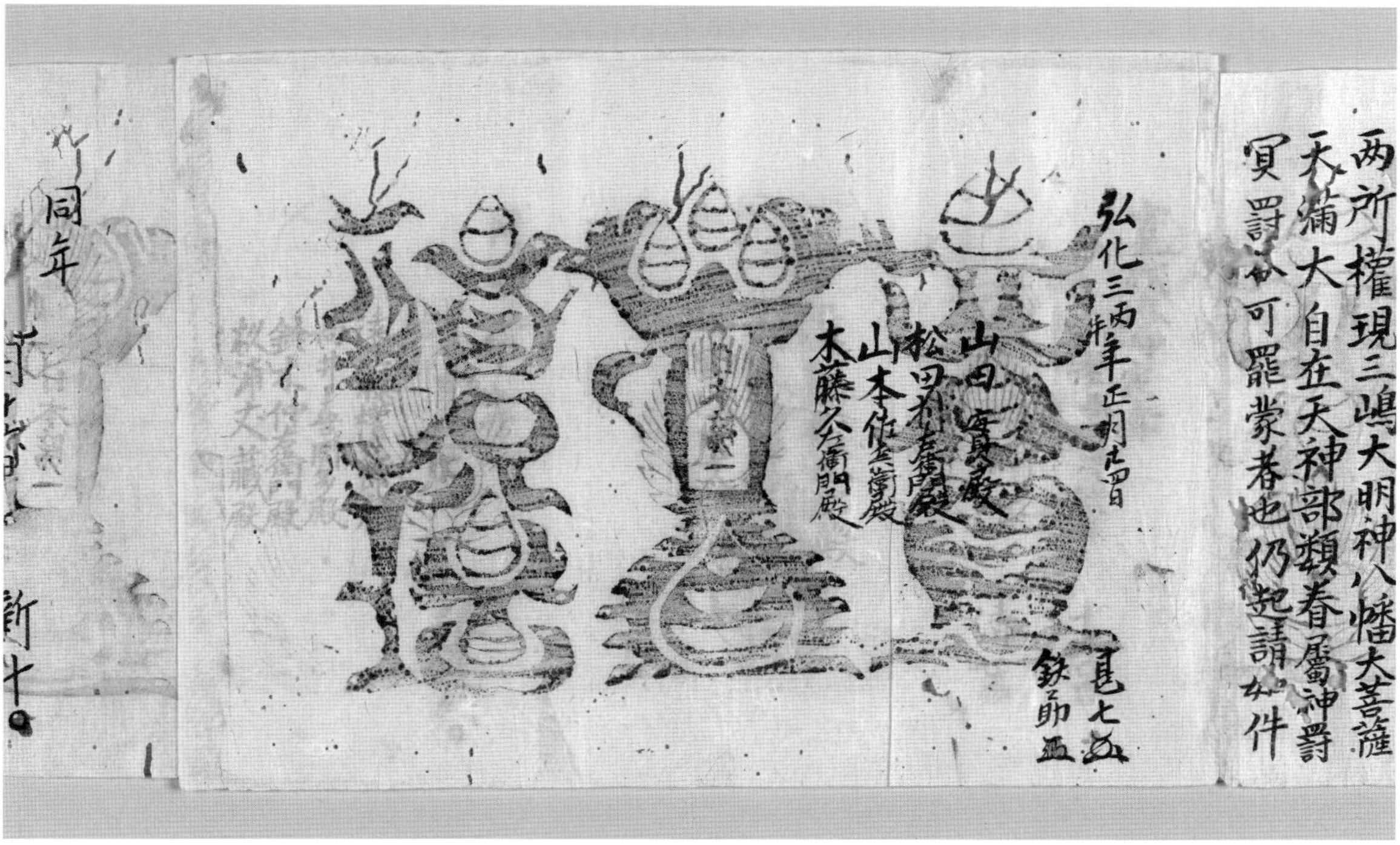

〈第十四紙　熊野本宮牛玉宝印　二四・四×三四・七糎〉

弘化三丙午年正月廿四日

甚　七（血判・花押）

鉄之助（血判・花押）

山田　實殿

松田利右衛門殿

山本佐兵衛殿

木藤久左衛門殿

〈紙継目〉

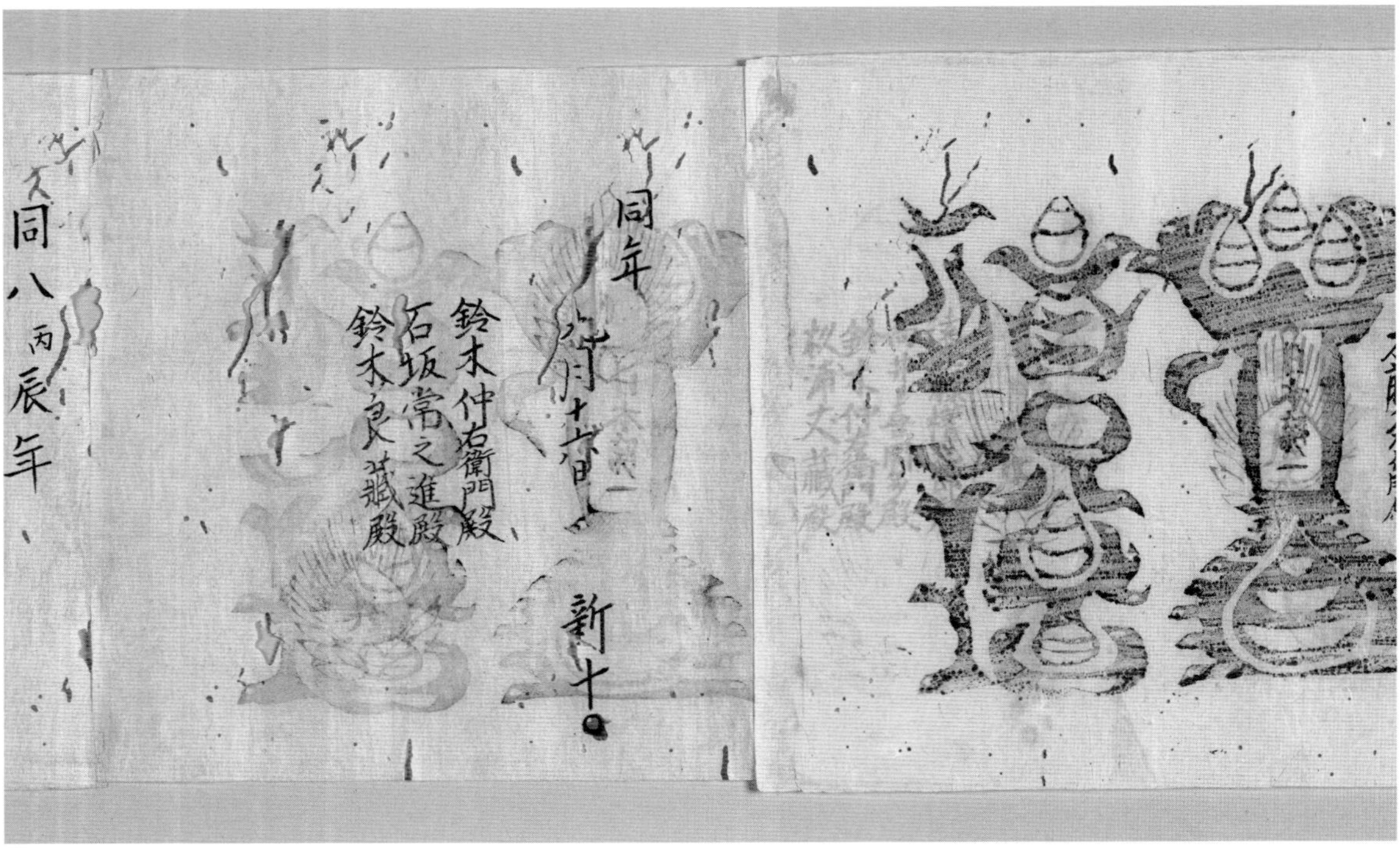

〈第三紙　熊野本宮牛玉宝印　二四・〇×三四・七糎〉

〔以下、第十四紙裏の翻刻〕

「同七乙卯年

四月十一日　礒右衛門（血判・略押）

遠藤権九郎殿

向井喜門多殿

鈴木仲右衛門殿

杦浦丈藏殿」

同年

九月十六日　新十（血判・略押）

鈴木仲右衛門殿

石坂常之進殿

鈴木良藏殿

〈紙継目〉

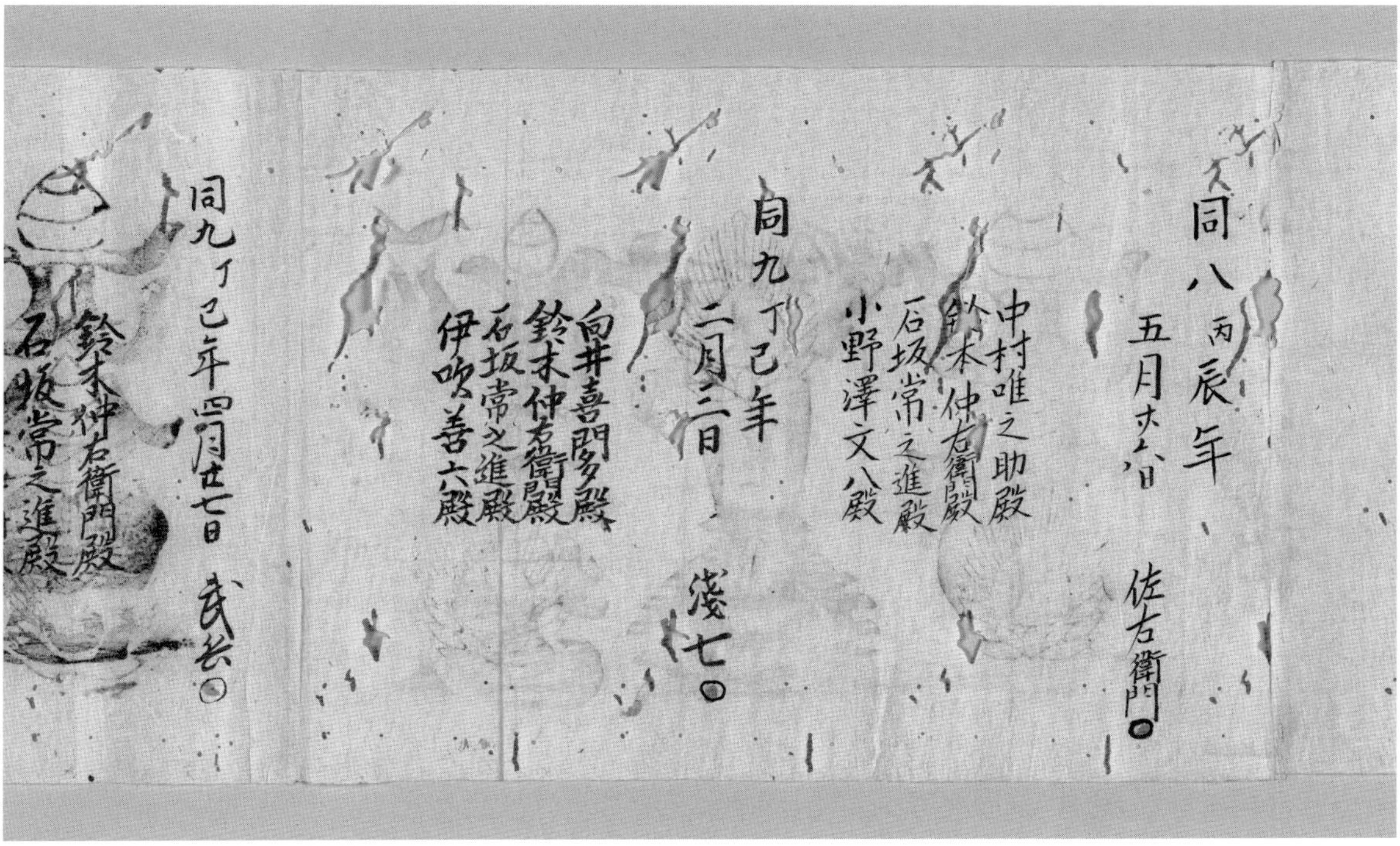

同八丙辰年
五月廿六日　佐右衛門
中村唯之助殿
鈴木仲右衛門殿
石坂常之進殿
小野澤文八殿
同九丁巳年
二月三日　淺七
向井喜門多殿
鈴木仲右衛門殿
石坂常之進殿
伊吹善六殿
同九丁巳年四月廿七日
鈴木仲右衛門殿
石坂常之進殿

〈第四紙　熊野本宮牛玉宝印　二四・〇×三二・四糎〉

同八丙辰年

五月廿六日　佐右衛門（血判・略押）

中村唯之助殿
鈴木仲右衛門殿
石坂常之進殿
小野澤文八殿

同九丁巳年

二月三日　淺七（血判・略押）

向井喜門多殿
鈴木仲右衛門殿
石坂常之進殿
伊吹善六殿

〈紙継目〉

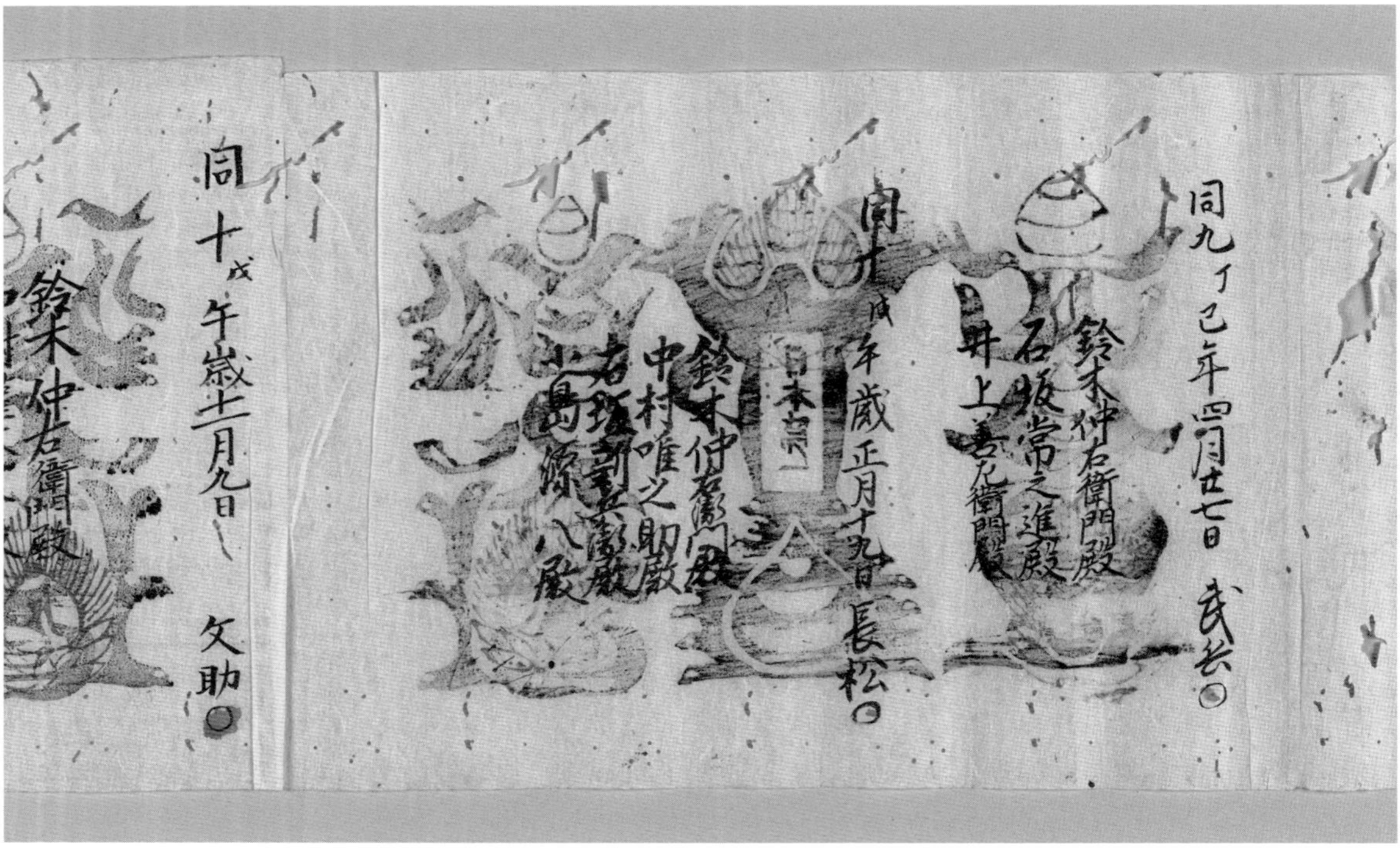

〈第五紙　熊野本宮牛玉宝印　二四・〇×三三・八糎〉

同九丁巳年四月廿七日　武兵（血判・略押）

鈴木仲右衛門殿
石坂常之進殿
井上善左衛門殿

同十戊午歳正月十九日　長松（血判・略押）

鈴木仲右衛門殿
中村唯之助殿
石坂新兵衛殿
小島源八殿

〈紙継目〉

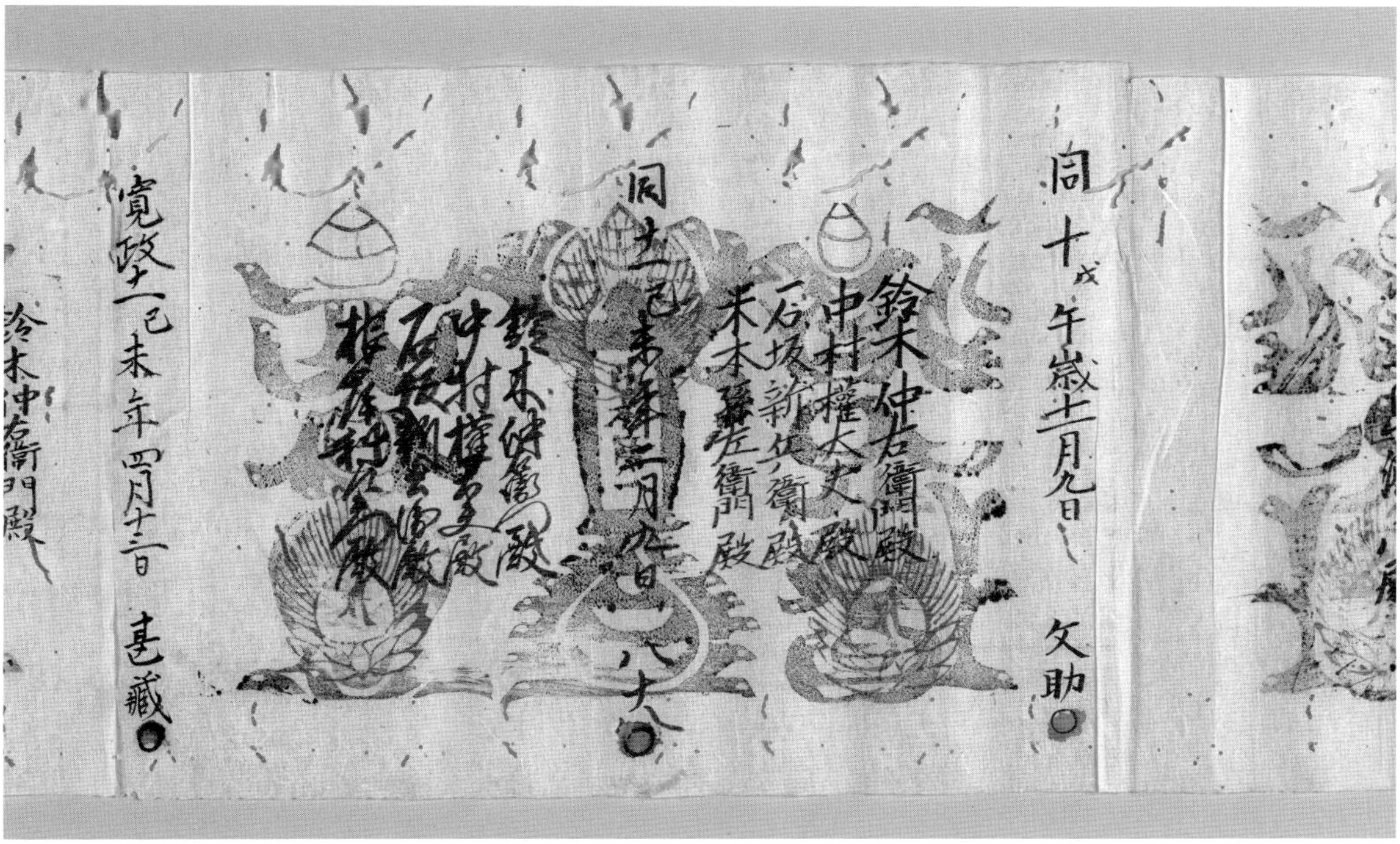

〈第六紙　熊野本宮牛玉宝印　二四・六×三四・二糎〉

同十戊午歳十一月九日　　文助（血判・略押）

鈴木仲右衛門殿
中村權大夫殿
石坂新兵衛殿
米本孫左衛門殿

同十一己未年二月九日　八十八（血判・略押）

鈴木仲右衛門殿
中村權太夫殿
石坂新兵衛殿
根岸利左衛門殿

寛政十一己未年四月十三日　甚藏（血判・略押）

〈紙継目〉

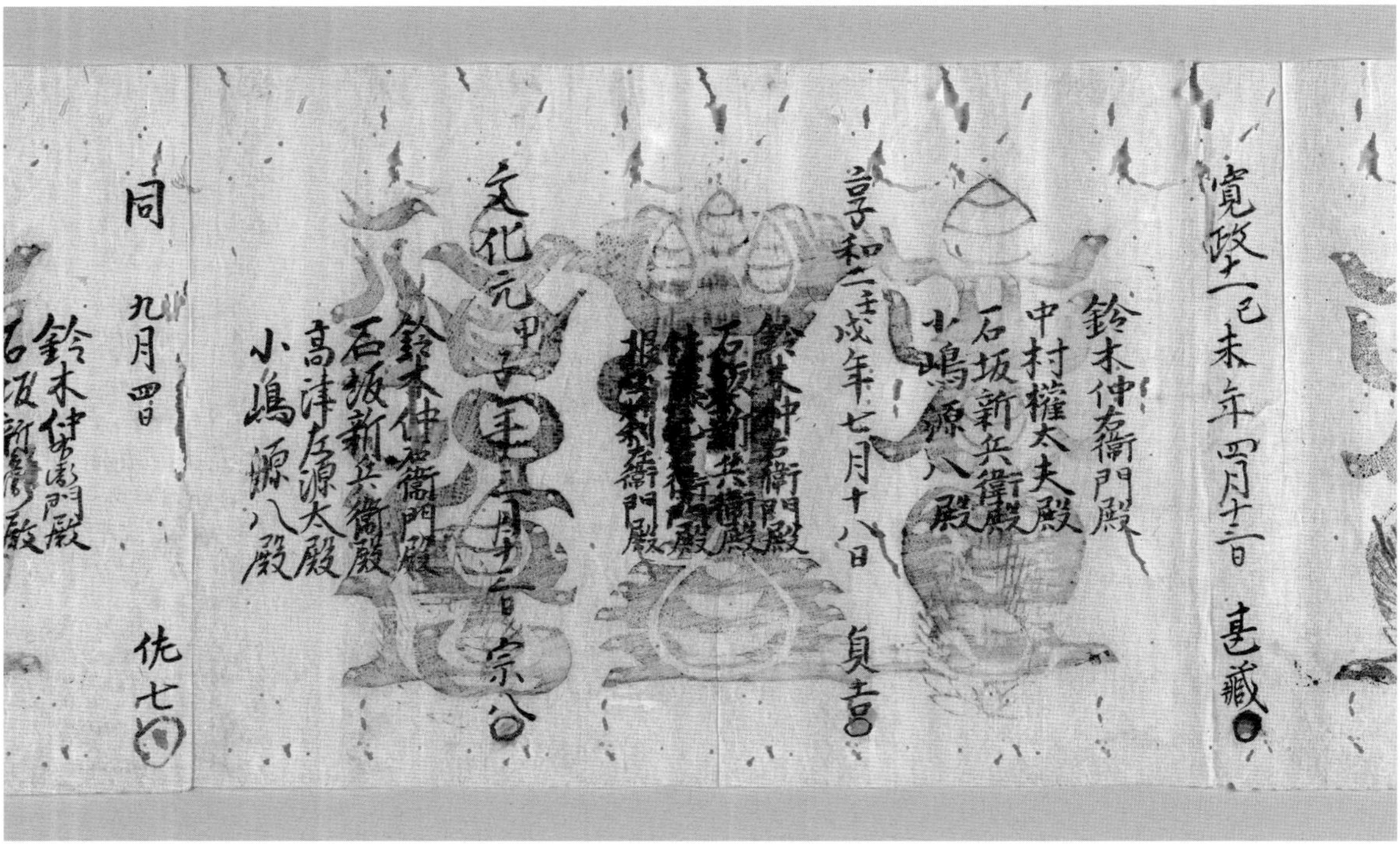

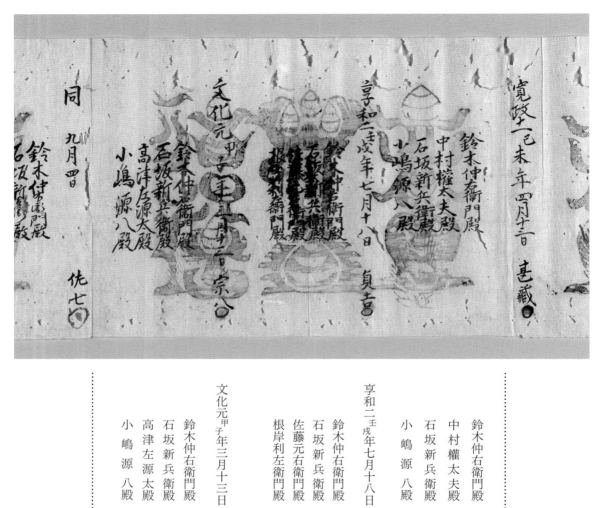

〈第七紙　熊野本宮牛玉宝印　二四・四×三四・三糎〉

鈴木仲右衛門殿
中村權太夫殿
石坂新兵衛殿
小嶋源八殿

享和二壬戌年七月十八日　貞吉（血判・略押）

鈴木仲右衛門殿
石坂新兵衛殿
佐藤元右衛門殿
根岸利左衛門殿

文化元甲子年三月十三日　宗八（血判・略押）

鈴木仲右衛門殿
石坂新兵衛殿
高津左源太殿
小嶋源八殿

〈紙継目〉

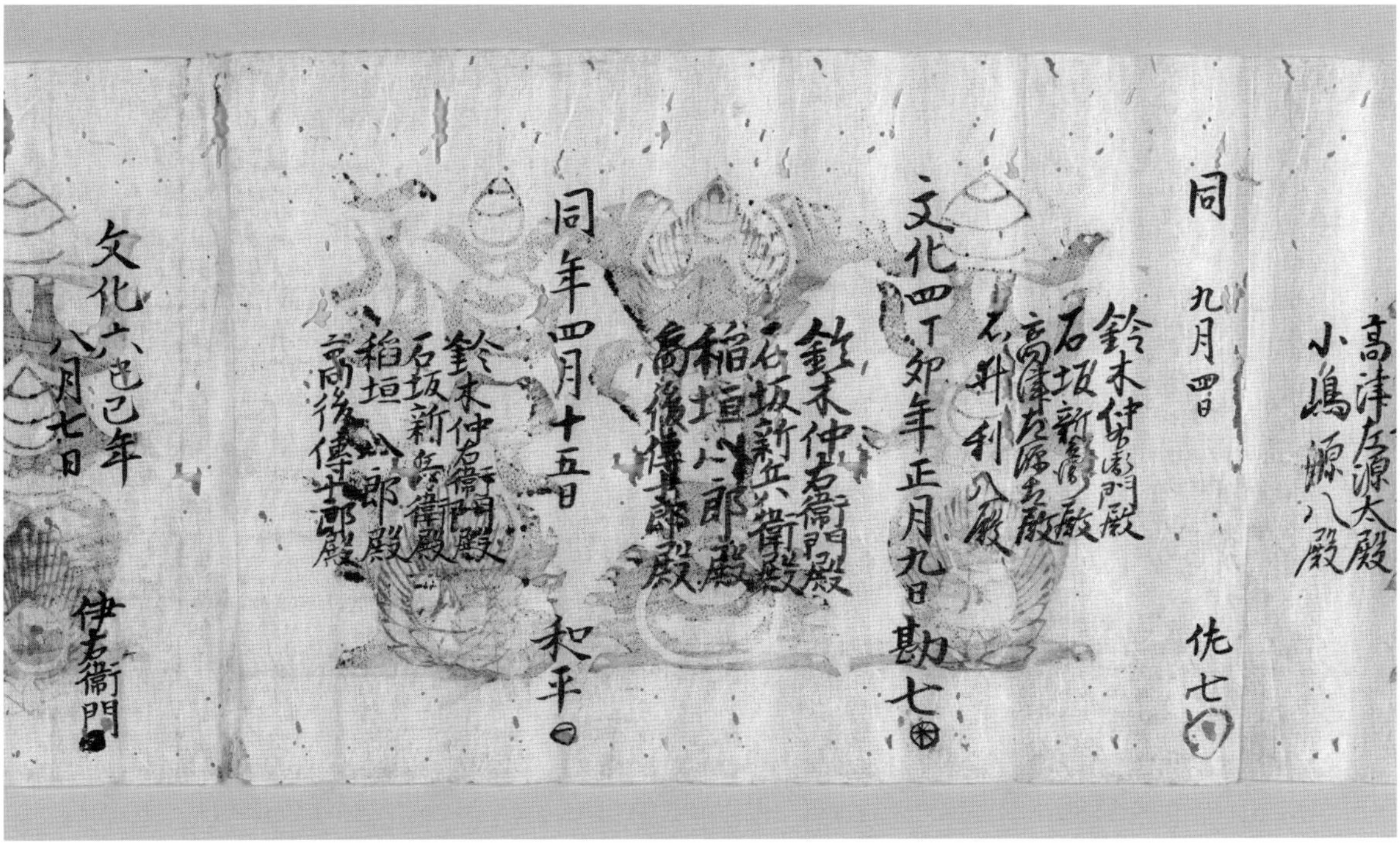

〈第八紙　熊野本宮牛玉宝印　二四・六×三四・五糎〉

同　九月四日　佐七（血判・略押）

鈴木仲右衛門殿
石坂新兵衛殿
高津左源太殿
石井利八殿

文化四丁卯年正月九日　勘七（血判・略押）

鈴木仲右衛門殿
石坂新兵衛殿
稲垣八郎殿
高後傳十郎殿

同年四月十五日　和平（血判・略押）

鈴木仲右衛門殿
石坂新兵衛殿
稲垣八郎殿
高後傳十郎殿

〈紙継目〉

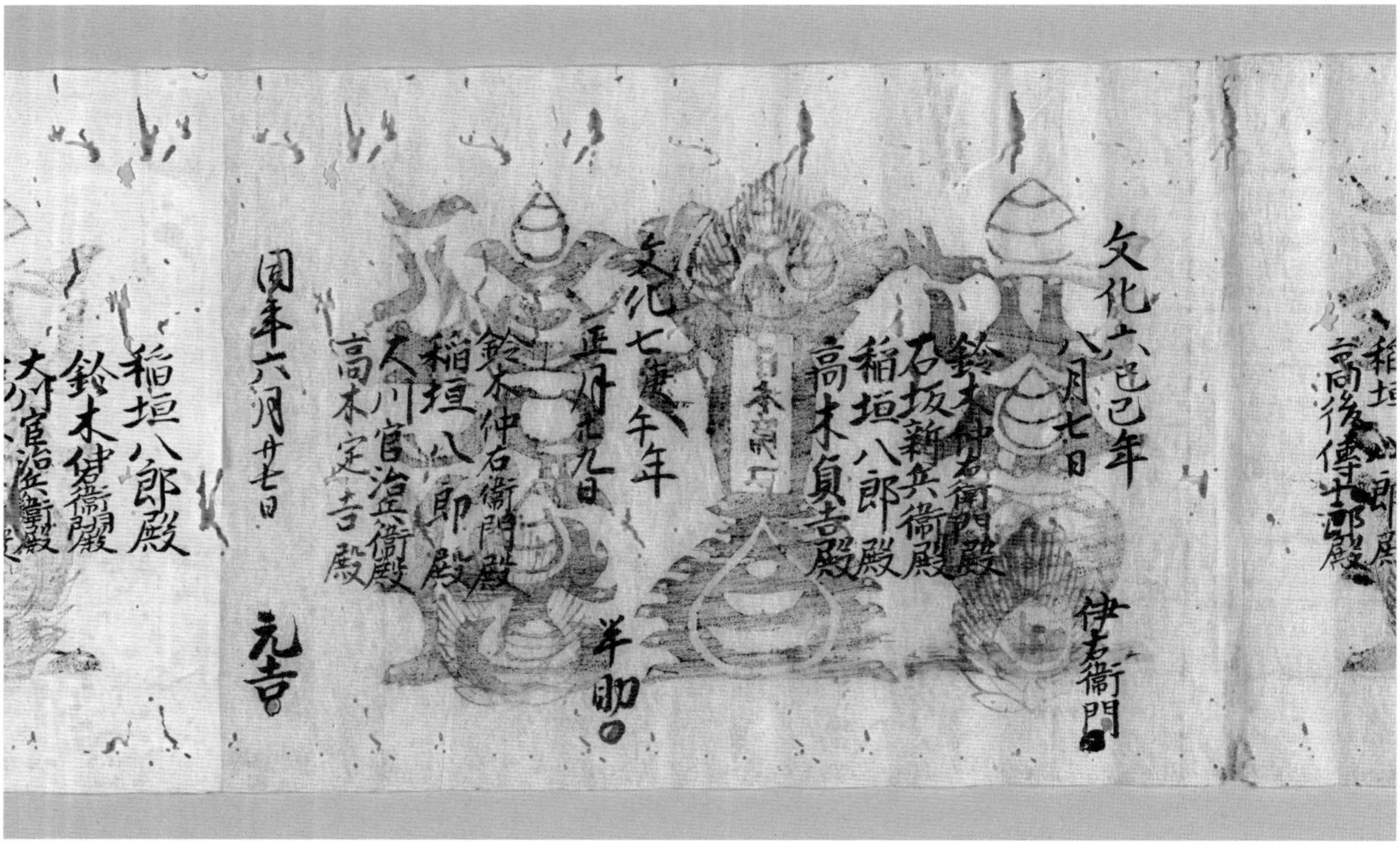

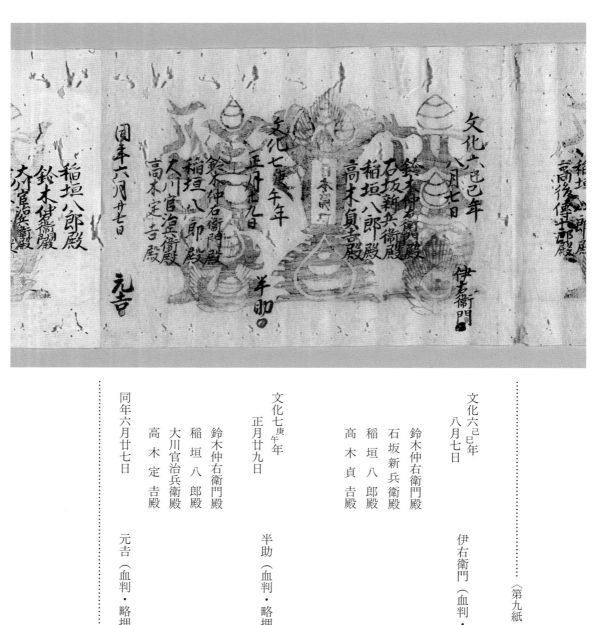

〈第九紙　熊野本宮牛玉宝印　二四・四×三四・三糎〉

文化六己巳年
八月七日　　伊右衛門（血判・略押）

鈴木仲右衛門殿
石坂新兵衛殿
稲垣八郎殿
高木貞吉殿

文化七庚午年
正月廿九日　　半助（血判・略押）

鈴木仲右衛門殿
稲垣八郎殿
大川官治兵衛殿
高木定吉殿

同年六月廿七日　　元吉（血判・略押）

〈紙継目〉

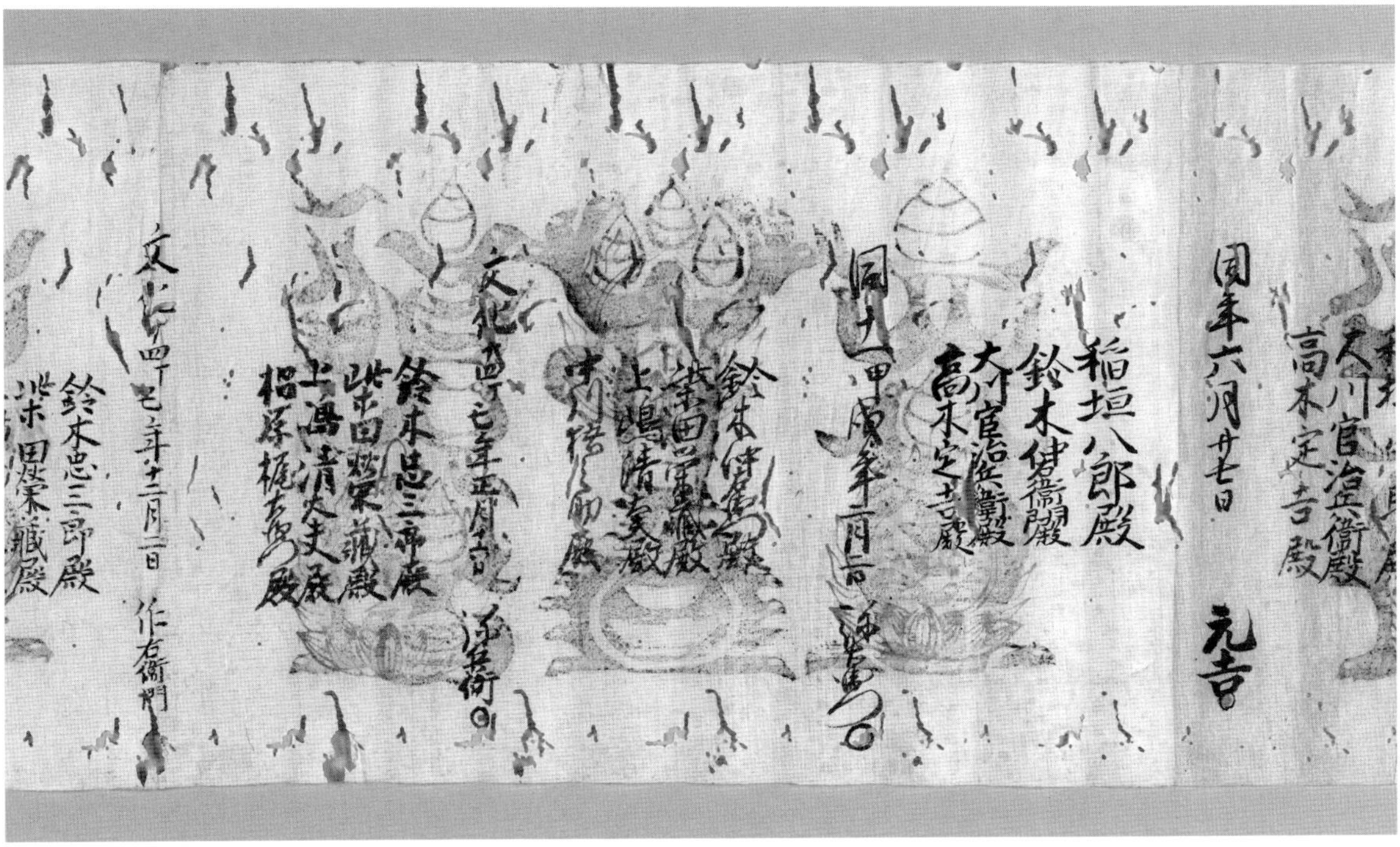

〈第十紙　熊野本宮牛玉宝印　二四・四×三四・三糎〉

稲　垣　八　郎殿
鈴木仲右衛門殿
大川宦治兵衛殿
高　木　定　吉殿

同十一甲戌年二月二日　弥右衛門（血判・略押）

鈴木仲右衛門殿
柴　田　栄　藏殿
上嶋清大夫殿
中川猪之助殿

文化十四丁丑年正月十六日　弥兵衛（血判・略押）

鈴木忠三郎殿
柴　田　榮　藏殿
上嶋清大夫殿
椙原梶左衛門殿

〈紙継目〉

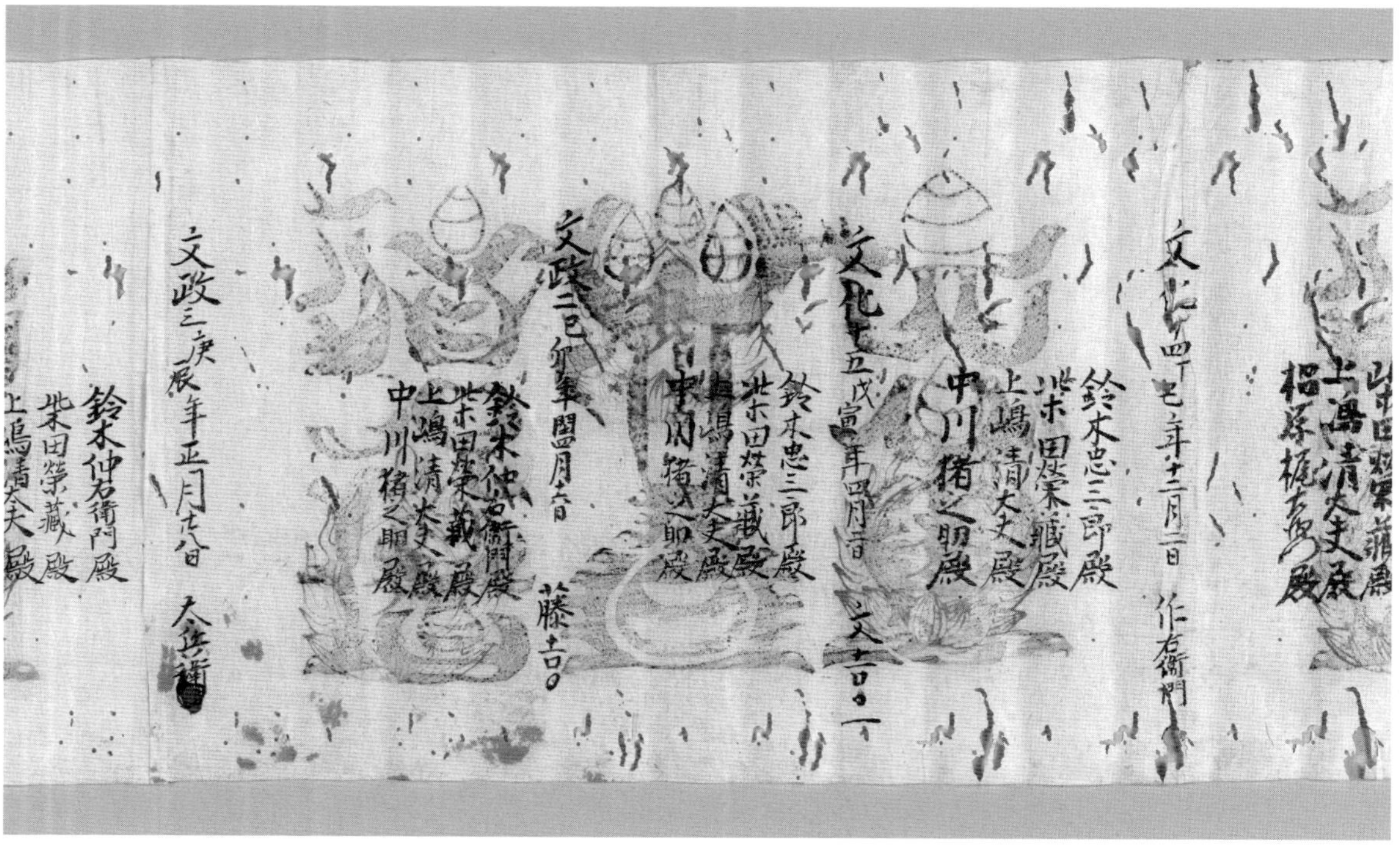

〈第十一紙　熊野本宮牛玉宝印　二四・四×三四・三糎〉

文化十四丁丑年十二月二日　作右衛門（血判・略押）

鈴木忠三郎殿
柴田榮藏殿
上嶋清大夫殿
中川猪之助殿

文化十五戊寅年四月二日　文吉（血判・略押）

鈴木忠三郎殿
柴田榮藏殿
上嶋清大夫殿
中川猪之助殿

文政二己卯年閏四月十六日　藤吉（血判・略押）

鈴木仲右衛門殿
柴田榮藏殿
上嶋清大夫殿
中川猪之助殿

文政三庚辰年正月廿八日　太兵衛（血判・略押）

〈紙継目〉

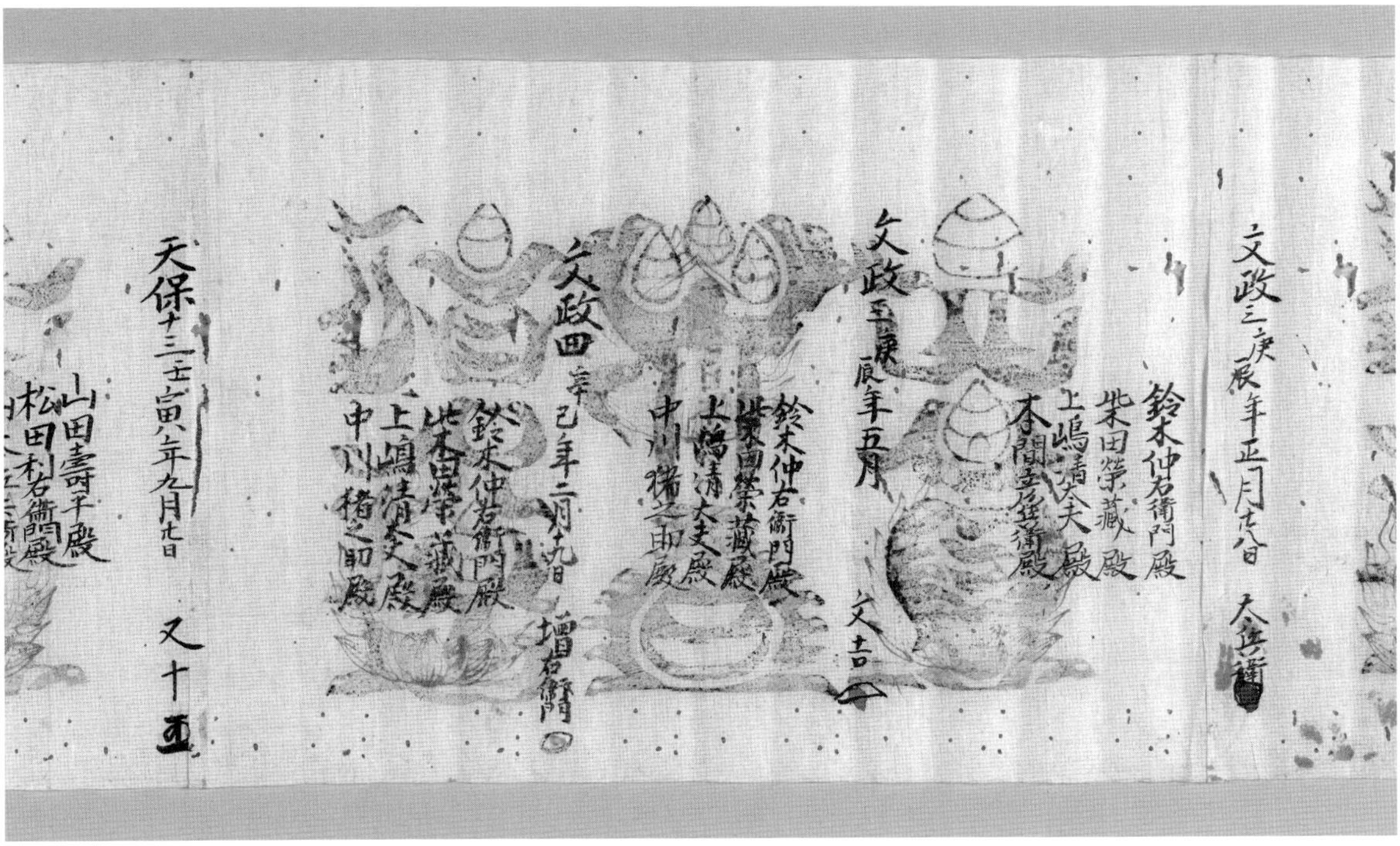

〈第十二紙　熊野本宮牛玉宝印　二四・四×三四・四糎〉

鈴木仲右衛門殿
柴　田　榮　藏殿
上嶋清太夫殿
本間彦兵衛殿

文政三庚辰年五月　　文吉（血判・略押）

鈴木仲右衛門殿
柴　田　榮　藏殿
上嶋清大夫殿
中川猪之助殿

文政四辛巳年二月十九日　増右衛門（血判・略押）

鈴木仲右衛門殿
柴　田　榮　藏殿
上嶋清大夫殿
中川猪之助殿

〈紙継目〉

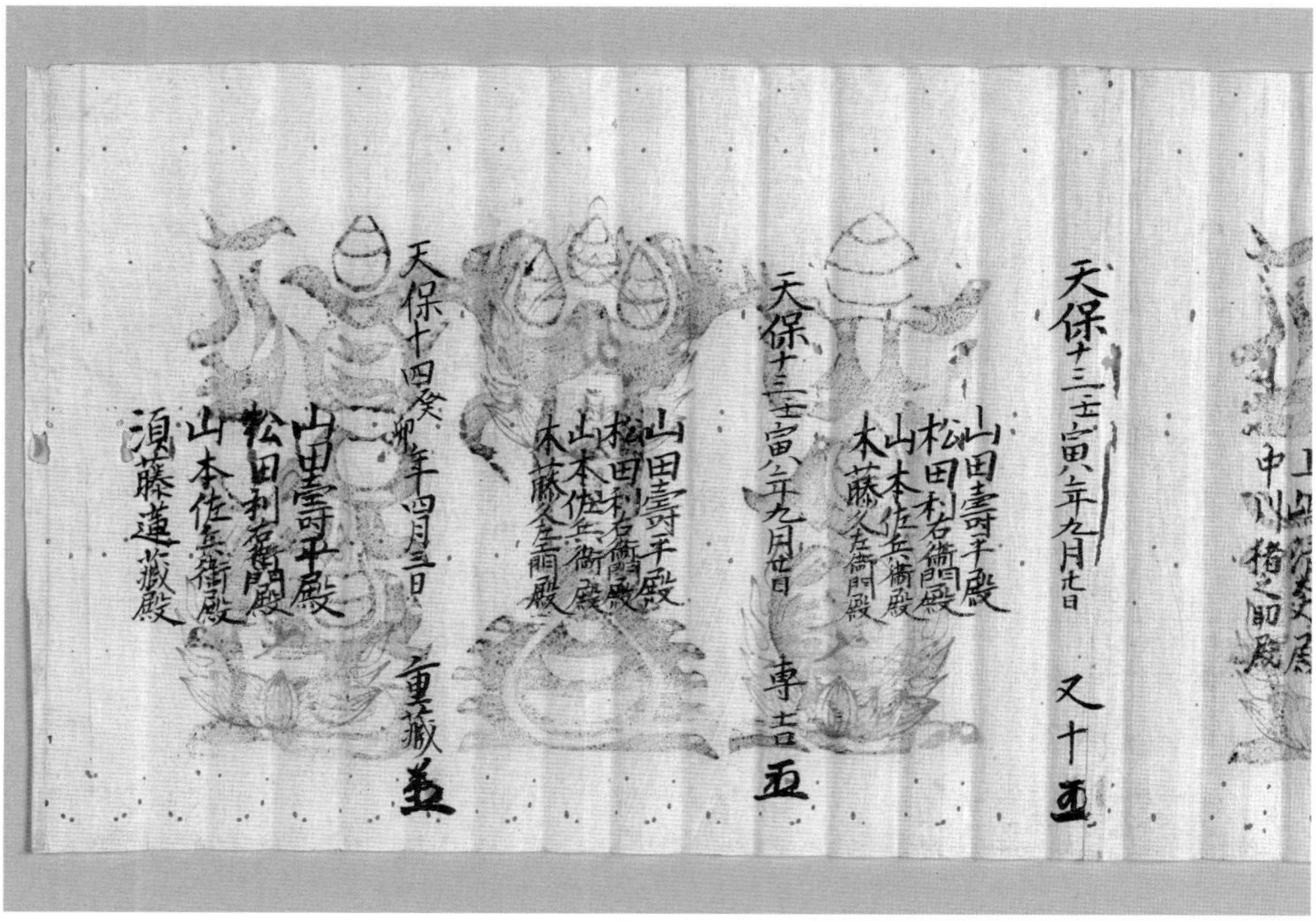

〈第十三紙　二四・四×三四・四糎〉

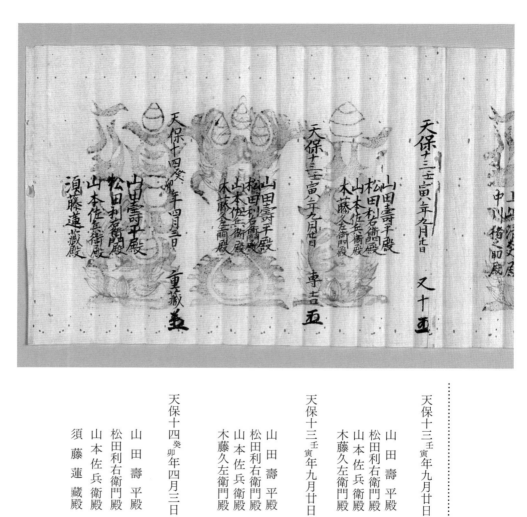

天保十三壬寅年九月廿日　又十（血判・花押）

山　田　壽　平殿
松田利右衛門殿
山本佐兵衛殿
木藤久左衛門殿

天保十三壬寅年九月廿日　専吉（血判・花押）

山　田　壽　平殿
松田利右衛門殿
山本佐兵衛殿
木藤久左衛門殿

天保十四癸卯年四月三日　重藏（血判・花押）

山　田　壽　平殿
松田利右衛門殿
山本佐兵衛殿
須　藤　蓮　藏殿

九、風間慶賀・芦沢清佐他起請文

（包紙ウハ書）
御納戸坊主仮勤誓詞

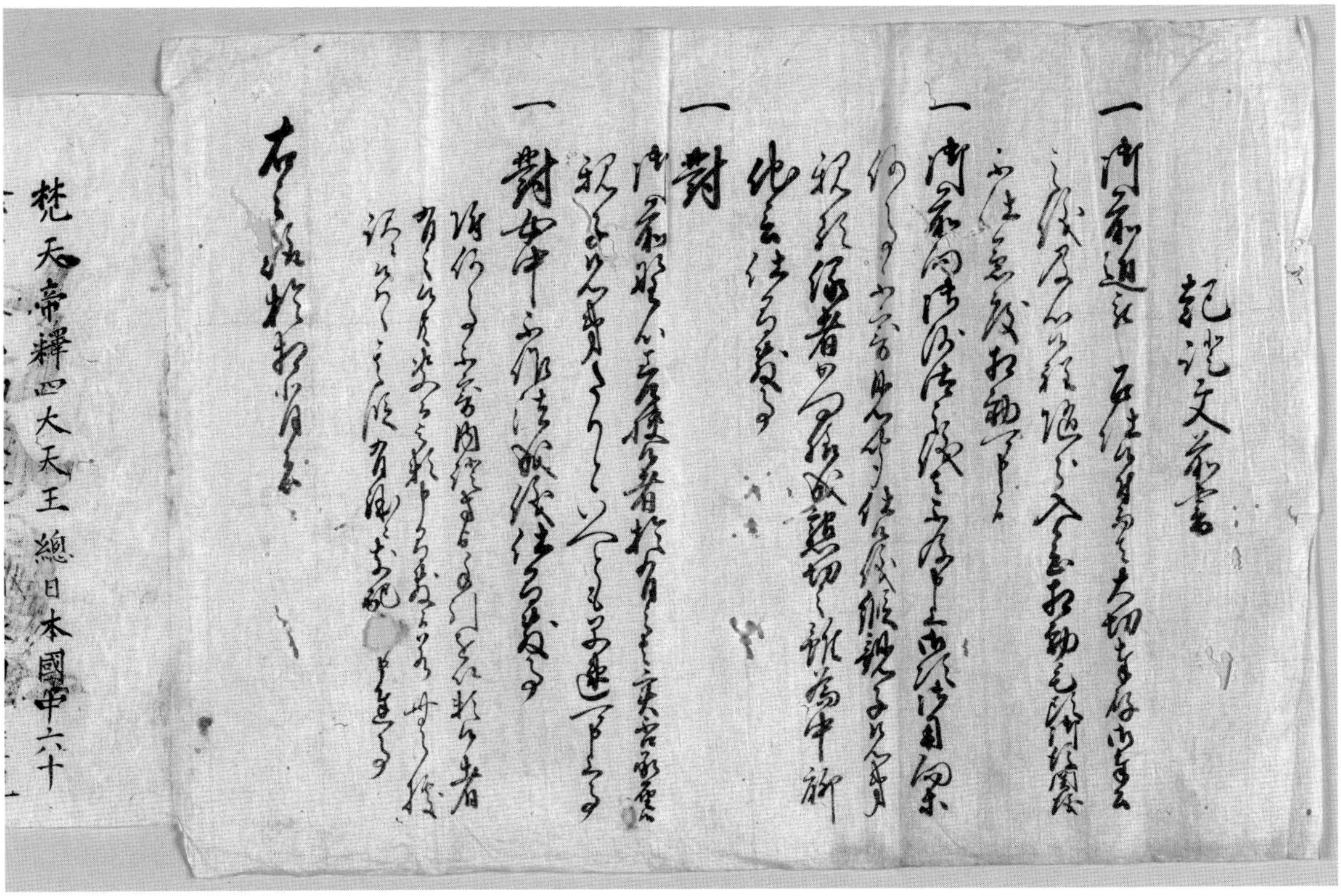

〈第一紙　二七・七×三六・六糎〉

起證文前書

一　御前近被　召仕候付而は、大切奉存、御奉公之儀及心候程随分入念相勤、毛頭御後闇儀不仕、急度相勤可申候、

一　御前向御沙汰之儀は不及申上、御次御用向等何事不寄見聞仕候儀、縦親子兄弟親類縁者如何様成懇切之雖為中、聊他言仕間敷事、

一　對

御前墅心差挾候者於有之は、実否承届候、親子兄弟たりといへとも早速可申上事、

一　對女中不作法成儀仕間敷事、

附、何事不寄内證方ゟ手引を以頼候者有之候共、決而被頼申間敷候、若無據訳ニ候ハヽ、其段有躰ニ支配□（方可カ）申達事、

右之趣於相背は、

〈紙継目〉

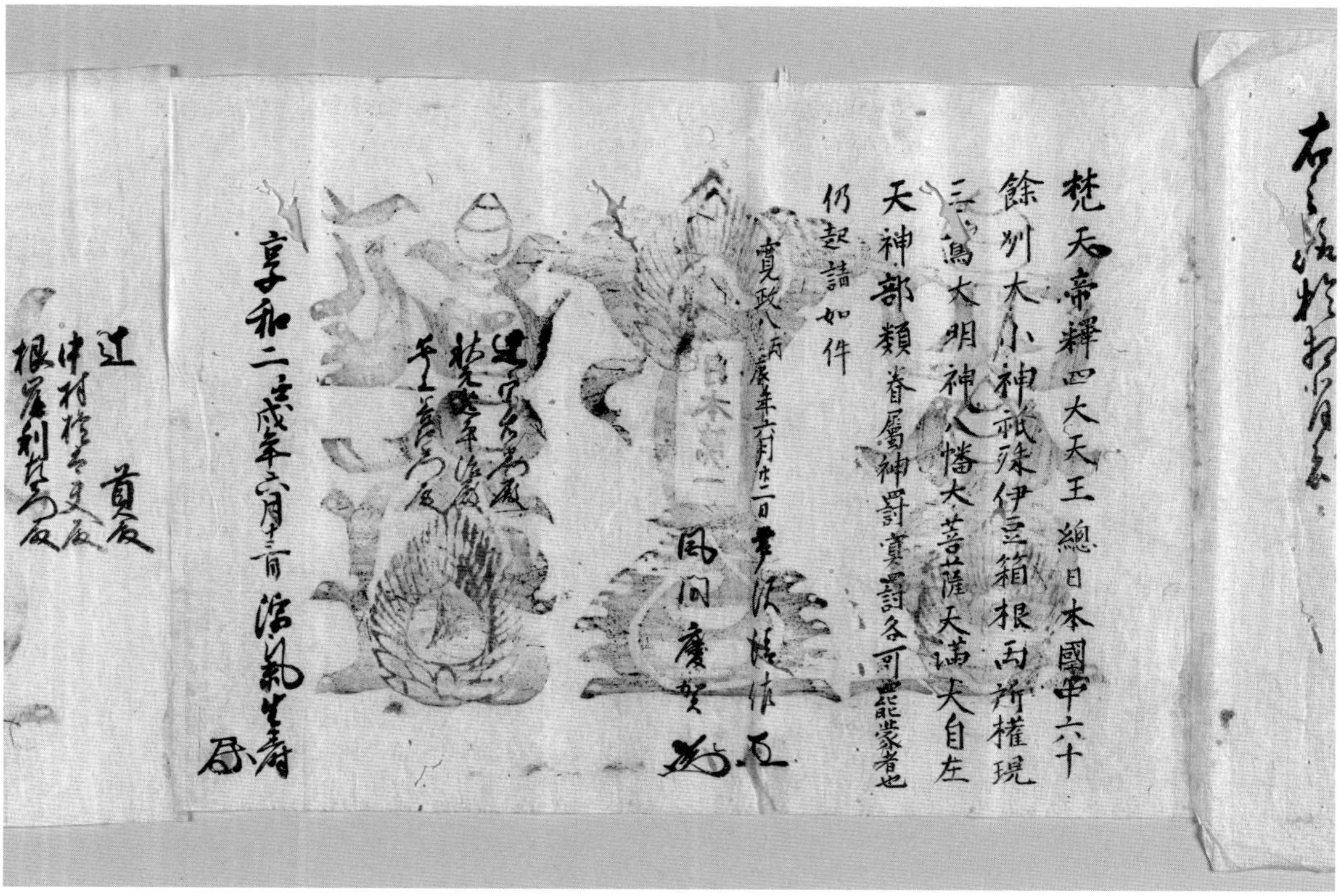

〈第二紙　熊野本宮牛玉宝印　二三・九×三三・〇糎〉

梵天・帝釋・四大天王、總日本國中六十
餘州大小神祇、殊伊豆箱根両所権現・
三嶌大明神・八幡大菩薩・天滿大自在
天神・部類眷屬神罰冥罰各可罷蒙者也、
仍起請如件、

寛政八丙辰年六月廿二日　芦沢清佐（血判・花押）

風間慶賀（血判・花押）

建宇右衛門殿
秋元逸平治殿
井上善左衛門殿

享和二壬戌年六月十三日　浮氣生寿

（血判・花押）

〈紙継目〉

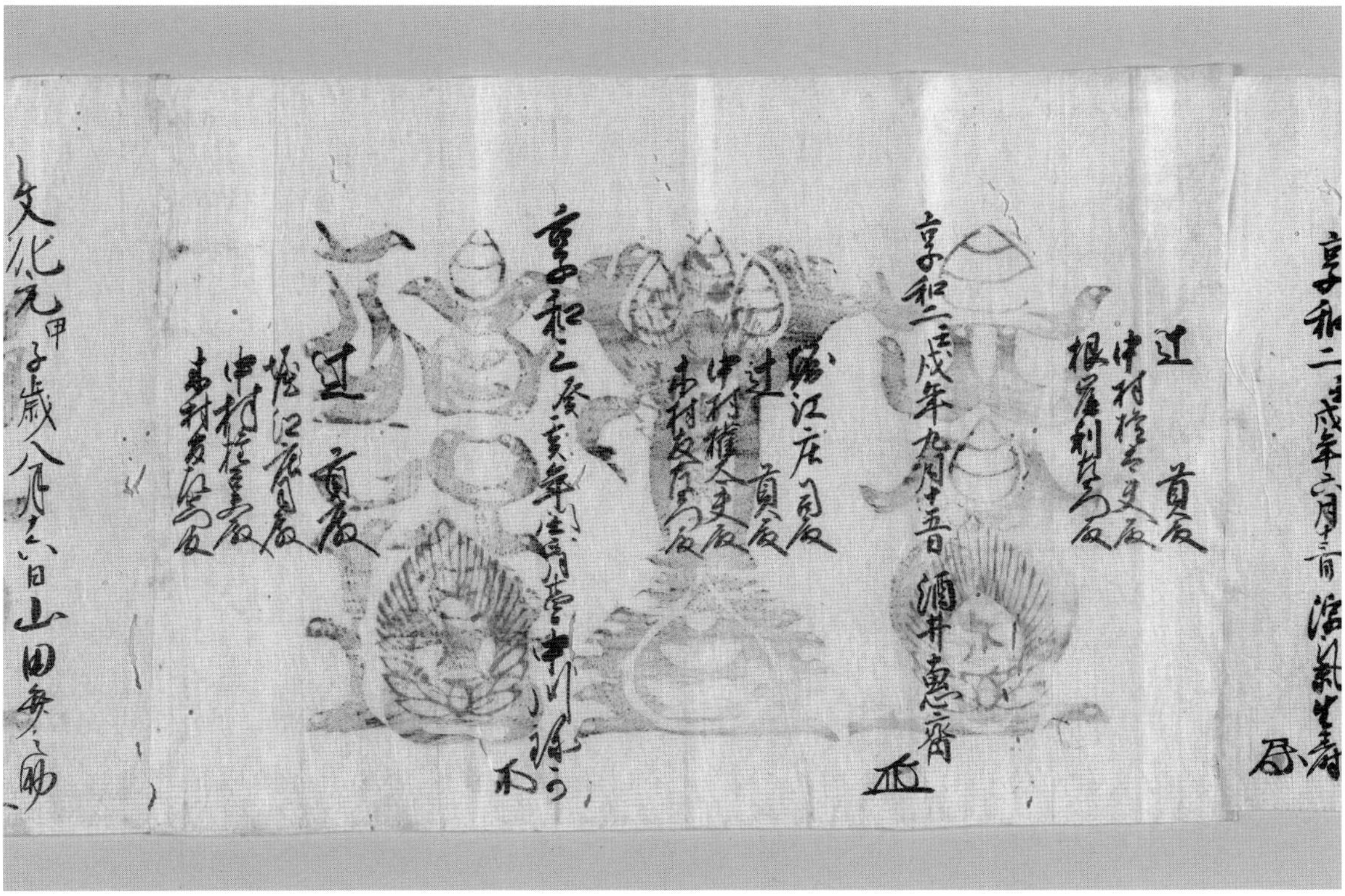

〈第三紙　熊野本宮牛玉宝印　二四・八×三四・四糎〉

辻　　貢殿
中村権太夫殿
根岸利左衛門殿

享和二壬戌年九月十五日　酒井惠齊
（血判・花押）

堀　江　庄　司殿
辻　　貢殿
中村権太夫殿
木村友左衛門殿

享和三癸亥年閏正月廿四日　中川珎可
（血判・花押）

辻　　貢殿
堀　江　庄　司殿
中村権太夫殿
木村友左衛門殿

〈紙継目〉

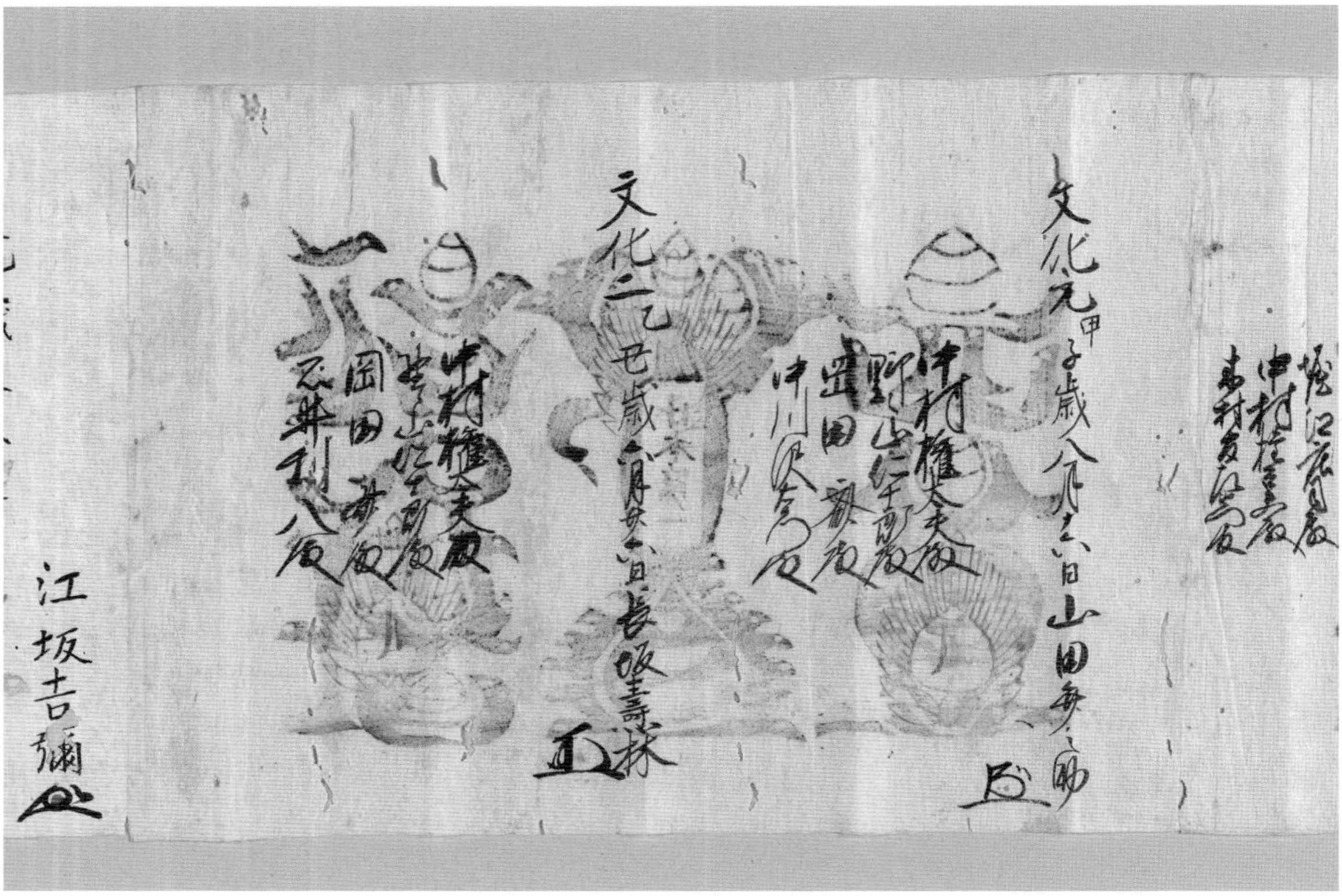

〈第四紙　熊野本宮牛玉宝印　二四・八×三四・五糎〉

文化元甲子歳八月十六日　山田弁之助
（血判・花押）

中村権太夫殿
野々山仁十郎殿
岡　田　斎殿
中川沢右衛門殿

文化二乙丑歳六月廿六日　長坂壽林
（血判・花押）

中村権太夫殿
野々山仁十郎殿
岡　田　斎殿
石　井　利　八殿

〈紙継目〉

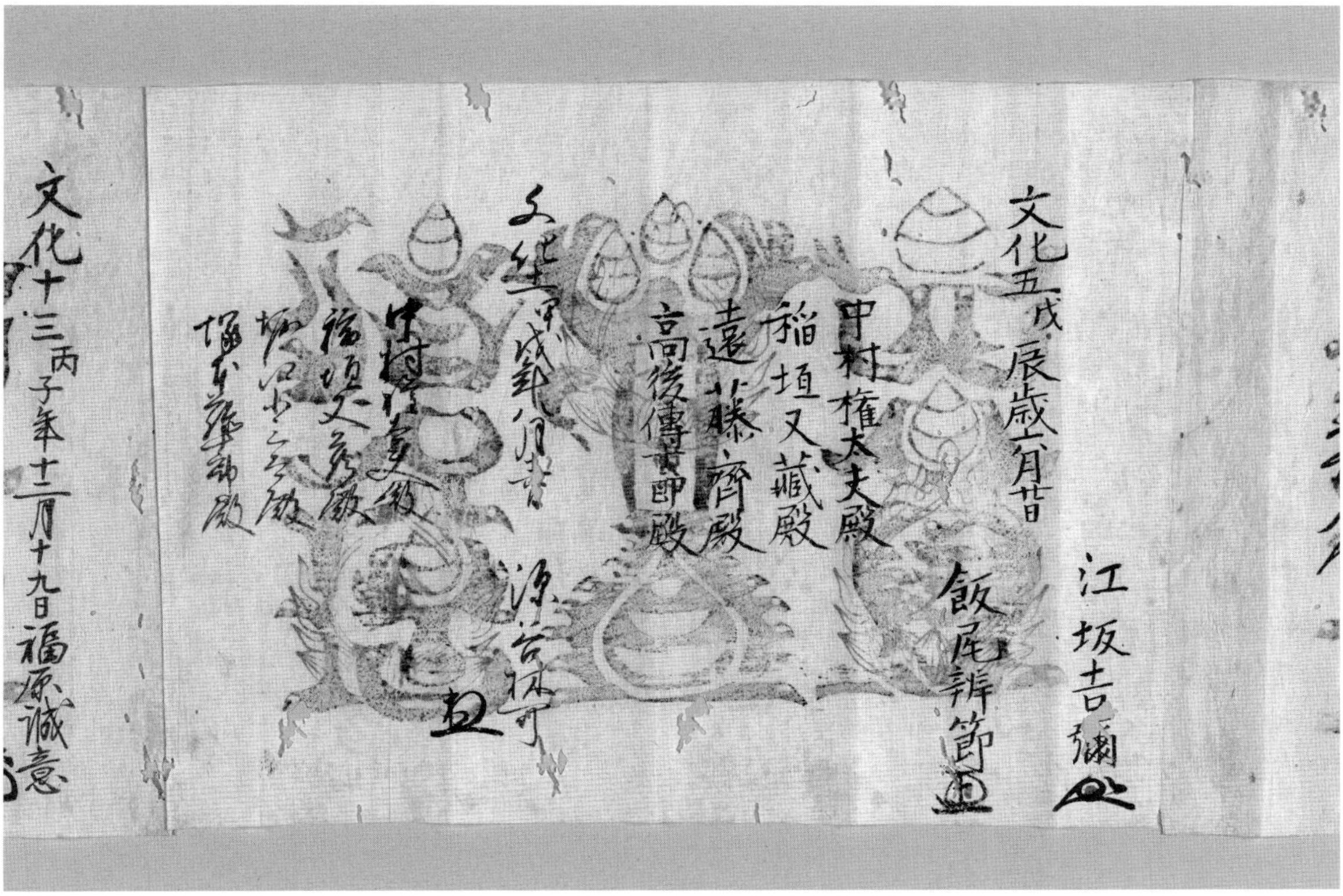

〈第五紙　熊野本宮牛玉宝印　二四・五×三四・二糎〉

江坂吉彌（血判・花押）

飯尾辨節（血判・花押）

文化五戊辰歳六月廿日

中村権太夫殿

稲垣又藏殿

遠藤　齊殿

高後傳十郎殿

文化十一甲戌年八月十六日　源谷林可

（血判・花押）

中村権太夫殿

稲垣又藏殿

堀江小三太殿

塚本藤十郎殿

〈紙継目〉

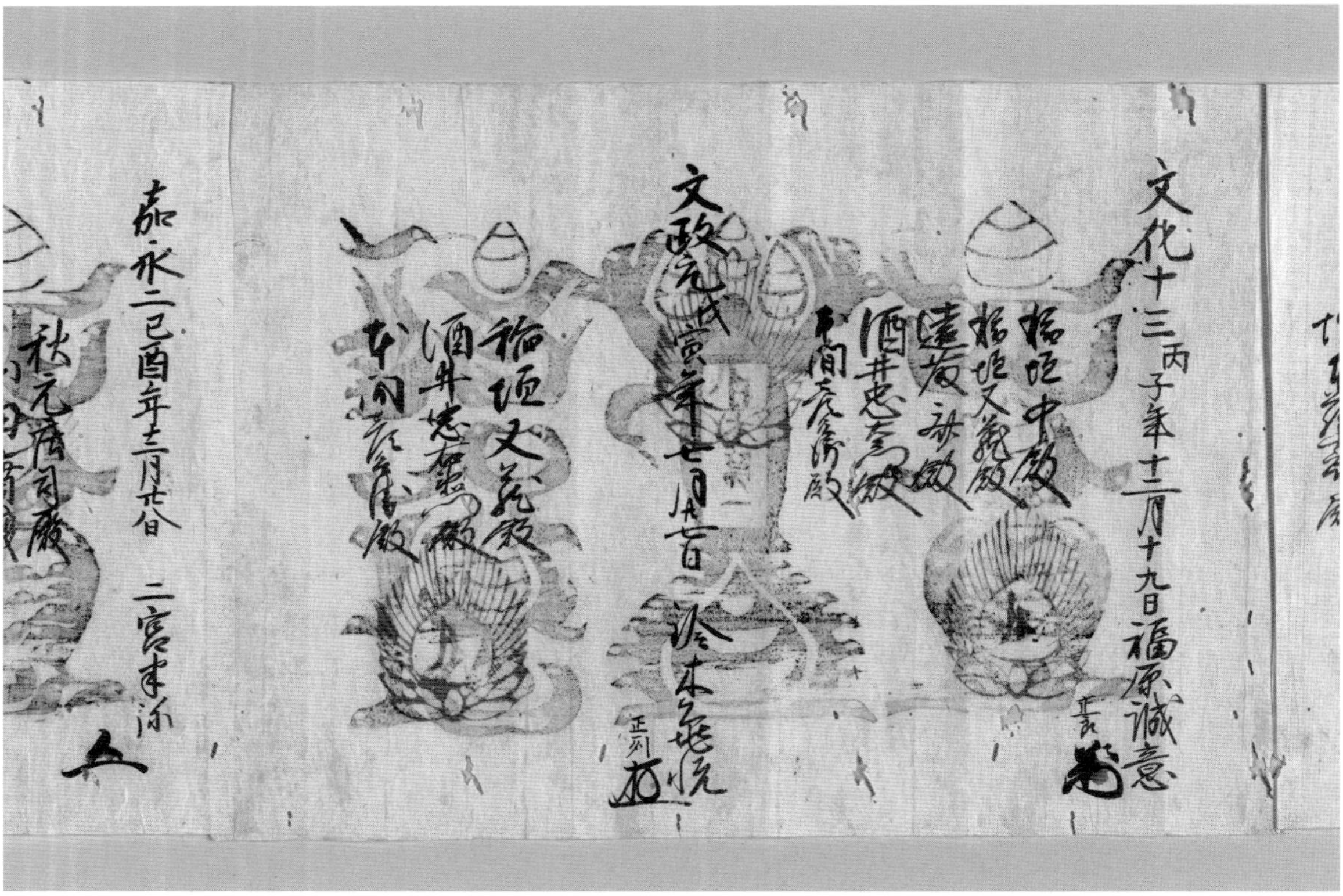

〈第六紙　熊野本宮牛玉宝印　二四・九×三四・二糎〉

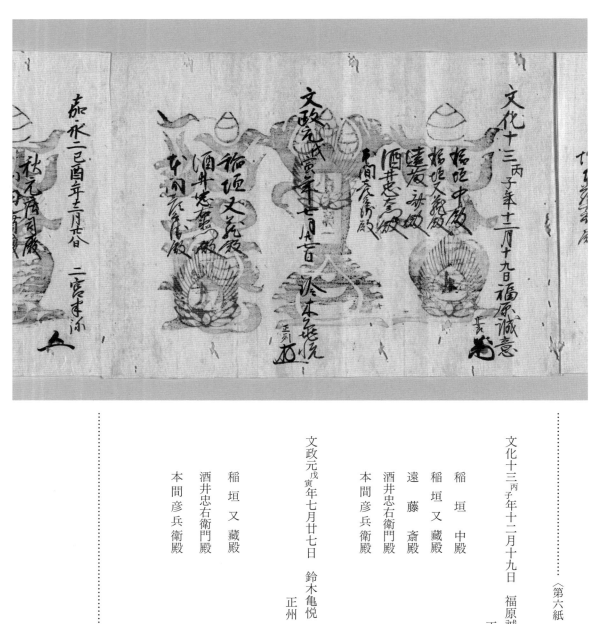

文化十三丙子年十二月十九日　福原誠意
正節（血判・花押）

稲　垣　中殿
稲　垣　又　藏殿
遠　藤　斎殿
酒井忠右衛門殿
本　間　彦　兵　衛殿

文政元戊寅年七月廿七日　鈴木亀悦
正州（血判・花押）

稲　垣　又　藏殿
酒井忠右衛門殿
本　間　彦　兵　衛殿

〈紙継目〉

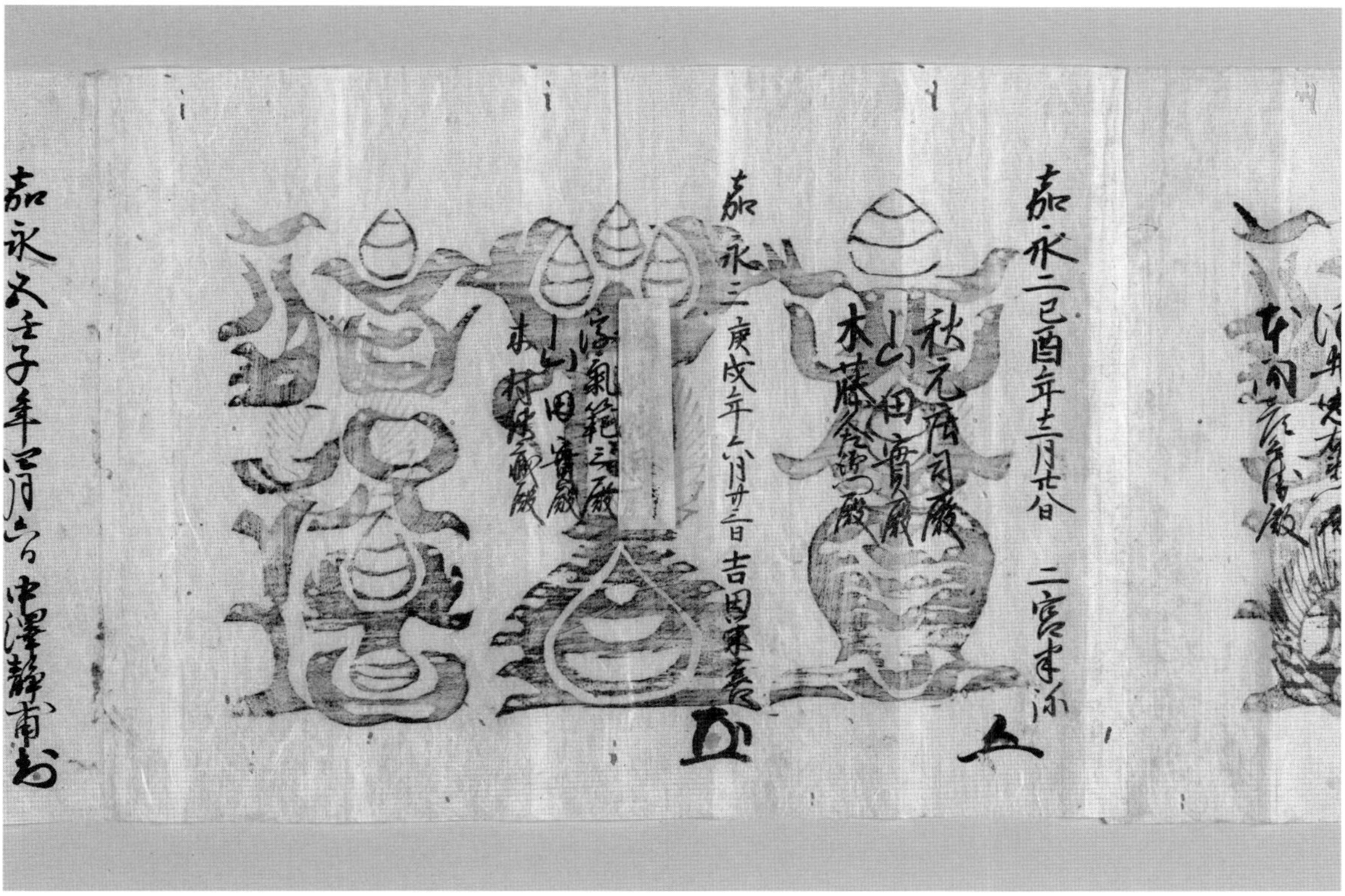

〈第七紙　熊野本宮牛玉宝印　二四・六×三三・〇糎〉

嘉永二己酉年十二月廿八日　二宮半弥　（血判・花押）

秋　元　庄　司殿
山　田　實殿
木藤久左衛門殿

嘉永三庚戌年六月廿三日　吉田栄喜　（血判・花押）

〔付箋添付により抹消〕「秋元庄司殿」
浮氣範三殿
山田實殿
木村銕蔵殿

〈紙継目〉

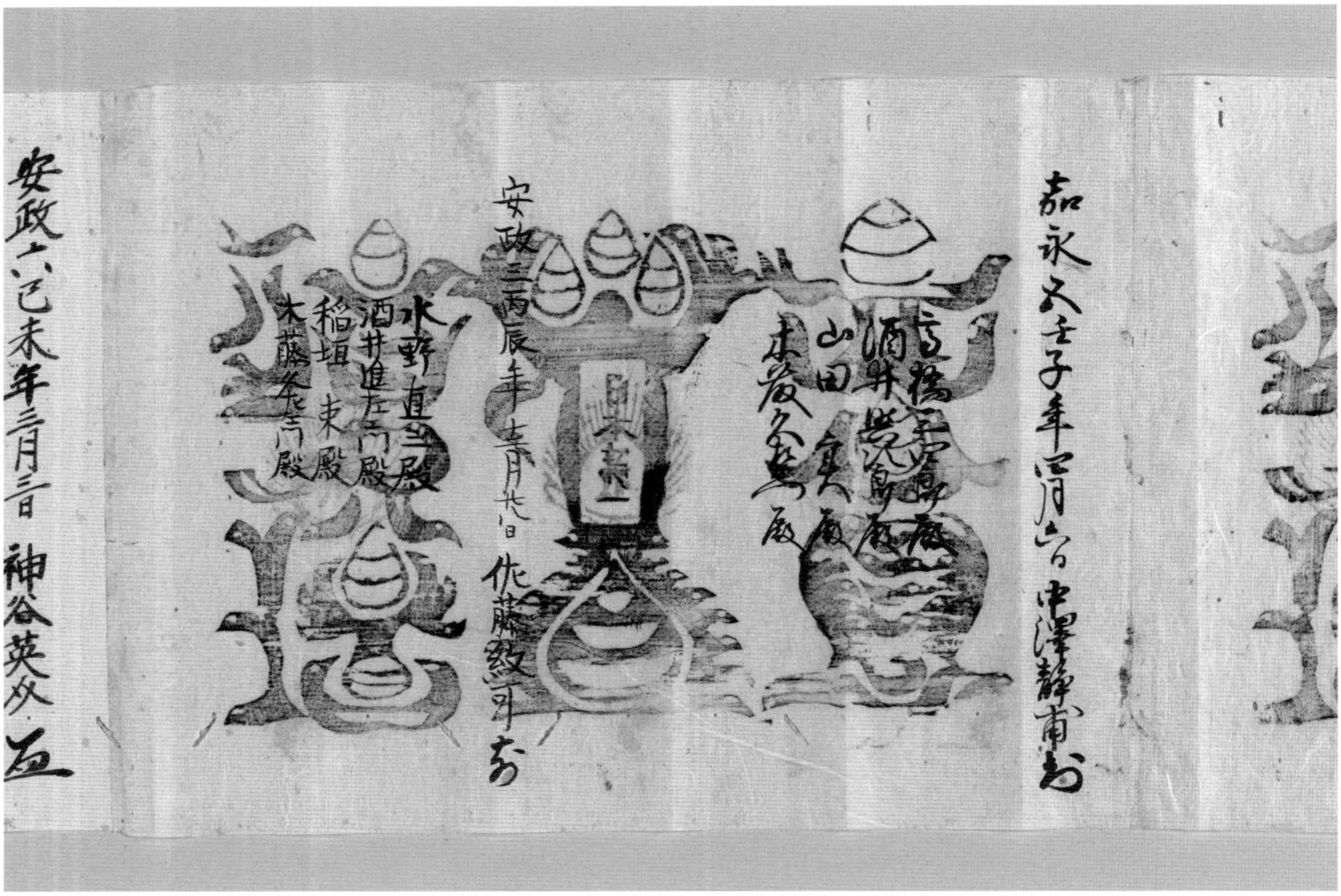

〈第八紙　熊野本宮牛玉宝印　二四・五×三三・七糎〉

嘉永五壬子年四月六日　中澤静甫（血判・花押）

高橋三四郎殿
酒井與次郎殿
山　田　実殿
木藤久左衛門殿

安政三丙辰年十二月廿八日　佐藤紋可（血判・花押）

水　野　直　三殿
酒井進左衛門殿
稲　垣　束殿
木藤久左衛門殿

〈紙継目〉

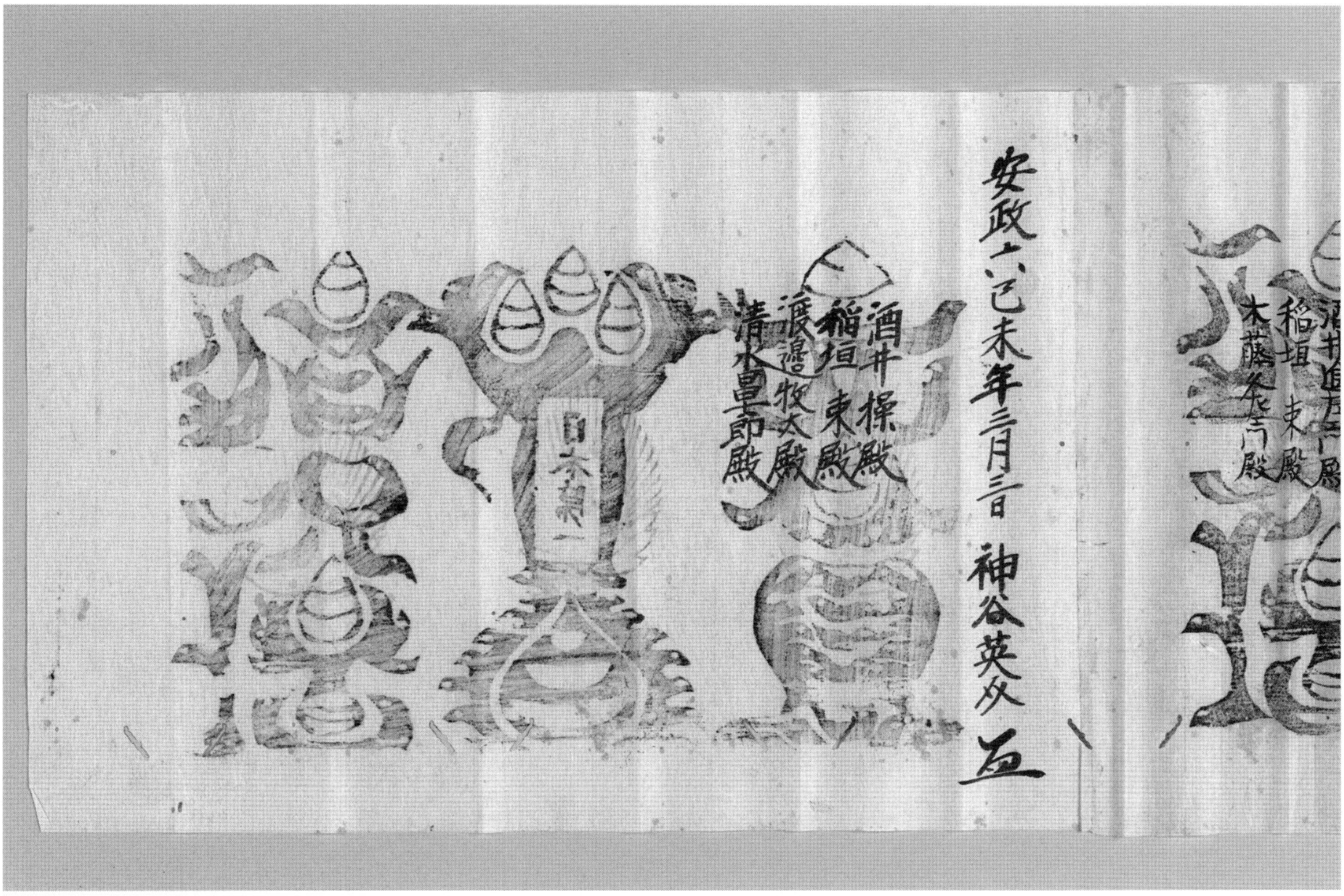

〈第九紙　熊野本宮牛玉宝印　二四・四×三四・二糎〉

安政六己未年三月三日　神谷英介（血判・花押）

酒　井　操殿
稲　垣　束殿
渡邉牧太殿
清水昌七郎殿

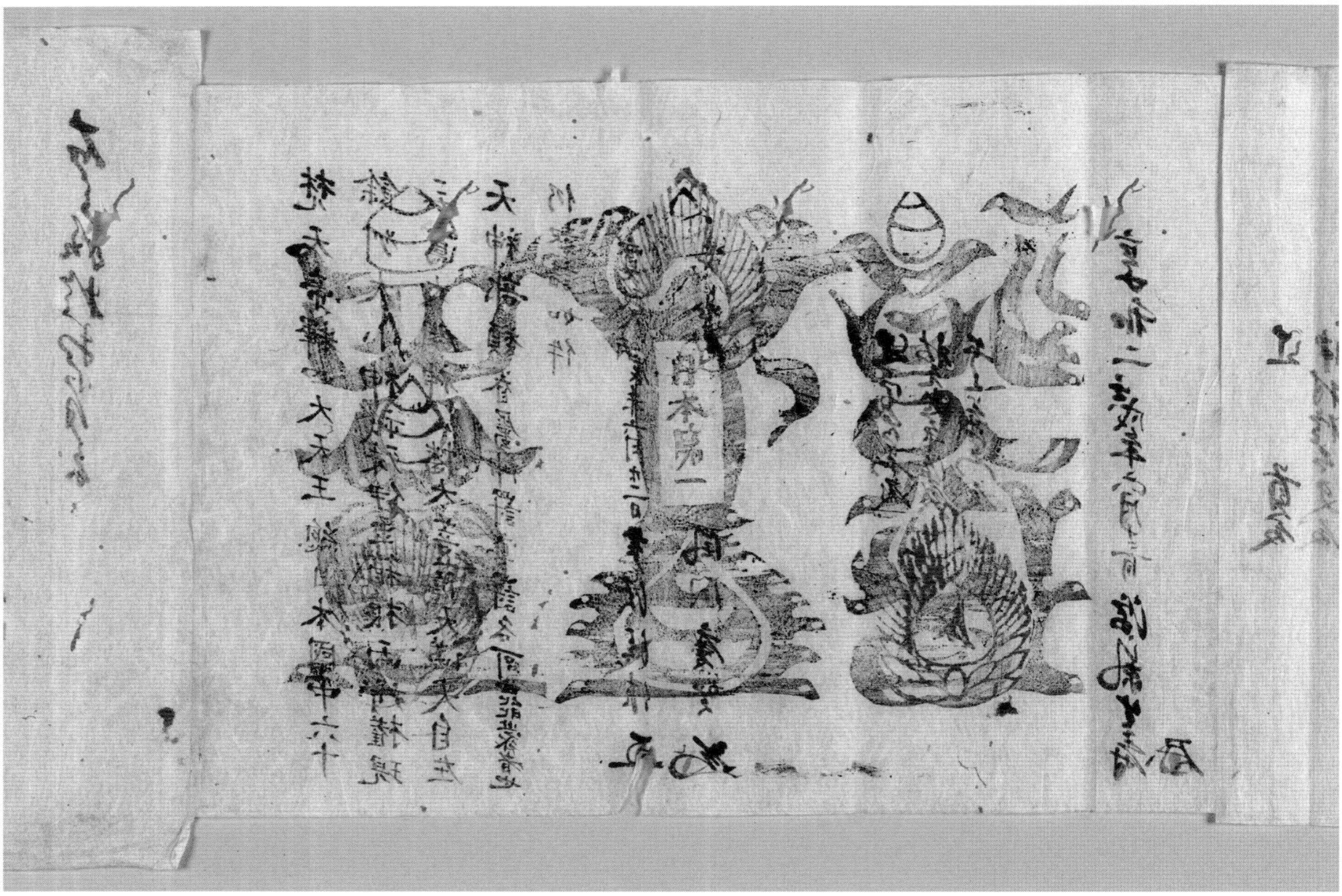

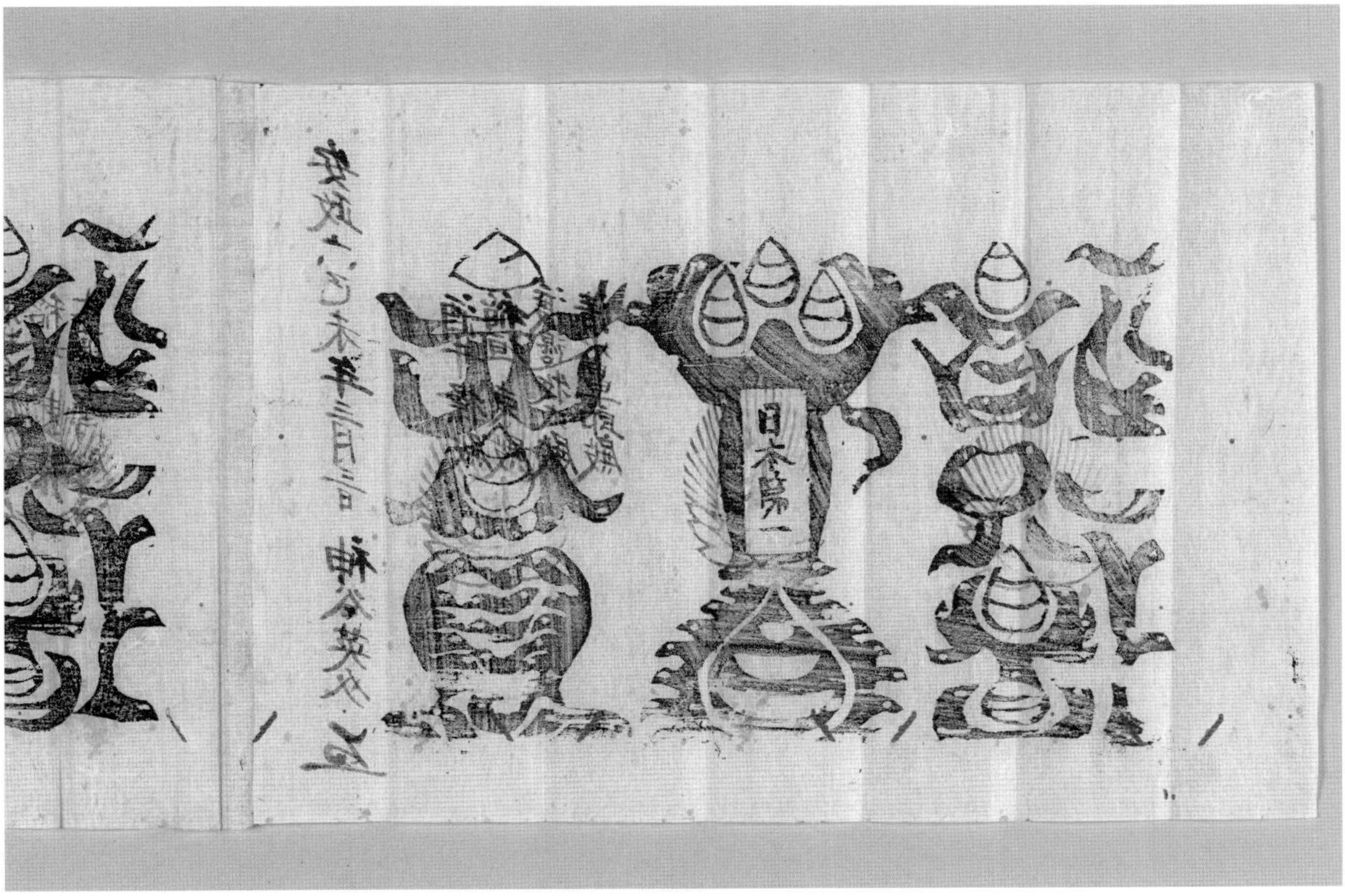
安政六己未年三月吉日
日本第一

一〇、酒井惠齊他起請文

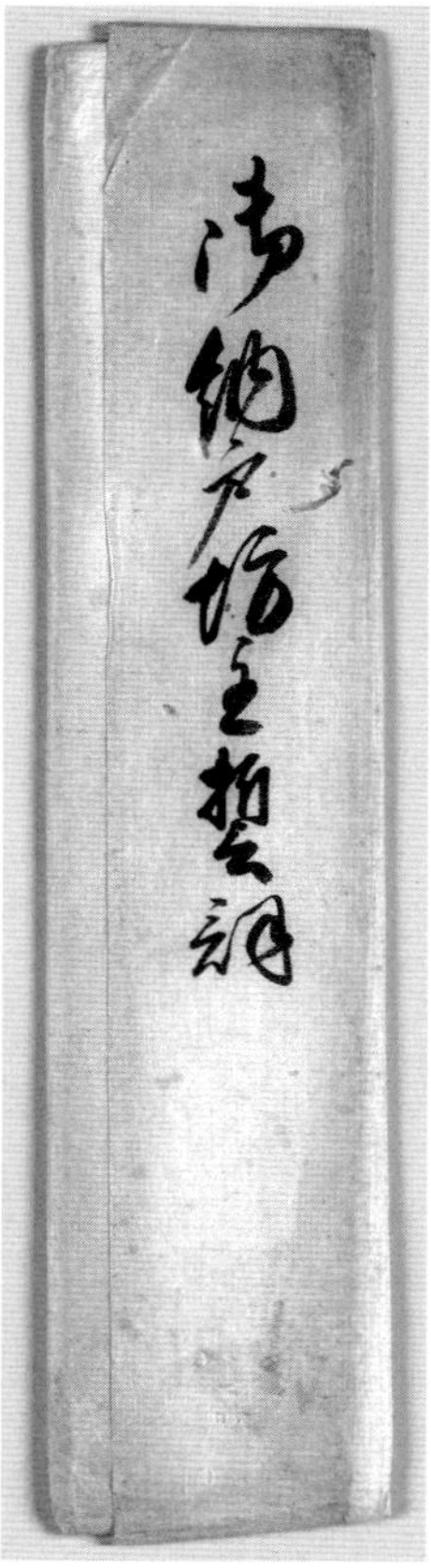

（包紙ウハ書）
御納戸坊主誓詞

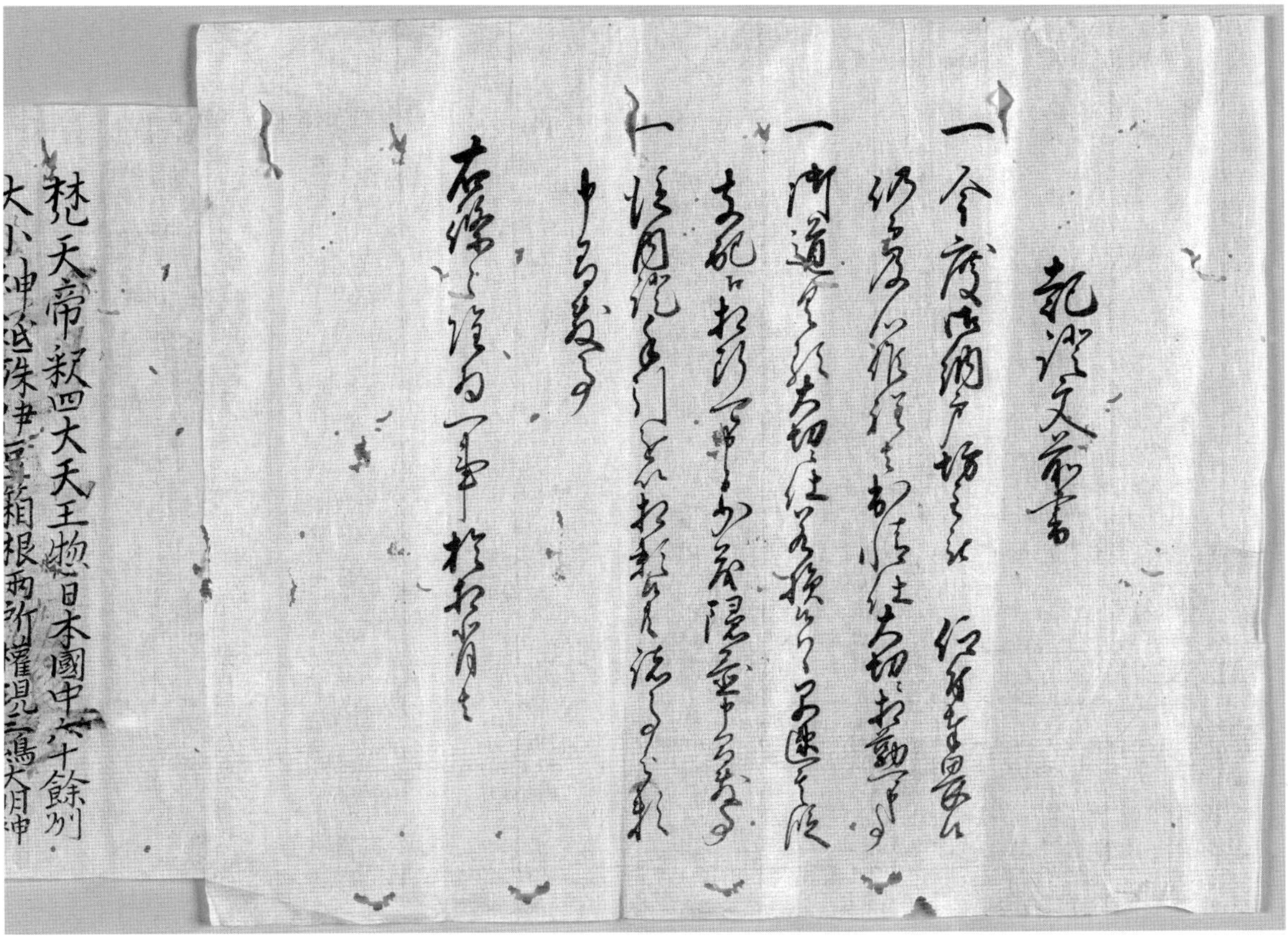

〈第一紙　三二・六×二八・一糎〉

起證文前書

一　今度御納戸坊主被　仰付奉畏候、
仍而及心候程は出情仕、大切ニ相勤可申事、
一　御道具類大切ニ仕、若損候ハヽ、早速其段
支配江相断可申候、少も隠置申間敷事、
一　従内證手引を以相頼候共、諸事被頼
申間敷事、
右條々雖為一事於相背は、

〈紙継目〉

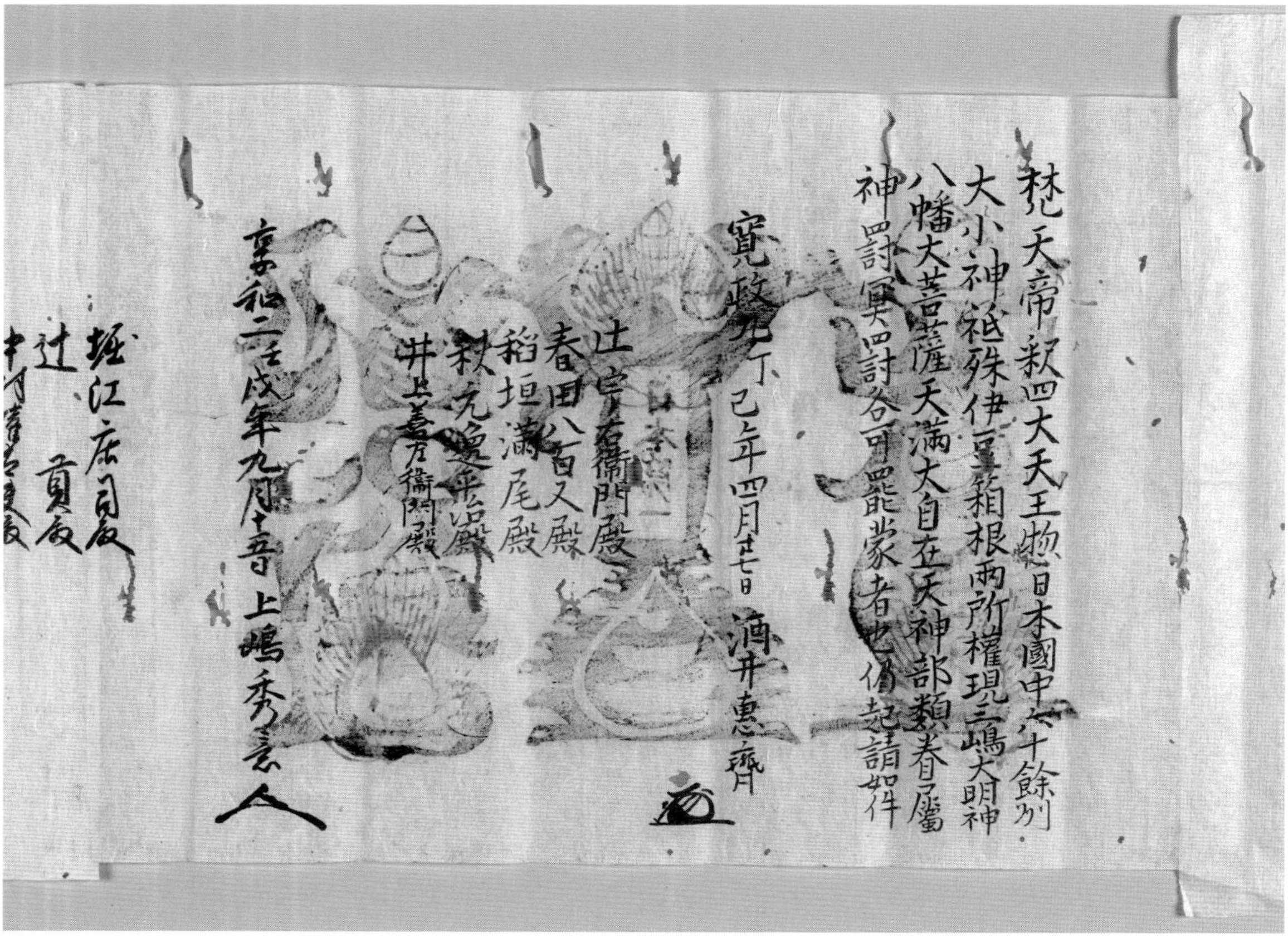

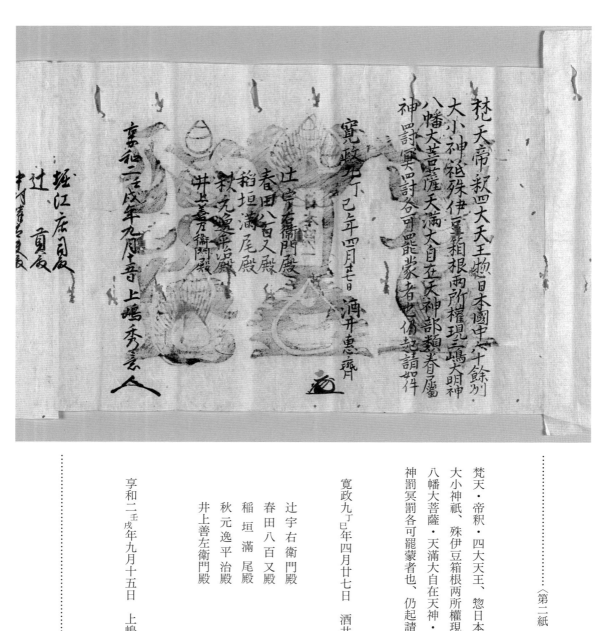

〈第二紙　熊野本宮牛玉宝印　二四・一×三三・九糎〉

梵天・帝釈・四大天王、惣日本國中六十餘州
大小神祇、殊伊豆箱根両所権現・三嶋大明神・
八幡大菩薩・天満大自在天神・部類眷屬
神罰冥罰各可罷蒙者也、仍起請如件、

寛政九丁巳年四月廿七日　酒井恵齊
（血判・花押）

辻宇右衛門殿
春田八百又殿
稲垣満尾殿
秋元逸平治殿
井上善左衛門殿

享和二壬戌年九月十五日　上嶋秀意（血判・花押）

〈紙継目〉

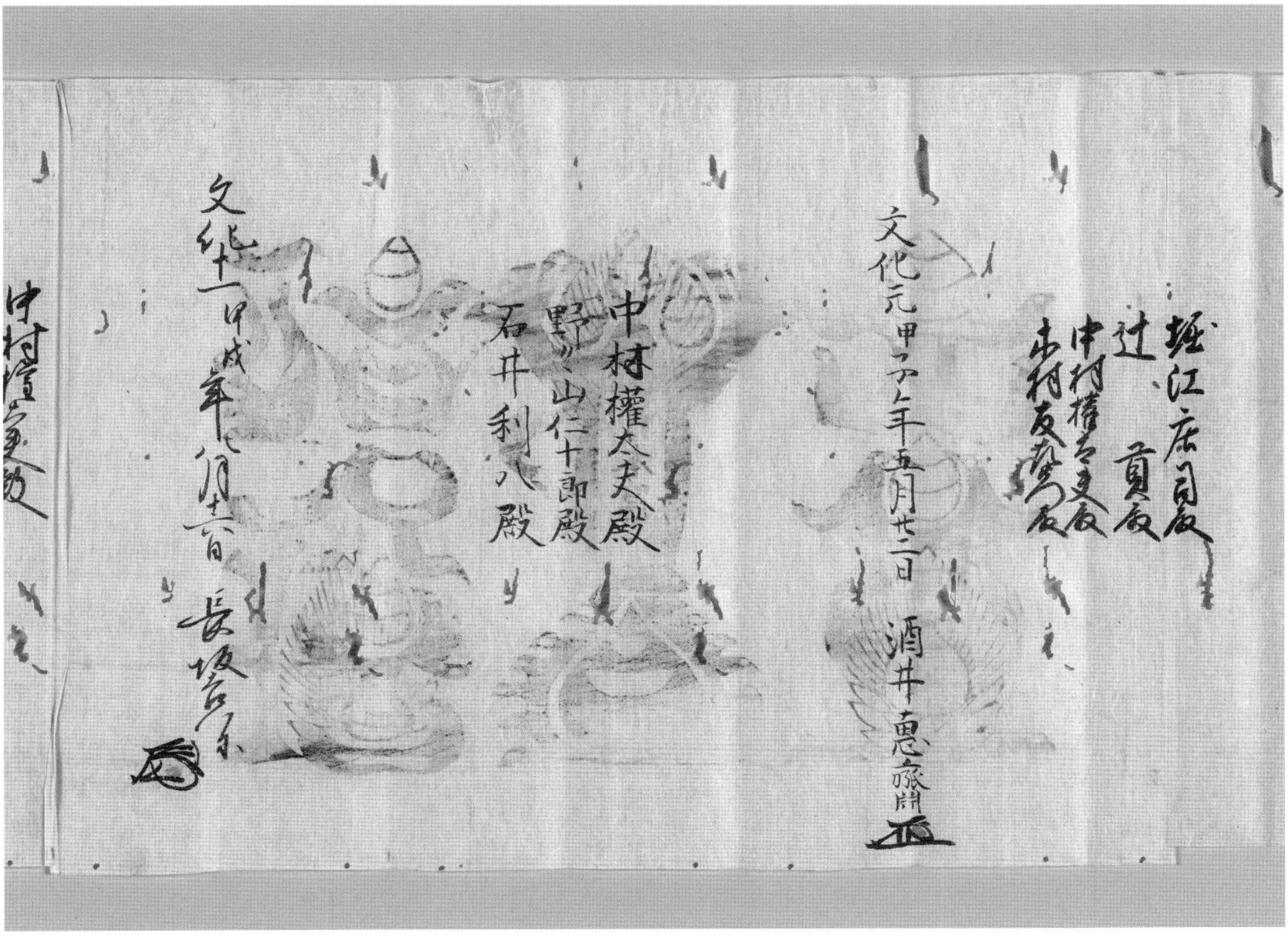

堀江庄　司殿　〈第三紙　熊野本宮牛玉宝印
二四・七×三四・六糎〉
辻　　貢殿
中村権太夫殿
木村友左衛門殿

文化元甲子年五月廿二日　酒井恵齋（血判・花押）

中村權太夫殿
野々山仁十郎殿
石井利八殿

文化十一甲戌年八月十六日　長坂吉弥
（血判・花押）

〈紙継目〉

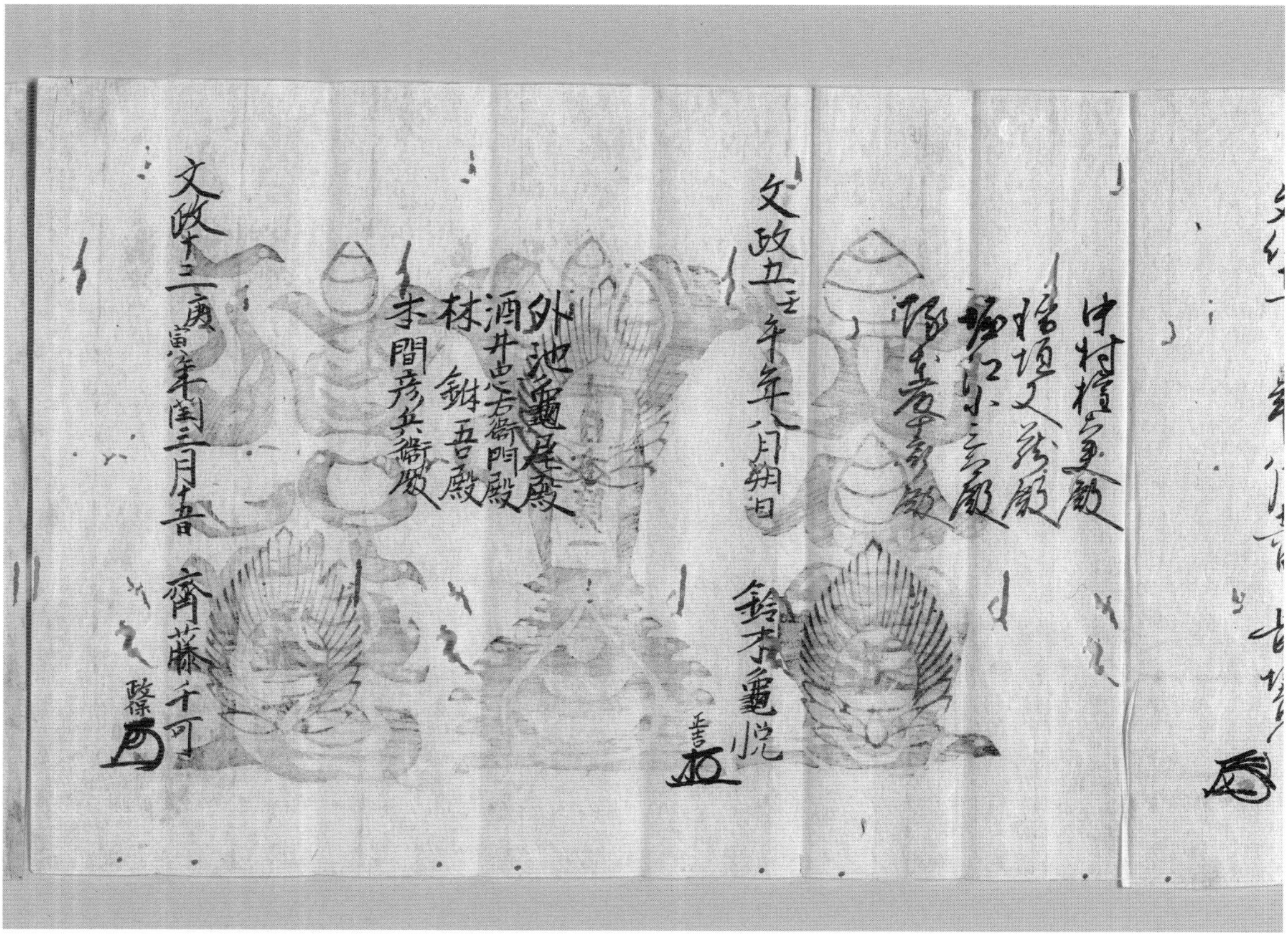

〈第四紙　熊野本宮牛玉宝印　二四・六×三四・五糎〉

中村權太夫殿
稲垣又藏殿
堀江小三太殿
塚本藤十郎殿

文政五壬午年八月朔日　鈴木龜悦
正吉（血判・花押）

外池龜尾殿
酒井忠右衛門殿
林　鍬吾殿
本間彦兵衛殿

文政十三庚寅年閏三月十五日　齊藤千可
政保（血判・花押）

〈紙継目〉

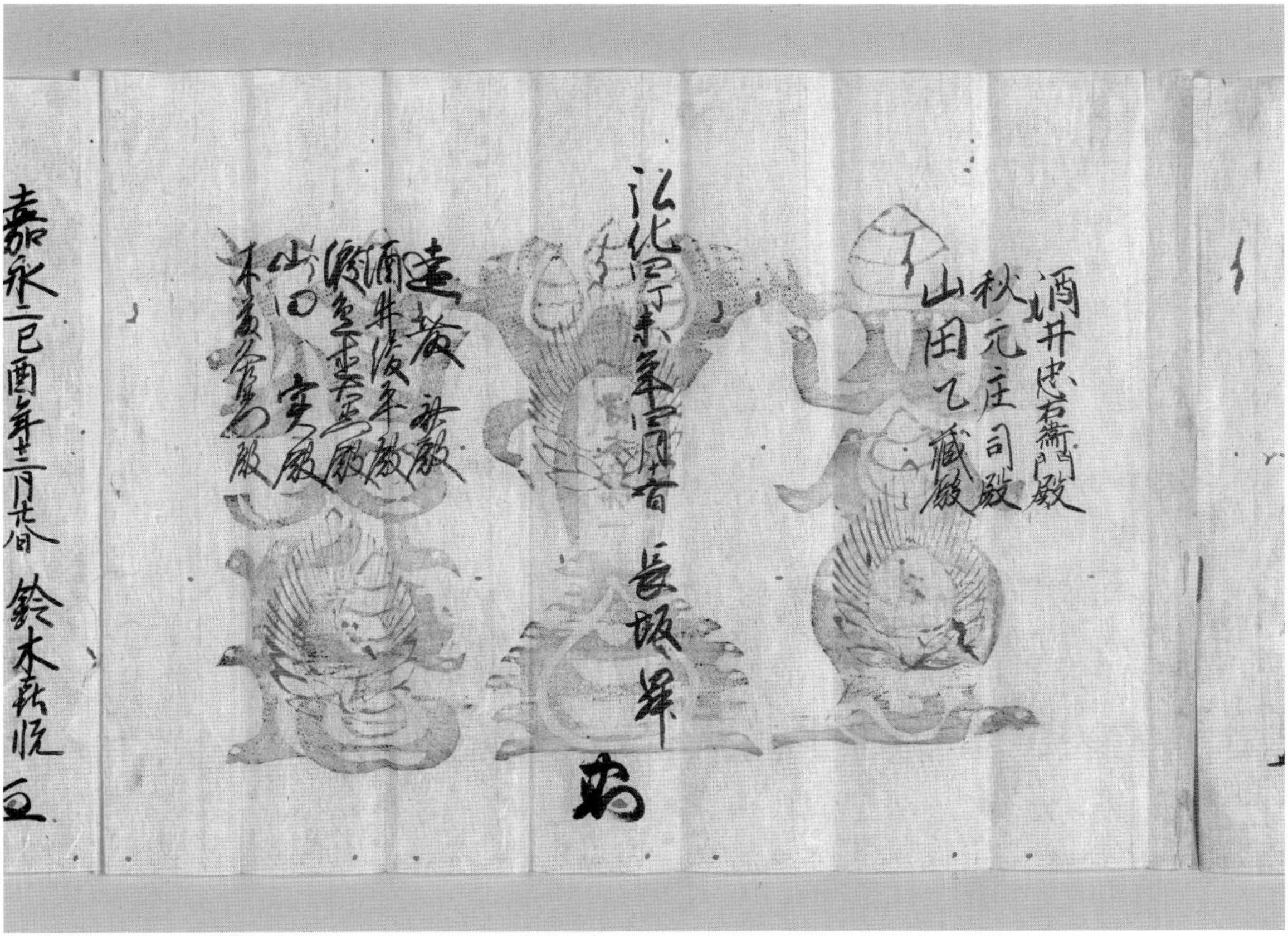

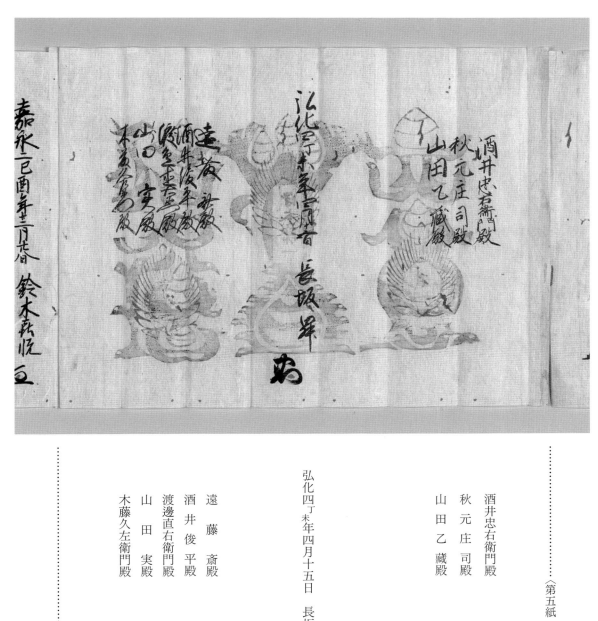

〈第五紙　熊野本宮牛玉宝印　二五・〇×三五・〇糎〉

酒井忠右衛門殿
秋　元　庄　司殿
山　田　乙　藏殿

弘化四丁未年四月十五日　長坂昇
（血判・花押）

遠　藤　斎殿
酒　井　俊　平殿
渡邊直右衛門殿
山　田　実殿
木藤久左衛門殿

〈紙継目〉

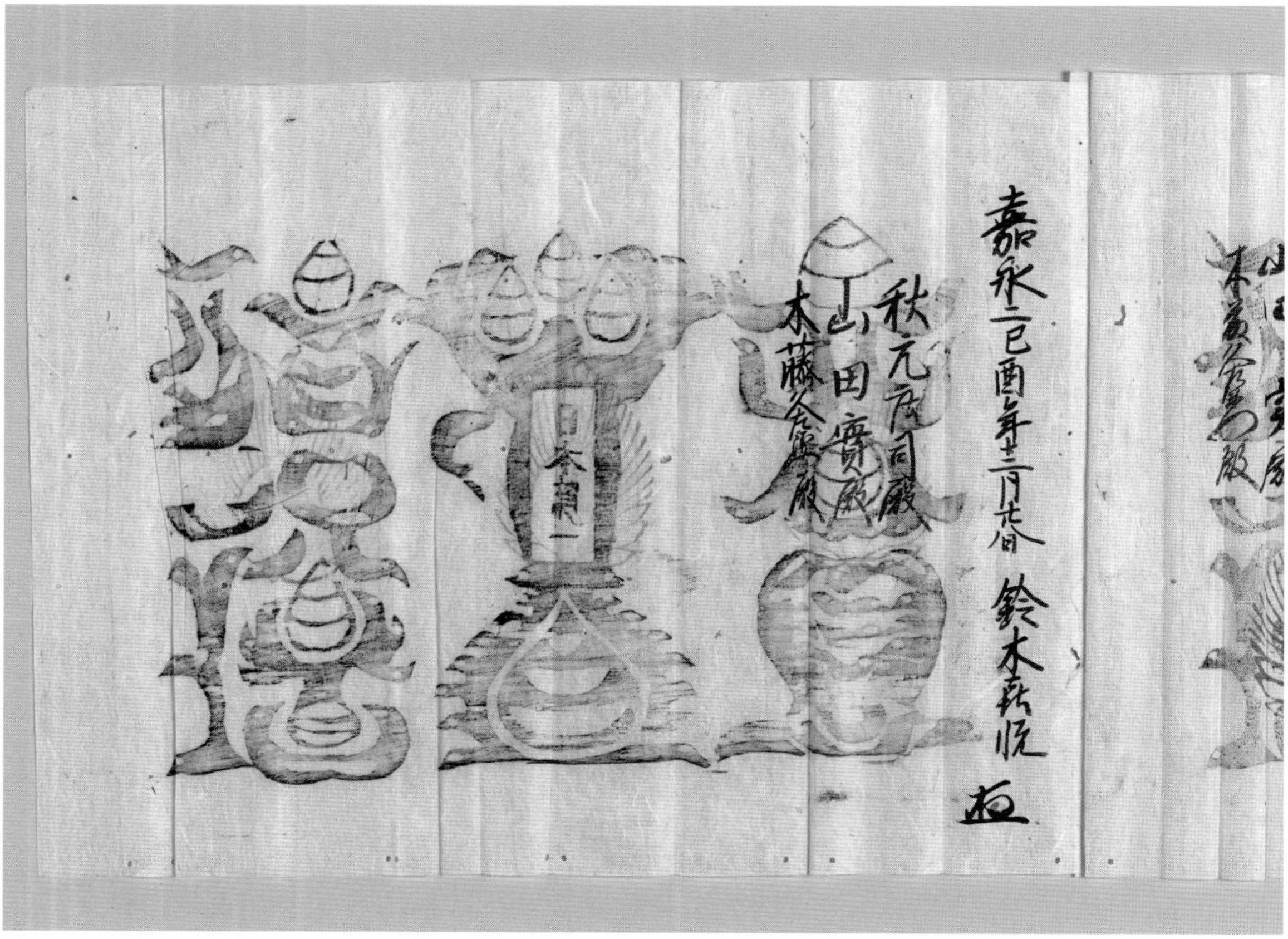

〈第六紙　熊野本宮牛玉宝印　二四・七×三三・一糎〉

嘉永二己酉年十二月廿八日　鈴木喜悦
（血判・花押）

秋 元 庄 司殿
山　田　實殿
木藤久左衛門殿

日本第一

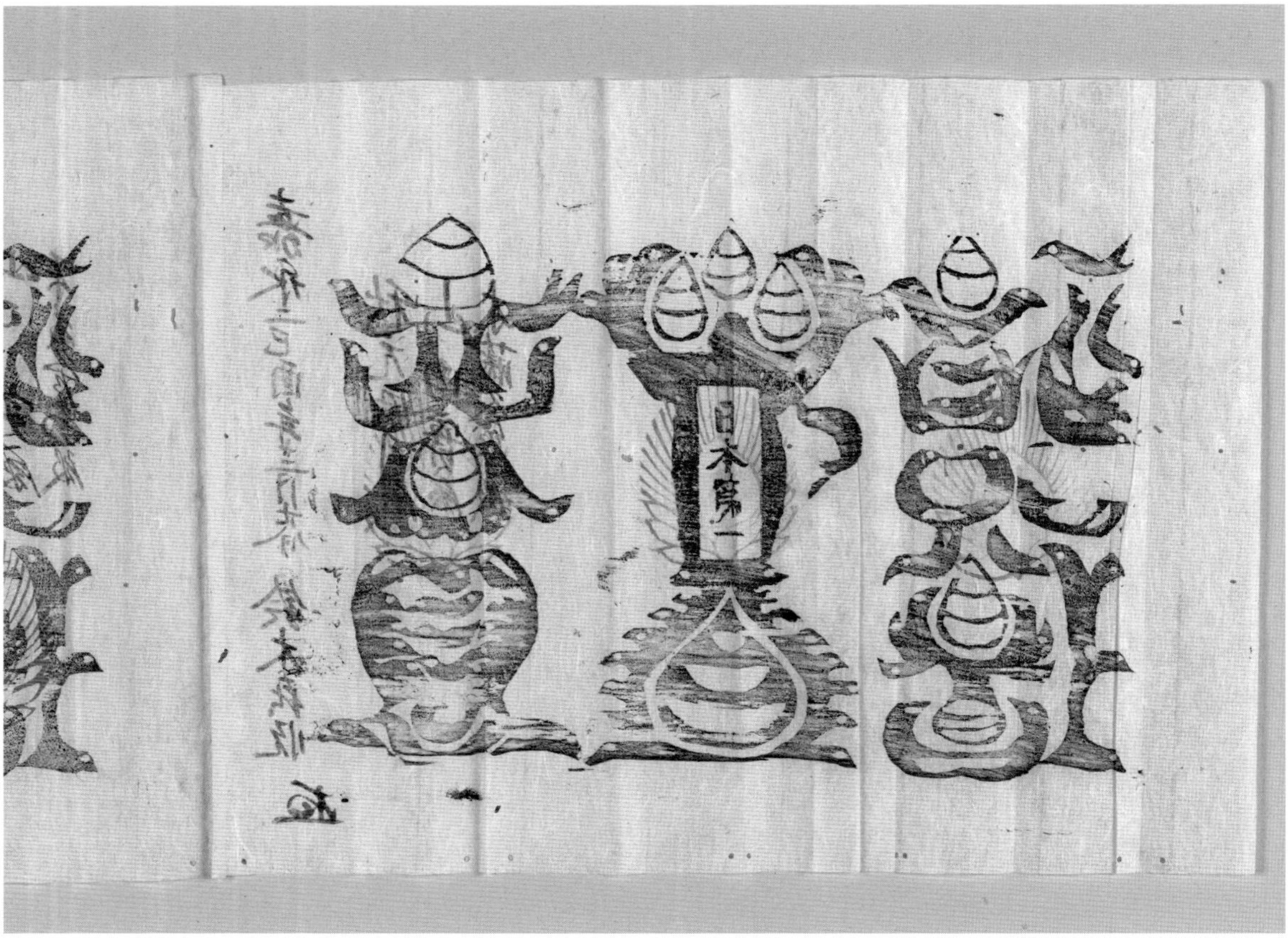
日本第一

一一、柴田連可他起請文

（包紙ウハ書）
柴田連可無勤被　仰付候節
返誓紙

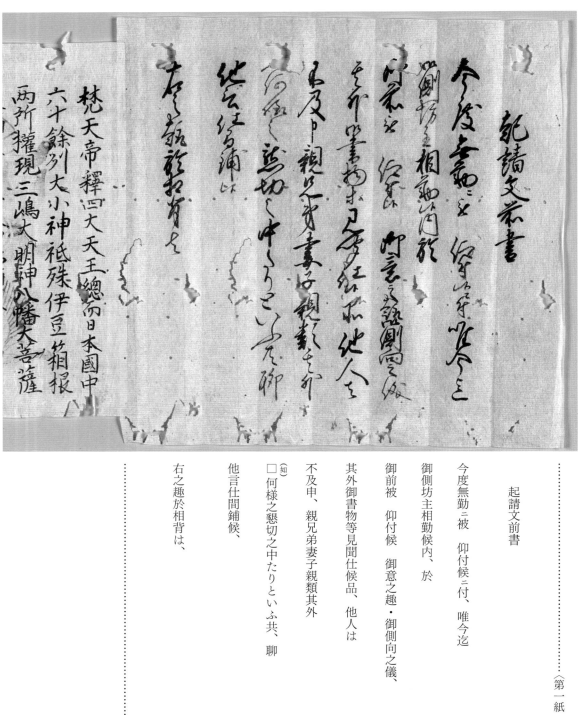

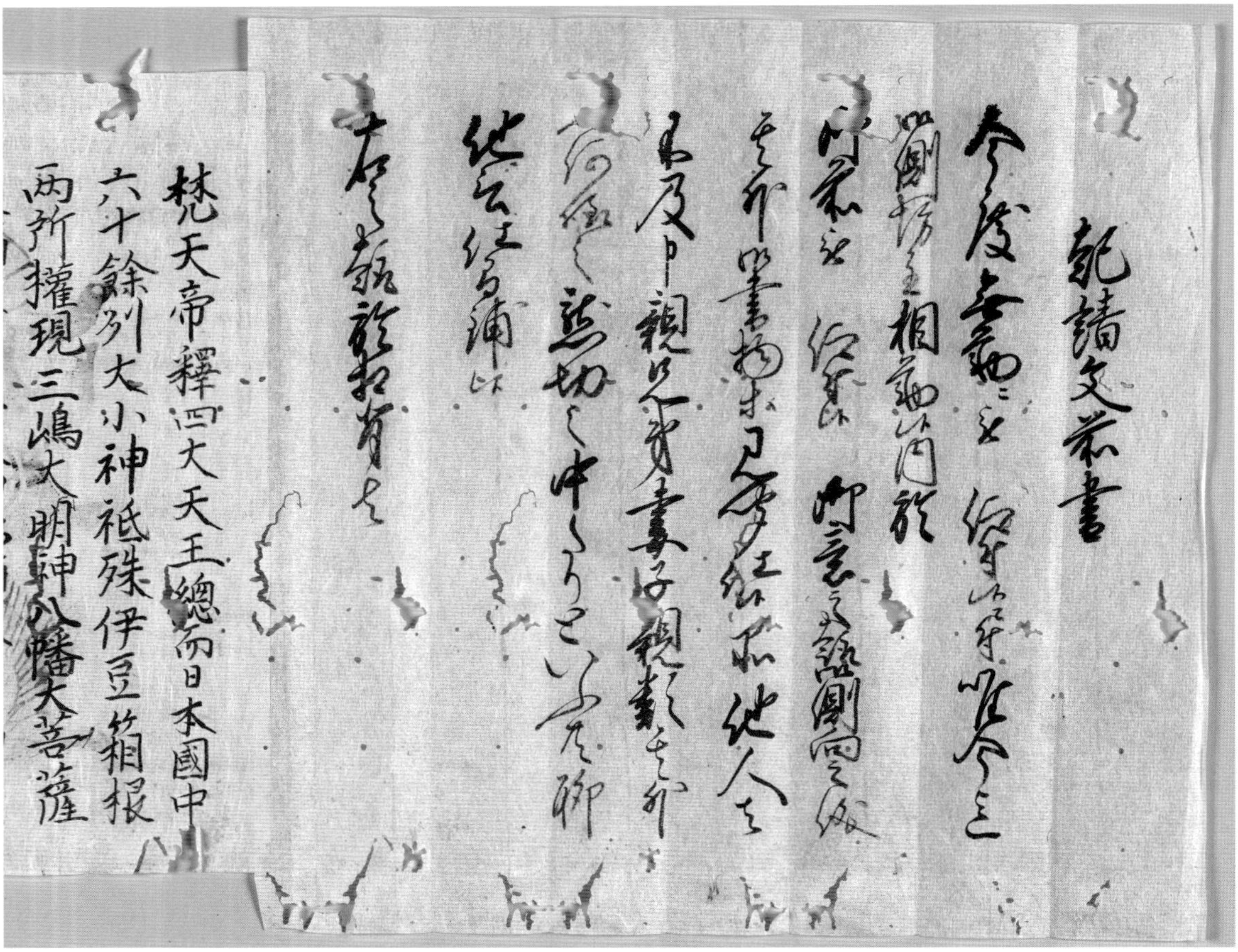
起請文前書
今度無勤ニ被　仰付候ニ付、唯今迄
御側坊主相勤候内、於
御前被　仰付候　御意之趣・御側向之儀、
其外御書物等見聞仕候品、他人は
不及申、親兄弟妻子親類其外
何様之懇切之中たりといふ共、聊
他言仕間鋪候、
右之趣於相背は、
梵天帝釋四大天王總而日本國中
六十餘州大小神祇殊伊豆箱根
両所權現三嶋大明神八幡大菩薩

〈第一紙　二八・一×二八・九糎〉

起請文前書

今度無勤ニ被　仰付候ニ付、唯今迄
御側坊主相勤候内、於
御前被　仰付候　御意之趣・御側向之儀、
其外御書物等見聞仕候品、他人は
不及申、親兄弟妻子親類其外
□(如)何様之懇切之中たりといふ共、聊
他言仕間鋪候、
右之趣於相背は、

〈紙継目〉

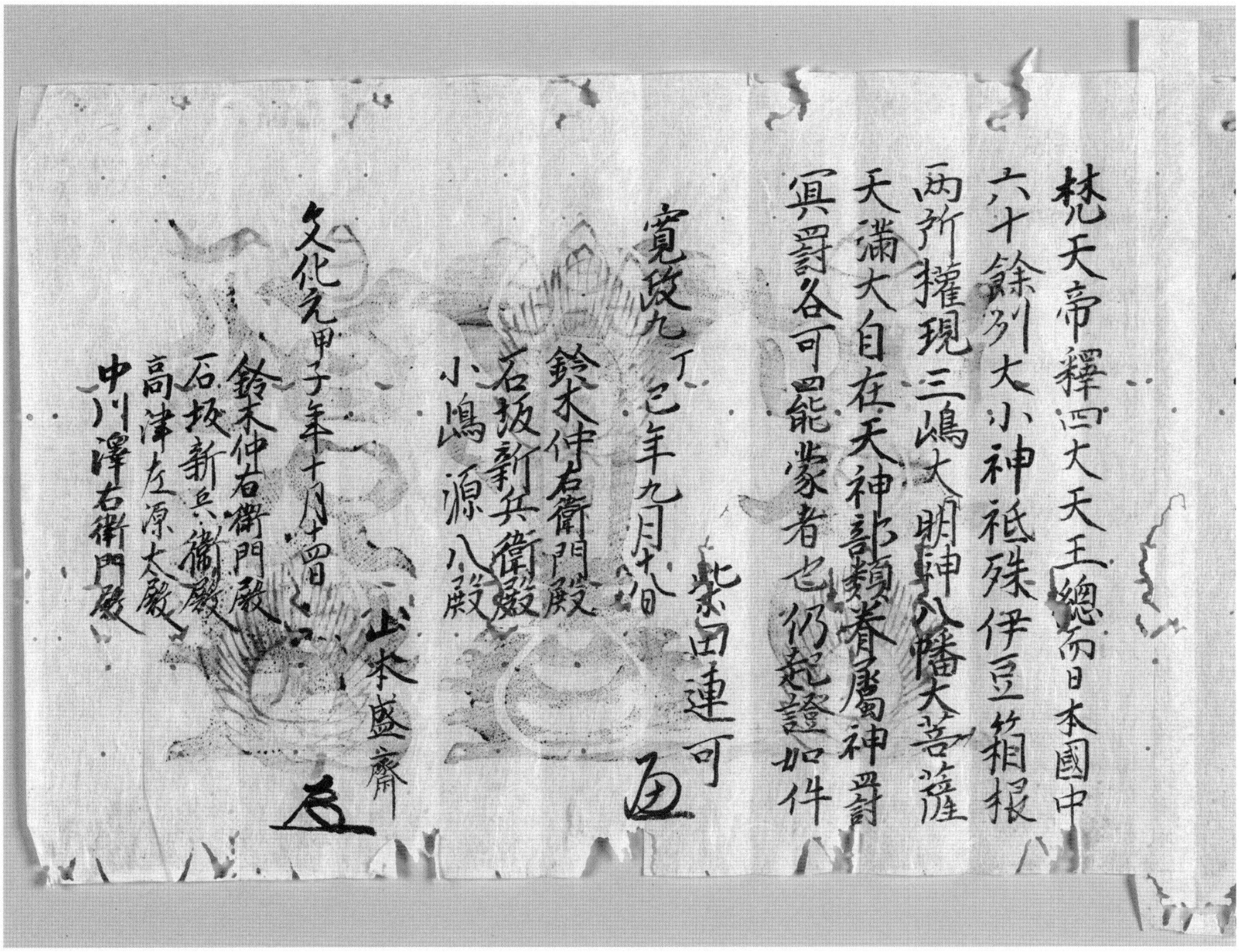

〈第二紙　熊野本宮牛玉宝印　二四・八×三四・六糎〉

梵天・帝釋・四大天王、總而日本國中
六十餘州大小神祇、殊伊豆箱根
両所權現・三嶋大明神・八幡大菩薩・
天滿大自在天神・部類眷屬神罰
冥罰各可罷蒙者也、仍起證如件、

柴田連可

寛政九丁巳年九月十八日（血判・花押）

鈴木仲右衛門殿
石坂新兵衛殿
小嶋源八殿

山本盛齋

文化元甲子年十月十四日（血判・花押）

鈴木仲右衛門殿
石坂新兵衛殿
高津左源太殿
中川澤右衛門殿

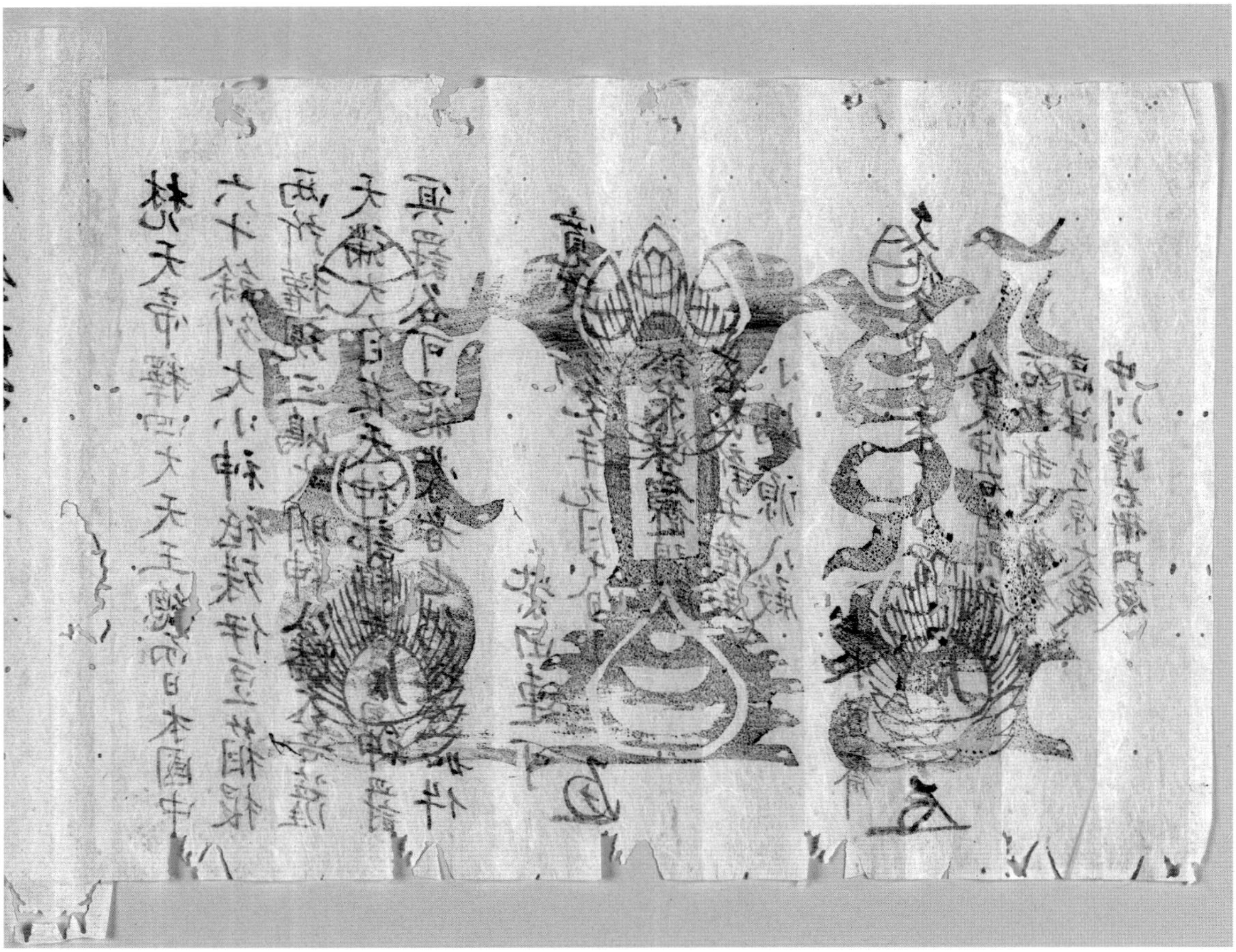

一二、深谷惣助起請文

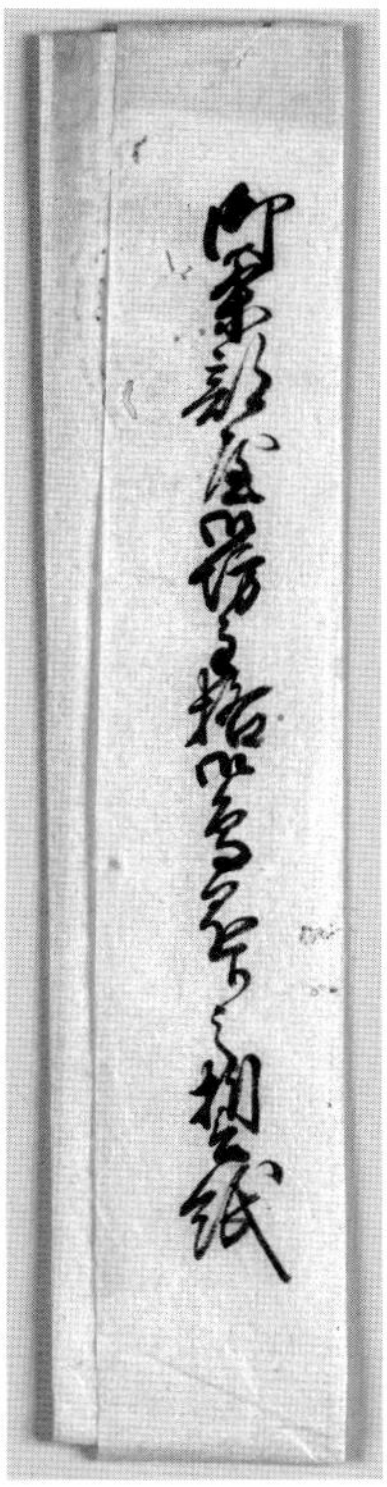

（包紙ウハ書）
御茶部屋御坊主格御鳥懸り之誓紙

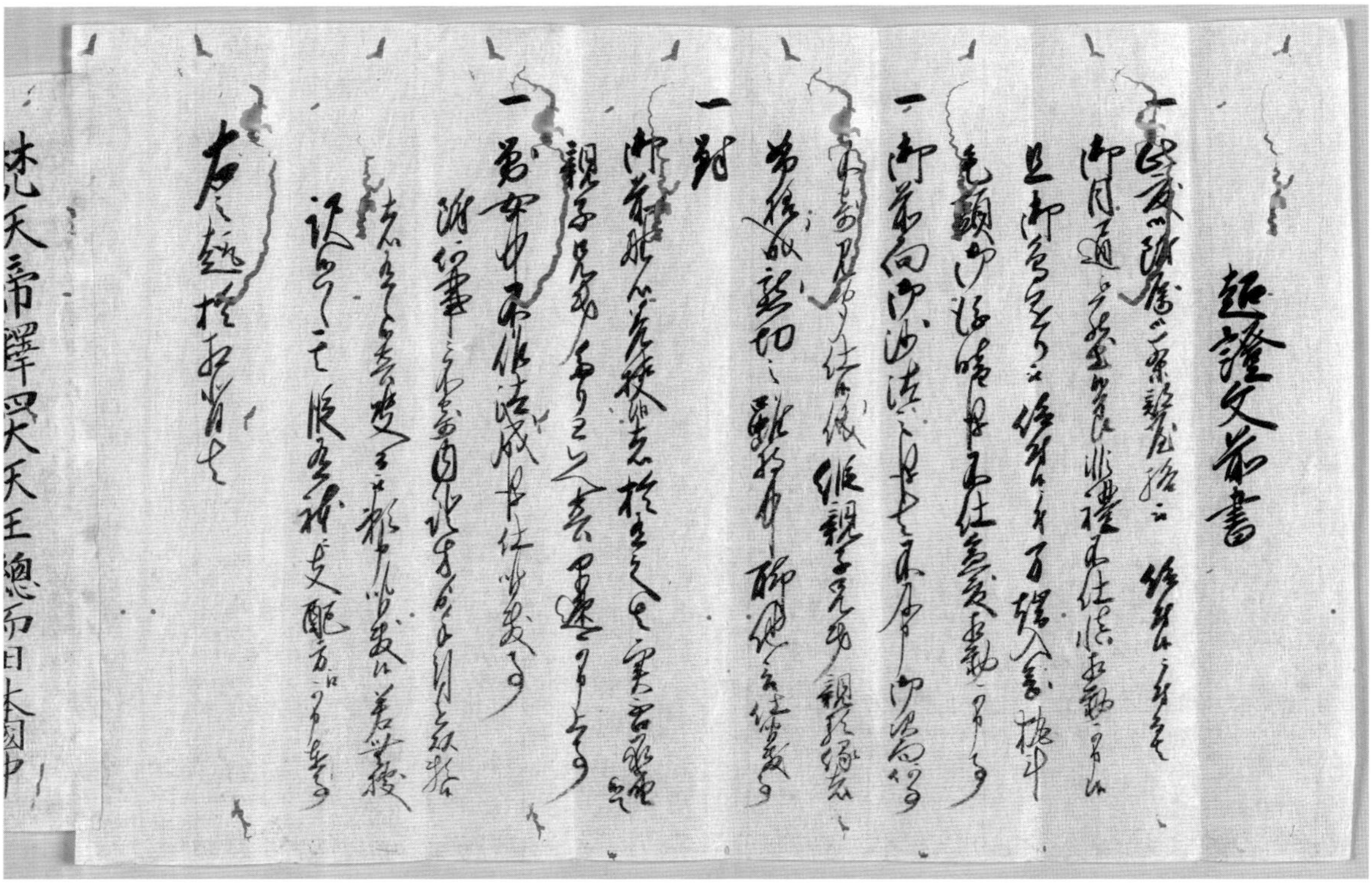

〈第一紙　二七・九×四一・一糎〉

起證文前書

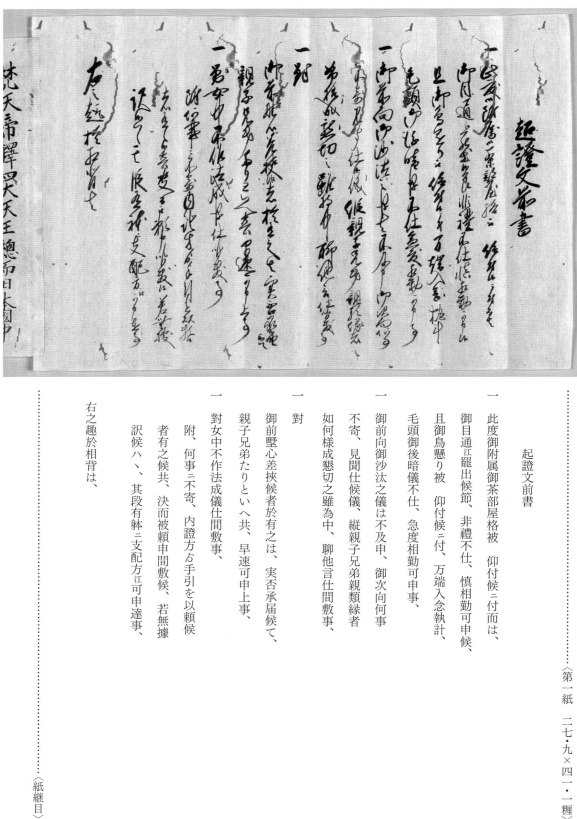

一　此度御附属御茶部屋格被　仰付候ニ付而は、
御目通江罷出候節、非禮不仕、慎相勤可申候、
且御鳥懸り被　仰付候ニ付、万端入念執計、
毛頭御後暗儀不仕、急度相勤可申事、
一　御前向御沙汰之儀は不及申、御次向何事
不寄、見聞仕候儀、縦親子兄弟親類縁者
如何様成懇切之雖為中、聊他言仕間敷事、
一　對
御前墅心差挾候者於有之は、実否承届候て、
親子兄弟たりといへ共、早速可申上事、
一　對女中不作法成儀仕間敷事、
附、何事ニ不寄、内證方ゟ手引を以頼候
者有之候共、決而被頼申間敷候、若無據
訳候ハヽ、其段有躰ニ支配方江可申達事、
右之趣於相背は、

〈紙継目〉

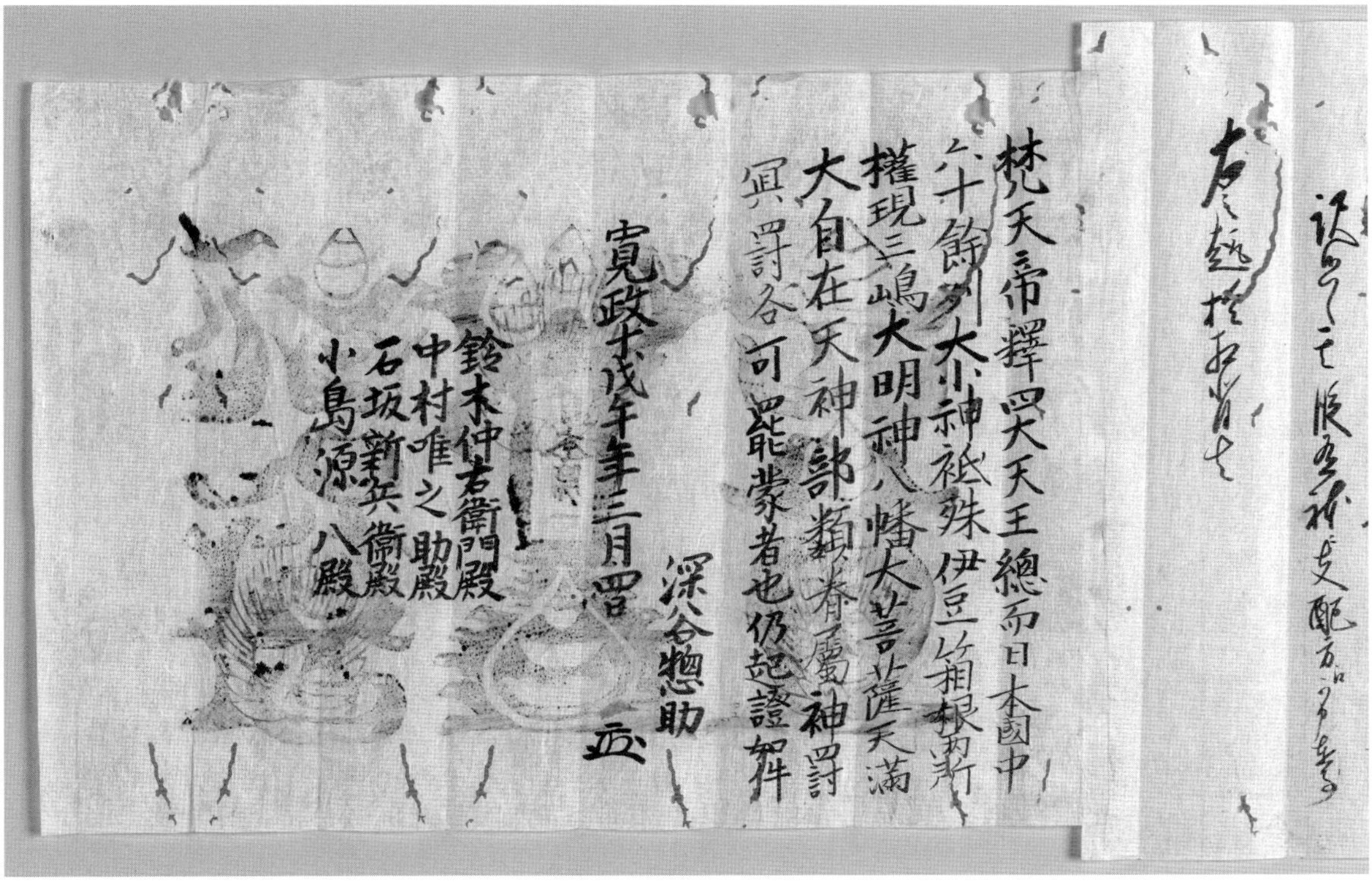

〈第二紙　熊野本宮牛玉宝印　二四・七×三四・三糎〉

梵天・帝釋・四大天王、總而日本國中
六十餘州大小神祇、殊伊豆箱根両所
權現・三嶋大明神・八幡大菩薩・天満
大自在天神・部類眷屬神罰
冥罰各可罷蒙者也、仍起證如件、

深谷惣助

寛政十戊午年三月四日（血判・花押）

鈴木仲右衛門殿
中村唯之助殿
石坂新兵衛殿
小島源八殿

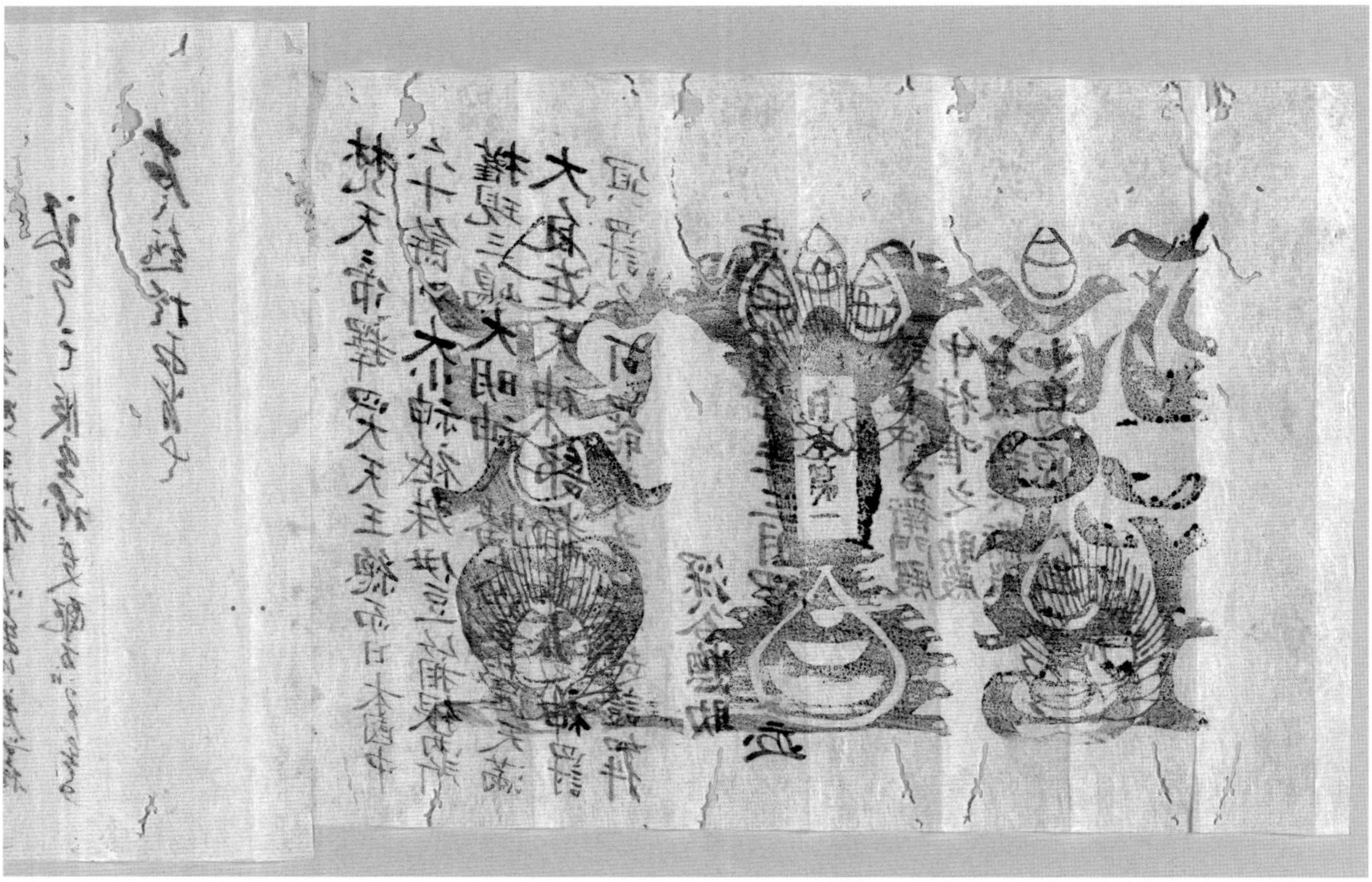

一三、上嶋百可起請文

（包紙ウハ書）
御坊主共
　返誓詞

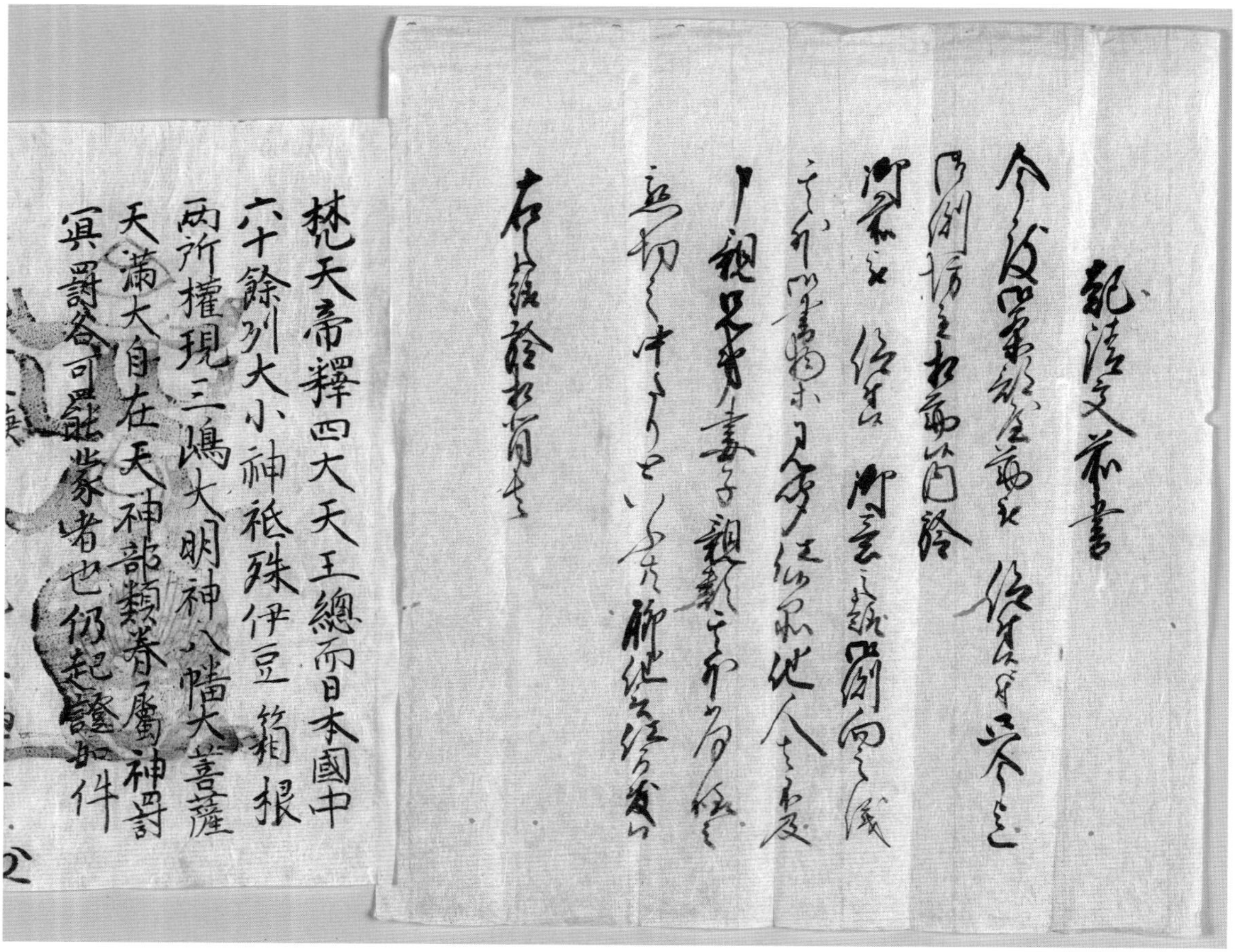
梵天帝釋四大天王總而日本國中
六十餘州大小神祇殊伊豆箱根
両所権現三嶋大明神八幡大菩薩
天満大自在天神部類眷屬神罰
冥罰各可罷蒙者也仍起請如件

起請文前書

〈第一紙　二九・〇×二六・一糎〉

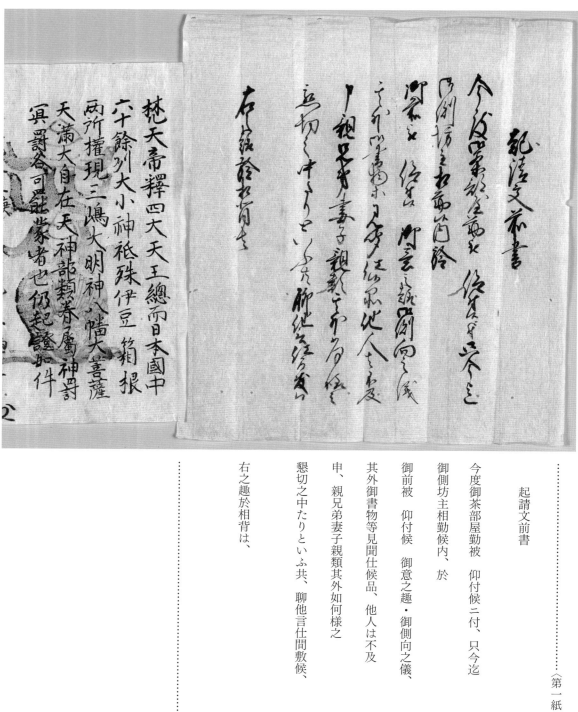

今度御茶部屋勤被　仰付候ニ付、只今迄
御側坊主相勤候内、於
御前被　仰付候　御意之趣・御側向之儀、
其外御書物等見聞仕候品、他人は不及
申、親兄弟妻子親類其外如何様之
懇切之中たりといふ共、聊他言仕間敷候、
右之趣於相背は、

〈紙継目〉

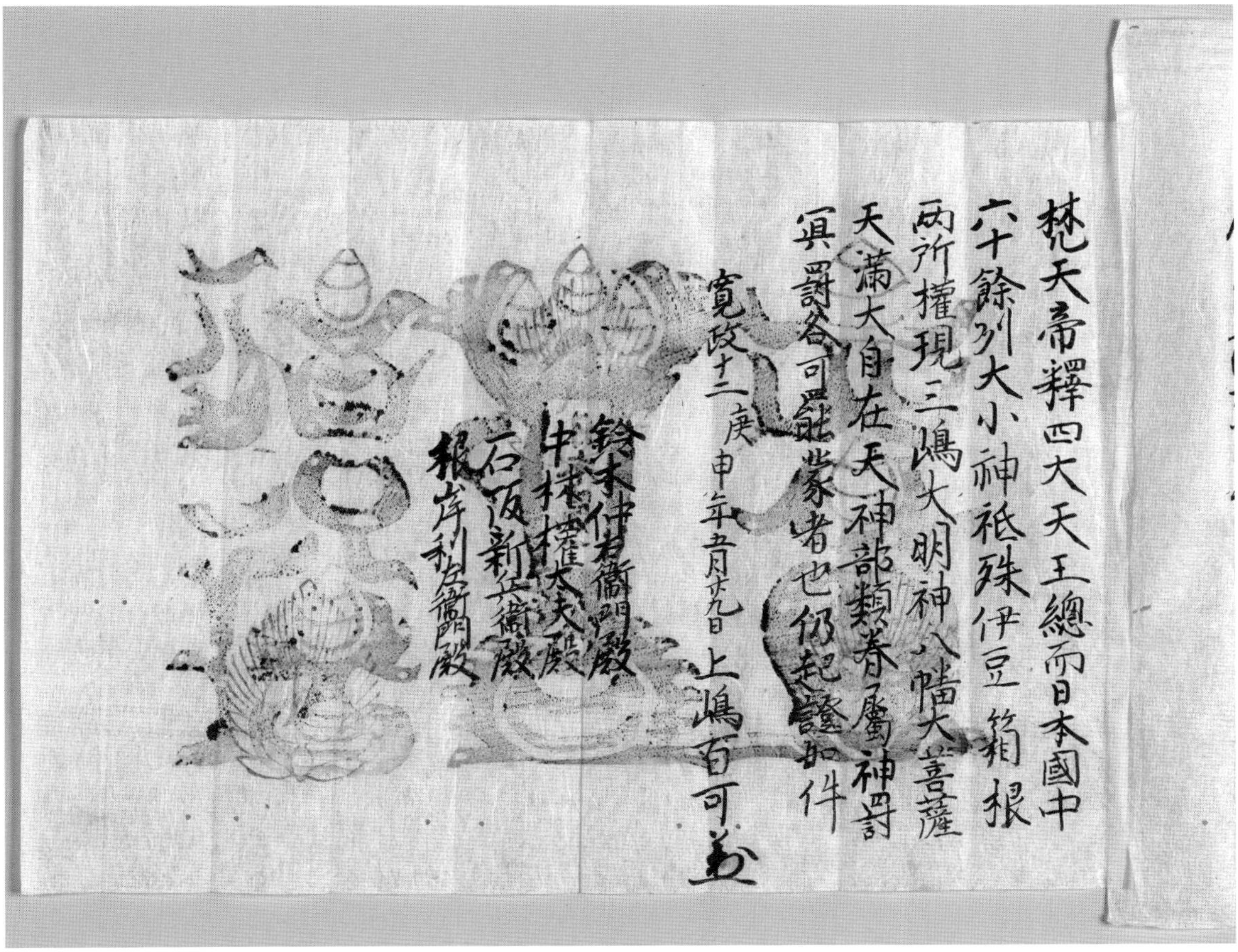

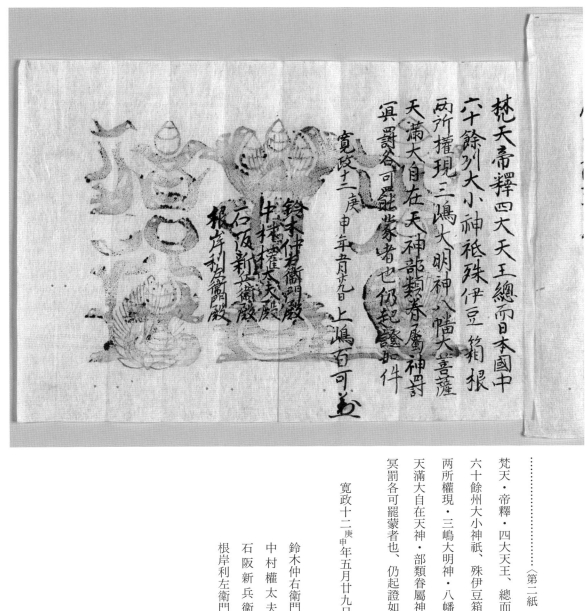

……………………〈第二紙　熊野本宮牛玉宝印　二四・七×三七・六糎〉

梵天・帝釋・四大天王、總而日本國中
六十餘州大小神祇、殊伊豆箱根
両所權現・三嶋大明神・八幡大菩薩・
天滿大自在天神・部類眷屬神罰
冥罰各可罷蒙者也、仍起證如件、

寛政十二庚申年五月廿九日　上嶋百可（血判・花押）

鈴木仲右衛門殿
中村權太夫殿
石阪新兵衛殿
根岸利左衛門殿

一四、芦澤清佐起請文

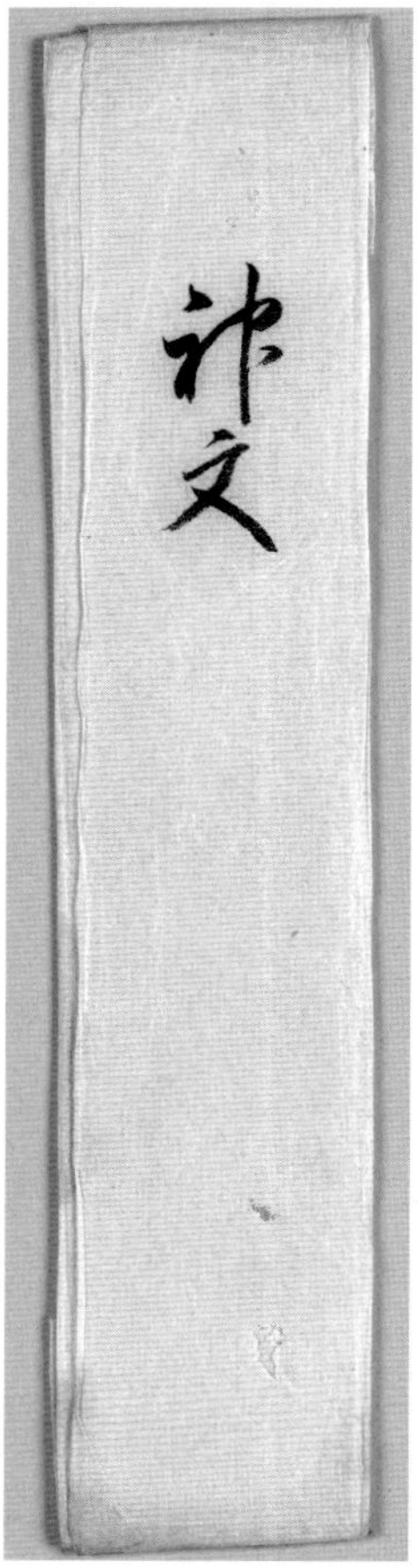

（包紙ウハ書）
神文

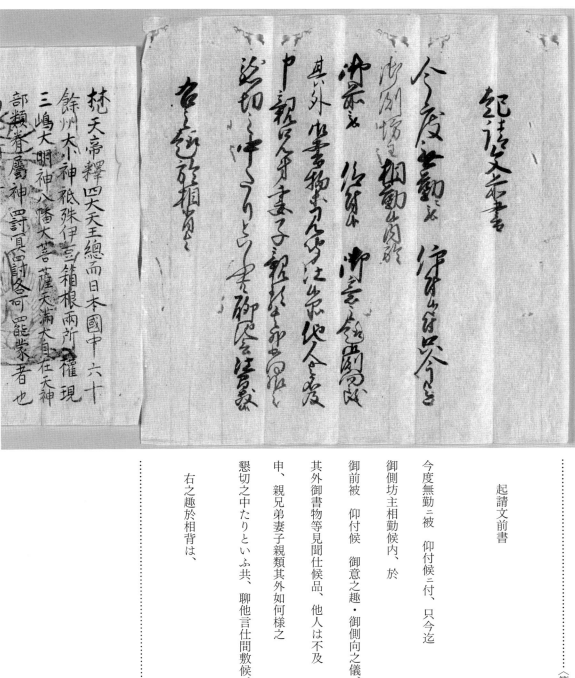

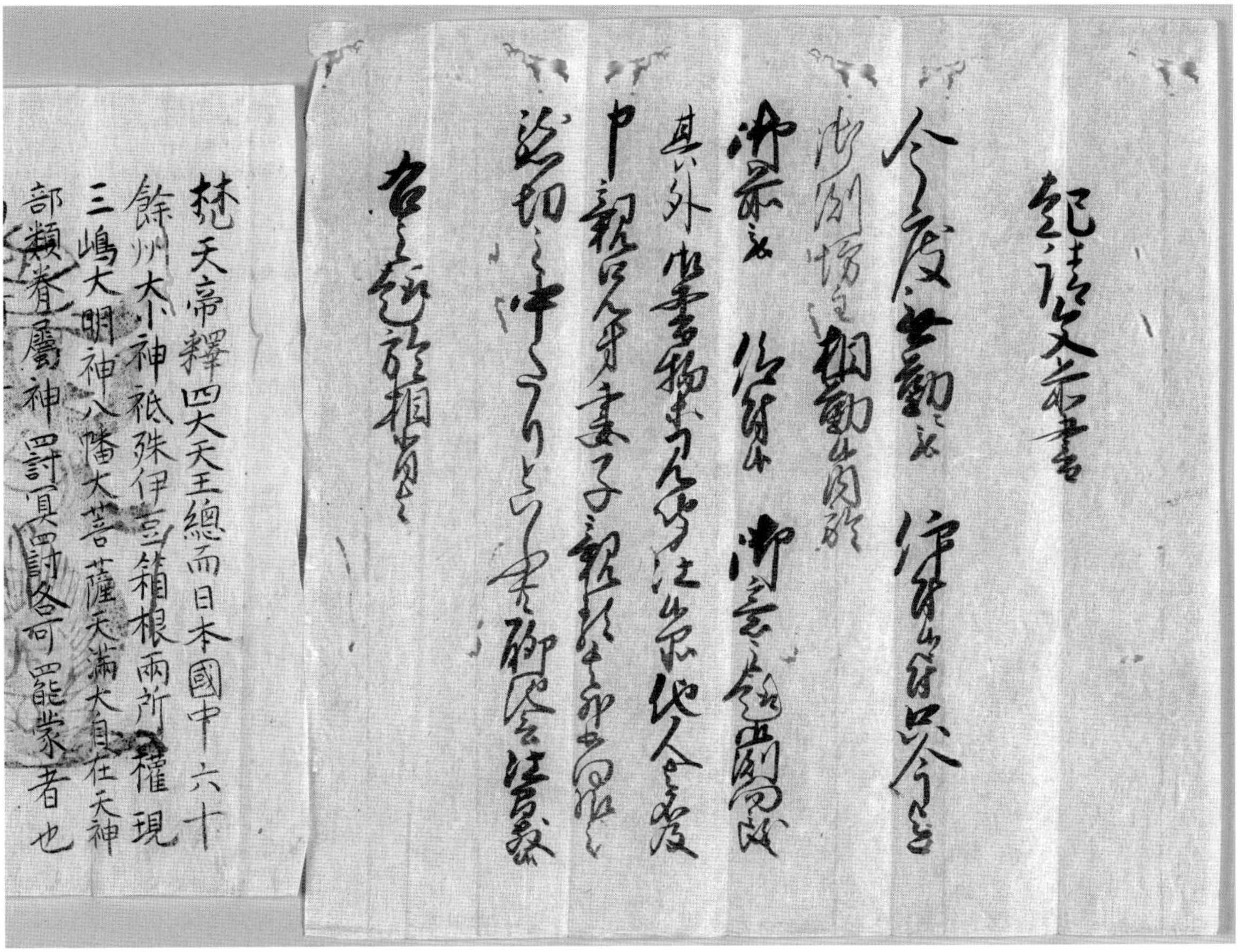
起請文前書
今度無勤ニ被　仰付候ニ付、只今迄
御側坊主相勤候内、於
御前被　仰付候　御意之趣・御側向之儀、
其外御書物等見聞仕候品、他人は不及
申、親兄弟妻子親類其外如何様之
懇切之中たりといふ共、聊他言仕間敷候、
右之趣於相背は、
梵天帝釋四大天王總而日本國中六十
餘州大小神祇殊伊豆箱根兩所權現
三嶋大明神八幡大菩薩天滿大自在天神
部類眷屬神罰冥罰各可罷蒙者也

〈第一紙　二八・〇×二七・六糎〉

起請文前書

今度無勤ニ被　仰付候ニ付、只今迄
御側坊主相勤候内、於
御前被　仰付候　御意之趣・御側向之儀、
其外御書物等見聞仕候品、他人は不及
申、親兄弟妻子親類其外如何様之
懇切之中たりといふ共、聊他言仕間敷候、
右之趣於相背は、

〈紙継目〉

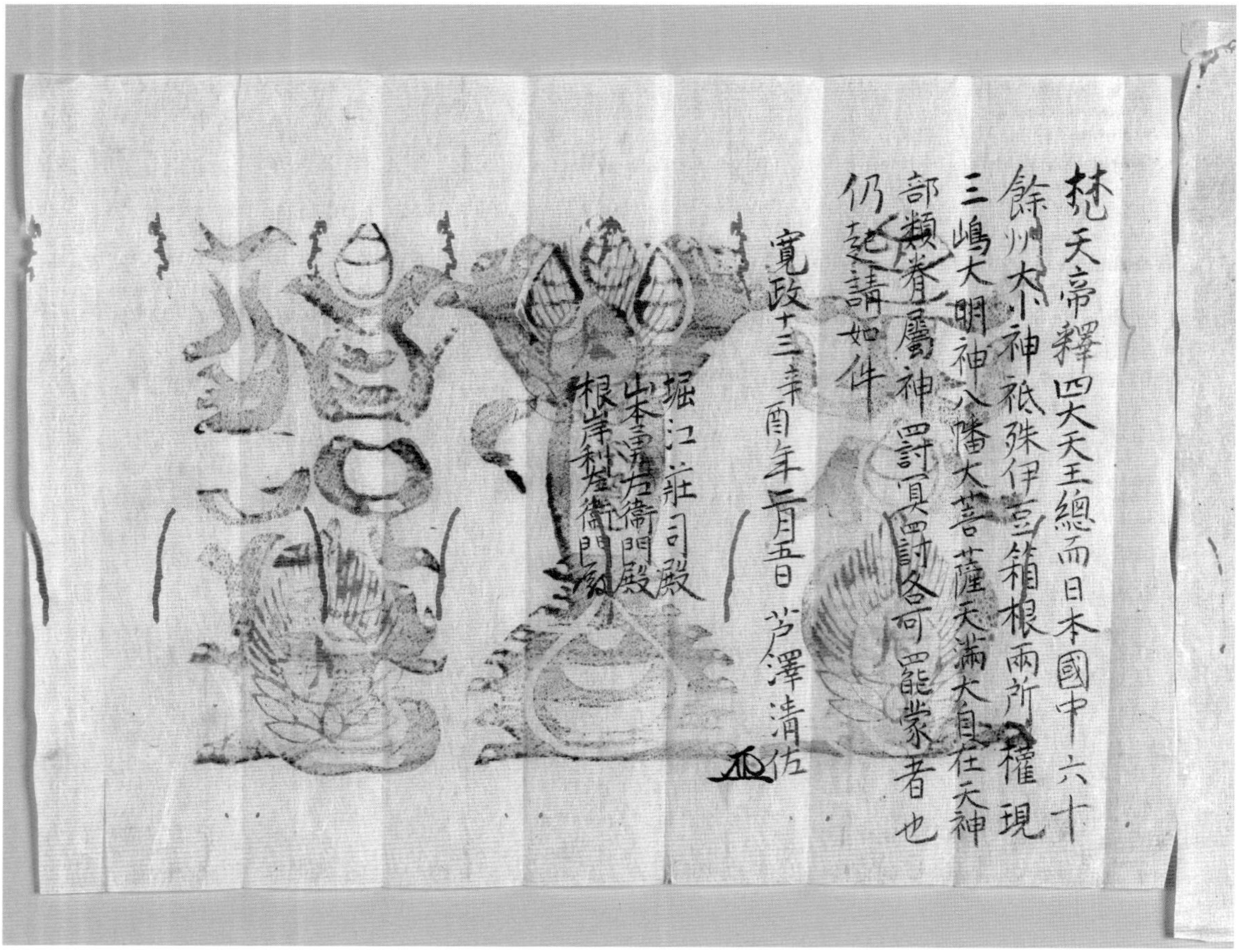

〈第二紙　熊野本宮牛玉宝印　二四・八×三四・五糎〉

梵天・帝釋・四大天王、總而日本國中六十
餘州大小神祇、殊伊豆箱根両所權現・
三嶋大明神・八幡大菩薩・天満大自在天神・
部類眷屬神罰冥罰各可罷蒙者也、
仍起請如件、

寛政十三辛酉年二月五日　芦澤清佐（血判・花押）

堀江荘司殿
山本勇左衛門殿
根岸利左衛門殿

一五、酒井恵齊起請文

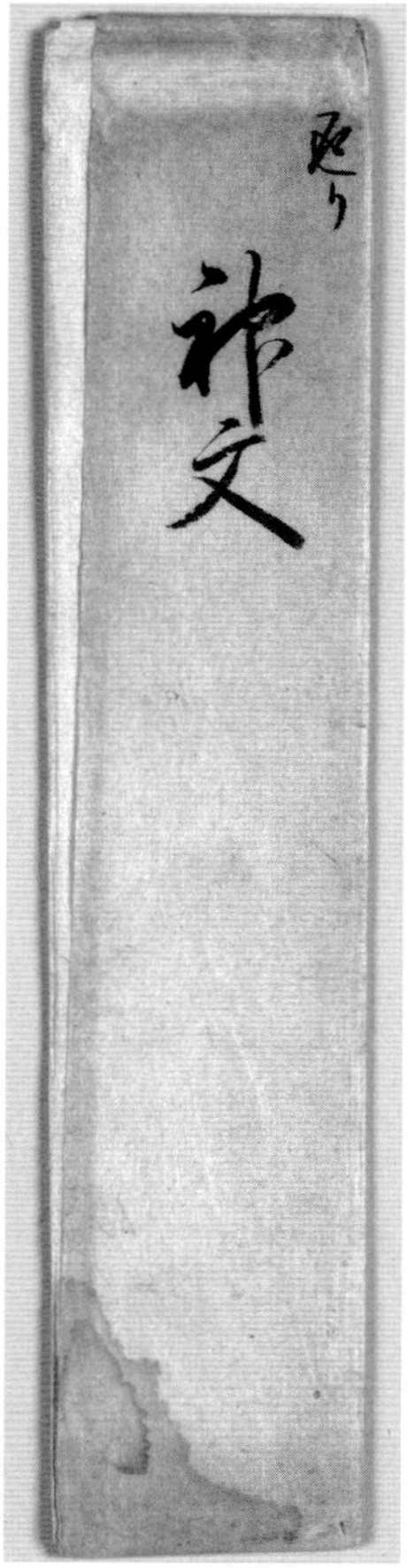

（包紙ウハ書）
返り
神文

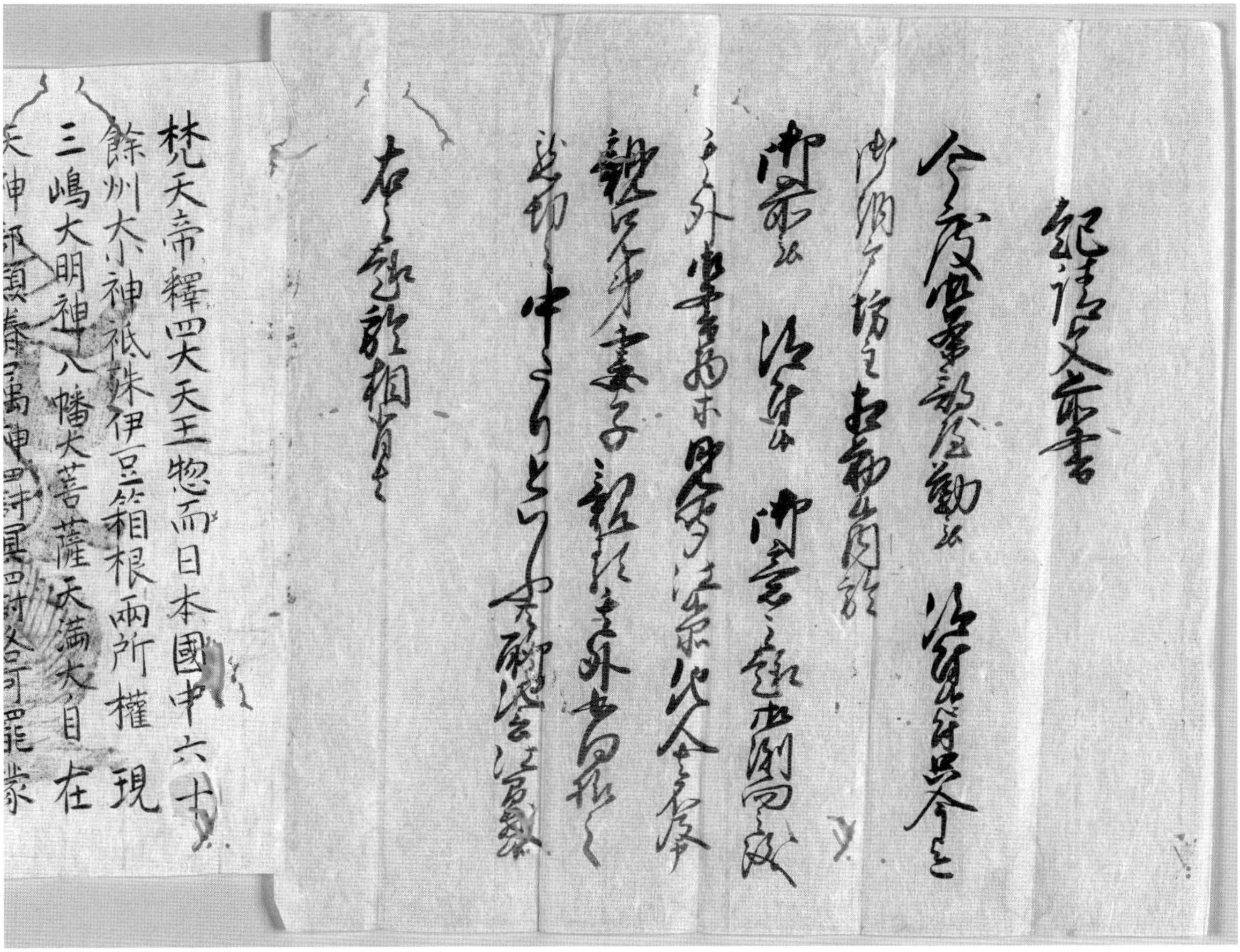

〈第一紙　二八・〇×二八・四糎〉

起請文前書

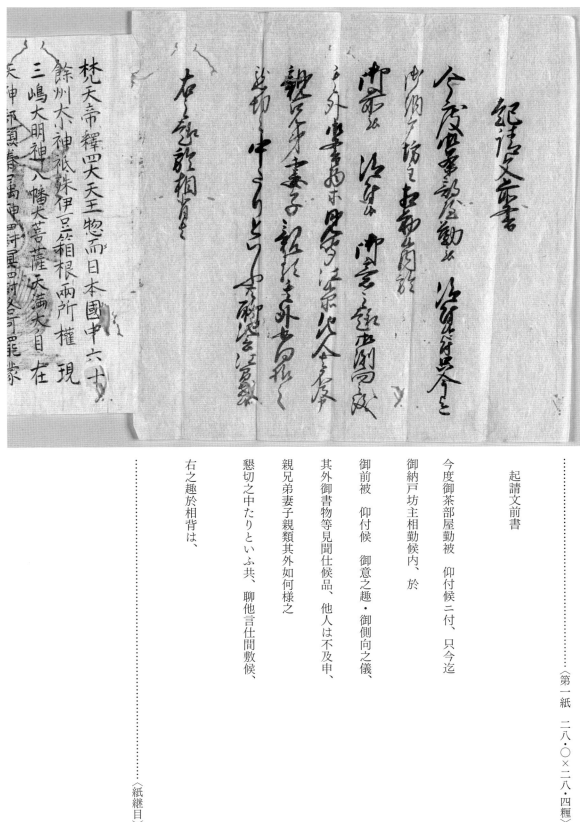

今度御茶部屋勤被　仰付候ニ付、只今迄
御納戸坊主相勤候内、於
御前被　仰付候　御意之趣・御側向之儀、
其外御書物等見聞仕候品、他人は不及申、
親兄弟妻子親類其外如何様之
懇切之中たりといふ共、聊他言仕間敷候、
右之趣於相背は、

〈紙継目〉

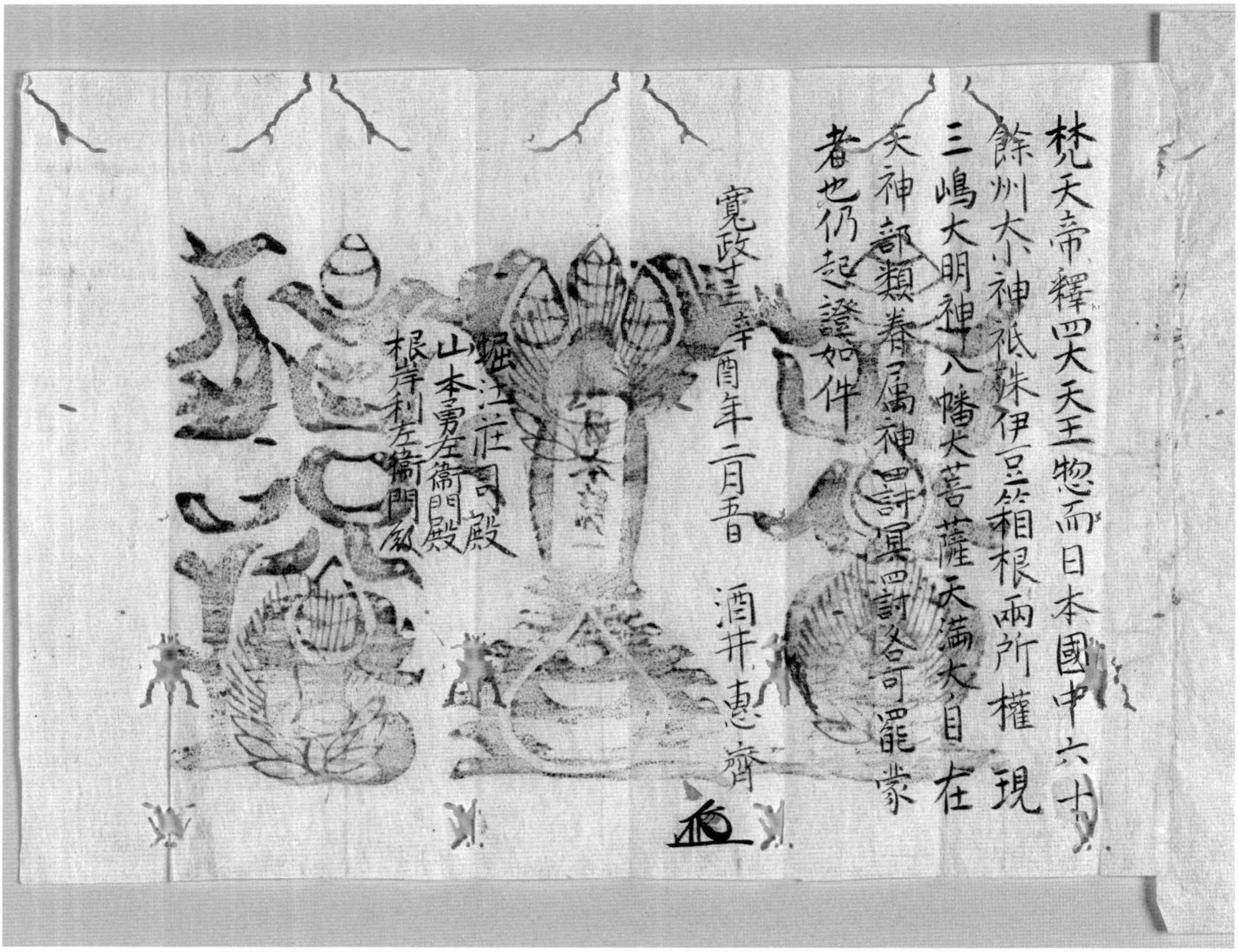

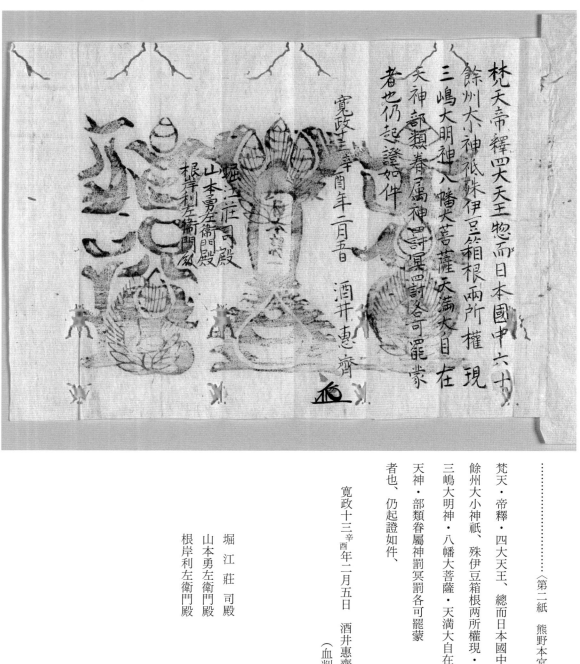

〈第二紙　熊野本宮牛玉宝印　二四・八×三四・五糎〉

梵天・帝釈・四大天王、総而日本國中六十
餘州大小神祇、殊伊豆箱根両所權現・
三嶋大明神・八幡大菩薩・天満大自在
天神・部類眷屬神罰冥罰各可罷蒙
者也、仍起證如件、

寛政十三辛酉年二月五日　酒井惠齊
（血判・花押）

堀　江　荘　司殿
山本勇左衛門殿
根岸利左衛門殿

一六、金澤金吾起請文

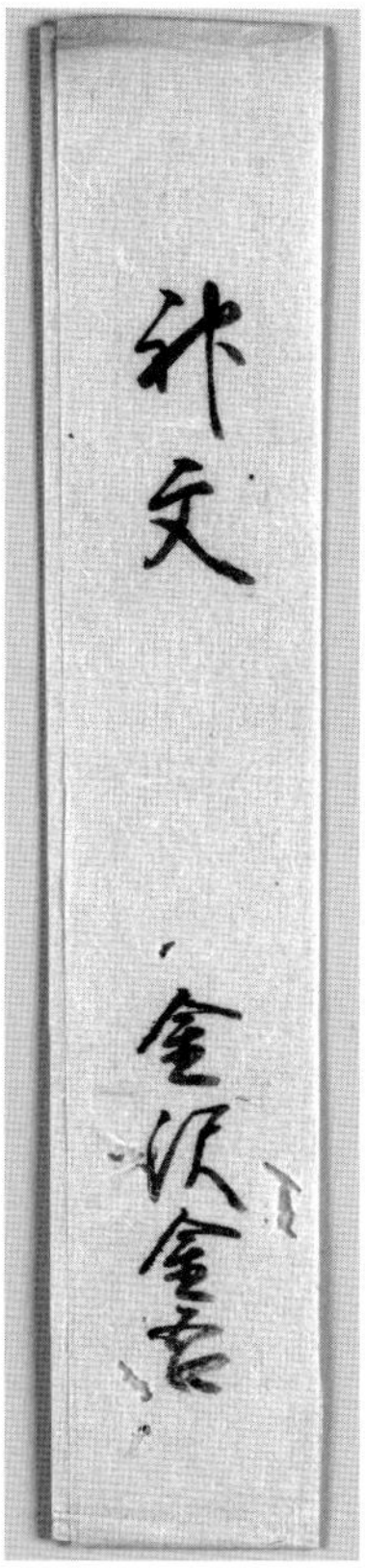

（包紙ウハ書）

神文　　金沢金吾

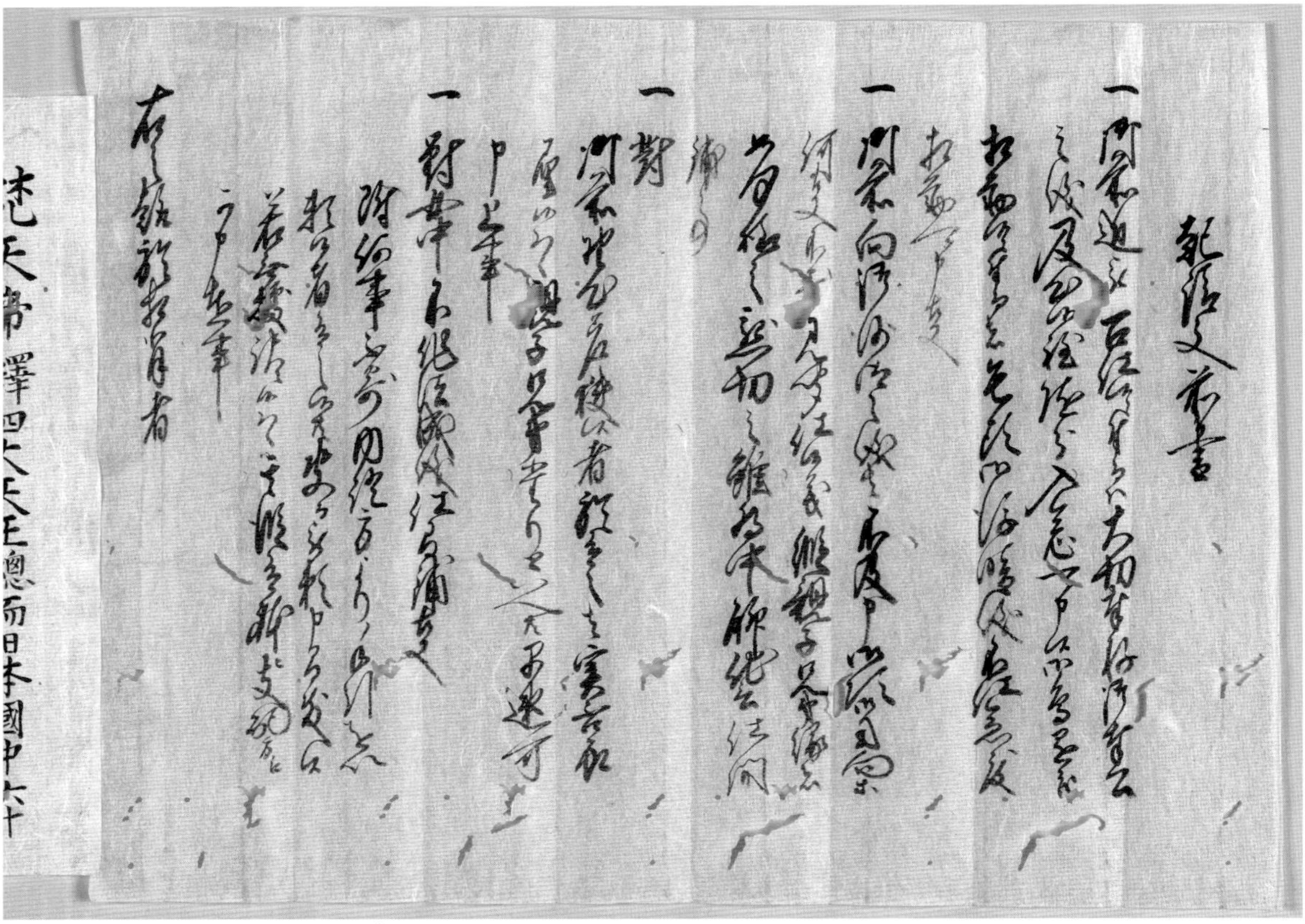

〈第一紙　二八・〇×三六・八糎〉

起請文前書

一　御前近被　召仕候ニ付而ハ、大切奉存、御奉公之儀及心候程随分入念可申候、御鳥懸も相勤候ニ付而者、毛頭御後暗儀不仕、急度相勤可申事、

一　御前向御沙汰之儀は不及申、御次御用向等、何事不寄見聞仕候義、縦親子兄弟縁者如何様之懇切之雖為中、聊他言仕間鋪事、

一　對

御前曁心差挾候者於有之は、実否承届候ハヽ、親子兄弟たりといへ共、早速可申上事、

一　對女中不作法成儀仕間鋪叓、

附、何事不寄、内證方より手引を以頼候者有之候共、決而被頼申間敷候、若無據訳ニ候ハヽ、其段有躰ニ支配方江可申達事、

〈紙継目〉

右之趣於相背者、

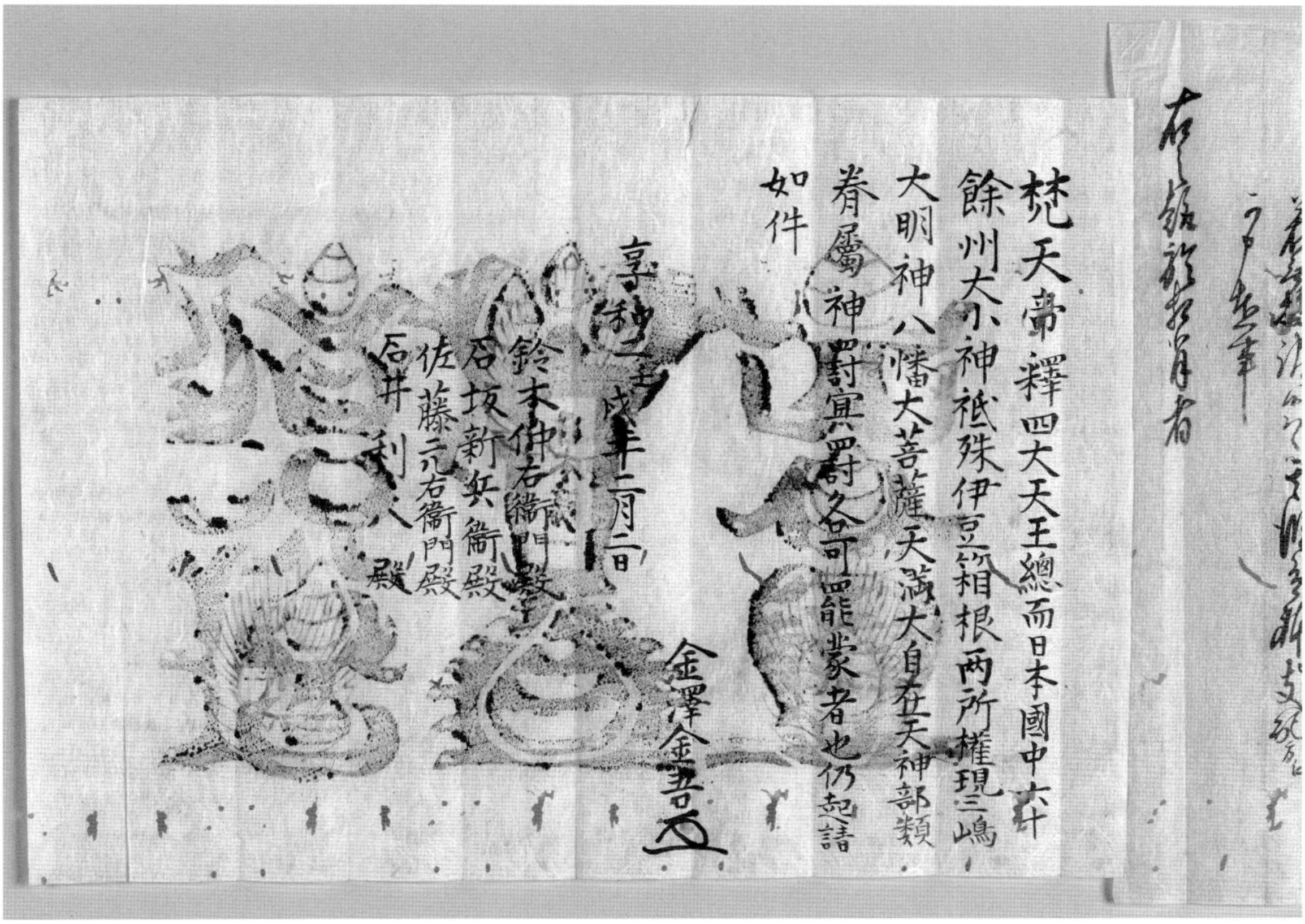

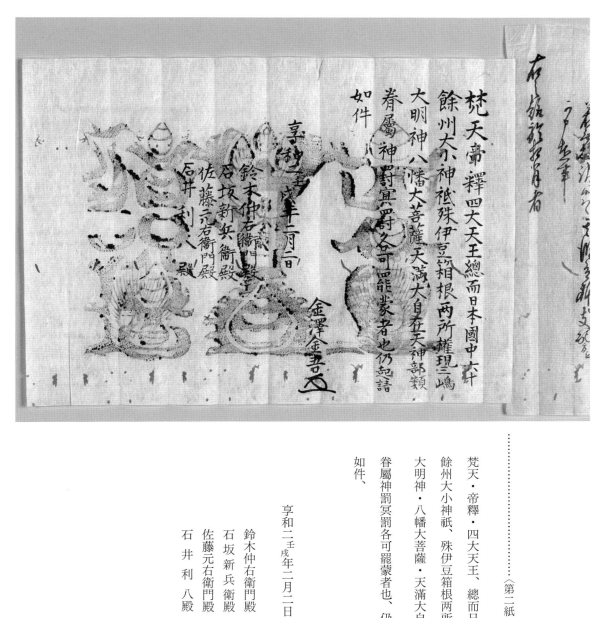

〈第二紙　熊野本宮牛玉宝印　二四・七×三四・七糎〉

梵天・帝釋・四大天王、總而日本國中六十
餘州大小神祇、殊伊豆箱根両所権現・三嶋
大明神・八幡大菩薩・天滿大自在天神・部類
眷屬神罰冥罰各可罷蒙者也、仍起請
如件、

金澤金吾（血判・花押）

享和二壬戌年二月二日

鈴木仲右衛門殿
石坂新兵衛殿
佐藤元右衛門殿
石　井　利　八殿

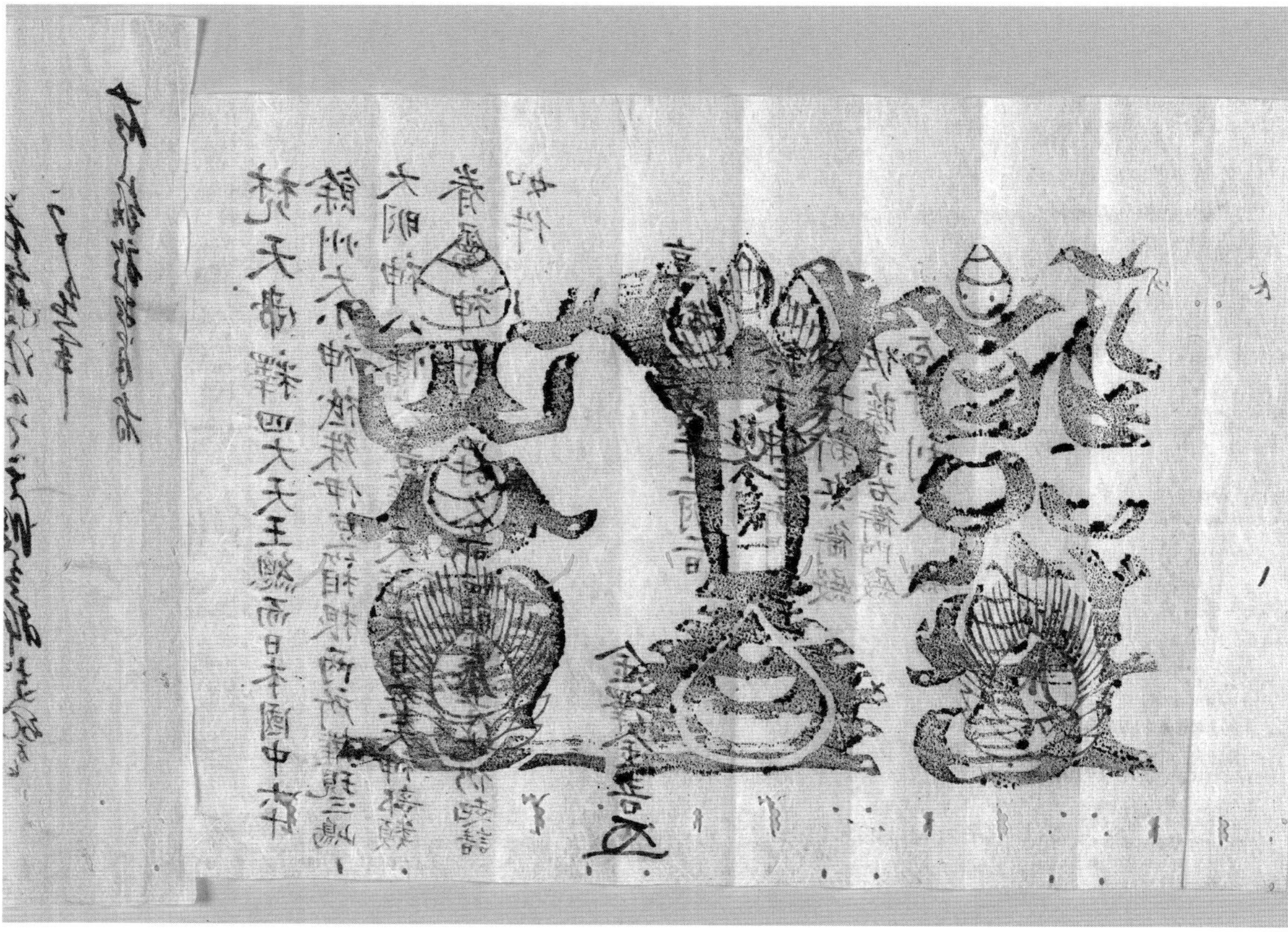

一七、百松他起請文

（包紙ウハ書）

誓詞

御湯殿懸

御草履取

〈第一紙　二八・一×三四・三糎〉

起請文前書

一　御目通江罷出候節、非禮不仕、慎可相勤候、
且又取扱候品々、聊も疎略仕間敷事、
附、御附属之面々御用申付候儀、少も
遠背仕間敷事、

一　御湯被為　召候節、萬事清浄ニ可携事、
附、万一悪心捽候者有之候ハヽ、早速
可申上事、

右之條々、於相背は

〈紙継目〉

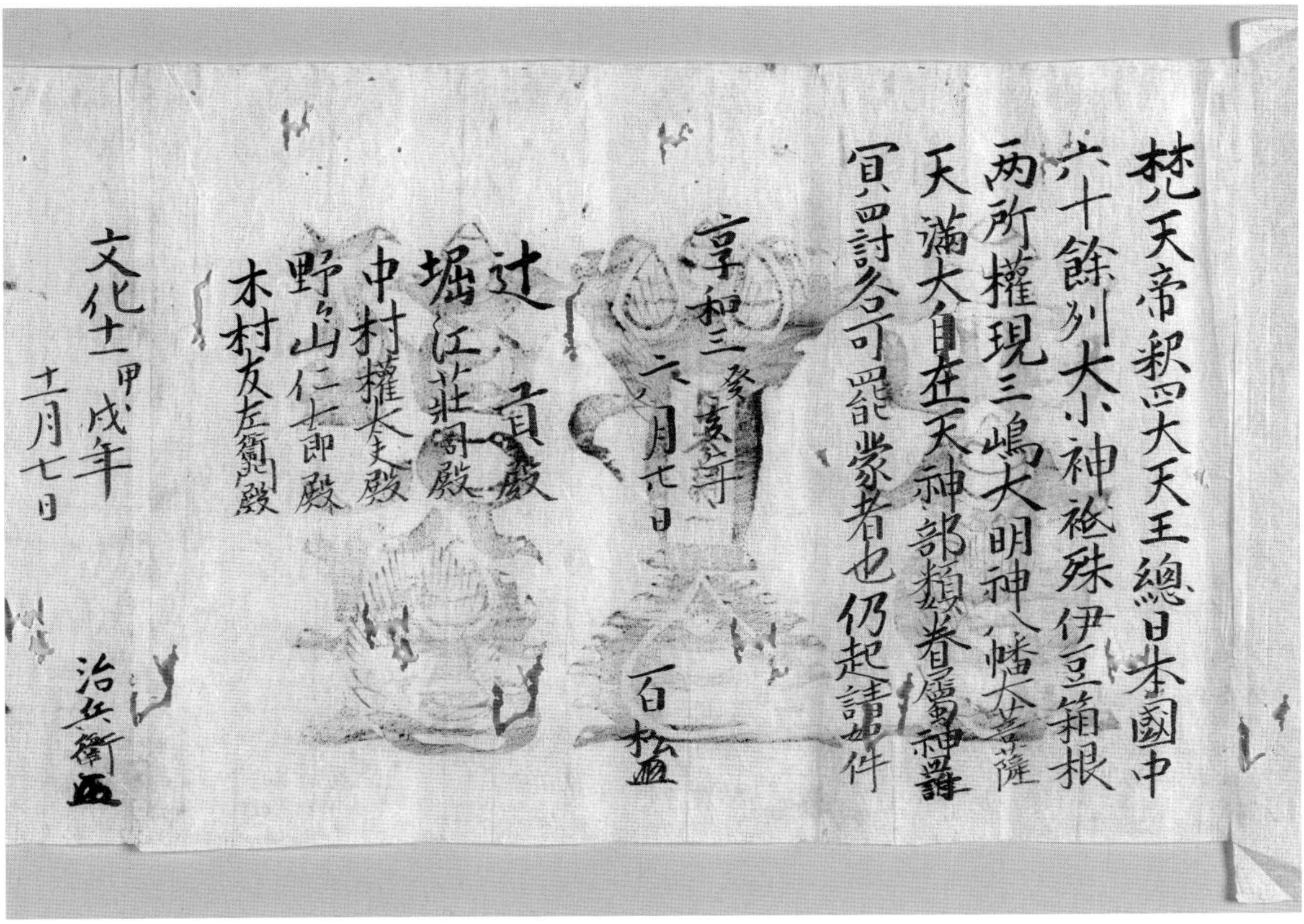

〈第二紙　熊野本宮牛玉宝印　二四・八×三四・五糎〉

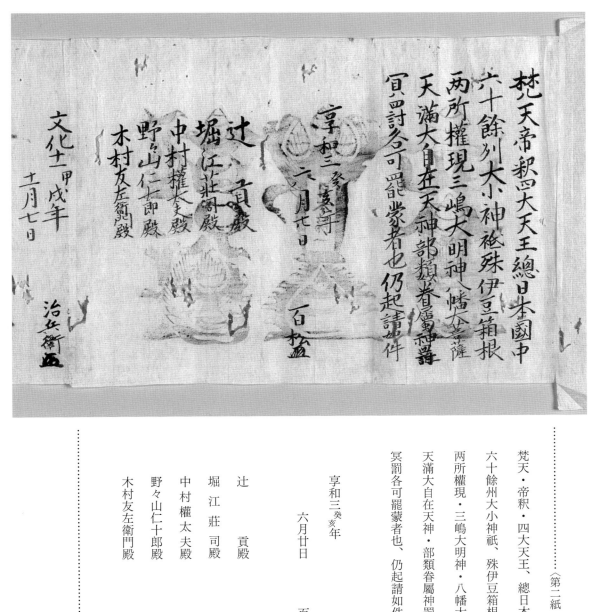

梵天・帝釈・四大天王、總日本國中
六十餘州大小神祇、殊伊豆箱根
両所權現・三嶋大明神・八幡大菩薩・
天滿大自在天神・部類眷屬神罰
冥罰各可罷蒙者也、仍起請如件、

享和三癸亥年
六月廿日　百松（血判・花押）

辻　貢殿
堀江荘司殿
中村權太夫殿
野々山仁十郎殿
木村友左衛門殿

〈紙継目〉

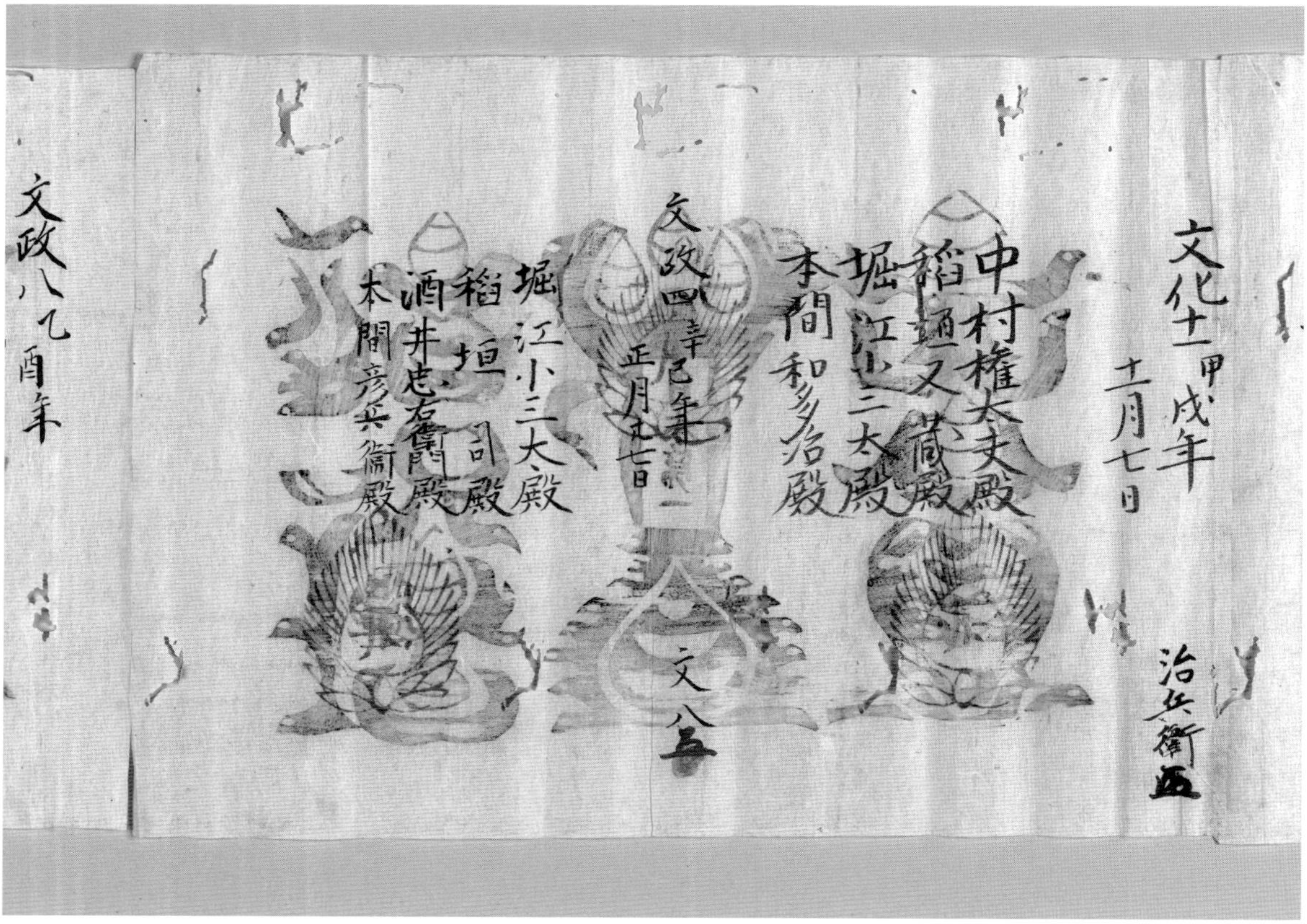

〈第三紙　熊野本宮牛玉宝印　二四・五×三四・五糎〉

文化十一甲戌年　　治兵衛（血判・花押）
十一月七日

中村権太夫殿
稲垣又蔵殿
堀江小三太殿
本間和多治殿

文政四辛巳年　　文八（血判・花押）
正月廿七日

堀江小三太殿
稲　垣　司殿
酒井忠右衛門殿
本間彦兵衛殿

〈紙継目〉

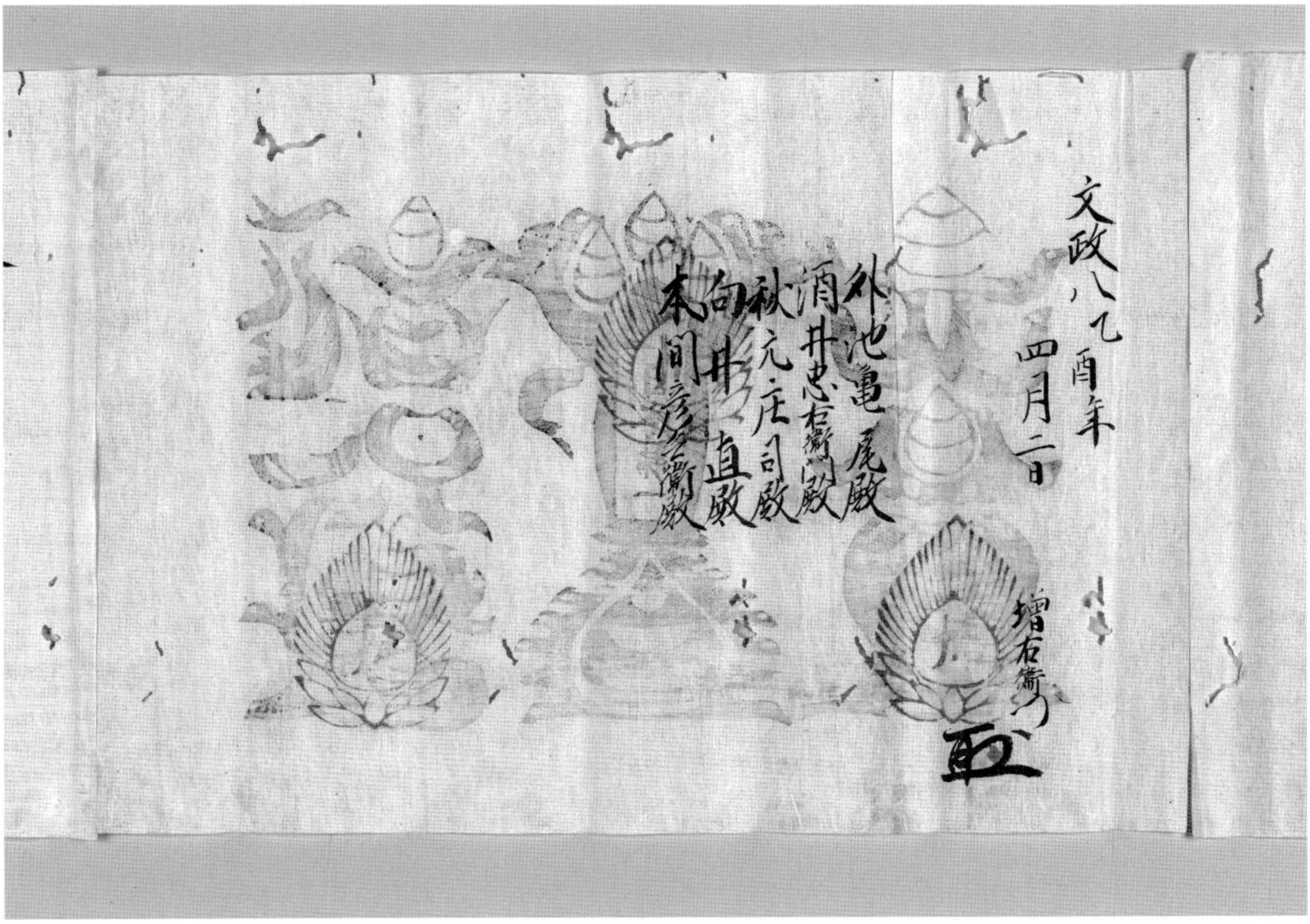

〈第四紙　熊野本宮牛玉宝印　二四・〇×三四・三糎〉

文政八乙酉年
四月二日　　　増右衛門
（血判・花押）

外　池　亀　尾殿
酒井忠右衛門殿
秋　元　庄　司殿
向　井　　直殿
本間彦兵衛殿

〈紙継目〉

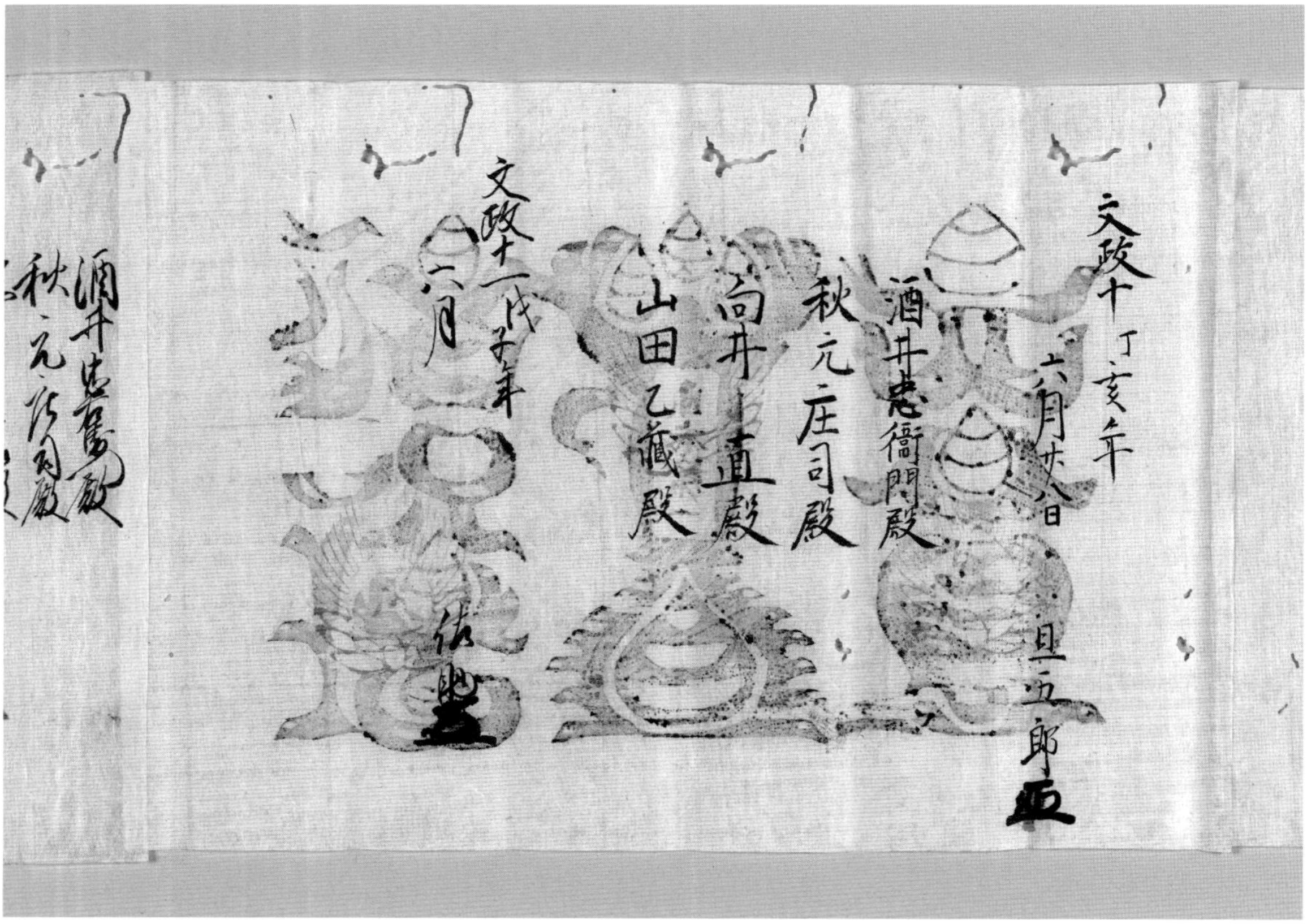

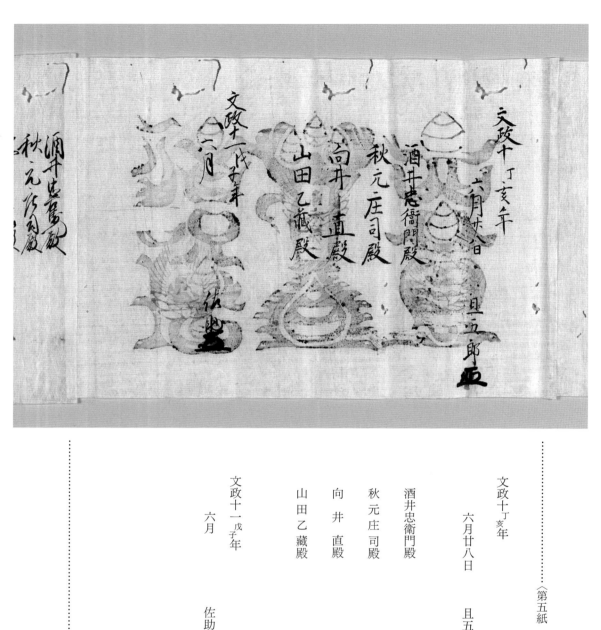

〈第五紙　熊野本宮牛玉宝印　二四・二×三四・五糎〉

文政十丁亥年

六月廿八日　且五郎（血判・花押）

酒井忠衛門殿

秋元庄司殿

向井直殿

山田乙藏殿

文政十一戊子年

六月　佐助（血判・花押）

〈紙継目〉

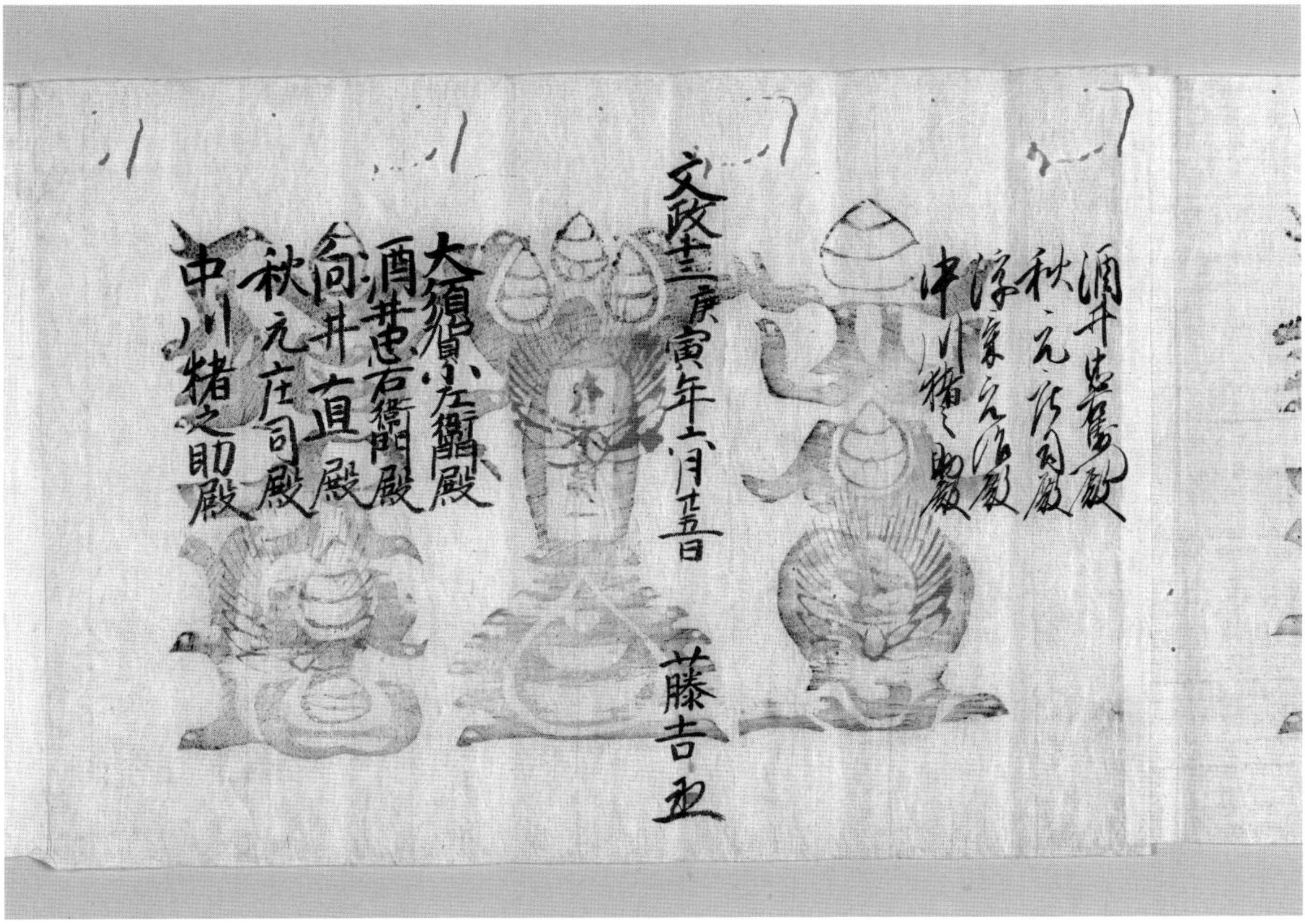

酒井忠右衛門殿
秋　元　庄　司殿
浮　氣　元　治殿
中川猪之助殿

〈第六紙　熊野本宮牛玉宝印　二五・〇×三四・八糎〉

文政十三庚寅年六月廿五日　藤吉（血判・花押）

大須賀小左衛門殿
酒井忠右衛門殿
向　井　直殿
秋　元　庄　司殿
中川猪之助殿

〈紙継目〉

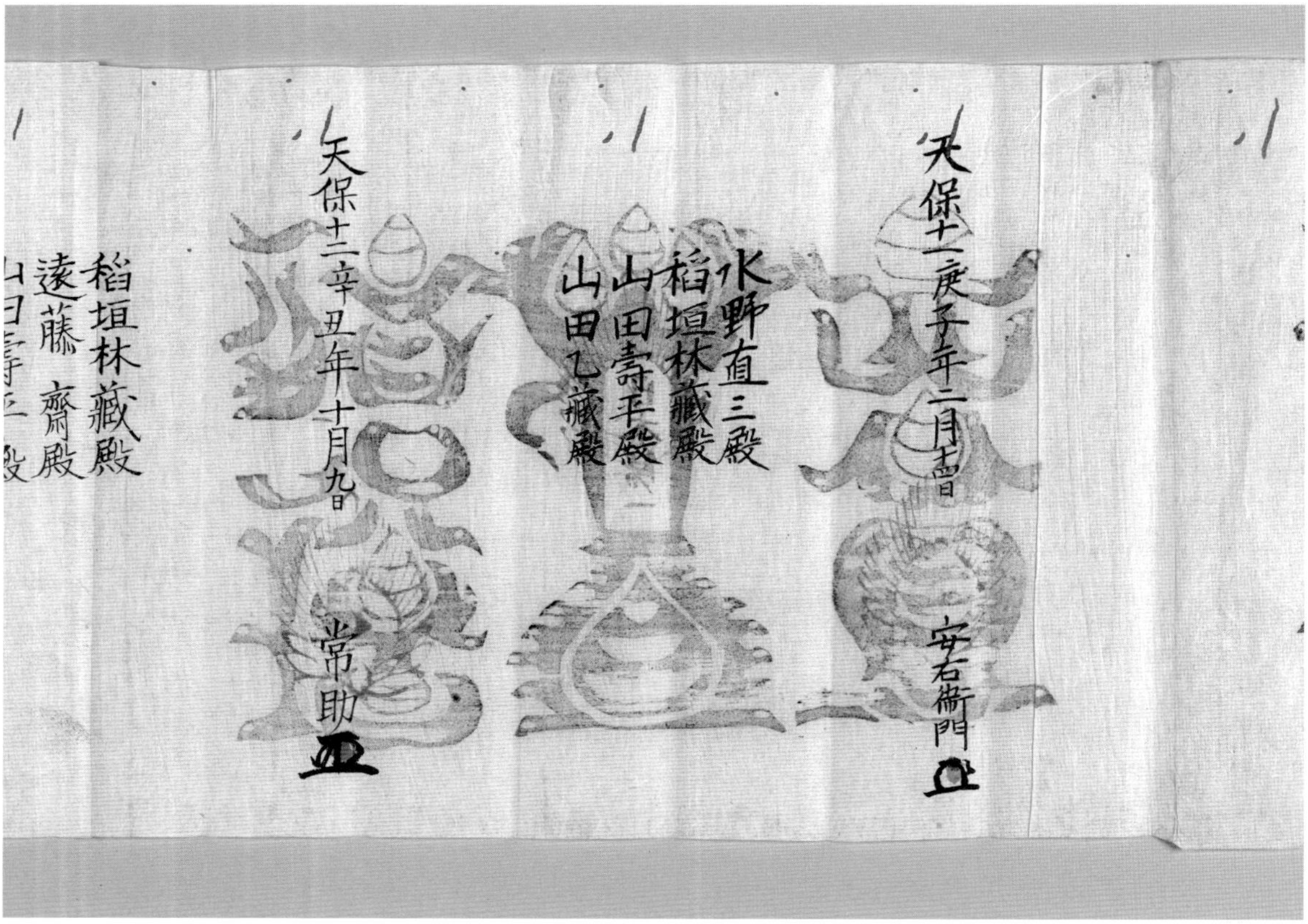

〈第七紙　熊野本宮牛玉宝印　二四・四×三四・八糎〉

天保十一庚子年二月十四日　安右衛門（血判・花押）

水野直三殿
稲垣林藏殿
山田壽平殿
山田乙藏殿

天保十二辛丑年十月九日　常助（血判・花押）

稲垣林藏殿

〈紙継目〉

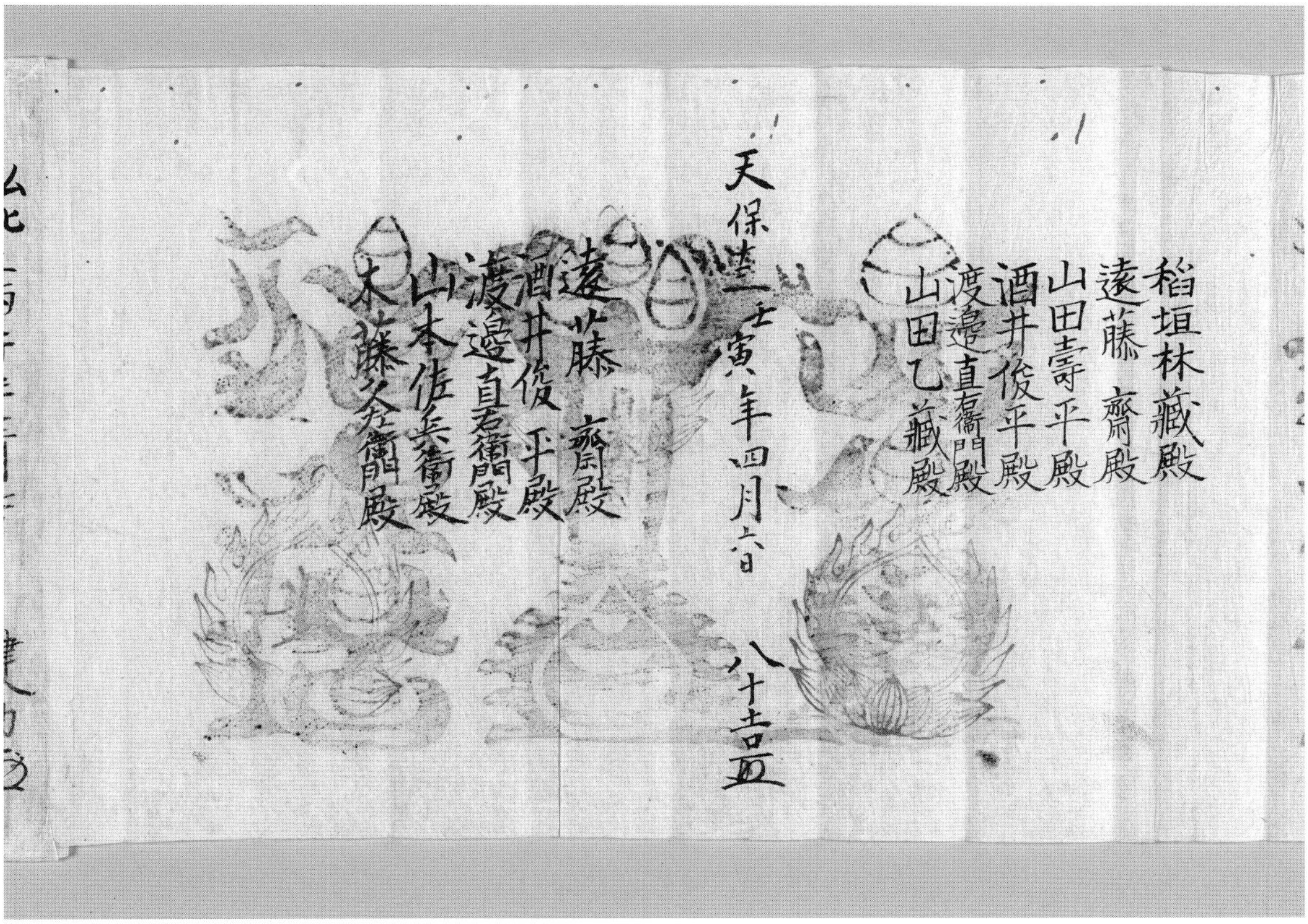

〈第八紙　熊野本宮牛玉宝印　二四・五×三四・二糎〉

遠藤　齋殿
山田壽平殿
酒井俊平殿
渡邉直右衛門殿
山田乙藏殿

天保十三壬寅年四月六日　八十吉（血判・花押）

遠藤　齋殿
酒井俊平殿
渡邉直右衛門殿
山本佐兵衛殿
木藤久左衛門殿

〈紙継目〉

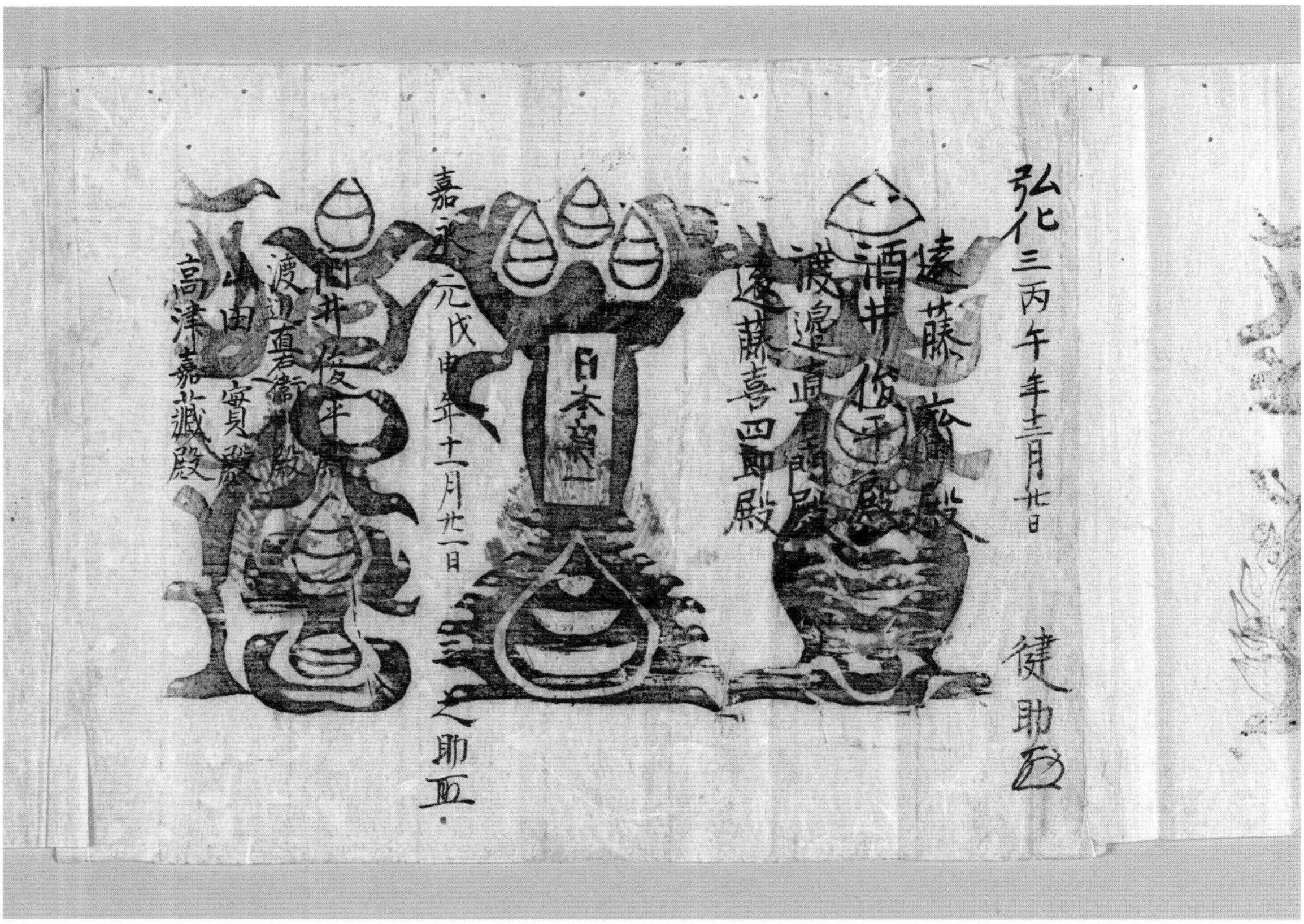

〈第九紙　熊野本宮牛玉宝印　二五・二×三二・五糎〉

弘化三丙午年十二月廿日　　健助（血判・花押）

遠　藤　　齋殿

酒　井　俊　平殿

渡邉直右ヱ門殿

遠藤喜四郎殿

嘉永元戊申年十一月廿一日　　三之助（血判・花押）

酒　井　俊　平殿

渡辺直右衛門殿

山　田　　實殿

高　津　嘉　蔵殿

〈紙継目〉

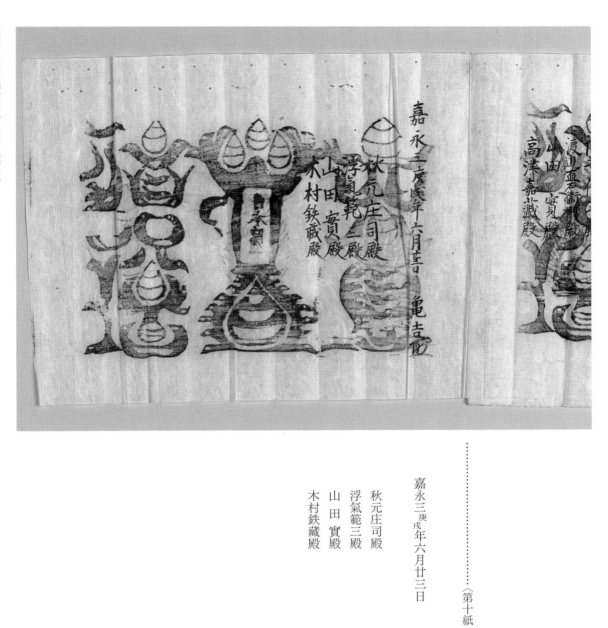

〈第十紙　熊野本宮牛玉宝印　二四・八×三三・〇糎〉

嘉永三庚戌年六月廿三日　　亀吉（血判・花押）

秋元庄司殿
浮氣範三殿
山田實殿
木村鉄藏殿

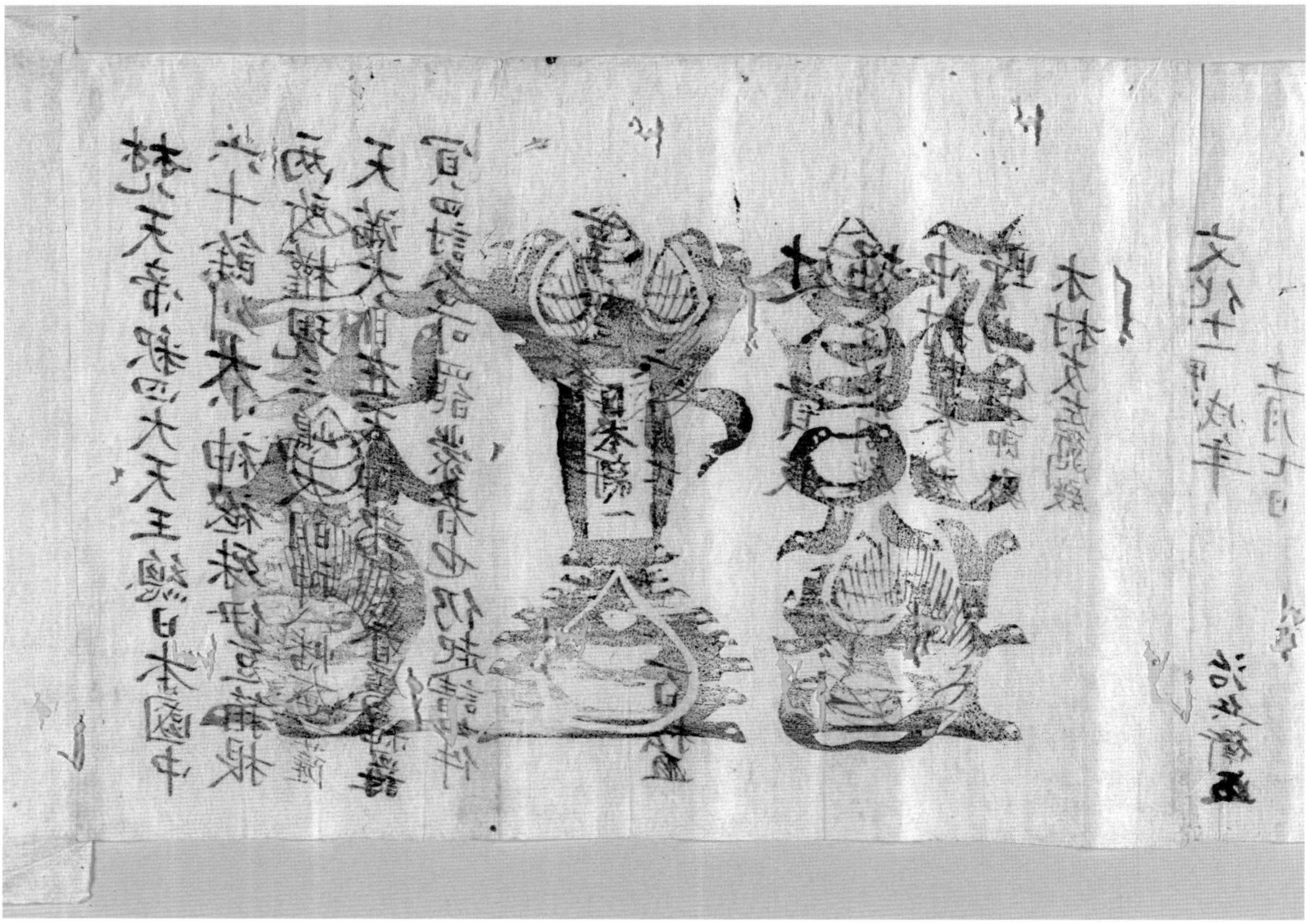

一八、深谷惣助他起請文

（包紙ウハ書）
御勝手附加人誓紙

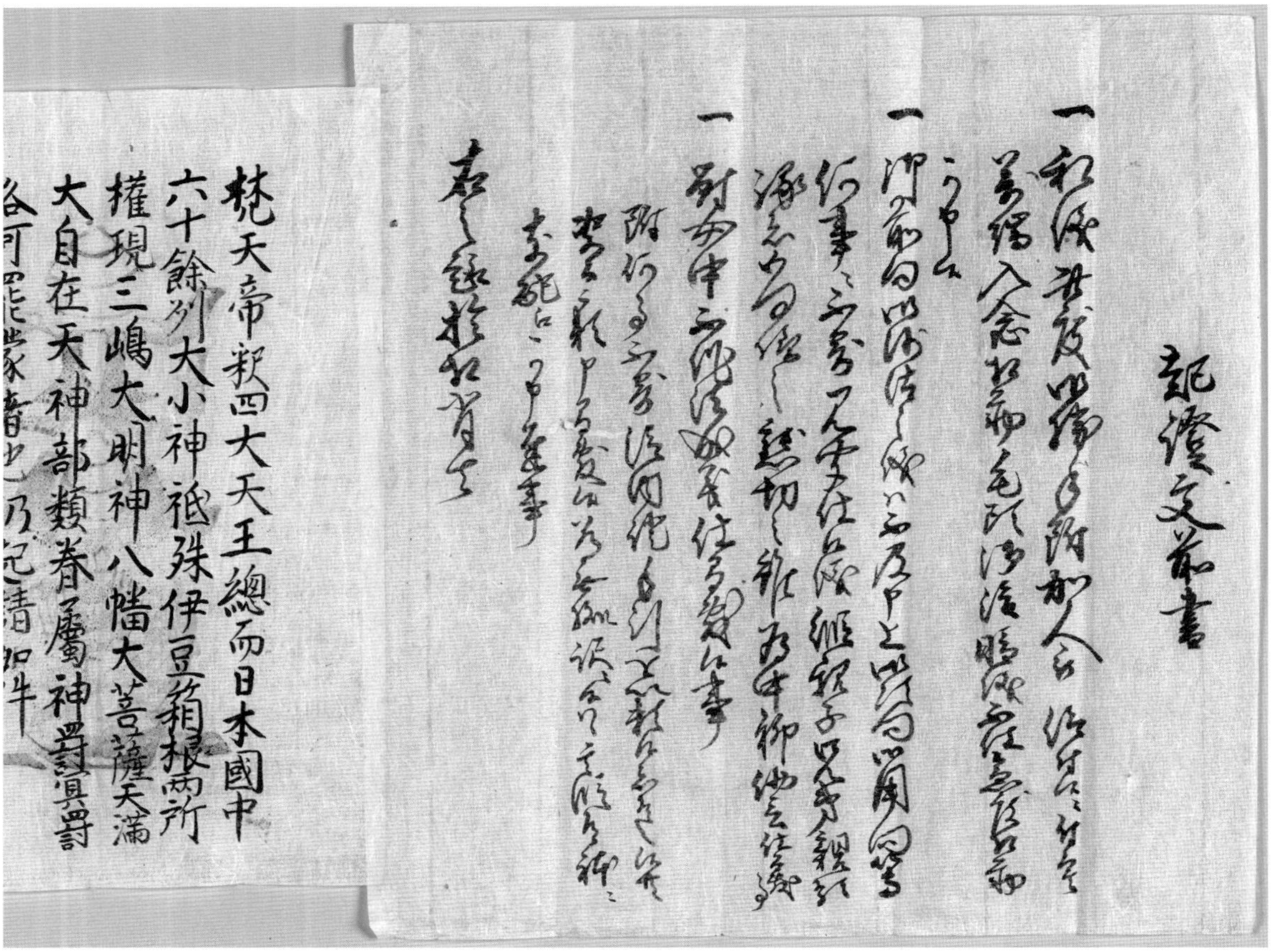

梵天帝釈四大天王總而日本國中
六十餘州大小神祇殊伊豆箱根両所
權現三嶋大明神八幡大菩薩天満
大自在天神部類眷屬神罰冥罰
各可罷蒙者也、仍起請如件

〈第一紙　二八・三×二七・一糎〉

起證文前書

一　私儀、此度御勝手附加人被　仰付候ニ付而は、
萬端入念相勤、毛頭御後暗儀不仕、急度相勤
可申候、

一　御前向御沙汰之儀ハ不及申上、御次向御用向等
何事ニ不寄見聞仕候儀、縦親子兄弟親類
縁者如何様之懇切之雖為中、聊他言仕間敷事、

一　對女中不作法成義仕間敷候事、
附、何事不寄従内證手引を以頼候者有之候共、
決而被頼申間敷候、若無拠訳ニ候ハヽ、其段有躰ニ
支配江可申達事、

右之趣於相背は、

〈紙継目〉

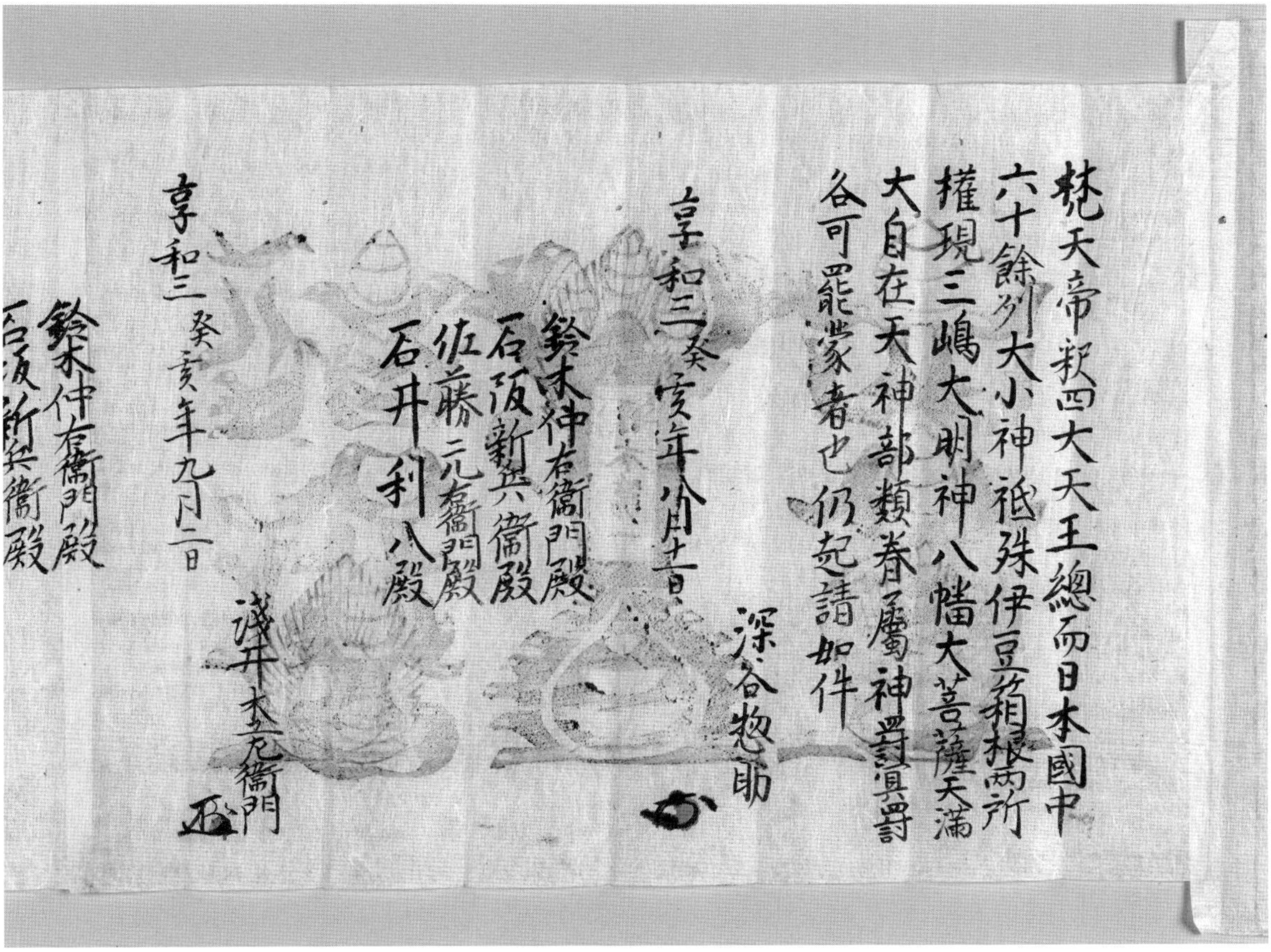

〈第二紙　熊野本宮牛玉宝印　二四・七×三四・三糎〉

梵天・帝釈・四大天王、總而日本國中
六十餘州大小神祇、殊伊豆箱根両所
権現・三嶋大明神・八幡大菩薩・天満
大自在天神・部類眷屬神罰冥罰
各可罷蒙者也、仍起請如件、

深谷惣助
（血判・花押）

享和三癸亥年八月十一日

鈴木仲右衛門殿
石阪新兵衛殿
佐藤元右衛門殿
石　井　利　八殿

享和三癸亥年九月二日

淺井杢左衛門
（血判・花押）

鈴木仲右衛門殿

〈紙継目〉

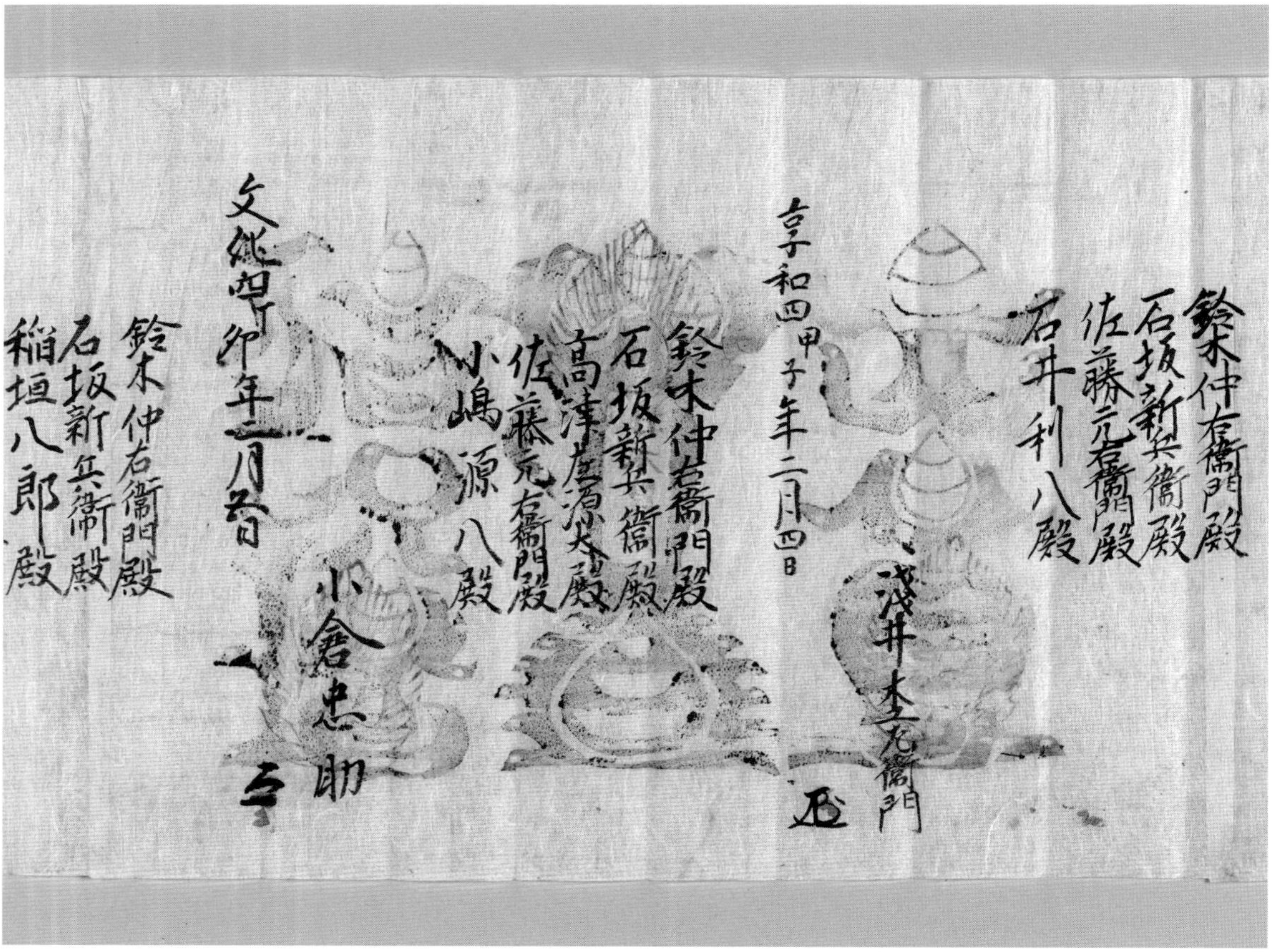

〈第三紙　熊野本宮牛玉宝印　二四・八×三四・三糎〉

石坂新兵衛殿
佐藤元右衛門殿
石井利八殿

浅井杢左衛門
（血判・花押）

享和四甲子年二月四日

鈴木仲右衛門殿
石坂新兵衛殿
髙津左源太殿
佐藤元右衛門殿
小嶋源八殿

小倉忠助
（血判・花押）

文化四丁卯年二月五日

鈴木仲右衛門殿
石坂新兵衛殿〈紙継目〉

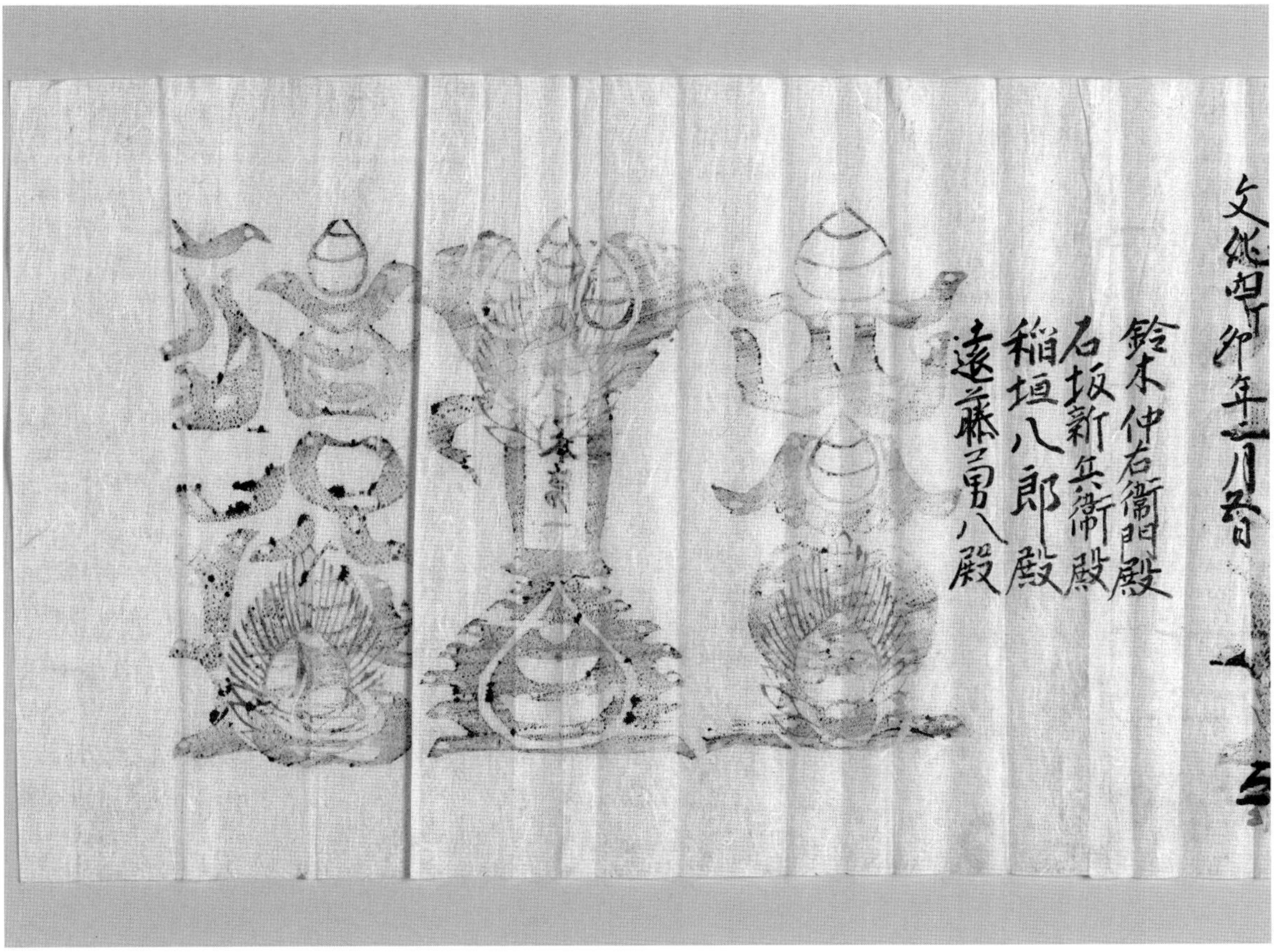

……〈第四紙　熊野本宮牛玉宝印　二四・五×三三・九糎〉

稲垣八郎殿
遠藤勇八殿

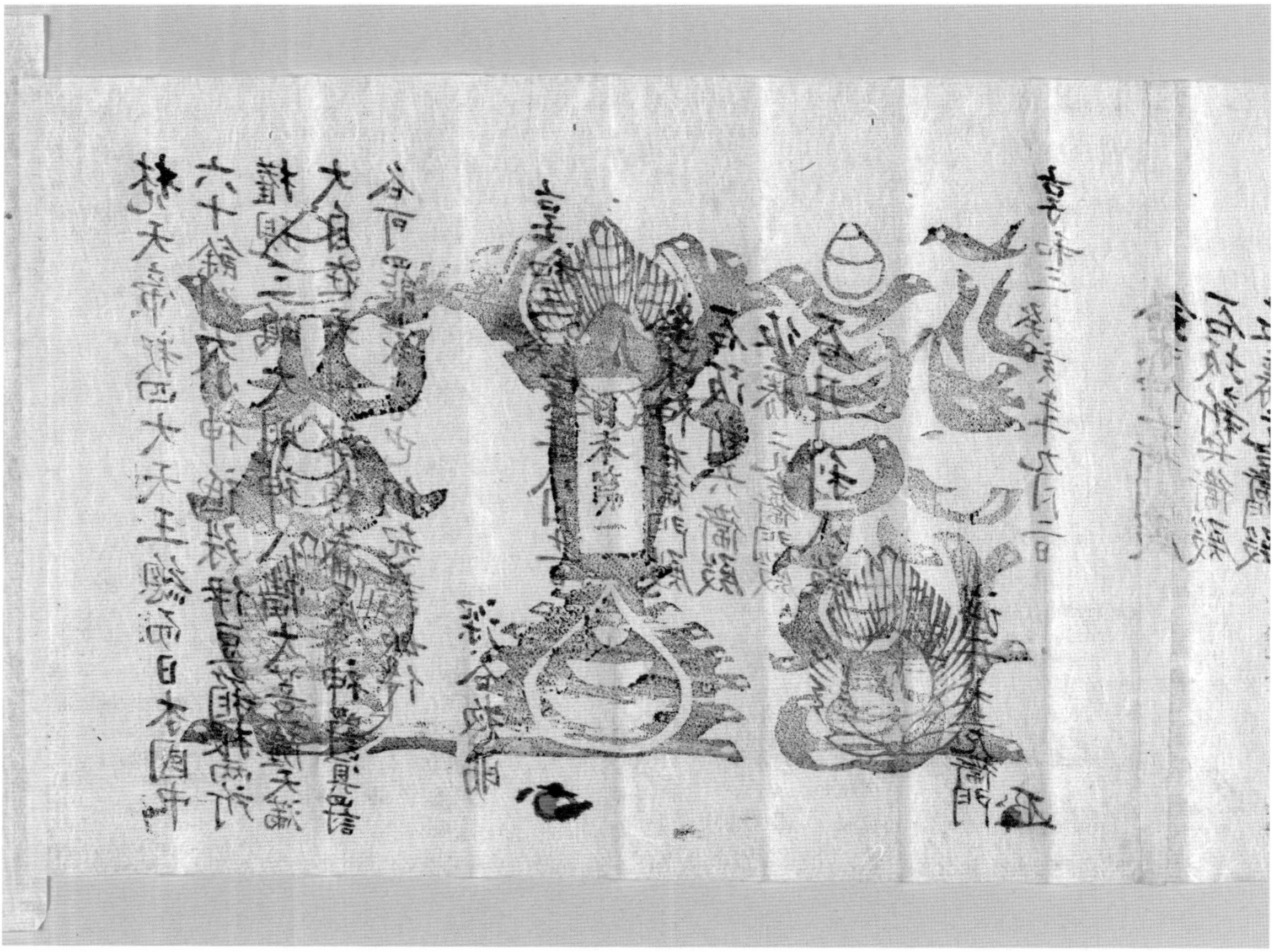

一九、浅井杢左衛門他起請文

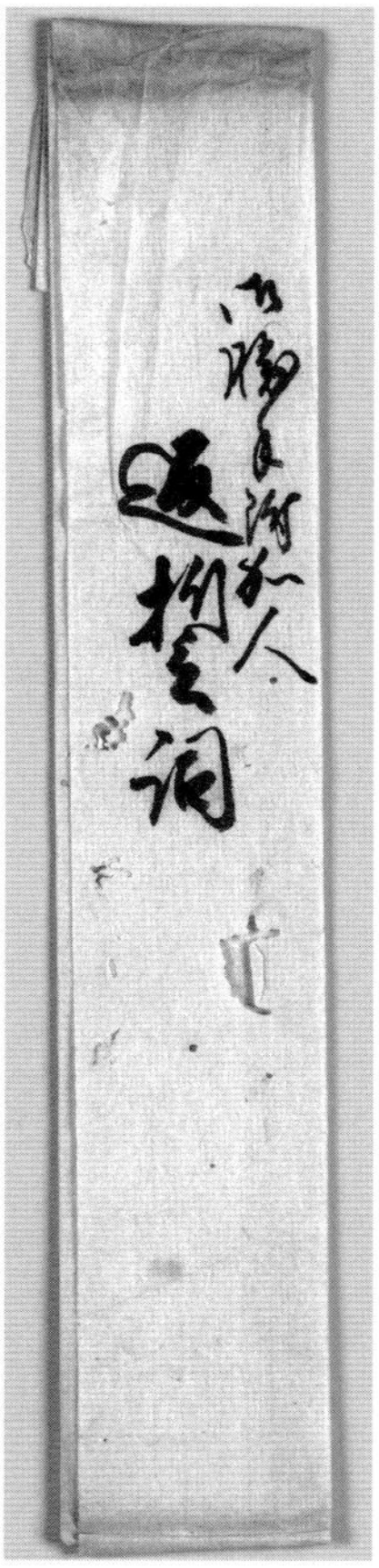

（包紙ウハ書）
御勝手附加人
　返誓詞

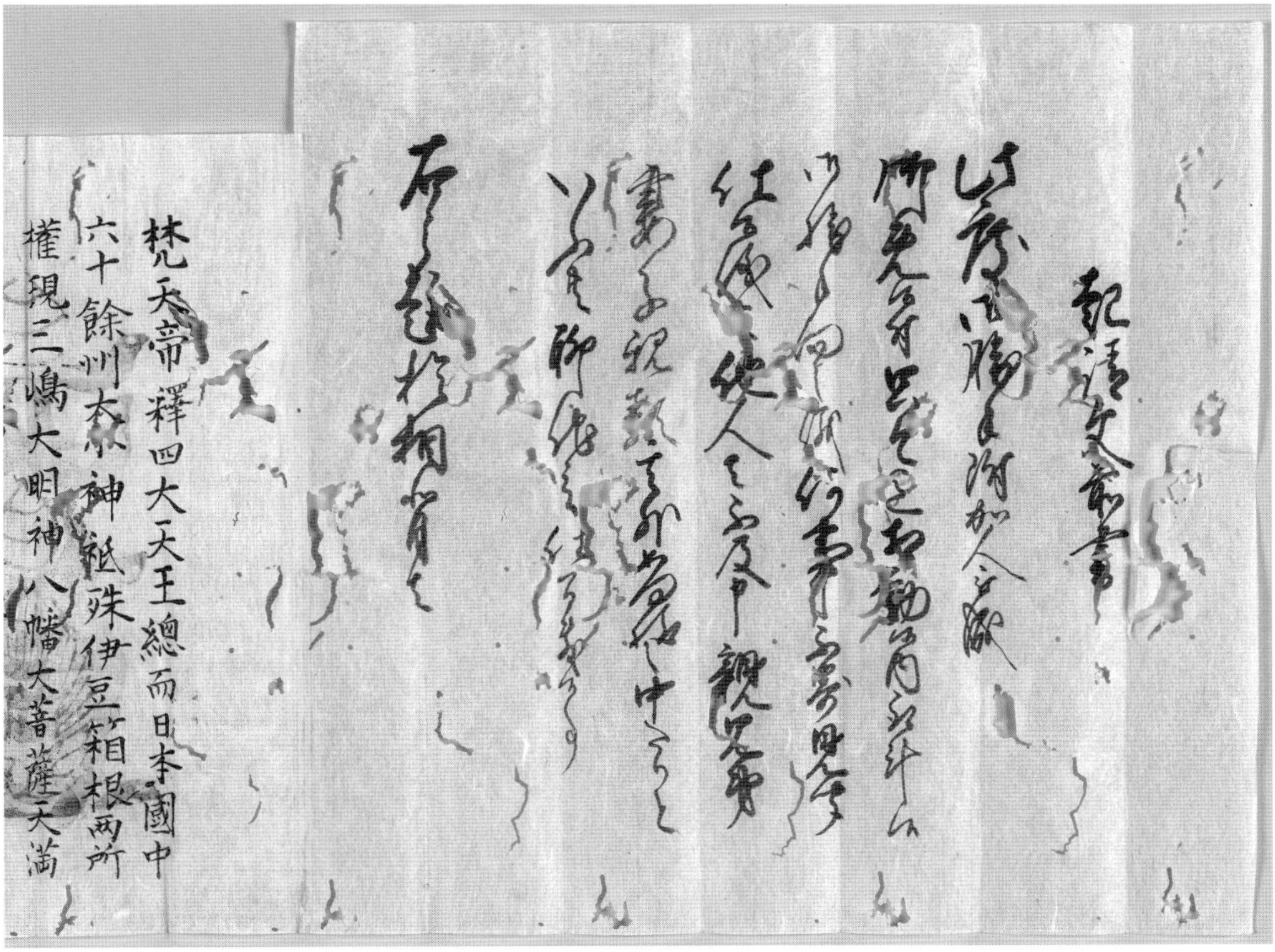

梵天帝釋四大天王總而日本國中
六十餘州大小神祇殊伊豆箱根両所
権現三嶋大明神八幡大菩薩天満

〈第一紙　二八・〇×二九・三糎〉

起請文前書

此度御勝手附加人被成
御免候付、只今迄相勤候内、取計候
御勝手向之儀、何事不寄見聞
仕候儀□他人は不及申、親兄弟
妻子親類其外如何様之中たりと
いふ共、聊他言仕間敷候事、
右之趣於相背は、

〈紙継目〉

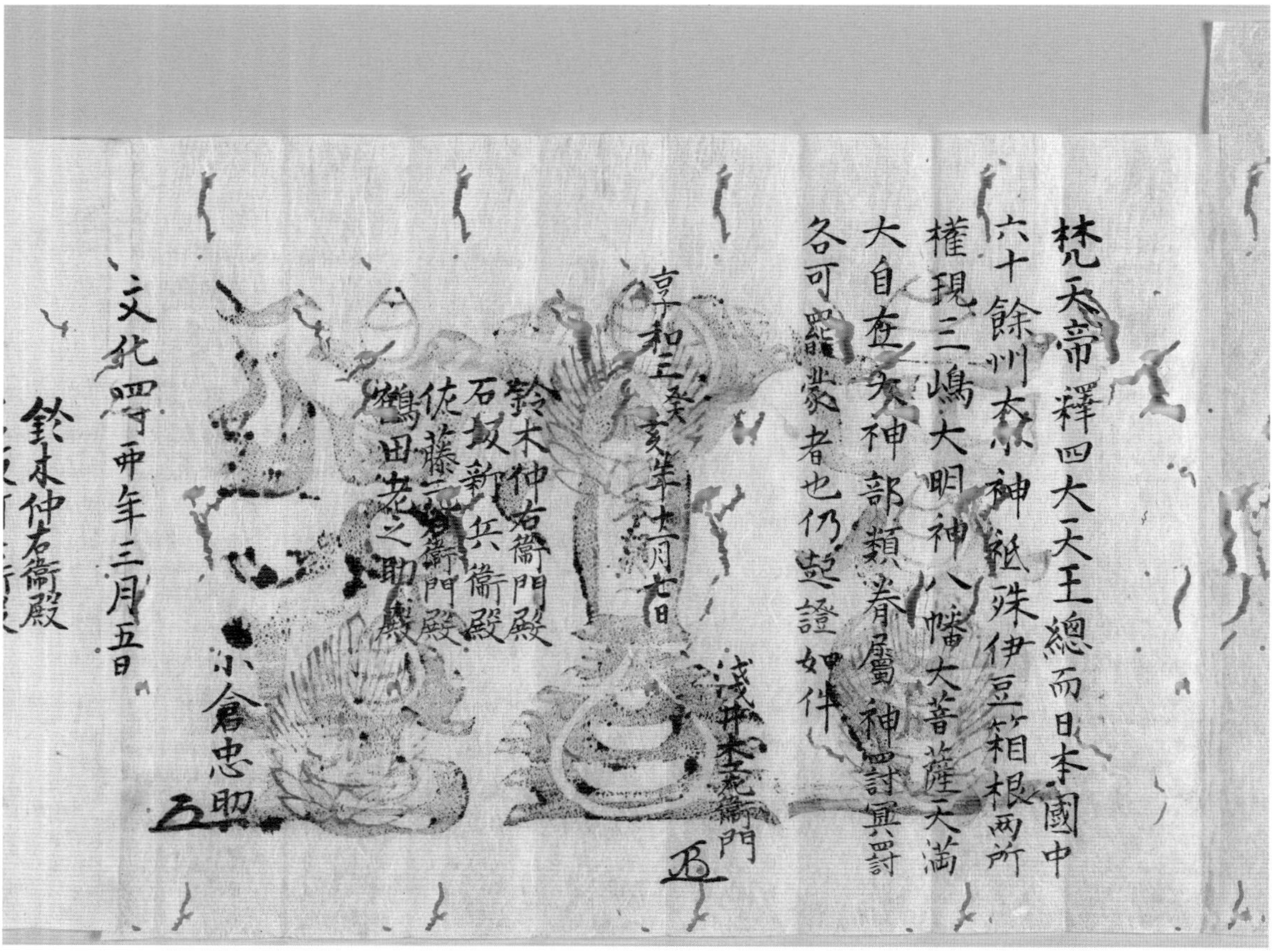

〈第二紙　熊野本宮牛玉宝印　二四・八×三四・〇糎〉

梵天・帝釋・四大天王、總而日本國中
六十餘州大小神祇、殊伊豆箱根両所
権現・三嶋大明神・八幡大菩薩・天満
大自在天神・部類眷屬神罰冥罰
各可罷蒙者也、仍起證如件、

淺井杢左衛門（血判・花押）

享和三癸亥年十一月七日

鈴木仲右衛門殿
石坂新兵衛殿
佐藤元右衛門殿
鶴田老之助殿

小倉忠助（血判・花押）

〈紙継目〉

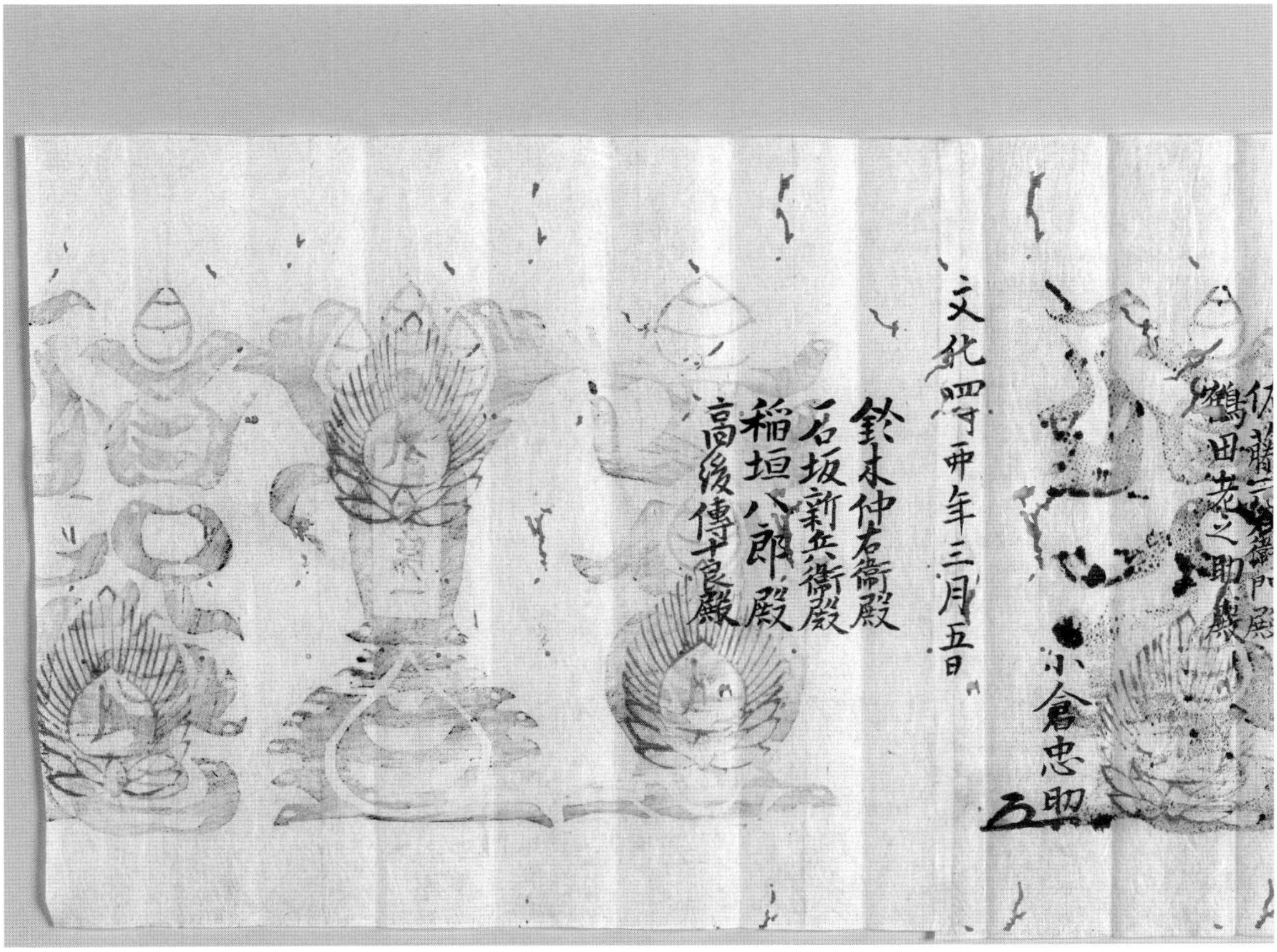

……文化四丁卯年三月五日……………〈第三紙　熊野本宮牛玉宝印　二四・三×二七・九糎〉

鈴木仲右衛門殿
石坂新兵衛殿
稲垣八郎殿
高後傳十良殿

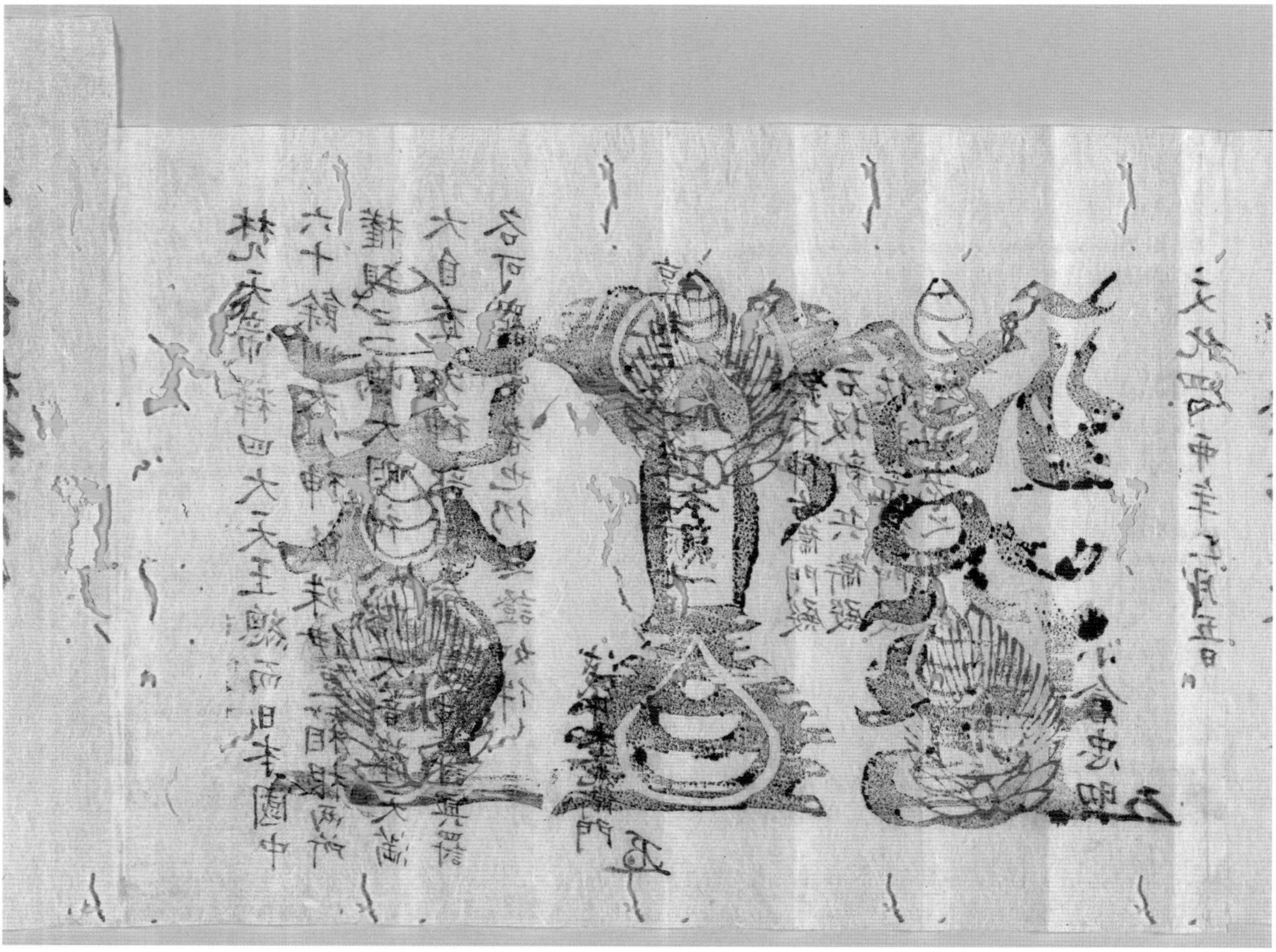

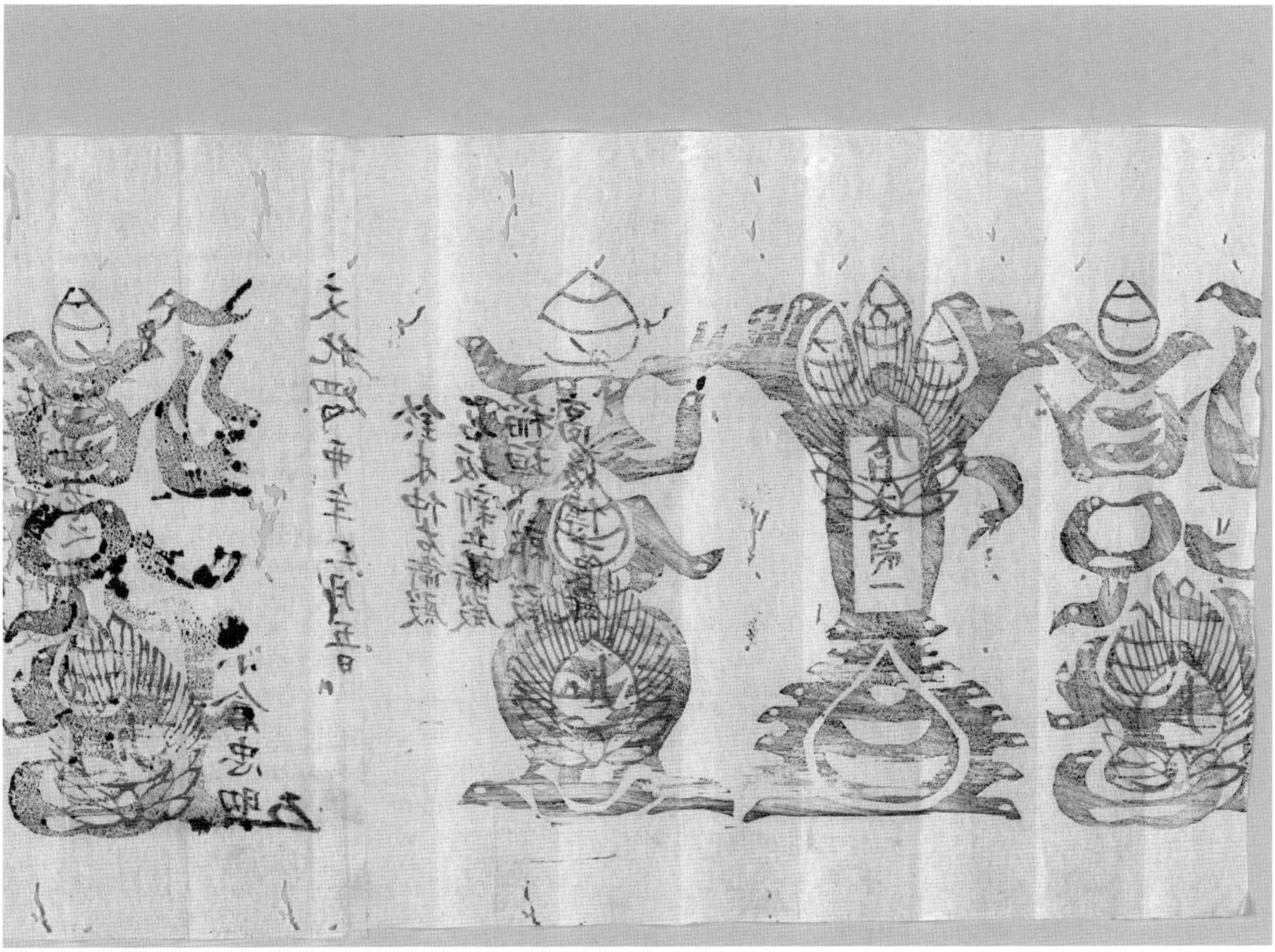

二〇、飯尾辨節他起請文

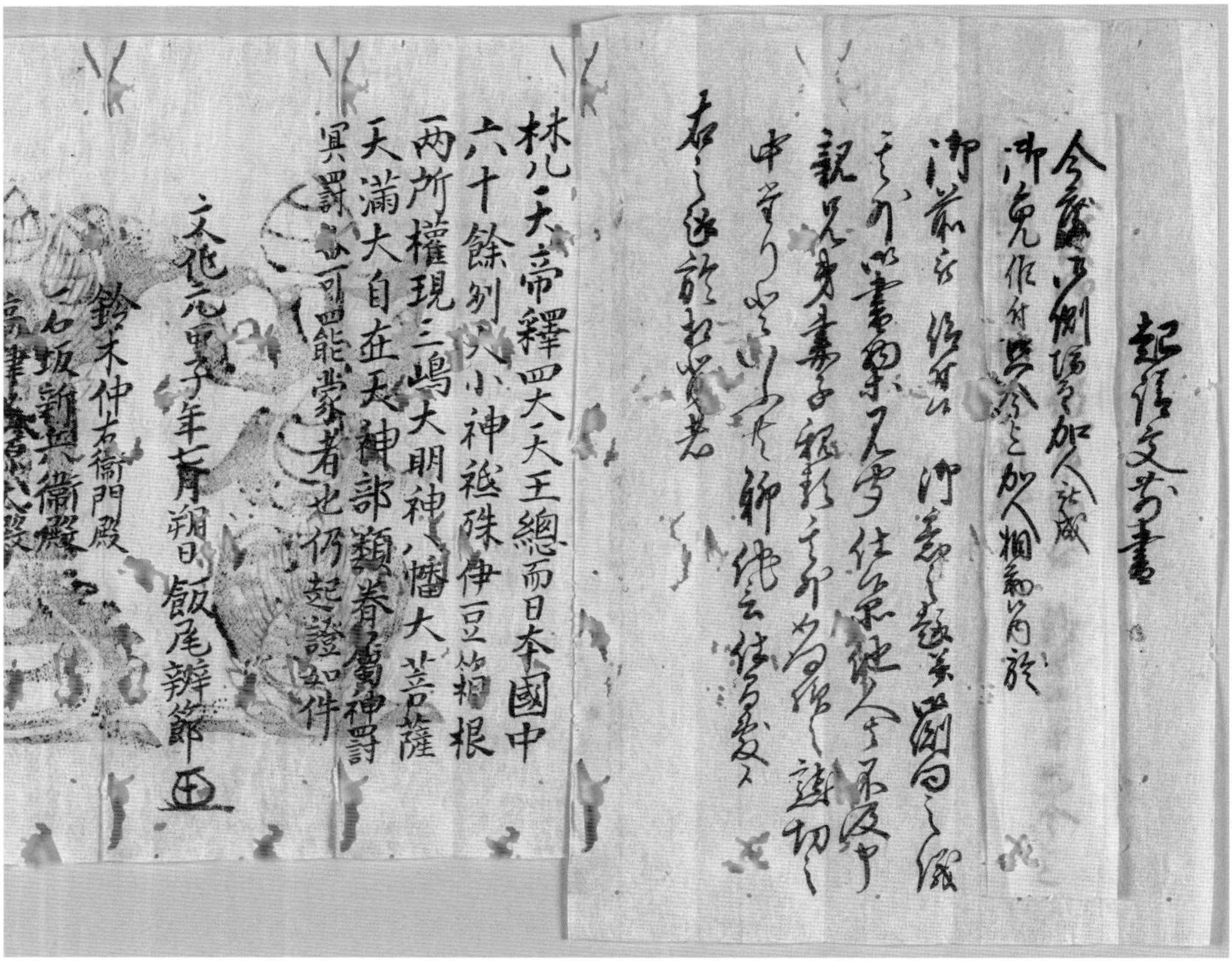

（起請文前書貼紙）

「今度御側坊主加人被成

御免候付、只今迄加人相勤候内、於」

［この起請文の冒頭（今度御茶部屋～相勤候内、於）の上部に貼付されていたのであろう。］

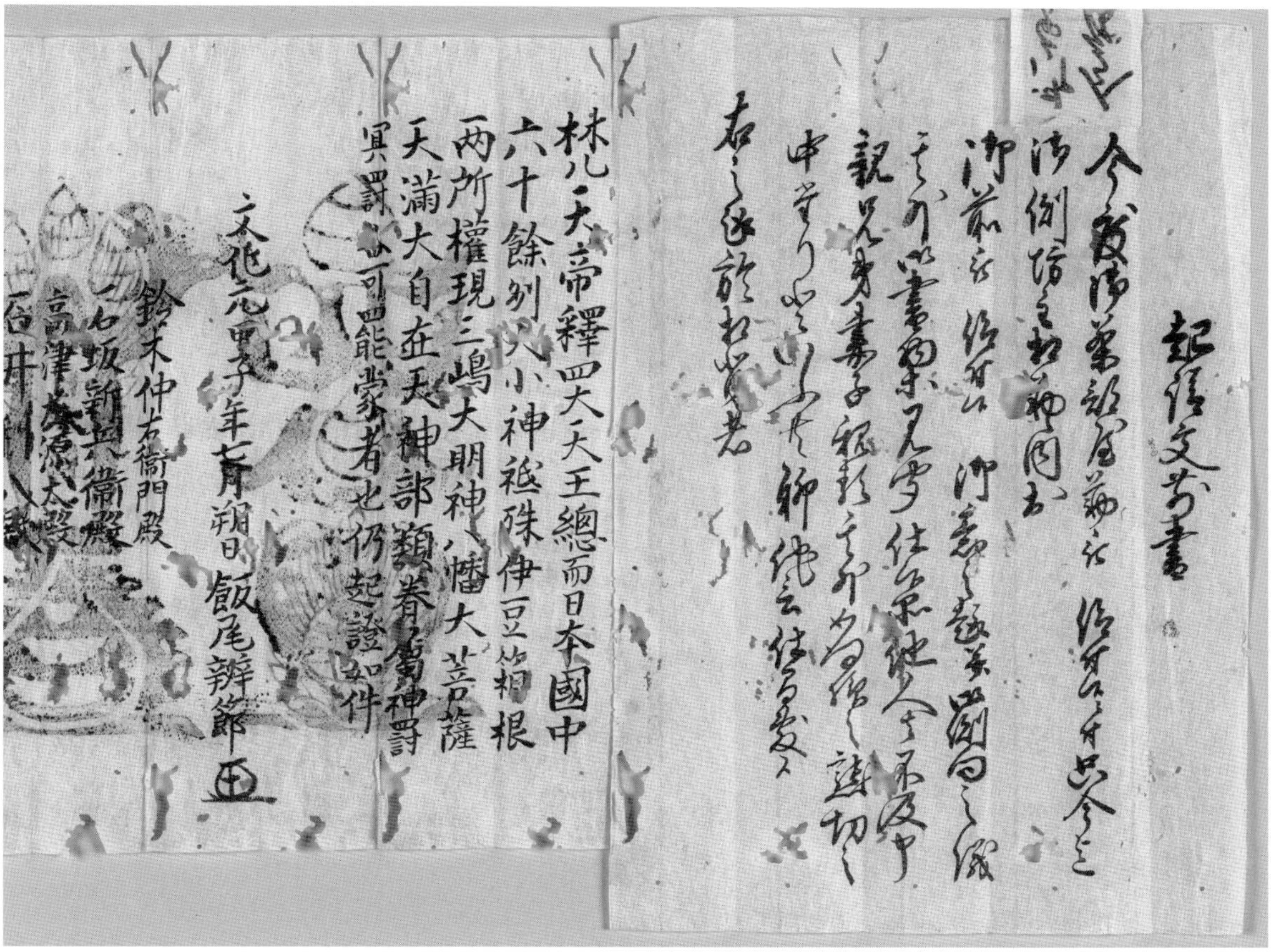

〈第一紙　二七・六×一九・〇糎〉

起請文前書

今度御茶部屋勤被　仰付候ニ付、只今迄
御側坊主相勤候内、於
御前被　仰付候　御意之趣幷御側向之儀、
其外御書物等見聞仕候品、他人は不及申、
親兄弟妻子親類其外如何様之懇切之
中たりといふ共、聊他言仕間敷候、
右之趣於相背者、

〈紙継目〉

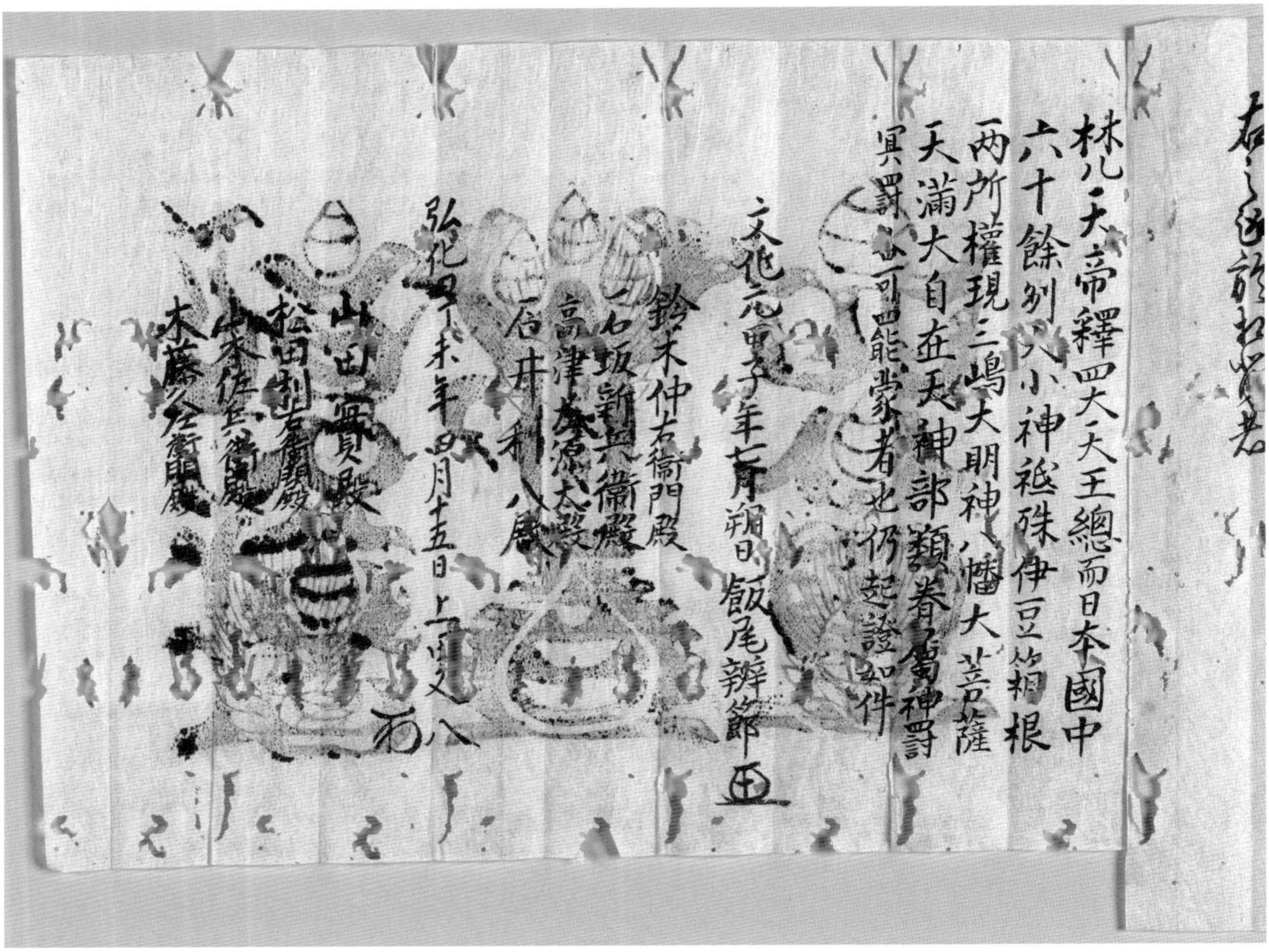

〈第二紙　熊野本宮牛玉宝印　二四・六×三四・一糎〉

梵天・帝釋・四大天王、總而日本國中
六十餘州大小神祇、殊伊豆箱根
両所權現・三嶋大明神・八幡大菩薩・
天滿大自在天神・部類眷屬神罰
冥罰各可罷蒙者也、仍起證如件、

文化元甲子年七月朔日　飯尾辨節（血判・花押）

鈴木仲右衛門殿
石坂新兵衛殿
高津左源太殿
石井利八殿

弘化四丁未年四月十五日　上田又八
（血判・花押）

山田實殿
松田利右衛門殿
山本左兵衛殿
木藤久左衛門殿

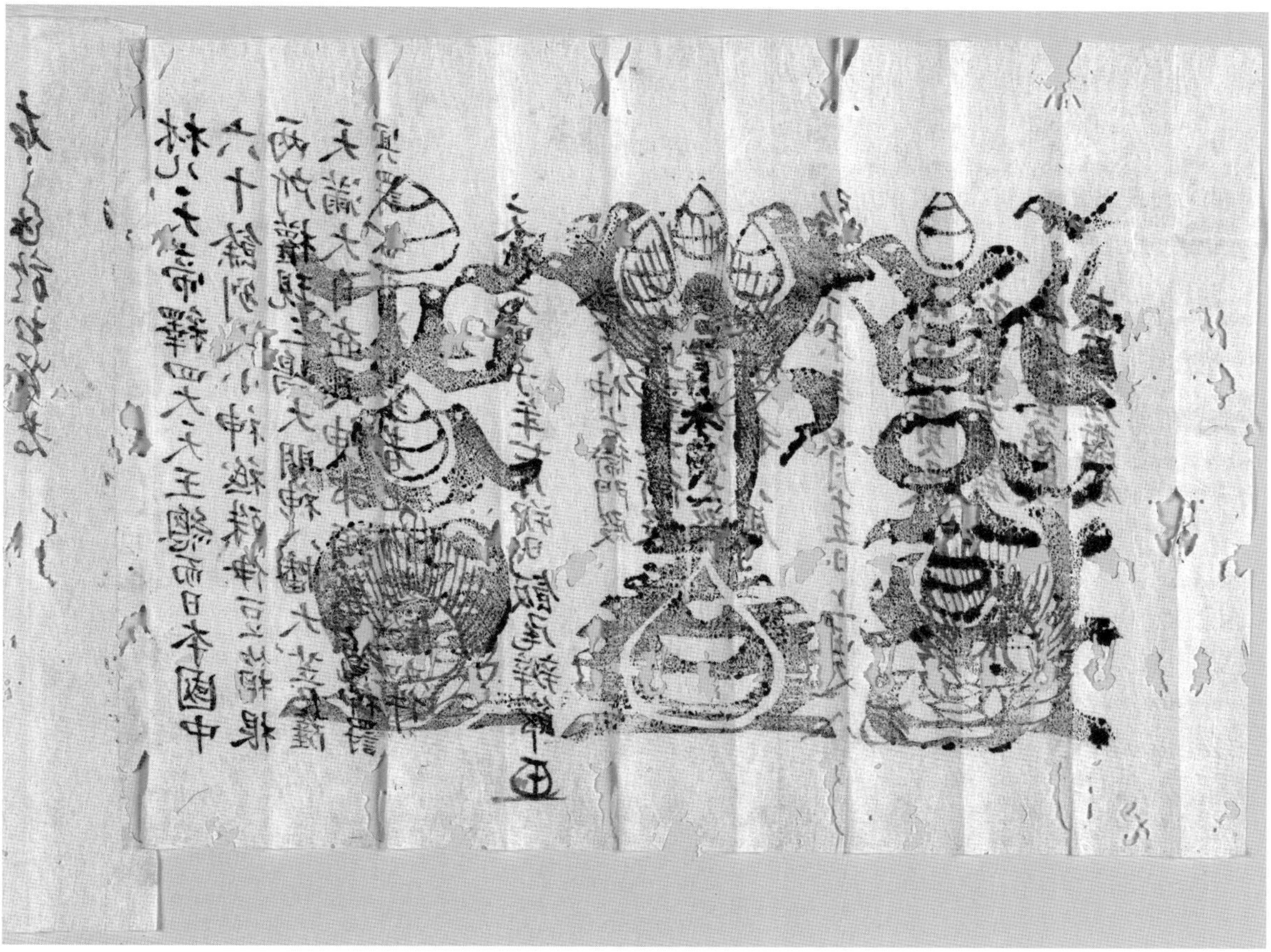
梵天帝釈四大天王總而日本國中
六十餘州大小神祇

二一、奥村一右衛門起請文

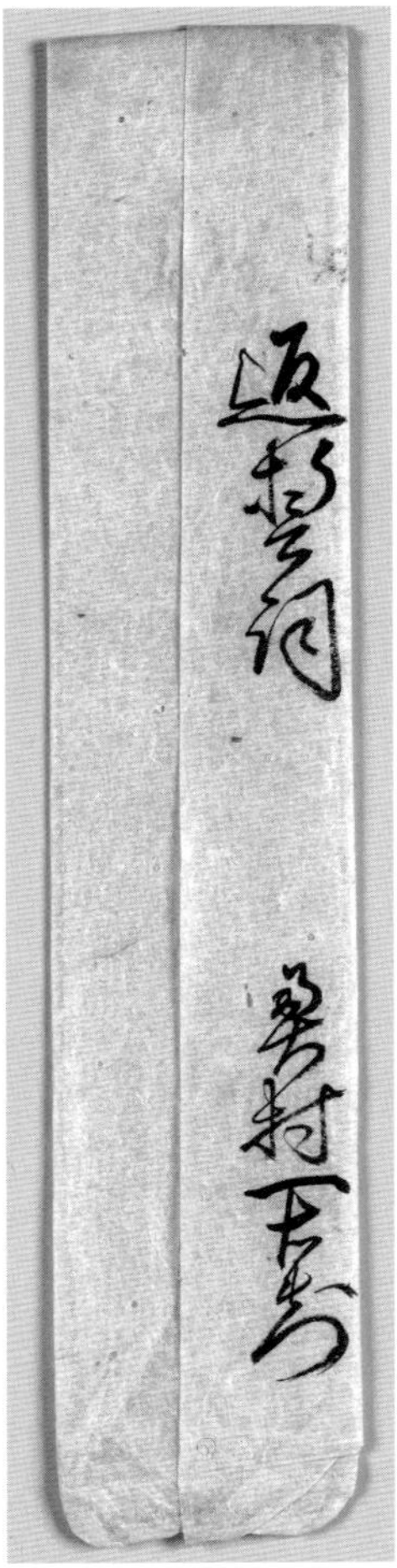

（包紙ウハ書）
返誓詞
奥村一右衛門

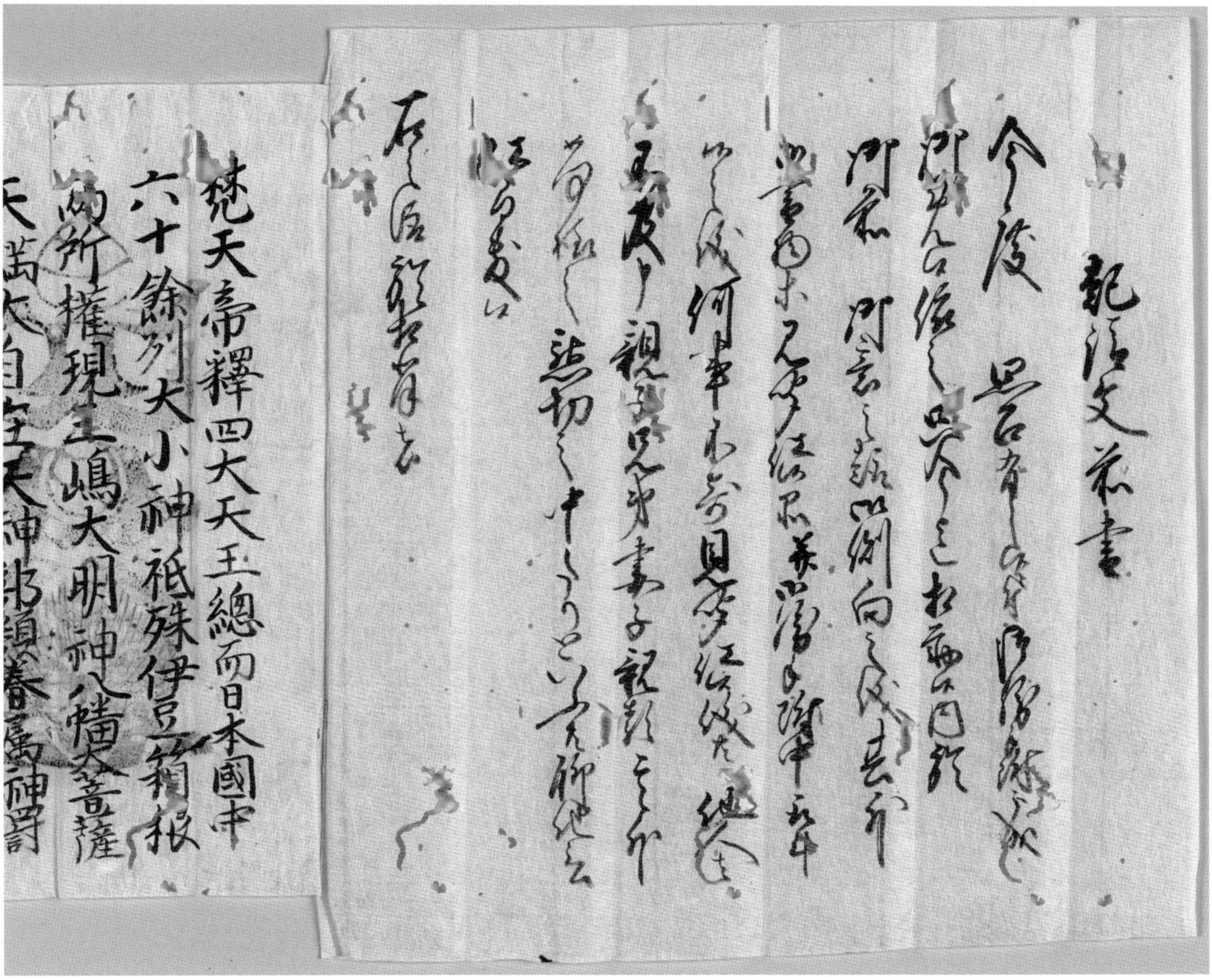

……………………〈第一紙　二八・二×二六・四糎〉

起請文前書

今度　思召有之候ニ付、御勝手附被成
御免候、依之只今迄相勤候内、於
御前　御意之趣・御側向之儀、其外
御書物等見聞仕候品并御勝手附中取計
候之儀、何事不寄見聞仕候儀共、他人は
不及申、親子兄弟妻子親類其外
如何様之懇切之中たりといふ共、聊他言
仕間敷候、

右之趣於相背者、

……………………〈紙継目〉

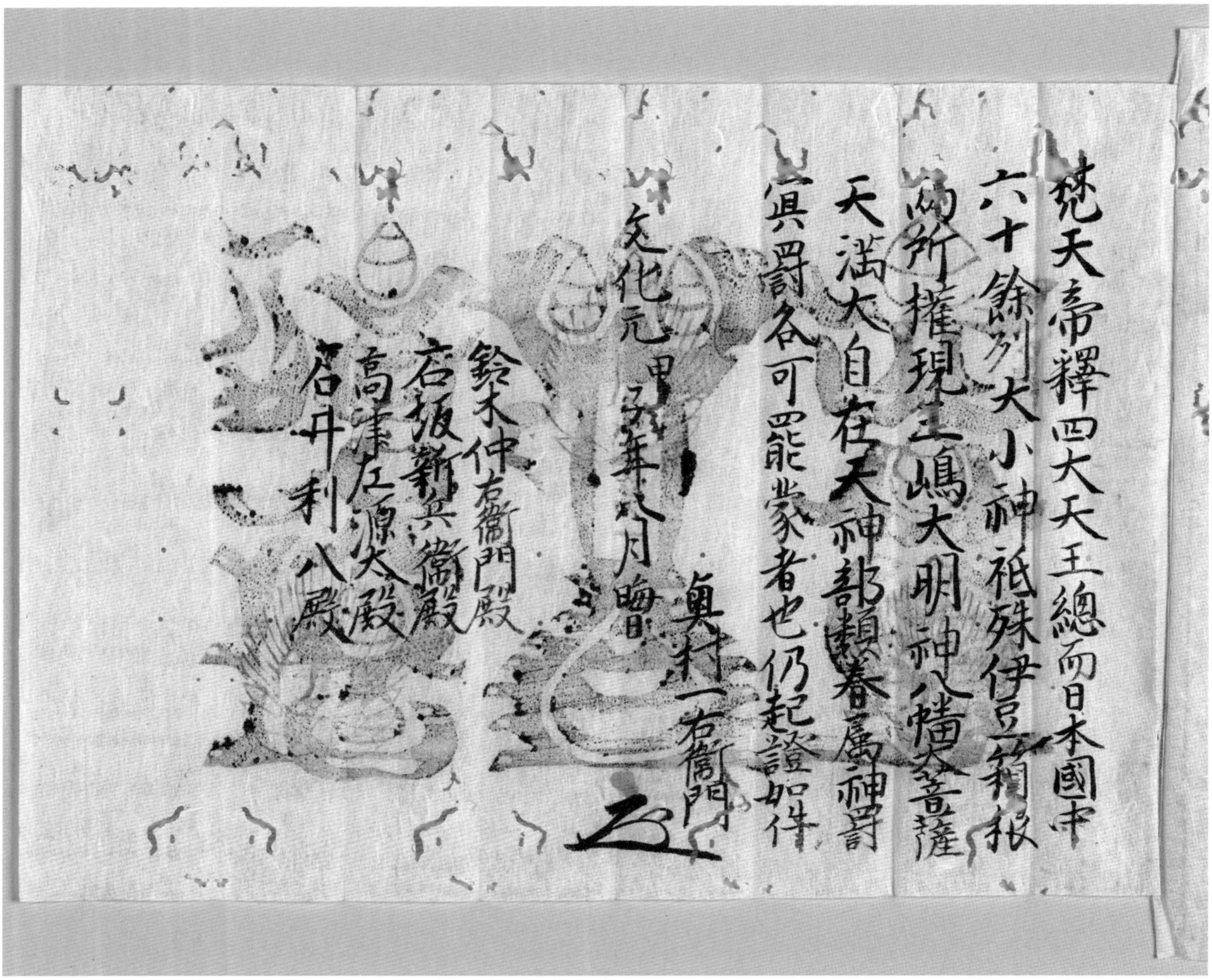

〈第二紙　熊野本宮牛玉宝印　二四・七×三四・八糎〉

梵天・帝釋・四大天王、總而日本國中
六十餘州大小神祇、殊伊豆箱根
両所権現・三嶋大明神・八幡大菩薩・
天満大自在天神・部類眷属神罰
冥罰各可罷蒙者也、仍起證如件、

奥村一右衛門

文化元甲子年八月晦日　（血判・花押）

鈴木仲右衛門殿
石坂新兵衛殿
高津左源太殿
石井利八殿

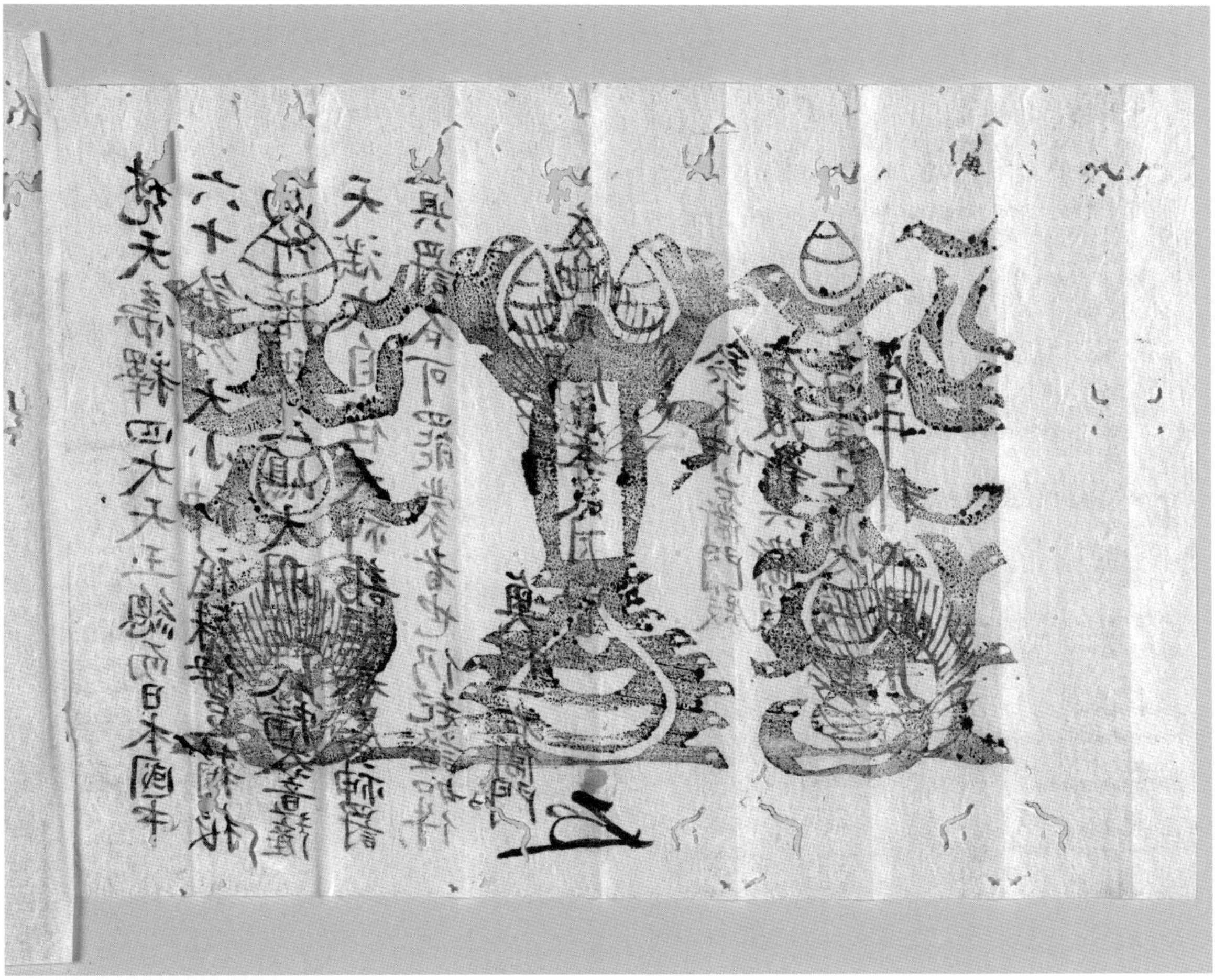

二二、中川弥可他起請文

（包紙ウハ書）

御側坊主返誓詞

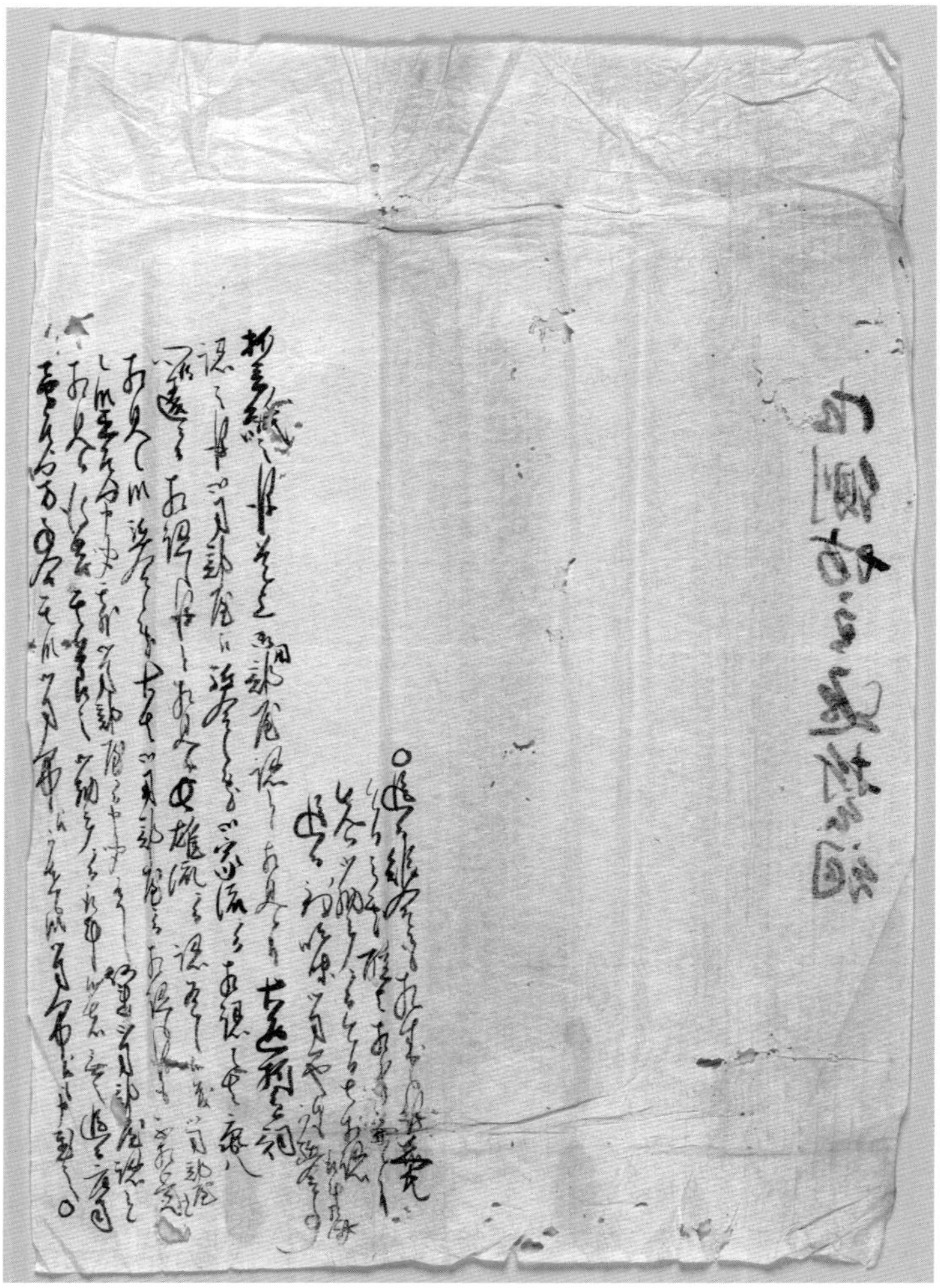

（包紙裏書）

○追而縦令ニも相成候儀候へ共、
今日之處聢と相分り兼候付、
先ツ御納戸ニ而今日は相認取計相済、
追而致吟味、御用部やにても可駈合事、

誓紙之儀、是迄御用部屋認にて相見候付、右返誓詞
認之儀、御用部屋江駈合候處、御家流ニ而相認候は亀八
心得違ニ而相認候儀と相見候、長雄流ニ而認有之候も、御用
　部屋にて
相見候段駈合候處、右は御用部屋ニ而相認候儀も不相覚
候段、杢左衛門申聞、其外御用部屋ニ而申聞有之、何れ御
　用部屋認にて
相見候得者、其節之御納戸ニ而取計候者無之、追而庄司
勇左衛門方手合其段御用人中江可達候段、御用人中江も申
置之、○

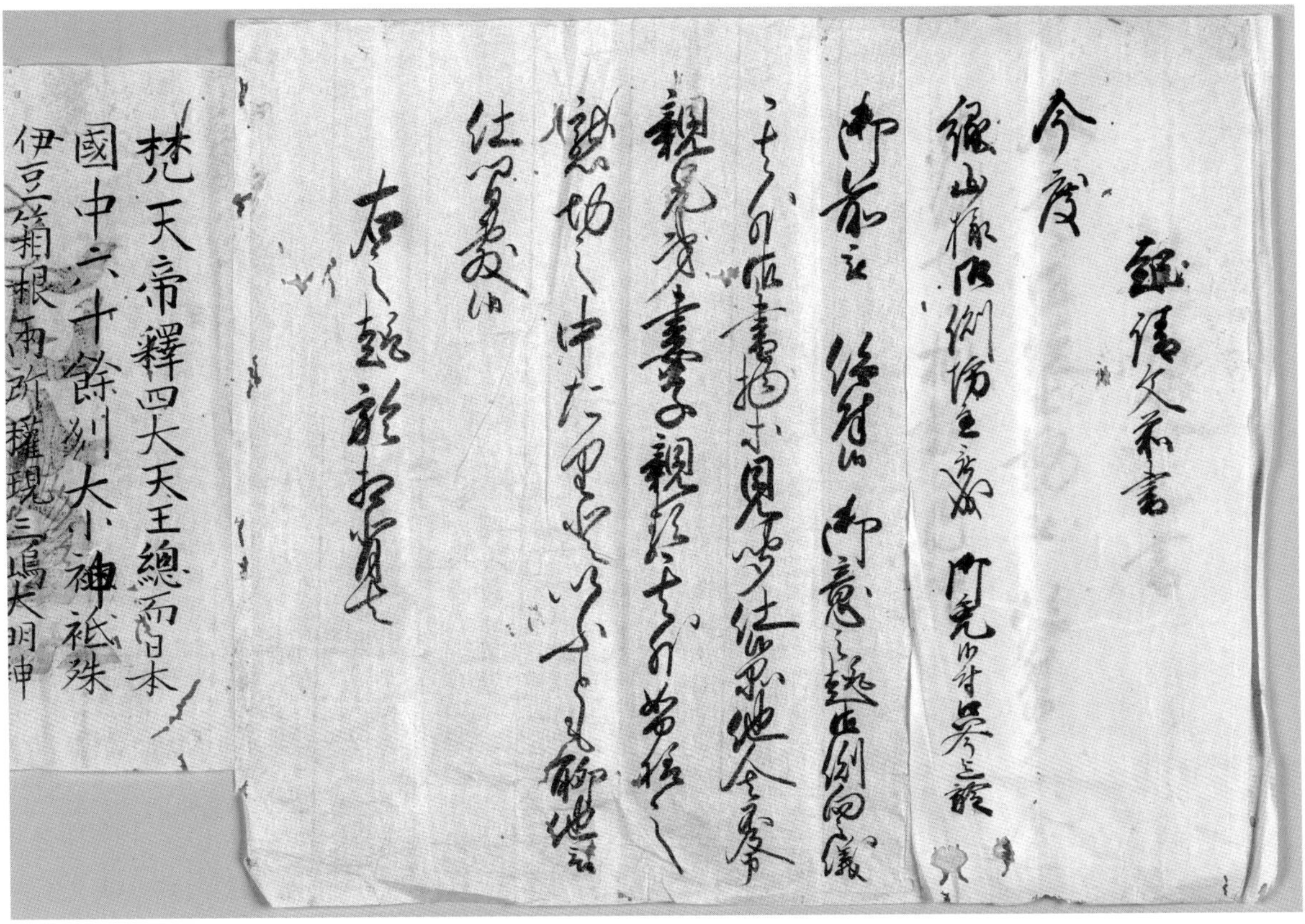

（起請文前書貼紙）

一　起請文前書

今度

縁山様御側坊主被成　御免候付、只今迄於」

〔本文書冒頭の三行の上に貼付されている。〕

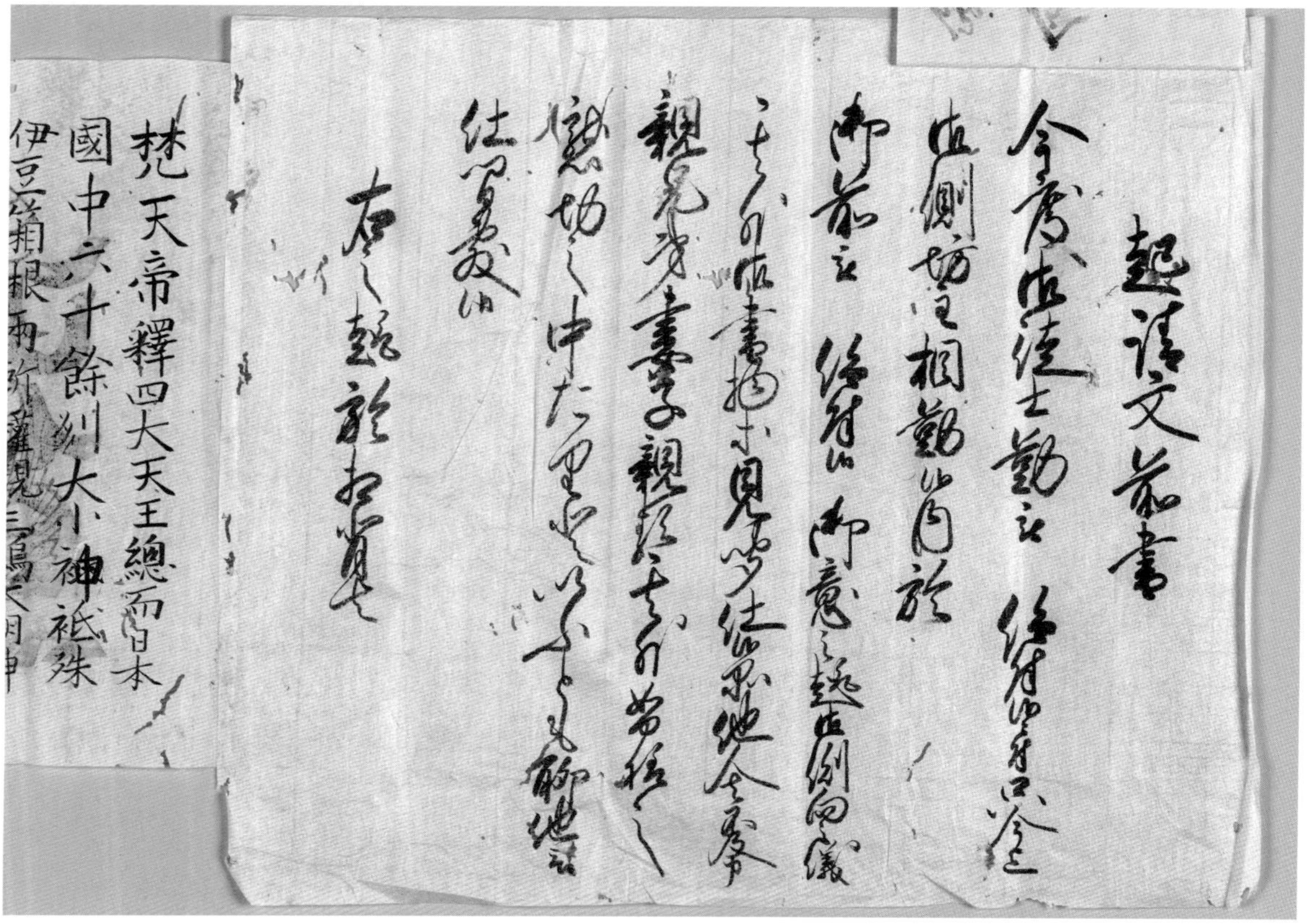

〈第一紙　三〇・三×三四・三糎〉

起請文前書

今度御徒士勤被　仰付候ニ付、只今迄
御側坊主相勤候内、於
御前被　仰付候　御意之趣・御側向之儀、
其外御書物等見聞仕候品、他人は不及申、
親兄弟妻子親類其外如何様之
懇切之中たりといふとも、聊他言
仕間敷候、

右之趣於相背は、

〈紙継目〉

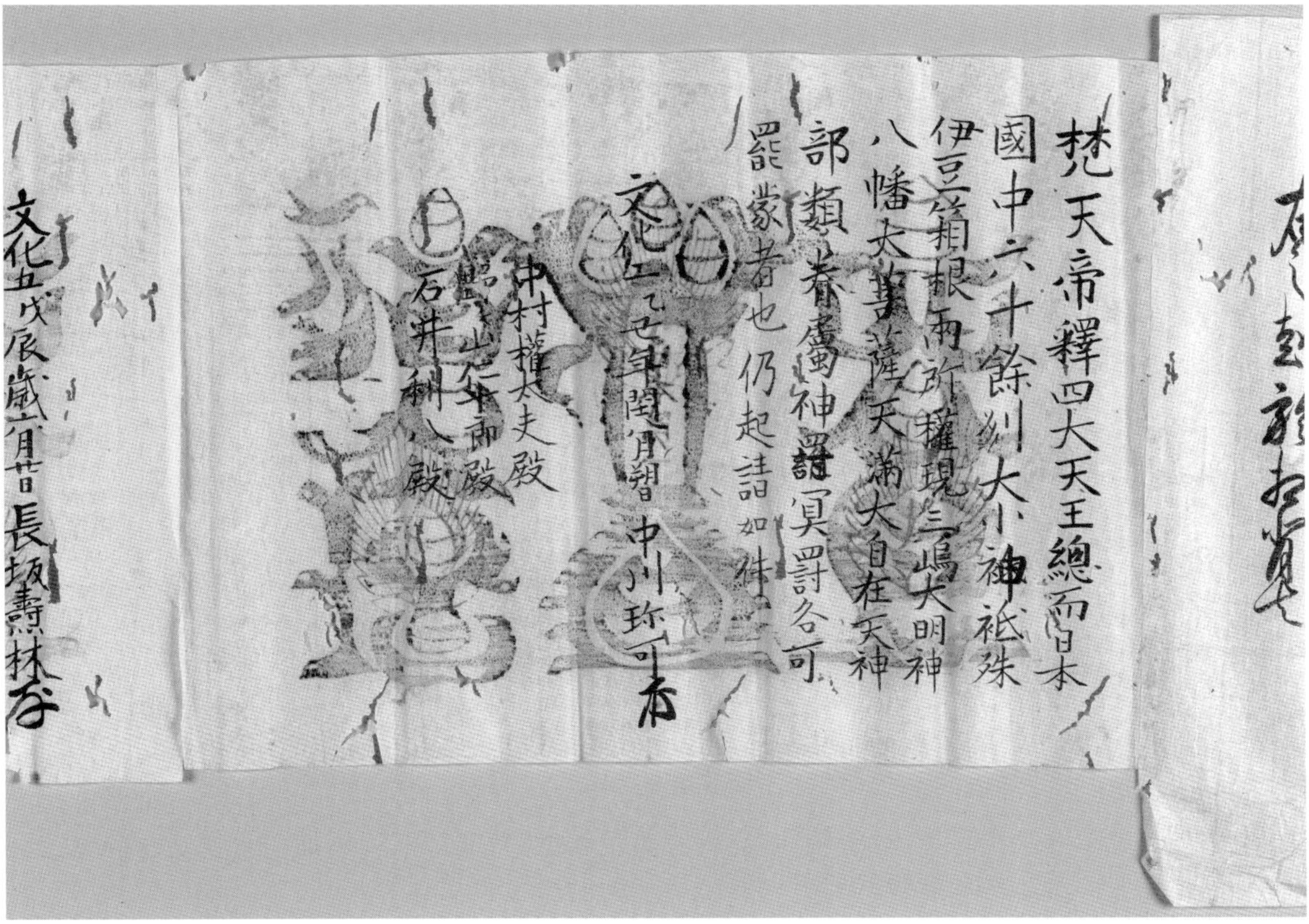

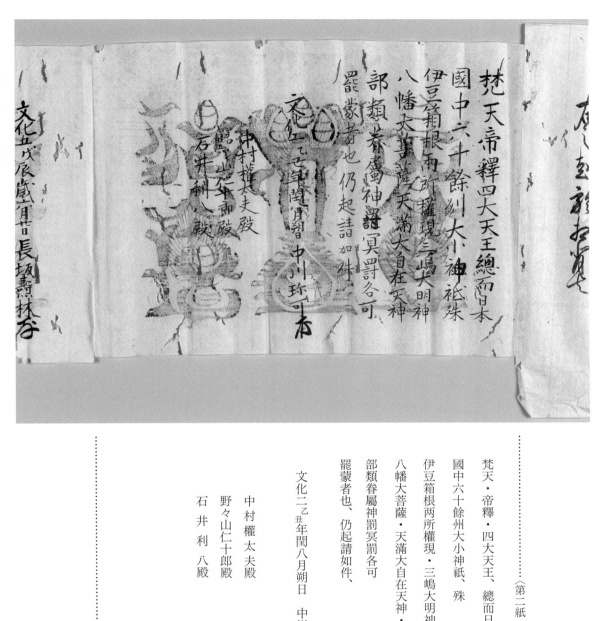

〈第二紙　熊野本宮牛玉宝印　二四・一×三三・七糎〉

梵天・帝釋・四大天王、總而日本
國中六十餘州大小神祇、殊
伊豆箱根兩所權現・三嶋大明神・
八幡大菩薩・天滿大自在天神・
部類眷屬神罰冥罰各可
罷蒙者也、仍起請如件、

文化二乙丑年閏八月朔日　中川珎可（血判・花押）

中村權太夫殿
野々山仁十郎殿
石井利八殿

〈紙継目〉

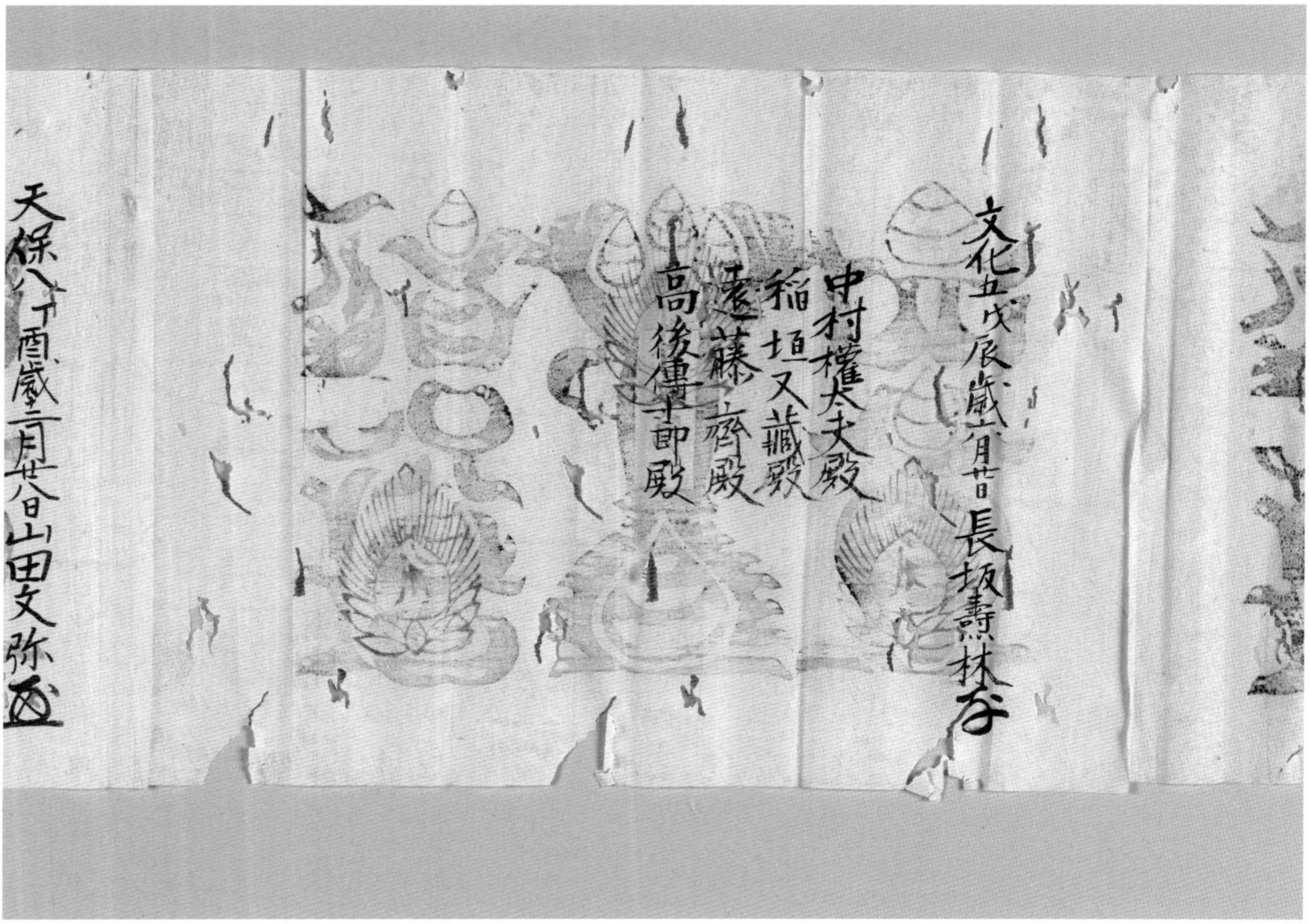

〈第三紙　熊野本宮牛玉宝印　二四・〇×三二・六糎〉

文化五戊辰歳六月廿日　長坂壽林（血判・花押）

中村權太夫殿
稲垣又藏殿
遠藤　齊殿
高後傳十郎殿

〈紙継目〉

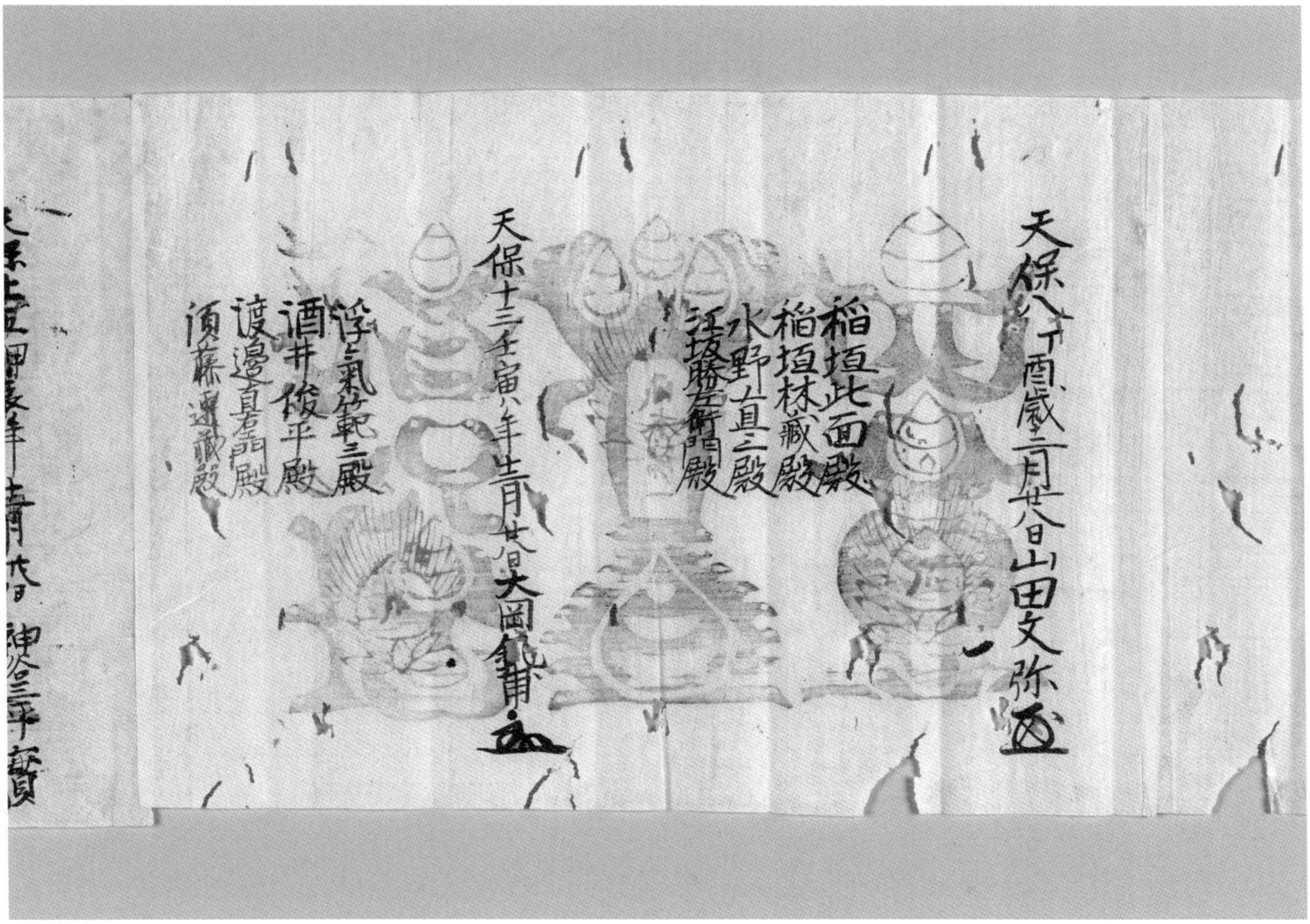

〈第四紙　熊野本宮牛玉宝印　二四・五×三四・〇糎〉

天保八丁酉歳十二月廿八日　山田文弥（血判・花押）
［花押の書きかけカ］一

稲垣此面殿
稲垣林藏殿
水野直三殿
江坂勝左衛門殿

天保十三壬寅年十二月廿八日　大岡釓甫（血判・花押）

浮氣範三殿
酒井俊平殿
渡邉直右ヱ門殿
須藤速藏殿

〈紙継目〉

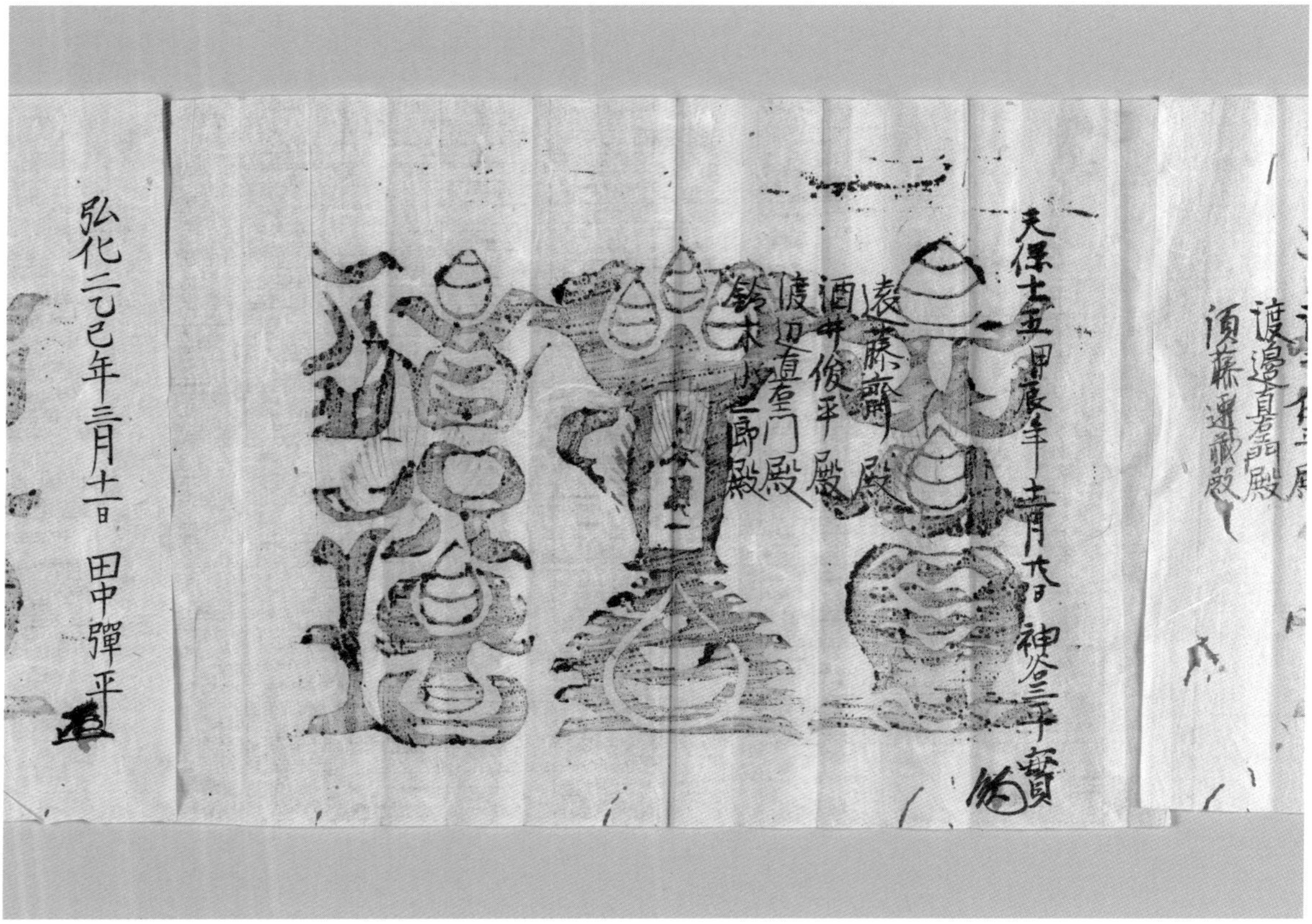

〈第五紙　熊野本宮牛玉宝印　二四・七×三三・九糎〉

天保十五甲辰年十一月廿八日　神谷三平實
（血判・花押）

遠　藤　　齋殿
酒　井　俊　平殿
渡辺直右ヱ門殿
鈴木小三郎殿

〈紙継目〉

〈第六紙　熊野本宮牛玉宝印　二四・八×三三・三糎〉

弘化二乙巳年三月十一日　田中彈平（血判・花押）

遠　藤　　齋殿
酒　井　俊　平殿
渡邉直右衛門殿
木藤久左衛門殿

弘化二乙巳年十一月九日　杉本常吉（血判・花押）

渡邉直右衛門殿
木藤久左衛門殿

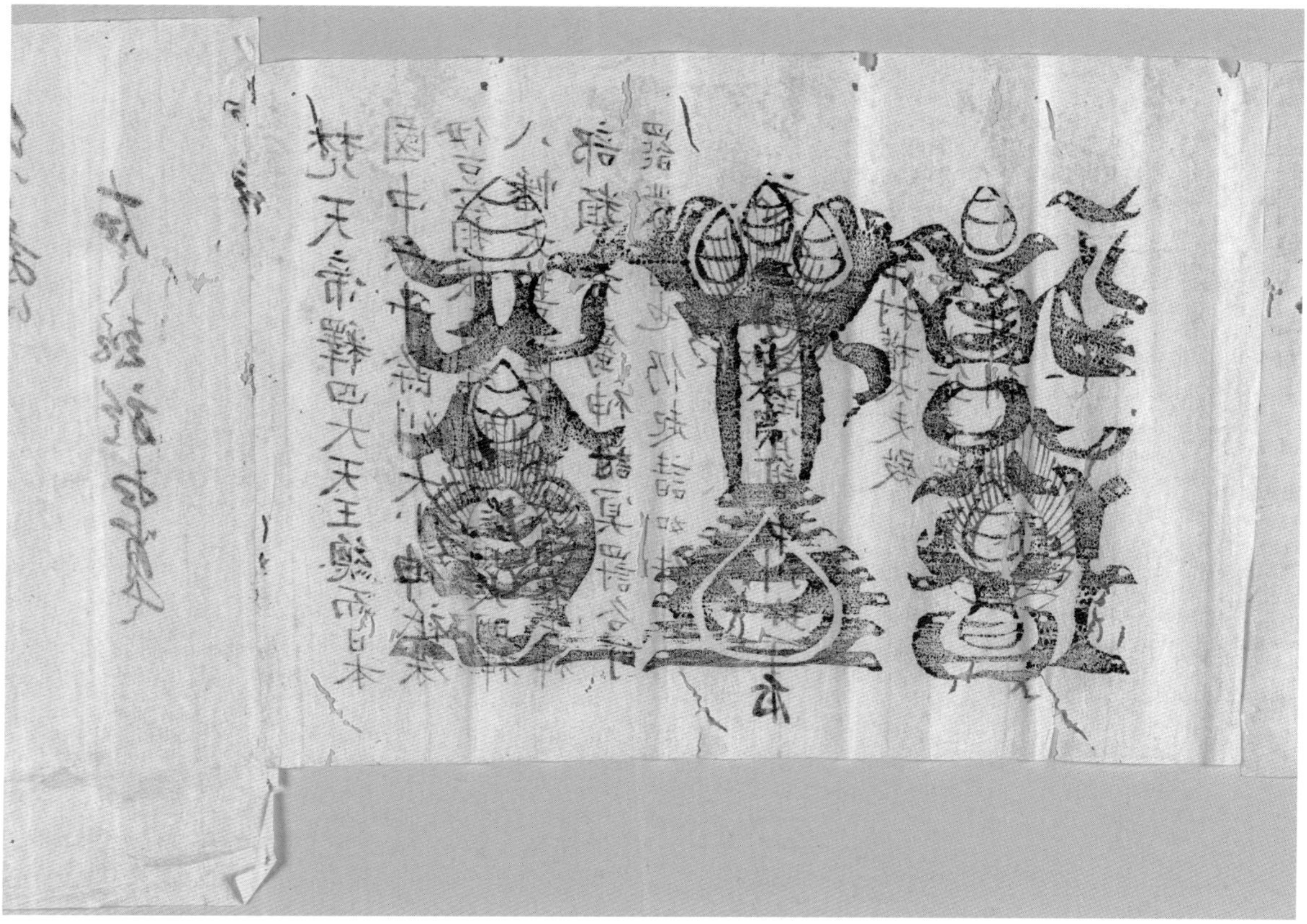

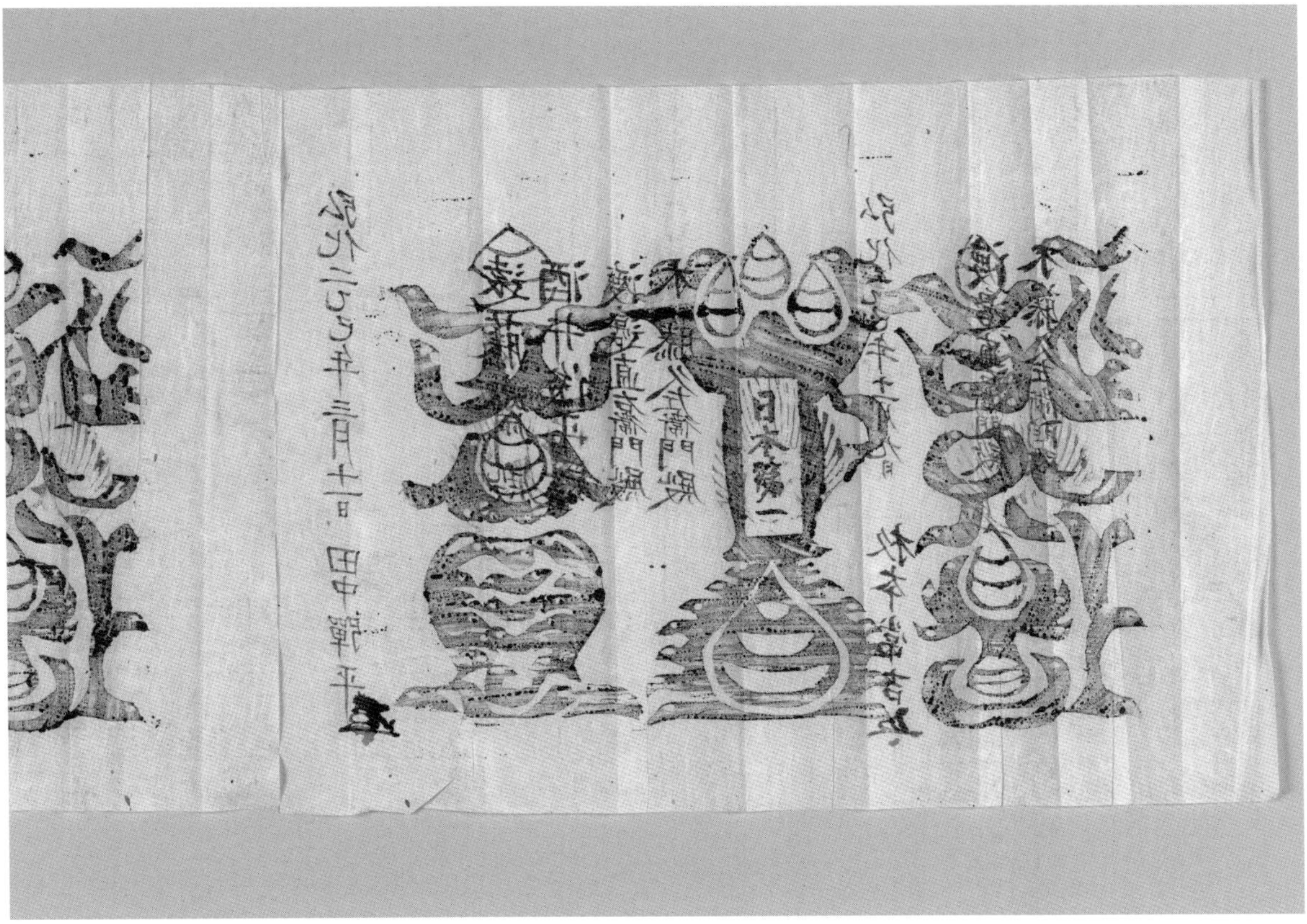
日本第一

二三、飯尾辨節他起請文

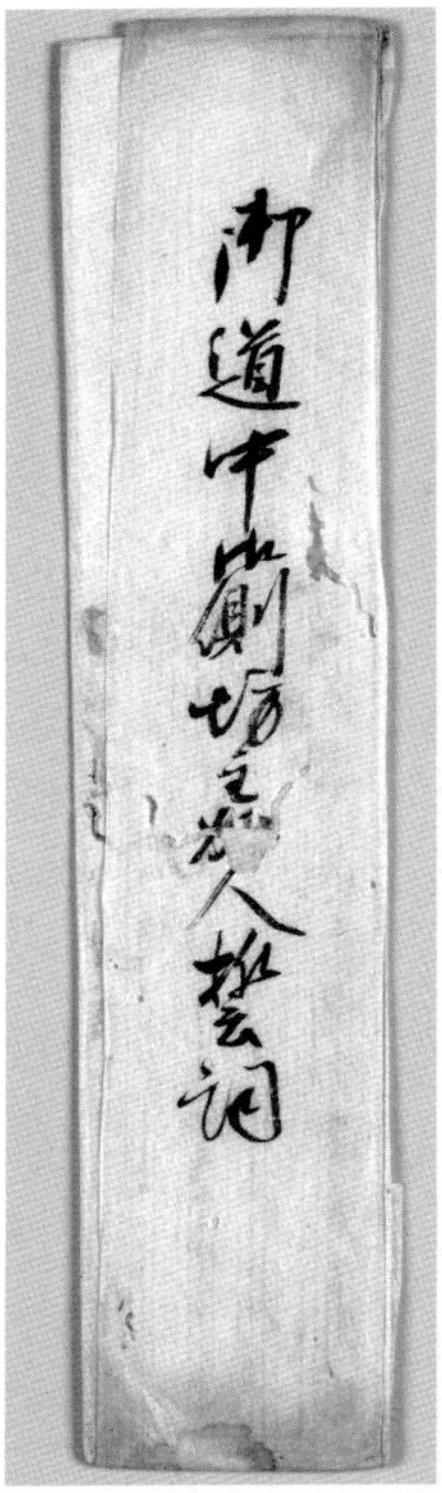

（包紙ウハ書）

御道中御側坊主加人誓詞

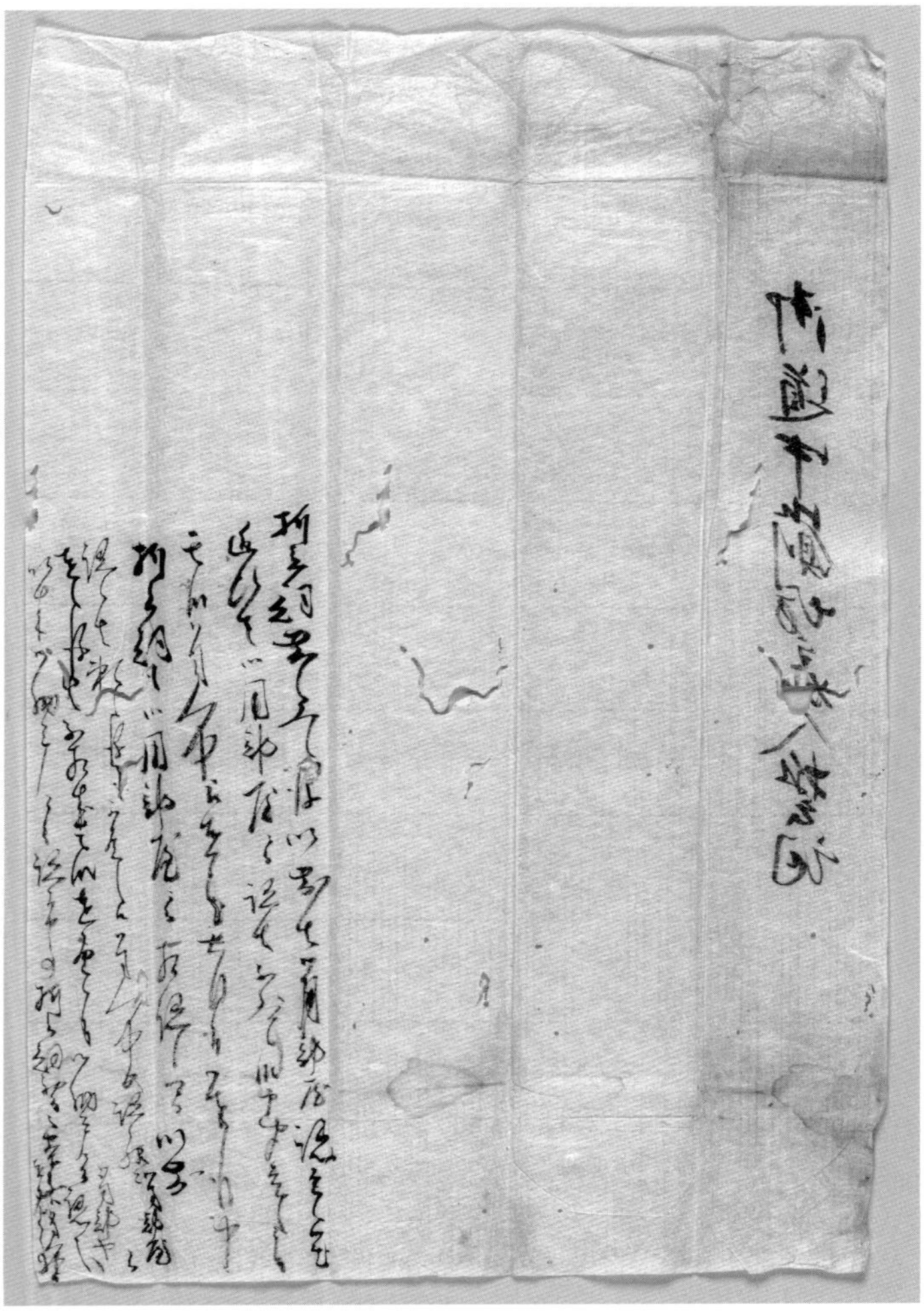

（包紙裏書）

誓詞前文之儀、以前は御用部屋認有之候處、
近頃は御用部屋ニ而認は不致候段申聞有之ニ而、
其段御用人中江達候處、大目付・御奉行中
誓詞も御用部屋ニ而相認候間、以前御用部屋ニ而
認候は頼候儀も可有之候、御用人中ゟ認候様ニ御用部やへ
達候儀は不相成て候段御座候間、御納戸ニ而認之、
以来御納戸ニ而認可申事、誓詞初而之案文ハ御用人中ゟ達
御座候、

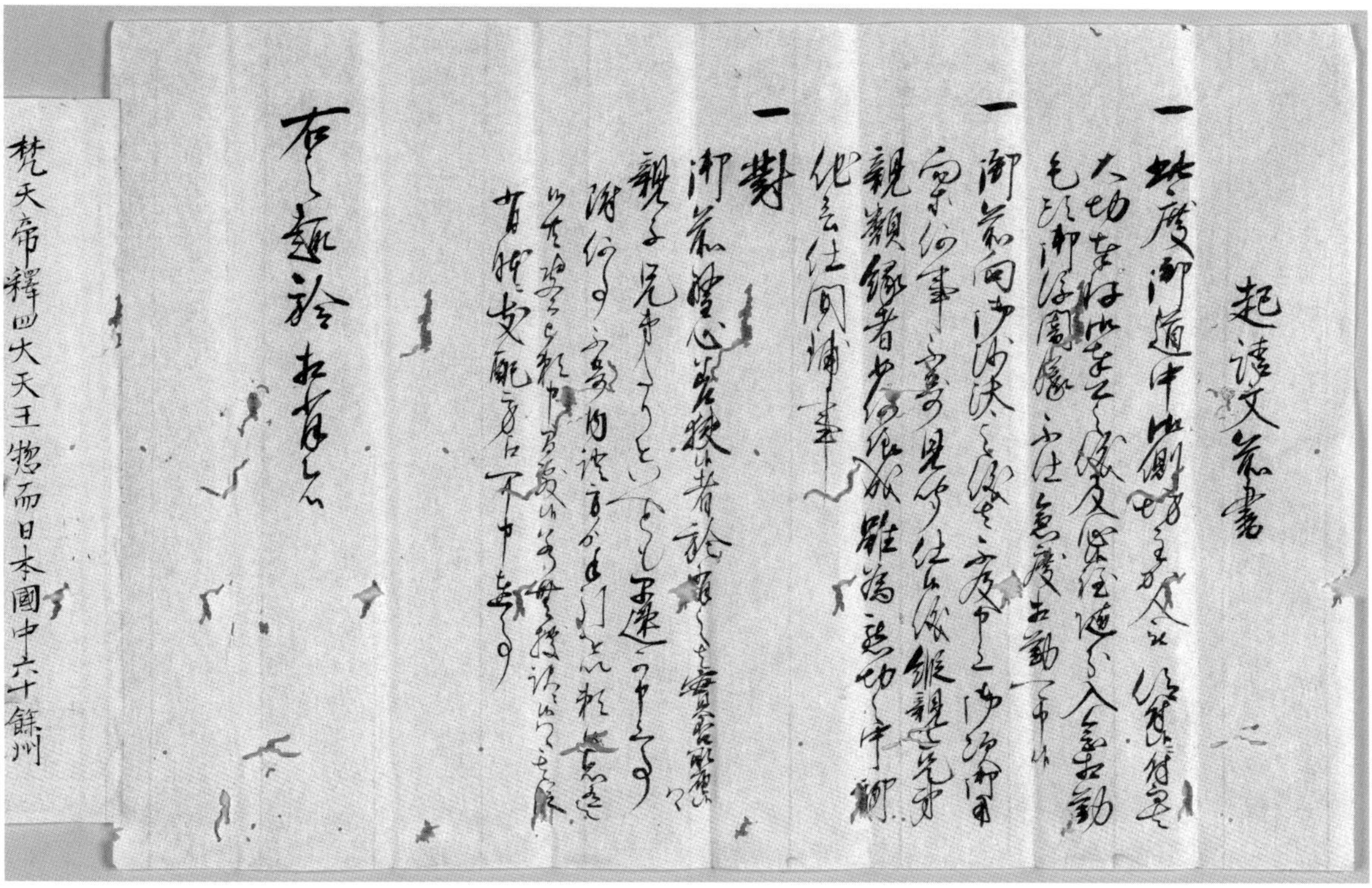

〈第一紙　二八・五×四一・〇糎〉

起請文前書

一　此度御道中御側坊主加人被　仰付候ニ付而は、
大切奉存、御奉公之儀及心候程随分入念相勤、
毛頭御後闇儀不仕、急度相勤可申候、

一　御前向御沙汰之儀は不及申上、御次御用
向等、何事不寄見聞仕候儀、縦親子兄弟
親類縁者如何様成雖為懇切之中、聊
他言仕間鋪事、

一　對
御前壓心差挟候者於有之は、實否承届候ハヽ、
親子兄弟たりといへとも早速可申上事、
附、何事不寄内證方ゟ手引を以頼候者有之
候共、決而被頼申間敷候、若無據訳ニ候ハヽ、其段
有躰ニ支配方江可申達事、

右之趣於相背者、

〈紙継目〉

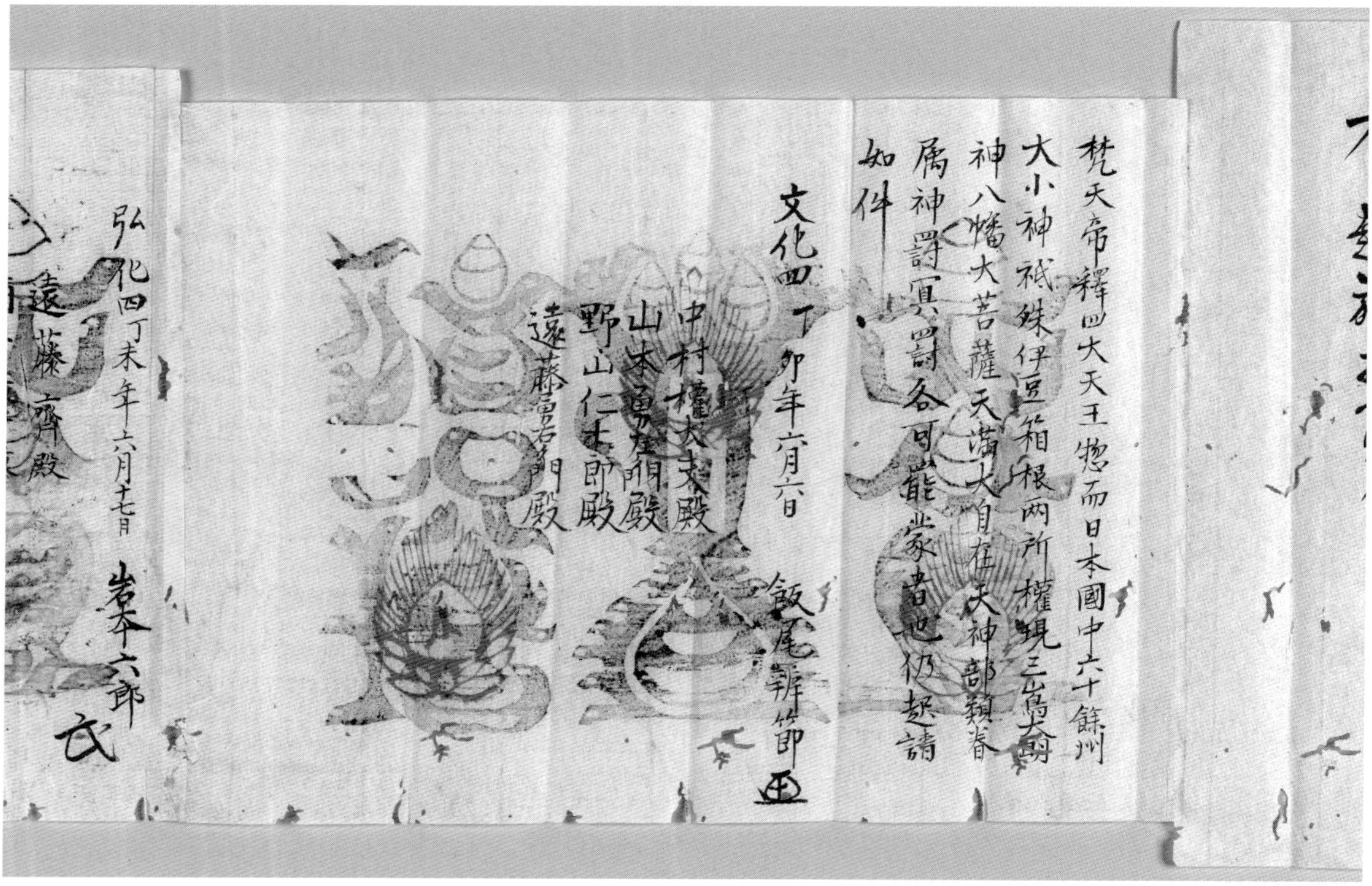

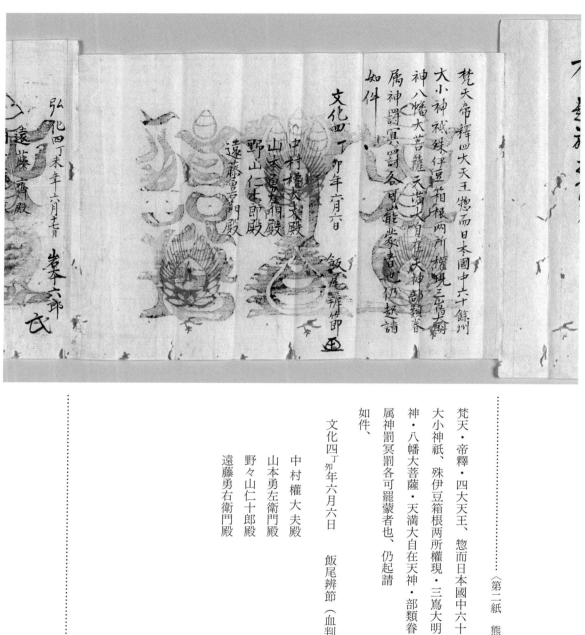

〈第二紙　熊野本宮牛玉宝印　二四・四×三四・一糎〉

梵天・帝釋・四大天王、惣而日本國中六十餘州
大小神祇、殊伊豆箱根两所權現・三嶌大明
神・八幡大菩薩・天満大自在天神・部類眷
属神罰冥罰各可罷蒙者也、仍起請
如件、

文化四丁卯年六月六日　飯尾辨節（血判・花押）

中村權大夫殿
山本勇左衛門殿
野々山仁十郎殿
遠藤勇右衛門殿

〈紙継目〉

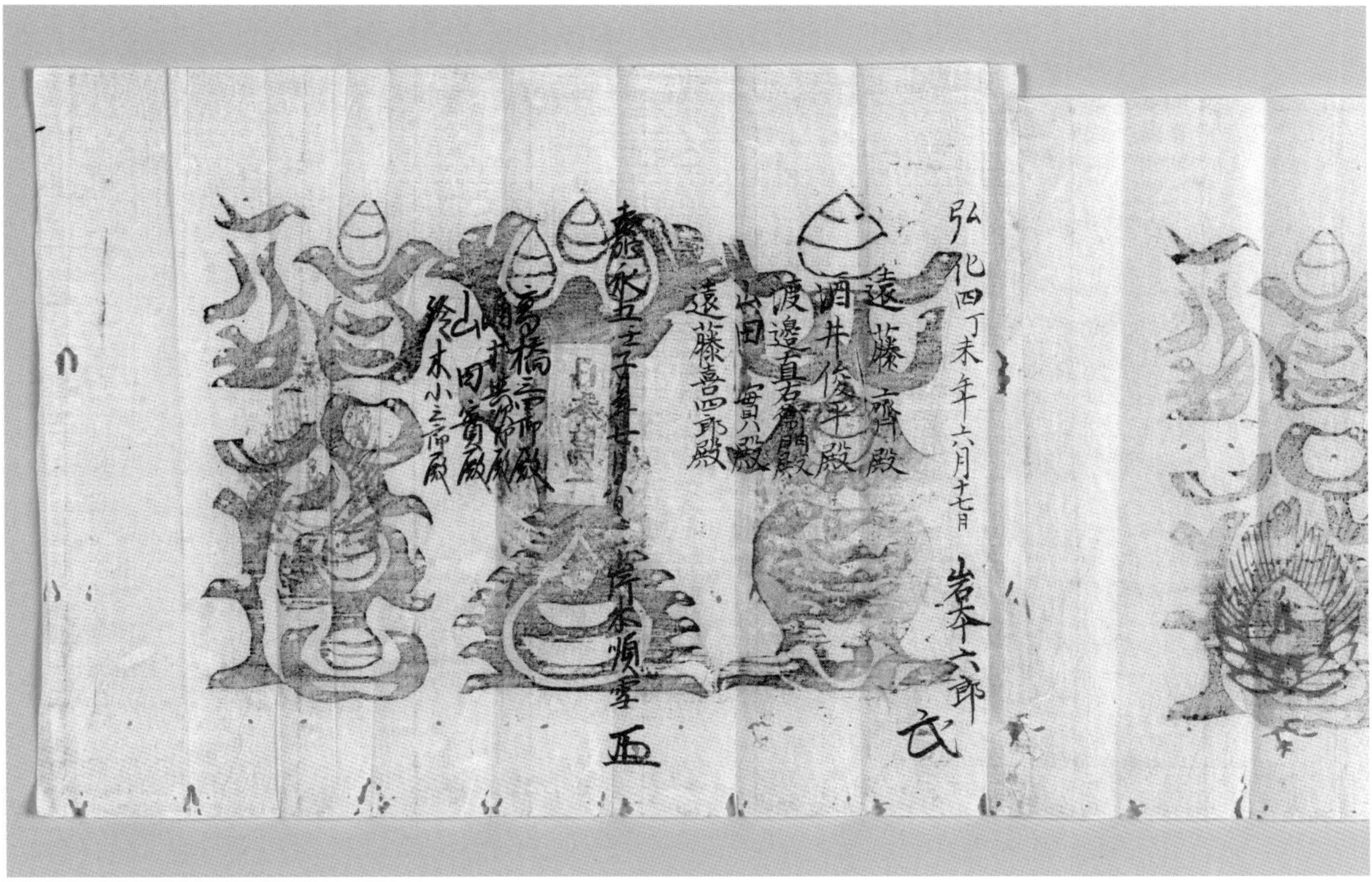

〈第三紙　熊野本宮牛玉宝印　二五・四×三三・五糎〉

弘化四丁未年六月十七日　岩本六郎（血判・花押）

遠　藤　齊殿
酒　井　俊　平殿
渡邉直右衛門殿
山　田　實殿
遠藤喜四郎殿

嘉永五壬子年七月六日　岸本順雪（血判・花押）

高橋三四郎殿
酒井與次郎殿
山　田　實殿
鈴木小三郎殿

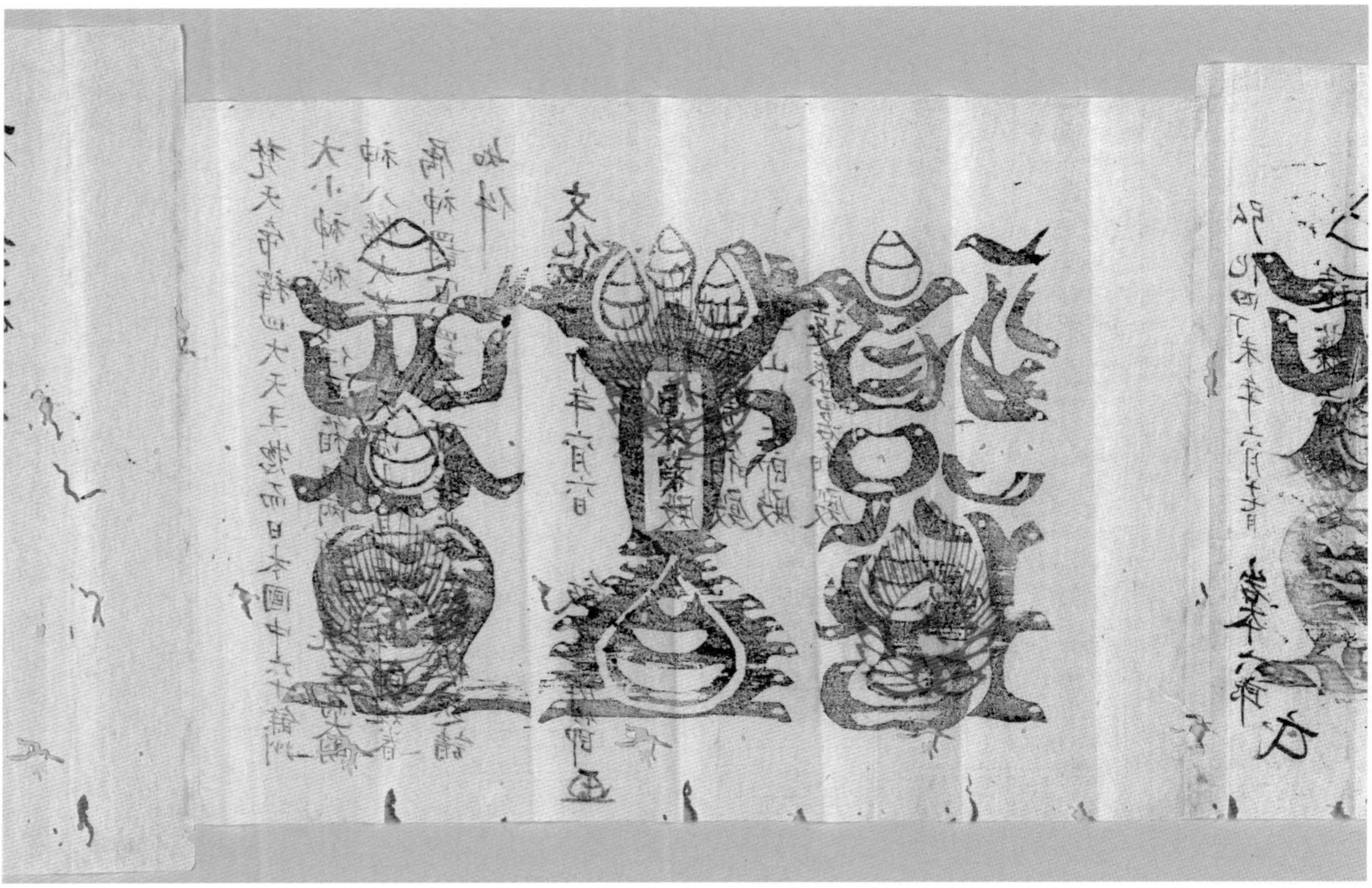

二四、加藤一甫他起請文

（包紙ウハ書）
御側坊主加人誓詞

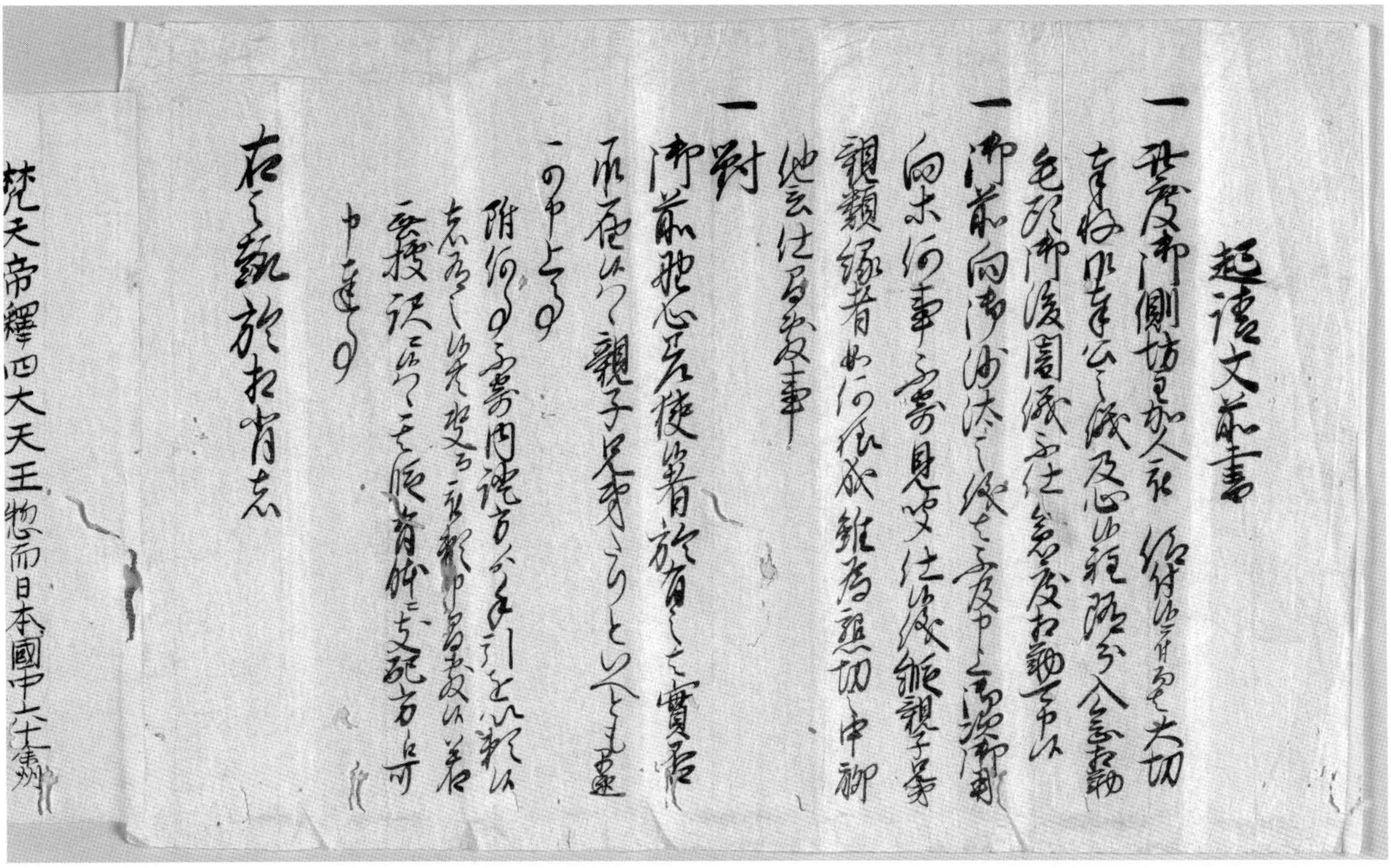

〈第一紙　二七・九×四一・三糎〉

起請文前書

一　此度御側坊主加人被　仰付候ニ付而は、大切
奉存、御奉公之儀及心候程随分入念相勤、
毛頭御後闇儀不仕、急度相勤可申候、

一　御前向御沙汰之儀は不及申上、御次御用
向等、何事不寄見聞仕候儀、縦親子兄弟
親類縁者如何様成雖為懇切之中、聊
他言仕間敷事、

一　對
御前璽心差挟候者於有之は、實否
承届候ハヽ、親子兄弟たりといへとも、早速
可申上事、

附、何事不寄内證方ゟ手引を以頼候
者有之候共、決而被頼申間敷候、若
無據訳ニ候ハヽ、其段有躰ニ支配方江可
申達事、

右之趣於相背者、

〈紙継目〉

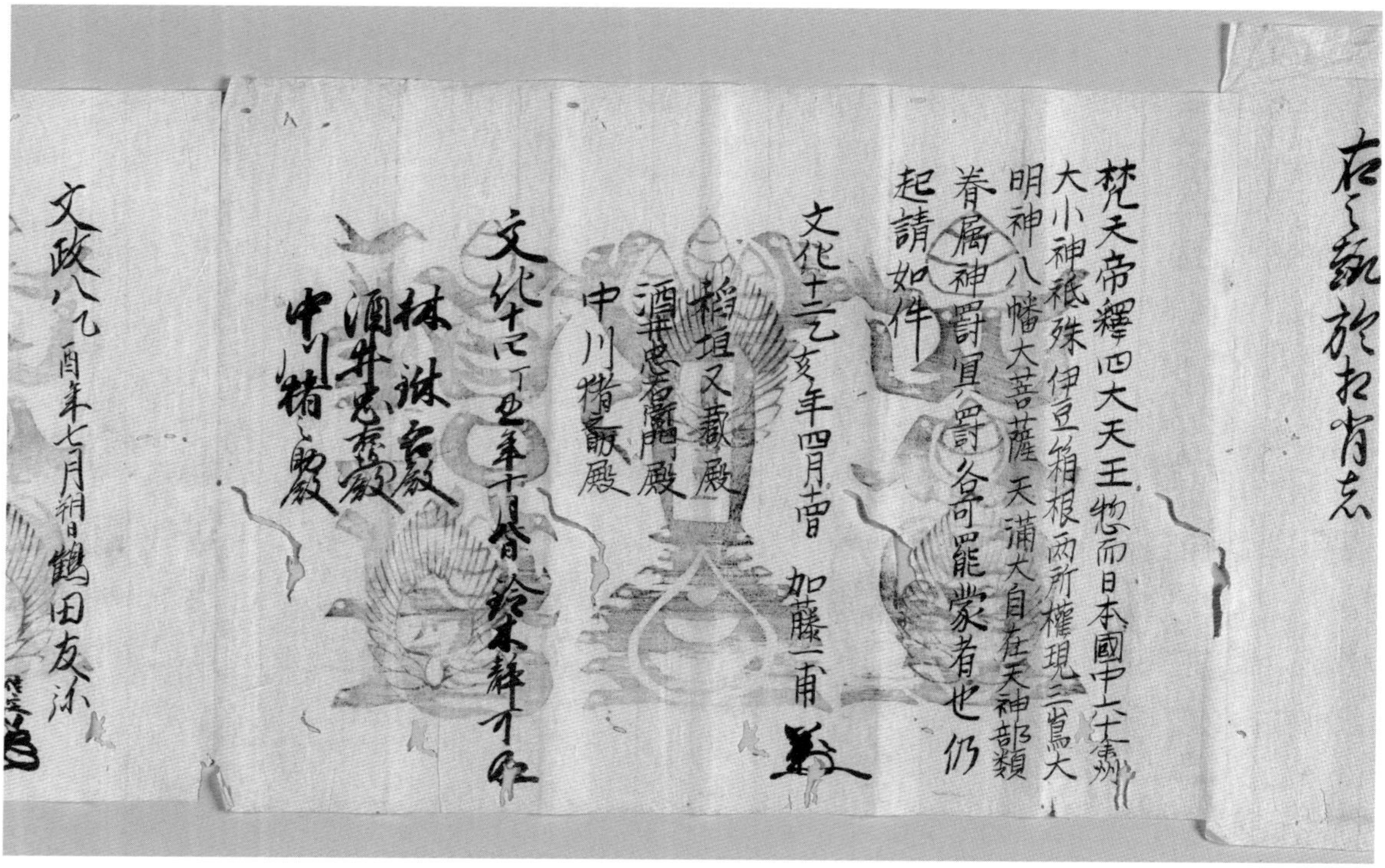

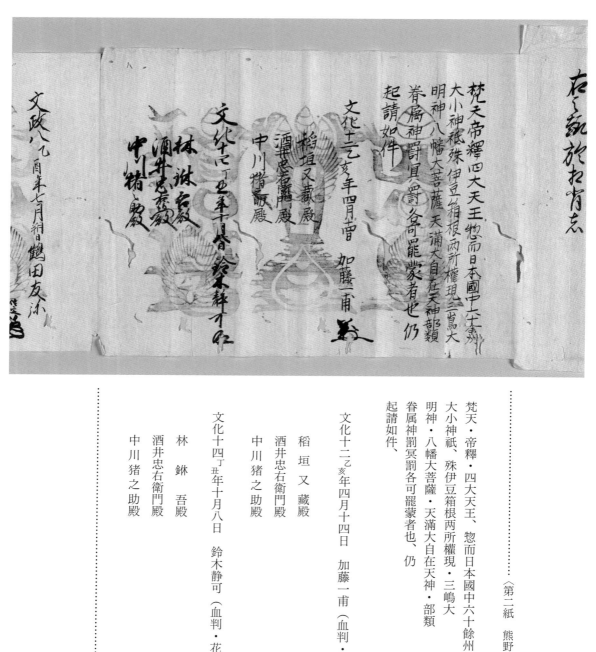

〈第二紙　熊野本宮牛玉宝印　二四・八×三四・五糎〉

梵天・帝釋・四大天王、惣而日本國中六十餘州
大小神祇、殊伊豆箱根両所權現・三嶋大
明神・八幡大菩薩・天滿大自在天神・部類
眷属神罰冥罰各可罷蒙者也、仍
起請如件、

文化十二乙亥年四月十四日　加藤一甫（血判・花押）

稲垣又藏殿
酒井忠右衛門殿
中川猪之助殿

文化十四丁丑年十月八日　鈴木静可（血判・花押）

林　鉢　吾殿
酒井忠右衛門殿
中川猪之助殿

〈紙継目〉

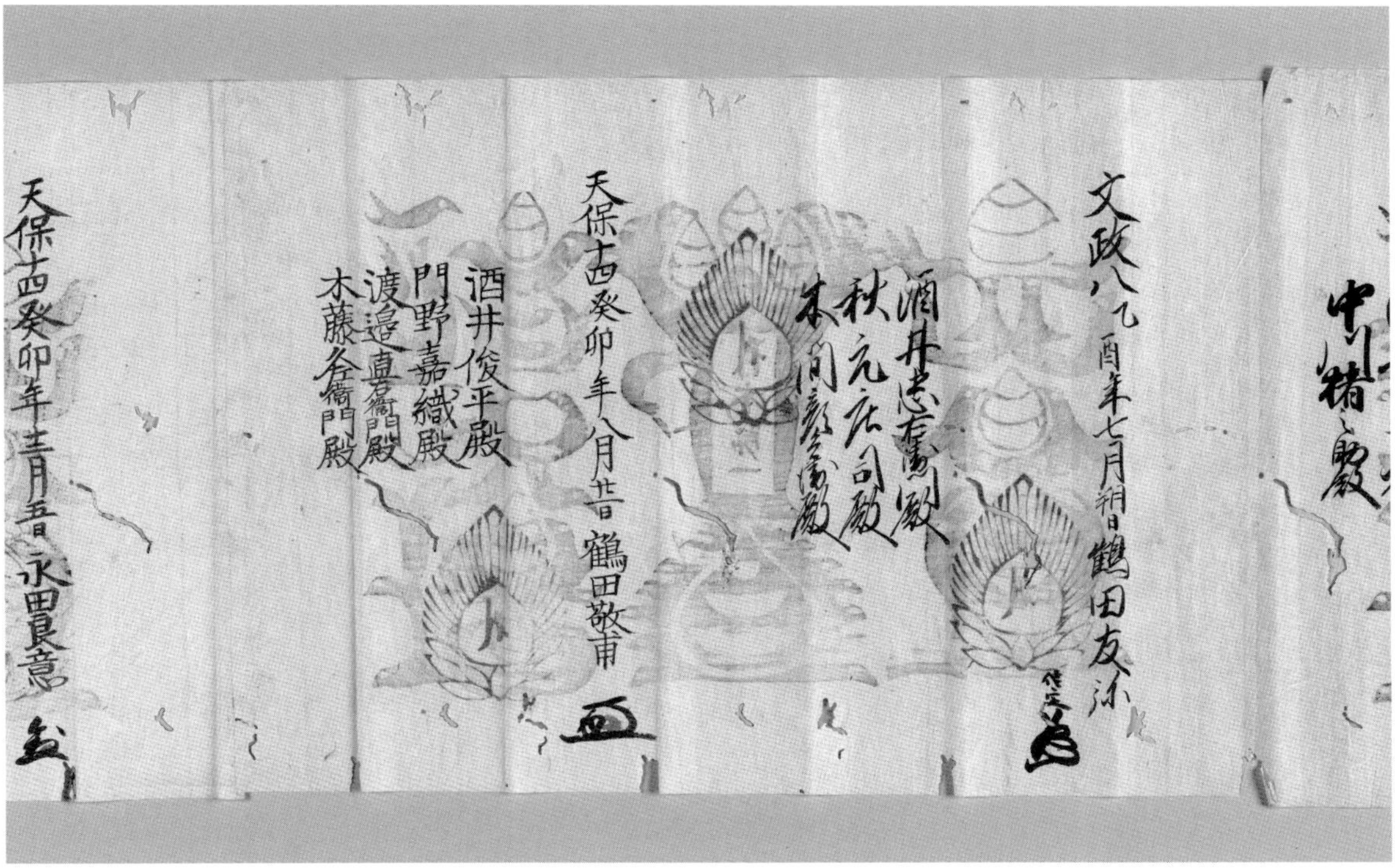

〈第三紙　熊野本宮牛玉宝印　二四・〇×三四・四糎〉

文政八乙酉年七月朔日　鶴田友弥
　　　　　　　　　　　信定（血判・花押）

酒井忠右衛門殿
秋元庄司殿
本間彦兵衛殿

天保十四癸卯年八月廿一日　鶴田敬甫（血判・花押）

酒井俊平殿
門野嘉織殿
渡邉直右衛門殿
木藤久左衛門殿

〈紙継目〉

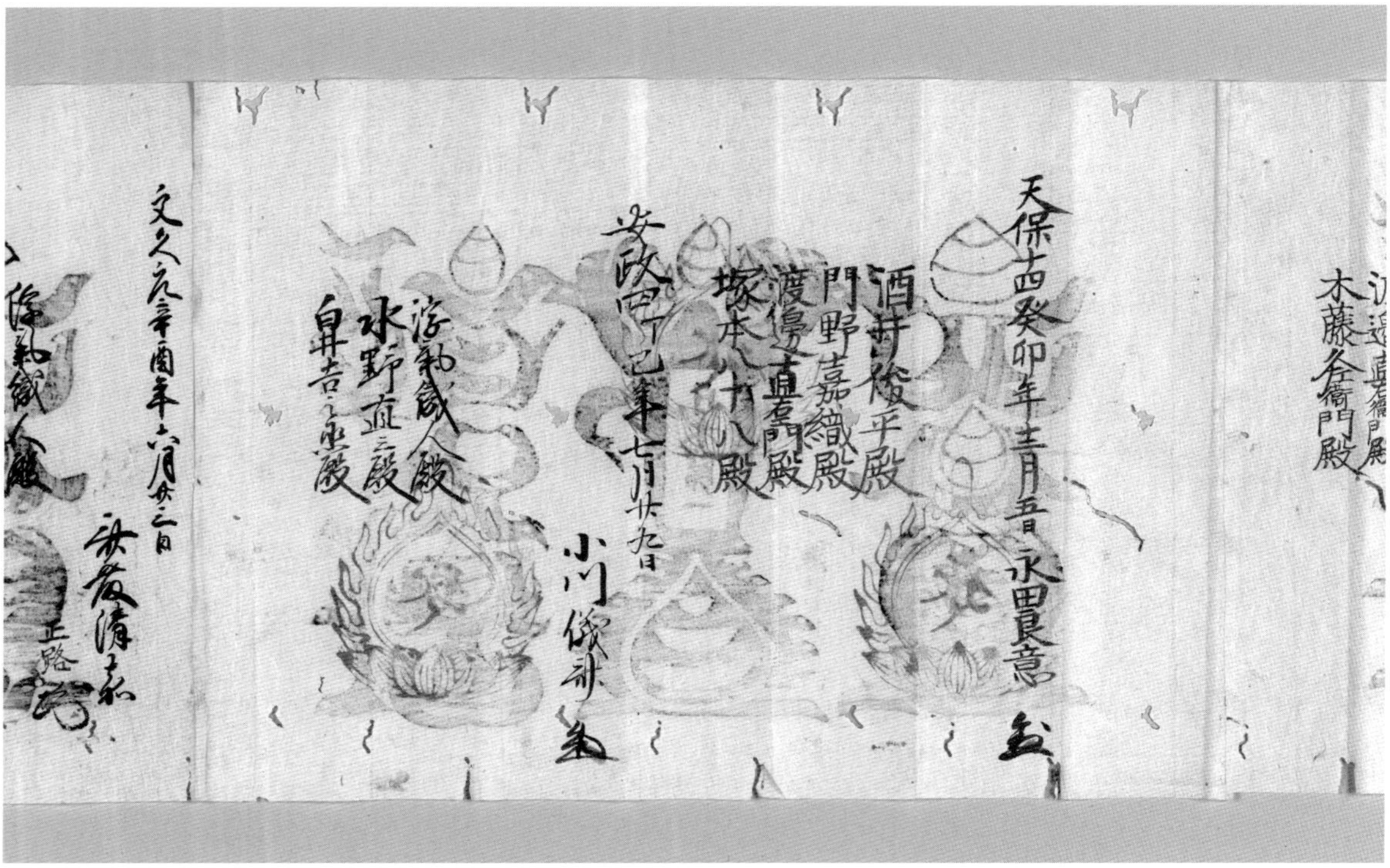

〈第四紙　熊野本宮牛玉宝印　二四・二×三四・四糎〉

天保十四癸卯年十二月五日　永田良意（血判・花押）

酒　井　俊　平殿
門　野　嘉　織殿
渡邉直右衛門殿
塚本八十八殿

安政四丁巳年七月廿九日
小川儀齋（血判・花押）

浮　氣　織　人殿
水　野　直　三殿
白井吉之丞殿

〈紙継目〉

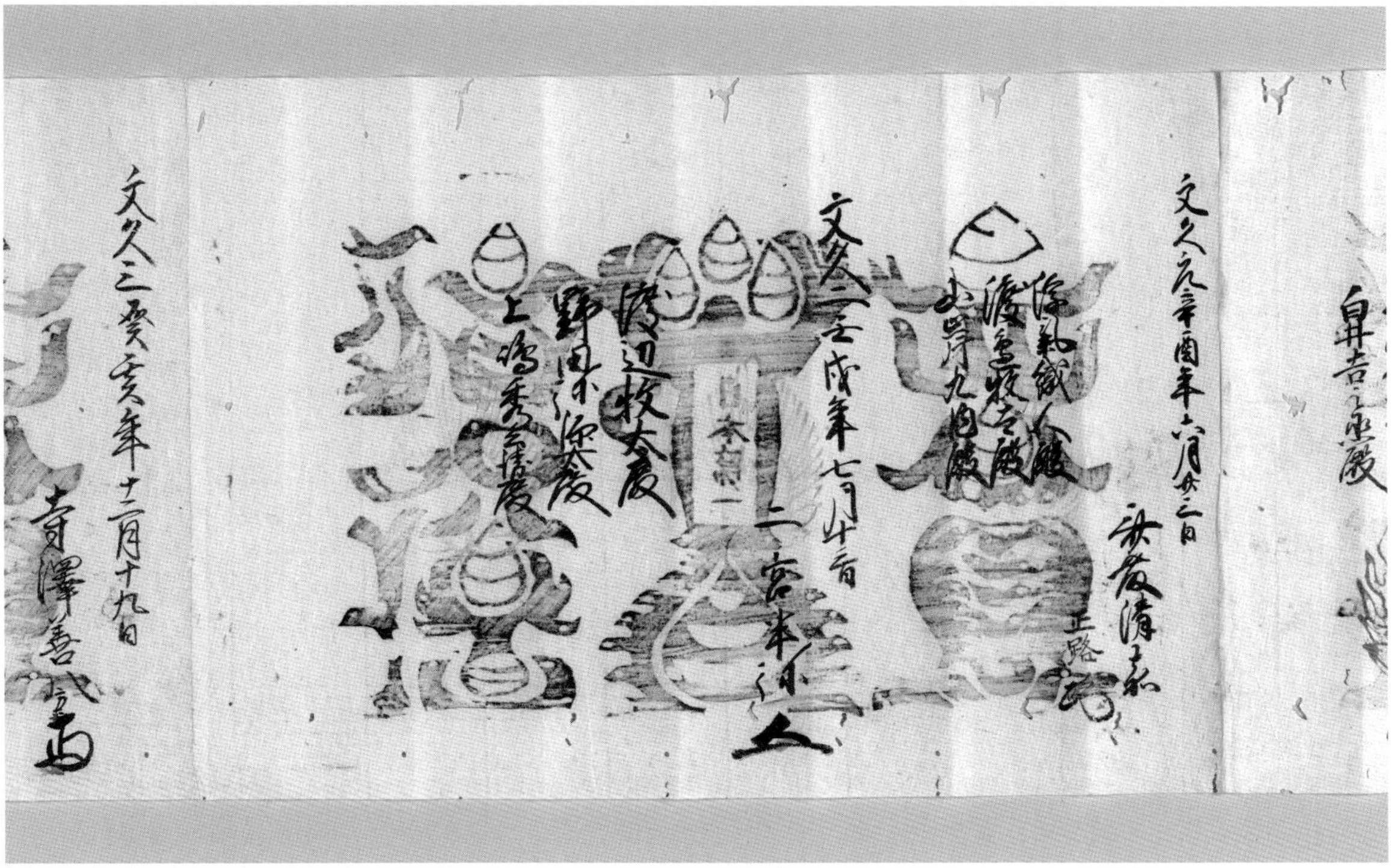

〈第五紙　熊野本宮牛玉宝印　二四・二×三四・一糎〉

文久元辛酉年六月廿三日

齋藤清嘉

正路（血判・花押）

浮氣織人殿

渡邉牧太殿

山岸九内殿

文久二壬戌年七月十三日

二宮半弥（血判・花押）

渡辺牧太殿

野田弥源太殿

上嶋秀兵衛殿

〈紙継目〉

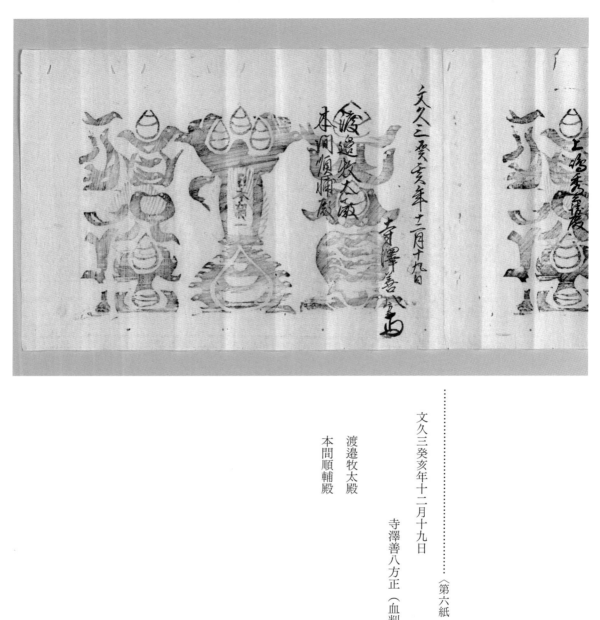

〈第六紙　熊野本宮牛玉宝印　二四・三×三四・五糎〉

文久三癸亥年十二月十九日

寺澤善八方正（血判・花押）

渡邉牧太殿
本間順輔殿

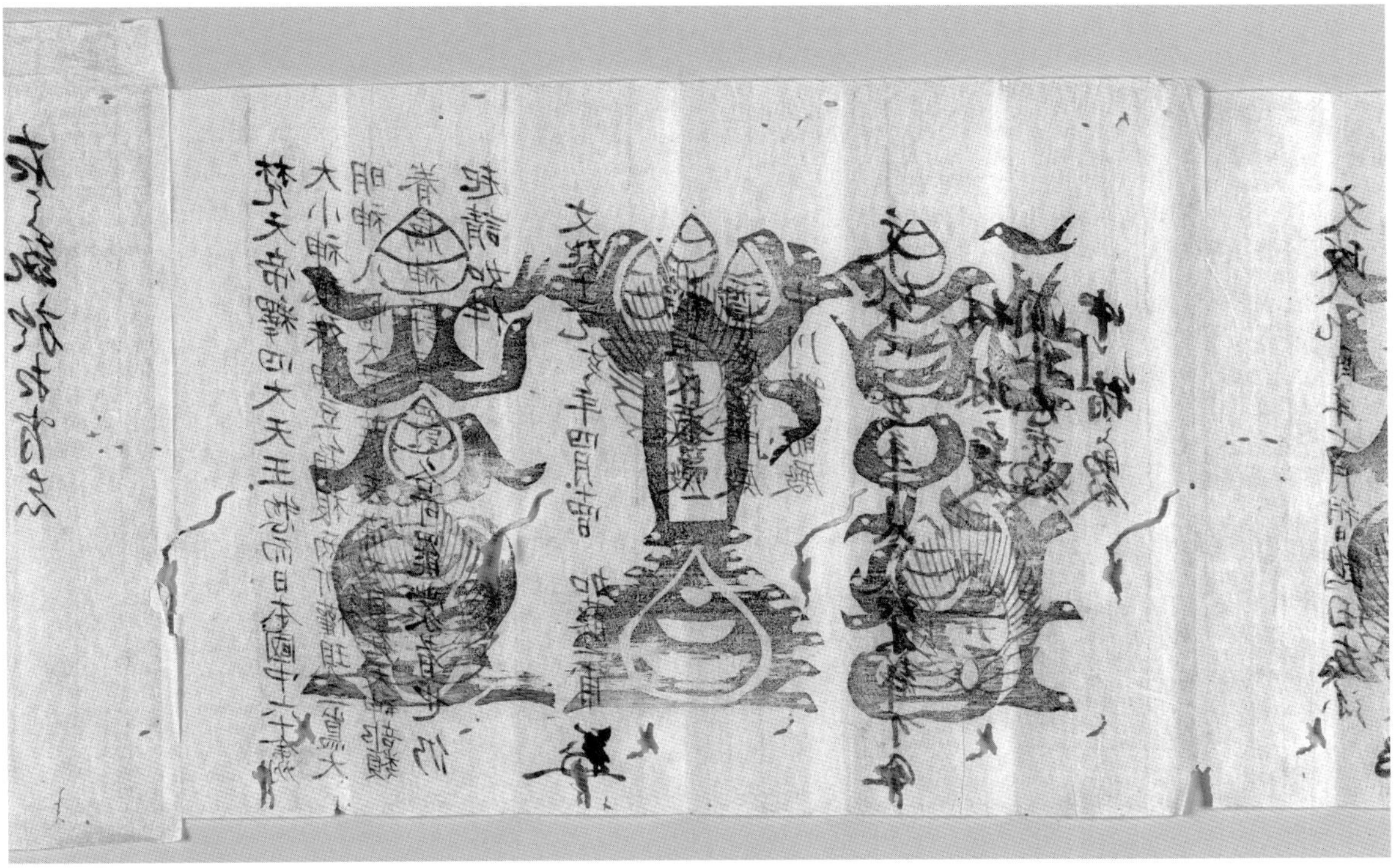

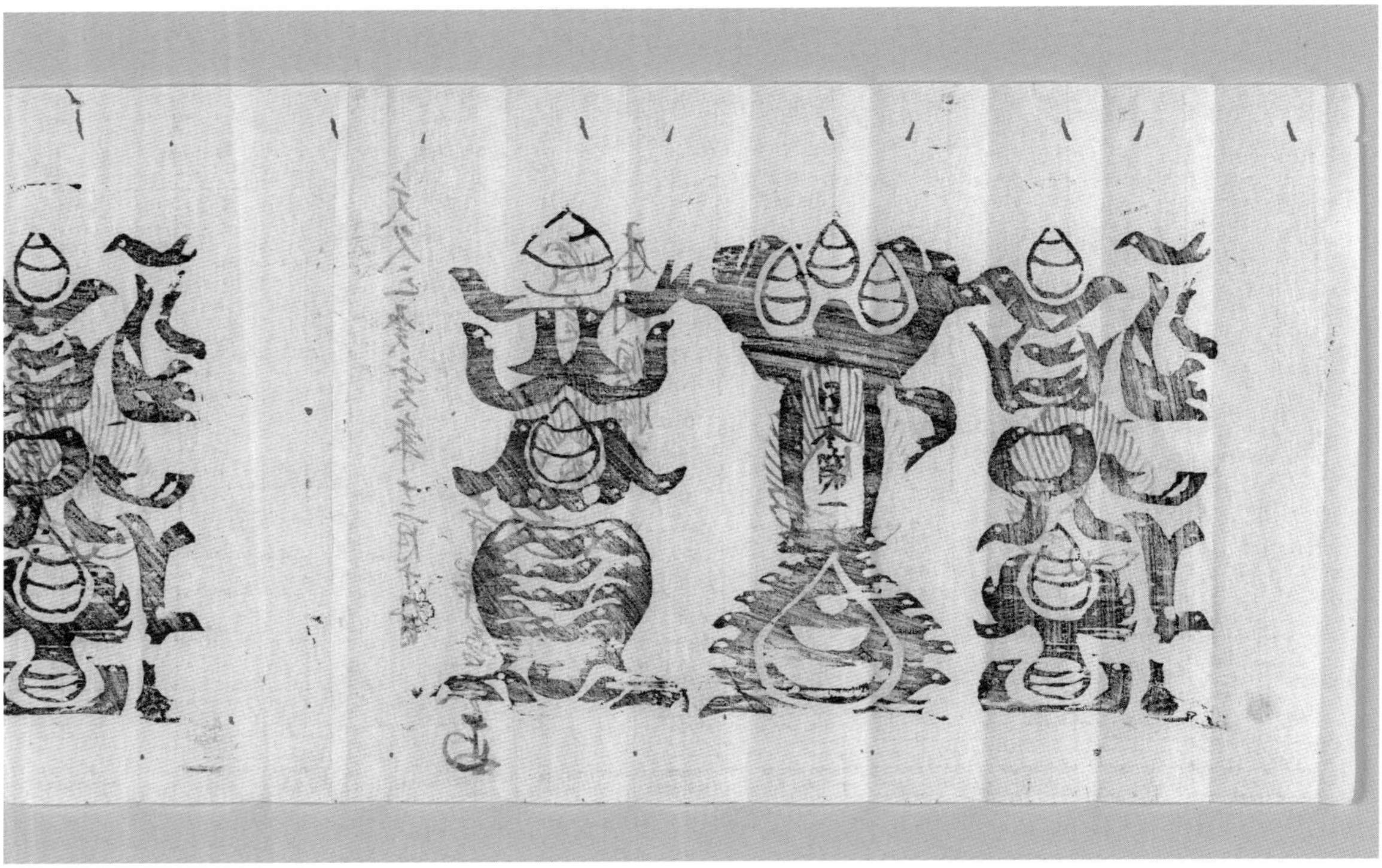

二五、堤専八起請文

（包紙ウハ書）
岩戸流火術御相手誓盟
〔二五・二六の二通の包紙であろう。〕

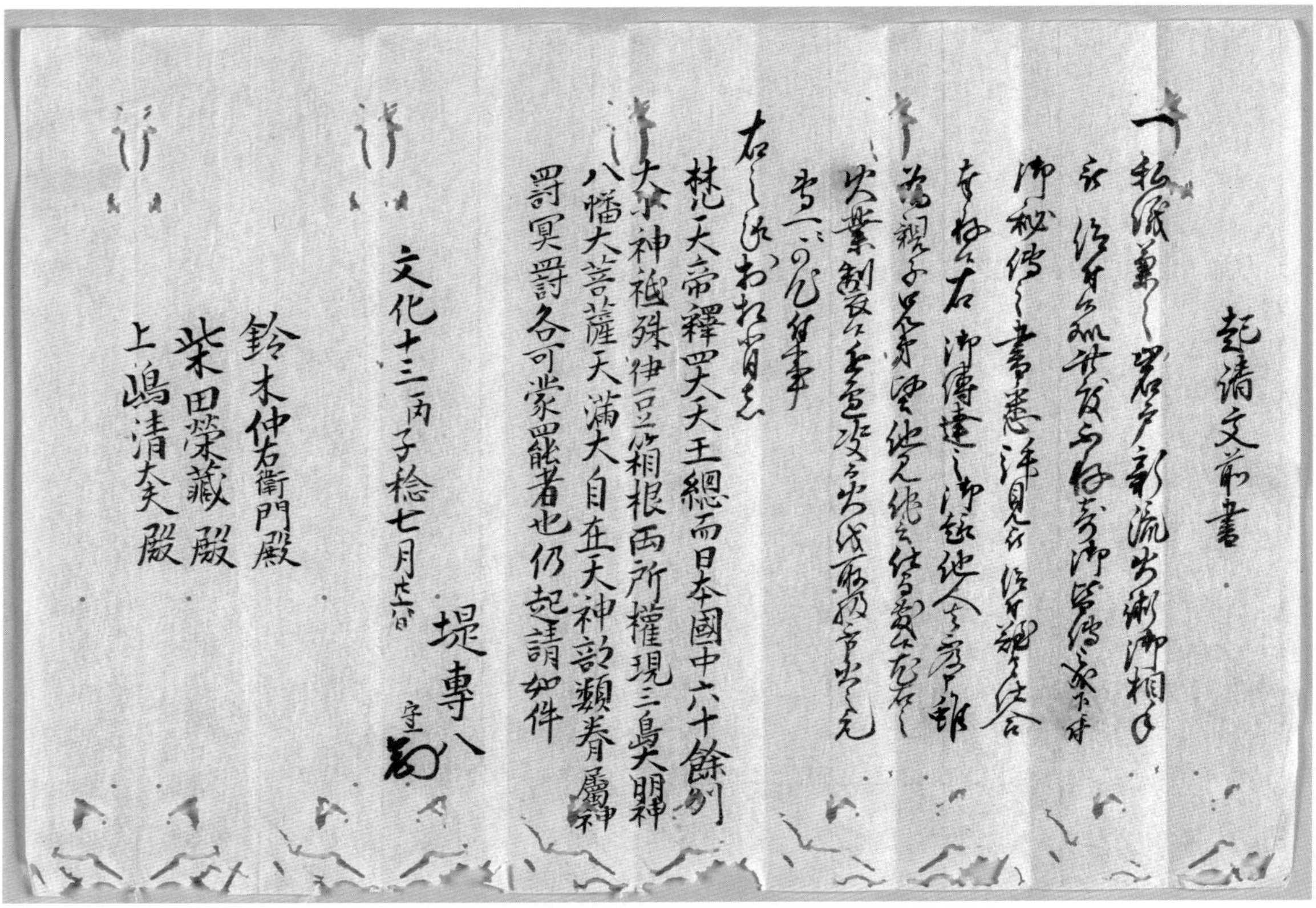

〈第一紙　二八・二×四〇・五糎〉

起請文前書

一　私儀、兼々岩戸新流火術御相手
被　仰付候処、此度不存寄御皆傳被成下ニ付、
御秘傳之書悉拝見被　仰付、難有仕合
奉存候、右　御傳達之御趣、他人は不及申、雖
為親子兄弟、堅他見他言仕間敷候、尤右之
火業製候近邊、決而火を取扱不申、火之元
専一ニ可心付事、

右之趣於相背者、
梵天・帝釋・四大天王、總而日本國中六十餘州
大小神祇、殊伊豆箱根両所權現・三島大明神・
八幡大菩薩・天滿大自在天神・部類眷屬神
罰冥罰各可蒙罷者也、仍起請如件、

堤専八

文化十三丙子稔七月廿六日　守一（花押）

鈴木仲右衛門殿
柴　田　榮　藏殿
上　嶋　清　大　夫殿

二六、石井宗隆起請文

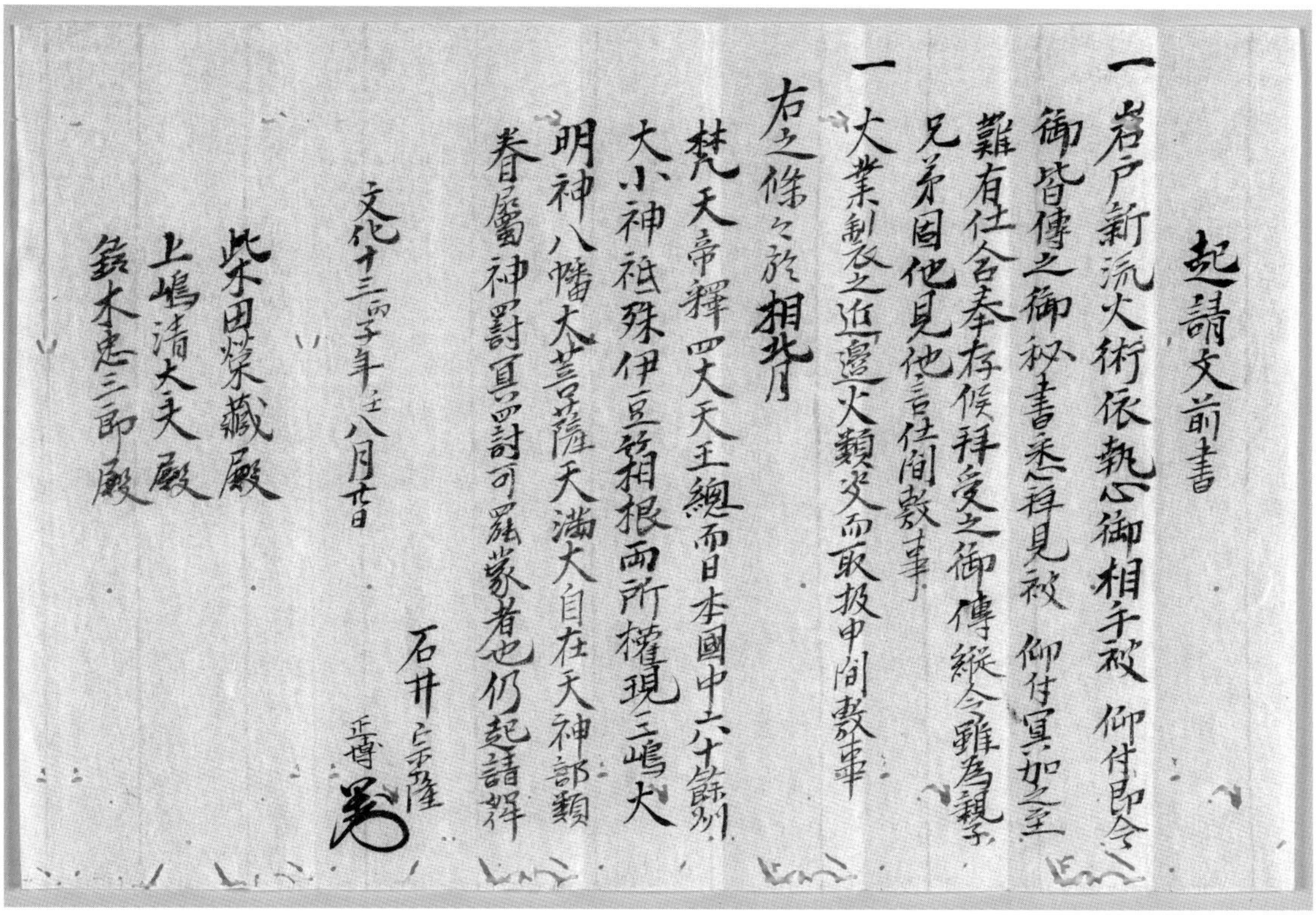

〈第一紙　二八・〇×四〇・三糎〉

起請文前書

一　岩戸新流火術依執心御相手被　仰付、即今
御皆傳之御秘書悉拝見被　仰付、冥加之至
難有仕合奉存候、拝受之御傳、縦令雖為親子
兄弟、固他見他言仕間敷事、

一　火業製之近邉、火類決而取扱申間敷事、

右之條々於相背、
梵天・帝釋・四大天王、總而日本國中六十餘州
大小神祇、殊伊豆箱根両所權現・三嶋大
明神・八幡大菩薩・天滿大自在天神・部類
眷屬神罰冥罰各可罷蒙者也、仍起請如件、

石井宗隆

文化十三丙子年閏八月廿日　正博（花押）

柴田榮藏殿
上嶋清太夫殿
鈴木忠三郎殿

二七、前田兼雄他起請文

（包紙ウハ書）

御側坊主誓詞　　　壱通

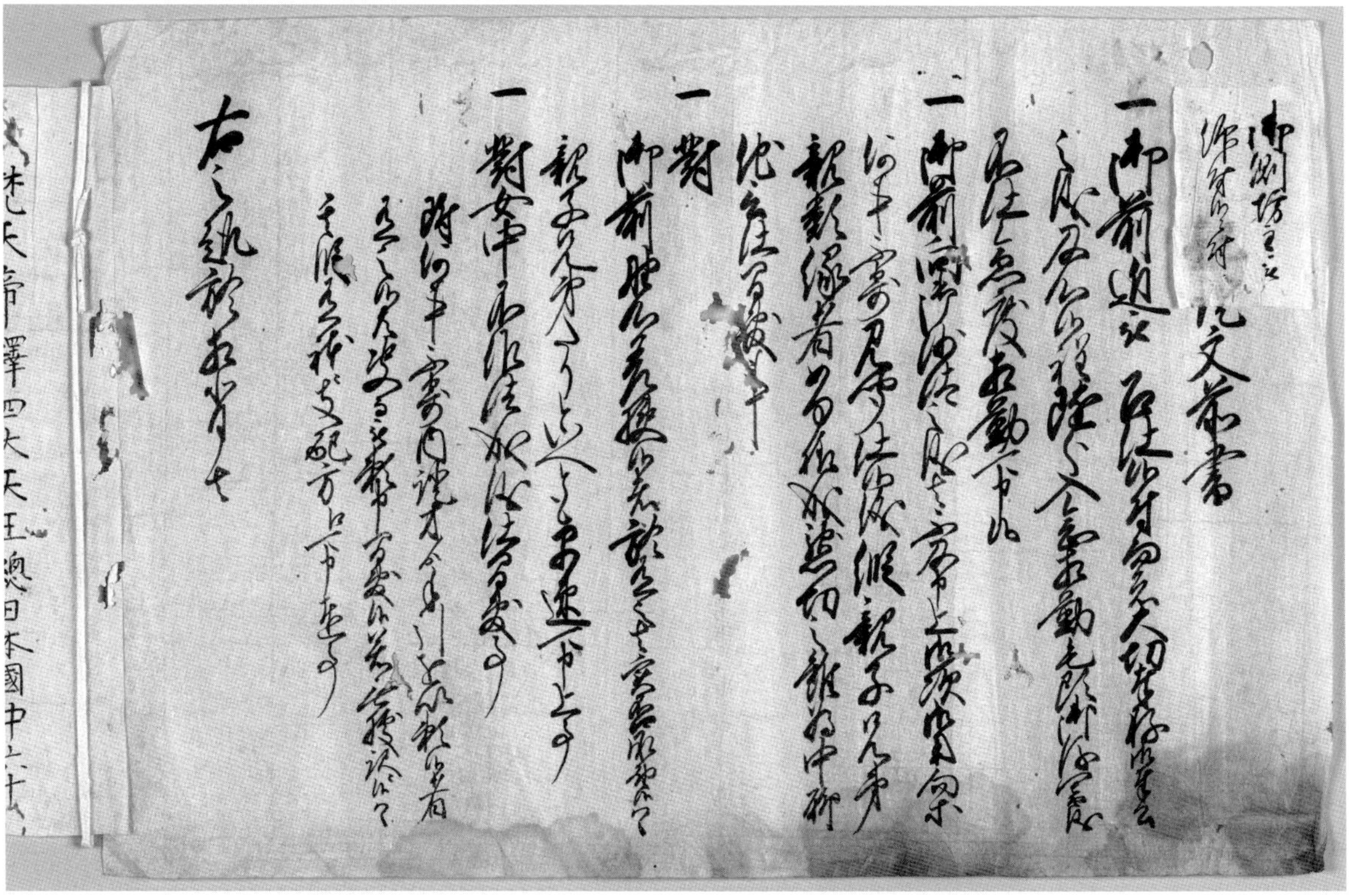

（付箋）
「御側坊主被
仰付候ニ付」

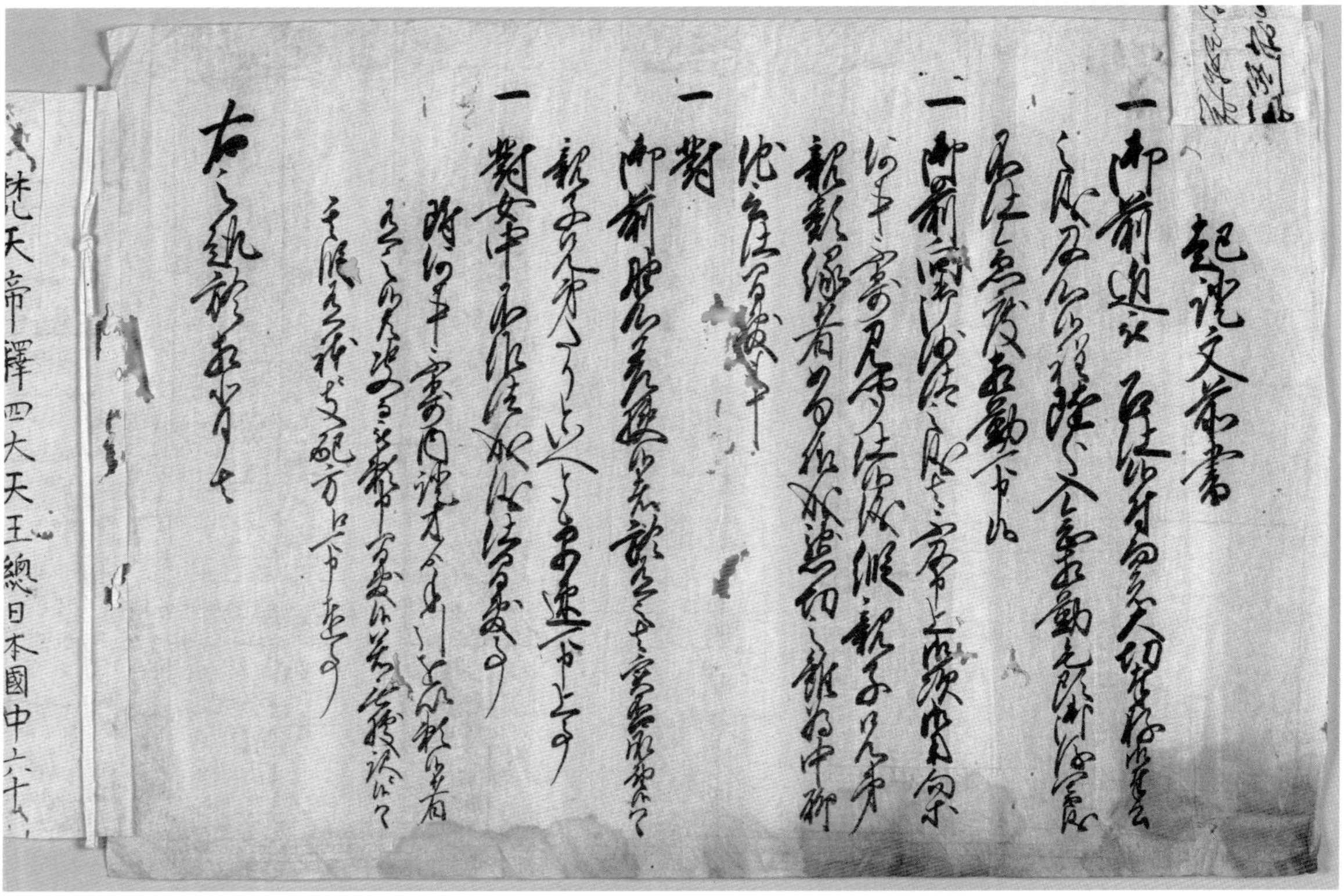

〈第一紙　二七・五×三八・四糎〉

起證文前書

一　御前近被　召仕候付而者、大切奉存、御奉公之儀及心候程随分入念相勤、毛頭御後闇儀不仕、急度相勤可申候、

一　御前向御沙汰之儀は不及申上、御次御用向等何事不寄見聞仕候儀、縦親子兄弟親類縁者如何様成懇切之雖為中、聊他言仕間敷事、

一　對

御前墅心差挾候者於有之は、実否承届候ハヽ、親子兄弟たりといへとも早速可申上事、

一　對女中不作法成儀仕間敷事、

附、何事不寄内證方ゟ手引を以頼候者有之候共、決而被頼申間敷候、若無據訳ニ候ハヽ、其段有躰ニ支配方江可申達事、

右之趣於相背は、

〈紙継目〉

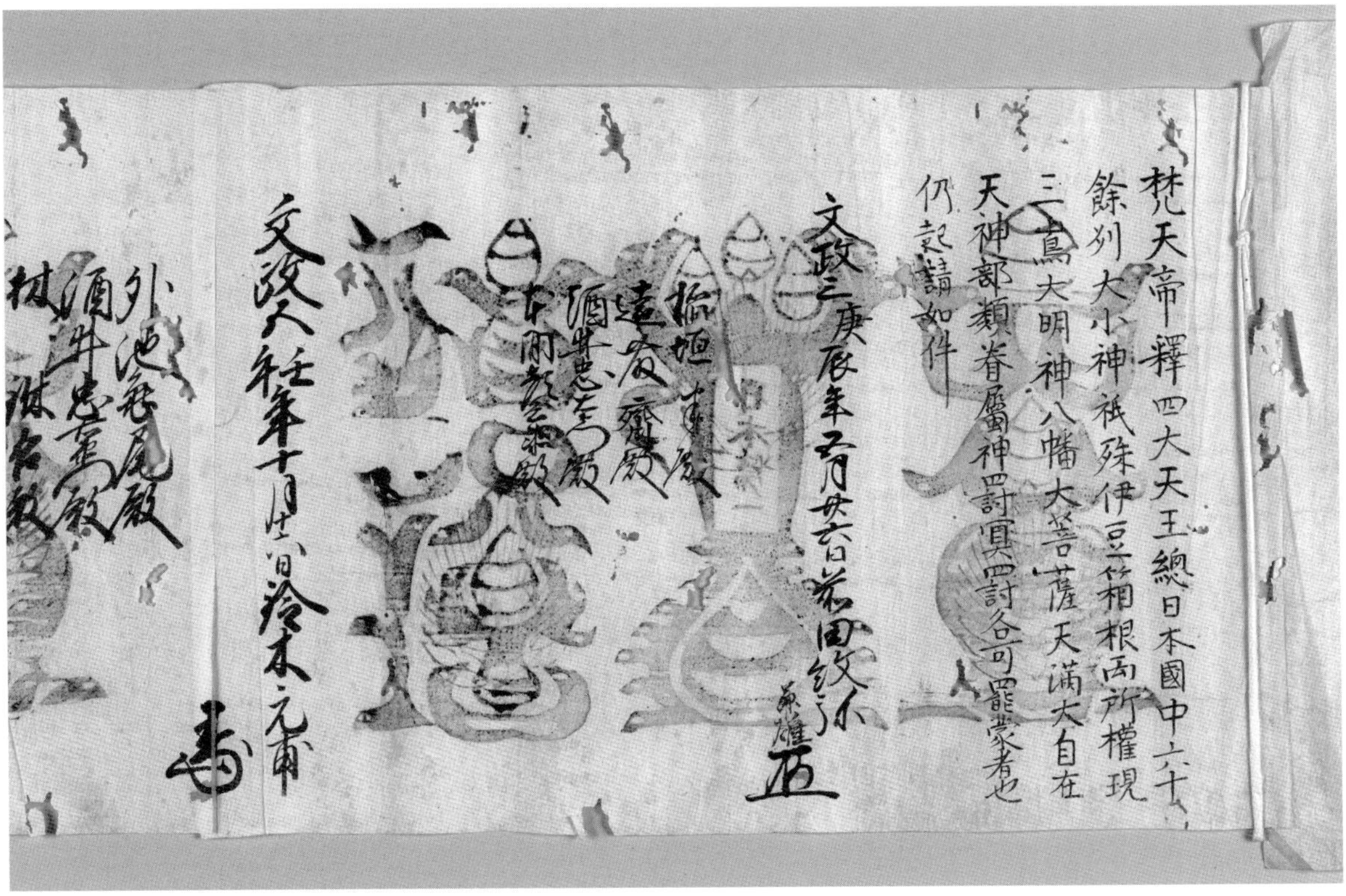

〈第二紙　熊野本宮牛玉宝印　二四・一×三四・四糎〉

梵天・帝釋・四大天王、總日本國中六十
餘州大小神祇、殊伊豆箱根両所權現・
三嶋大明神・八幡大菩薩・天滿大自在
天神・部類眷屬神罰冥罰各可罷蒙者也、
仍起請如件、

文政三庚辰年五月廿六日　前田紋弥
兼雄（血判・花押）

稲　垣　半殿
遠　藤　齋殿
酒井忠右衛門殿
本間彦兵衛殿

文政五壬午年十月十六日　鈴木元甫
（血判・花押）

〈紙継目〉

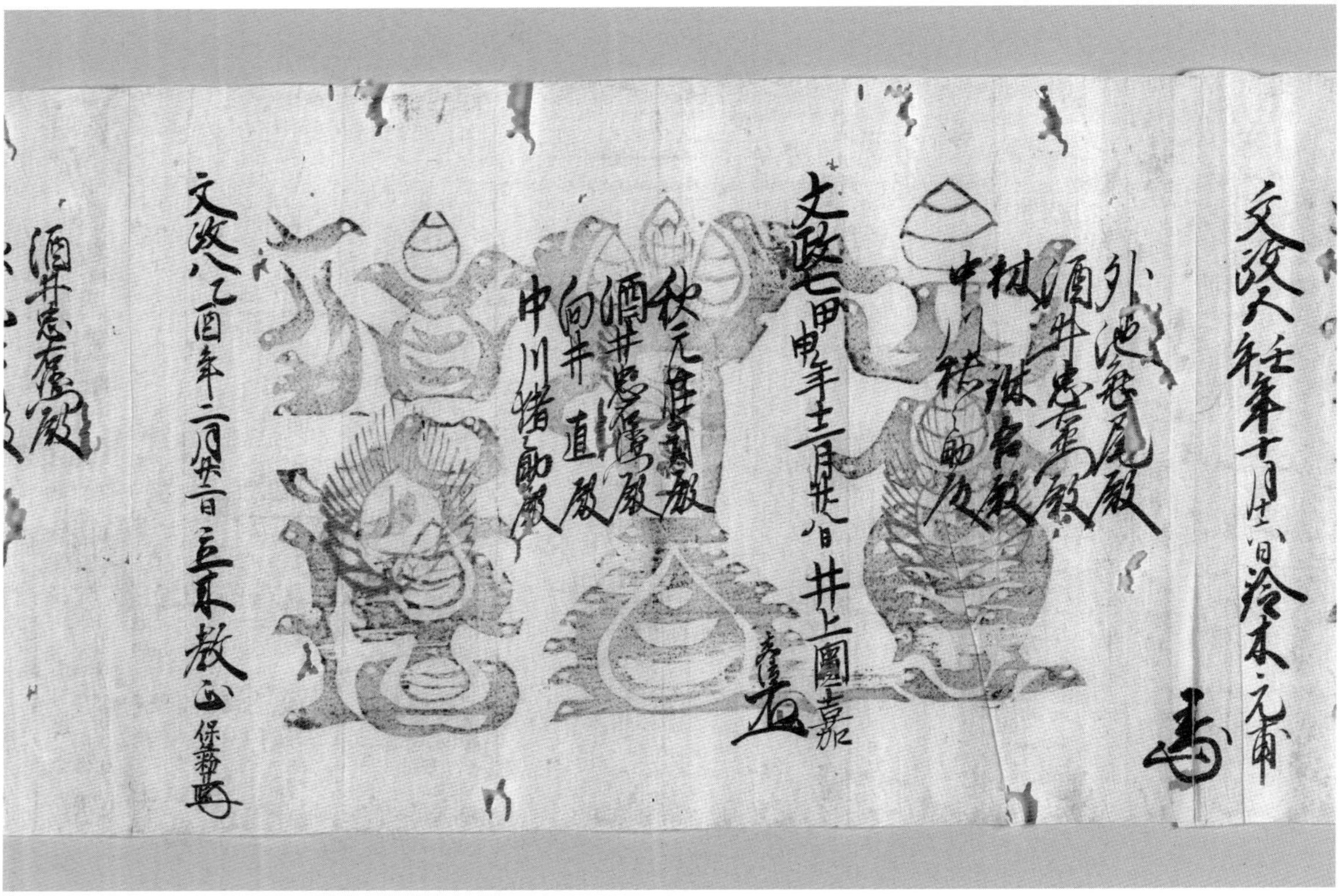

〈第三紙　熊野本宮牛玉宝印　二四・一×三三・九糎〉

外　池　龜　尾殿
酒井忠右衛門殿
林　鉥　吾殿
中川猪之助殿

文政七甲申年十二月廿八日　井上圓嘉
秀清（血判・花押）

秋　元　荘　司殿
酒井忠右衛門殿
向　井　直殿
中川猪之助殿

文政八乙酉年二月廿二日　立木教正　保彝（血判・花押）

〈紙継目〉

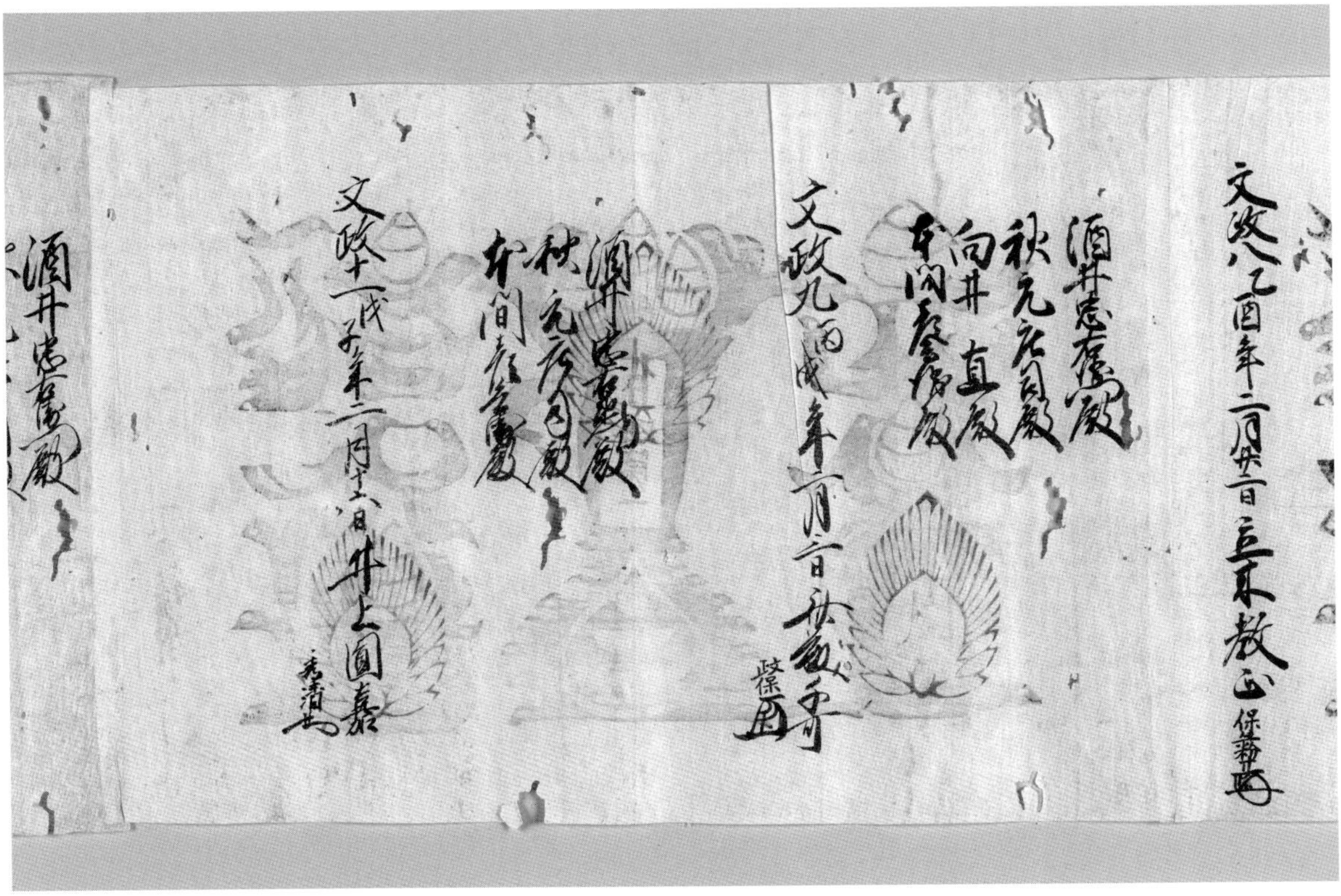

〈第四紙　熊野本宮牛玉宝印　二四・六×三四・二糎〉

酒井忠右衛門殿
秋　元　庄　司殿
向　井　直殿
本間彦兵衛殿

文政九丙戌年二月三日　齋藤千可
政保（血判・花押）

酒井忠右衛門殿
秋　元　庄　司殿
本間彦兵衛殿

文政十一戊子年二月十六日　井上圓嘉
秀清（血判・花押）

〈紙継目〉

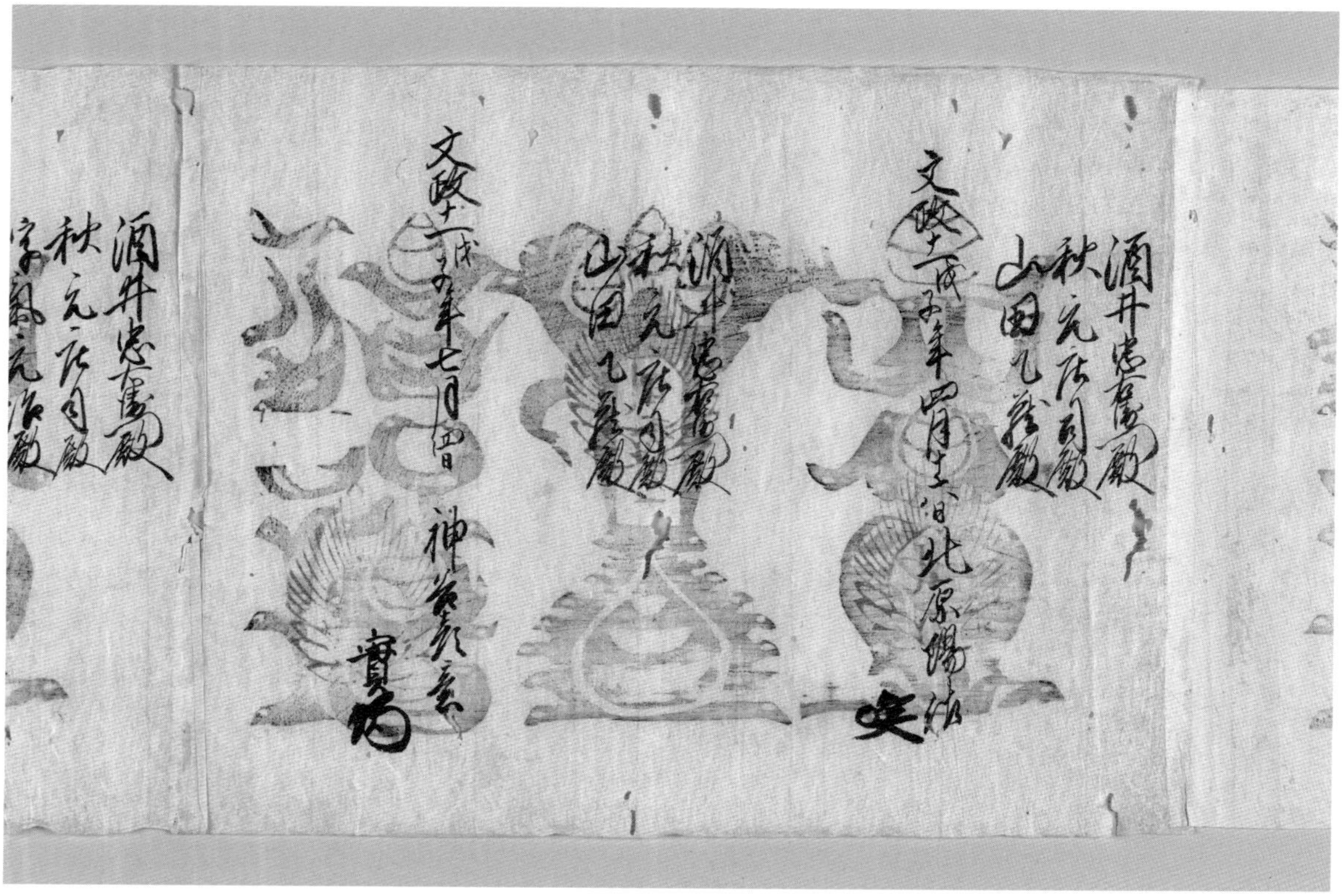

〈第五紙　熊野本宮牛玉宝印　二四・九×三二・二糎〉

酒井忠右衛門殿
秋　元　庄　司殿
山　田　乙　藏殿

文政十一戊子年四月十六日　北原陽佐
（血判・花押）

酒井忠右衛門殿
秋　元　庄　司殿
山　田　乙　藏殿

文政十一戊子年七月四日　神谷彦兵衛
實（血判・花押）

〈紙継目〉

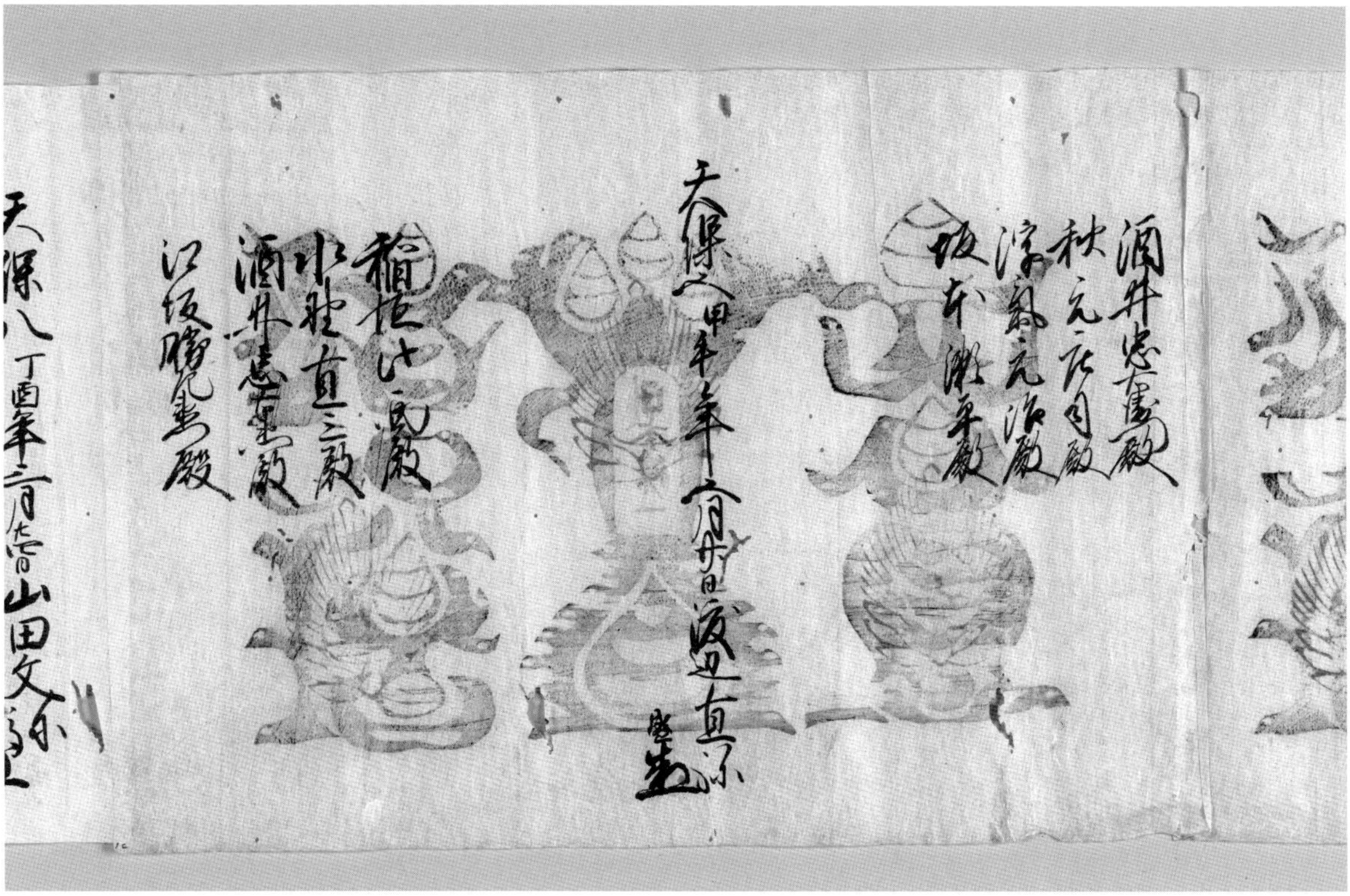

〈第六紙　熊野本宮牛玉宝印　二四・九×三四・七糎〉

酒井忠右衛門殿
秋　元　庄　司殿
浮　氣　元　治殿
坂　本　瀬　平殿

天保五甲午年五月廿日　渡辺直弥
盛（血判・花押）

稲　垣　此　面殿
水　墅　直　三殿
酒井忠右衛門殿
江坂勝左衛門殿

〈紙継目〉

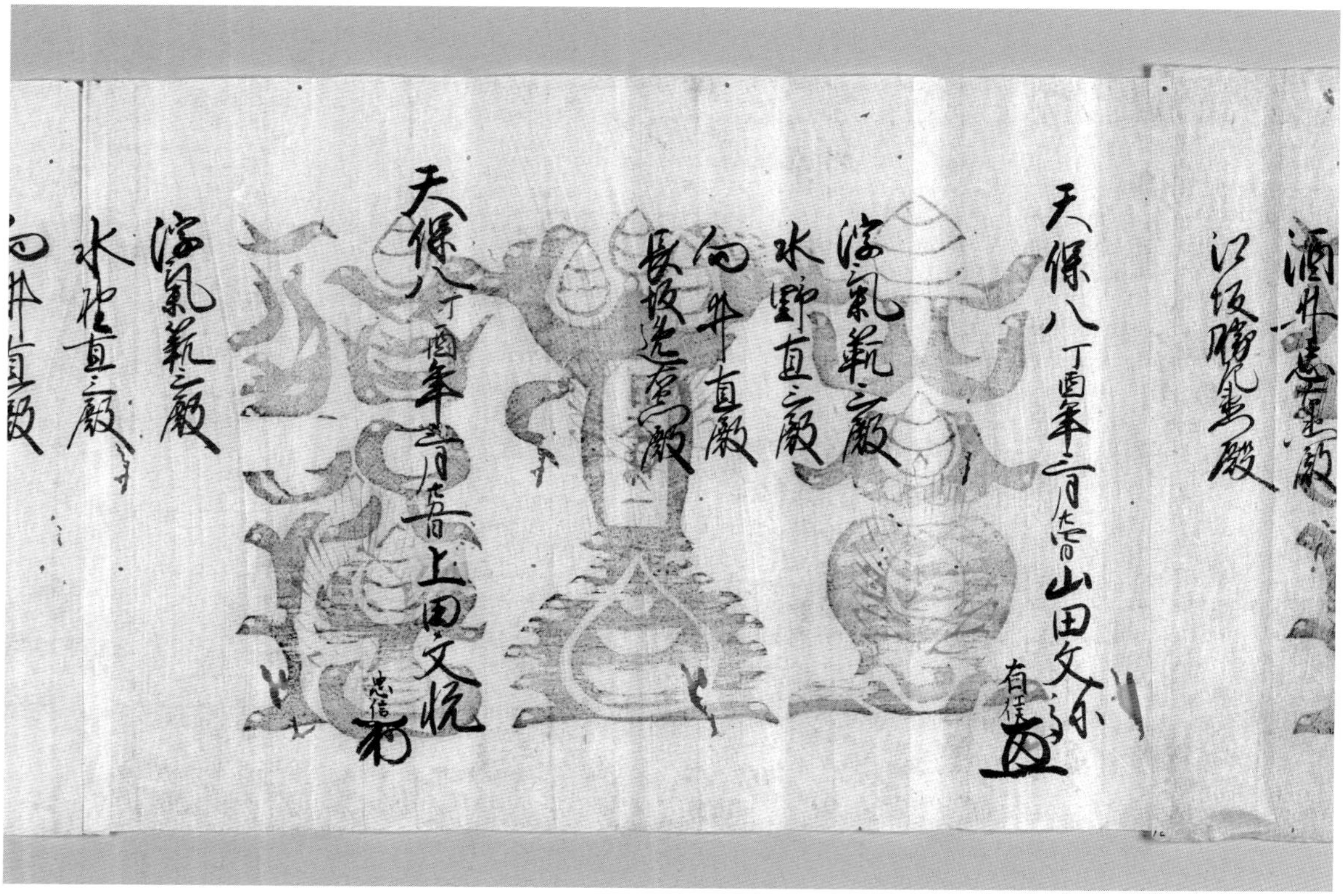

〈第七紙　熊野本宮牛玉宝印　二四・五×三四・六糎〉

天保八丁酉年三月廿四日　山田文弥
有侯（血判・花押）

浮　氣　範　三殿
水　野　直　三殿
向　井　直殿
長坂逸右衛門殿

天保八年丁酉年三月廿五日　上田文悦
忠信（血判・花押）

浮　氣　範　三殿
水　野　直　三殿

〈紙継目〉

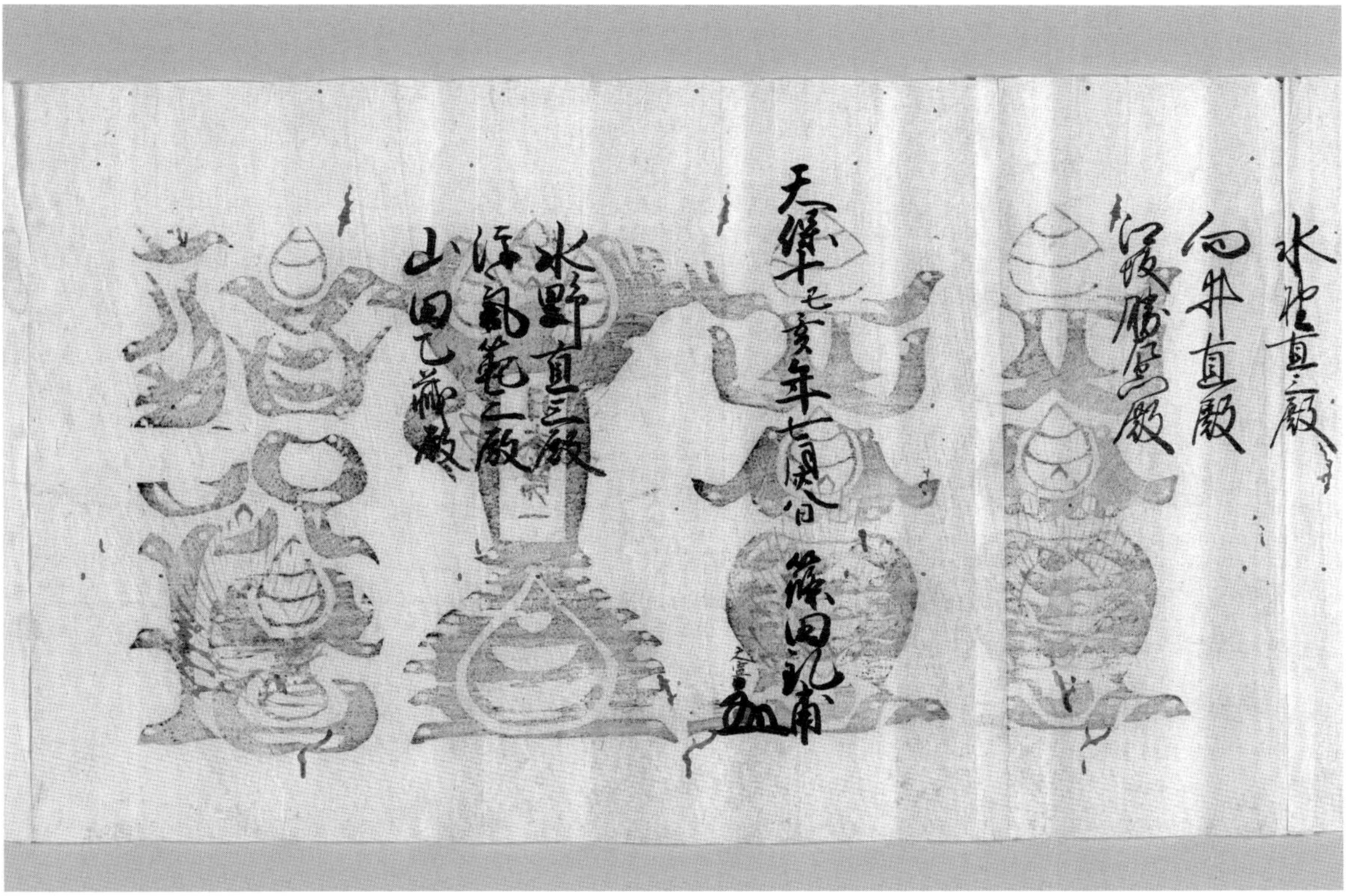

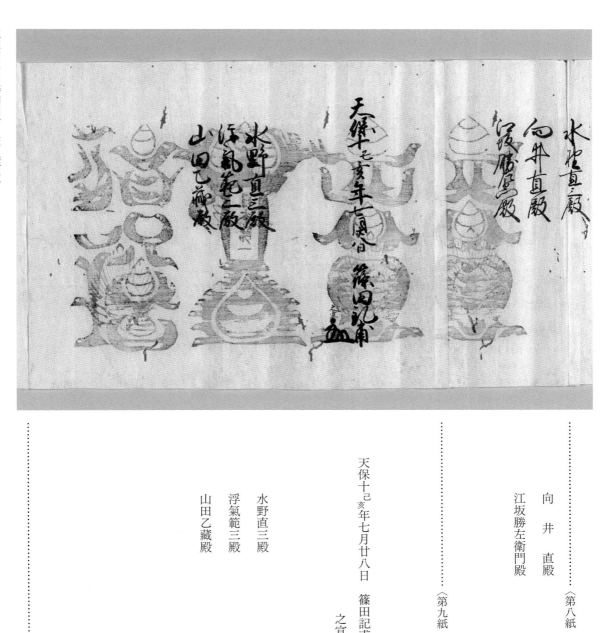

〈第八紙　熊野本宮牛玉宝印　二四・四×一〇・二糎〉

向　井　直殿

江坂勝左衛門殿

〈第九紙　熊野本宮牛玉宝印　二四・五×三一・五糎〉

天保十己亥年七月廿八日　篠田記甫

之宣（血判・花押）

水野直三殿

浮氣範三殿

山田乙藏殿

〈紙継目〉

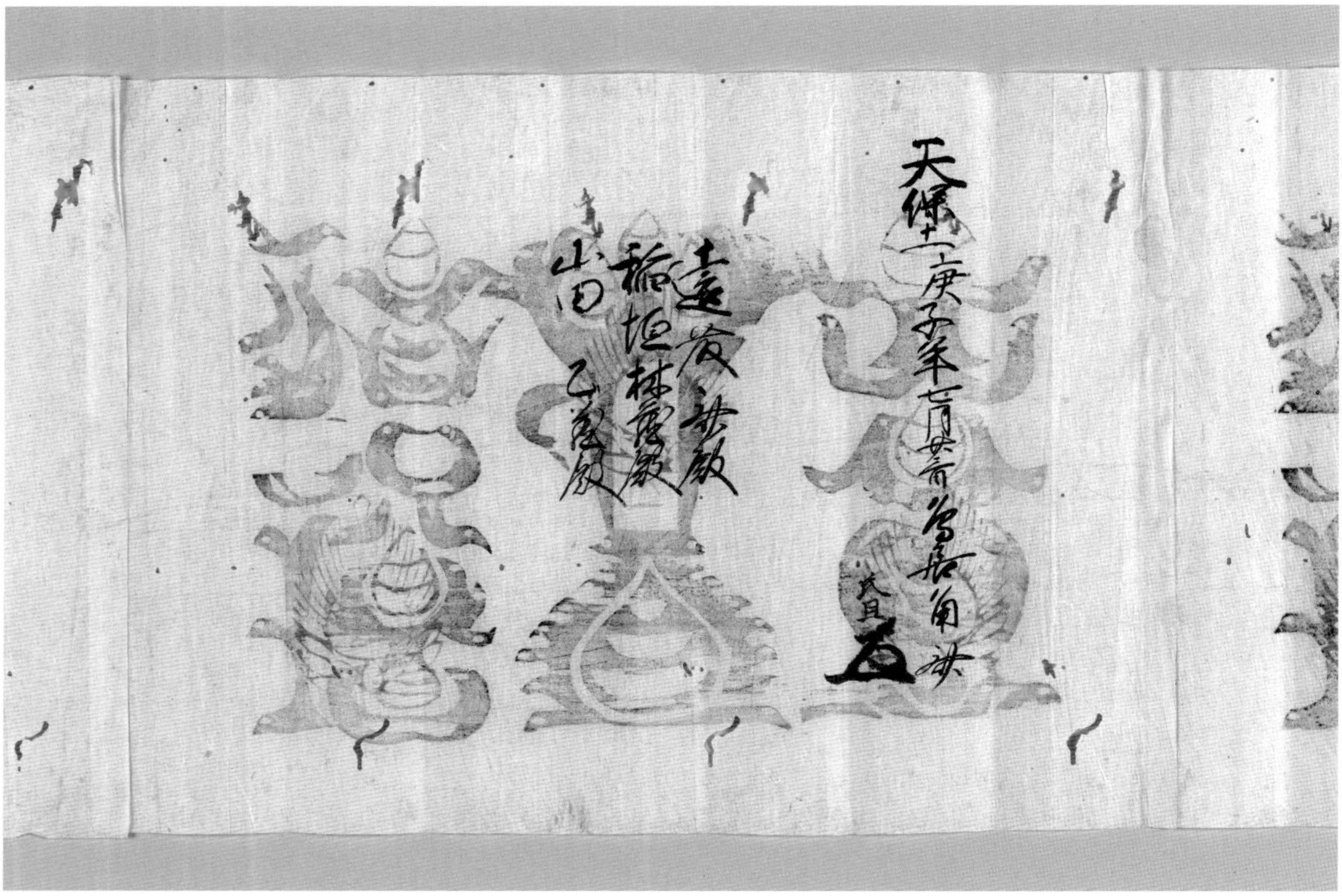

〈第十紙　熊野本宮牛玉宝印　二四・五×三四・二糎〉

天保十一庚子年七月廿三日　鳥居角齋

氏且（血判・花押）

遠藤齋殿

稲垣林藏殿

山田乙藏殿

〈紙継目〉

〈第十一紙　熊野本宮牛玉宝印　二四・四×三三・八糎〉

天保十二辛丑年九月十二日　岩本静寿
（血判・花押）

稲垣林藏殿
遠藤　齋殿
山田壽平殿
有馬安太夫殿

〈紙継目〉

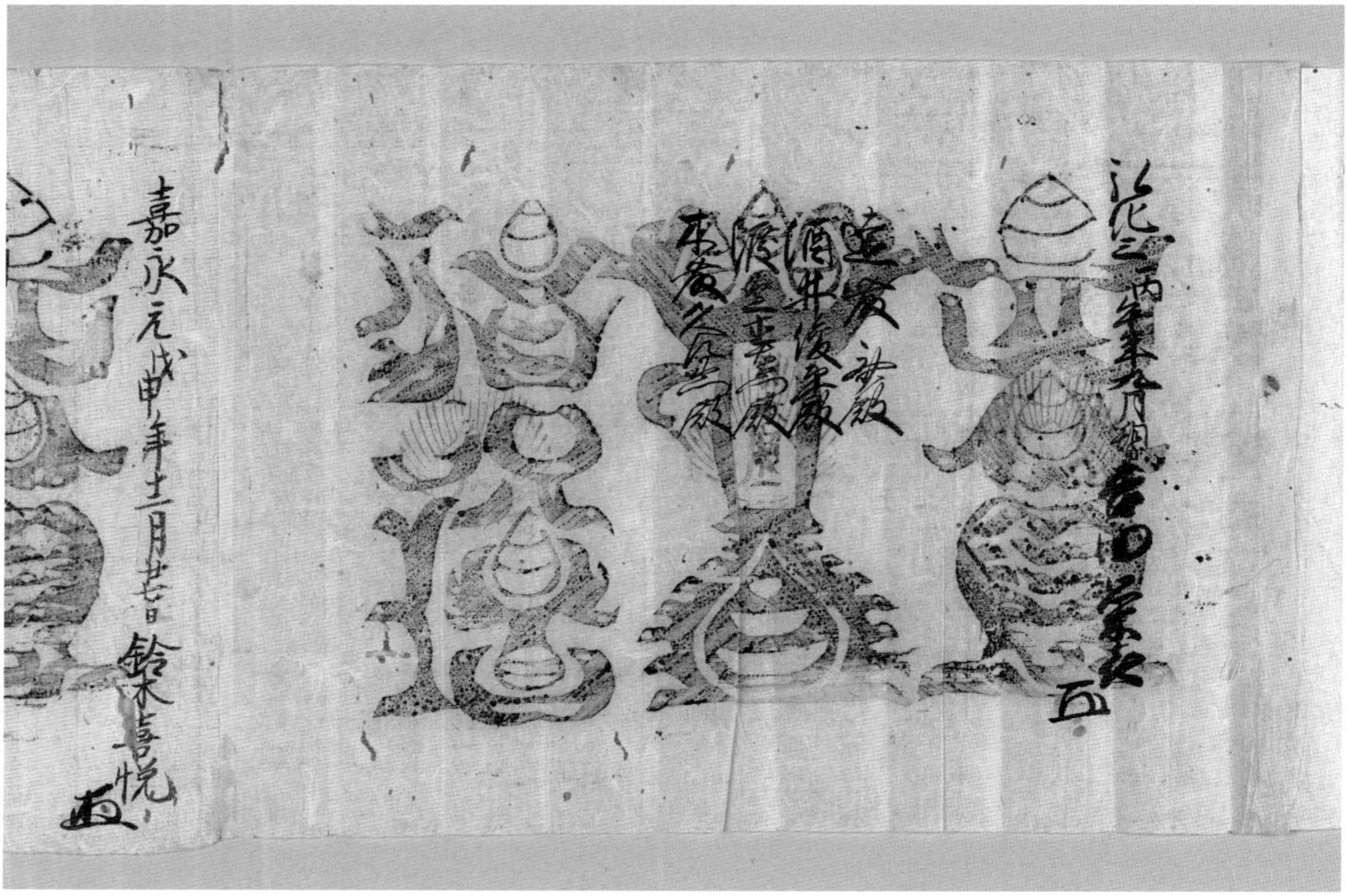

〈第十二紙　熊野本宮牛玉宝印　二四・八×三四・一糎〉

弘化三丙午年九月朔日　吉田栄喜
（血判・花押）

遠　藤　　齋殿
酒　井　俊　平殿
渡邊直右衛門殿
木藤久左衛門殿

〈紙継目〉

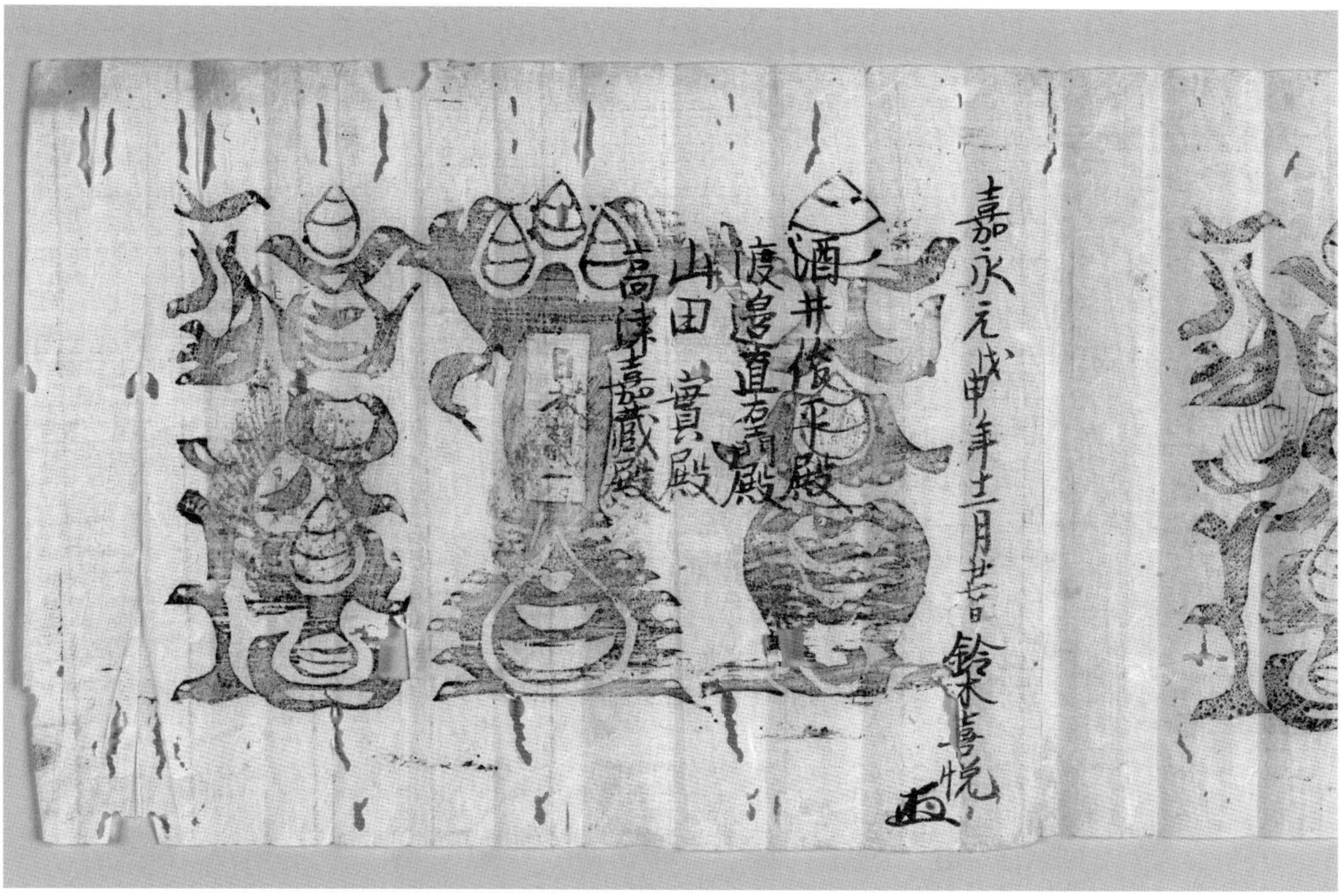

〈第十三紙　熊野本宮牛玉宝印　二五・四×三三・一糎〉

嘉永元戊申年十二月廿七日　鈴木喜悦
（血判・花押）

酒井俊平殿
渡邊直右ヱ門殿
山田實殿
高津嘉藏殿

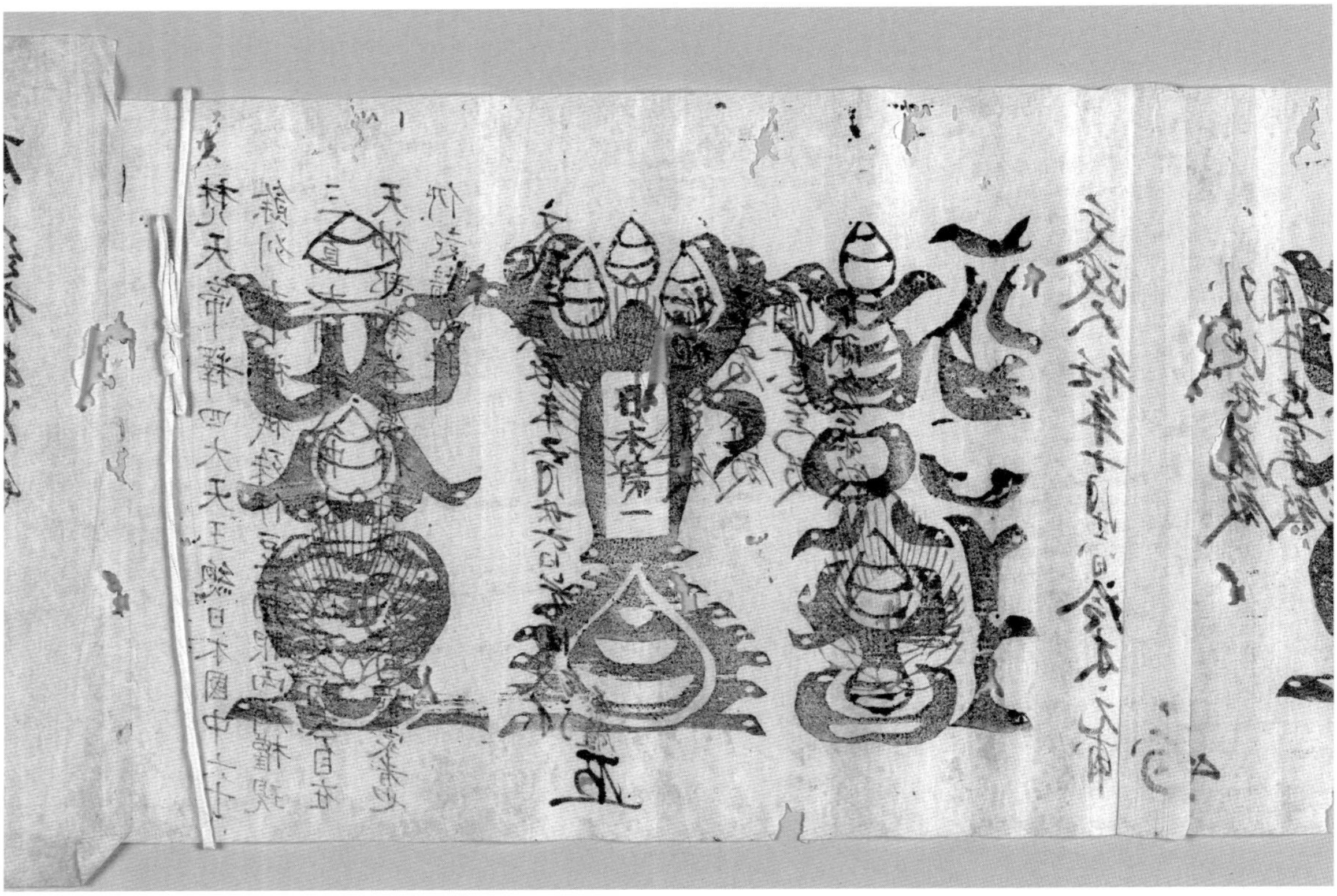

二八、飯尾彌八起請文

（包紙ウハ書）

御納戸坊主
　　誓詞

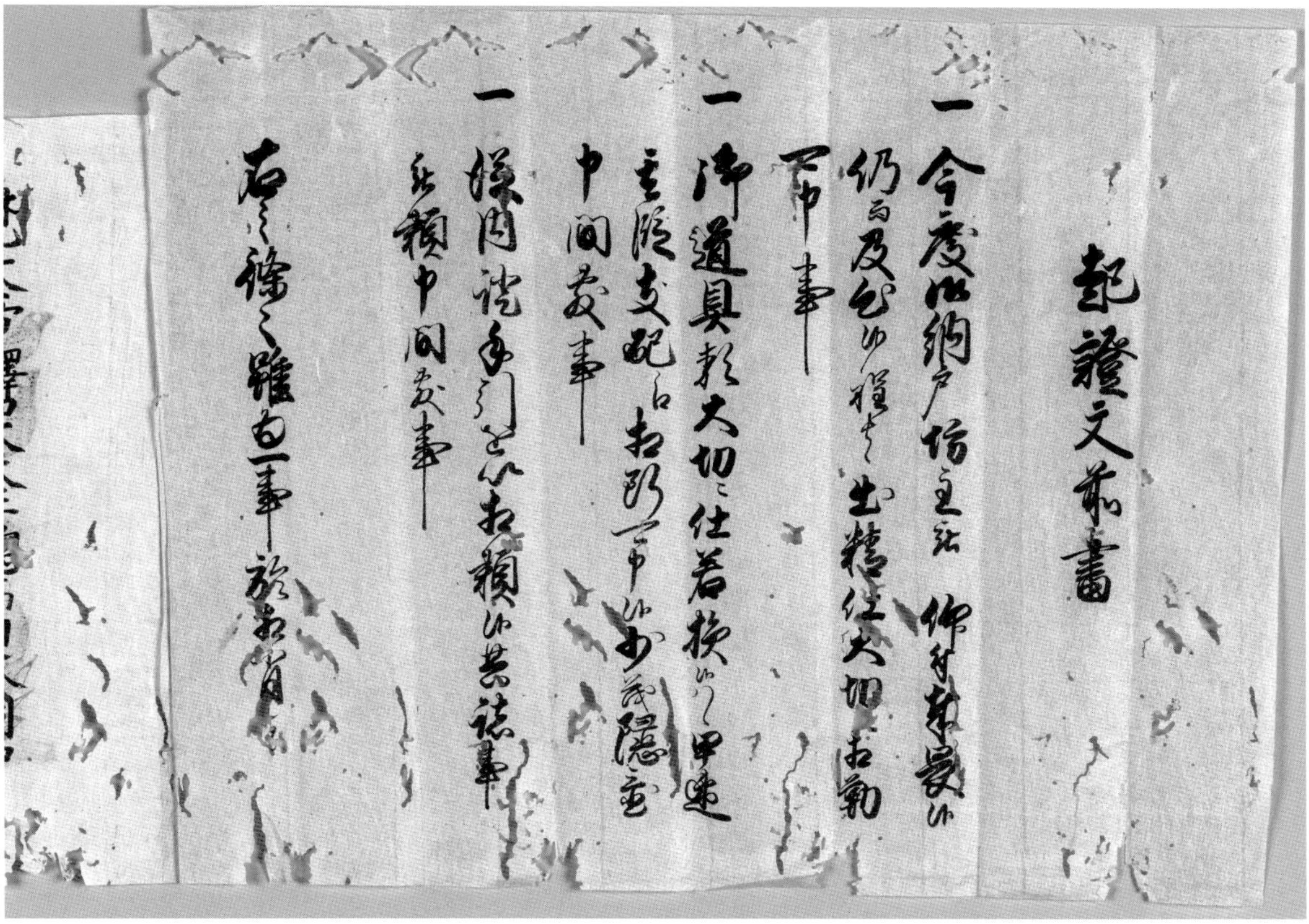

〈第一紙　二八・九×三五・一糎〉

起證文前書

一　今度御納戸坊主被　仰付、奉畏候、
仍而及心候程は出精仕、大切ニ相勤
可申事、

一　御道具類大切ニ仕、若損候ハ、早速
其段支配方江相断可申候、少も隠置
申間敷事、

一　従内證手引を以相頼候共、諸事
被頼申間敷事、

右之條々雖為一事於相背は、

〈紙継目〉

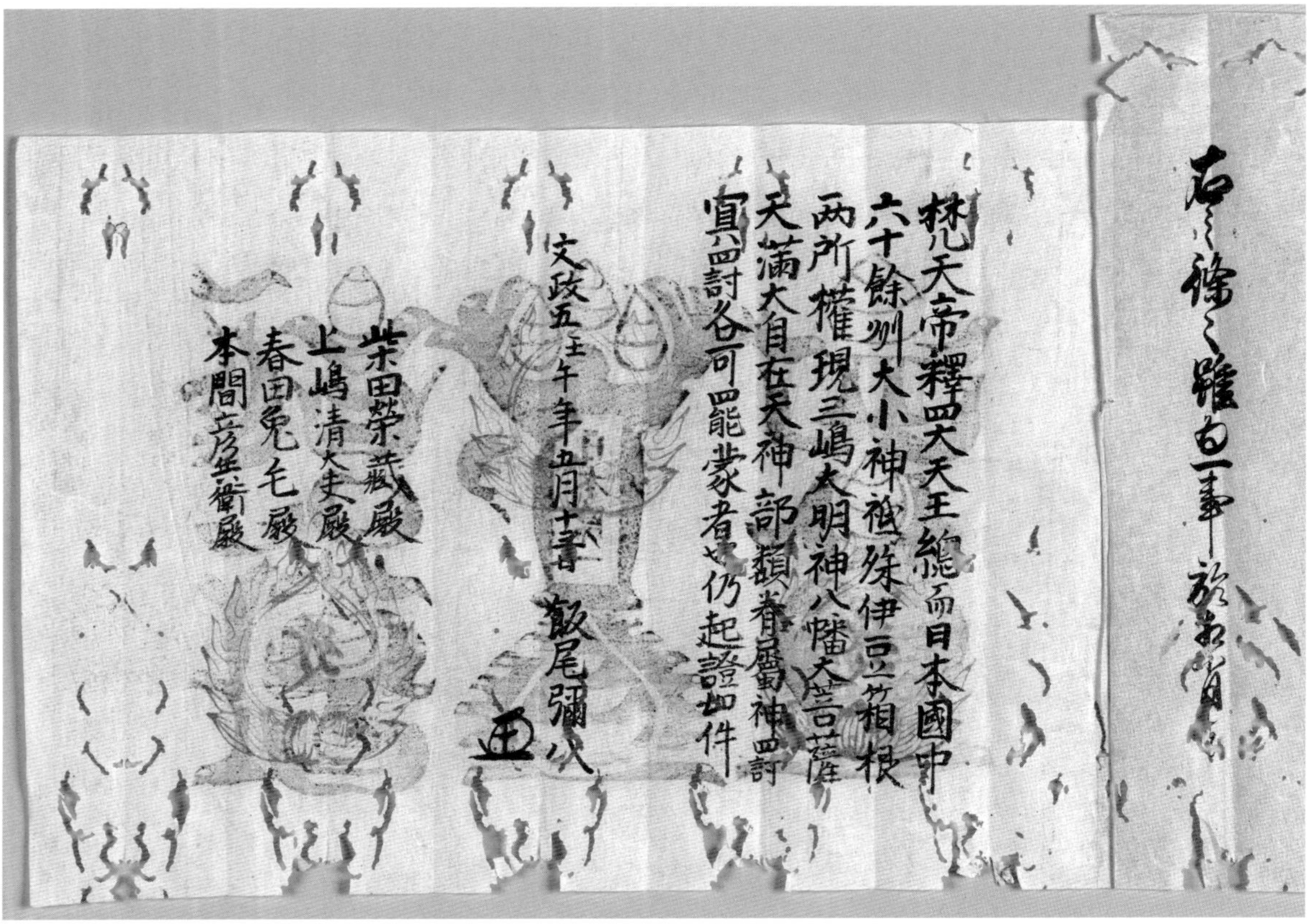

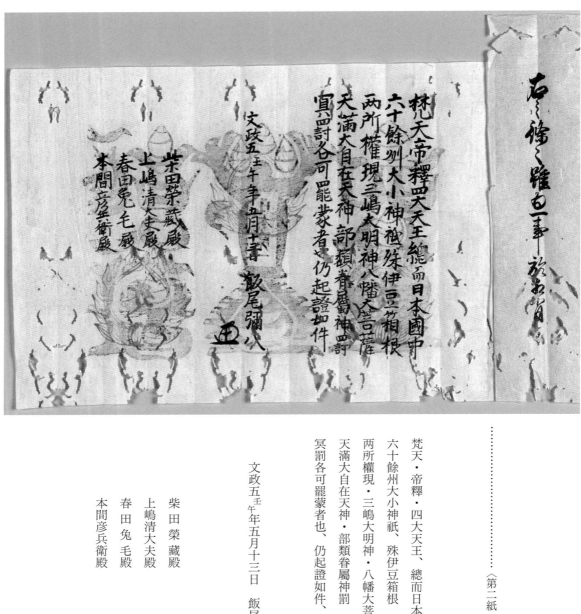

〈第二紙　熊野本宮牛玉宝印　二四・三×三四・五糎〉

梵天・帝釋・四大天王、總而日本國中
六十餘州大小神祇、殊伊豆箱根
両所權現・三嶋大明神・八幡大菩薩・
天滿大自在天神・部類眷屬神罰
冥罰各可罷蒙者也、仍起證如件、

文政五壬午年五月十三日　飯尾彌八
（血判・花押）

柴田榮藏殿
上嶋清大夫殿
春田兔毛殿
本間彦兵衛殿

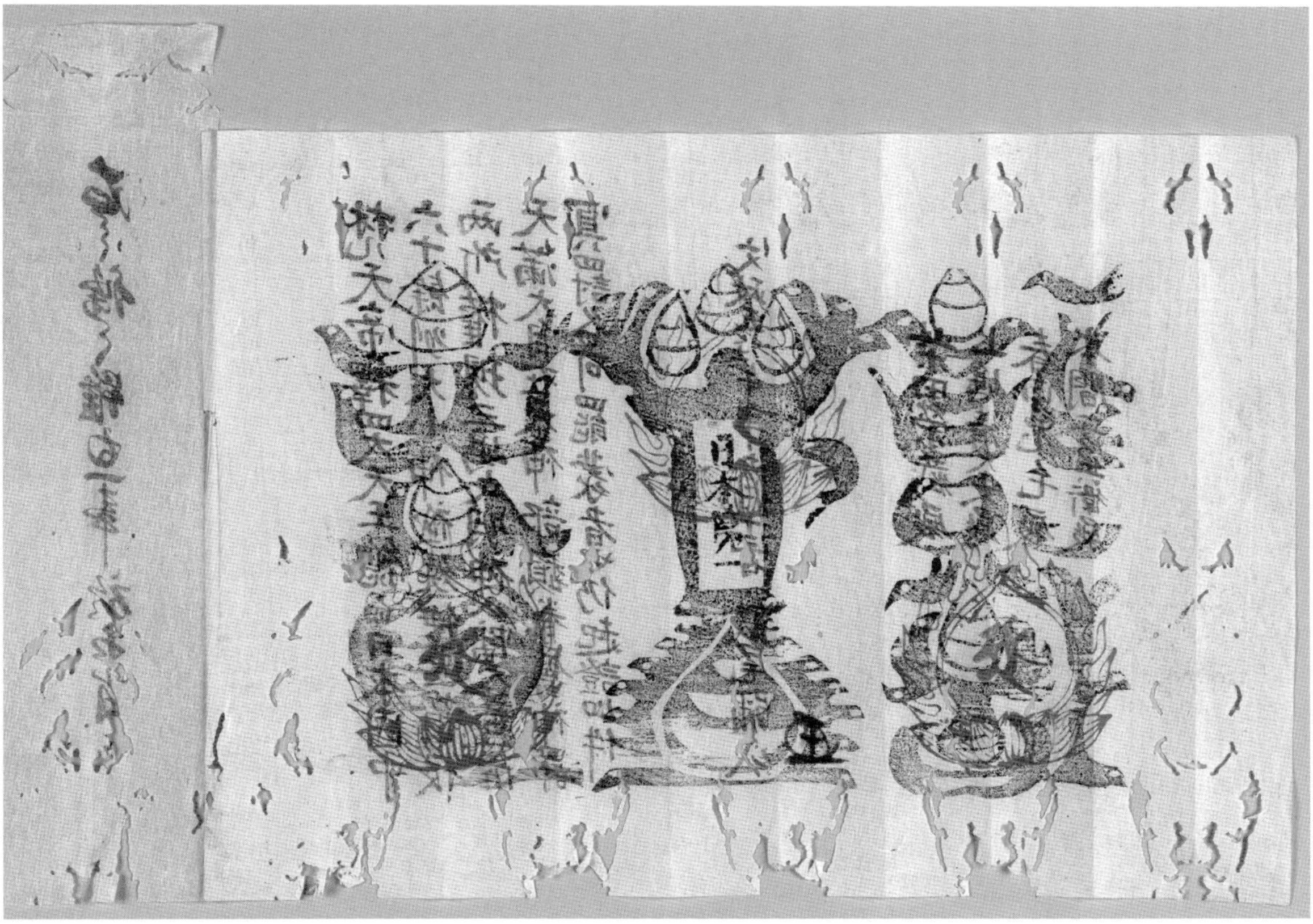

二九、長阪吉彌起請文

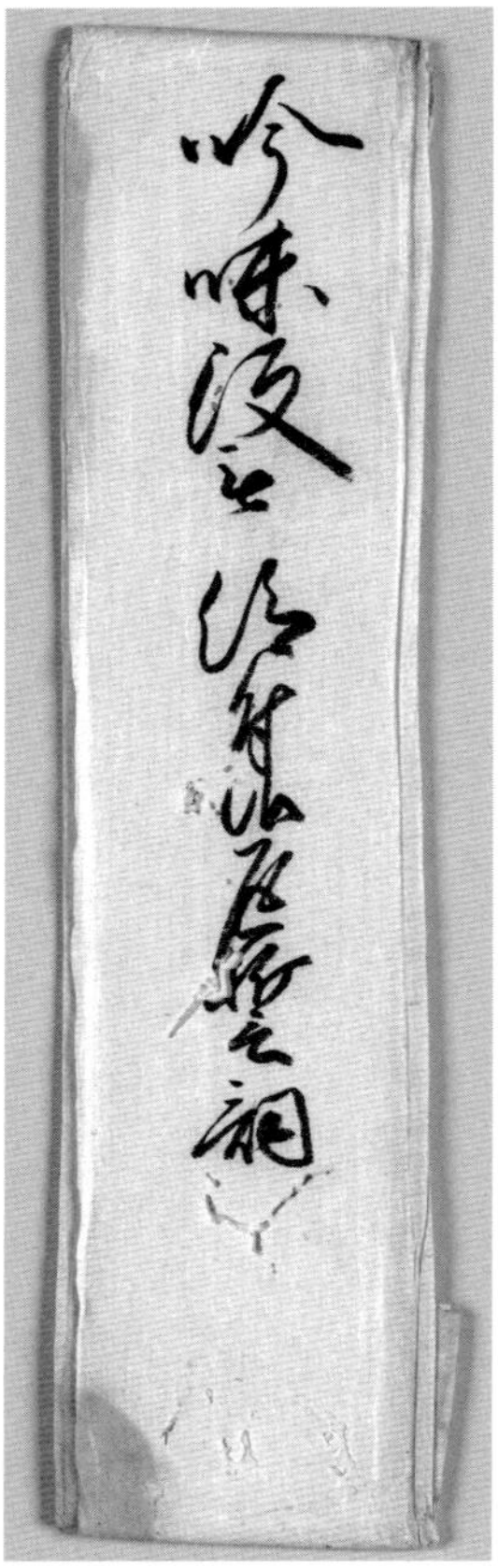

（包紙ウハ書）

吟味役被　仰付候返誓詞

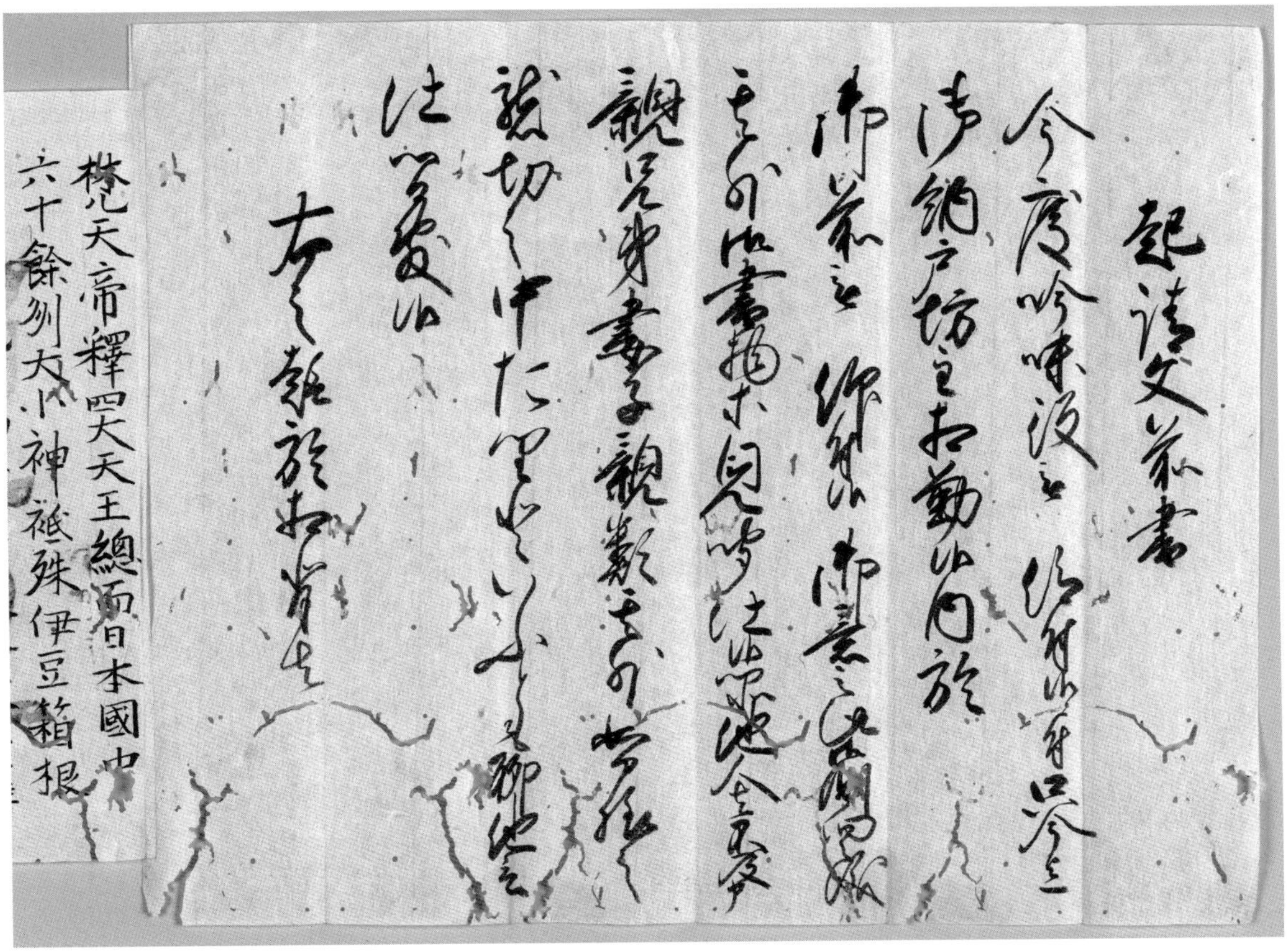

〈第一紙　二八・二×三四・〇糎〉

起請文前書

今度吟味役被　仰付候ニ付、只今迄
御納戸坊主相勤候内、於
御前被　仰付候　御意之趣・御側向之儀、
其外御書物等見聞仕候品、他人は不及申、
親兄弟妻子親類其外如何様之
懇切之中たりといふとも、聊他言
仕間敷候、

右之趣於相背は、

〈紙継目〉

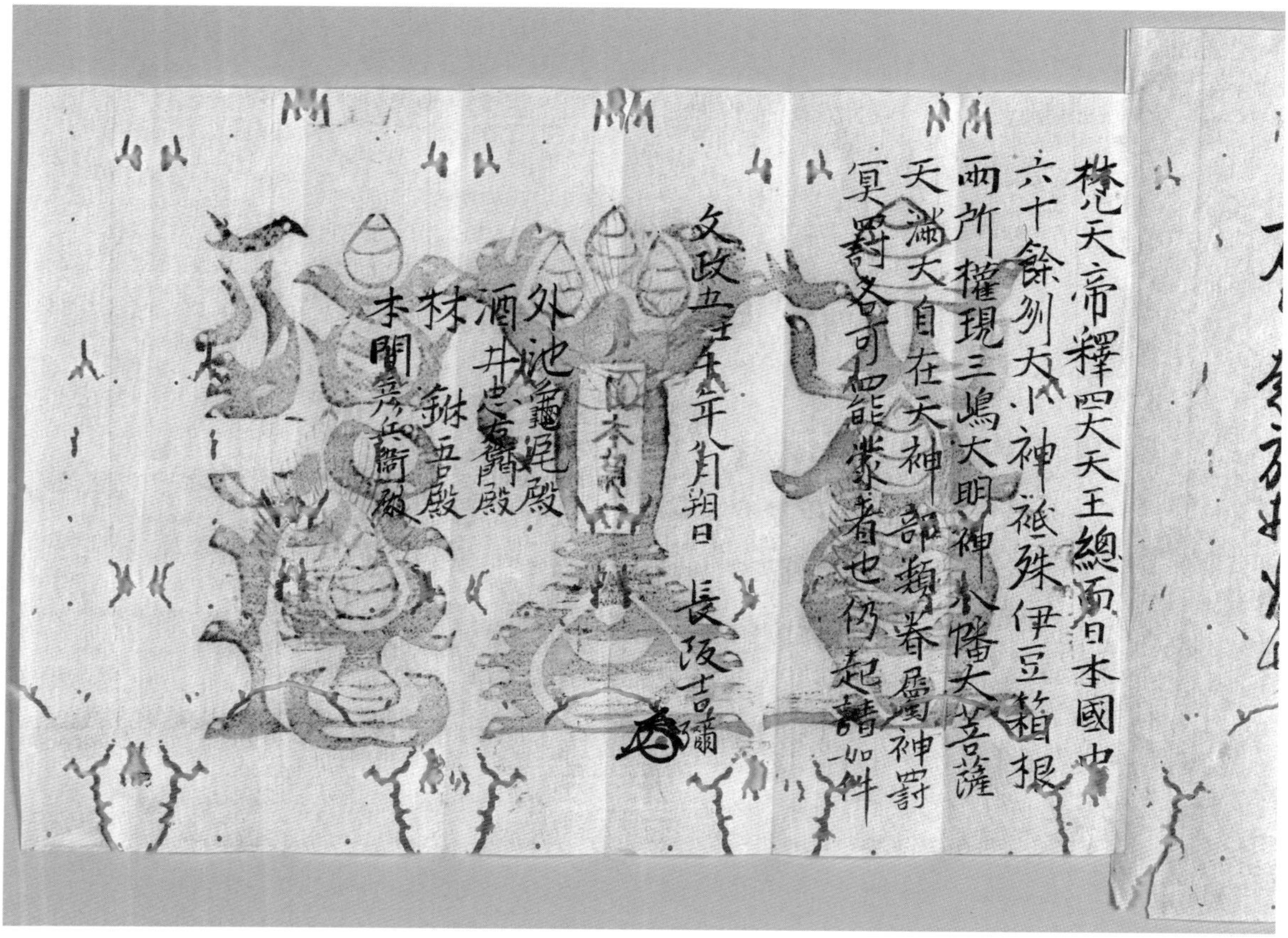

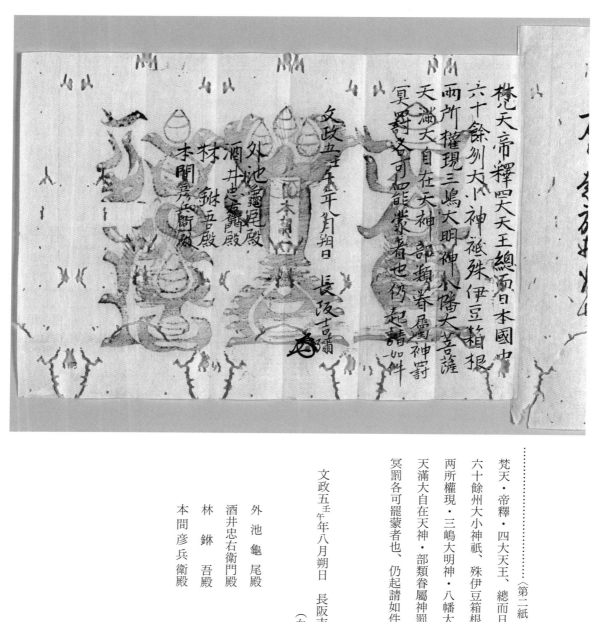

〈第二紙　熊野本宮牛玉宝印　二四・二×三四・三糎〉

梵天・帝釋・四大天王、總而日本國中
六十餘州大小神祇、殊伊豆箱根
両所權現・三嶋大明神・八幡大菩薩・
天滿大自在天神・部類眷屬神罰
冥罰各可罷蒙者也、仍起請如件、

文政五壬午年八月朔日　長阪吉彌
（血判・花押）

外　池　龜　尾殿
酒井忠右衛門殿
林　　鍬　吾殿
本間彦兵衛殿

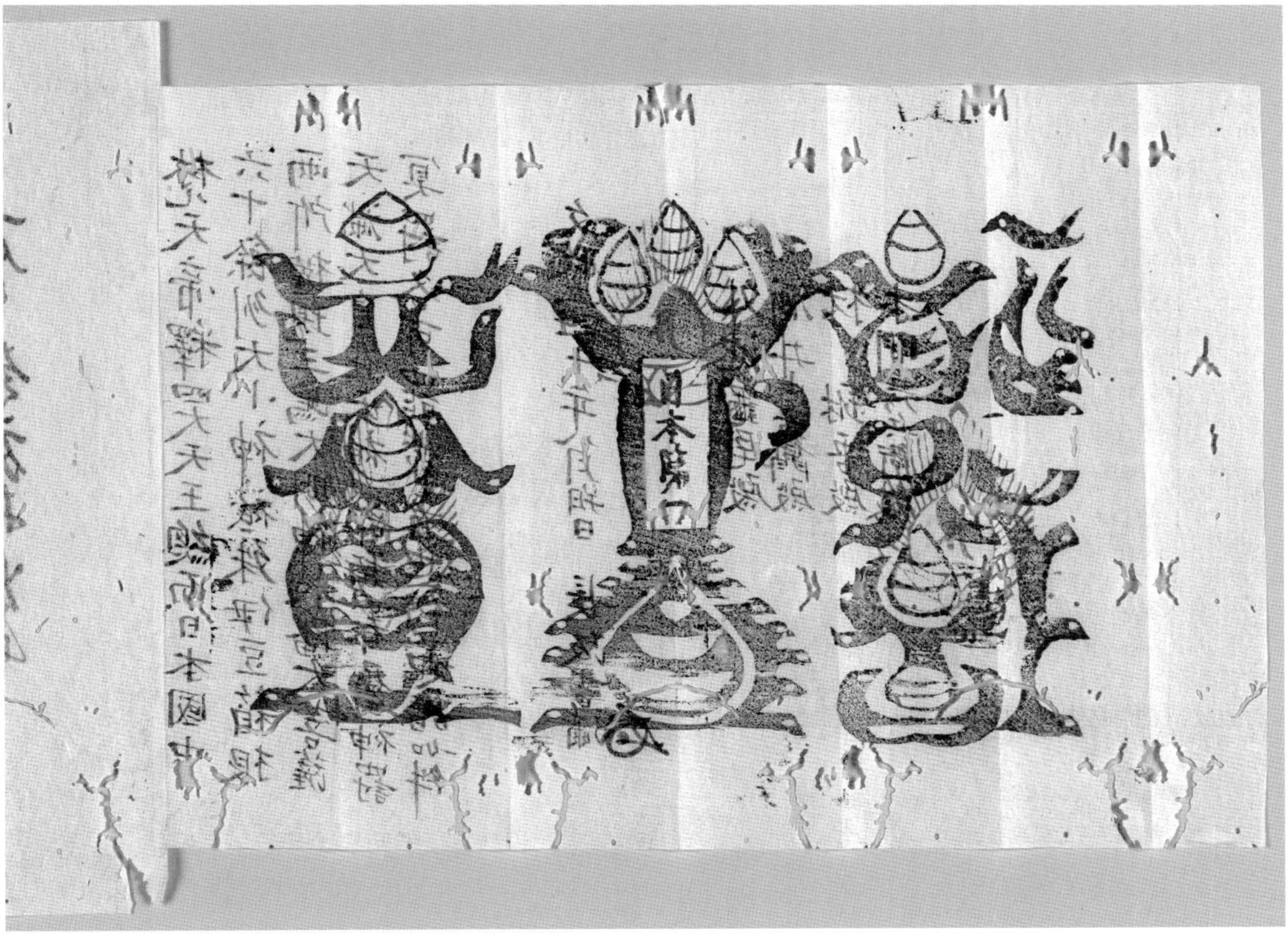

三〇、山田兼善他起請文

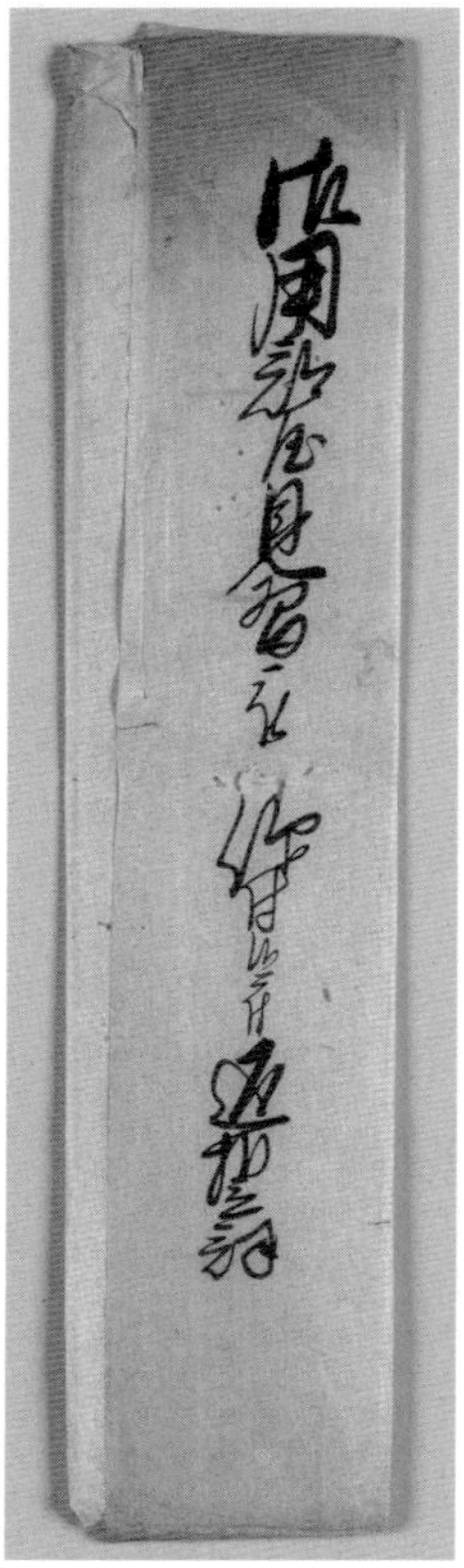

（包紙ウハ書）
御用部屋見習被　仰付候ニ付返誓詞

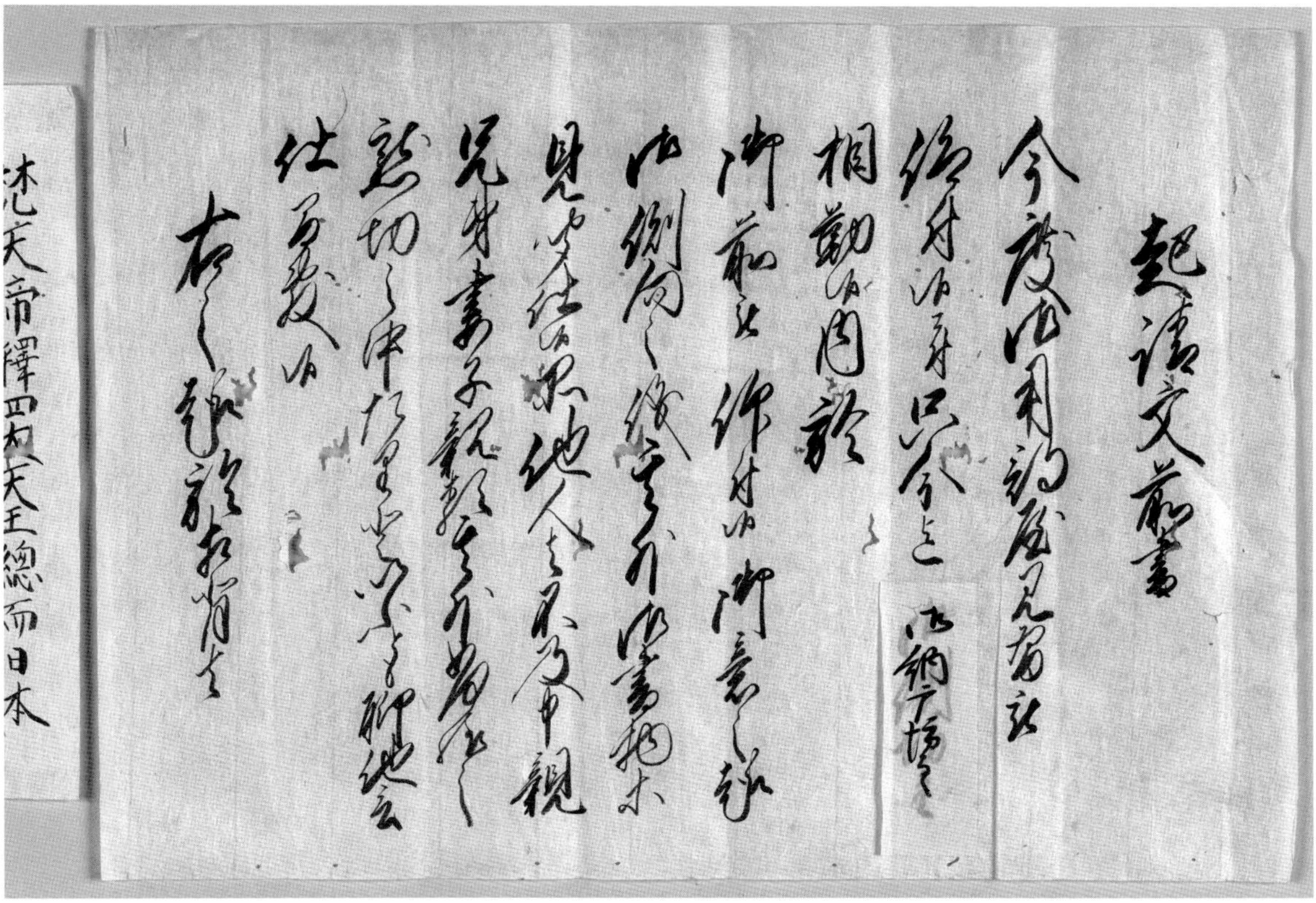

〈第一紙　二八・九×三九・九糎〉

起請文前書

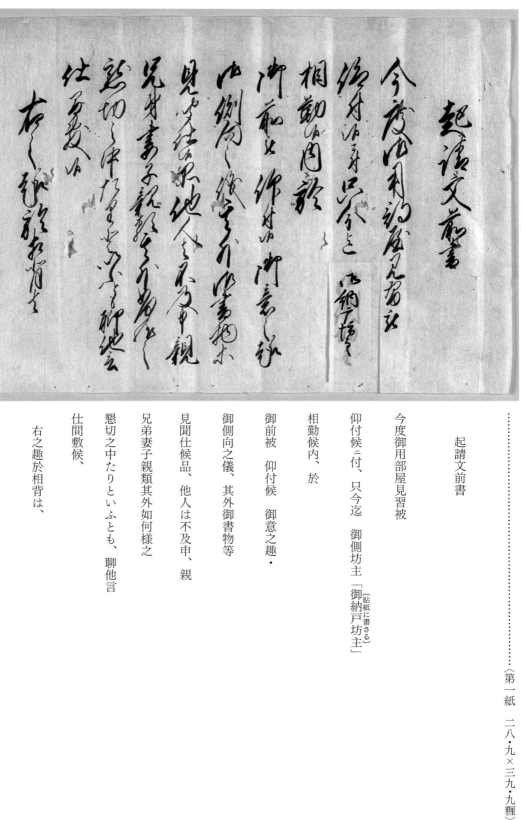

今度御用部屋見習被
仰付候ニ付、只今迄　御側坊主「御納戸坊主」（貼紙に書さる）
相勤候内、於
御前被　仰付候　御意之趣・
御側向之儀、其外御書物等
見聞仕候品、他人は不及申、親
兄弟妻子親類其外如何様之
懇切之中たりといふとも、聊他言
仕間敷候、
右之趣於相背は、

〈紙継目〉

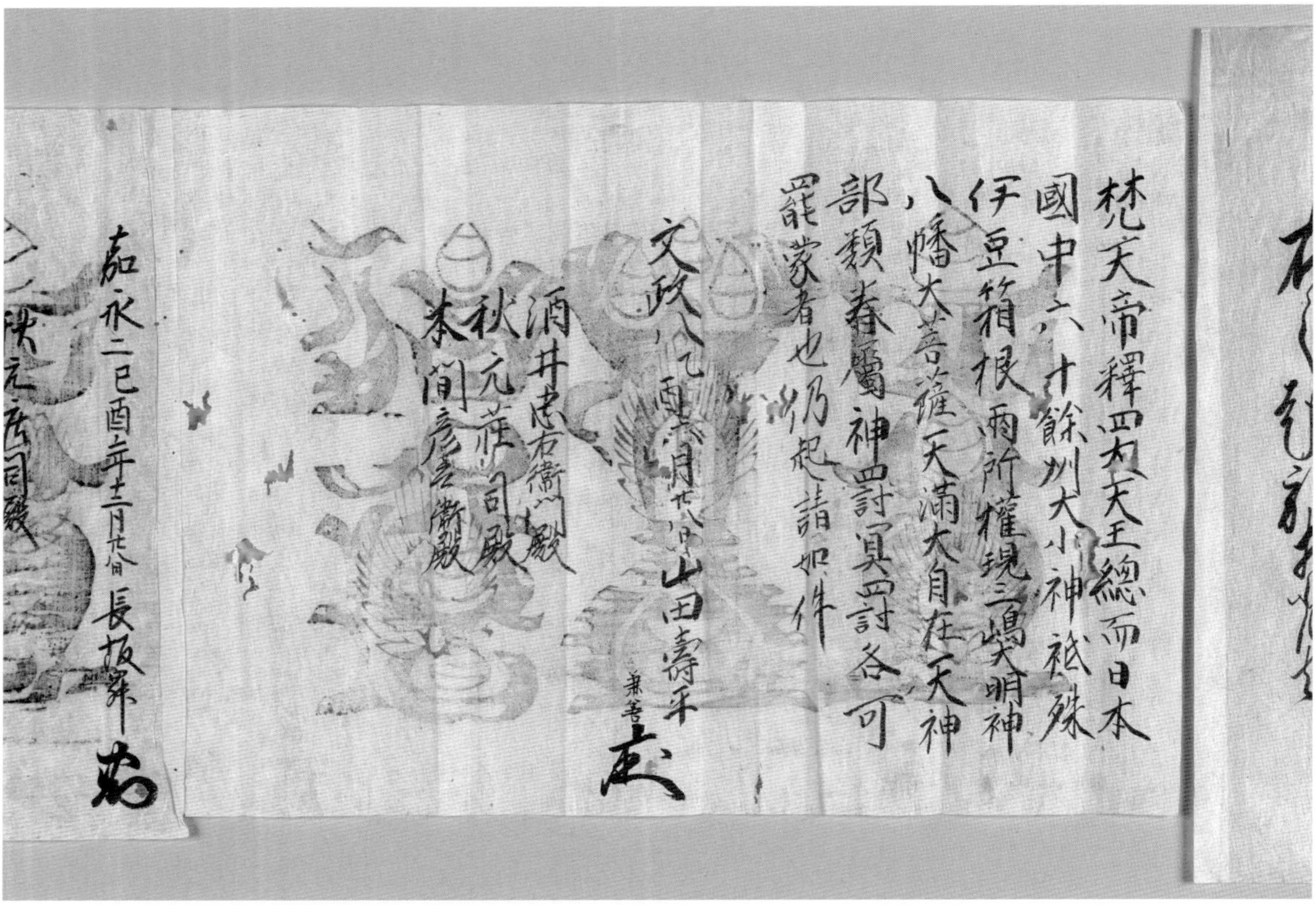

〈第二紙　熊野本宮牛玉宝印　二四・一×三四・四糎〉

梵天・帝釋・四大天王、總而日本
國中六十餘州大小神祇、殊
伊豆箱根両所權現・三嶋大明神・
八幡大菩薩・天滿大自在天神・
部類眷屬神罰冥罰各可
罷蒙者也、仍起請如件、

文政八乙酉六月廿八日　山田壽平
兼善（血判・花押）

酒井忠右衛門殿
秋 元 莊 司殿
本間彦兵衛殿

〈紙継目〉

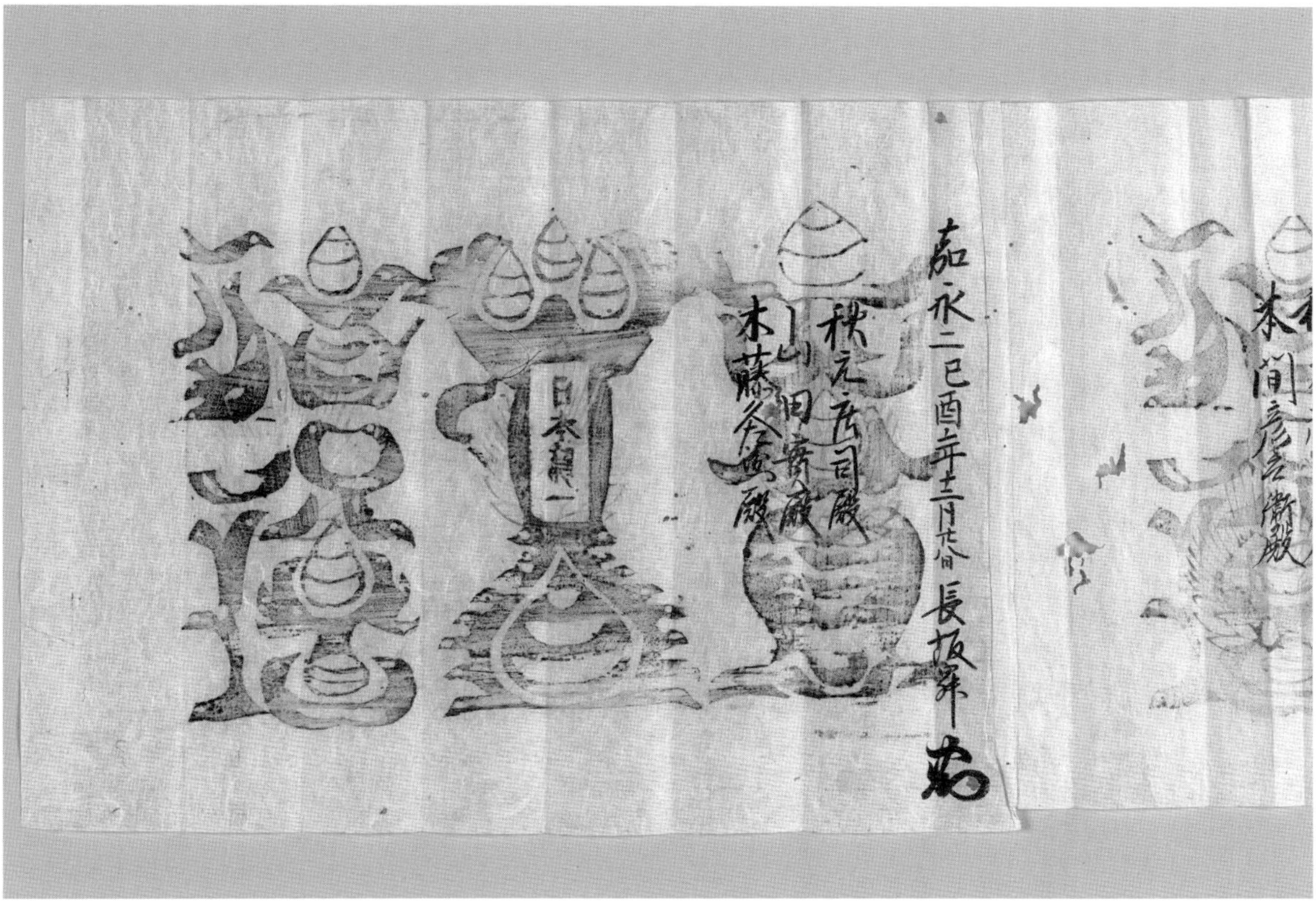

〈第三紙　熊野本宮牛玉宝印　二四・七×三三・八糎〉

嘉永二己酉年十二月廿八日　長坂昇（血判・花押）

秋　元　庄　司殿

山　田　　實殿

木藤久左衛門殿

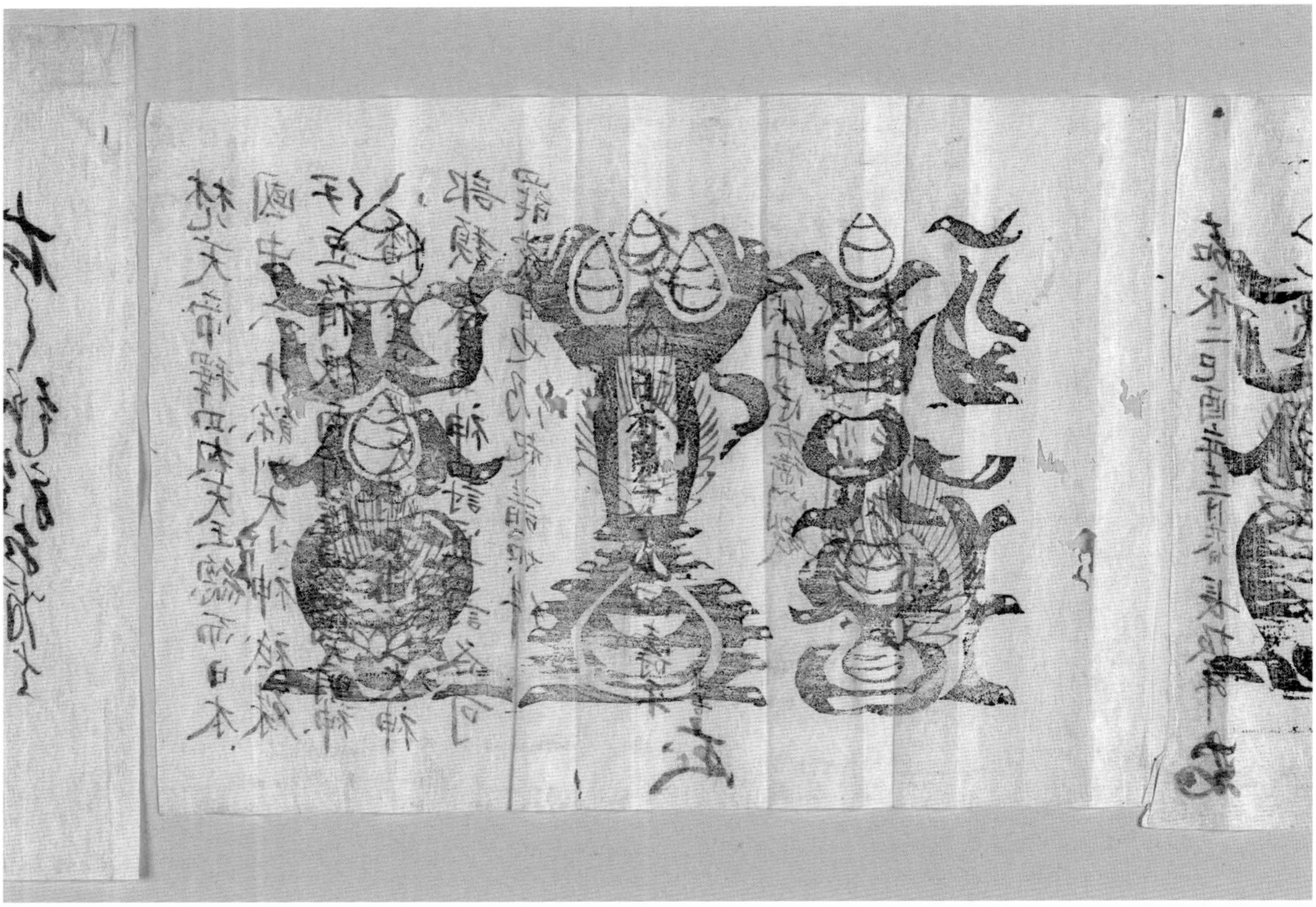

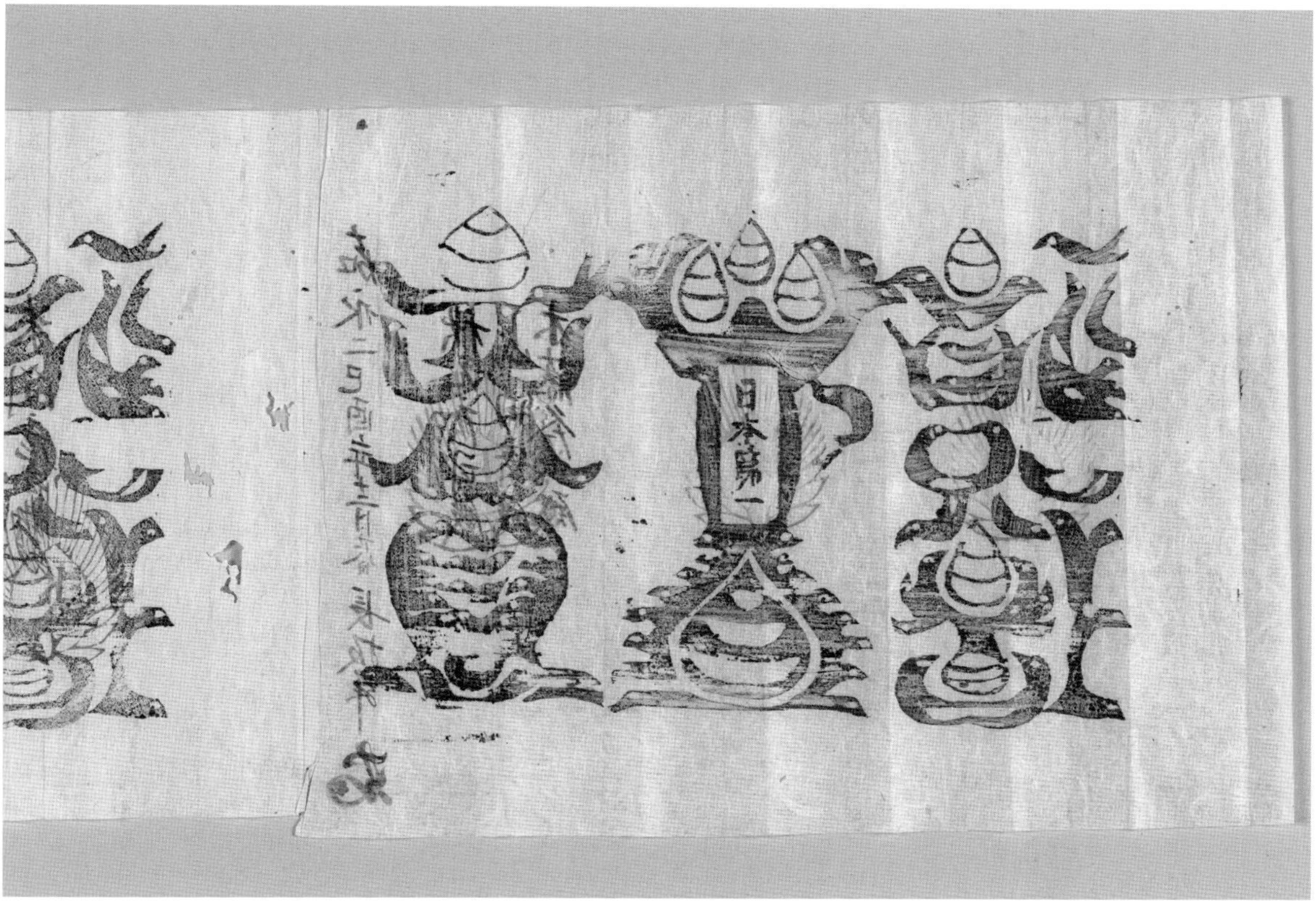
日本第一

三一、井上圓嘉他起請文

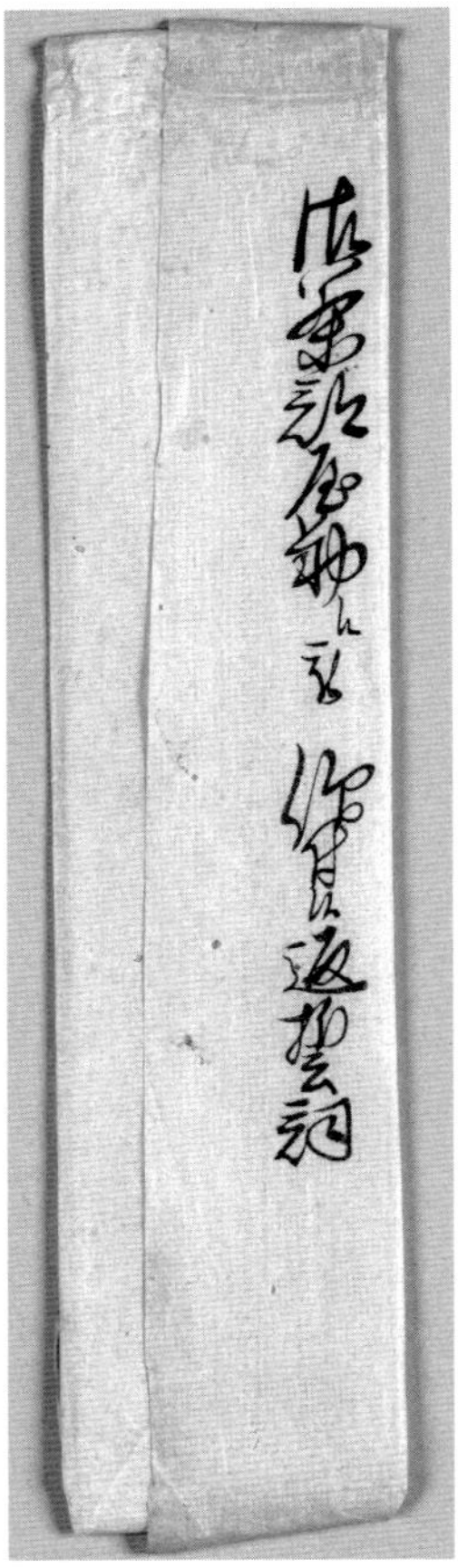

（包紙ウハ書）
御茶部屋勤江被　仰付候返誓詞

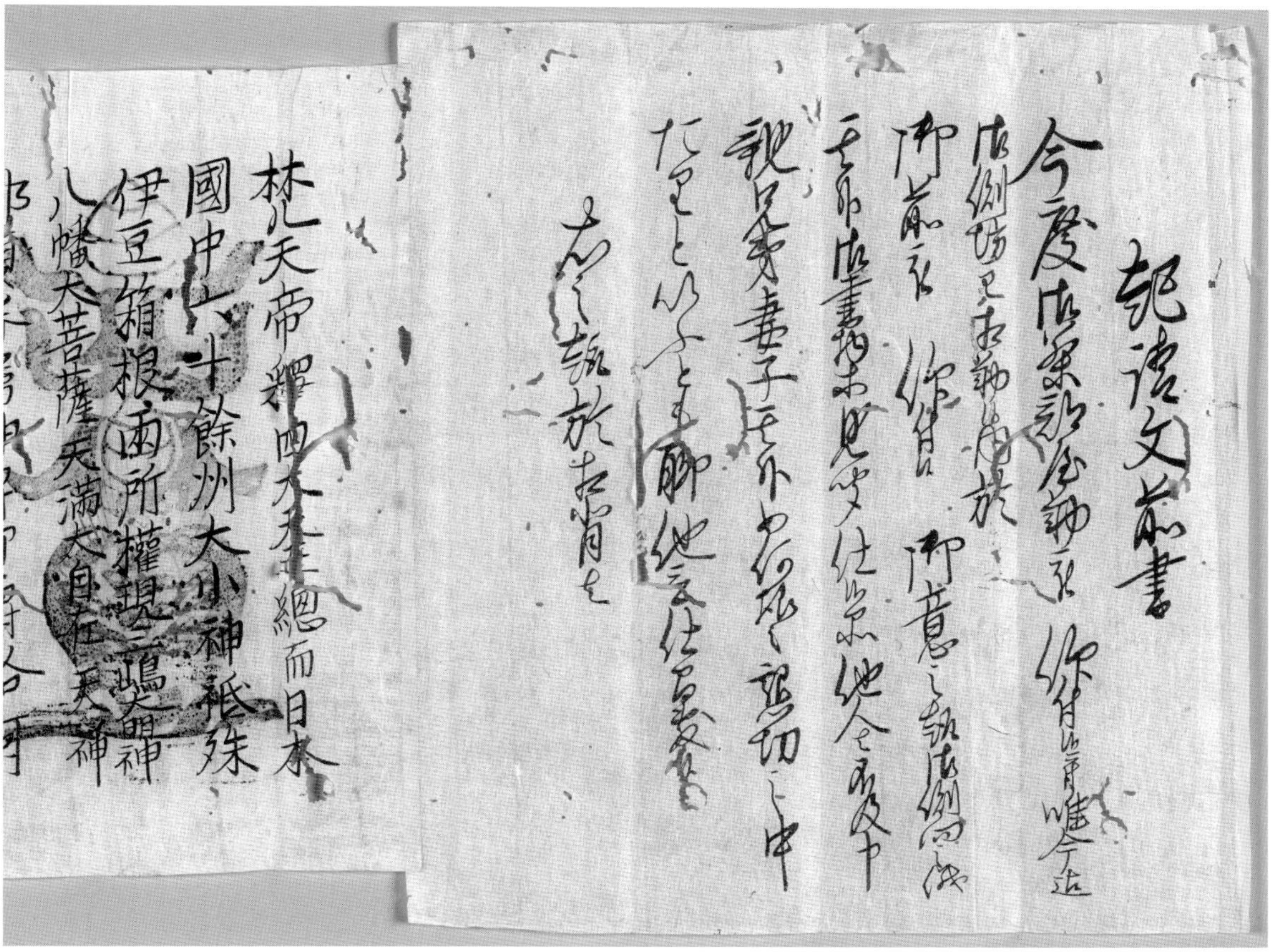

〈第一紙　二七・五×二五・一糎〉

起請文前書

今度御茶部屋勤被　仰付候ニ付、唯今迠
御側坊主相勤候内、於
御前被　仰付候　御意之趣・御側向之儀、
其外御書物等見聞仕候品、他人は不及申、
親兄弟妻子其外如何様之懇切之中
たりといふとも、聊他言仕間敷候、

右之趣於相背は、

〈紙継目〉

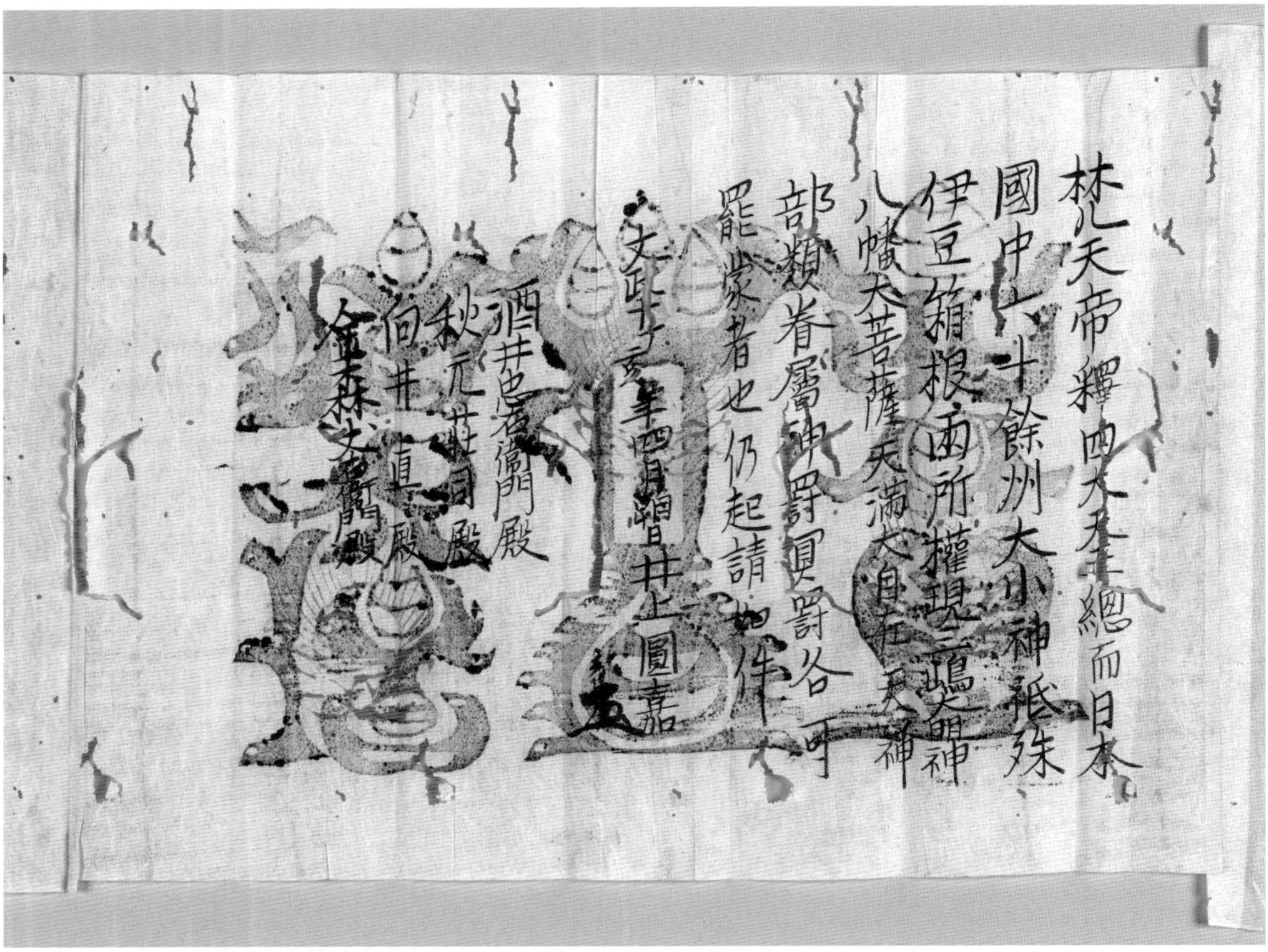

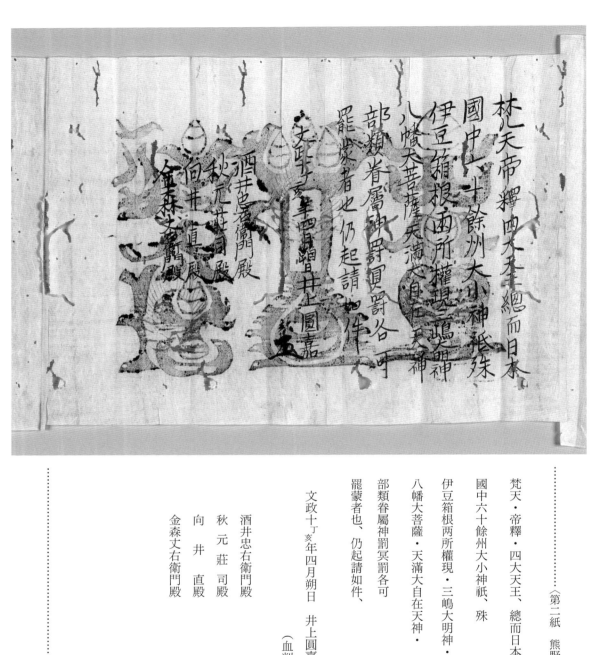

〈第二紙　熊野本宮牛玉宝印　二四・四×三四・六糎〉

梵天・帝釋・四大天王、總而日本
國中六十餘州大小神祇、殊
伊豆箱根両所權現・三嶋大明神・
八幡大菩薩・天滿大自在天神・
部類眷屬神罰冥罰各可
罷蒙者也、仍起請如件、

文政十丁亥年四月朔日　井上圓嘉
（血判・花押）

酒井忠右衛門殿
秋　元　莊　司殿
向　井　直殿
金森丈右衛門殿

〈紙継目〉

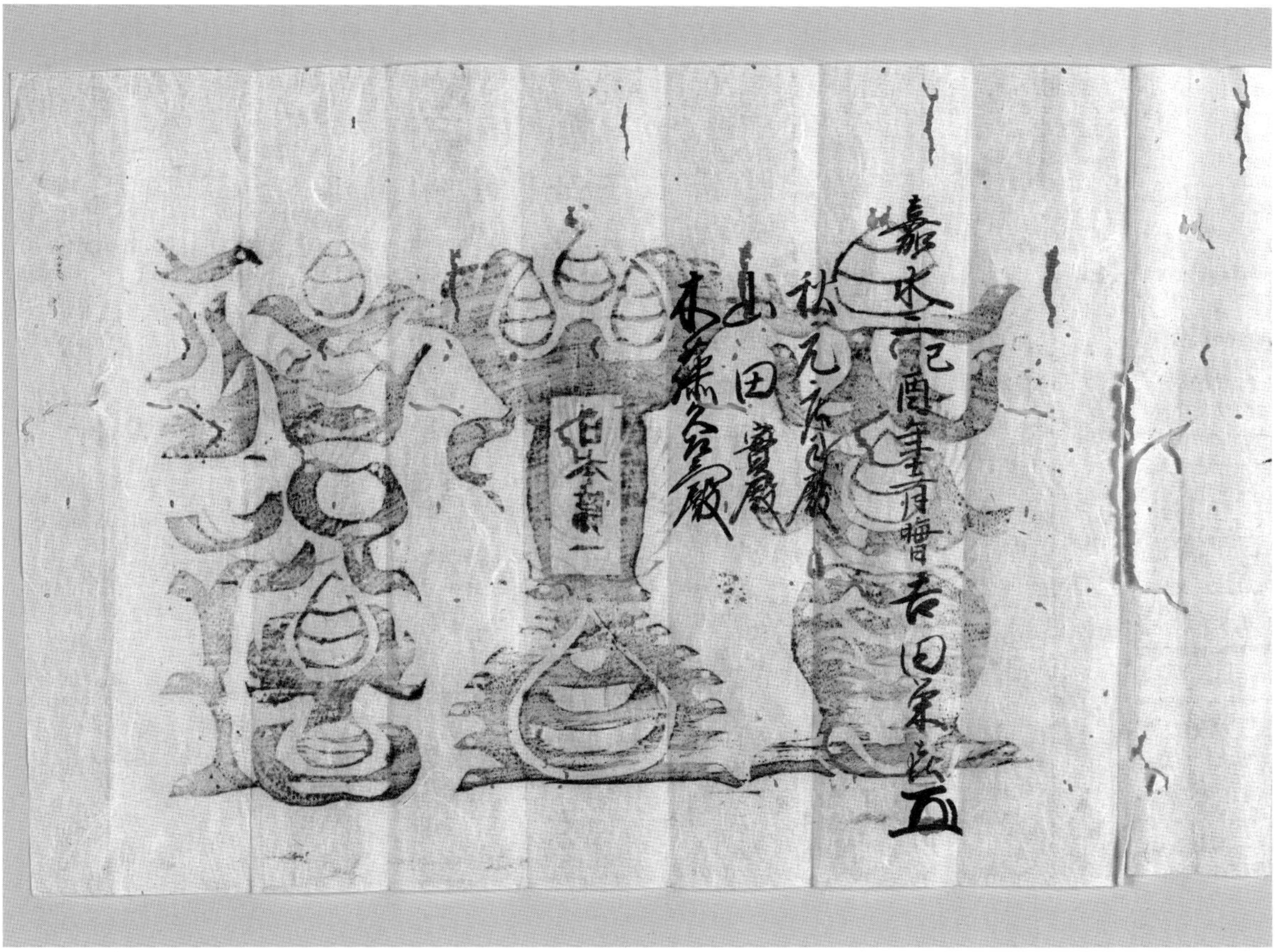

〈第三紙　熊野本宮牛玉宝印　二四・七×三三・二糎〉

嘉永二己酉年十二月晦日　吉田栄喜（血判・花押）

秋　元　庄　司殿

山　田　實殿

木藤久左衛門殿

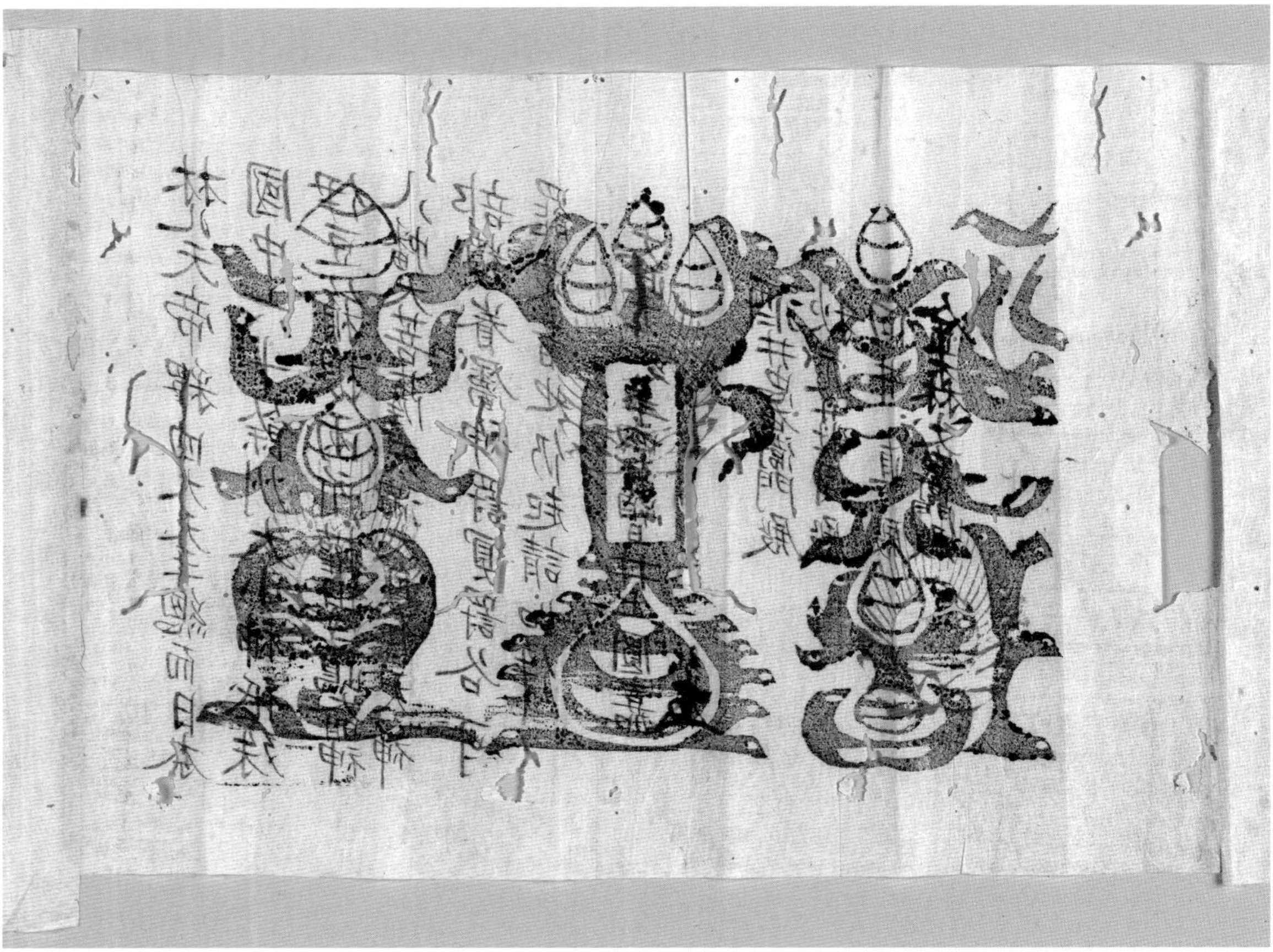

三二、鈴木龜右衛門他起請文

(包紙ウハ書)
御納戸坊主返誓詞

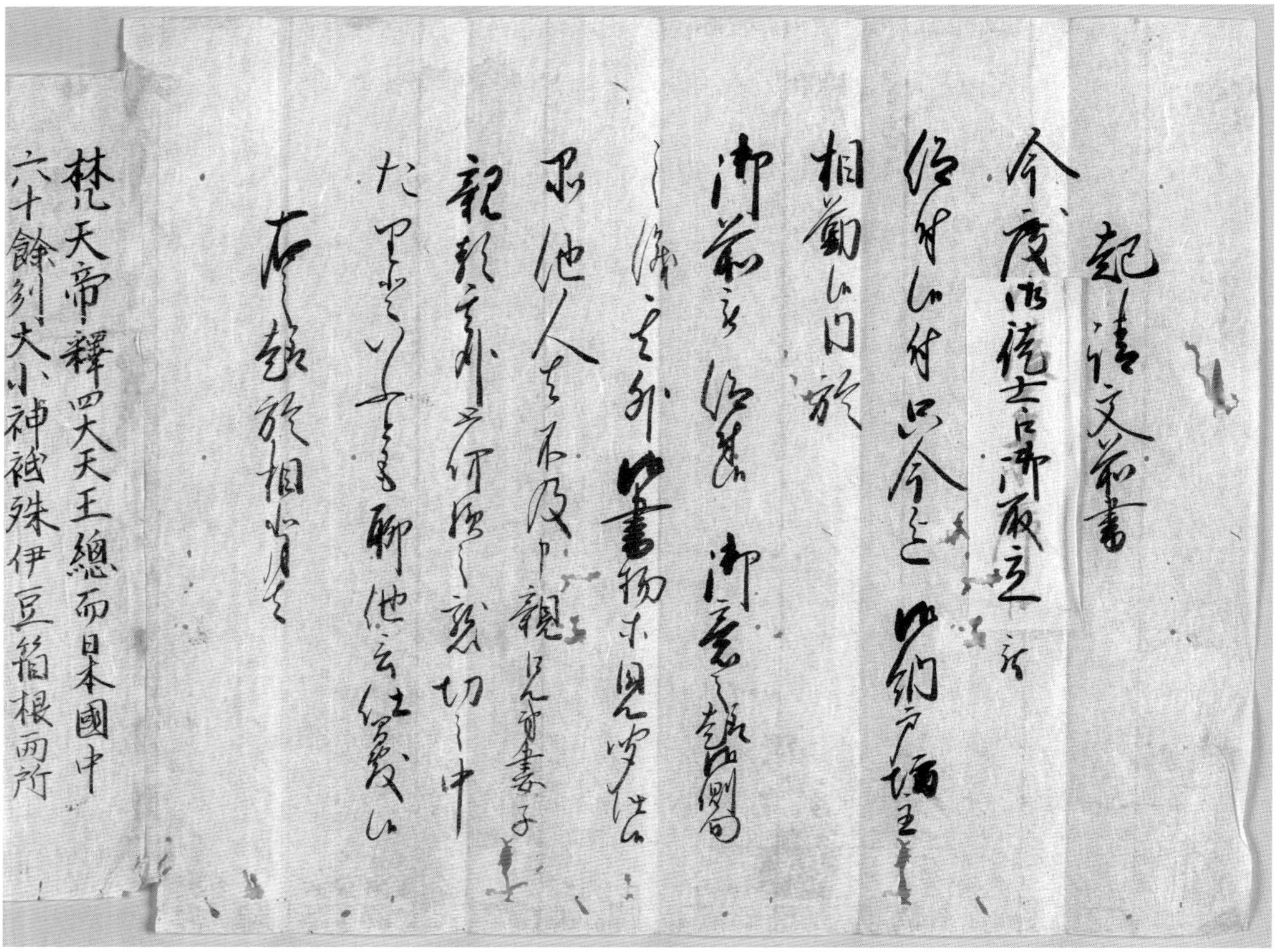

起請文前書

今度御徒士末席江［貼紙に書さる］「御徒士江御取立」被

仰付候付、只今迄　御納戸坊主

相勤候内、於

御前被　仰付候　御意之趣・御側向

之儀、其外御書物等見聞仕候

品、他人は不及申、親兄弟妻子

親類其外如何様之懇切之中

たりといふとも、聊他言仕間敷候、

右之趣於相背は、

〈第一紙　二七・七×三三・四糎〉

〈紙継目〉

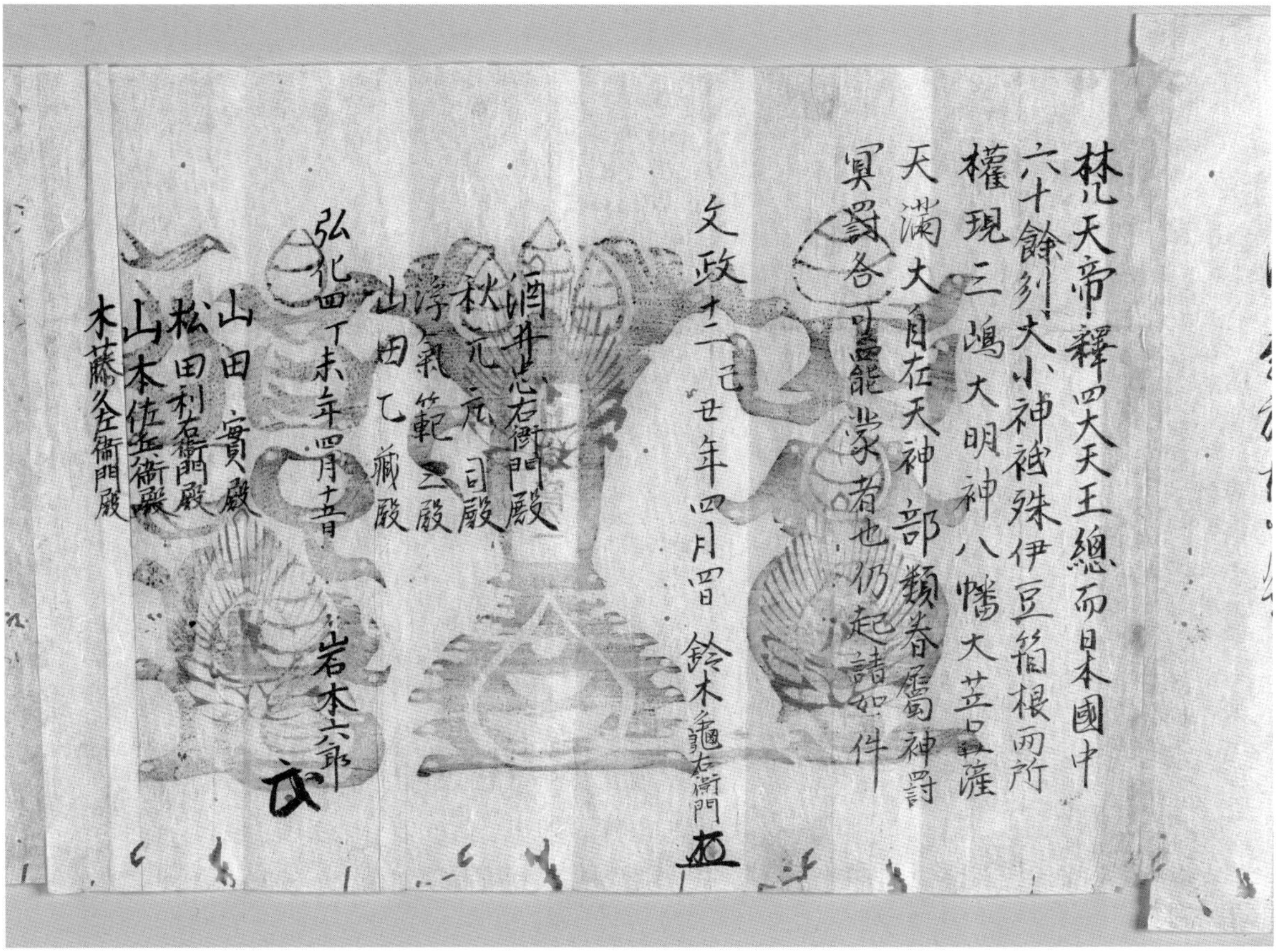

〈第二紙　熊野本宮牛玉宝印　二四・九×三一・二糎〉

梵天・帝釋・四大天王、總而日本國中
六十餘州大小神祇、殊伊豆箱根兩所
權現・三嶋大明神・八幡大菩薩・
天滿大自在天神・部類眷屬神罰
冥罰各可罷蒙者也、仍起請如件、

文政十二己丑年四月四日　鈴木龜右衛門（血判・花押）

酒井忠右衛門殿
秋元庄司殿
浮氣範三殿
山田乙藏殿

弘化四丁未年四月十五日　岩本六郎（血判・花押）

山田實殿
松田利右衛門殿
山本佐兵衛殿

〈紙継目〉

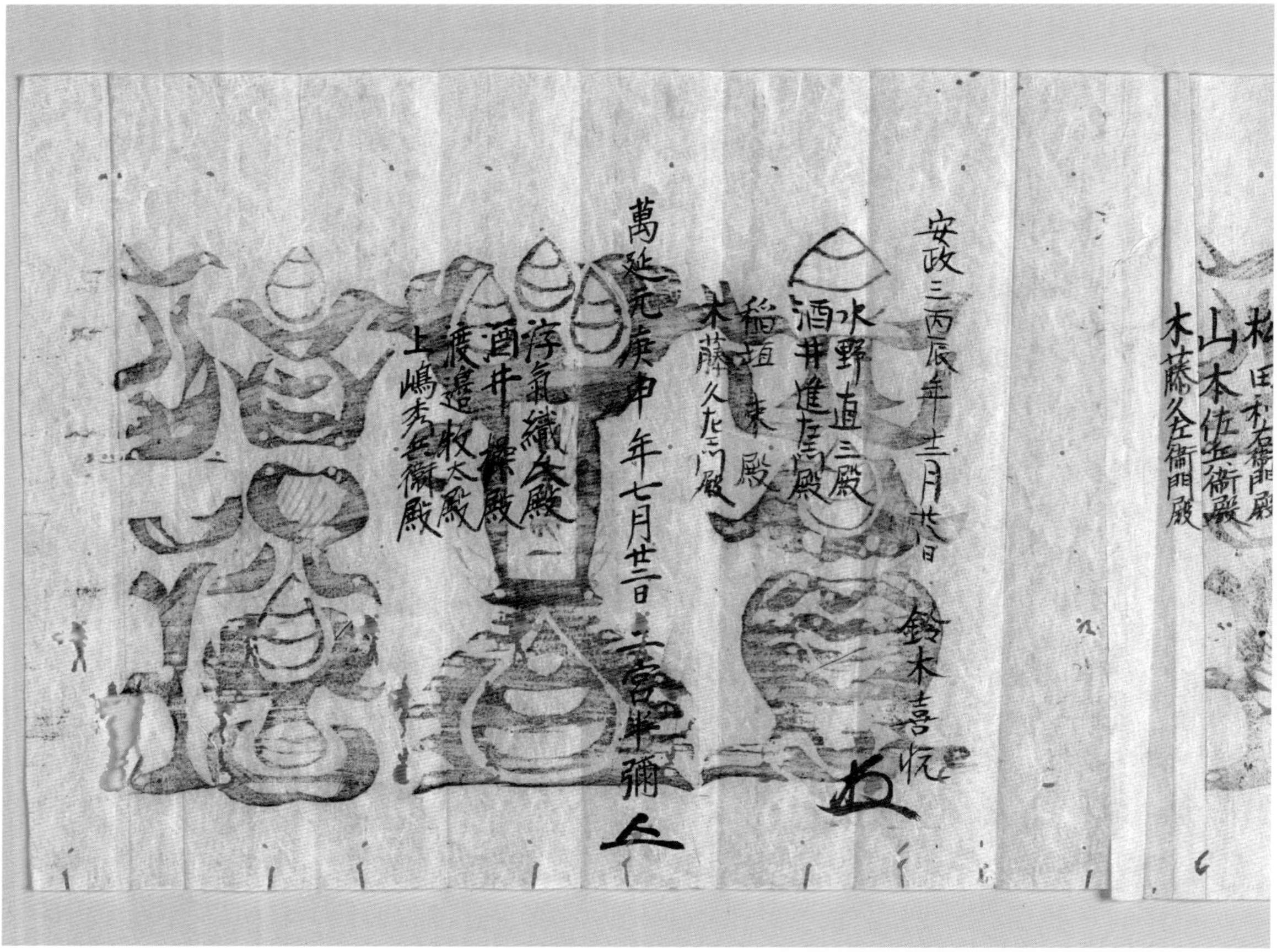

木藤久左衛門殿

……………………〈第三紙　二四・九×二一・九糎〉

……………〈第四紙　熊野本宮牛玉宝印　二四・七×三二・九糎〉

安政三丙辰年十二月廿八日　鈴木喜悦（血判・花押）

水野直三殿
酒井進左エ門殿
稲垣束殿
木藤久左ヱ門殿

萬延元庚申年七月廿二日　二宮半彌（血判・花押）

浮氣織人殿
酒井操殿
渡邉牧太殿
上嶋秀兵衛殿

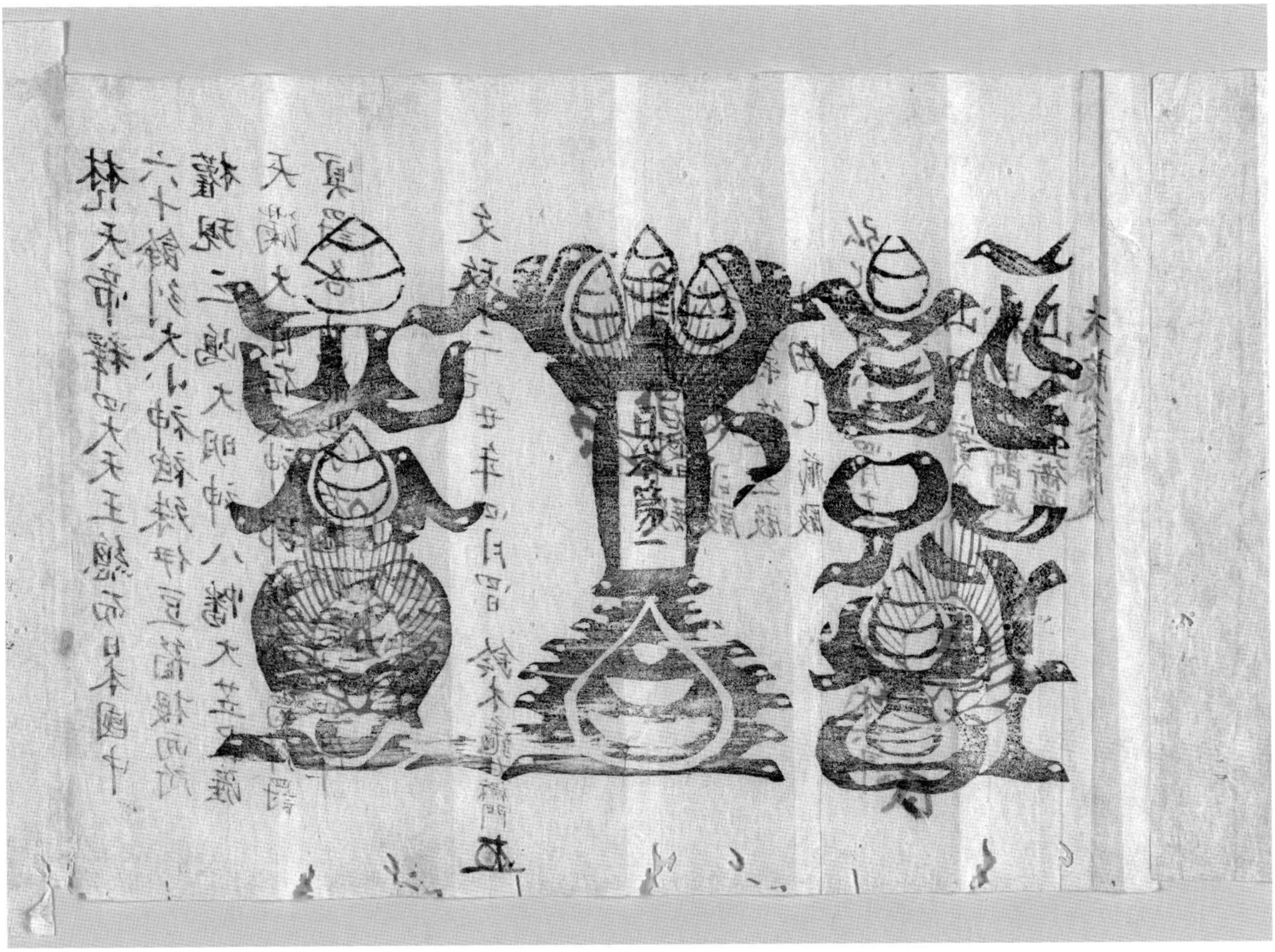

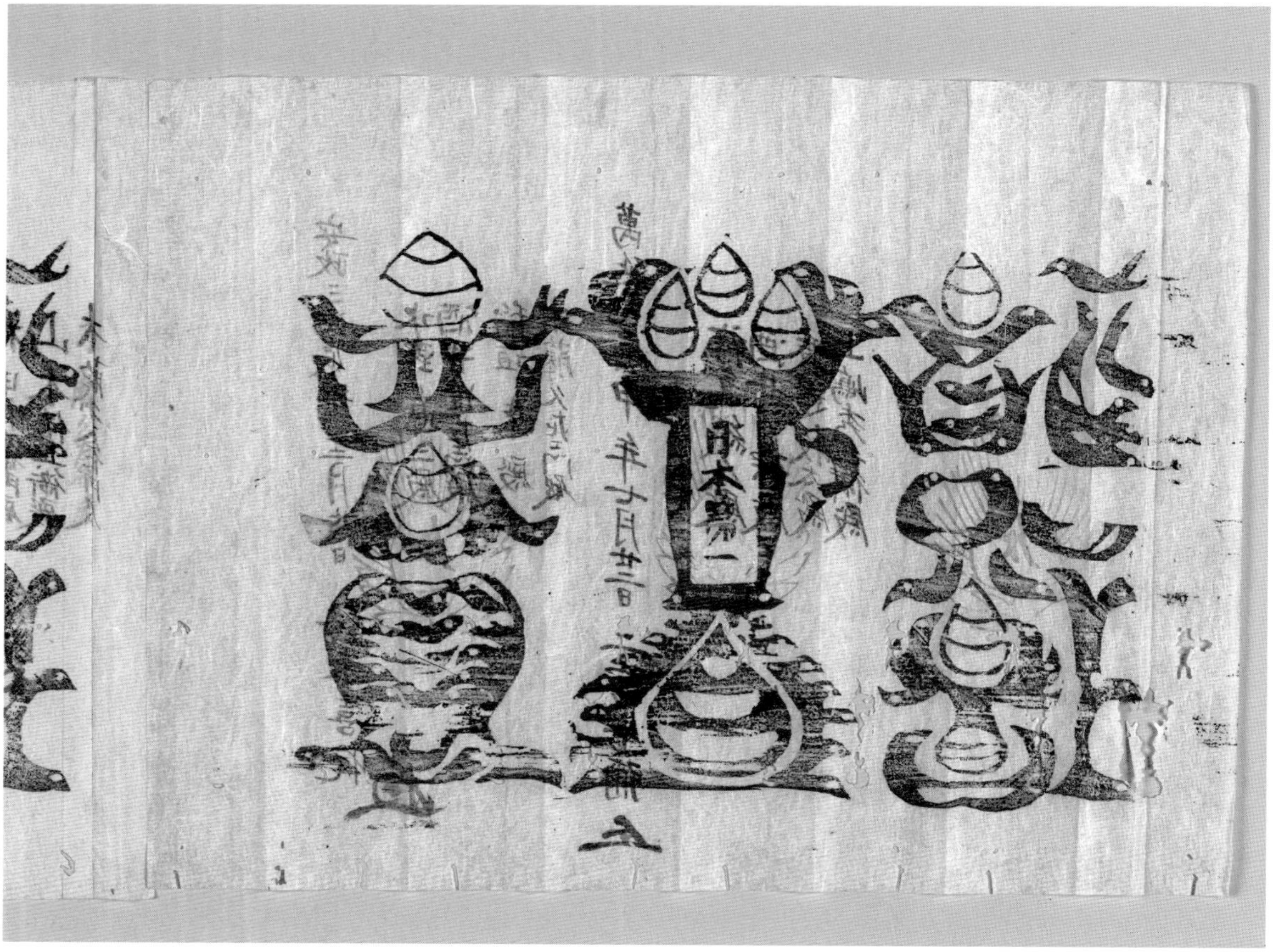

三三、山本順佐起請文

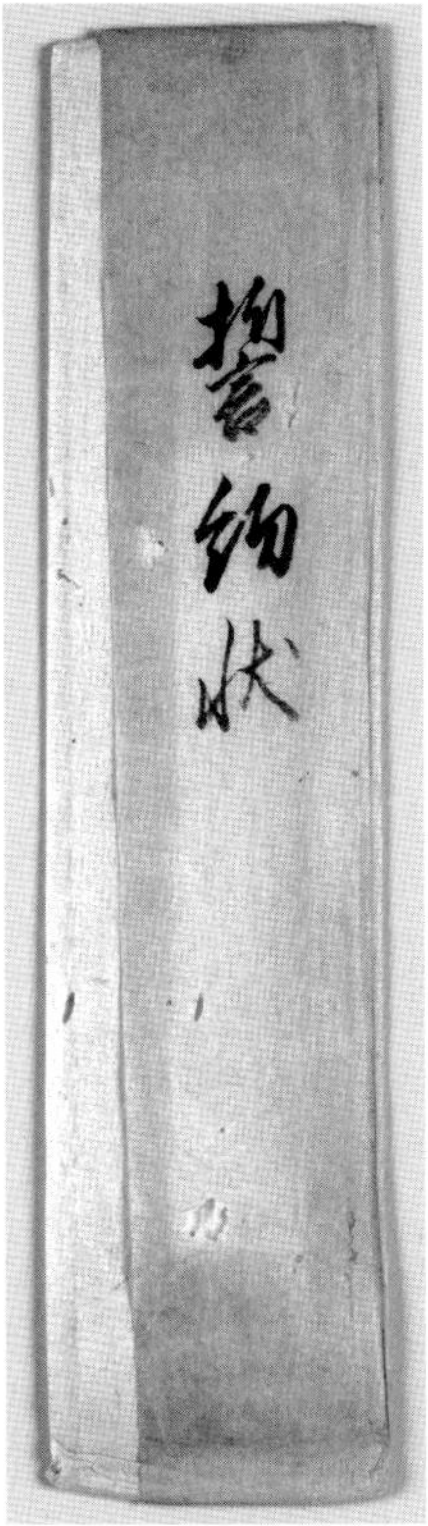

（包紙ウハ書）
誓約状

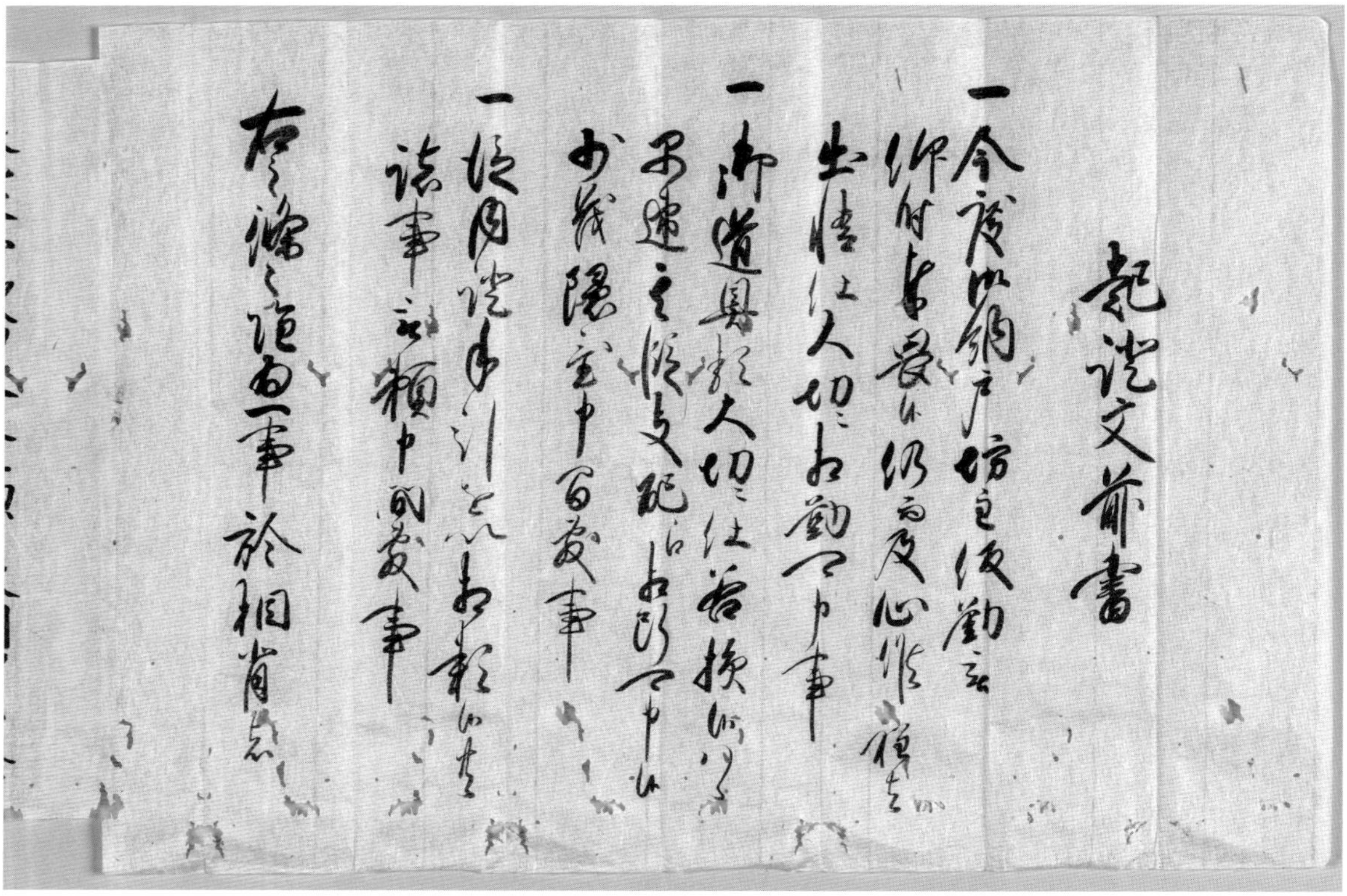

〈第一紙　二八・一×三九・七糎〉

起證文前書

一　今度御納戸坊主仮勤被
仰付、奉畏候、仍而及心候程は
出精仕、大切ニ相勤可申事、

一　御道具類大切ニ仕、若損候ハ、
早速其段支配江相断可申候、
少も隠置申間敷事、

一　従内證手引を以相頼候共、
諸事被頼申間敷事、

右之條々雖為一事於相背者、

〈紙継目〉

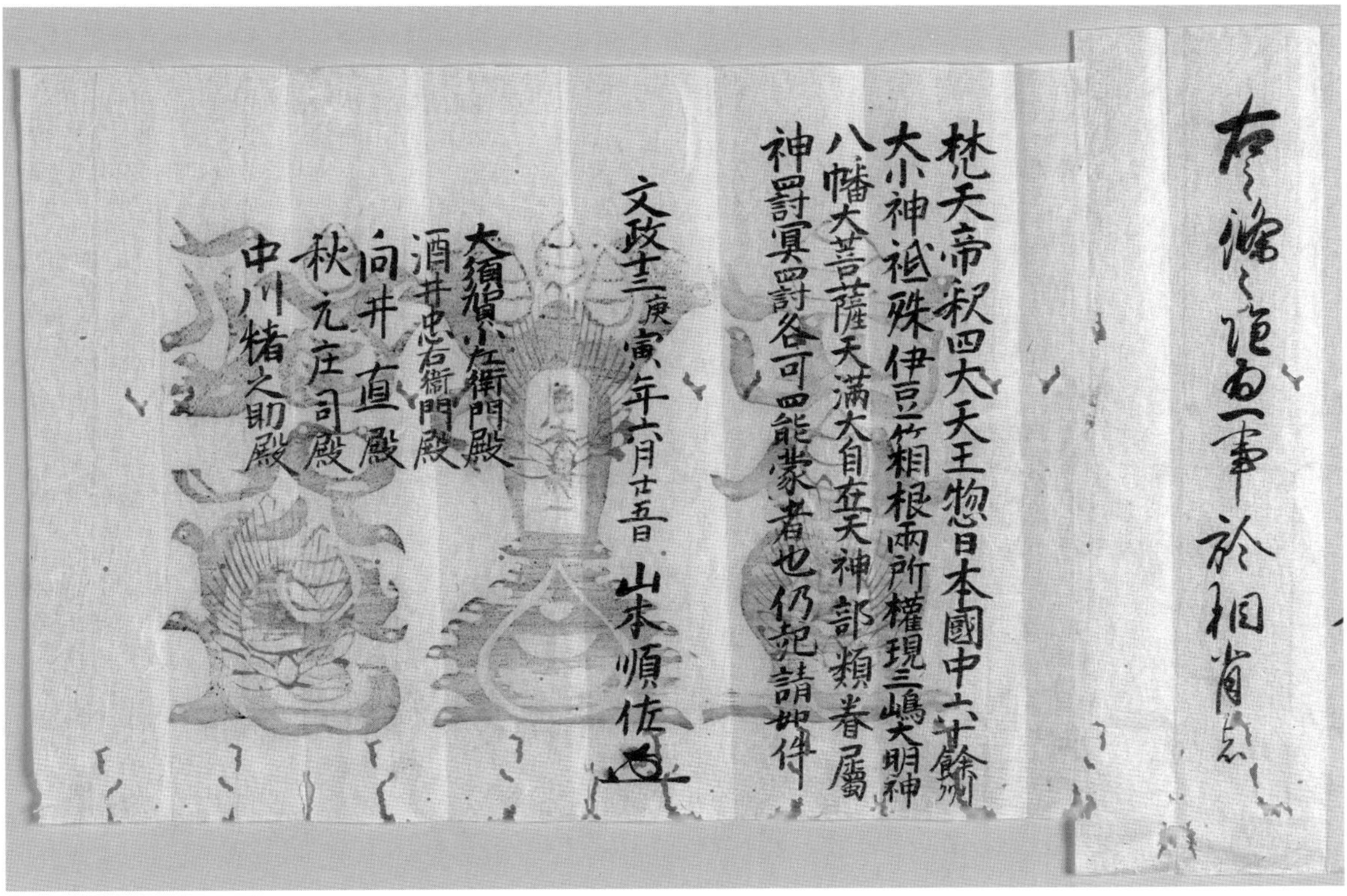

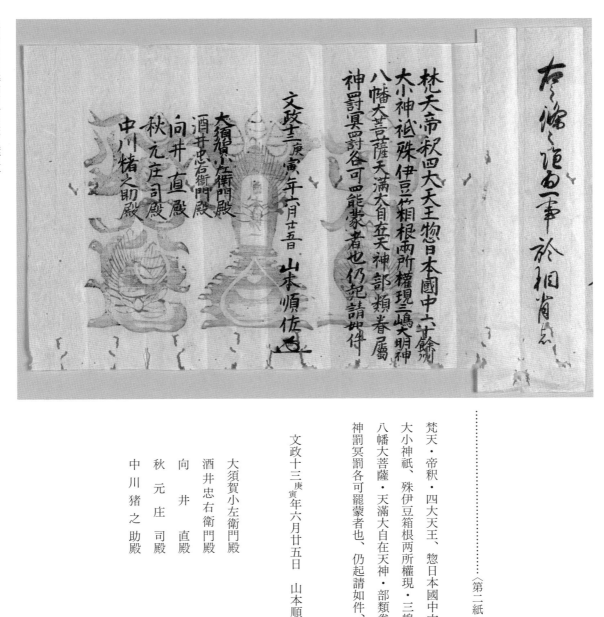

〈第二紙　熊野本宮牛玉宝印　二五・〇×三四・四糎〉

梵天・帝釈・四大天王、惣日本國中六十餘州
大小神祇、殊伊豆箱根两所權現・三嶋大明神・
八幡大菩薩・天滿大自在天神・部類眷属
神罰冥罰各可罷蒙者也、仍起請如件、

文政十三庚寅年六月廿五日　山本順佐（血判・花押）

大須賀小左衛門殿
酒井忠右衛門殿
向　井　直殿
秋　元　庄　司殿
中川猪之助殿

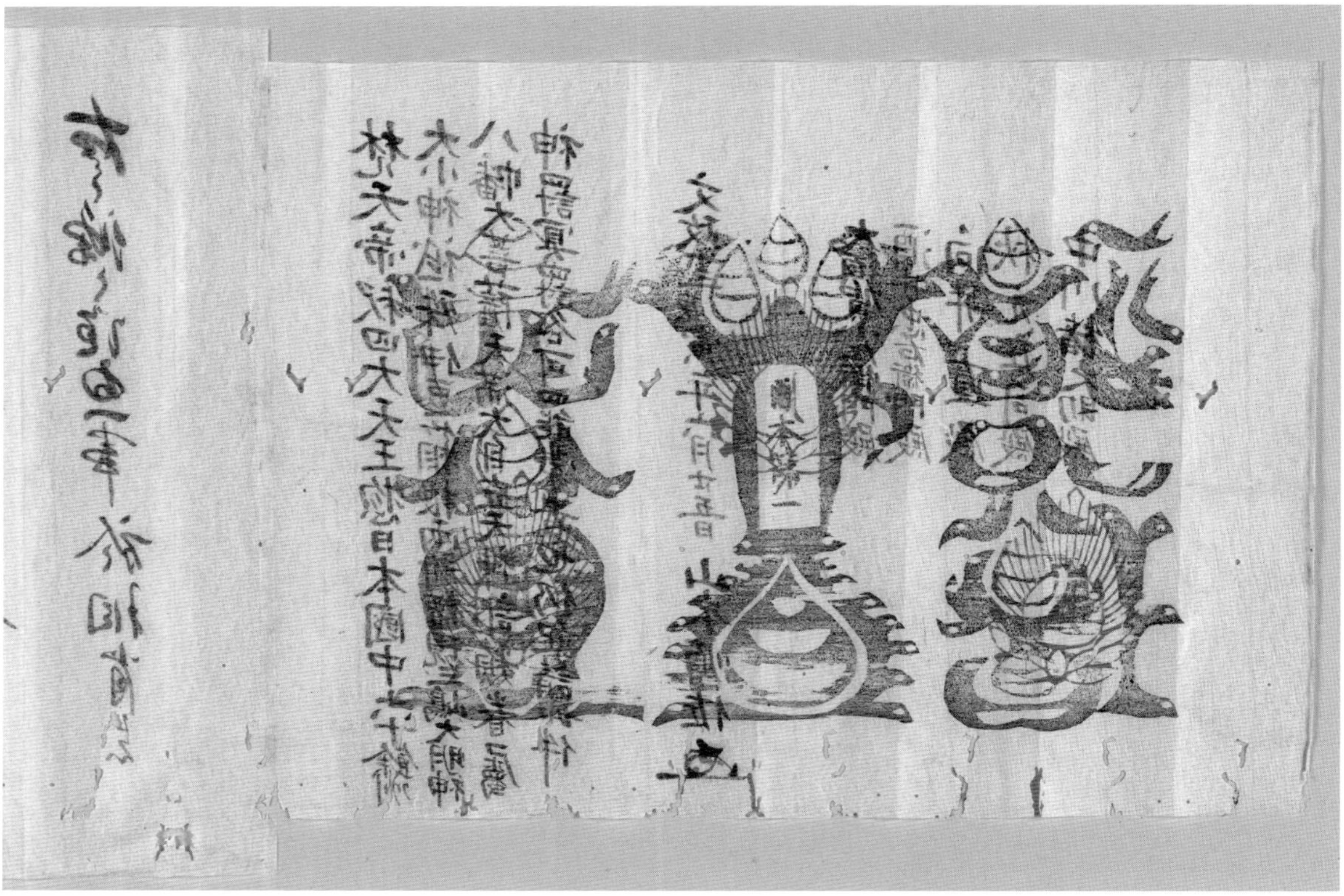

三四、北原陽佐他起請文

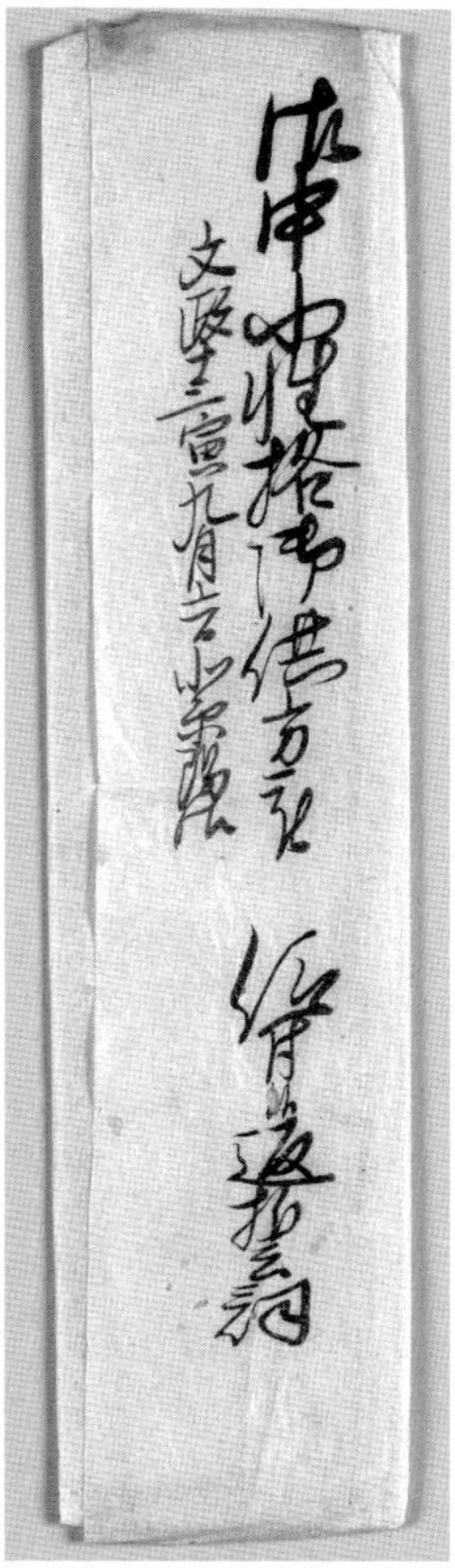

（包紙ウハ書）
御中小性格御供方被　仰付候返誓詞
文政十三寅九月六日　北原陽佐

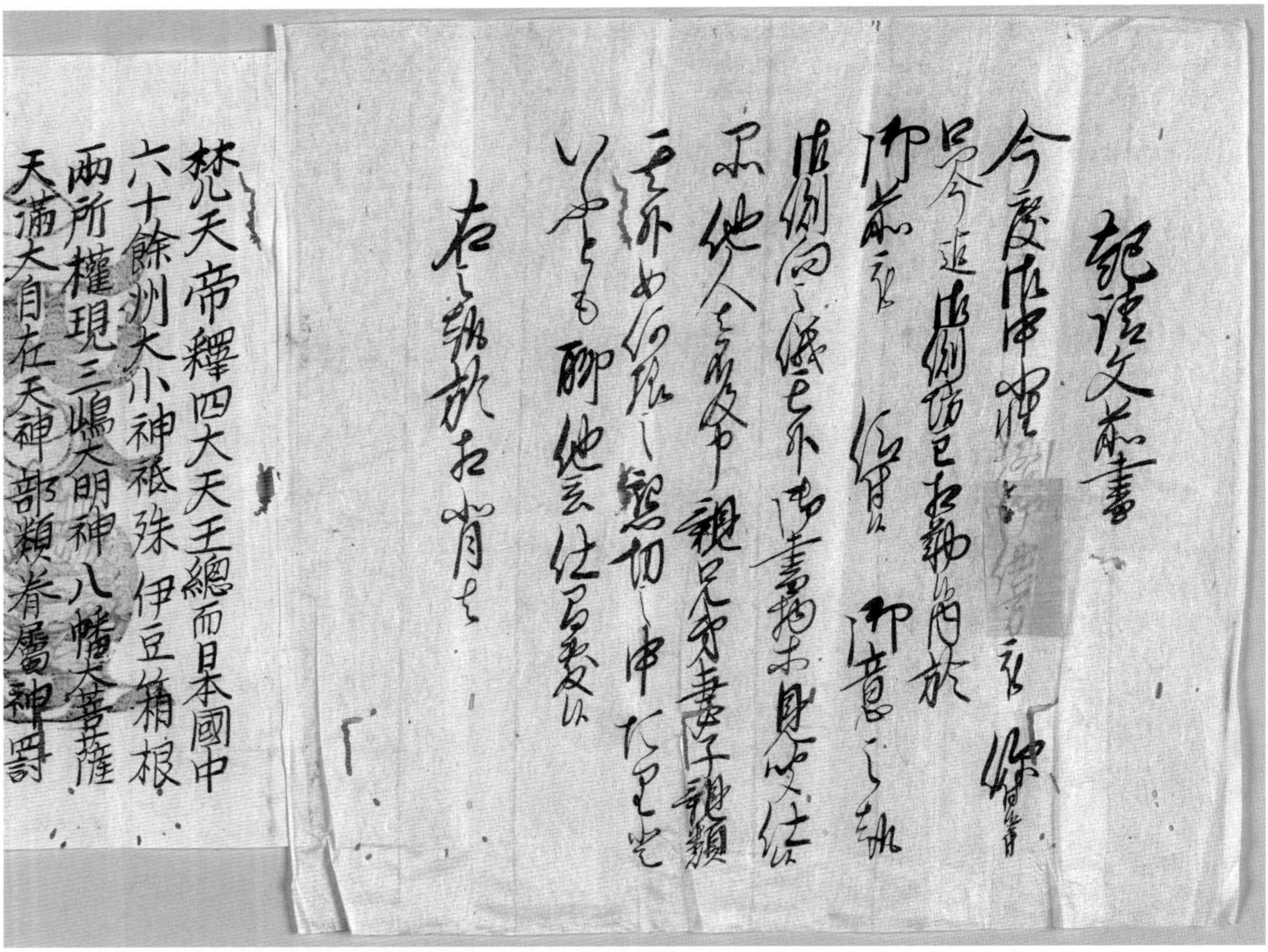

〈第一紙　二八・〇×二九・一糎〉

起請文前書

今度御中小性「格御供方」〔貼紙で消さる〕被　仰付候ニ付、
只今迄御側坊主相勤候内、於
御前被　仰付候　御意之趣・
御側向之儀、其外御書物等見聞仕候
品、他人は不及申、親兄弟妻子親類
其外如何様之懇切之中たりと
いふとも、聊他言仕間敷候、

右之趣於相背は、

〈紙継目〉

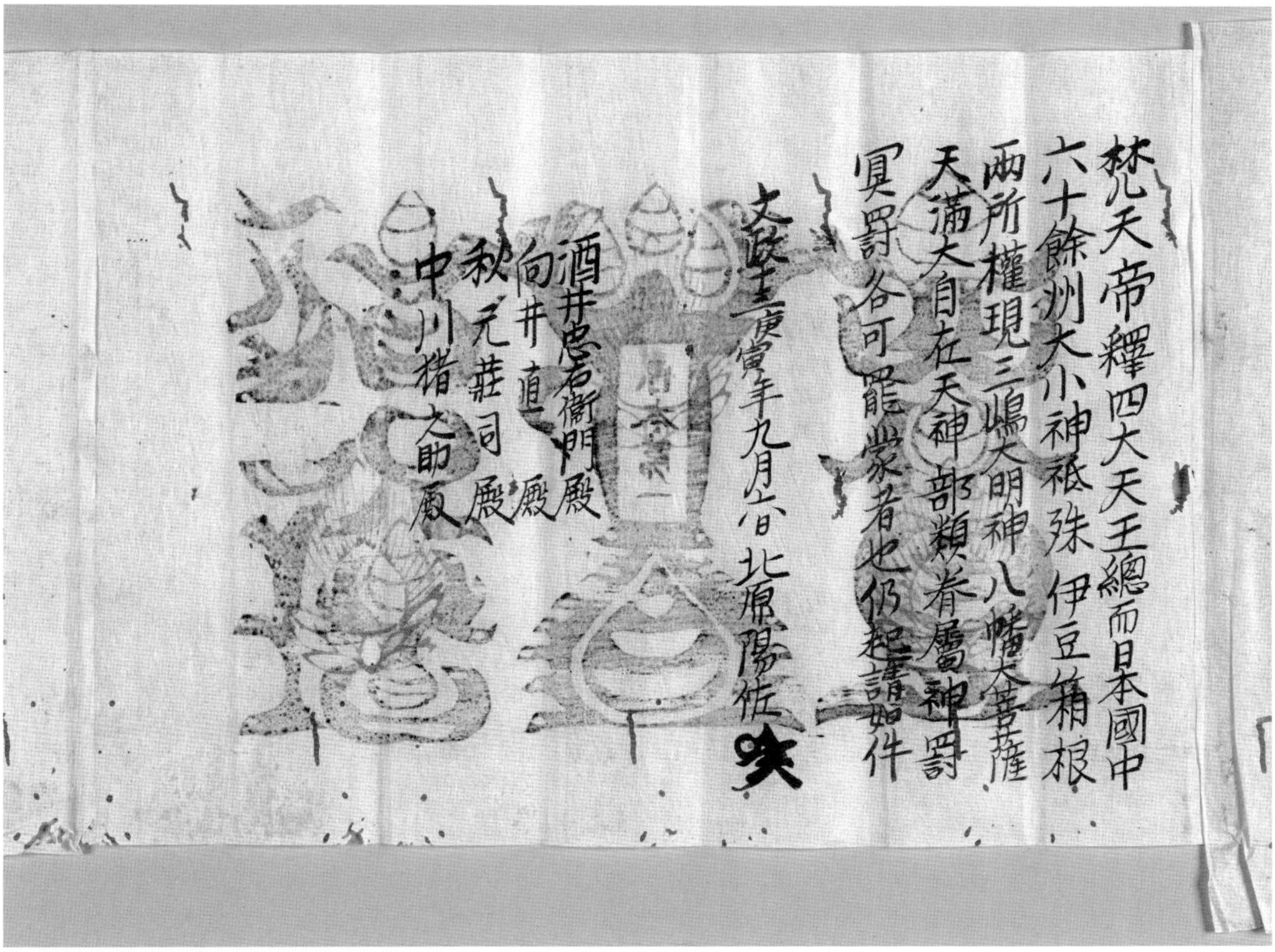

〈第二紙　熊野本宮牛玉宝印　二四・三×三四・四糎〉

梵天・帝釋・四大天王、總而日本國中
六十餘州大小神祇、殊伊豆箱根
両所權現・三嶋大明神・八幡大菩薩・
天滿大自在天神・部類眷屬神罰
冥罰各可罷蒙者也、仍起請如件、

文政十三庚寅年九月六日　北原陽佐（血判・花押）

酒井忠右衛門殿
向　井　直殿
秋　元　莊　司殿
中川猪之助殿

〈紙継目〉

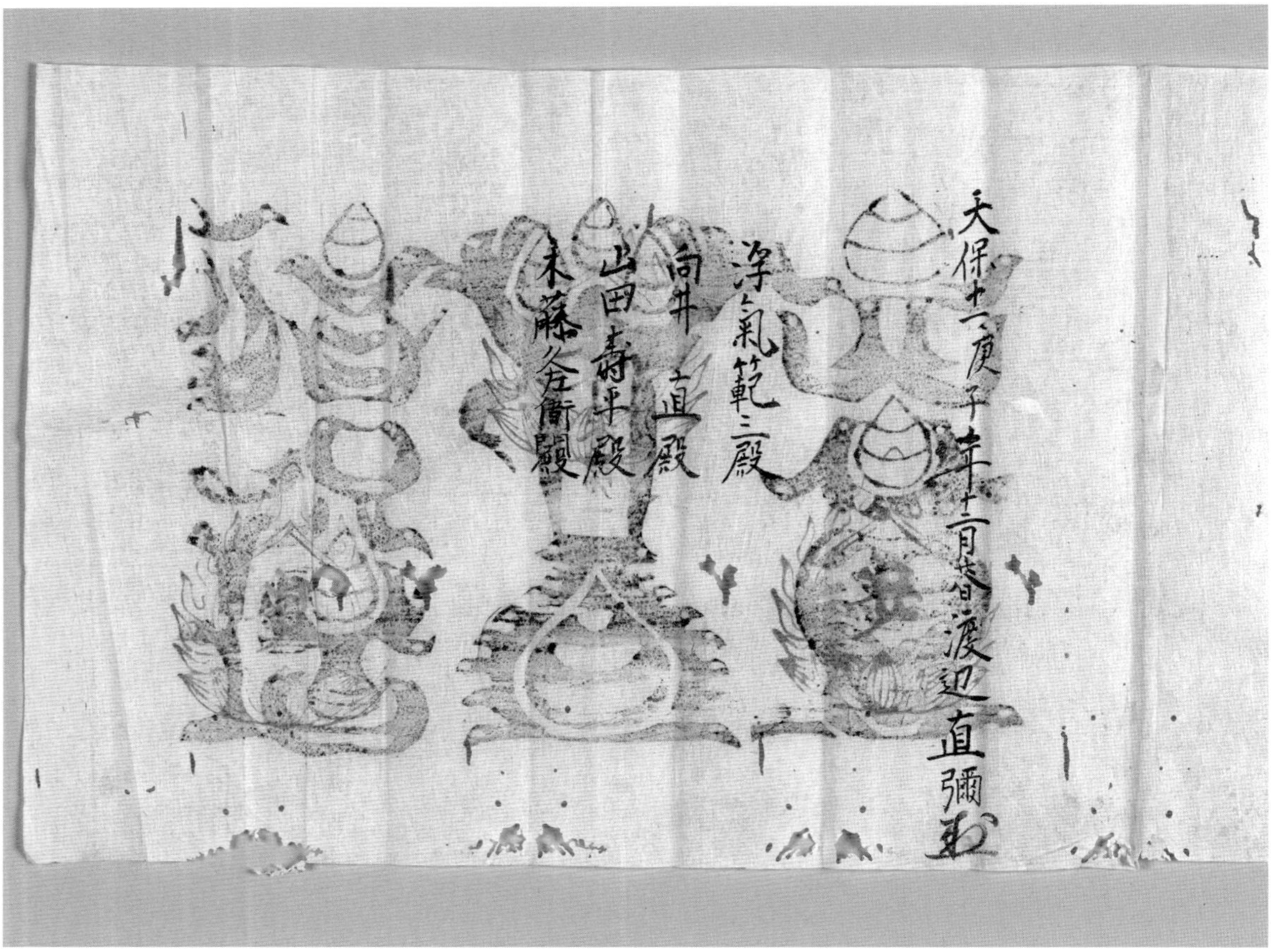

……………〈第三紙　熊野本宮牛玉宝印　二四・五×三四・四糎〉

天保十一庚子年十二月廿八日　渡辺直彌（血判・花押）

浮　氣　範三殿

向　井　直殿

山　田　壽　平殿

木藤久左衛門殿

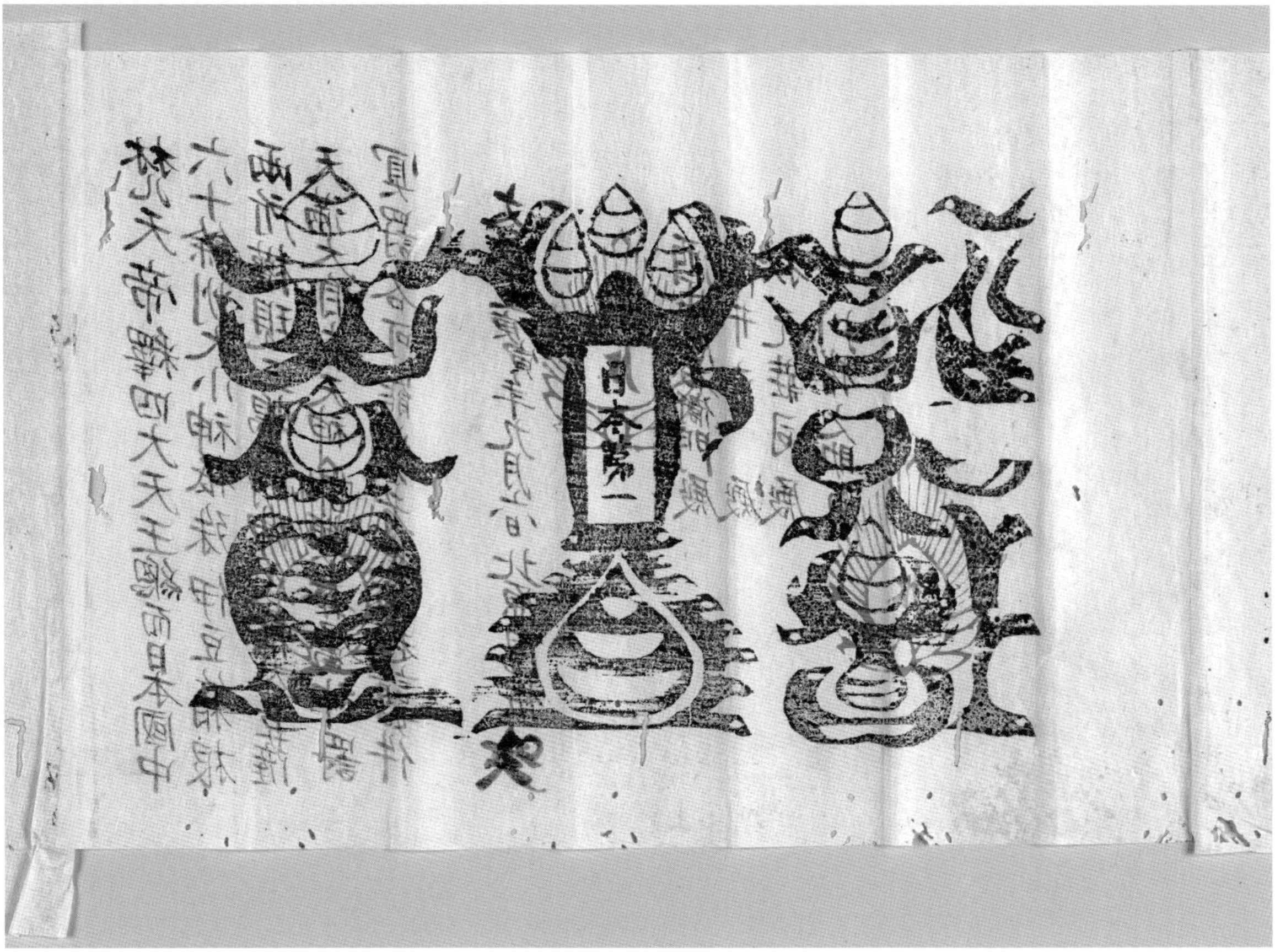

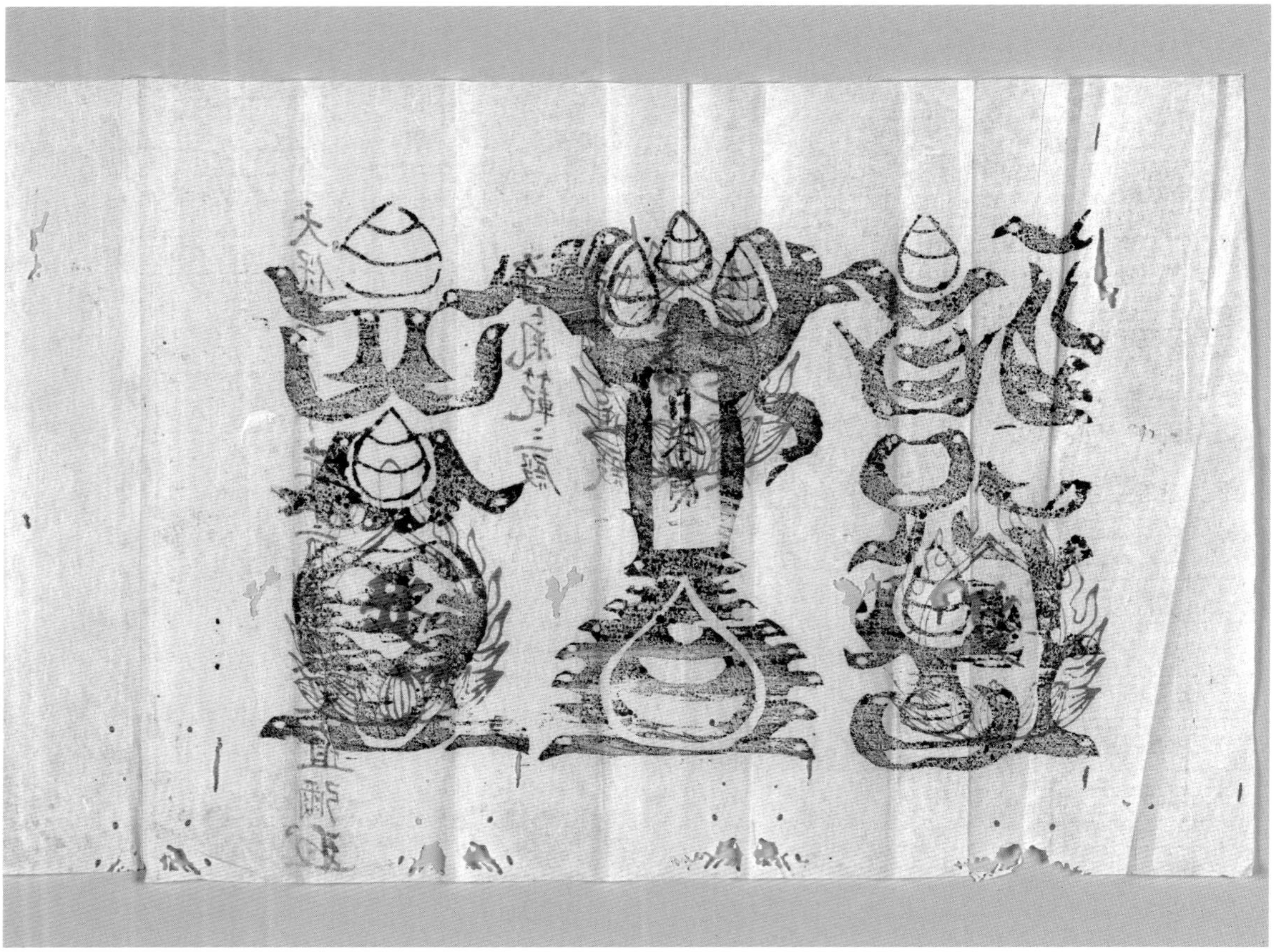

三五、野田周甫起請文

（包紙ウハ書）

御手元御用御側坊主同様被　仰付候誓詞

埜田周甫

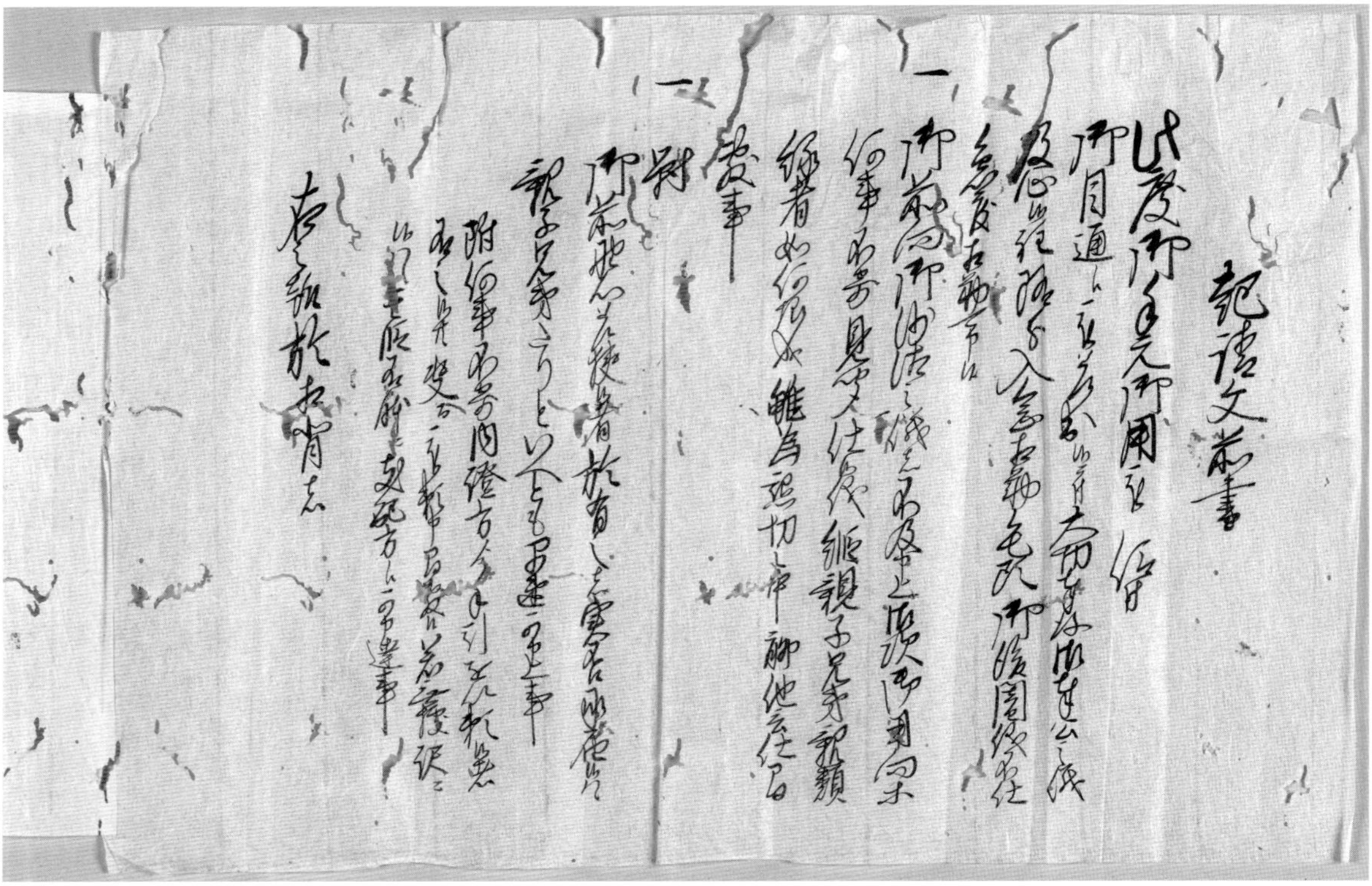

〈第一紙　二七・六×四〇・六糎〉

起請文前書

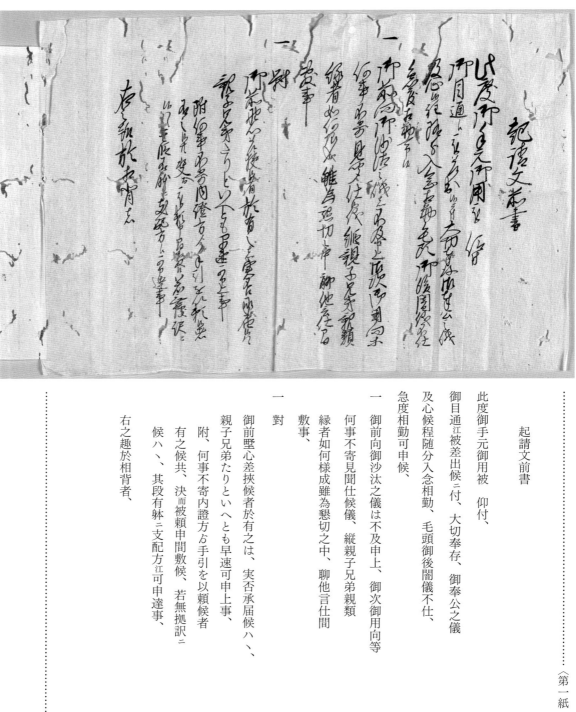

此度御手元御用被　仰付、
御目通江被差出候ニ付、大切奉存、御奉公之儀
及心候程随分入念相勤、毛頭御後闇儀不仕、
急度相勤可申候、
一　御前向御沙汰之儀は不及申上、御次御用向等
何事不寄見聞仕候儀、縦親子兄弟親類
縁者如何様成雖為懇切之中、聊他言仕間
敷事、
一　對
御前壁心差挾候者於有之は、実否承届候ハヽ、
親子兄弟たりといへとも早速可申上事、
附、何事不寄内證方ゟ手引を以頼候者
有之候共、決而被頼申間敷候、若無拠訳ニ
候ハヽ、其段有躰ニ支配方江可申達事、

右之趣於相背者、

〈紙継目〉

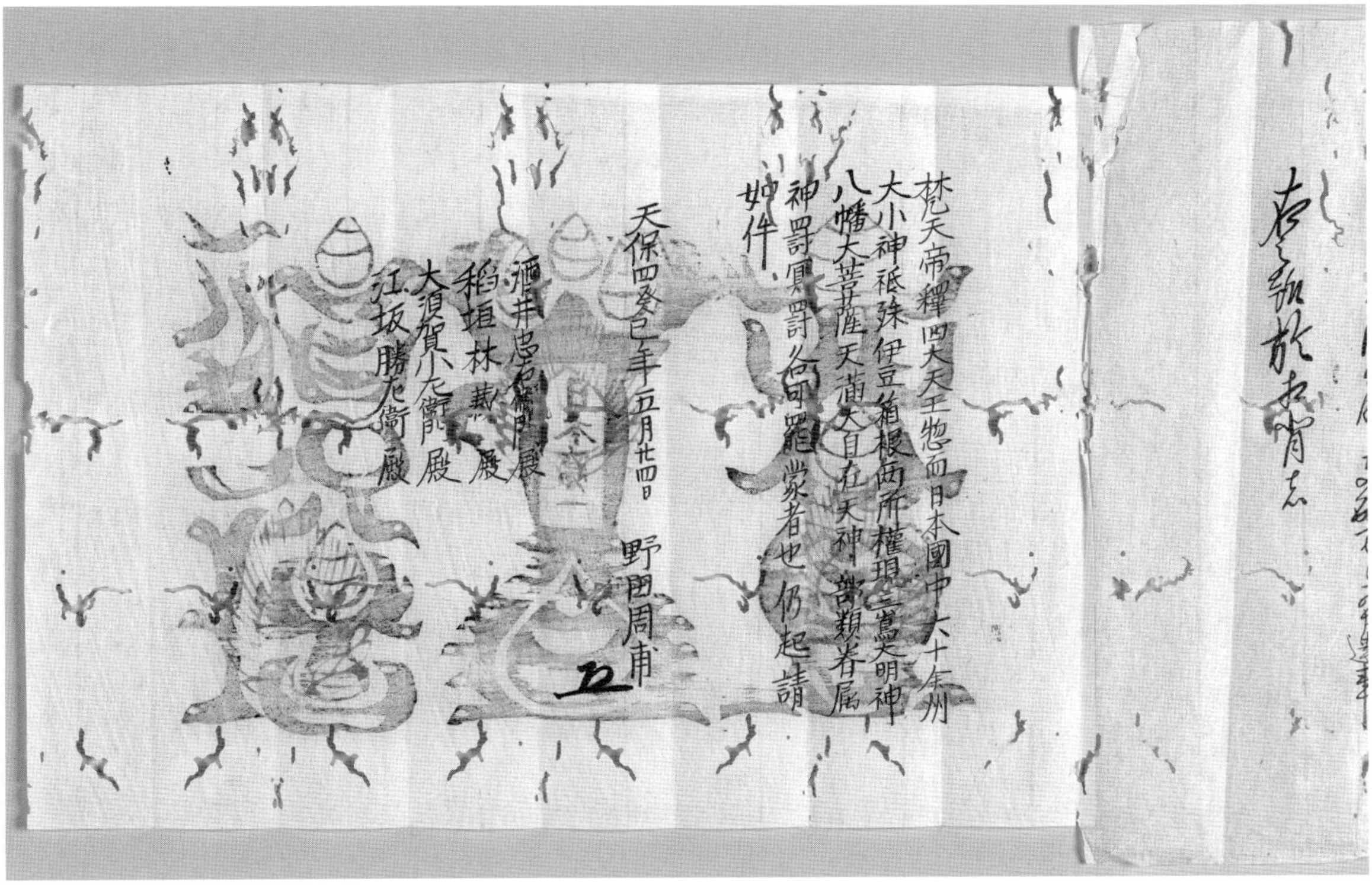

〈第二紙　熊野本宮牛玉宝印　二四・五×三三・六糎〉

梵天・帝釋・四大天王、惣而日本國中六十余州
大小神祇、殊伊豆箱根兩所權現・三嶌大明神・
八幡大菩薩・天滿大自在天神・部類眷属
神罰冥罰各可罷蒙者也、仍起請
如件、

天保四癸巳年五月廿四日　野田周甫
（血判・花押）

酒井忠右衛門殿
稲　垣　林　藏殿
大須賀小左衛門殿
江　坂　勝　左　衛殿

日本第一

三六、井上茂伴起請文

（包紙ウハ書）

天保十一子年二月八日

　御側坊主　御免元俗被

仰付、追而勤向被　仰付候　返誓詞

井上圓可

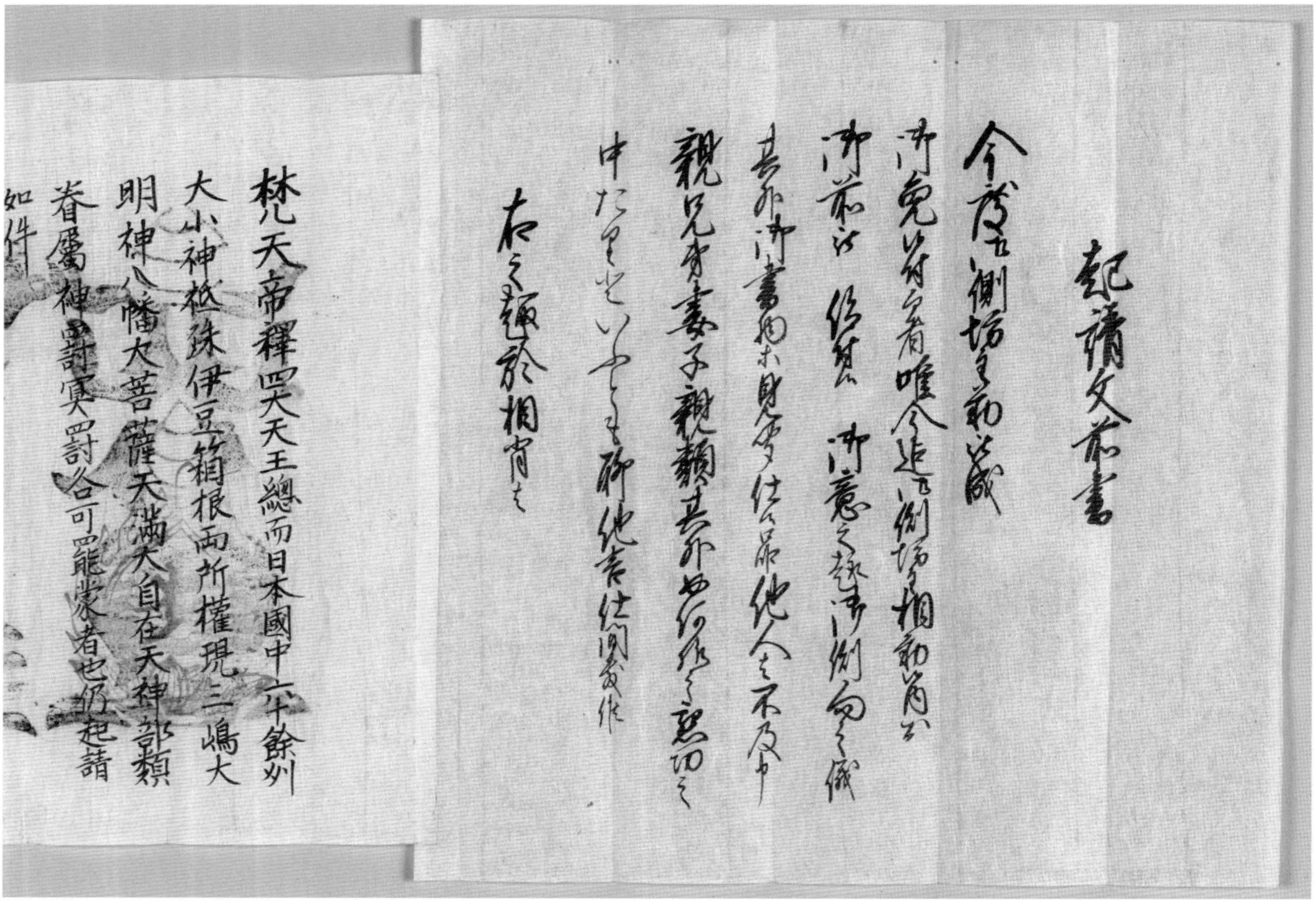

起請文前書

今度御側坊主勤被成
御免候付而者、唯今迄御側坊主相勤候内、於
御前被　仰付候　御意之趣・御側向之儀、
其外御書物等見聞仕候品、他人は不及申、
親兄弟妻子親類其外如何様之懇切之
中たりといふとも、聊他言仕間敷候、
右之趣於相背は、

〈紙継目〉

梵天帝釈四大天王總而日本國中六十餘州
大小神祇殊伊豆箱根両所權現三嶋大
明神八幡大菩薩天満大自在天神部類
眷屬神罰冥罰各可罷蒙者也仍起請
如件

〈第一紙　二七・四×二七・二糎〉

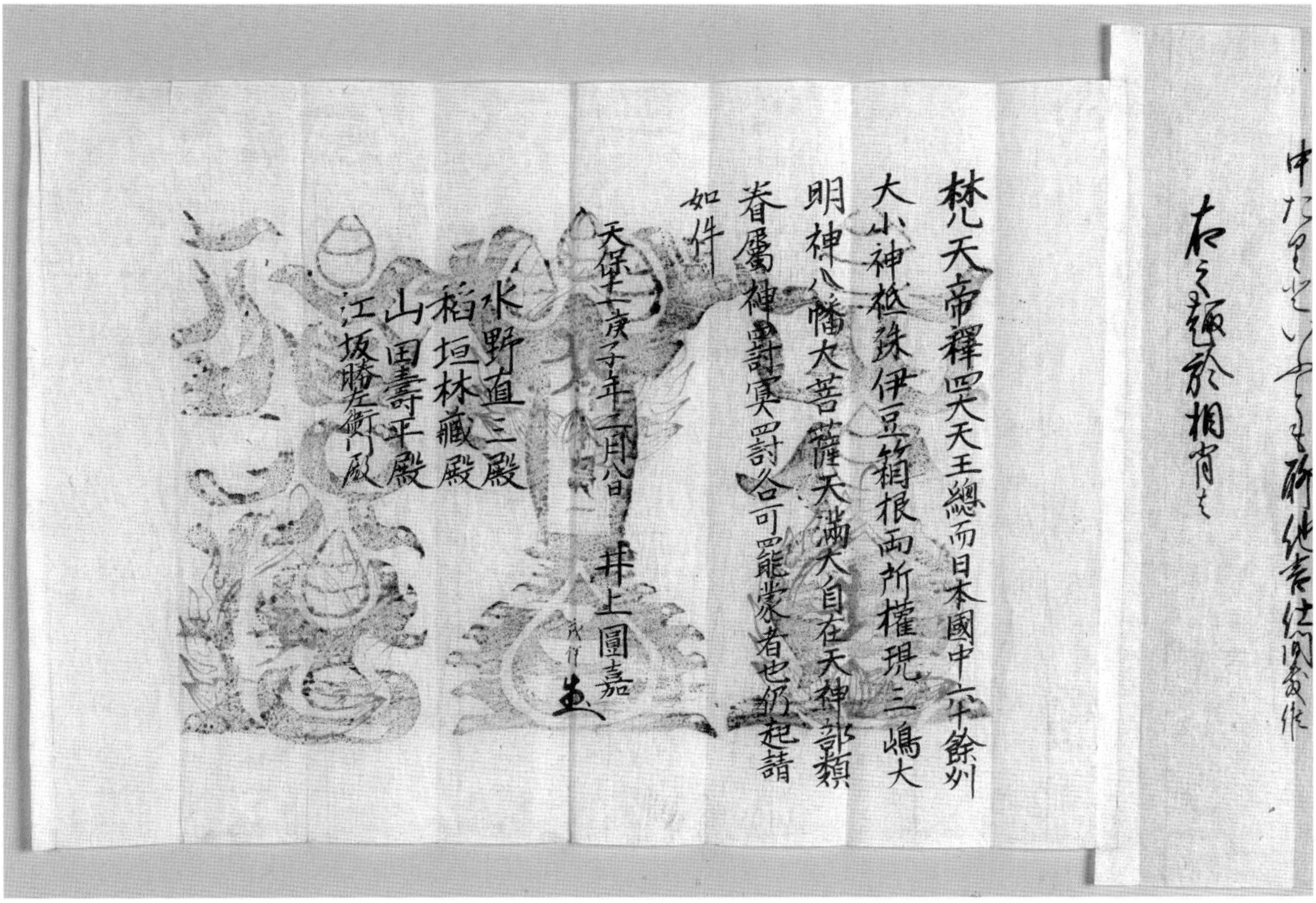

〈第二紙　熊野本宮牛玉宝印　二四・三×三四・四糎〉

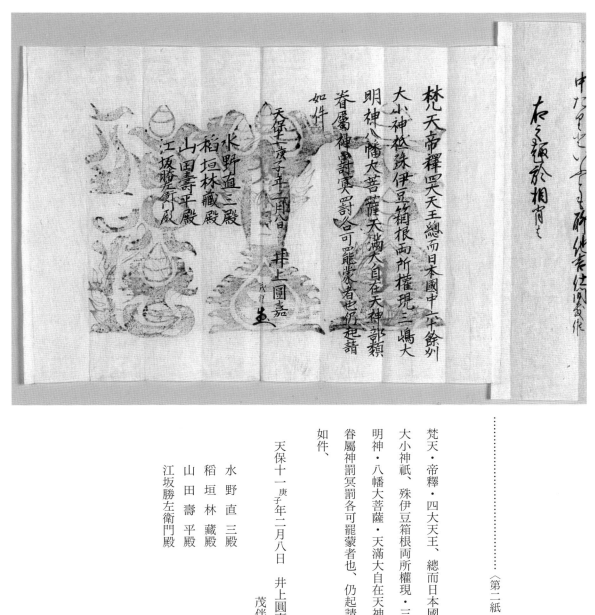

梵天・帝釋・四大天王、總而日本國中六十餘州
大小神祇、殊伊豆箱根両所權現・三嶋大
明神・八幡大菩薩・天滿大自在天神・部類
眷屬神罰冥罰各可罷蒙者也、仍起請
如件、

天保十一庚子年二月八日　井上圓嘉
茂伴（血判・花押）

水野直三殿
稲垣林藏殿
山田壽平殿
江坂勝左衛門殿

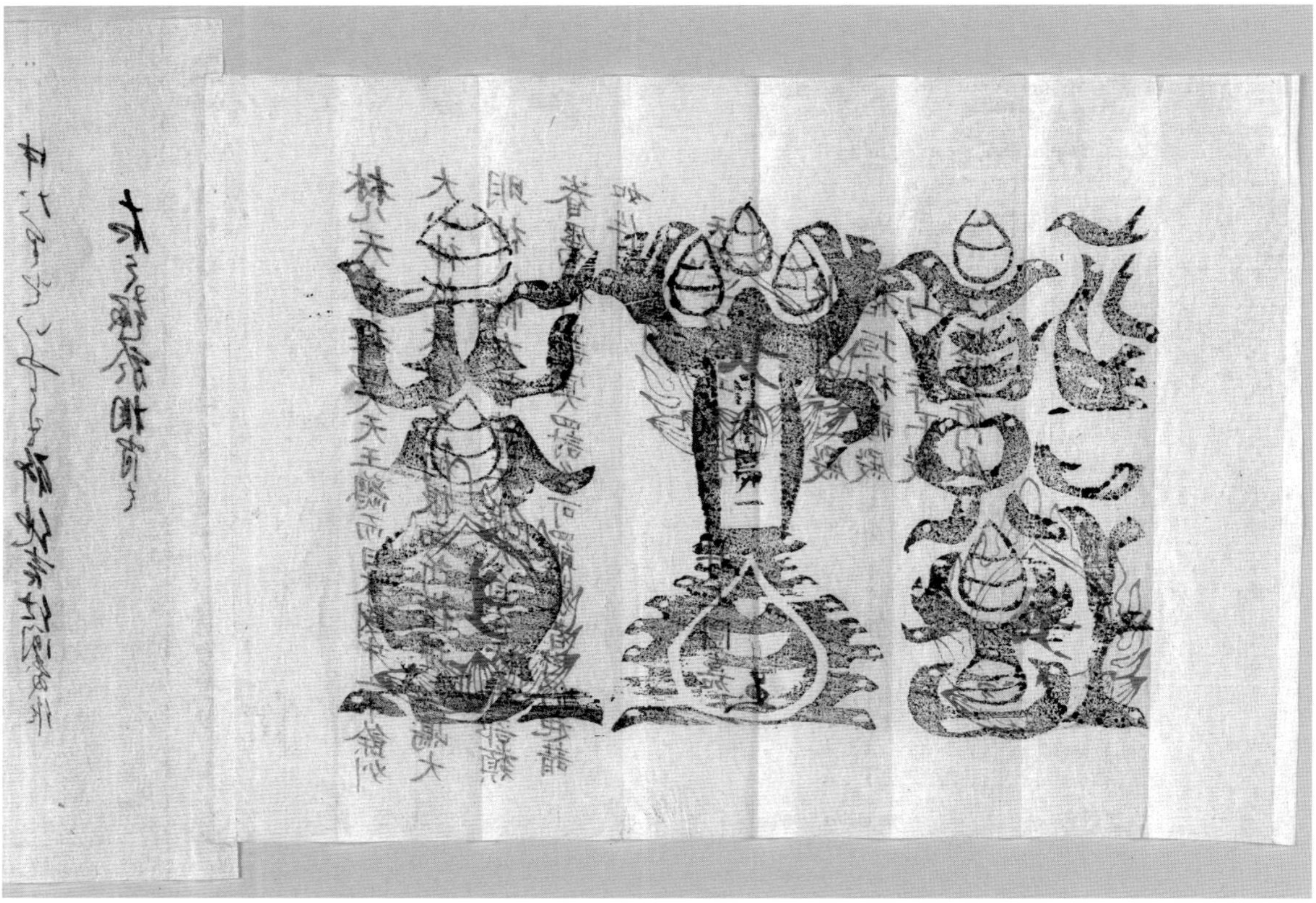

三七、鳥居角斎他起請文案断簡

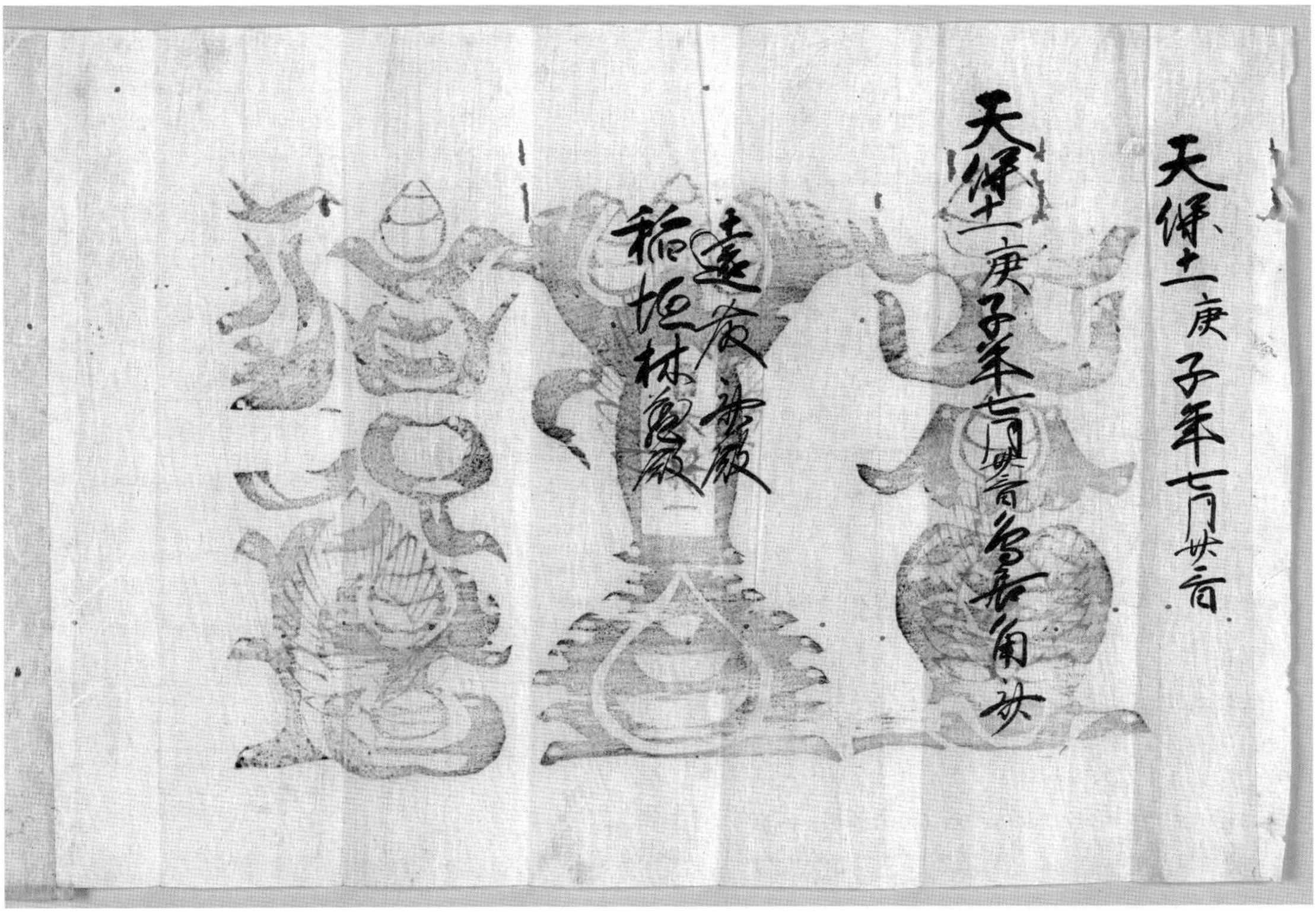

（前欠）

〈第一紙　熊野本宮牛玉宝印　二四・五×三四・五糎〉

天保十一庚子年七月廿三日

天保十一庚子年七月廿三日　鳥居角斎

遠　藤　斎殿

稲垣林藏殿

〈紙継目〉

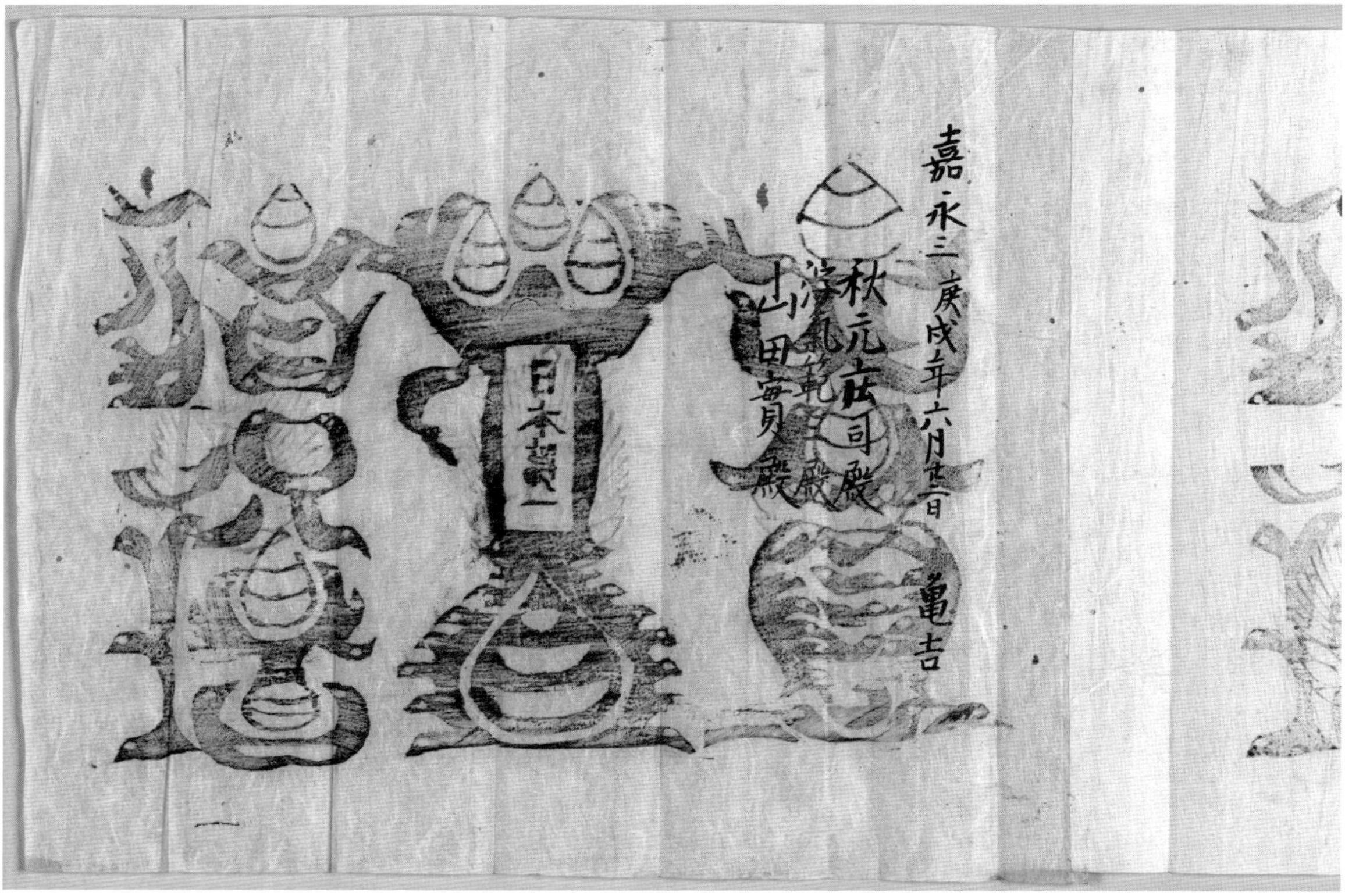

〈第二紙　熊野本宮牛玉宝印　二四・七×三一・三糎〉

嘉永三庚戌年六月廿二日　亀吉

秋元庄司殿
浮氣範三殿
山田　實殿

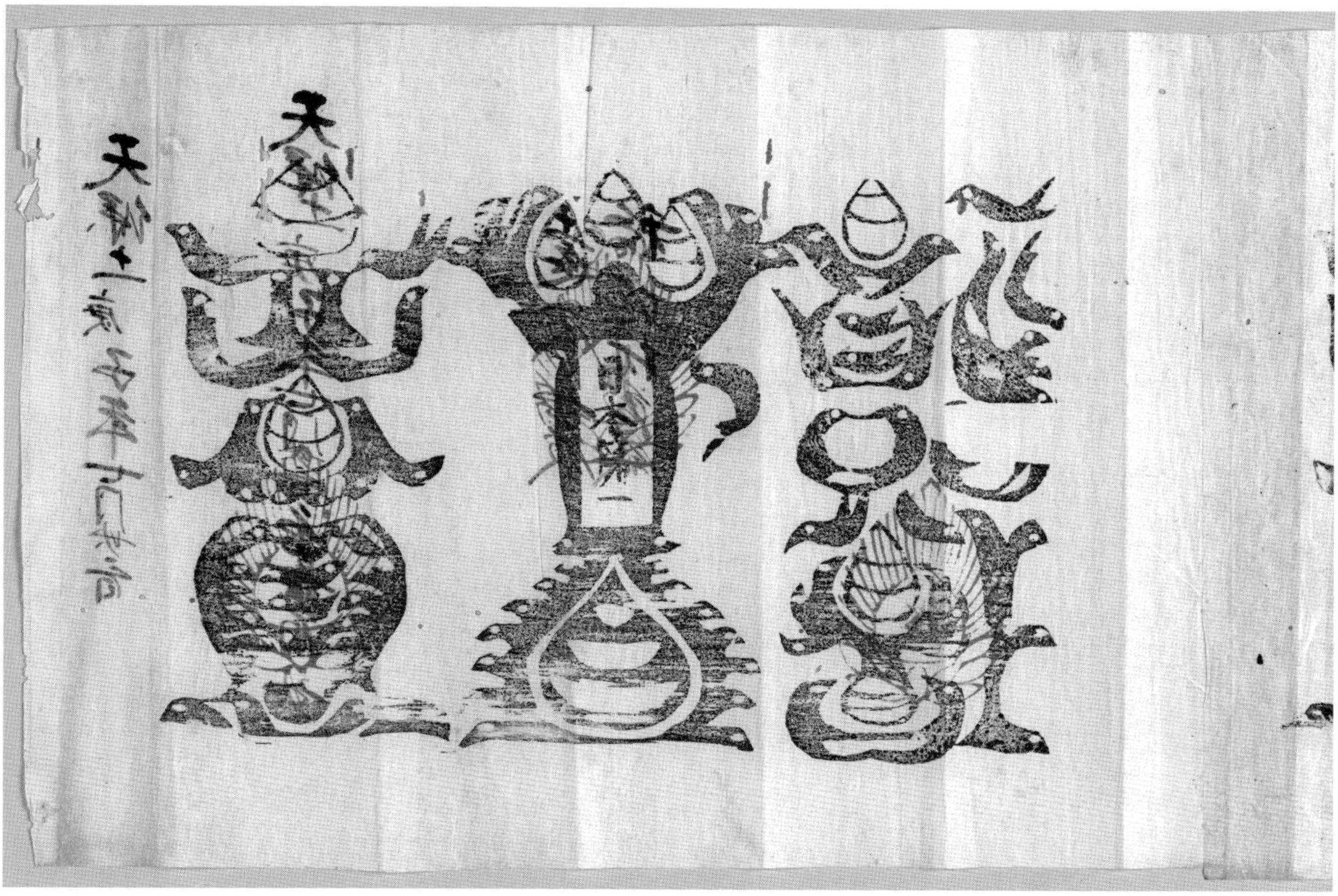

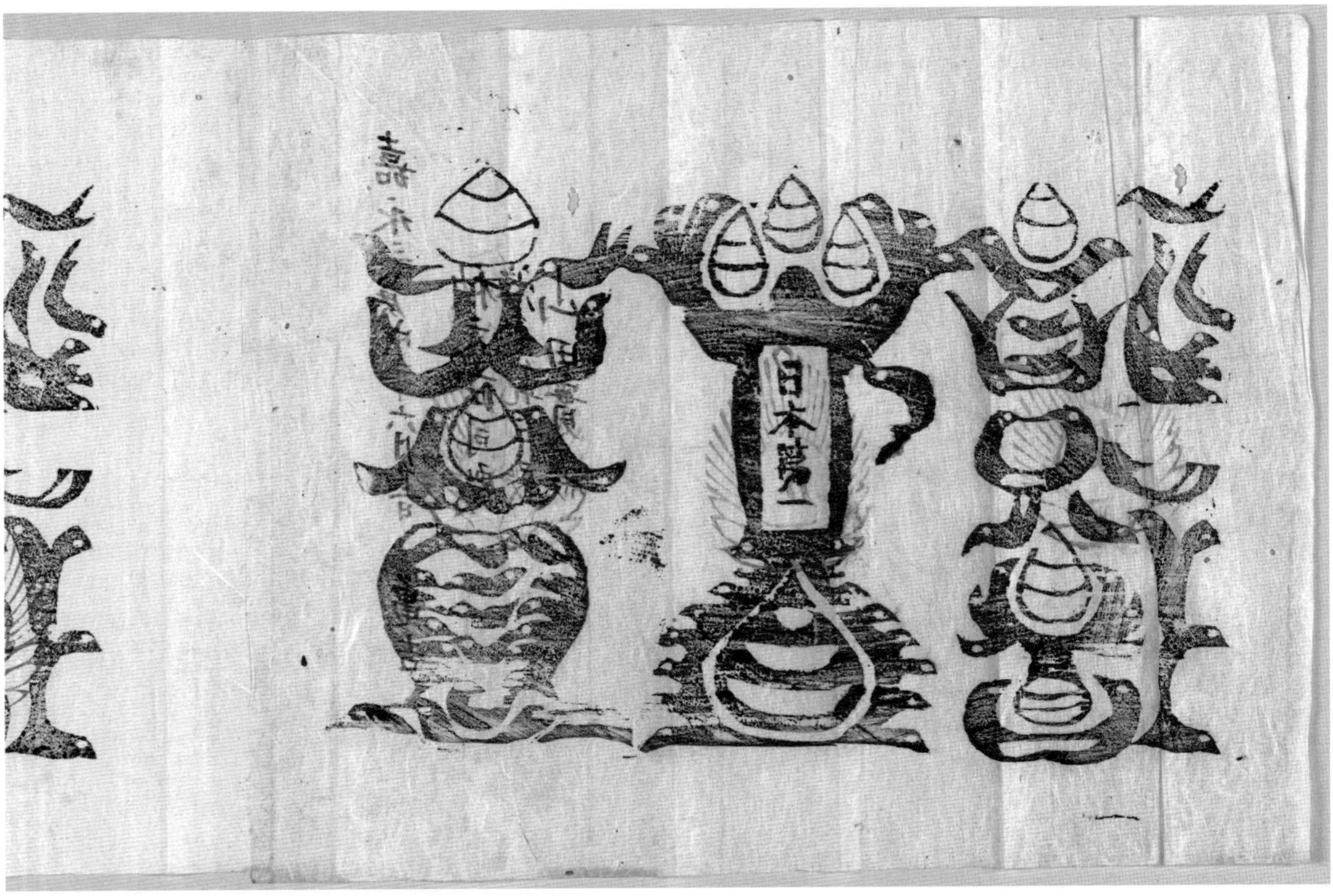
日本第一

三八、甘利六平太他起請文

（包紙ウハ書）
御側坊主加人
御免
御道中御側坊主加人
御免
返誓紙
御徒士勤ゟ加人
甘利六平太
岩本六郎

〔本文書に、以下三葉の貼紙あり。おそらく前書冒頭に貼付されたものであろう。〕

（貼紙・上）
御徒士勤被
仰付

（貼紙・中）
御道中御側坊主加人被成

（貼紙・下）
御側坊主加人被成
御免

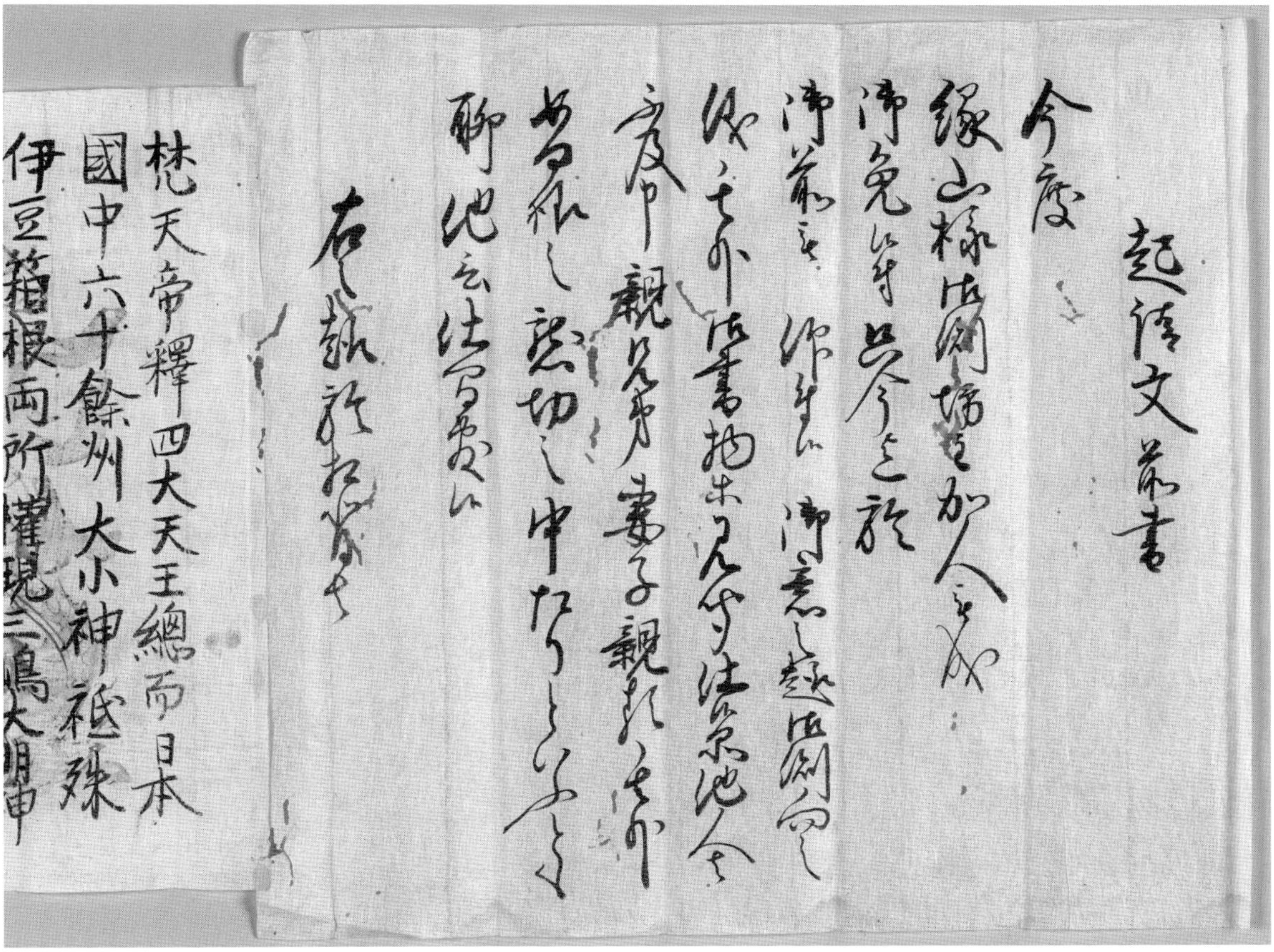
起請文前書
今度
縁山様御側坊主加人被成
御免候付、只今迄於
御前被　仰付候　御意之趣・御側向之
儀、其外御書物等見聞仕候品、他人は
不及申、親兄弟妻子親類其外
如何様之懇切之中たりといふとも、
聊他言仕間敷候、
右之趣於相背は、
梵天帝釋四大天王總而日本
國中六十餘州大小神祇殊
伊豆箱根両所權現三嶋大明神

起請文前書

……………………〈第一紙　二七・六×三〇・一糎〉

今度

縁山様御側坊主加人被成

御免候付、只今迄於

御前被　仰付候　御意之趣・御側向之

儀、其外御書物等見聞仕候品、他人は

不及申、親兄弟妻子親類其外

如何様之懇切之中たりといふとも、

聊他言仕間敷候、

右之趣於相背は、

……………………〈紙継目〉

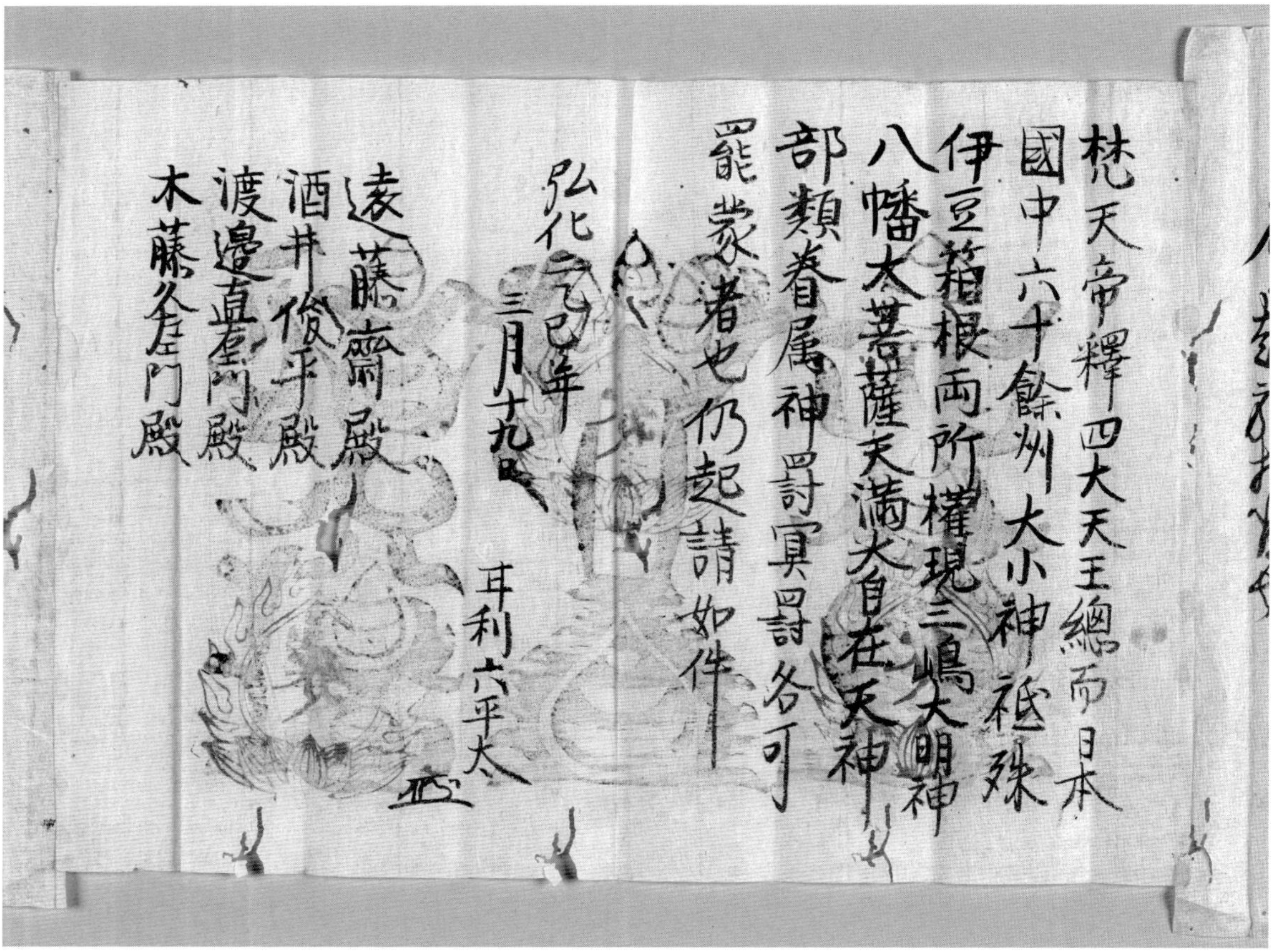

〈第二紙　熊野本宮牛玉宝印　二四・三×三四・五糎〉

梵天・帝釋・四大天王、總而日本
國中六十餘州大小神祇、殊
伊豆箱根両所權現・三嶋大明神・
八幡大菩薩・天滿大自在天神・
部類眷属神罰冥罰各可
罷蒙者也、仍起請如件、

弘化二乙巳年
三月十九日　甘利六平太（血判・花押）

遠　藤　齋殿
酒　井　俊　平殿
渡邉直右ヱ門殿
木藤久左ヱ門殿

〈紙継目〉

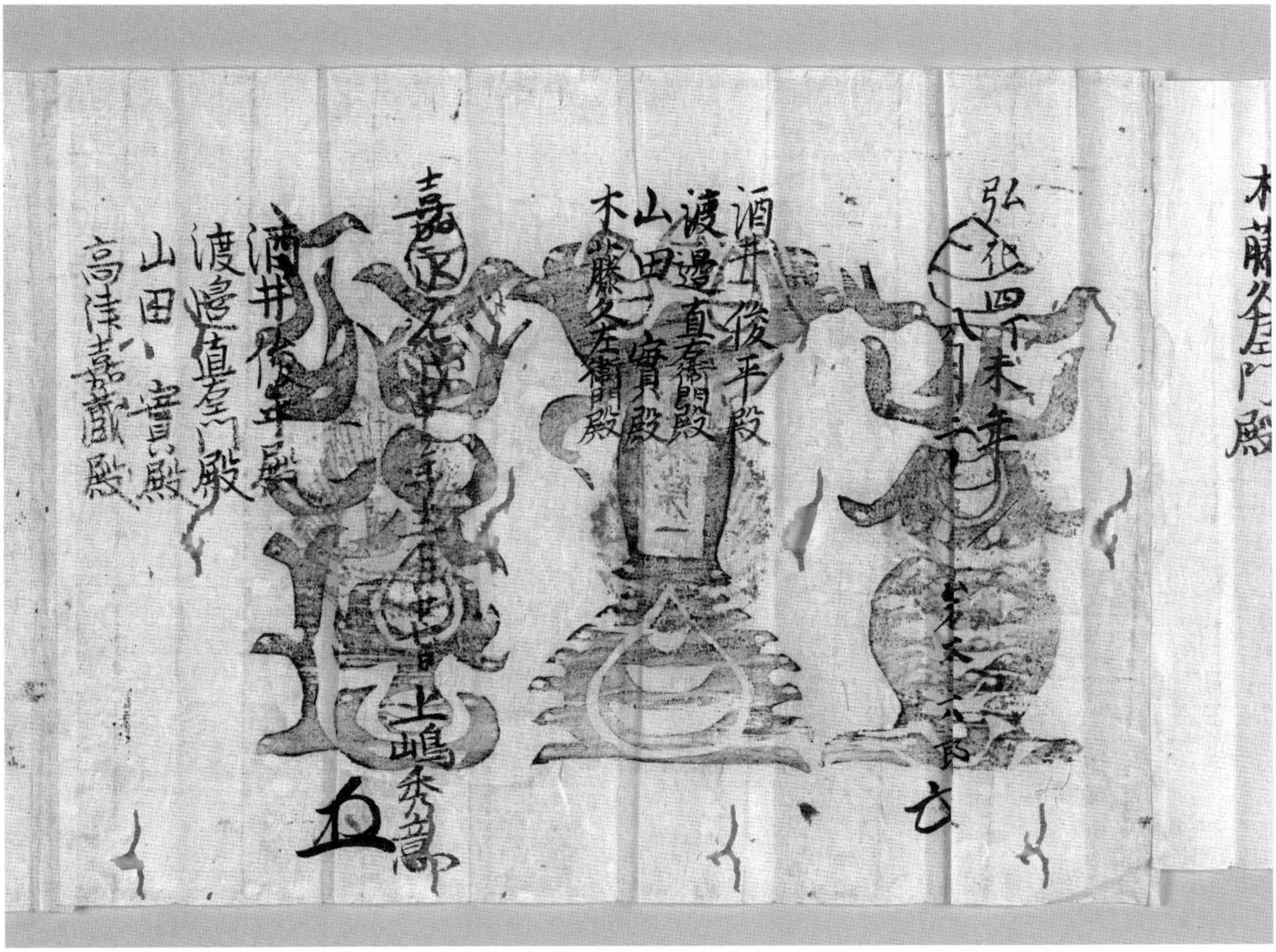

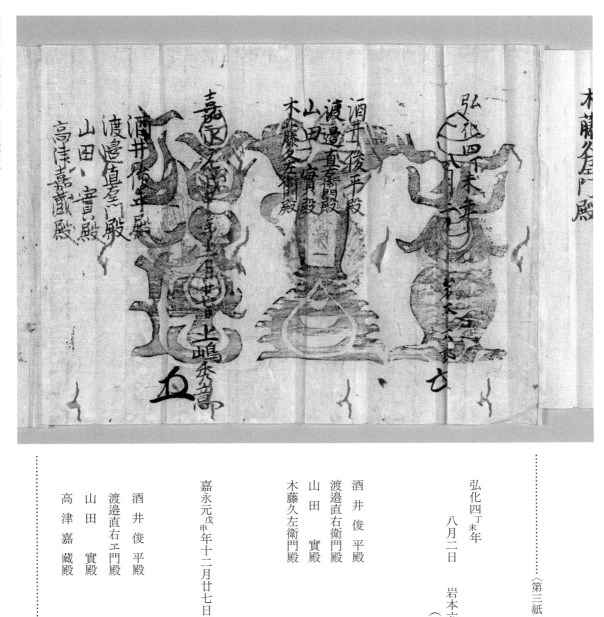

〈第三紙　熊野本宮牛玉宝印　二五・三×三三・七糎〉

弘化四丁未年

八月二日　岩本六郎

（血判・花押）

酒井俊平殿

渡邉直右衛門殿

山田　實殿

木藤久左衛門殿

嘉永元戊申年十二月廿七日　上嶋秀意

（血判・花押）

酒井俊平殿

渡邉直右ヱ門殿

山田　實殿

高津嘉藏殿

〈紙継目〉

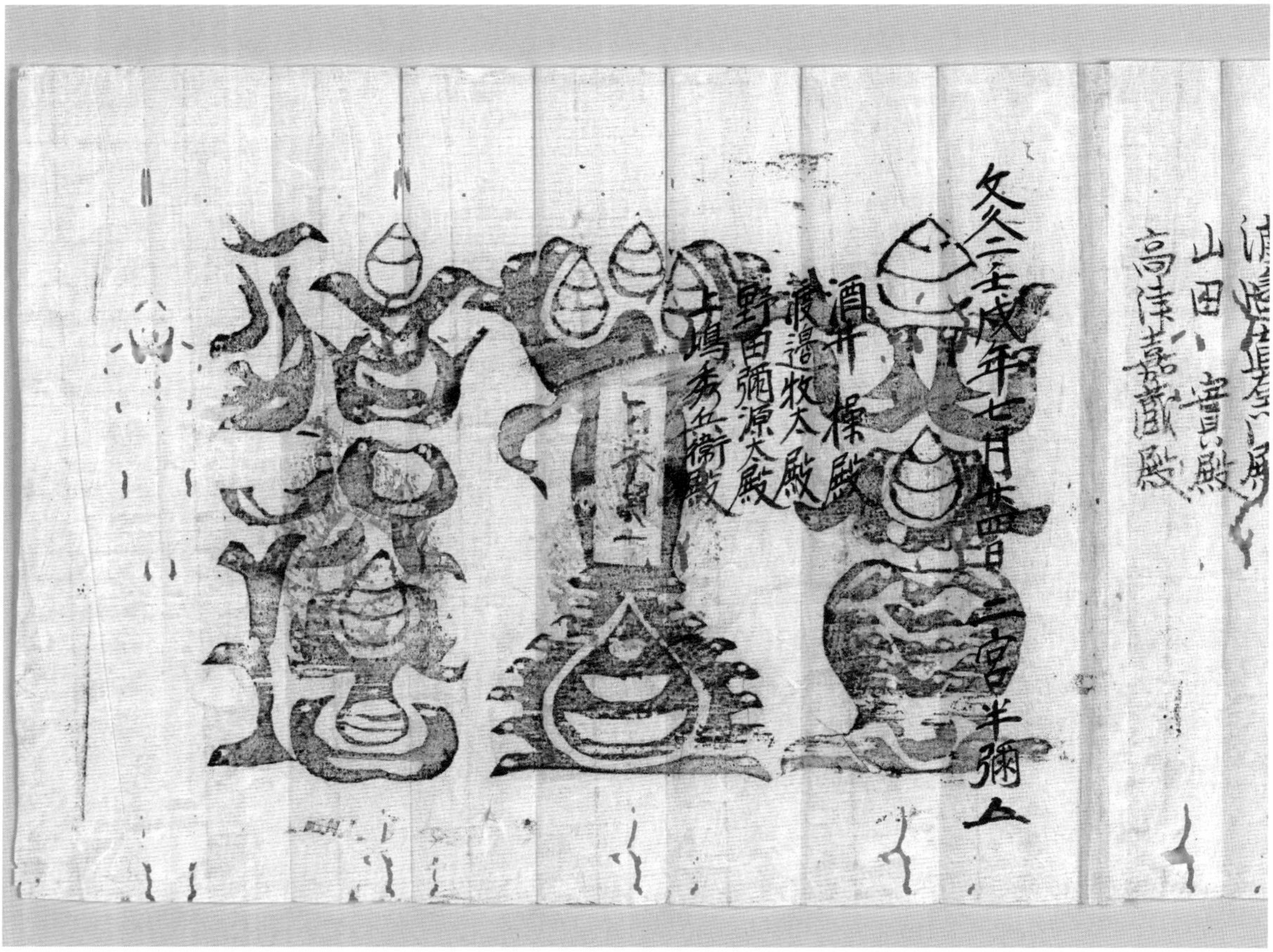

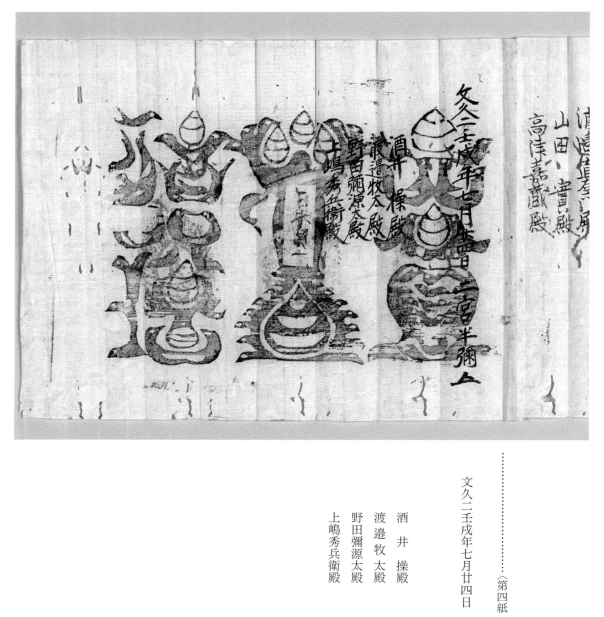

〈第四紙　熊野本宮牛玉宝印　二五・三×三三・八糎〉

文久二壬戌年七月廿四日　二宮半彌（血判・花押）

酒　井　操殿
渡邉牧　太殿
野田彌源太殿
上嶋秀兵衛殿

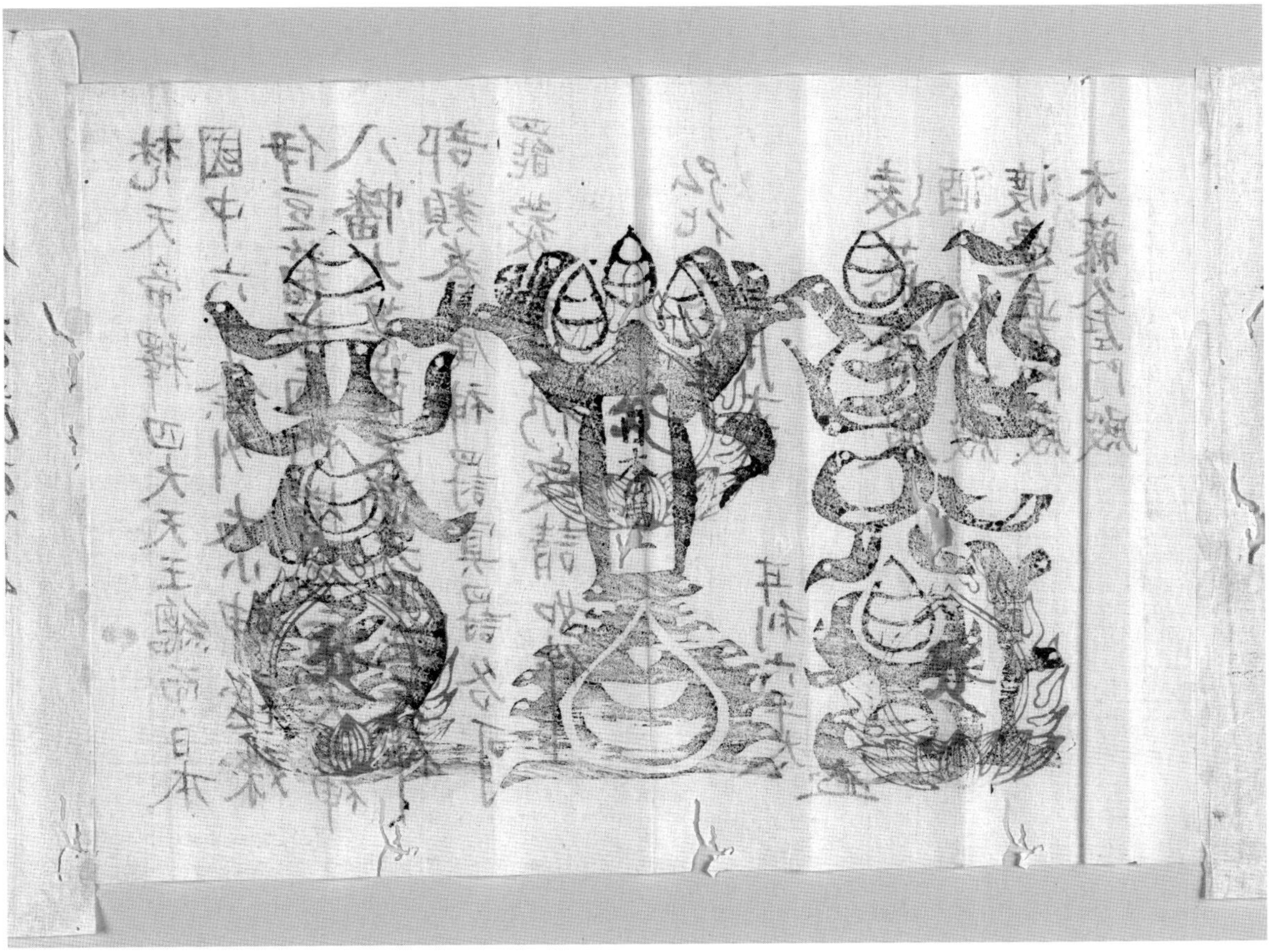

三九、安達彌吉起請文

（包紙ウハ書）

誓詞

安政二乙夘年六月十五日

御側坊主

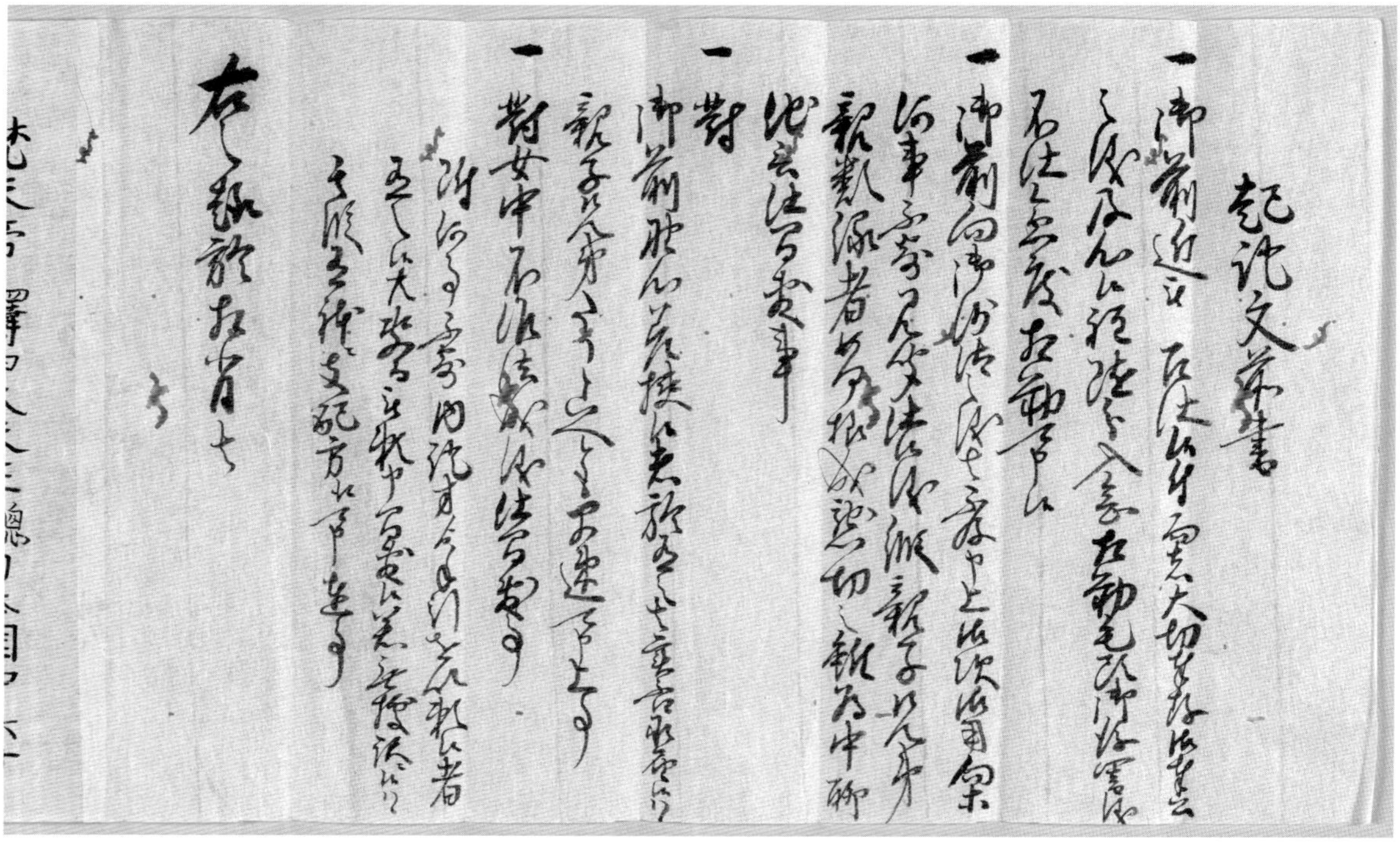

〈第一紙　二四・六×三九・二糎〉

起證文前書

一　御前近被　召仕候付而者、大切奉存、御奉公之儀及心候程随分入念相勤、毛頭御後闇儀不仕、急度相勤可申候、

一　御前向御沙汰之儀は不及申上、御次御用向等何事不寄見聞仕候儀、縦親子兄弟親類縁者如何様成懇切之雖為中、聊他言仕間敷事、

一　對

御前璧心差挟候者於有之は、実否承届候ハヽ、親子兄弟たりといへとも早速可申上事、

一　對女中不作法成儀仕間敷事、

附、何事不寄内證方ゟ手引を以頼候者有之候共、決而被頼申間敷候、若無據訳ニ候ハヽ、其段有躰ニ支配方江可申達事、

右之趣於相背は、

〈紙継目〉

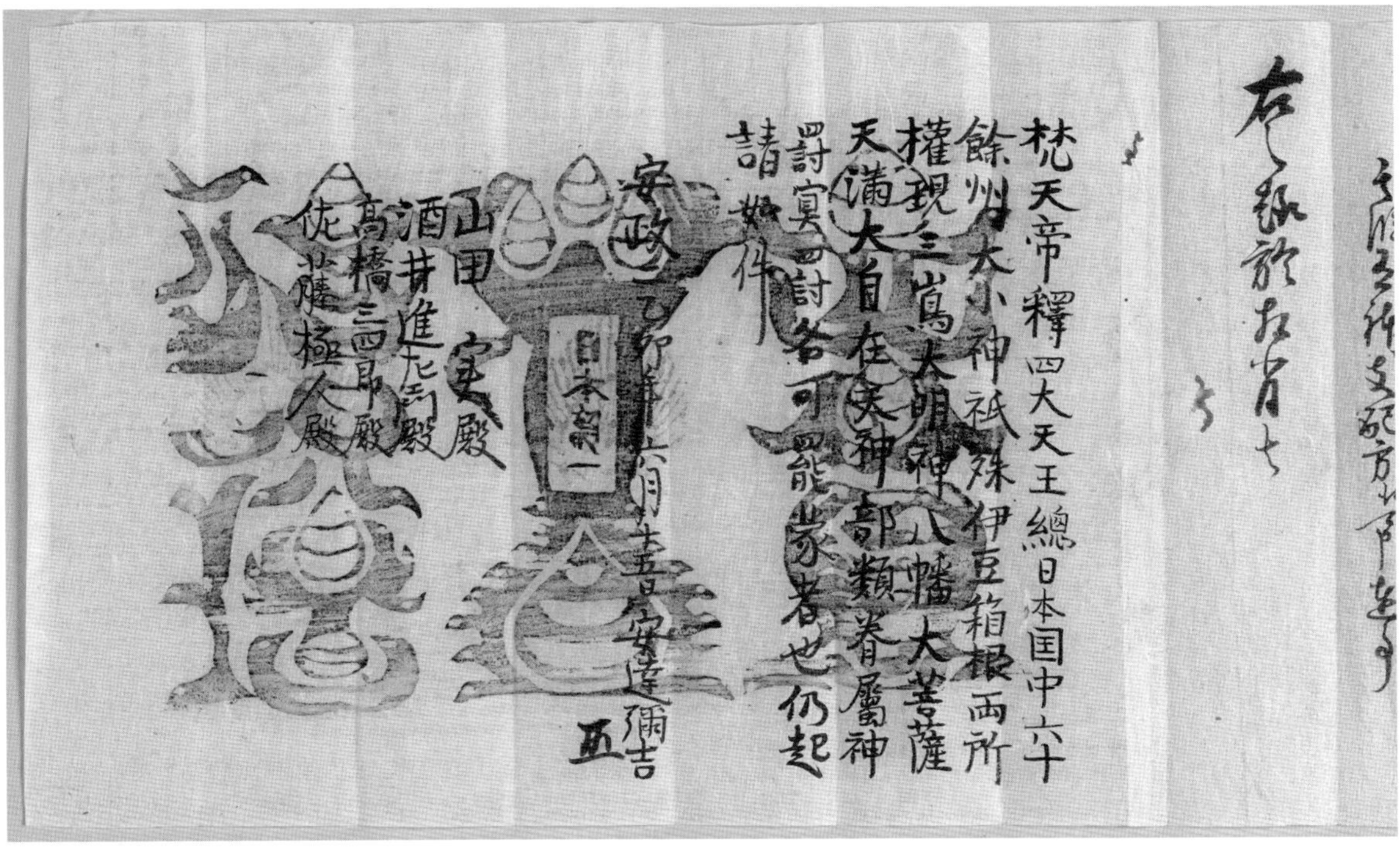

〈第二紙　熊野本宮牛玉宝印　二四・五×三三・六糎〉

梵天・帝釋・四大天王、總日本国中六十
餘州大小神祇、殊伊豆箱根両所
權現・三嶌大明神・八幡大菩薩・
天滿大自在天神・部類眷屬神
罰冥罰各可罷蒙者也、仍起
請如件、

安政二乙卯年六月十五日　安達彌吉
（血判・花押）

山田　実殿
酒井進左ヱ門殿
髙橋三四郎殿
佐藤極人殿

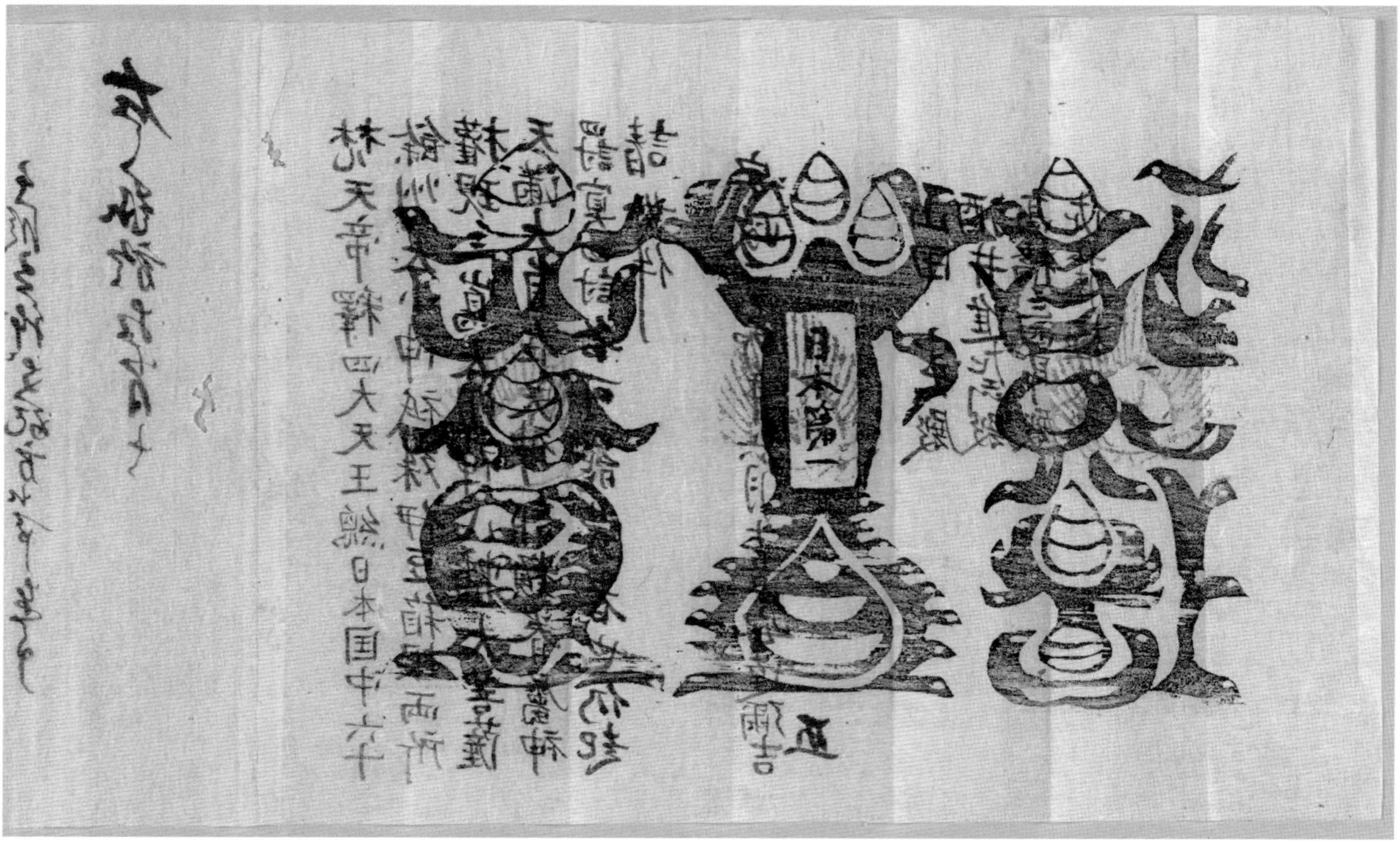
日本第一

四〇、半助他起請文

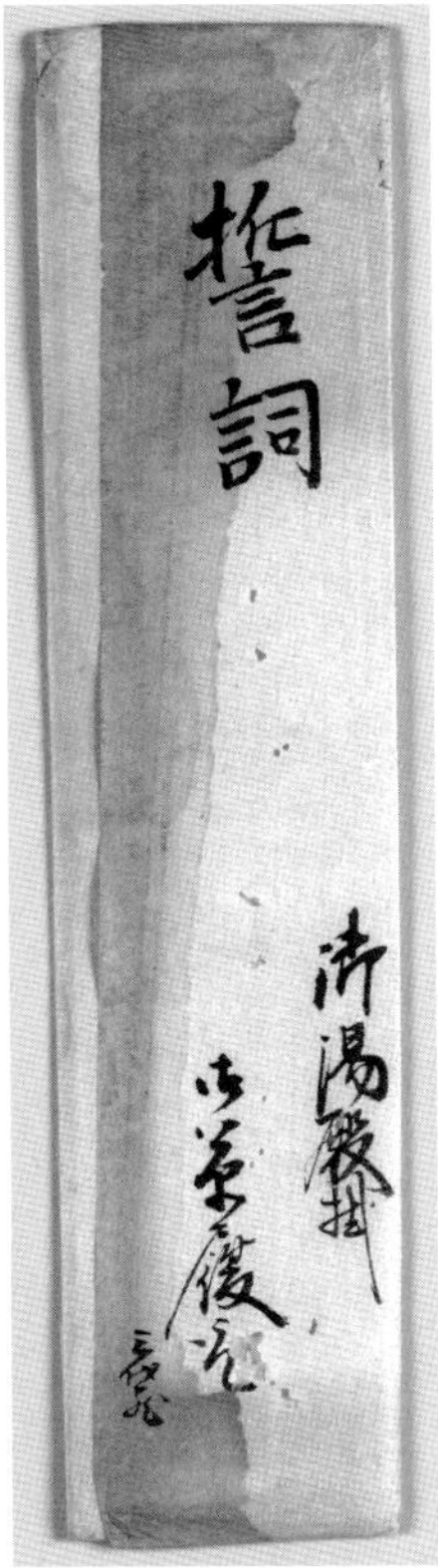

（包紙ウハ書）
誓詞

御湯殿掛
御草履取
三代藏

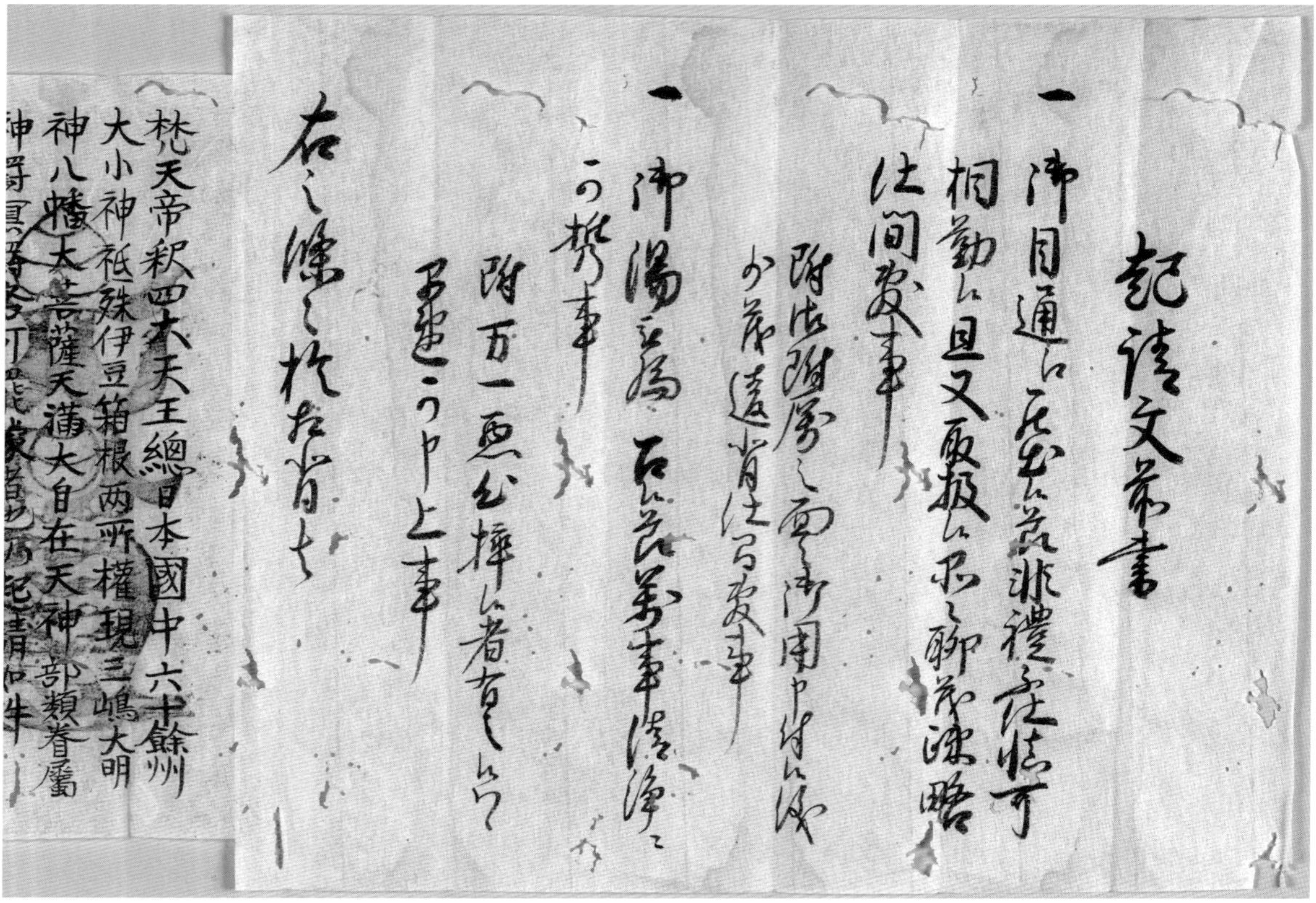

〈第一紙　二七・八×三三・三糎〉

起請文前書

一　御目通江罷出候節、非禮不仕、慎可
相勤候、且又取扱候品々、聊も疎略
仕間敷事、

附、御附属之面々御用申付候儀、
少も違背仕間敷事、

一　御湯被為　召候節、萬事清浄ニ
可携事、

附、万一悪心捽候者有之候ハヽ、
早速可申上事、

右之條々於相背は、

〈紙継目〉

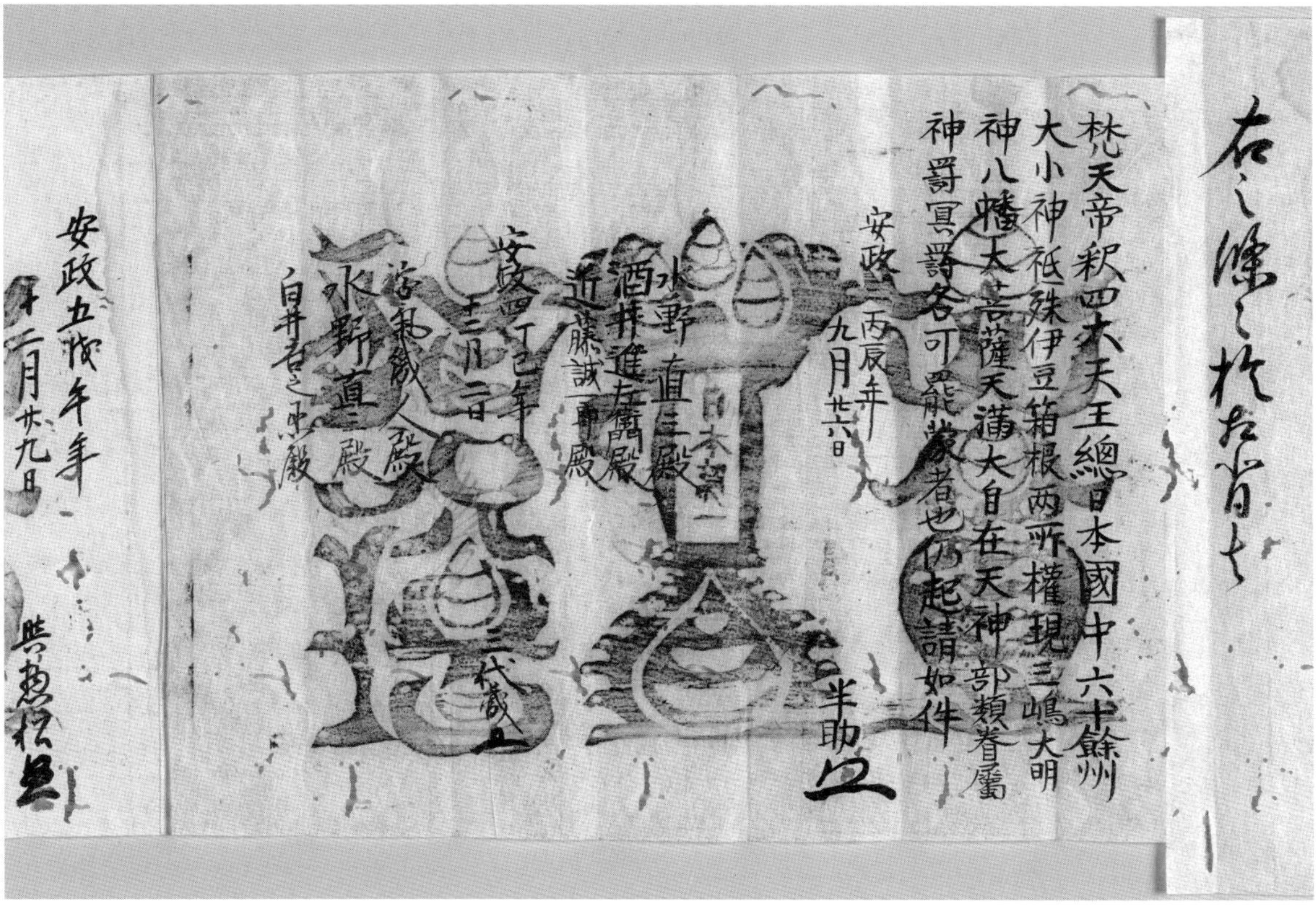

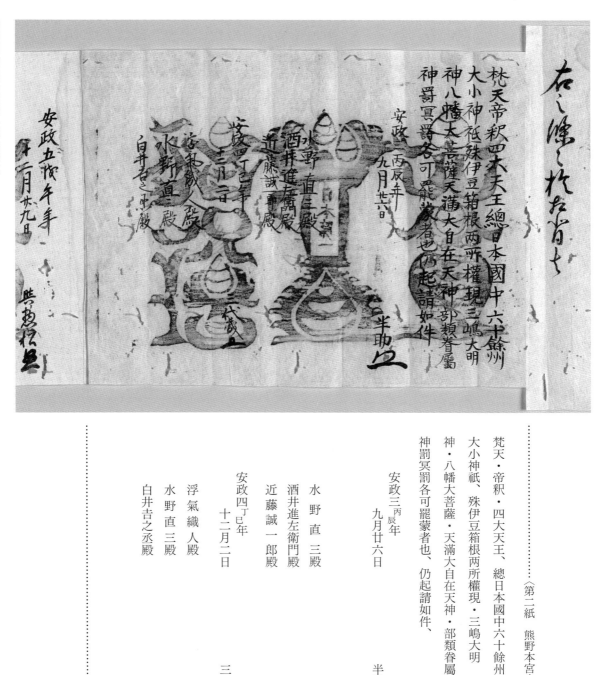

〈第二紙　熊野本宮牛玉宝印　二四・四×三二・二糎〉

梵天・帝釈・四大天王、總日本國中六十餘州
大小神祇、殊伊豆箱根両所權現・三嶋大明
神・八幡大菩薩・天滿大自在天神・部類眷屬
神罰冥罰各可罷蒙者也、仍起請如件、

安政三丙辰年
九月廿六日　　半助（血判・花押）

水野直三殿
酒井進左衛門殿
近藤誠一郎殿

安政四丁巳年
十二月二日　　三代藏（血判・花押）

浮氣織人殿
水野直三殿
白井吉之丞殿

〈紙継目〉

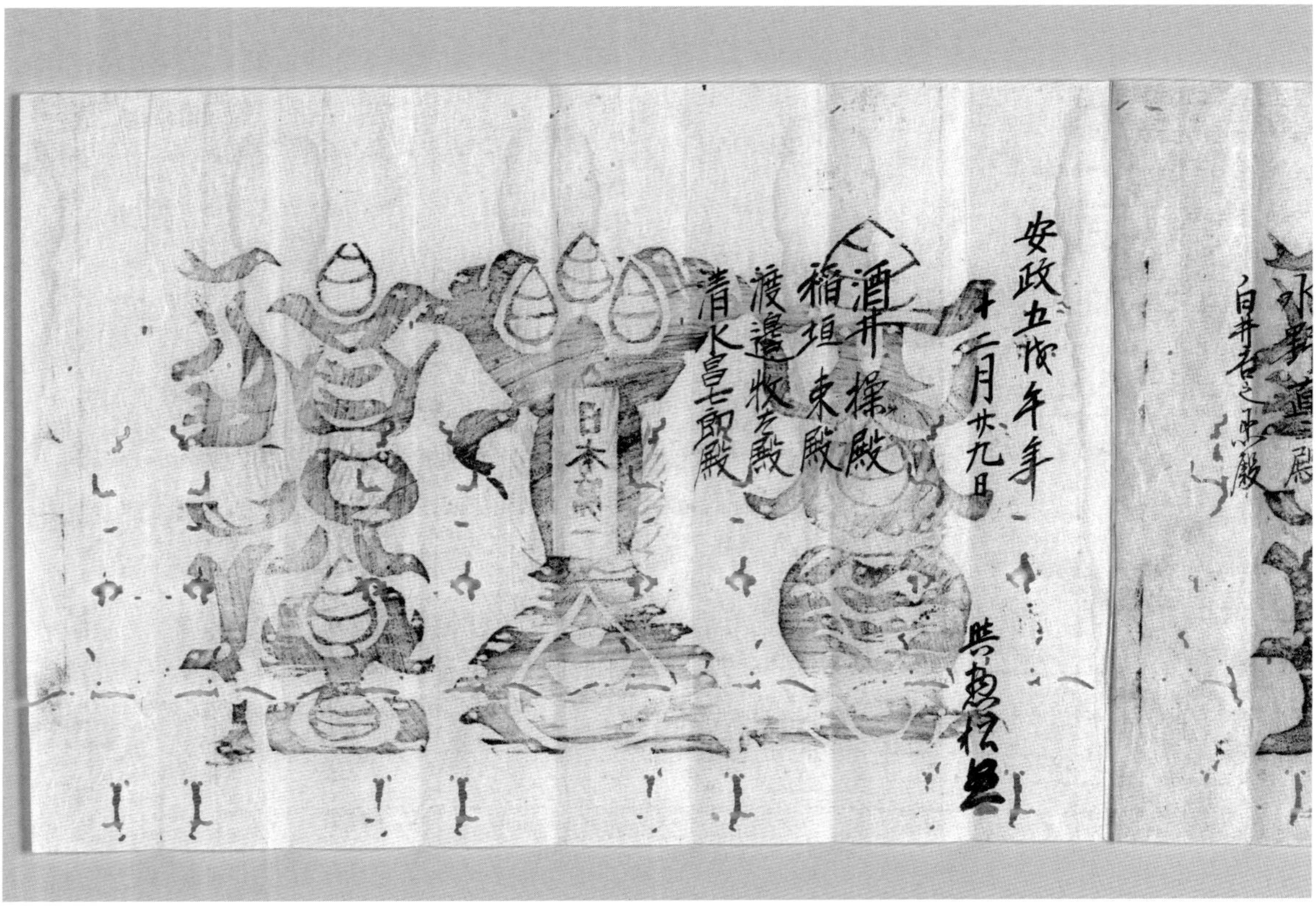

〈第三紙　熊野本宮牛玉宝印　二四・三×三四・三糎〉

安政五戊午年

十二月廿九日　　與惣松（血判・花押）

酒　井　操殿

稲　垣　束殿

渡邉牧　太殿

清水昌七郎殿

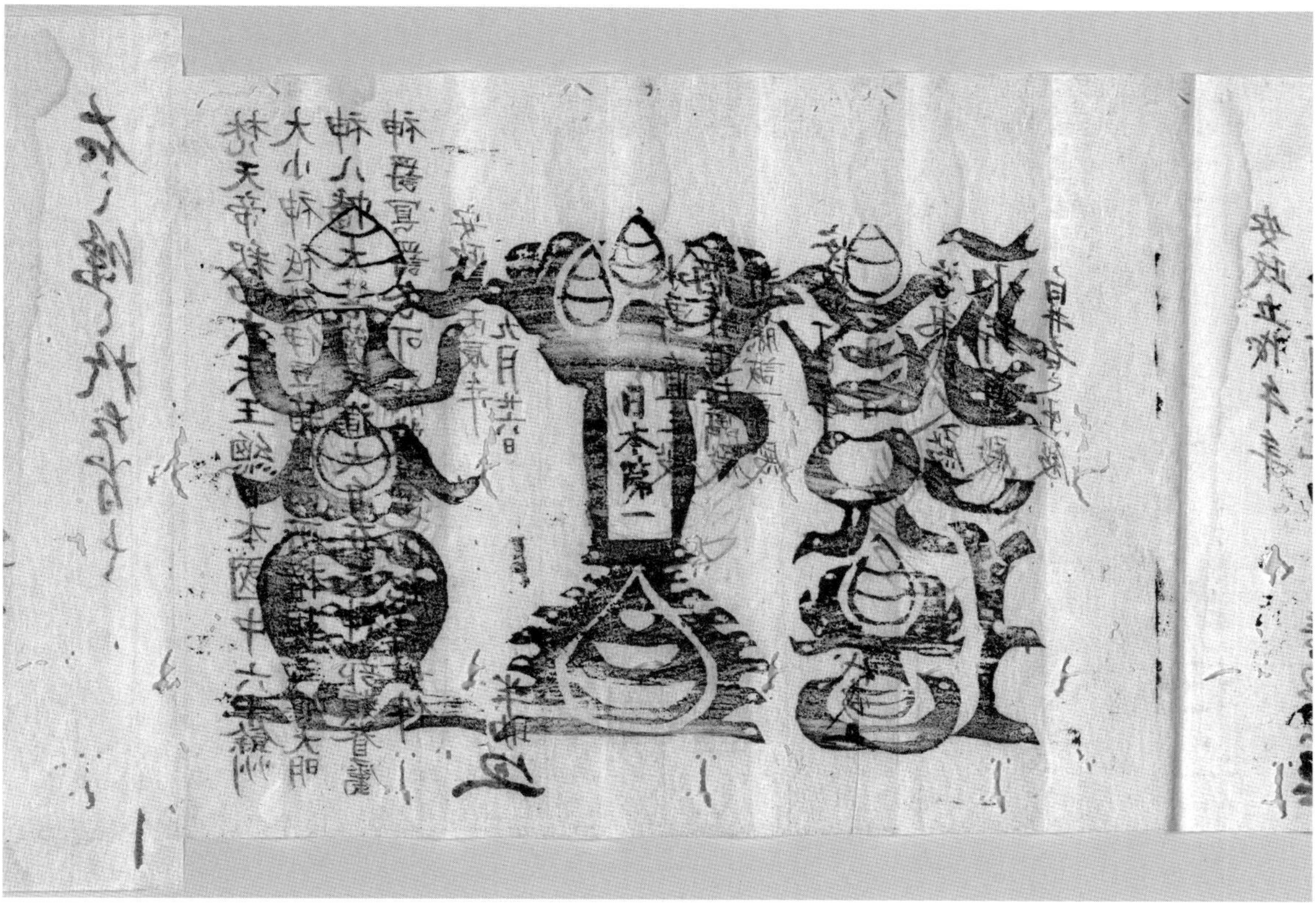

日本第一

四一、二宮半彌起請文

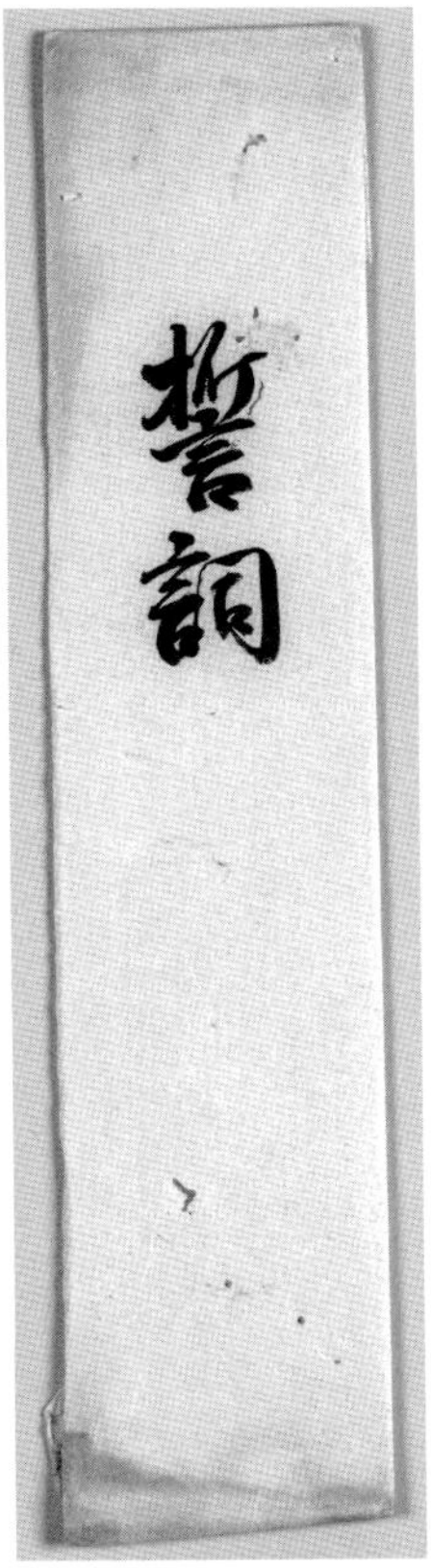

（包紙ウハ書）

誓詞

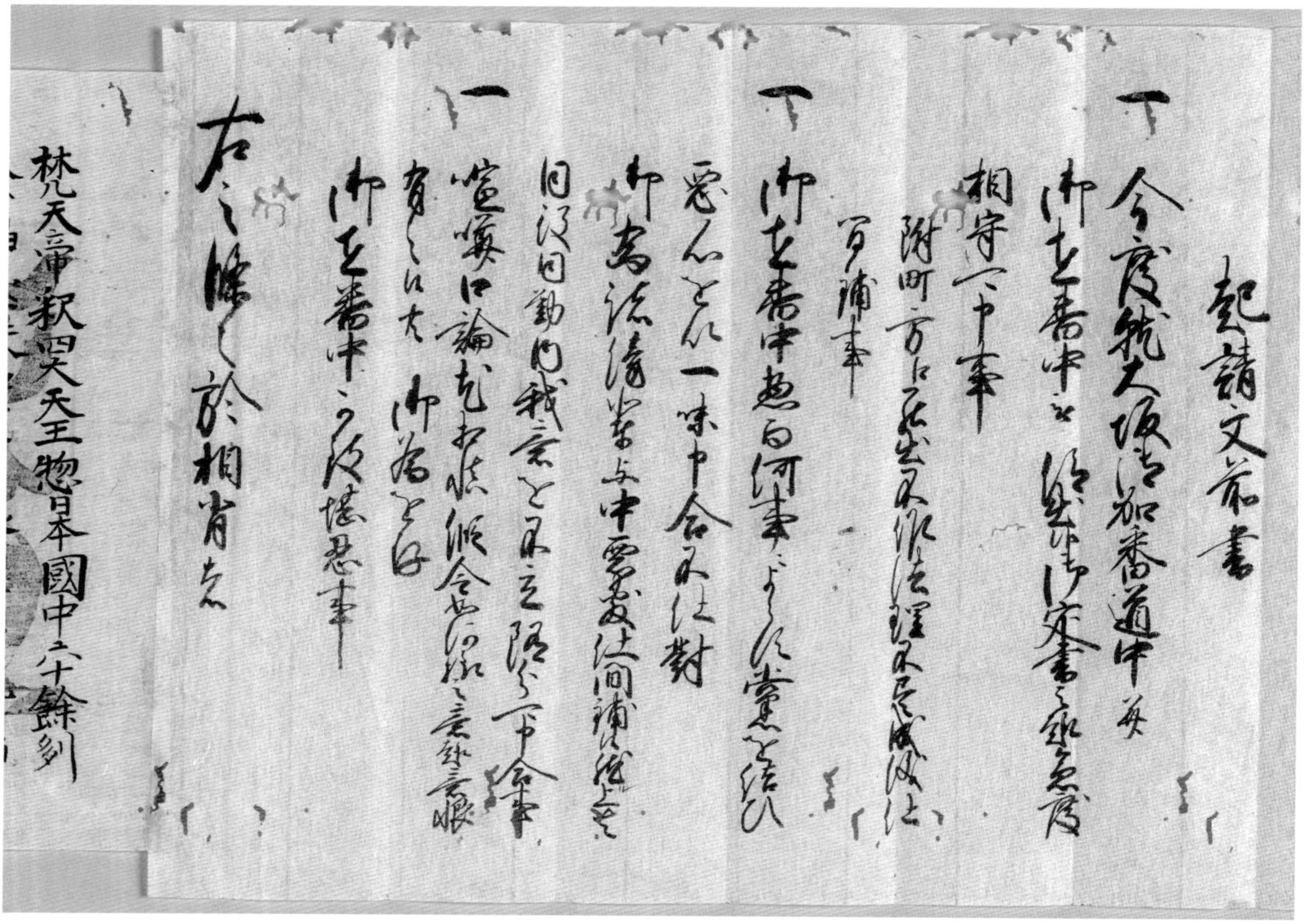

〈第一紙　二七・八×三九・九糎〉

起請文前書

一　今度就大坂御加番、道中并
御在番中被　仰出候御定書之趣、急度
相守可申事、
附、町方江罷出、不作法理不尽成儀仕
間鋪事、

一　御在番中惣而何事ニよらす黨を結ひ
悪心を以一味申合不仕、對
御為諸傍輩与中悪敷仕間鋪候、然ル上は
同役同勤内我意を不立、随分可申合事、

一　喧嘩口論尤相慎、假令如何様之意趣意恨
有之候共、　御為を存、
御在番中可致堪忍事、

右之條々於相背者、

〈紙継目〉

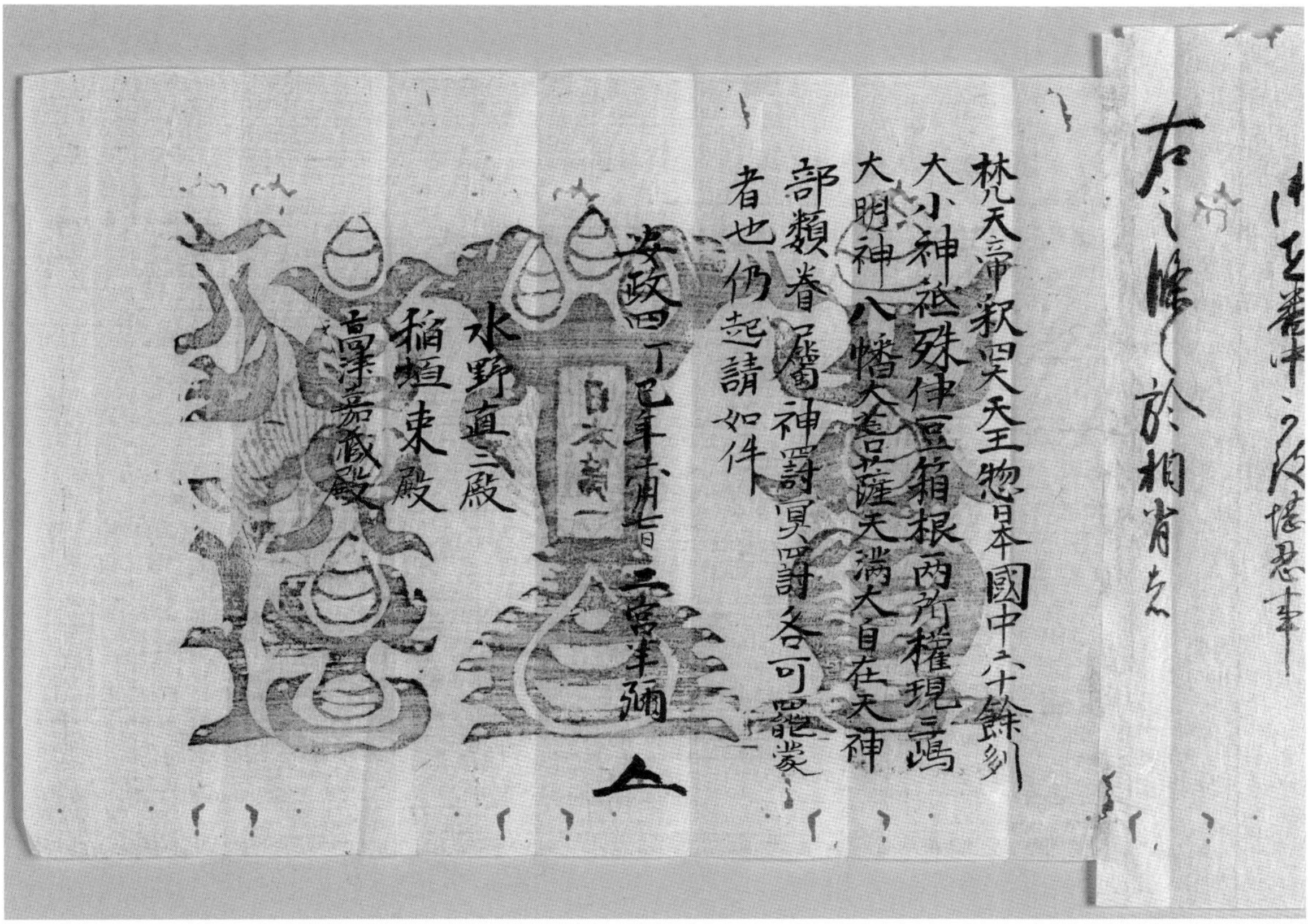

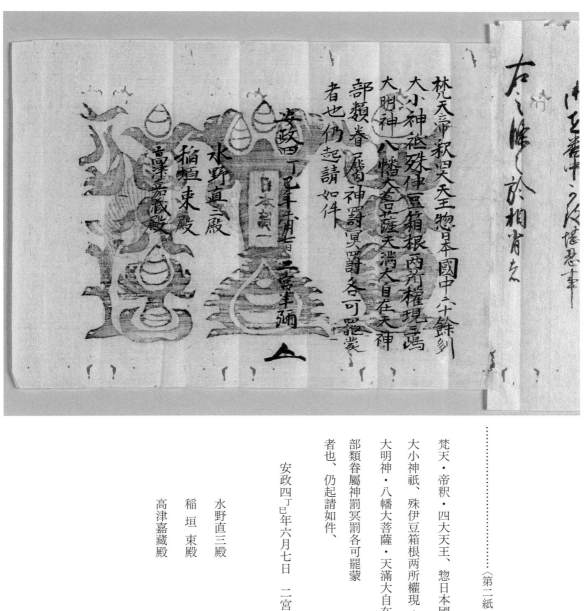

〈第二紙　熊野本宮牛玉宝印　二四・六×三三・八糎〉

梵天・帝釈・四大天王、惣日本國中六十餘州
大小神祇、殊伊豆箱根両所權現・三嶋
大明神・八幡大菩薩・天滿大自在天神・
部類眷屬神罰冥罰各可罷蒙
者也、仍起請如件、

安政四丁巳年六月七日　二宮半彌（血判・花押）

水野直三殿
稲垣　東殿
高津嘉藏殿

四二、大坂加番役起請文前書案

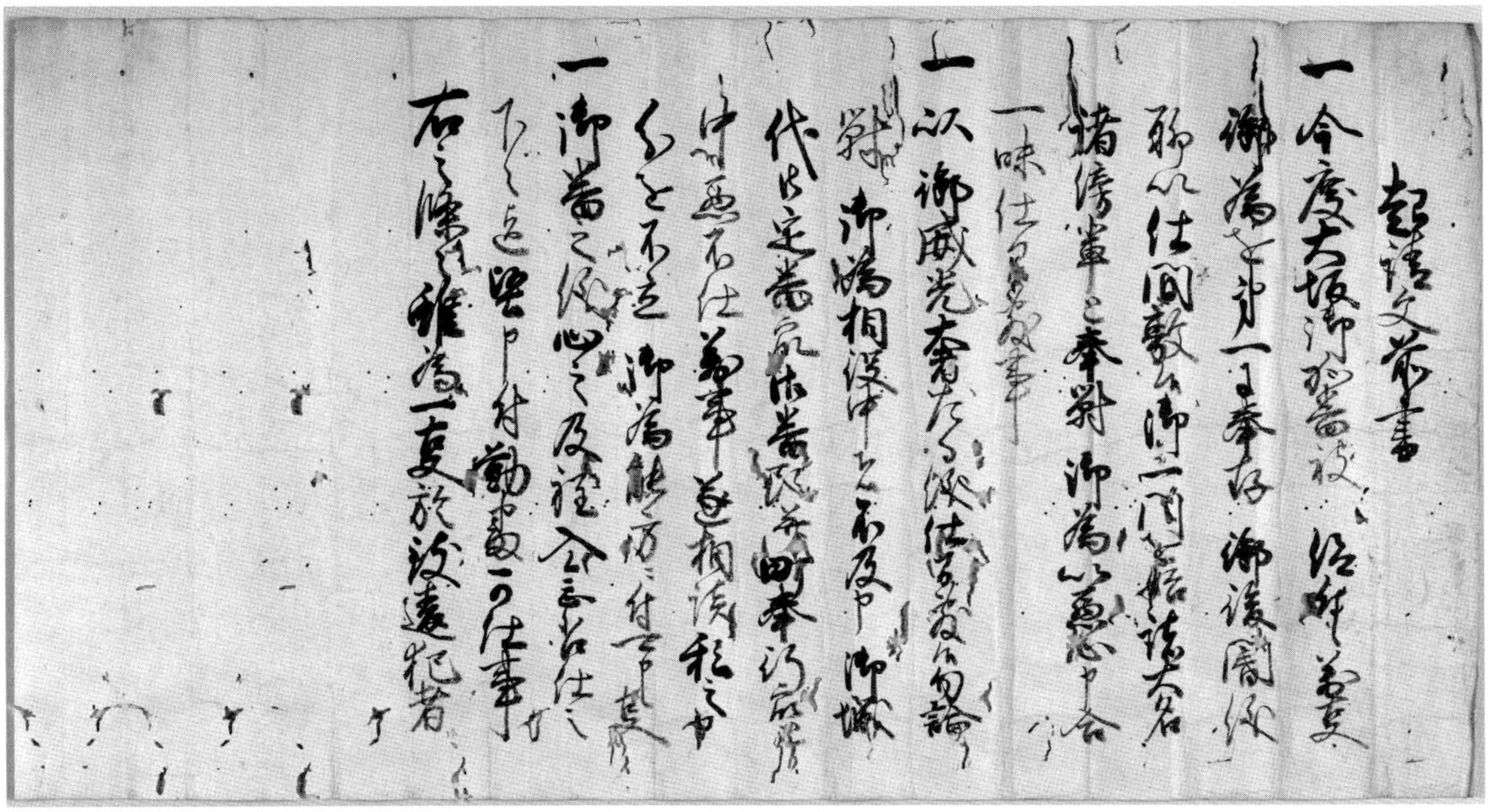

起請文前書

一　今度大坂御加番被　仰付候、萬叓
御為を第一に奉存、御後闇儀
聊以仕間敷候、御一門を始、諸大名・
諸傍輩と奉對　御為、以悪心申合
一味仕間敷事、

一　以　御威光奢たる儀仕間敷候、勿論
對　御為相役中者不及申、御城
代御定番衆・御番頭幷町奉行衆と
中悪不仕、萬事遂相談、私之申
分を不立、　御為能方ニ付可申叓、

一　御番之儀、心之及程入念、召仕之
下々迄堅申付勤番可仕事、
右之條々雖為一叓於致違犯者、

〈第一紙　三〇・七×五六・三糎〉

四三、御勝手附役起請文前書案

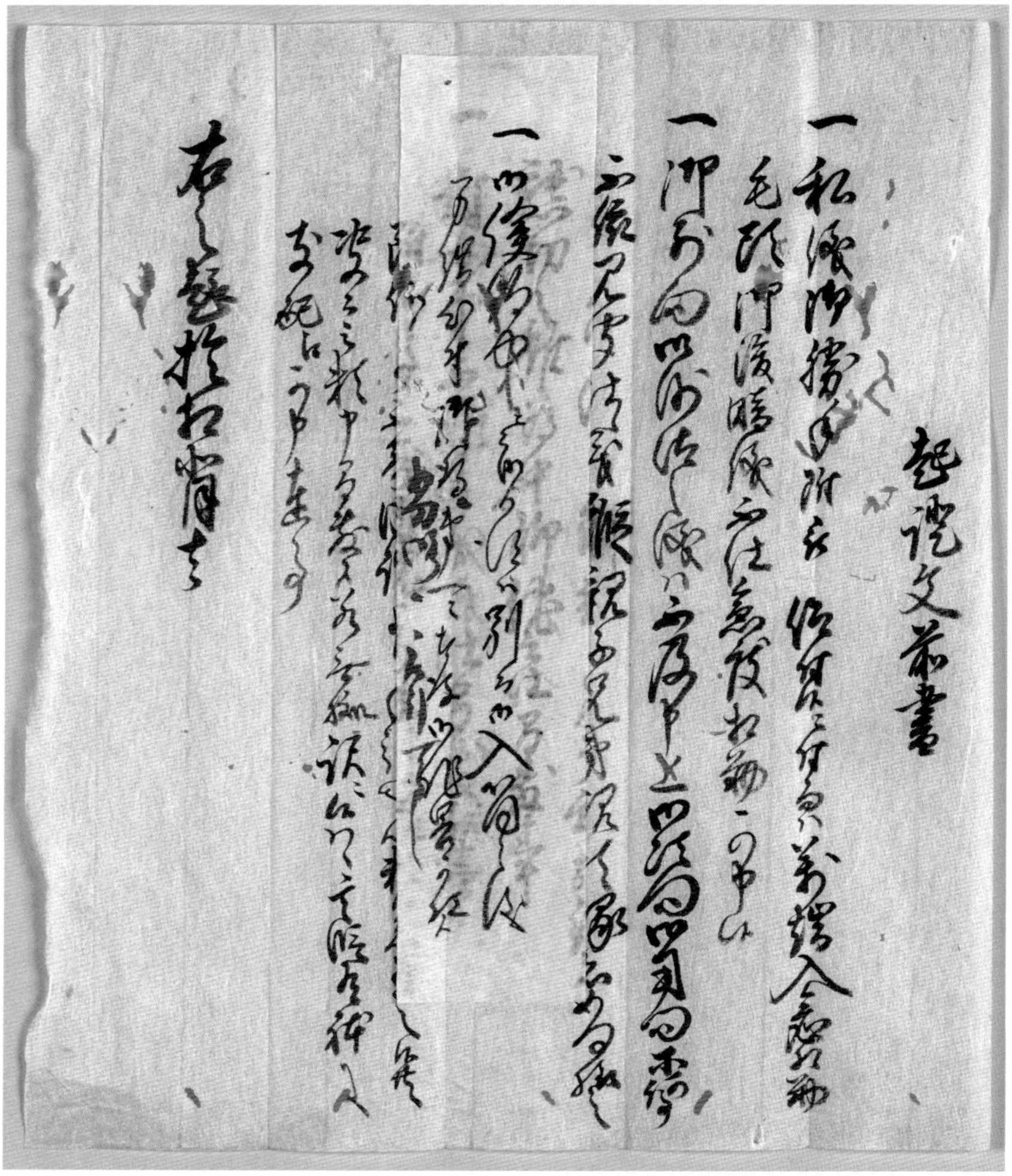

（貼紙）

「一　御倹約中ニも候得ハ、別而御入筒之儀
万端心付御為・第一ニ奉存、御作畧可仕候、
省略・　取引可申候、」

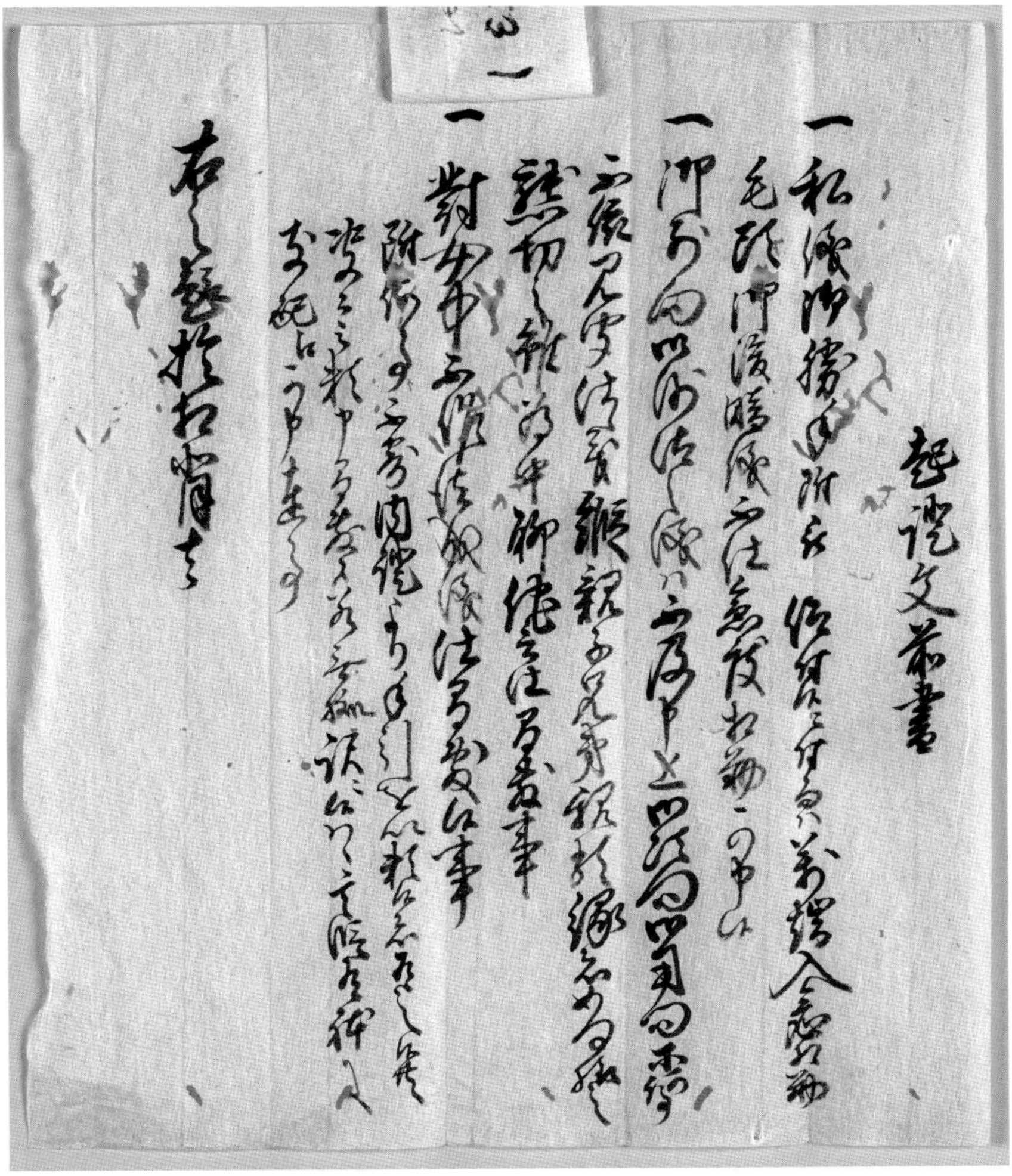

〈第一紙　二八・四×二三・二糎〉

起證文前書

一　私儀御勝手附被　仰付候ニ付而ハ、萬端入念相勤、
毛頭御後暗儀不仕、急度相勤可申候、

一　御前向御沙汰之儀ハ不及申上、御次向御用向等何事
不依見聞仕候義、縦親子兄弟親類縁者如何様之
懇切之雖為中、聊他言仕間敷事、

一　對女中不作法成儀仕間敷事、
附、何事不寄内證より手引を以頼候者有之候共、
決而被頼申間敷候、若無拠訳ニ候ハヽ、其段有躰に
支配江可申達事、

右之趣於相背は、

四四、起請文前書案

（包紙ウハ書）
御側坊主誓紙
幷格式誓詞

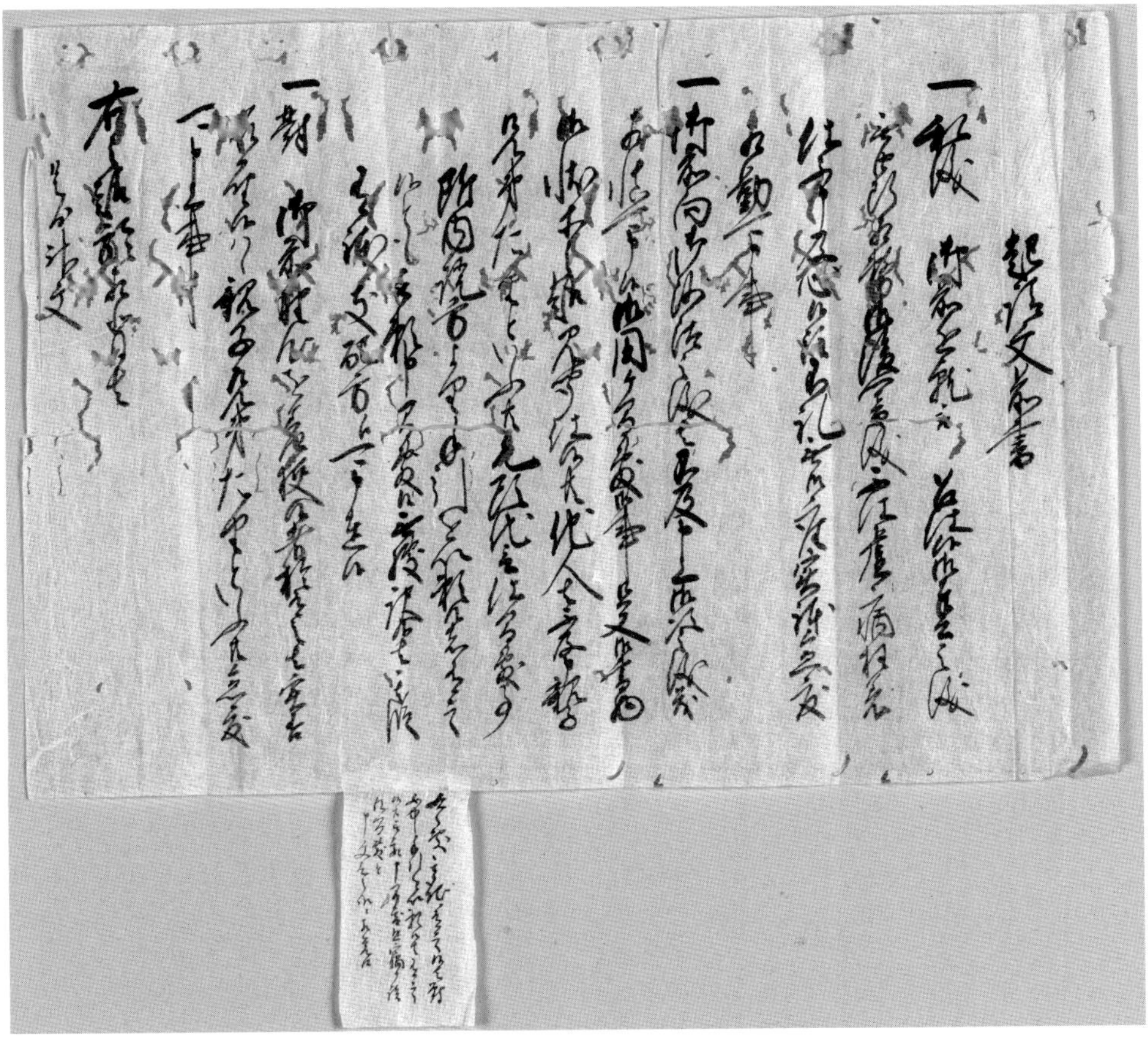

〈第一紙　二四・六×三四・五糎〉

起請文前書

一　私儀　御前近就被　召仕候、御奉公之儀無油断相務、御後闇儀不仕、虚病狂恙仕不申、及心候程不礼無御座、実躰急度相勤可申事、

一　御前向御沙汰之儀は不及申上、御次之儀も相慎可申候、御用ヶ間敷御事、且又御書物御状等之趣見聞仕候共、他人は不及申、親子兄弟たりといふ共、毛頭他言仕間敷事、

附、内證方より手引を以頼候者有之候とも、被頼申間敷候、無據訳候は、其段有躰ニ支配方江可申達候、

一　對　御前墅心を差挟候者於有之は、実否承届候ハヽ、親子兄弟たりといふ共、急度可申上事、

右之趣於相背は、

是ゟ神文、

(貼紙)
「右之処其御地ニ有之候は、對
女中手引を以頼候者有之
候共、被頼申間敷、且竊ニ談
仕間敷と
申文言之様ニ相覚候、」

四五、半助起請文包紙

（包紙ウハ書）
安政三丙辰年九月二十六日
誓詞
御湯殿掛
御草履取
半助

［元は四〇番「半助他起請文」の第一・第二紙の包紙であったものか。］

四六、起請文包紙

（包紙ウハ書）
無敵流剱道御誓詞前書御扣

三十

四七、起請文包紙

（包紙ウハ書）

誓詞

御湯殿懸

御草履取

四八、誓詞針

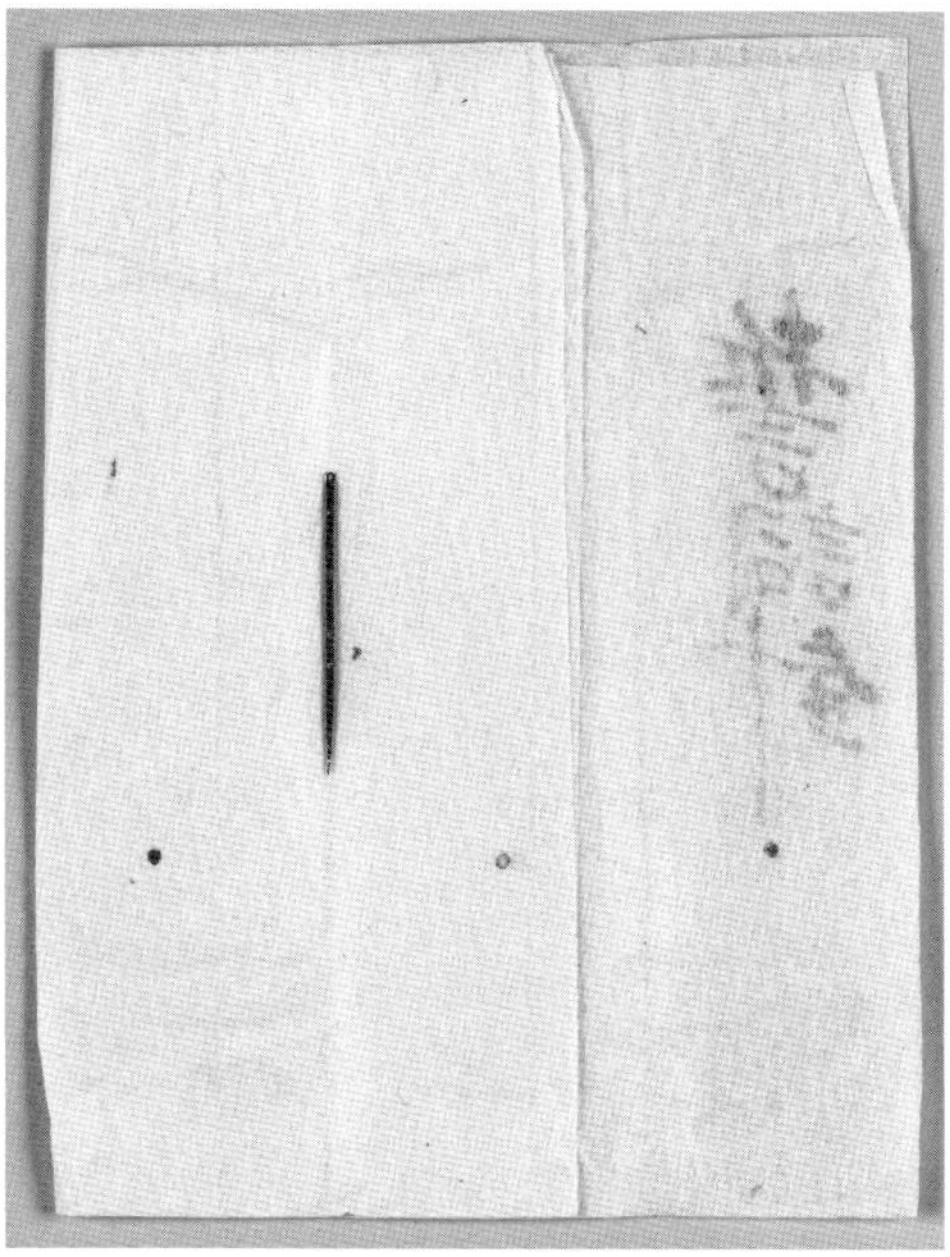

（包紙ウハ書）
誓詞針
〔針の長さ三・六糎〕

四九、 誓詞針

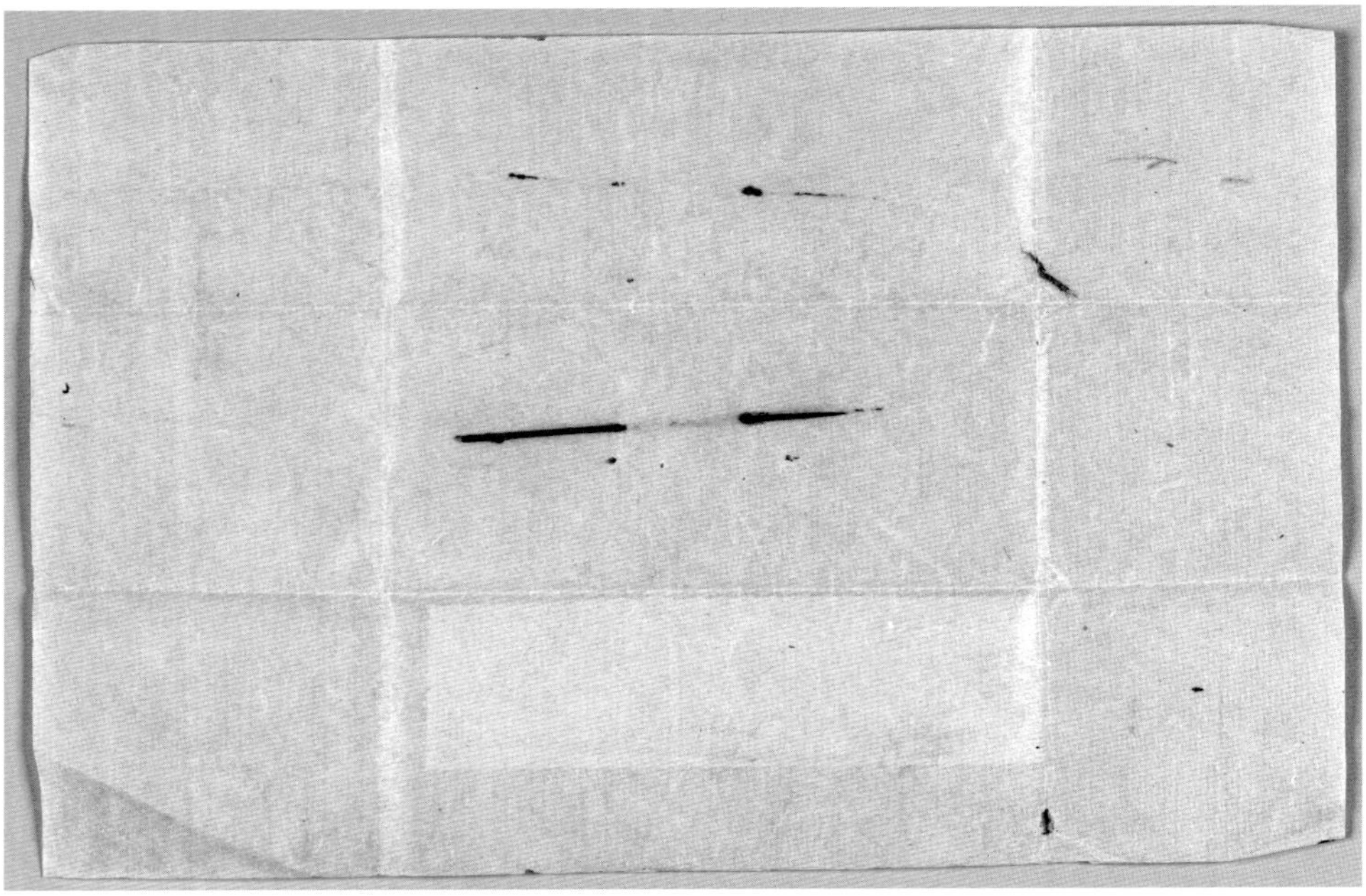

（包紙ウハ書）

誓詞針

〔針の長さ七・〇糎〕

久我家文書の起請文

一、佐藤幸清請文 〈七二〉（三一・二×四七・九糎）

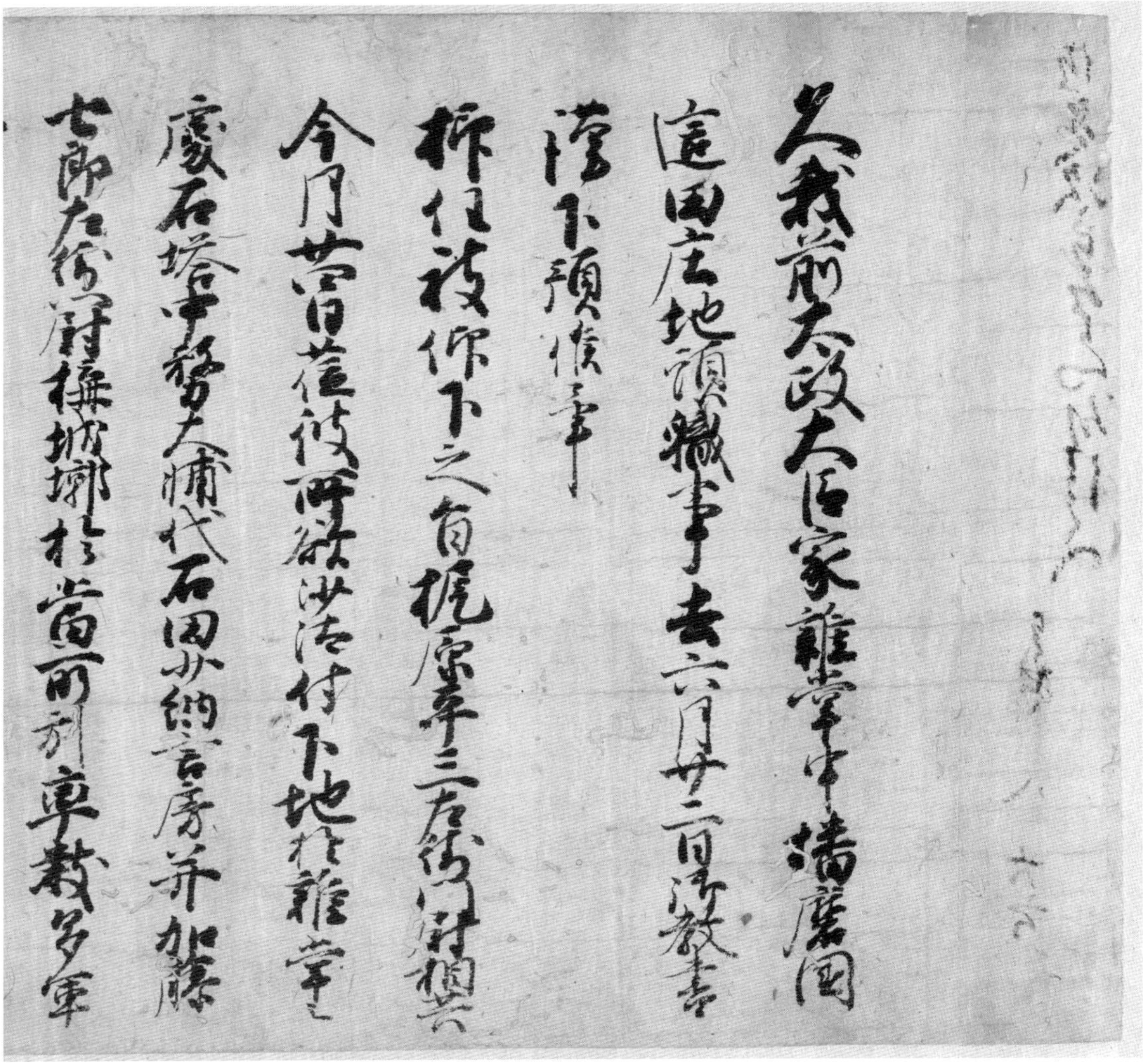

（押紙）「佐藤次郎左衛門尉請文　貞和四　八　廿六」

久我（長通）前太政大臣家雑掌申播磨國
這田庄地頭職事、去六月廿二日御教書
謹下預候畢、
抑任被仰下之旨、梶原平三（景貞）左衛門尉相共
今月廿四日莅彼所、欲沙汰付下地於雑掌之
處、石塔中務大輔（頼房）代石田少納言房并加藤

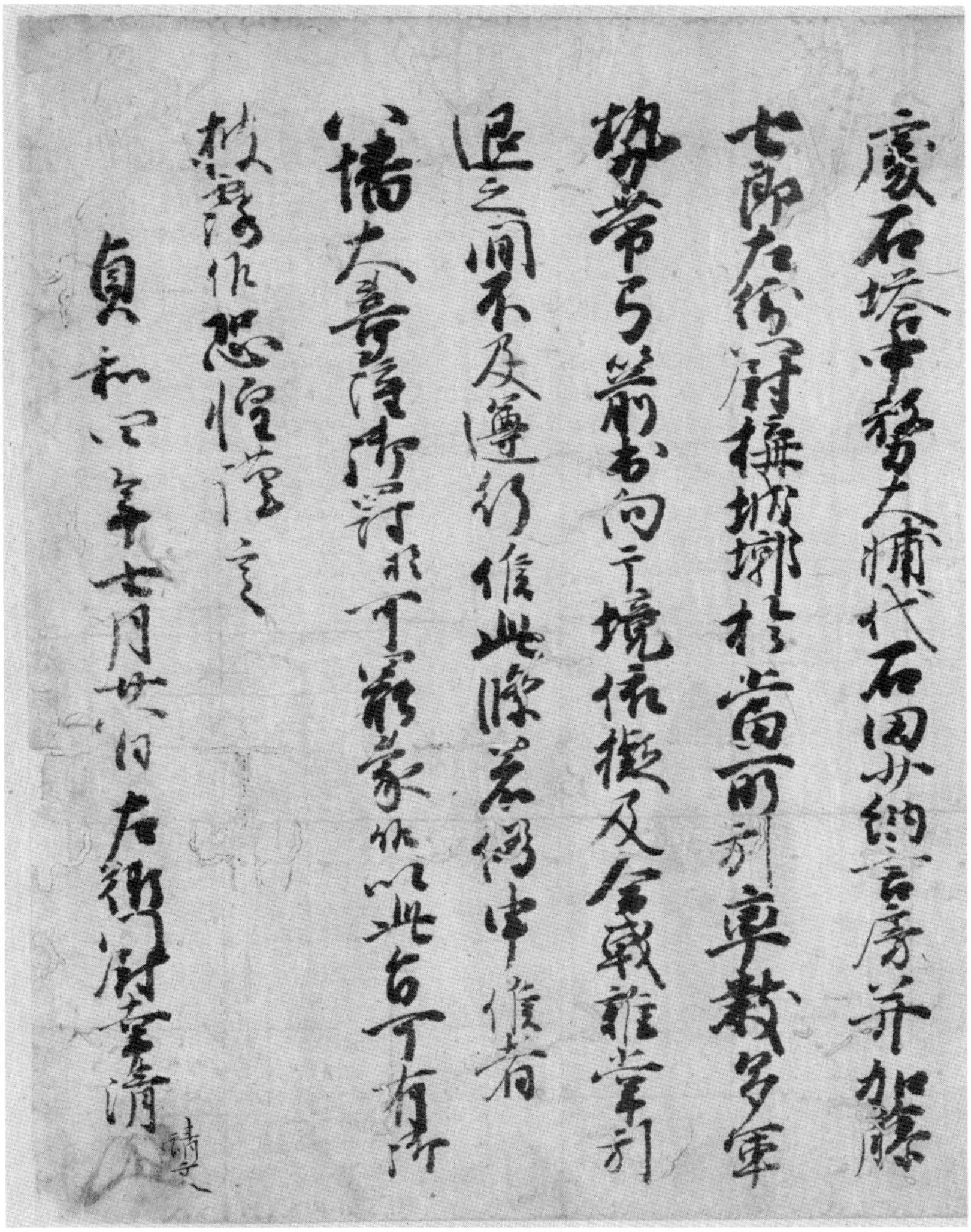

七郎左衛門尉構城墎於當所、引率數多軍
勢、帯弓箭出向于境、依擬及合戰、雜掌引
退之間、不及遵行候、此條若僞申候者、
八幡大菩薩御罰可於罷蒙候、以此旨可有御
披露候、恐惶謹言、

貞和四年七月廿八日　（佐藤）左衛門尉幸清 請文（裏花押）

二、赤松範資請文〈七九〉（三二・〇×四八・三糎）

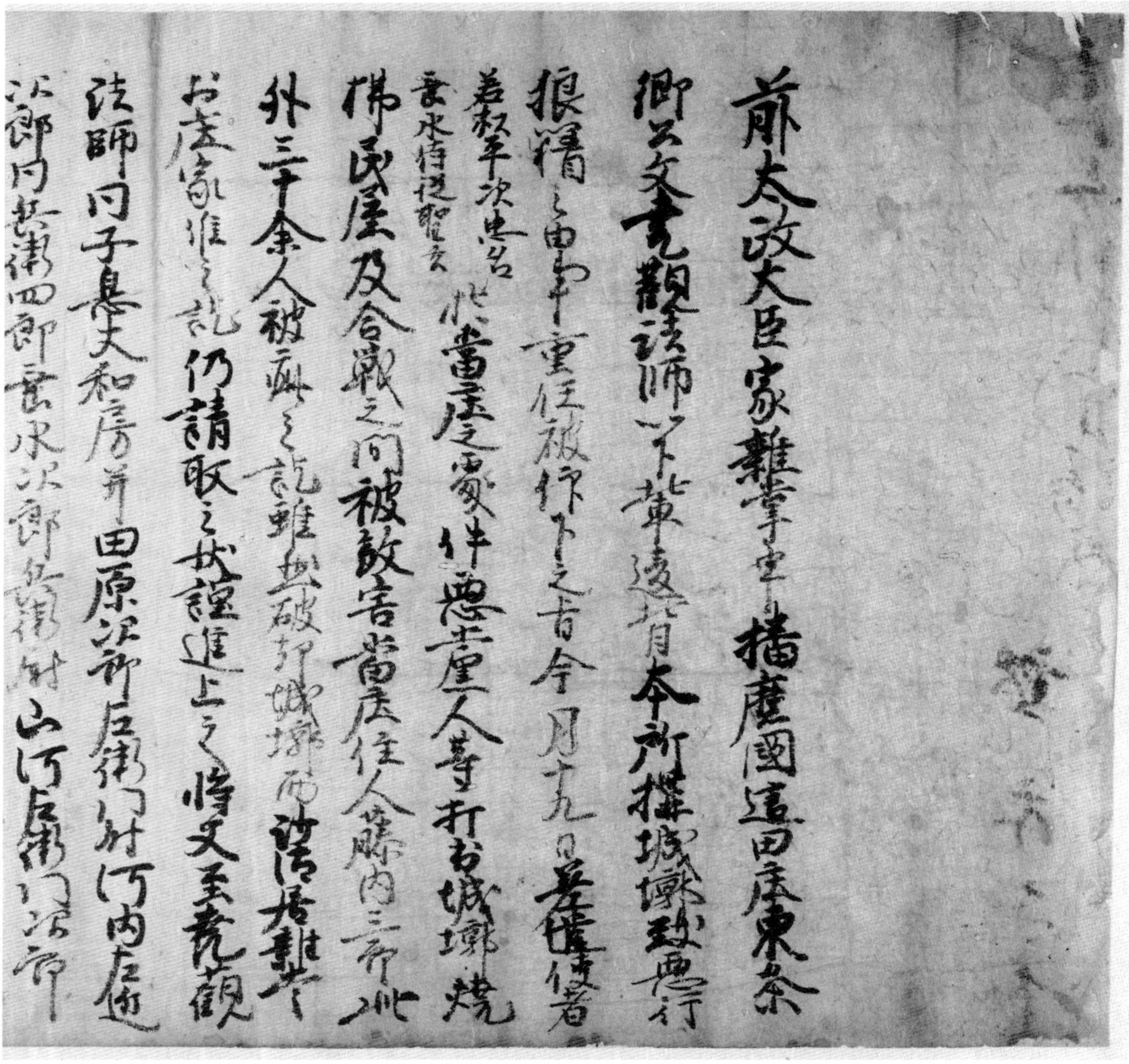

(端裏書)「赤松美作権守□□　観广(應)元　九　十」

(久我長通)前太政大臣家雑掌申播磨國這田庄東条
郷公文堯観法師以下輩、違背本所構城墎、致悪行
狼籍(藉)之由事、重任被仰下之旨、今月十九日差遣使者
若松平次忠名・垂水侍従聖玄、於當庄之處、件悪黨人等打出城墎焼
拂民屋、及合戦之間、被鈙害當庄住人藤内三郎、此
外三十余人被疵之訖、雖然破却城墎而沙汰居雑掌
於庄家候之訖、仍請取之状謹進上之、將又至堯観
法師・同子息大和房并田原次郎左衛門尉・河内左近

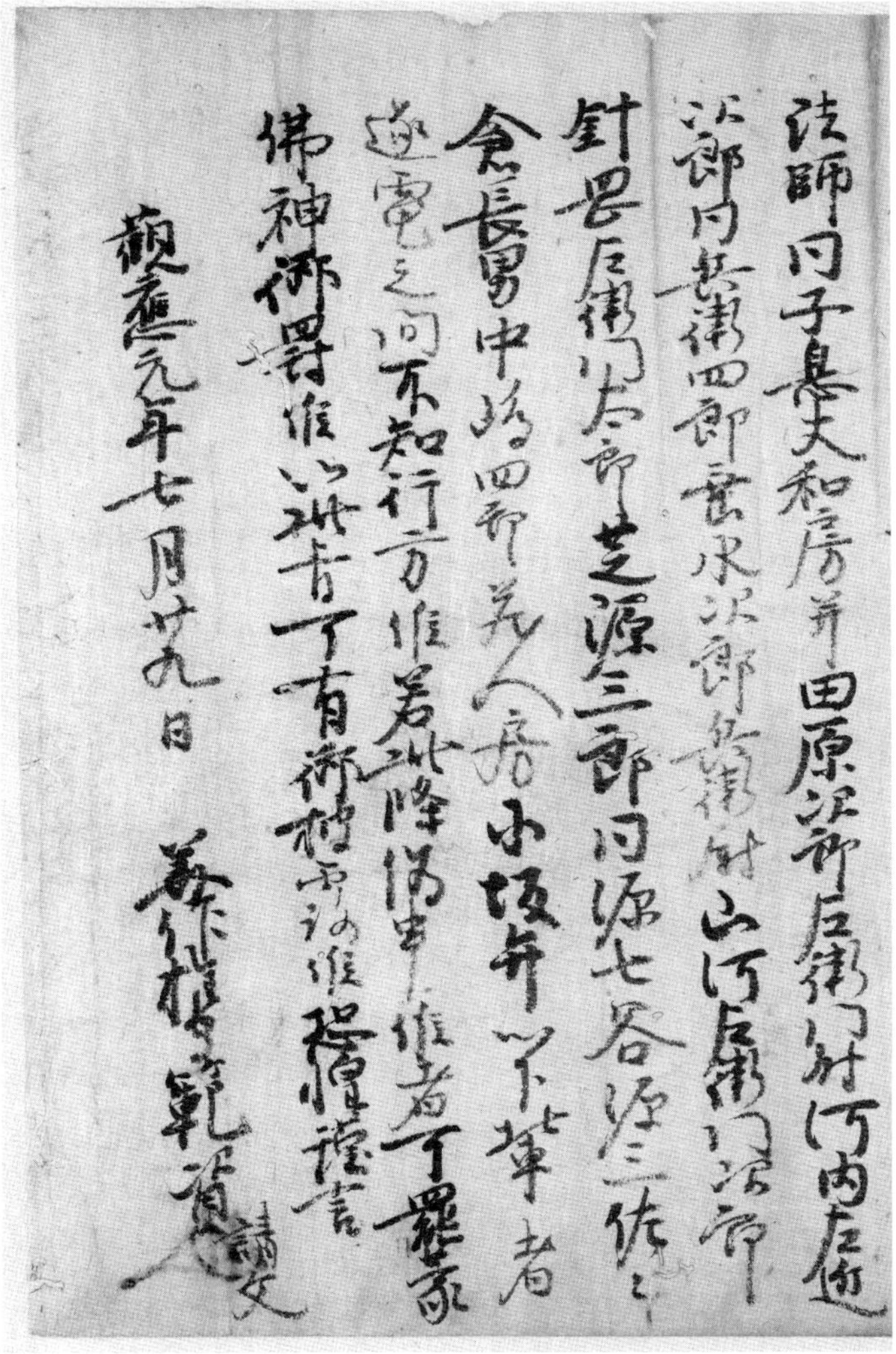

次郎・同兵衛四郎・垂水次郎兵衛尉・山河左衛門次郎・
針岡左衛門太郎・芝源三郎・同源七・谷源三・佐ゝ
倉長男・中嶋四郎藏人房・小坂弁以下輩者、
逐電之間、不知行方候、若此條僞申候者、可罷蒙
佛神御罰候、以此旨可有御披露候、恐惶謹言、
觀應元年七月廿九日　美作權守範資（赤松）請文（裏花押）

三、　市信明請文　〈九一〉（三一・五×四九・七糎）

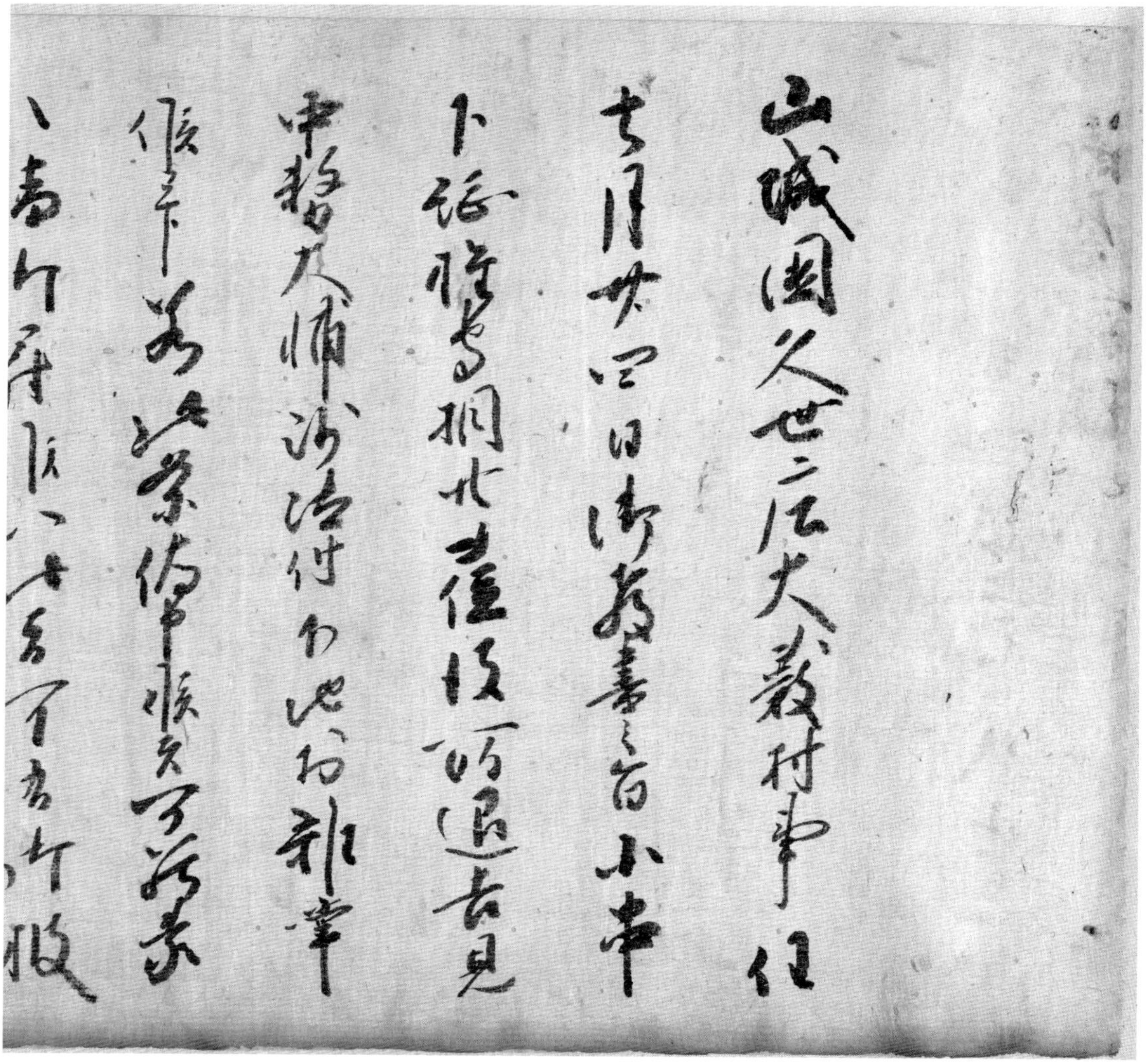

（端裏書）
「市四郎左衛門尉請文　觀應三　八　廿三」

山城國久世庄大藪村事、任
去月廿四日御教書之旨、小串
下總權守（高行）相共莅彼所、退吉見
中務大輔（尊頼カ）、沙汰付下地於雜掌
候早、若此条偽申候者、可罷蒙

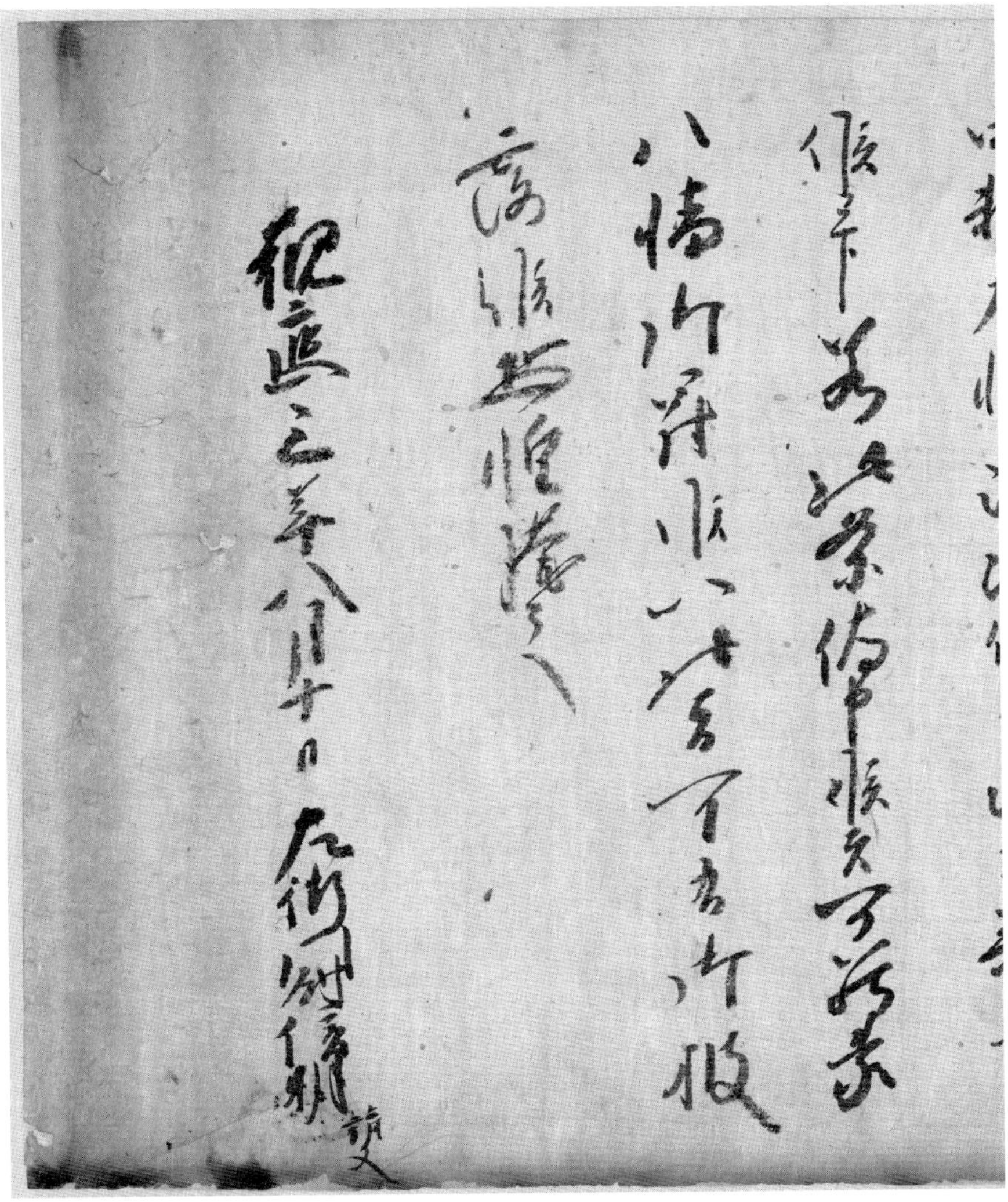

八幡御罸候、以此旨可有御披
露候、恐惶謹言、

観應三年八月十日　左衛門尉（市）信明　請文（裏花押）

（裏花押）

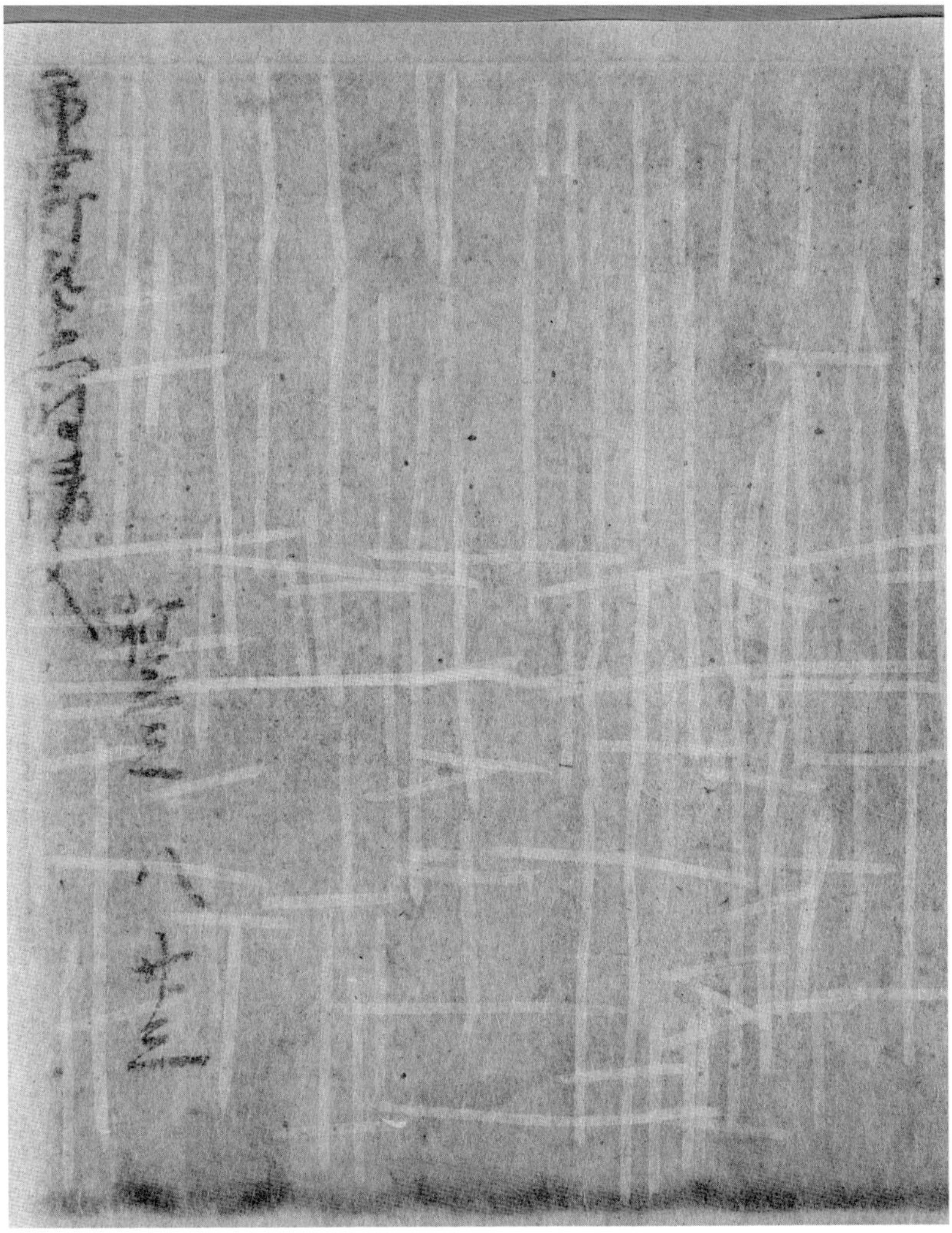

市四郎左衛門尉請文　観應三　八　廿三

四、小寺有勝起請文 〈五〇〇〉（二五・六×四二・八糎）

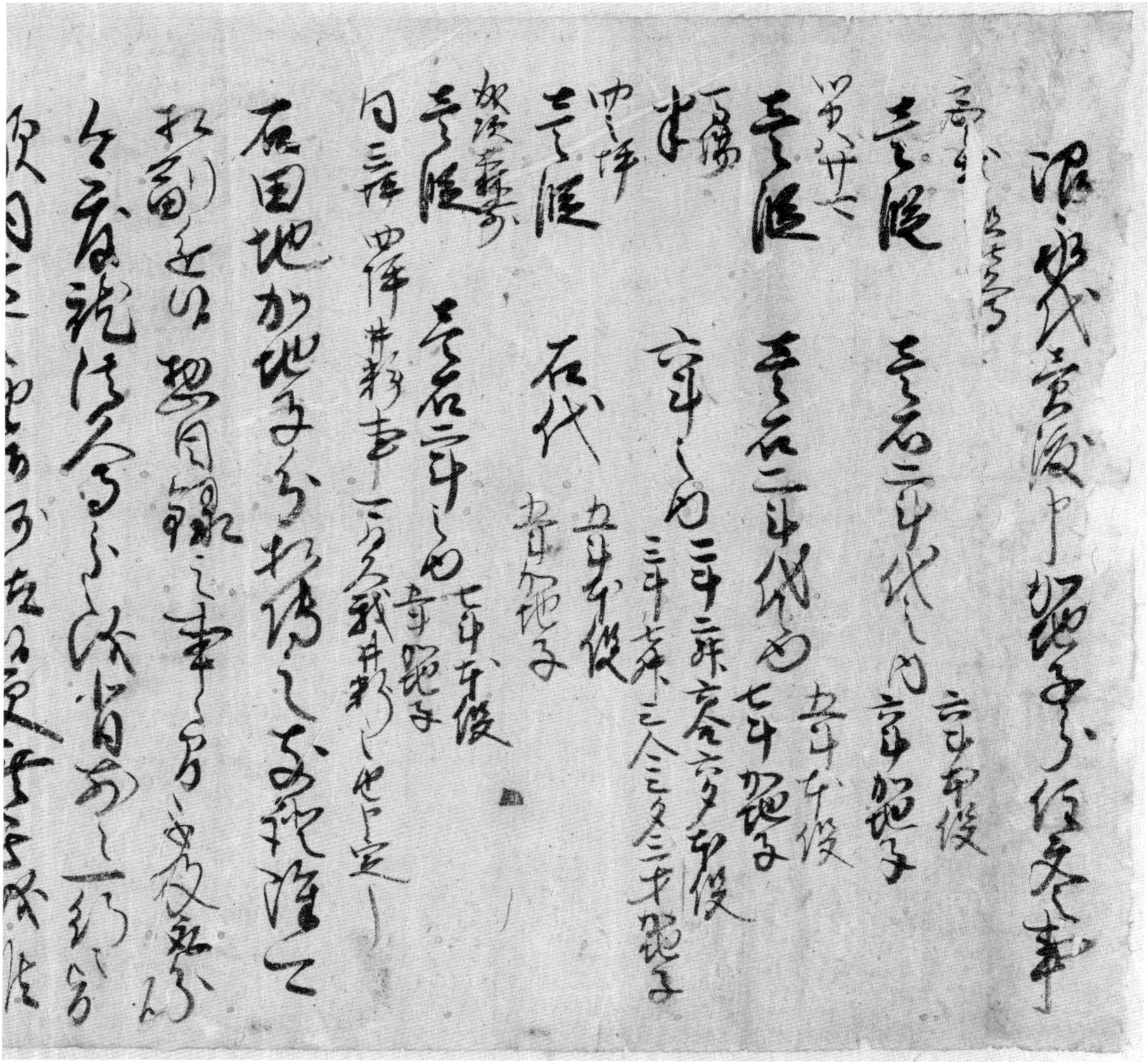

限永代賣渡申加地子分住文之事[注]

壹段 宮之前 但法久寺 壹石二斗代之内 六斗本役 六斗加地子

壹　段 ツカハサマ 壹石二斗代之内 五斗本役 七斗加地子

半 馬場 六斗之内 二斗二舛六合六夕本役 三斗七舛三合三夕三才加地子

壹段 四之坪 石代 五斗本役 五斗加地子

壹段 成次森前 壹石二斗之内 七斗本役 五斗加地子

同三坪　四坪　井料事　可爲久我井析之由申定了、

右田地加地子分相傳之支證、雖可

相副進候、惣目録之事候間、不及取分候、

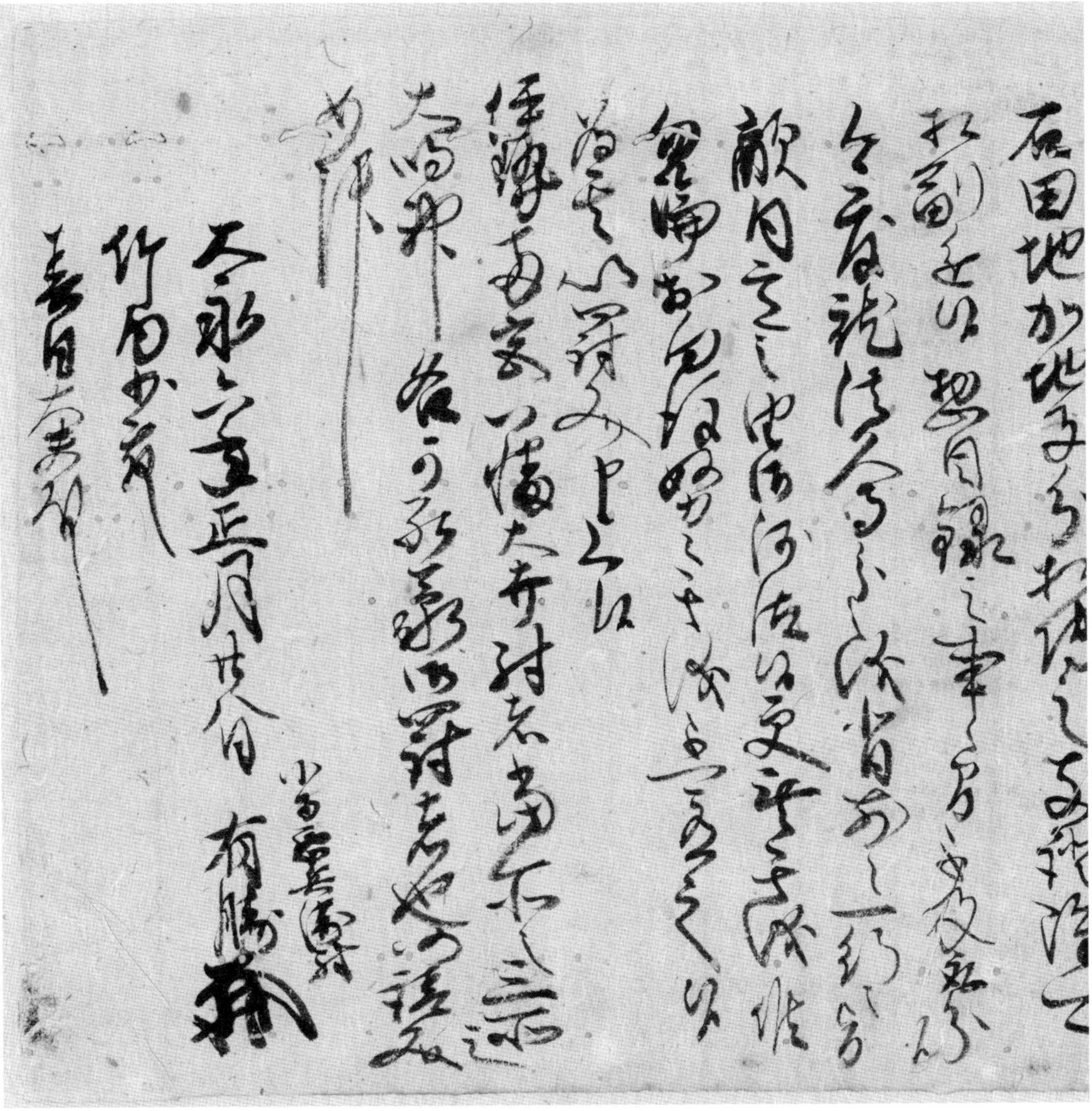

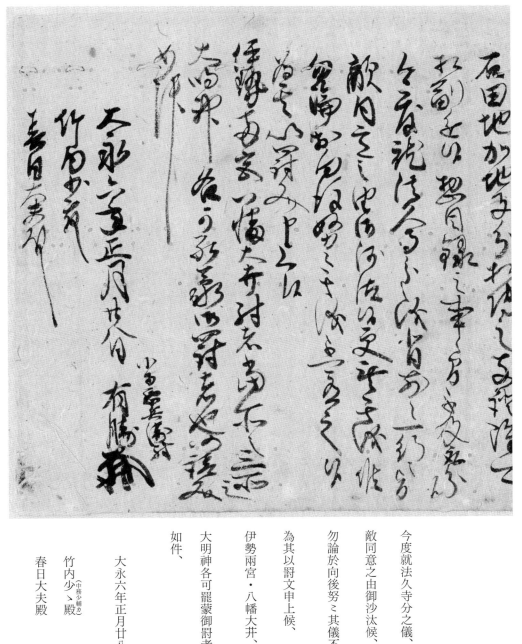

今度就法久寺分之儀、背前〻一行之旨、
敵同意之由御沙汰候、更無其儀候、
勿論於向後努〻其儀不可有之候、
為其以罸文申上候、
伊勢兩宮・八幡大井、殊者當所之三所之
大明神各可罷蒙御罸者也、仍請文
如件、

大永六年正月廿八日　（小寺惣兵衛尉）有勝（花押）

竹内少ヽ（中務少輔カ）殿
春日大夫殿

五、竹内季治他四名連署起請文〈五七五〉

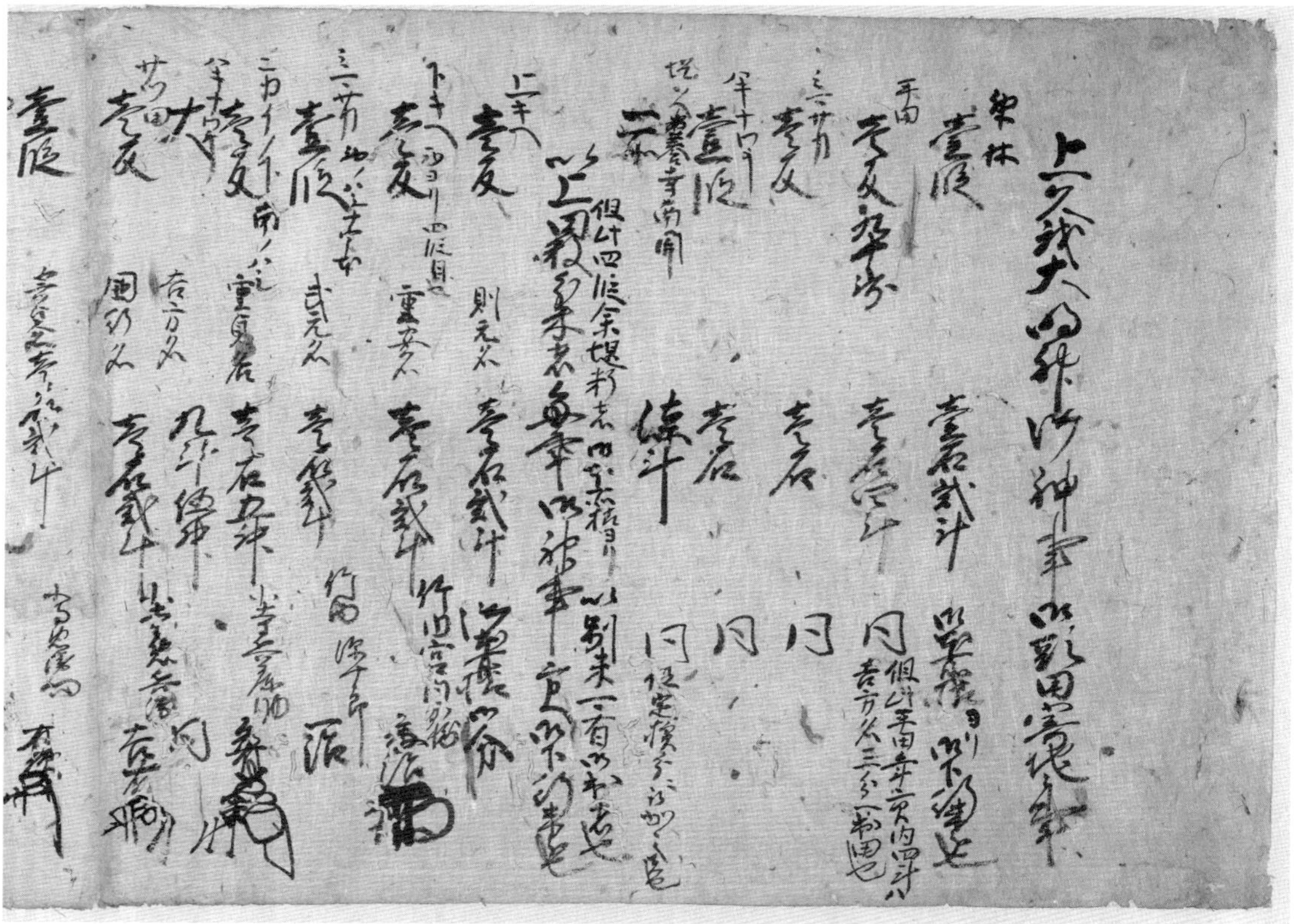

〈第一紙　三三・三×四二・四糎〉

上久我大明神御神事御頭田寄地之事

栗林
壹段　　壹石貳斗　御本所様(久我晴通)ヨリ御下行米分也、

壹反[田]九十歩　壹石四斗　同　但此平田年貢内四斗八 吉方名三分一出田也、

ミマサカ
壹反　　壹石　　同

ハキナワテ
壹段　　壹石　　同

堤ソヘ安養寺南關
一所　　柒斗　　同但定損分ニ被加之者也、

但此四段余堤新者、御本所様ヨリ以別米可有御出者也、

以上田數分米者、毎年御神事方ヘ御下行米分也、

上キヘ
壹反　則元名　壹石貳斗　御本所様御分

下キヘ西ヨリ四段目也、
壹反　重安名　壹石貳斗　竹内宮内少輔 季治（花押）

ミマサカ西ノハシナワノ本
壹段　武元名　壹石貳斗　竹内源十郎 一治

ニカイノ下南ノハシ
壹反　重貞名　壹石五舛　小寺兵庫助 秀有（花押）

ハキナワテ
大　吉方名　九斗伍舛　同

サツ田
壹反　國行名　壹石貳斗　小寺惣兵衛 吉有（花押）

〈紙継目〉

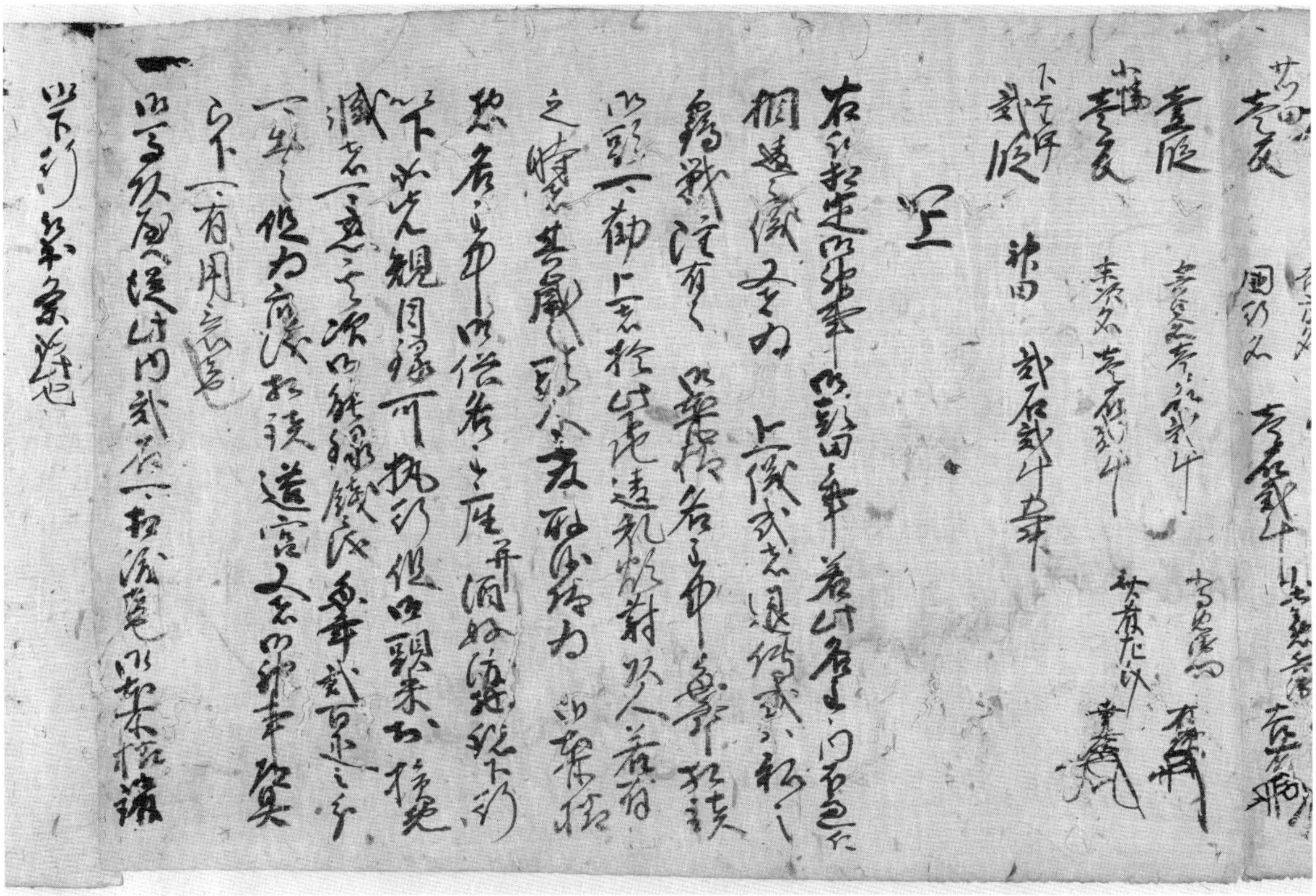

〈第二紙　三三・〇×四二・五糎〉

壹段　寄貞名　壹石貳斗　小寺忠衛門尉　有次（花押）

小幡
壹反　末次名　壹石貳斗　齋藤左介　幸辰（花押）

下堂坪
貳段　神田　貳石貳斗五舛

以上

右、被相定御神事御頭田之事、若此名主之内、不慮ニ
相違之儀、又者為　上儀、或者退傳〔轉〕、或ハ私之
靏〔挌カ〕戰雖有之、御本所様・名主中毎年相談、
御頭可勸〔勤カ〕上者、於此下地、違乱煩對頭人若有
之時者、其歳之頭人不及取沙汰、為　御本所様・
惣名主中、御供名主座并酒好〔肴〕・渡物・諸下行
以下、如先規目錄可執行、但御頭米於損免
滅者、可應其次、御能錄〔祿〕錢之儀、毎年貳百疋之分
可出之、但為衆儀相談、造宮又者御神事道具
已下、可有用意者也、

〈紙継目〉

一、御馬頭屋へ、從此内貳石可相渡者也、御本所様諸

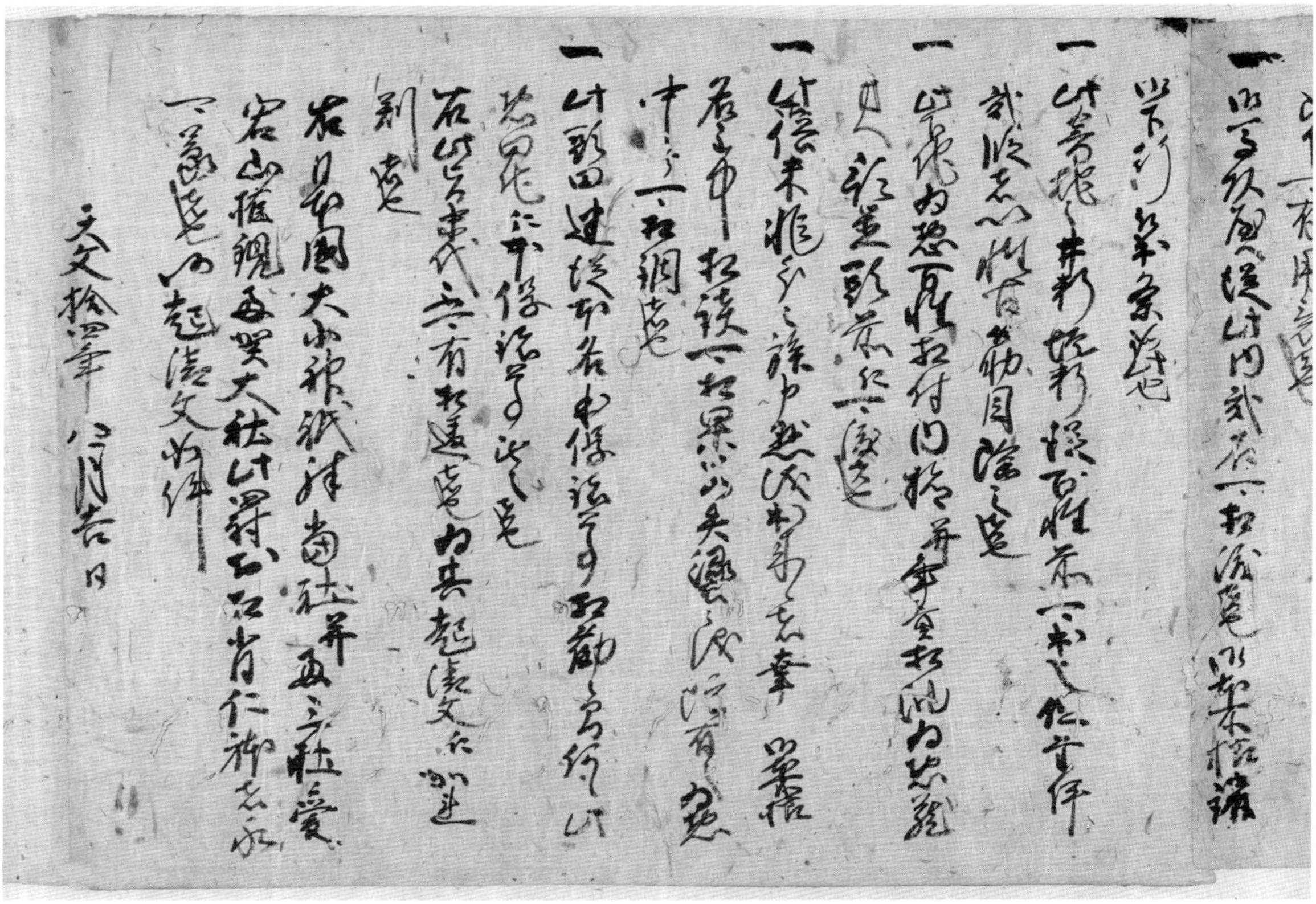

〈第三紙　三三・三×四二・五糎〉

御下行被出条、如此也、

一　此寄地之井析・堤析、従百姓前可出也、但堂坪
貳段者、以性〔往〕古筋目除之者也、

一　此下地、為惣百姓相付内検并年貢相納、為惣藏
方へ預置、頭前仁可渡者也、

一　此御供米、非分之族申懸儀出來候者、幸　御本所様、
名主中相談可相果、若失墜之儀雖有之、為惣
中ゟ、可相調者也、

一　此頭田、速従本名、本役・諸公事相勸〔勤〕之間、何も此
惣田地仁、本役・諸公事無之者也、

右此旨末代不可有相違者也、為其起請文仁加連
判者也、

右日本國大小神祇、殊當社并兩三社・愛
宕山權現・多賀大社、此罸、於相背仁躰者、永
可蒙者也、仍起請文如件、

天文拾四年八月吉日

〈紙継目〉

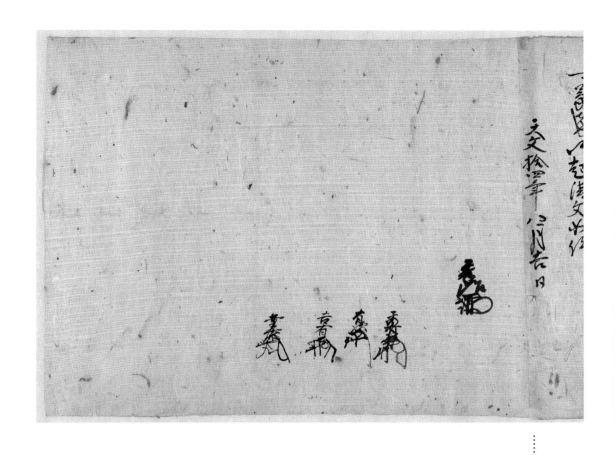

〈第四紙　三三・一×四一・〇糎〉

（竹内）季治（花押）

（小寺）秀有（花押）

（小寺）有次（花押）

（小寺）吉有（花押）

（齋藤）幸辰（花押）

六、信濃治毘外六名連署起請文 〈六三五〉（二三・八×三五・七糎）

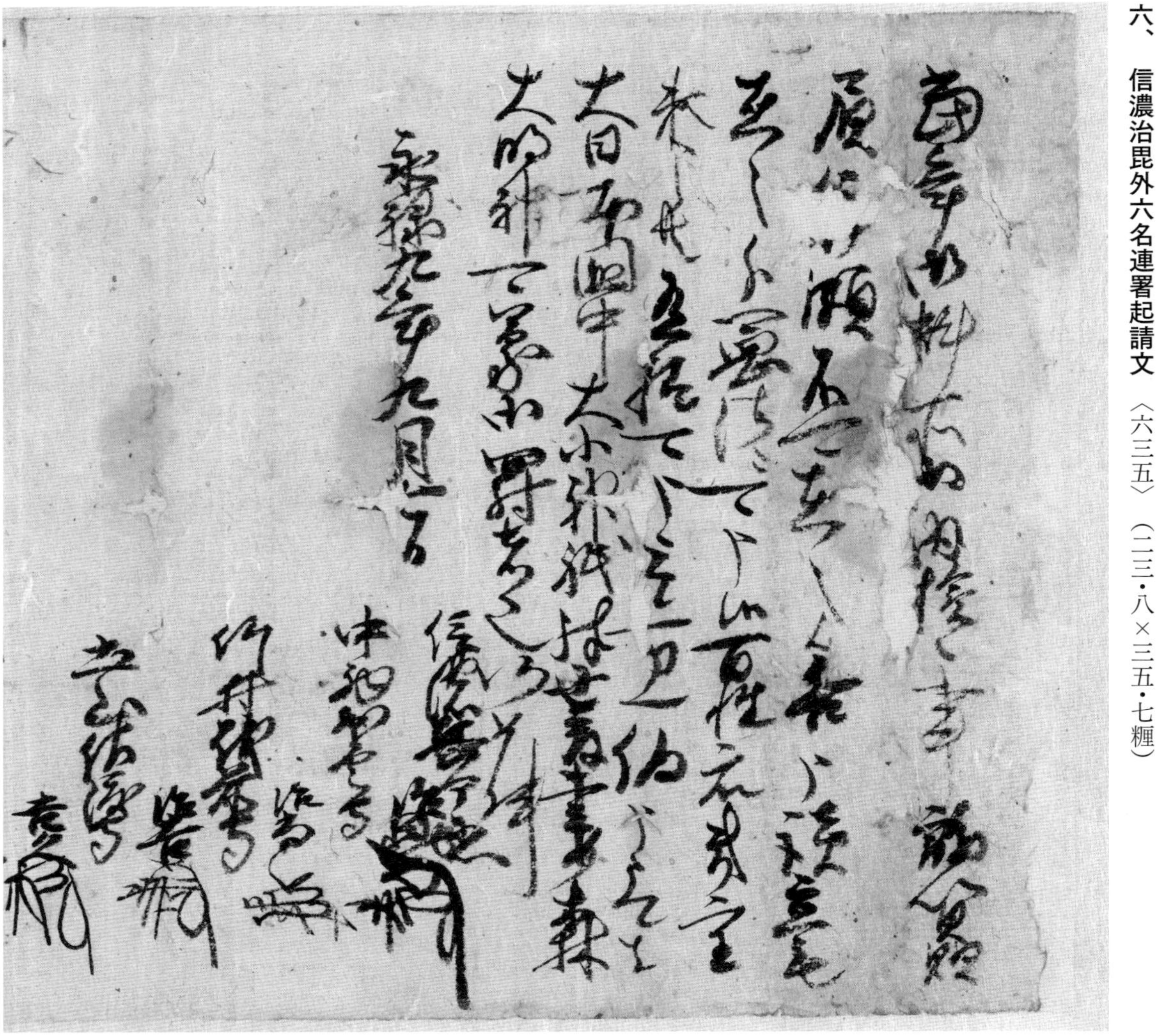

當年御料所御内検之事、聊以贔
屓□〔偏カ〕頗不可在之候、各申談、立毛
在之分憲法ニ可申候、百性〔姓〕衆幾重
頼申候共、有様可申上候、万一偽申上候者、
大日本國中大小神祇、殊菱妻・森
大明神可蒙御罰者也、仍如件、

永禄九年九月□〔七カ〕日　信濃兵部丞
治毘（花押）

中西出雲守
治尙（花押）

竹村越前守
治吉（花押）

土山佐渡守
吉久（花押）

小寺与兵衛尉
末次（花押）

小寺喜介
吉次（花押）

小寺清兵衛尉　実名、花押なし

藏人殿
詔珎
御披露

七、 久我家奉行人連署起請文 〈六六五〉 （二七・八×四三・六糎）

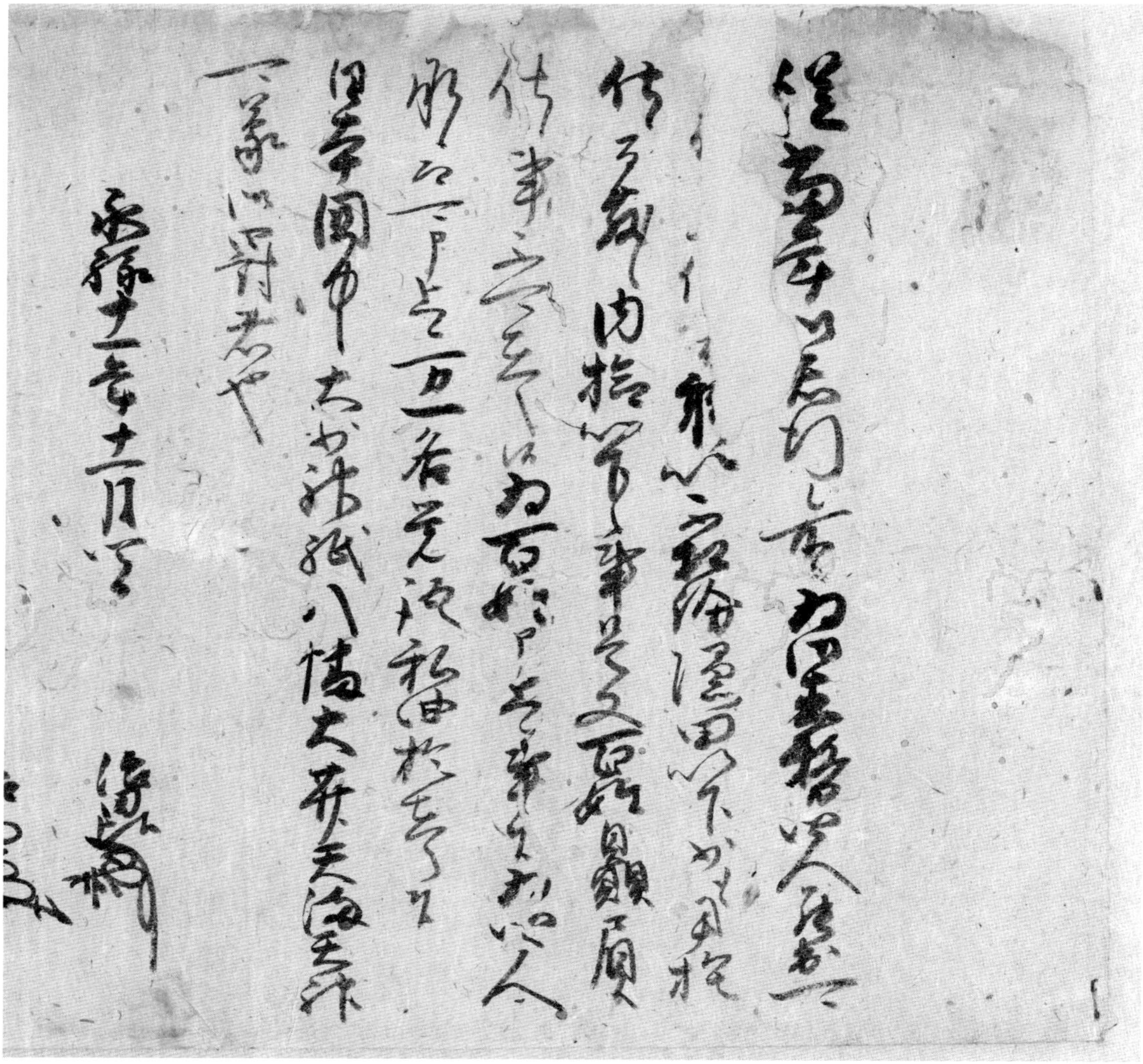

従當年、御知行候所ゝ、為御直務、四人罷出可
□聊以不相紛、隠田以下少も用捨
仕候間敷候、内検以下之事、是又百姓贔屓
仕候事、不可在之候、為百姓申上候事者、為四人
承候而可申上候、万一各覚語〔悟〕私曲於在之者、
日本國中大少神祇・八幡大井〔菩薩〕・天満天神
可蒙御罰者也、

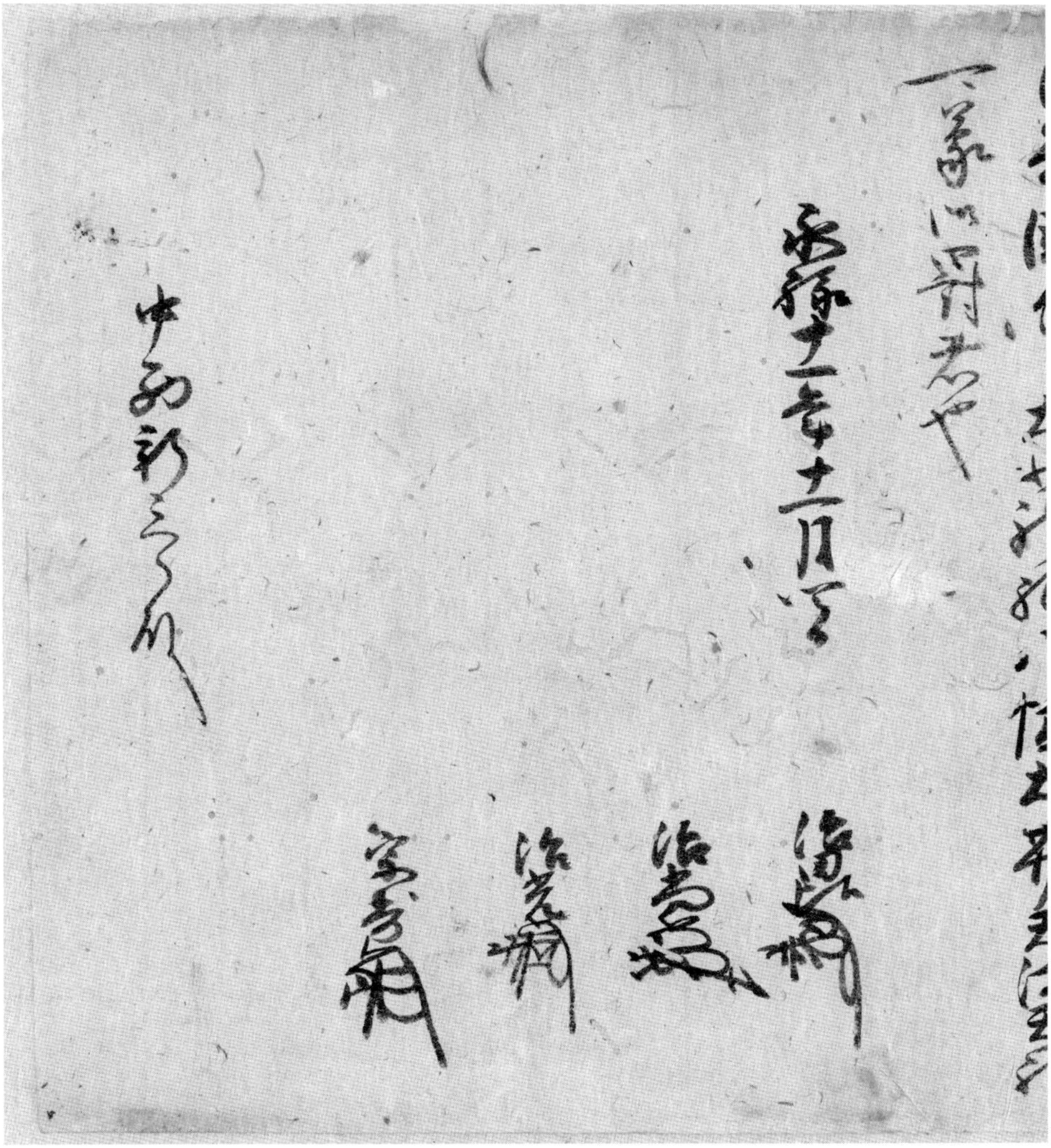

永禄十一年十一月四日

（信濃）治毘（花押）

（中西）治尚（花押）

（竹村）治光（花押）

宗壽（花押）

中西新三郎殿

吉田神社の起請文

一、卜部兼久起請文　〈五〇五〉　（三一・七×四四・八糎）

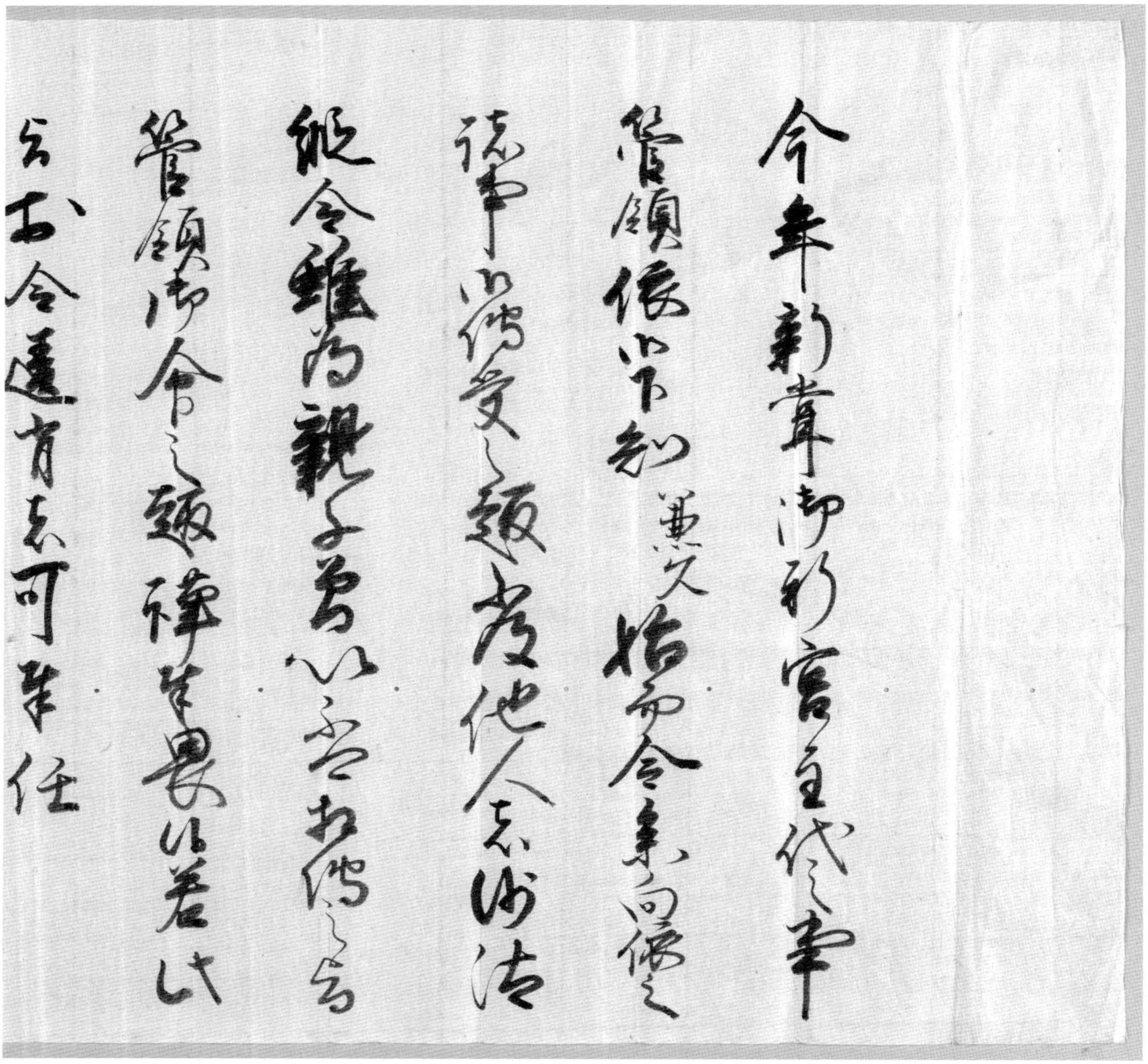

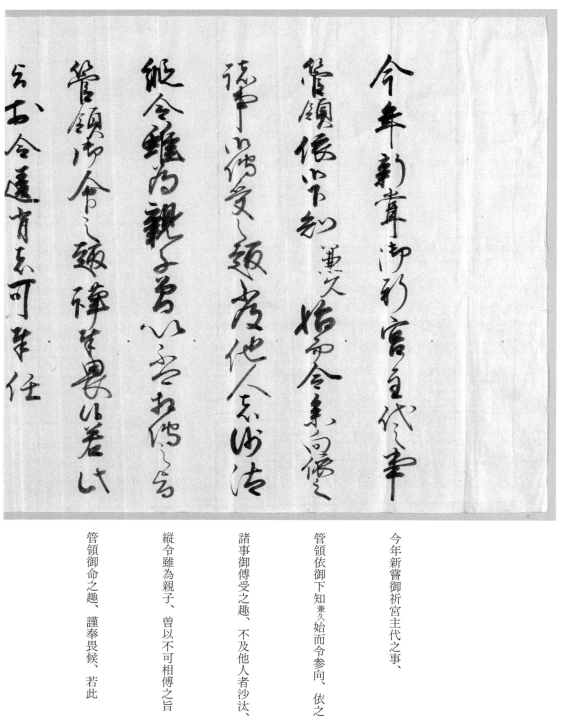

今年新嘗御祈宮主代之事、
管領依御下知兼久始而令参向、依之
諸事御傳受之趣、不及他人者沙汰、
縦令雖為親子、曽以不可相傳之旨
管領御命之趣、謹奉畏候、若此

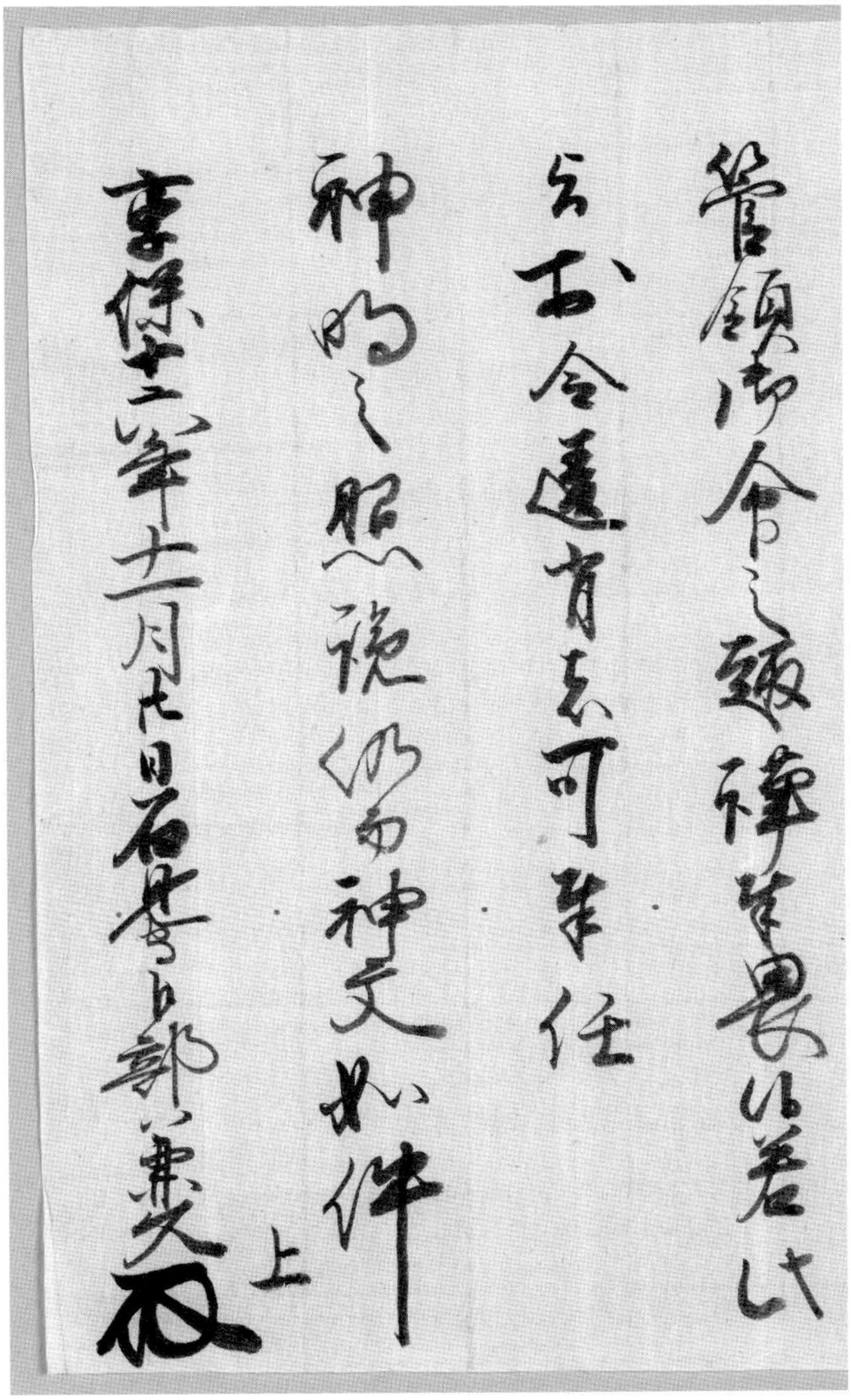

旨於令違背者、可奉任
神明之照覧、仍而神文如件、
上
享保十六年十一月廿日　石見守卜部兼久（花押）

二、田村称豊起請文〈五一四〉（三二・〇×四五・〇糎）

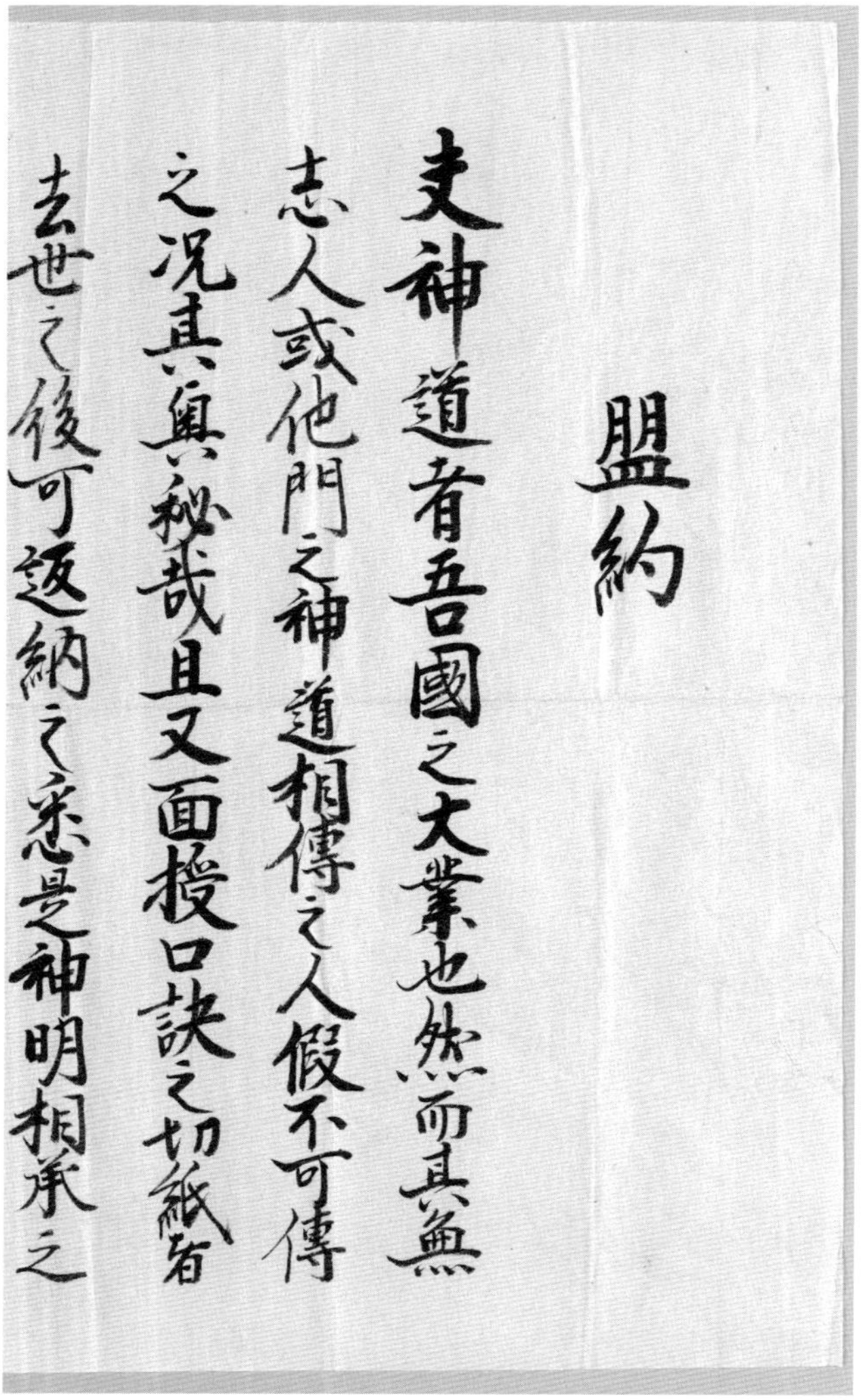

（包紙ウハ書）

神文　口上書一ッ　一通

盟約

夫神道者吾國之大業也、然而其無

志人、或他門之神道相傳之人假不可傳

之、况其奥秘哉、且又面授口訣之切紙者、

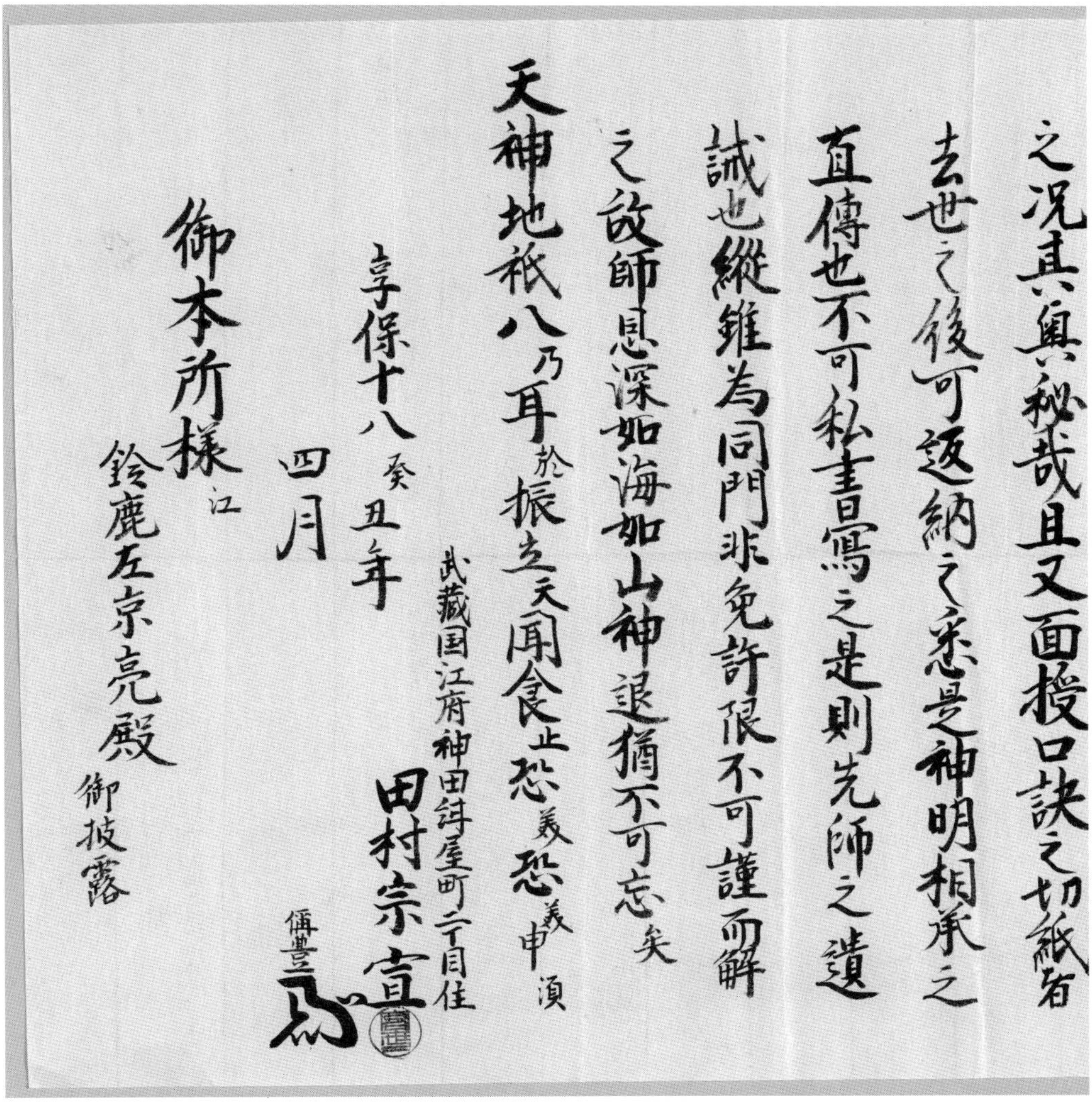

去世之後可返納之、悉是神明相承之
直傳也、不可私書寫之、是則先師之遺
誡也、縦雖為同門非免許限不可、謹而解
之、故師恩深如海如山神退、猶不可忘矣、
天神地祇八乃耳於振立天聞食止恐美恐美申須、
武蔵国江府神田紺屋町二丁目住
享保十八年癸丑年　田村宗宣（黒印）
四月　偁豊（花押）
御本所様江
鈴鹿左京亮殿御披露

三、鍋島光茂起請文 〈六二三〉（三九・六×五四・六糎）

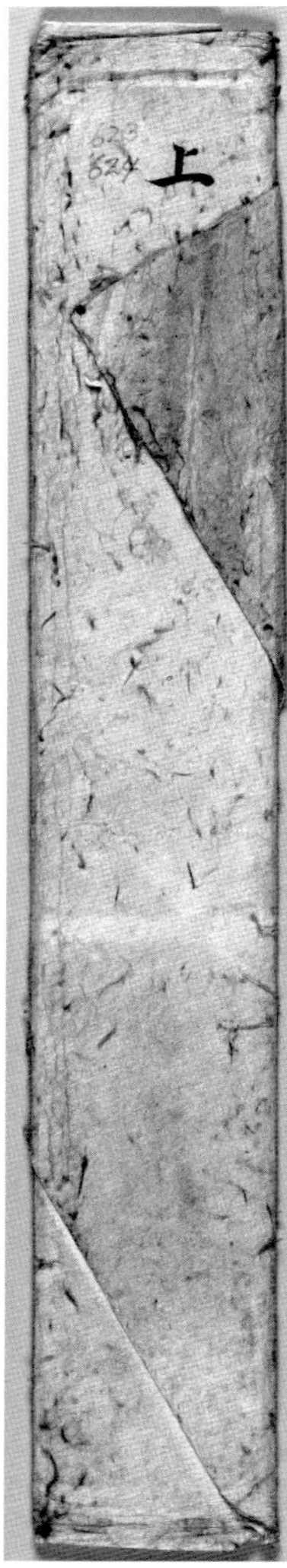

（包紙ウハ書）

上

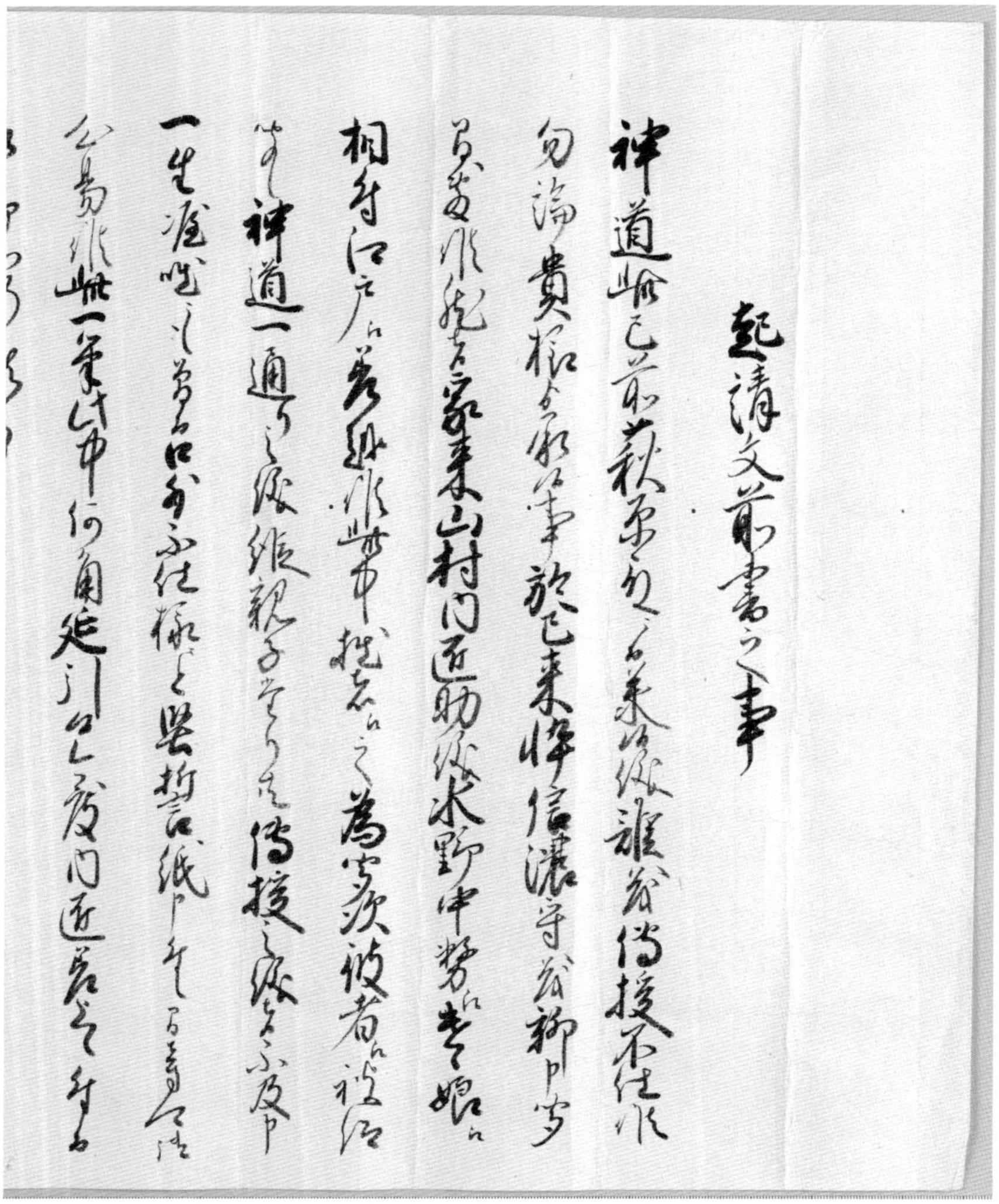

起請文前書之事

神道此已前萩原殿ニ而承候儀、誰へも傳授不仕候、
勿論貴様ゟ承候事、於已来悴信濃守へも聊申聞
間敷候、然者家来山村内匠助儀、水野中務江遣候娘江
相付、江戸江差越候、此中拙者江之為聞次、彼者江被仰
聞候神道一通り之儀、縦親子たり共、傳授之儀者不及申、
一生涯吃〔迄〕も曽而口外不仕様ニと堅誓紙申付候間、旁可御
心易候、此一筆、此中何角延引候、今度内匠差上候付而

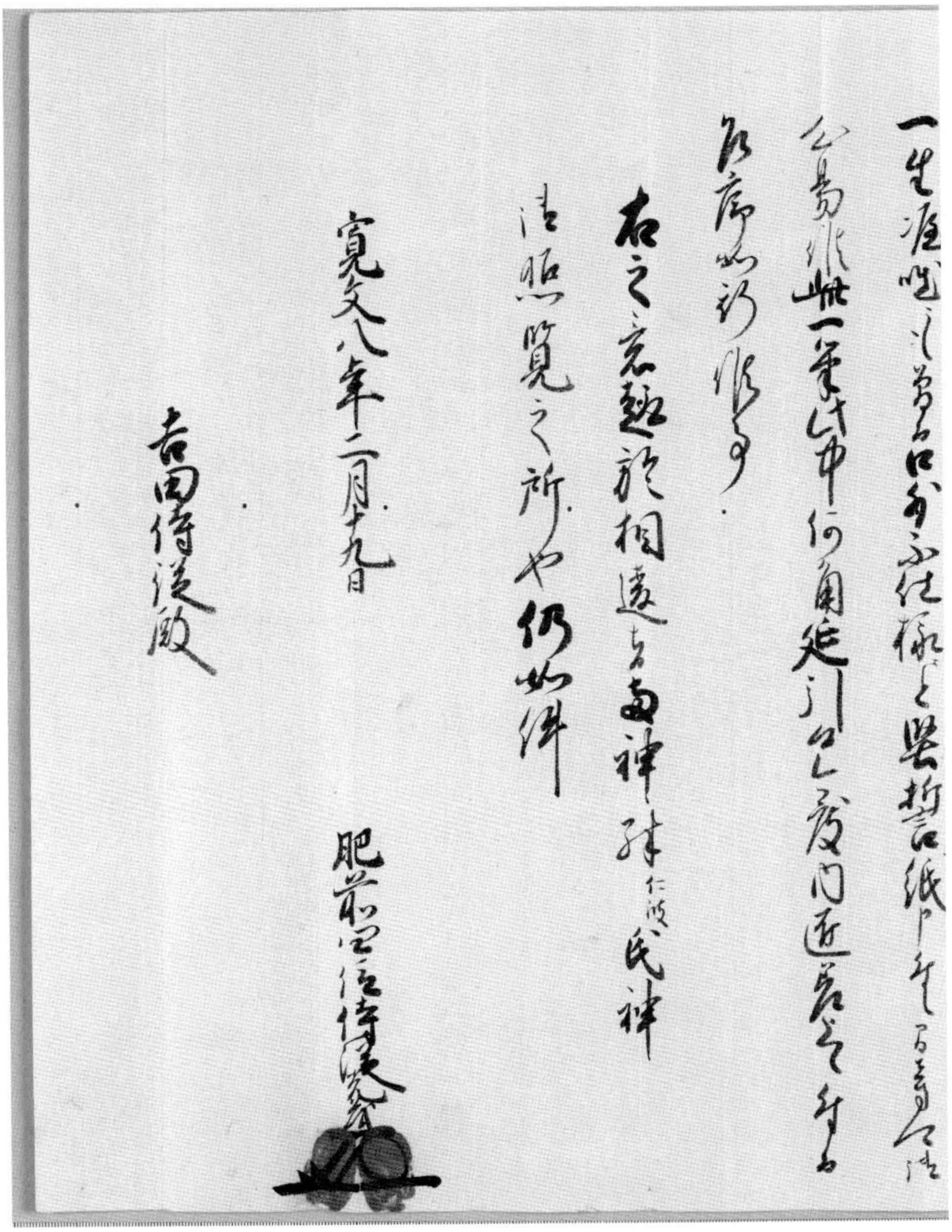

乍序如斯候事、

右之意趣於相違者、両神殊には氏神

御照覧之所也、仍如件、

寛文八年二月十九日　肥前四位侍従光茂（花押・指判）

吉田侍従殿

四、鍋島光茂起請文 〈六二四〉 （三二・三×四五・九糎）

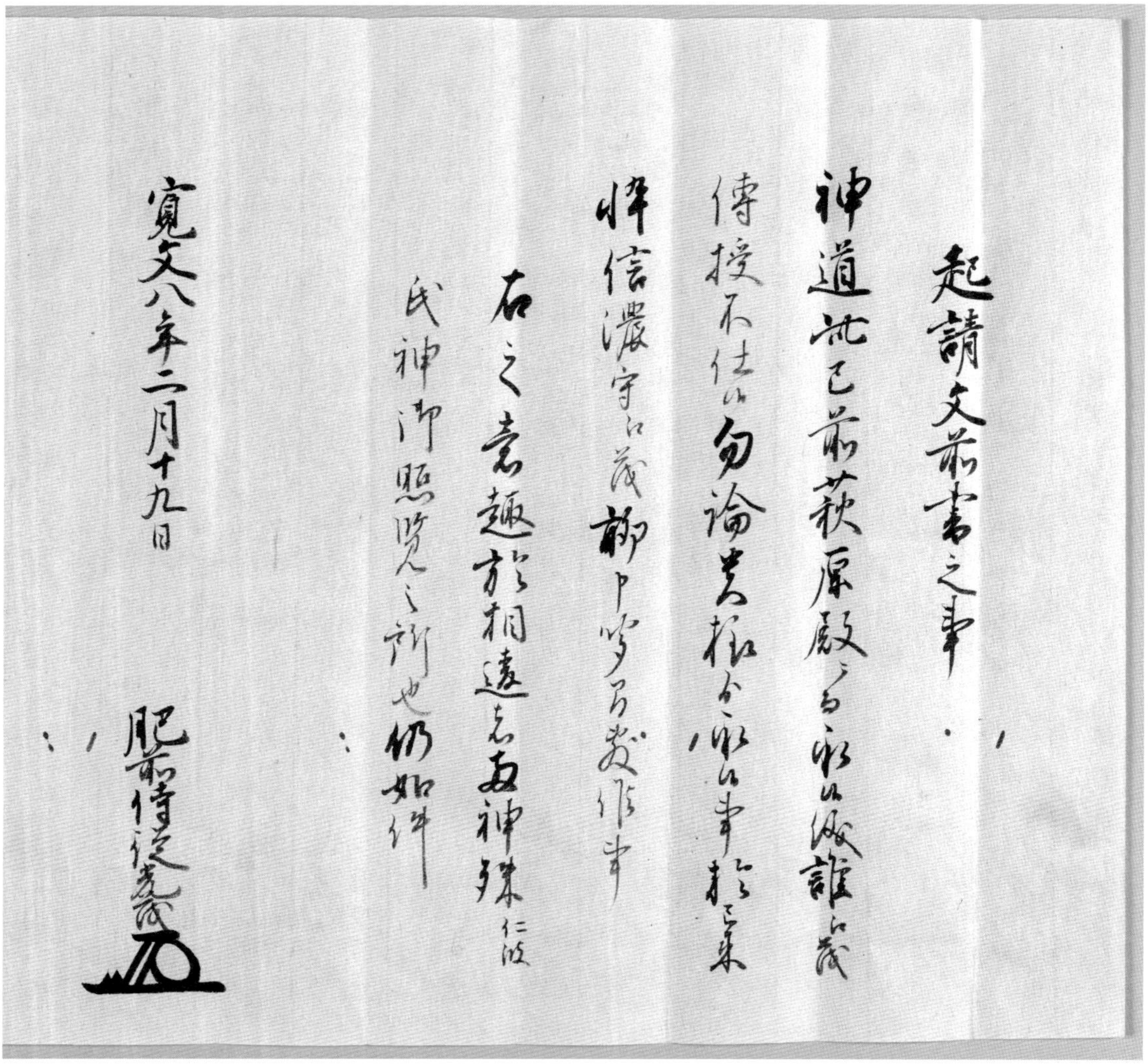

起請文前書之事

神道此已前萩原殿ニ而承候儀、誰江も

傳授不仕候、勿論貴様ゟ承候事、於已来

伜信濃守江も聊申聞間敷候事、

右之意趣於相違者、両神殊には

氏神御照覧之所也、仍如件、

寛文八年二月十九日　肥前侍従光茂（花押）

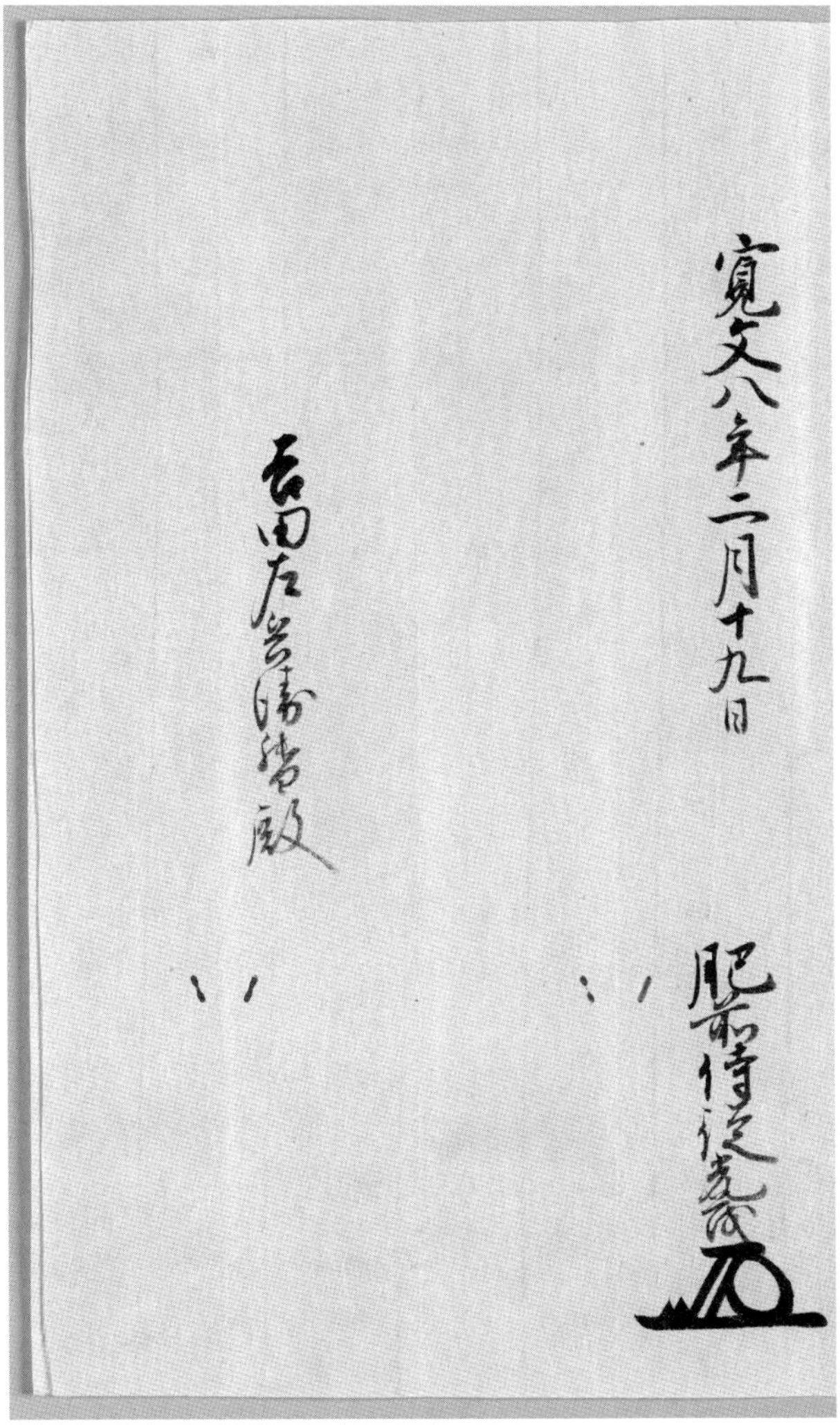

吉田左兵衛督殿

五、松平武元起請文〈六二五〉（三三・一×四六・六糎）

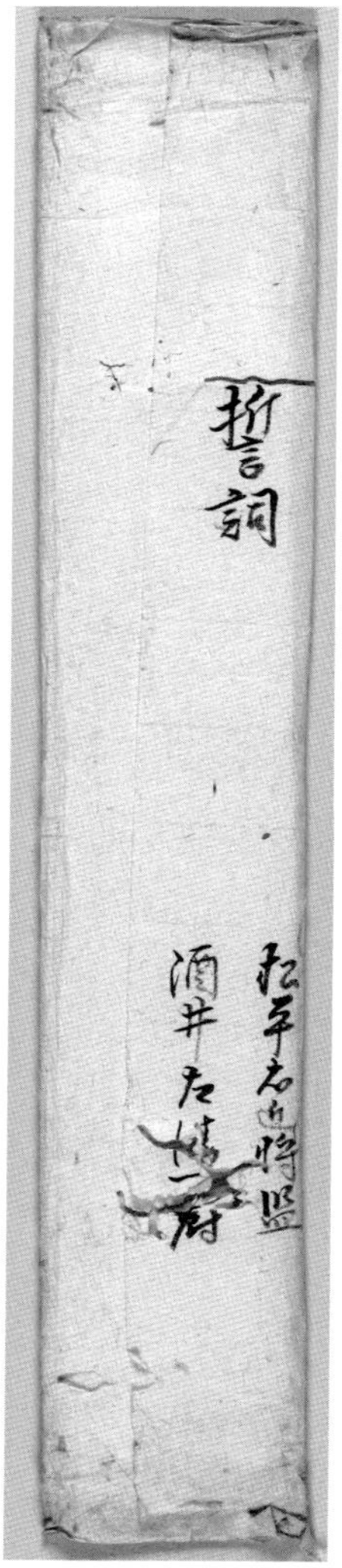

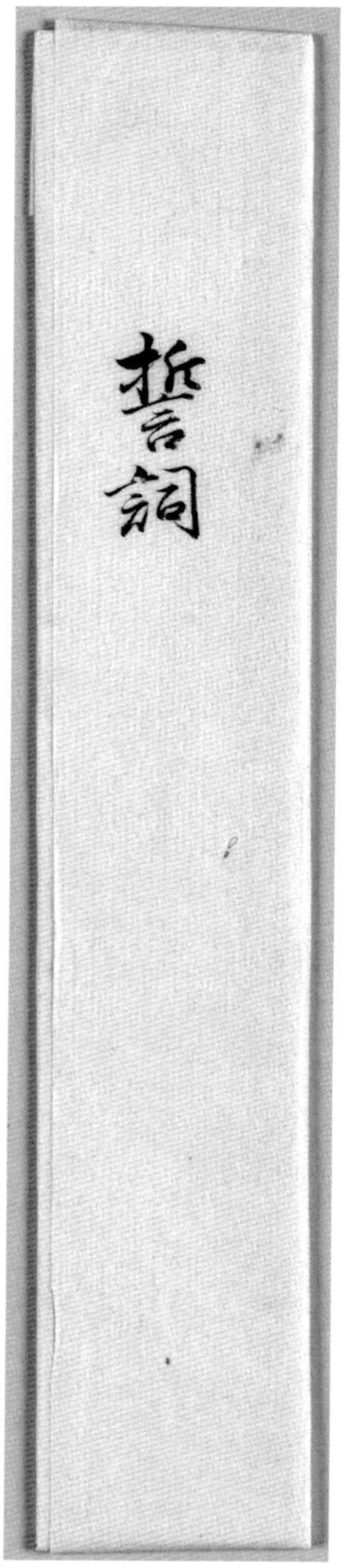

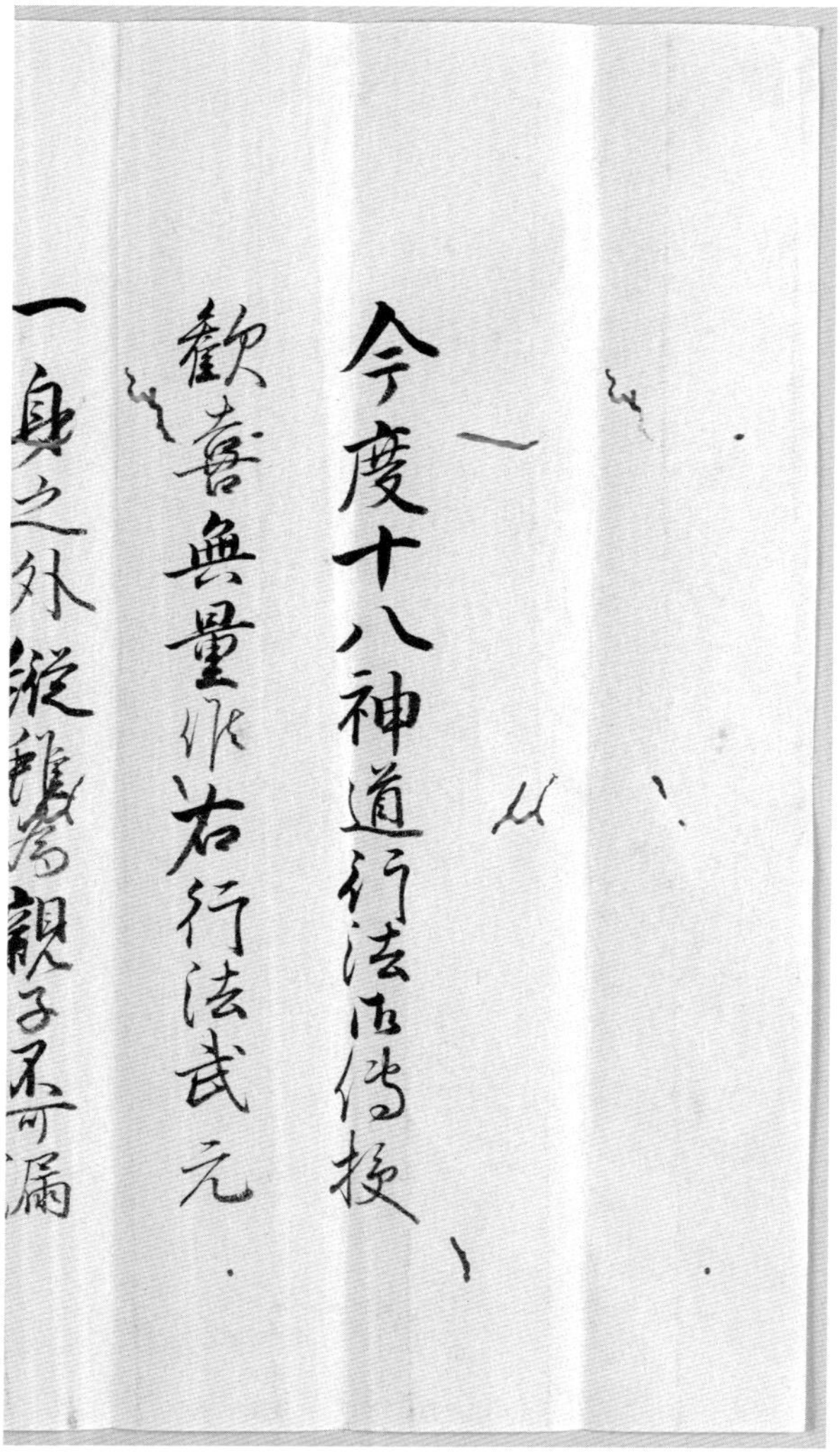

（外包紙ウハ書）

誓詞

松平右近将監

酒井左衛門尉

（内包紙ウハ書）

誓詞

今度十八神道行法御傳授

歓喜無量候、右行法、武元

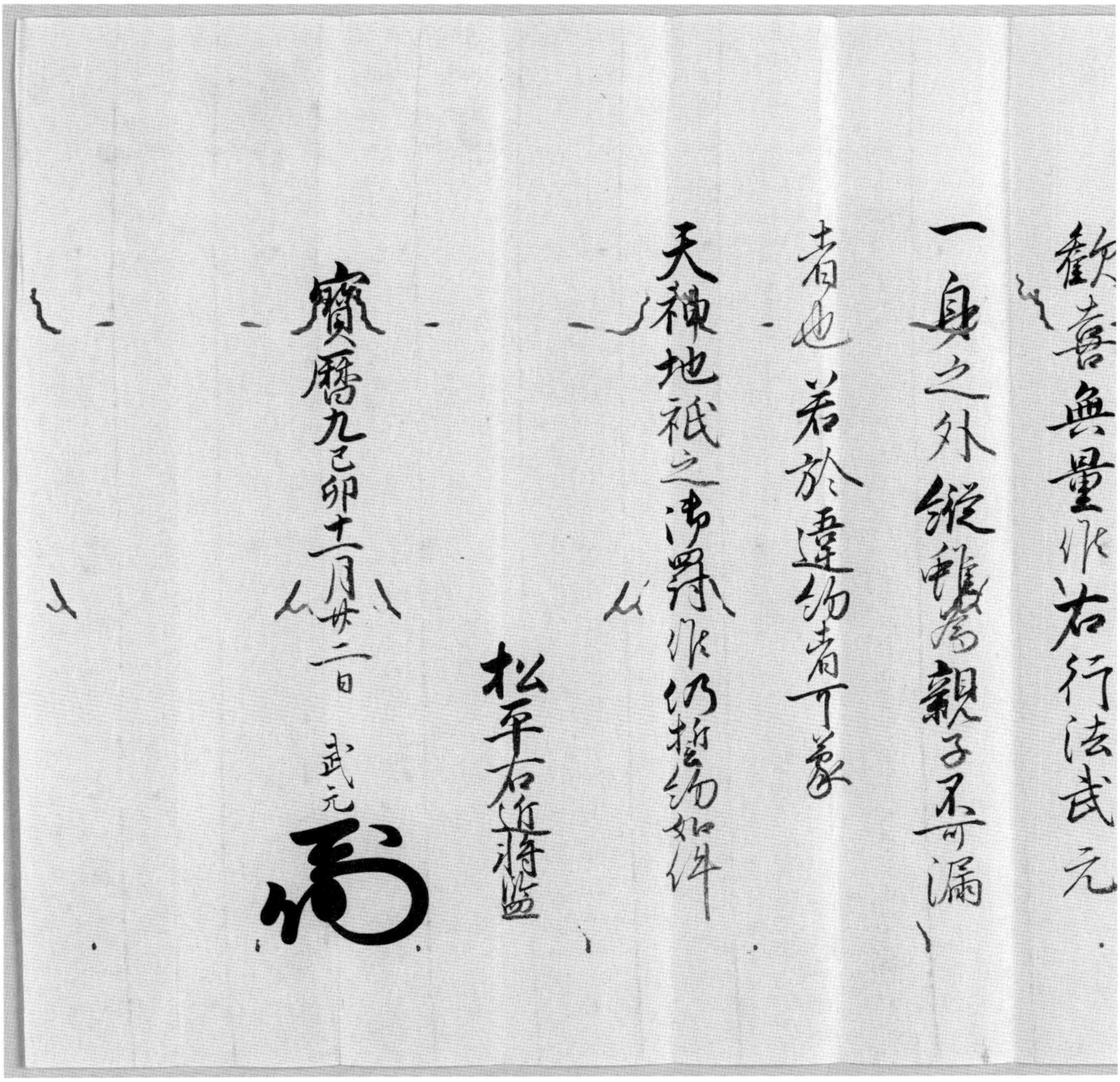

一身之外、縦雖為親子、不可漏

者也、若於違約者、可蒙

天神地祇之御罰候、仍誓約如件、

松平右近将監　（包紙）

寶暦九己卯十一月廿二日　武元（花押）

六、酒井忠寄起請文〈六二六〉（三八・六×五一・四糎）

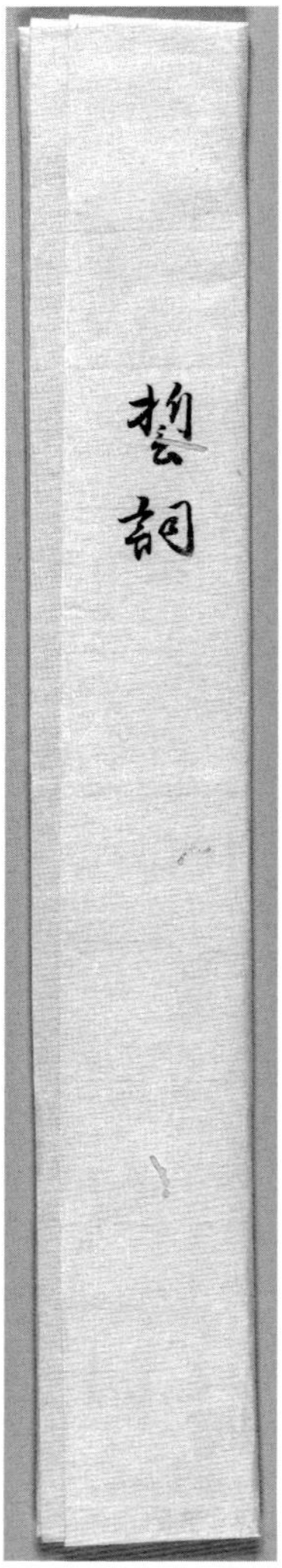

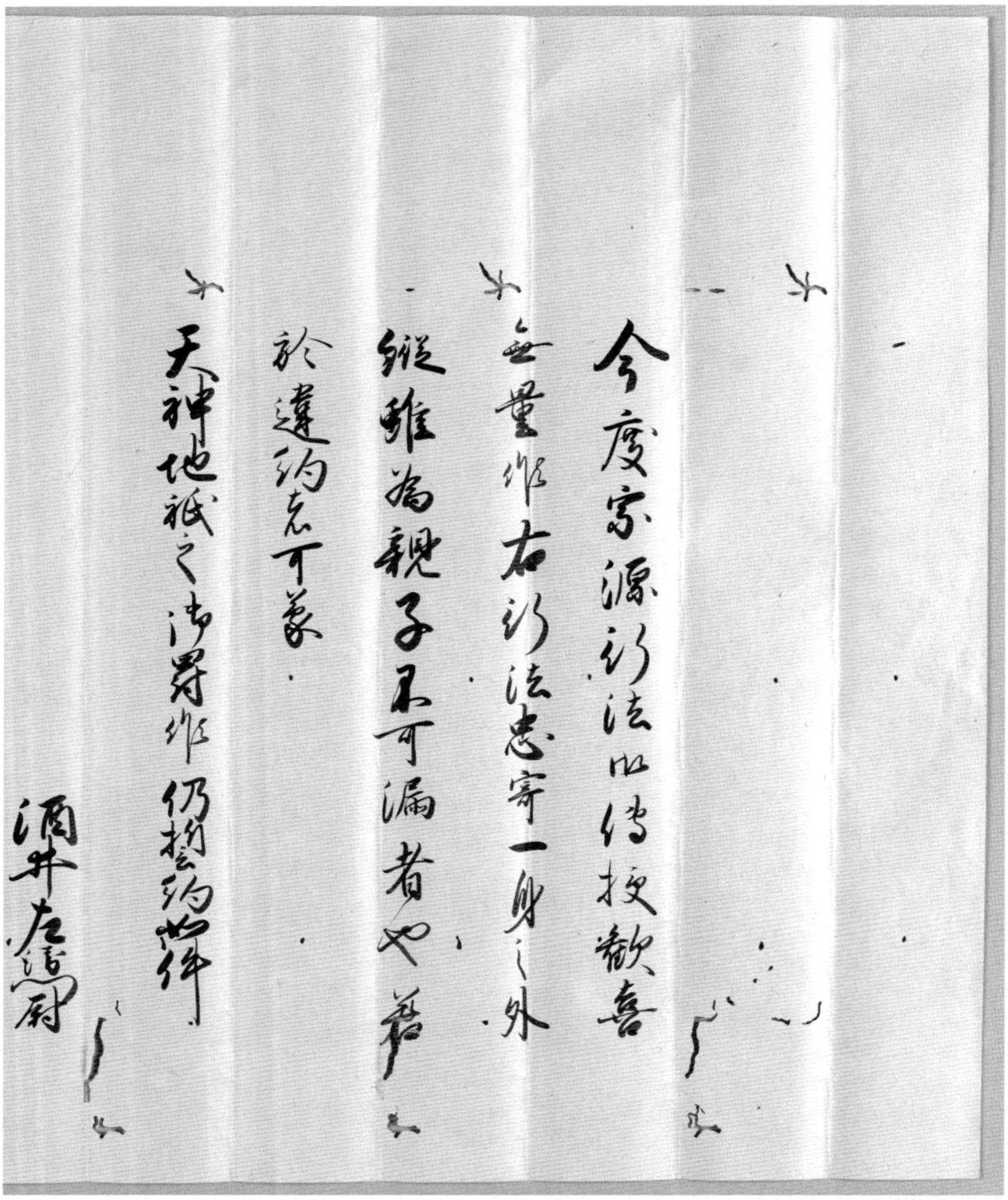

（内包紙ウハ書）

誓詞

［外包紙は前号文書と同一］

今度宗源行法御傳授、歓喜
無量候、右行法、忠寄一身之外、
縦雖為親子、不可漏者也、若
於違約者、可蒙
天神地祇之御罰候、仍誓約如件、

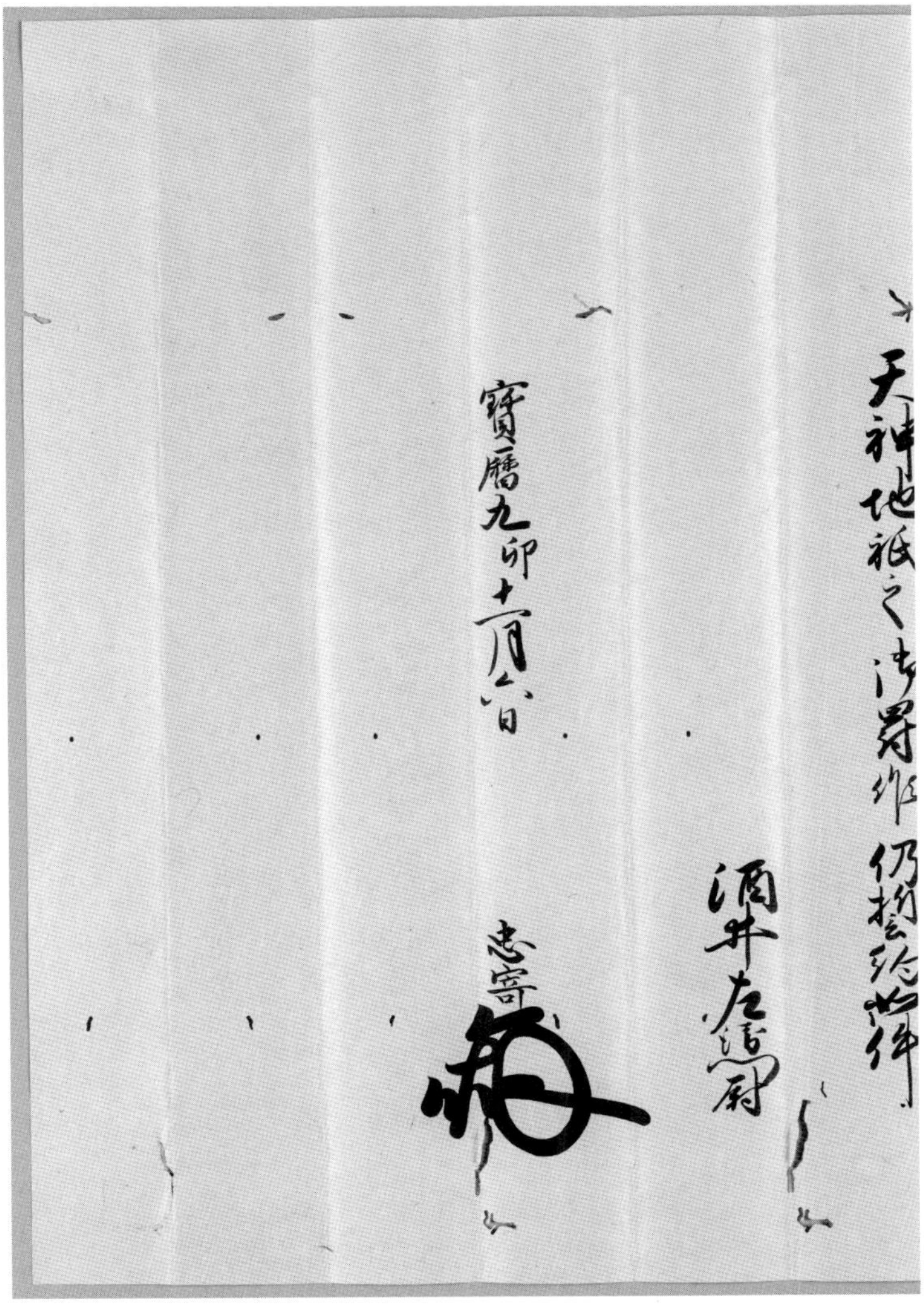

酒井左衛門尉

寳暦九卯十一月六日　忠寄（花押）

七、鍋島光茂覚〈六二七〉（四〇・九×五四・八糎）

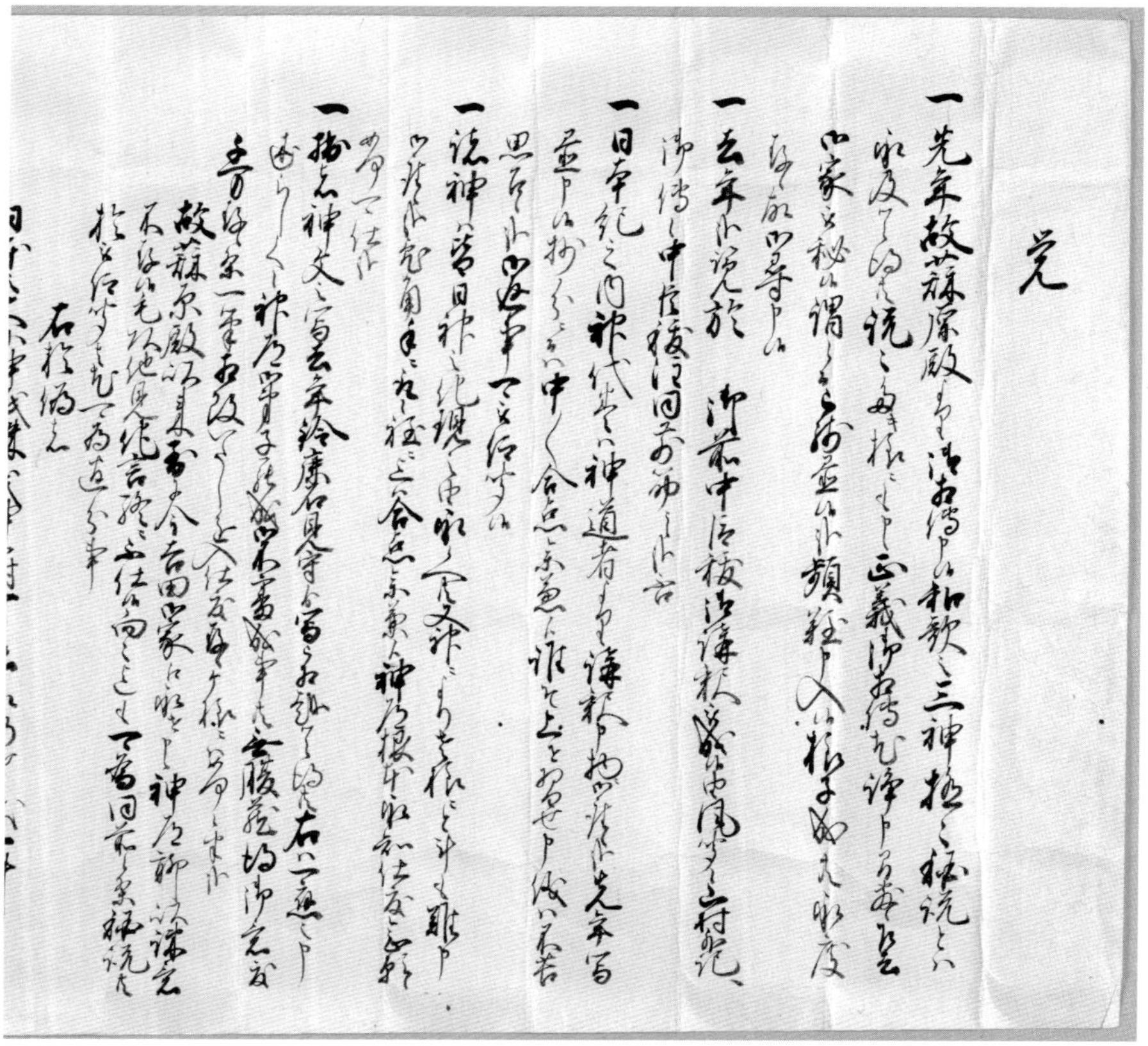

（包紙ウハ書）
吉田侍従様　　松平丹後守

覚

一 先年故萩原殿より御相傳申候和歌之三神、極ゝ秘説とハ承及候得共、説ゝ多キ様ニも申候、正義御相傳尤諍申間敷候、乍去御家被秘候謂候而、被残置候哉、頻〔題〕難申入候、様子成共承度存候故、御尋申候、

一 去年哉覧、於　御前中臣祓御講釈被成候由風聞候、山村外記へ御傳之中臣祓注同前筋ニ候哉否、

一 日本紀之内神代巻ハ神道者より講釈申物ニ御座候哉、先年寫置申候抄分ニ而ハ中〳〵合点参兼候、誰そ上を習せ申儀ハ不苦思召候哉、御返事可被仰聞候、

一 諸神ハ皆日神之化現之由承候へ共、又神ニよりさ様ニと斗も難申御座候哉、兎角手ニ取候程ニ迄ハ合点参兼候、神道根本承知仕度念願候、如何可仕哉、

一 拙者神文之寫、去年鈴鹿石見守ゟ寫被相越候得共、右ハ一應之申述まいらせ候、神道御弟子罷成、御不審成事共無腹藏得御意度、千万存候条、一筆相改いたし進入仕度存候、ヶ様ニハ如何候半哉、
　故萩原殿以来到于今、吉田御家江承せ申候、神道聊以疎意不存候、毛頭他見他言終ニ不仕候、向ゝ迄も可為同前之条、秘説共於被仰聞者尤可為過分事、
　右於偽者、

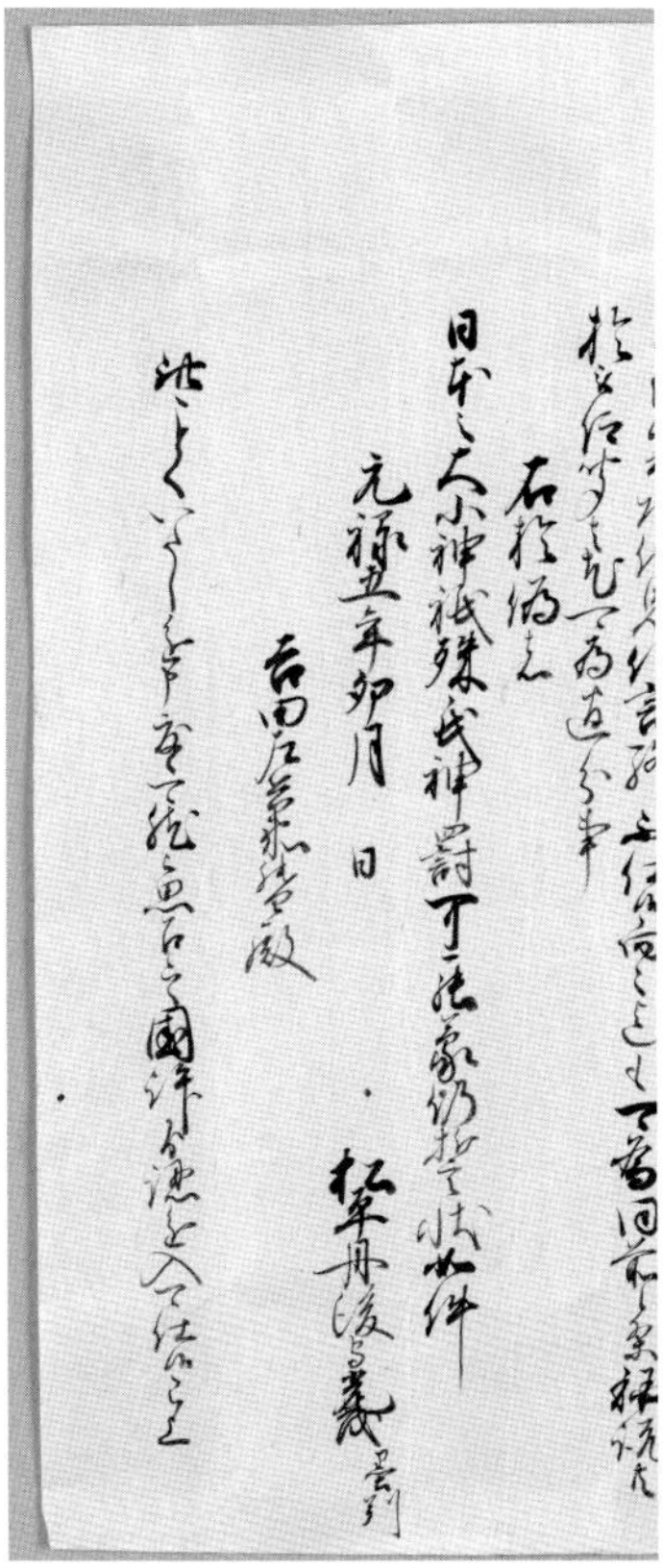

日本之大小神祇殊氏神罰可罷蒙、仍誓状如件、

元禄五年卯月　日　　松平丹後守光茂墨判

吉田左兵衛督殿

此ことくいたし進申度候、可然被思召候ハヽ、國許ゟ認進入可仕候、

已上、

八、鍋島綱茂起請文〈六二八〉（三七・九×五二・三糎）

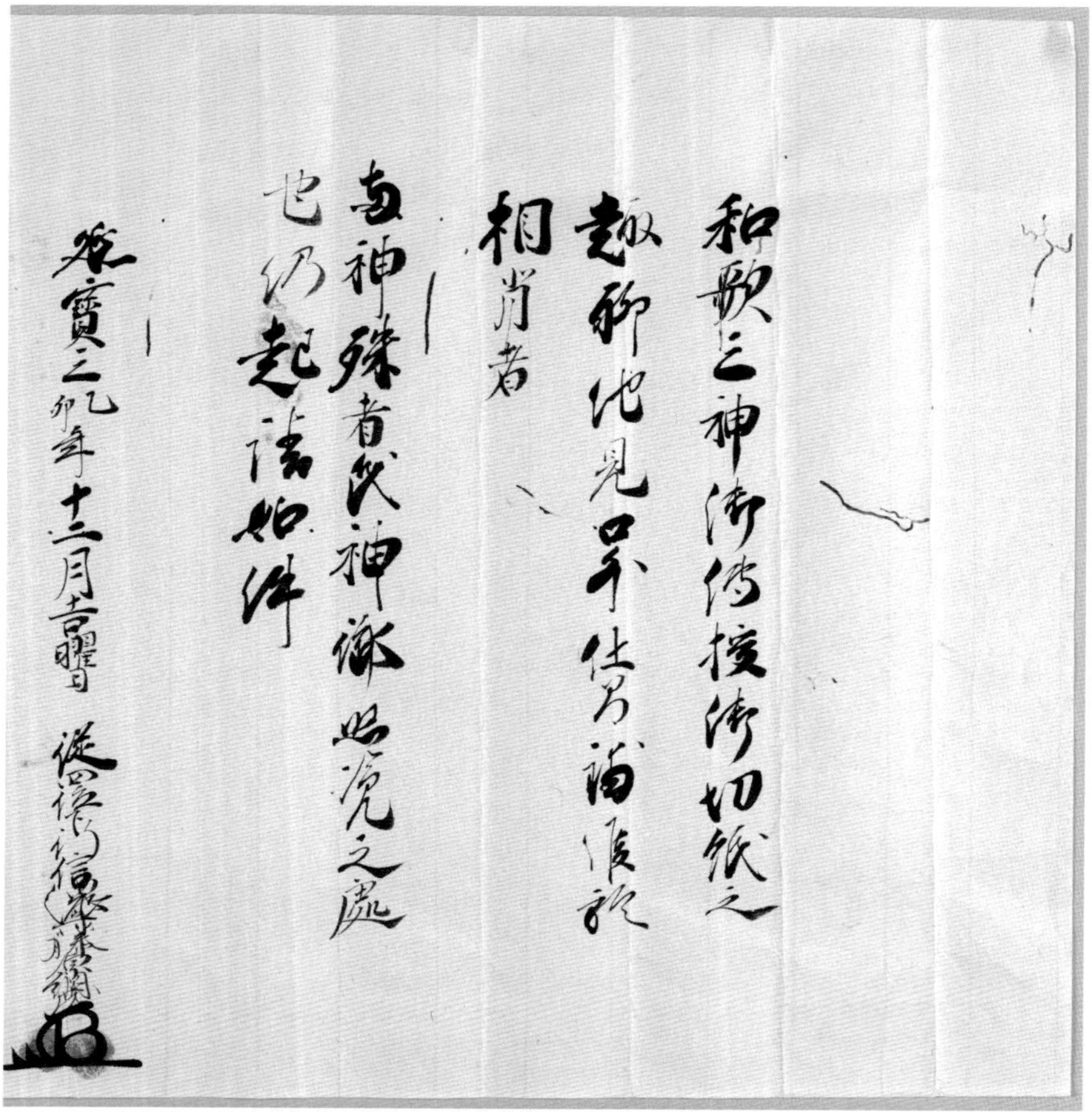

（包紙ウハ書）

吉田侍従殿　　従四位下行信濃守藤原綱茂

和歌三神御傳授御切紙之
趣、聊他見口外仕間鋪候、於
相背者、
両神殊者氏神御照覧之處
也、仍起請如件、

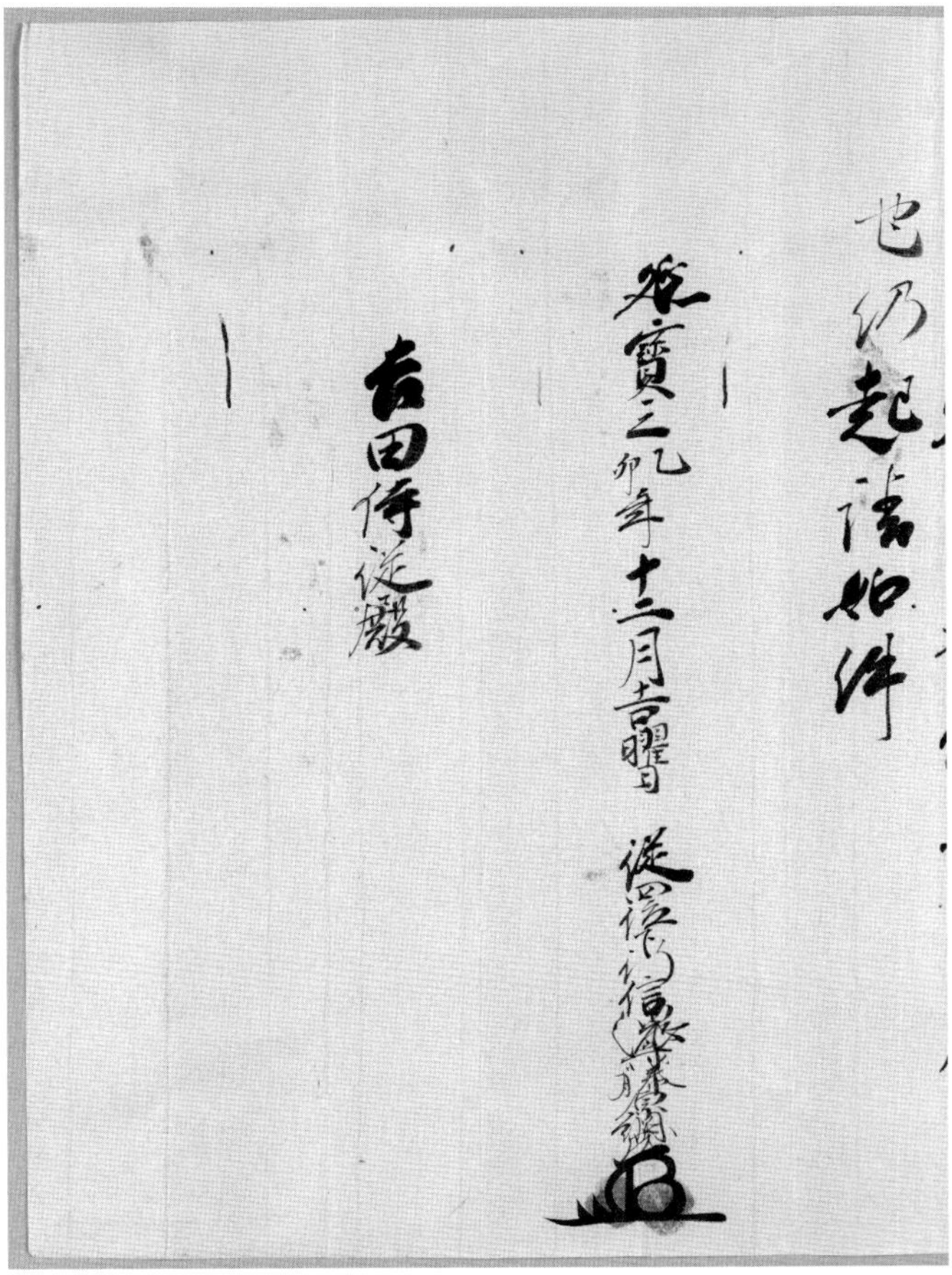

延寶三乙卯年十二月吉曜日　従四位下行信濃守藤原綱茂（花押・指判）

吉田侍従殿

九、酒井忠寄起請文

〈六二九〉（三七・五×六一・三糎）

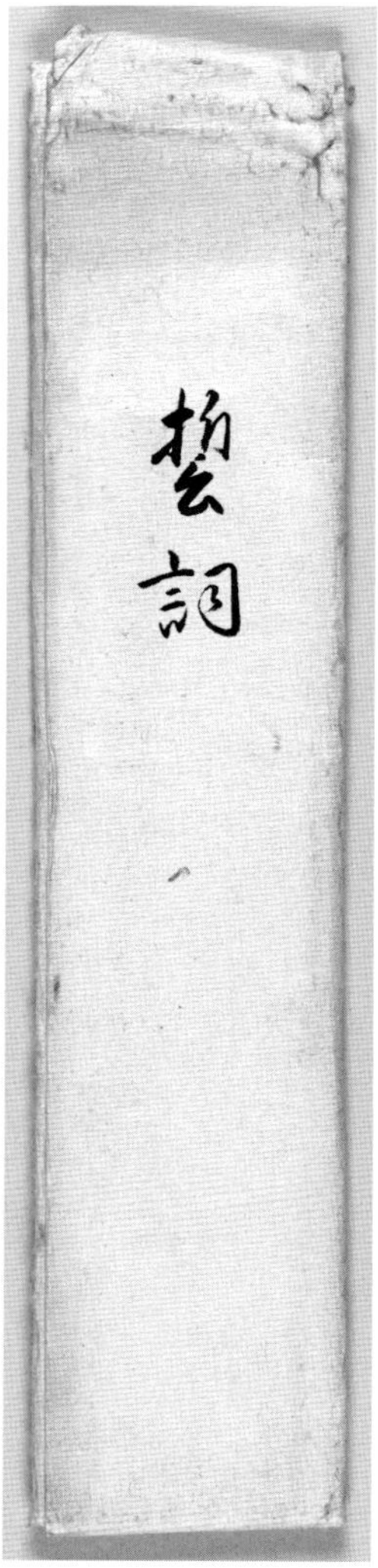

（包紙ウハ書）

誓詞

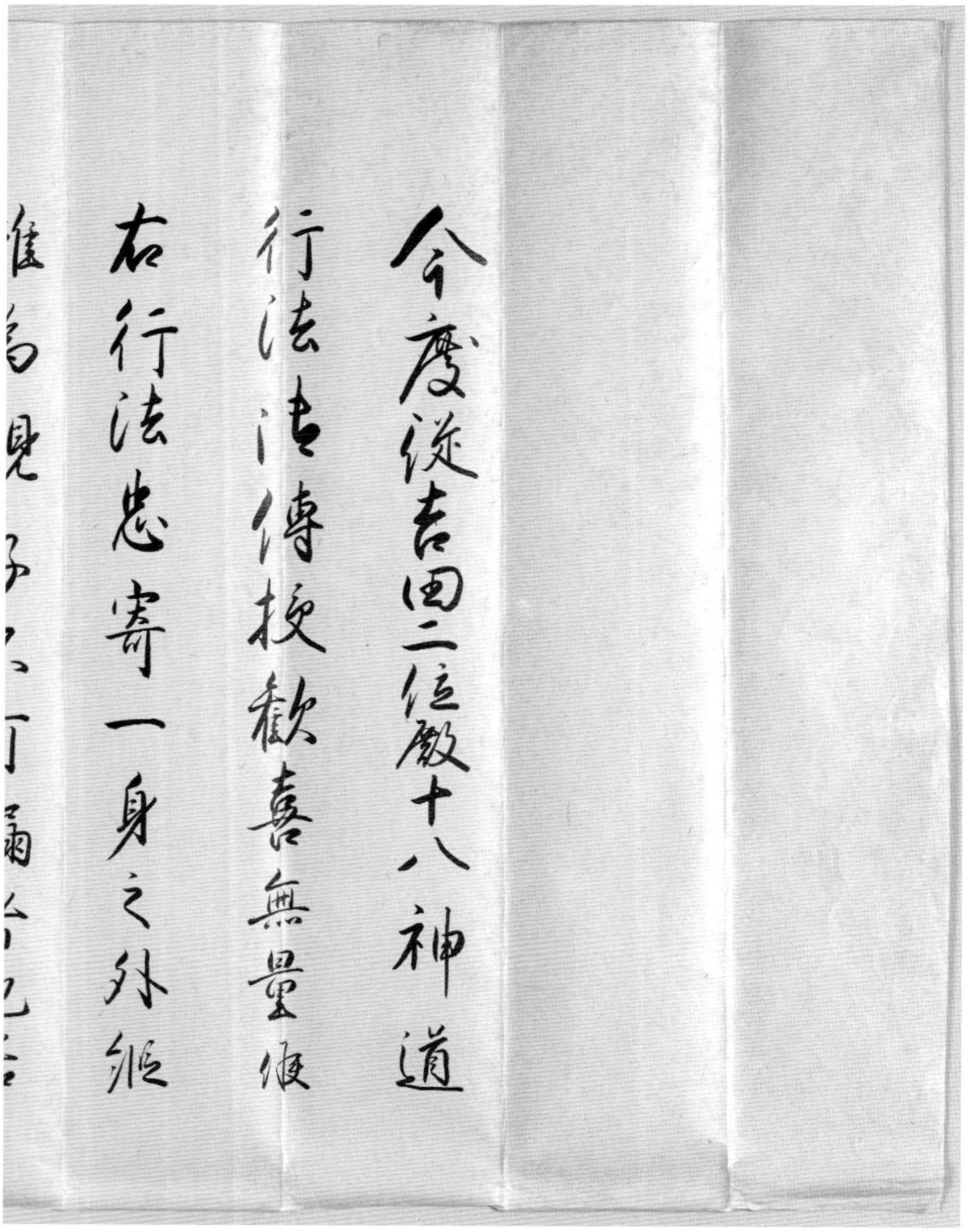

今度従吉田二位殿十八神道

行法御傳授、歓喜無量候、

右行法、忠寄一身之外、縦

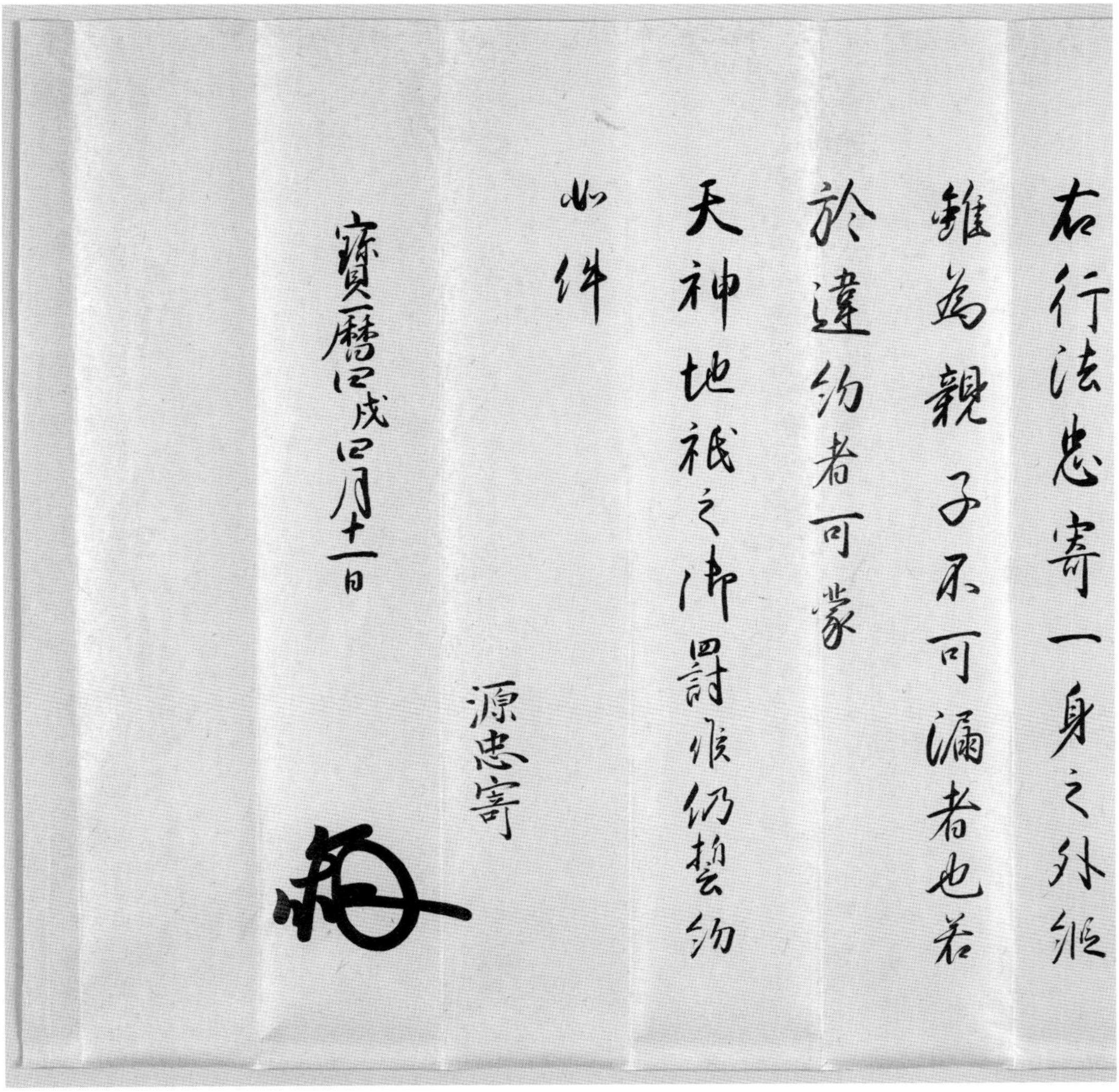
右行法忠寄一身之外縦
雖為親子不可漏者也若
於違約者可蒙
天神地祇之御罰候仍誓約
如件
源忠寄
寶暦四戊四月十一日

雖為親子、不可漏者也、若

於違約者、可蒙

天神地祇之御罰候、仍誓約

如件、

源忠寄

（花押）

宝暦四戊四月十一日

一〇、牧野忠辰起請文 〈六三〇〉（四〇・七×五五・一糎）

（包紙ウハ書）

誓約

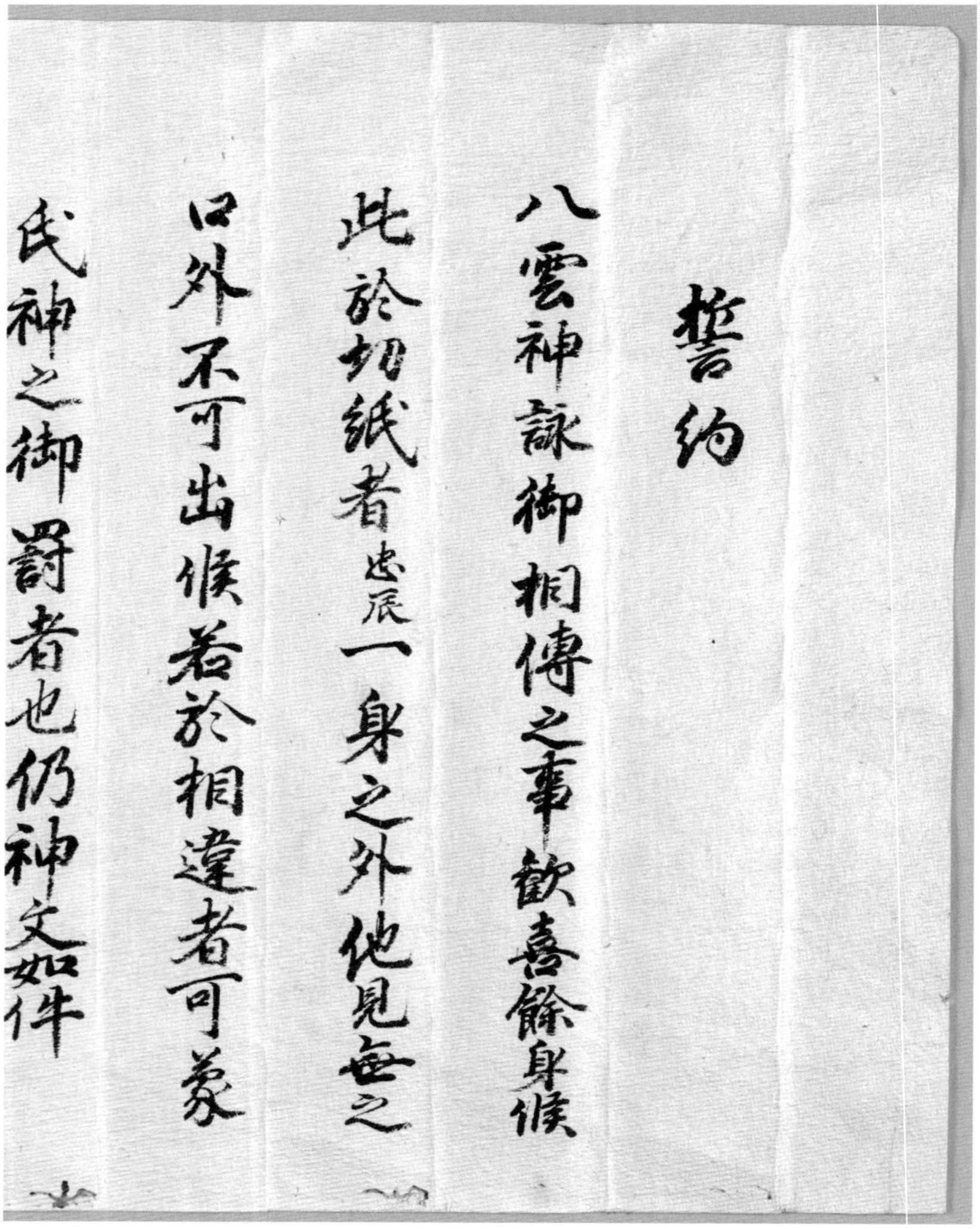

誓約

八雲神詠御相傳之事、歓喜餘身候、

此於切紙者、忠辰一身之外他見無之、

口外不可出候、若於相違者、可蒙

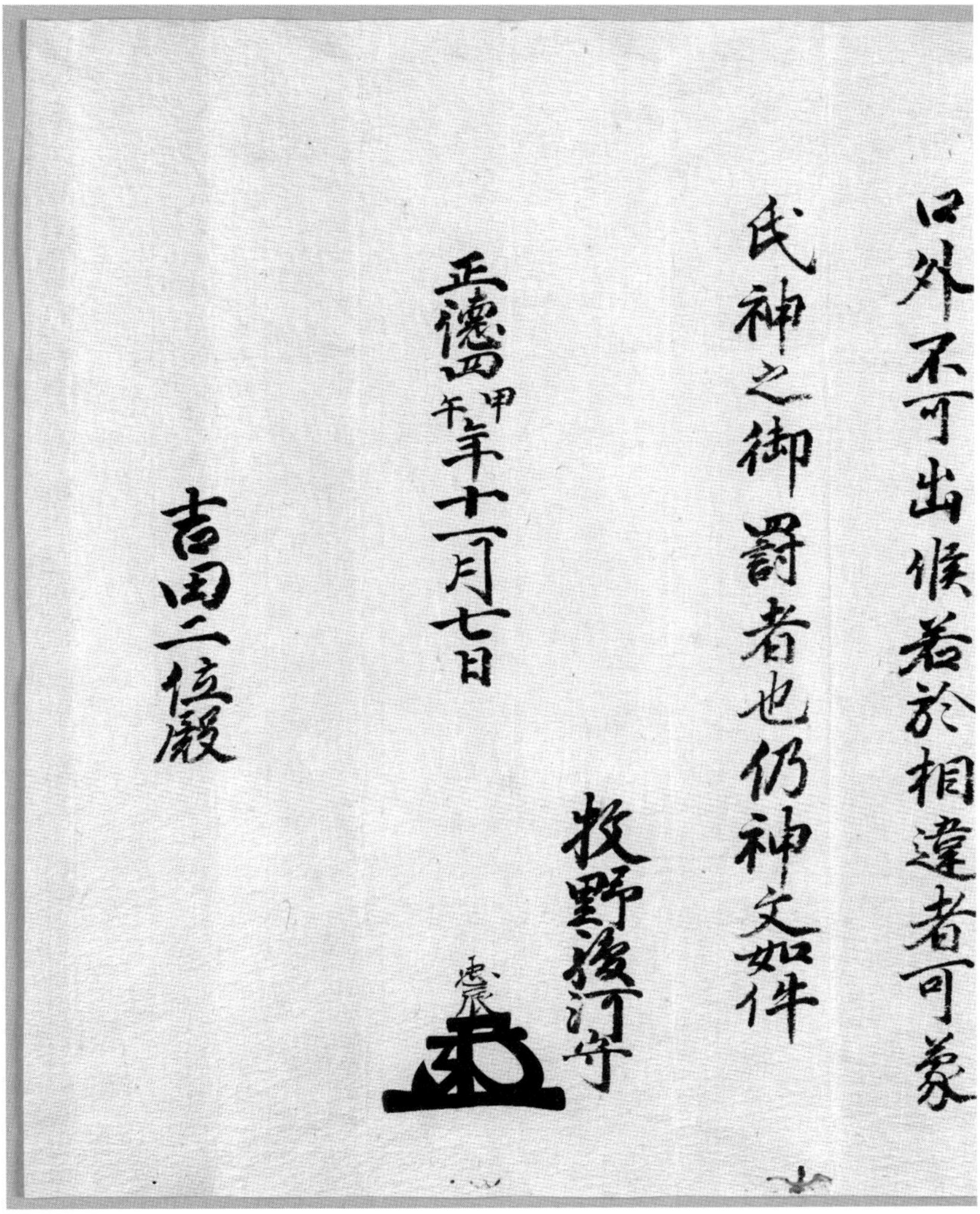
口外不可出候若於相違者可蒙
氏神之御罸者也仍神文如件
牧野駿河守
忠辰
正徳四甲午年十一月七日
吉田二位殿

氏神之御罸者也、仍神文如件、

牧野駿河守

正徳四甲午年十一月七日　　忠辰（花押）

吉田二位殿

一一、卜部兼充免許状 〈六三一〉 （三八・八×五二・三糎）

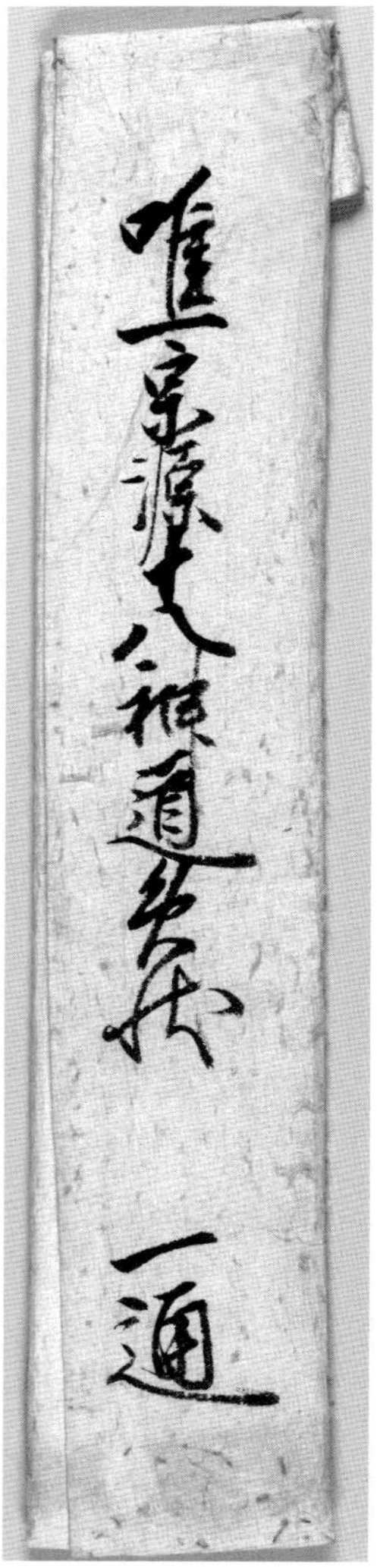

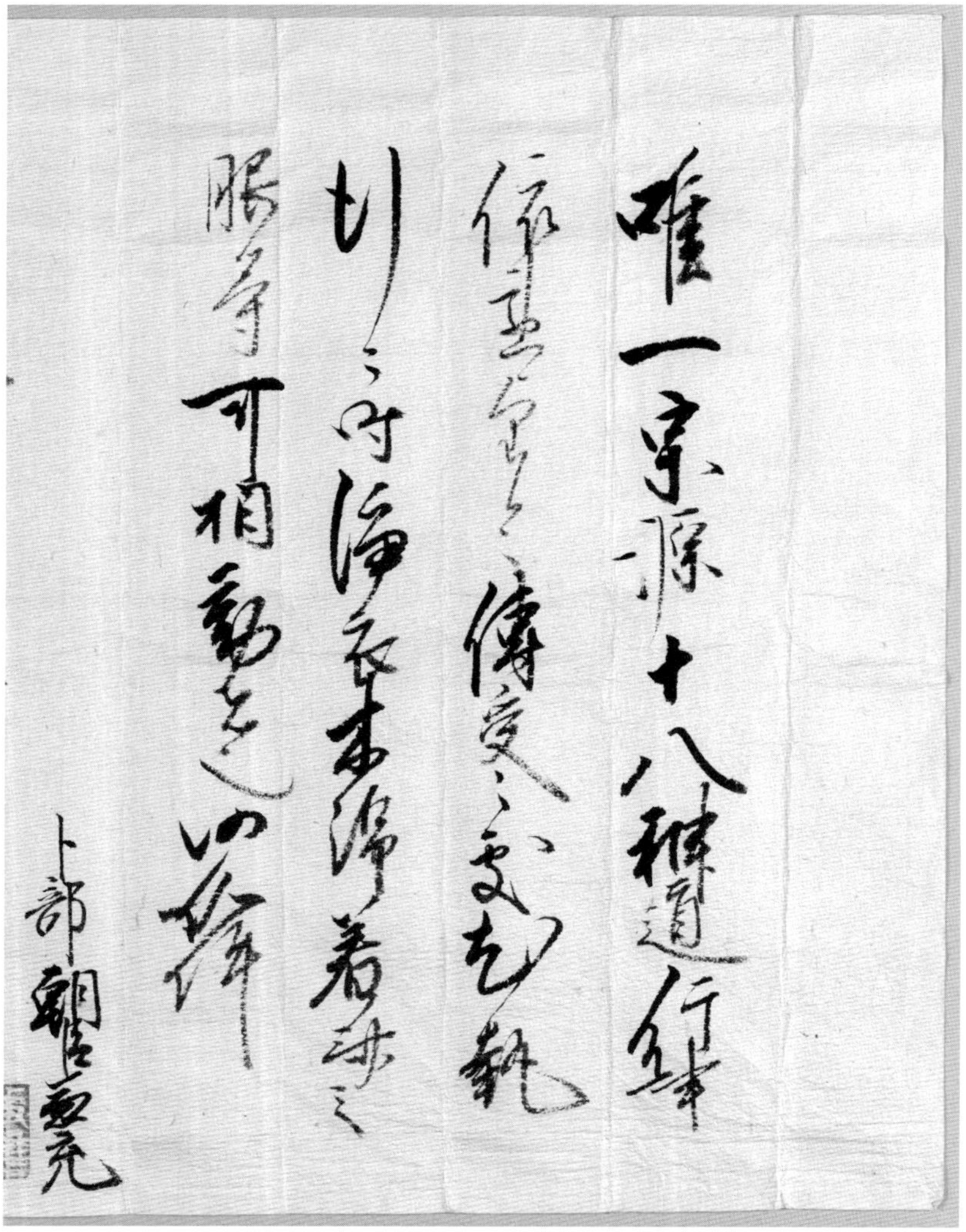

（包紙ウハ書）

唯一宗源十八神道免状　　一通

唯一宗源十八神道行事

依懇望之傳受之處、尤執

行之時、淨衣木綿着斎之

服等可相勤者也、仍如件、

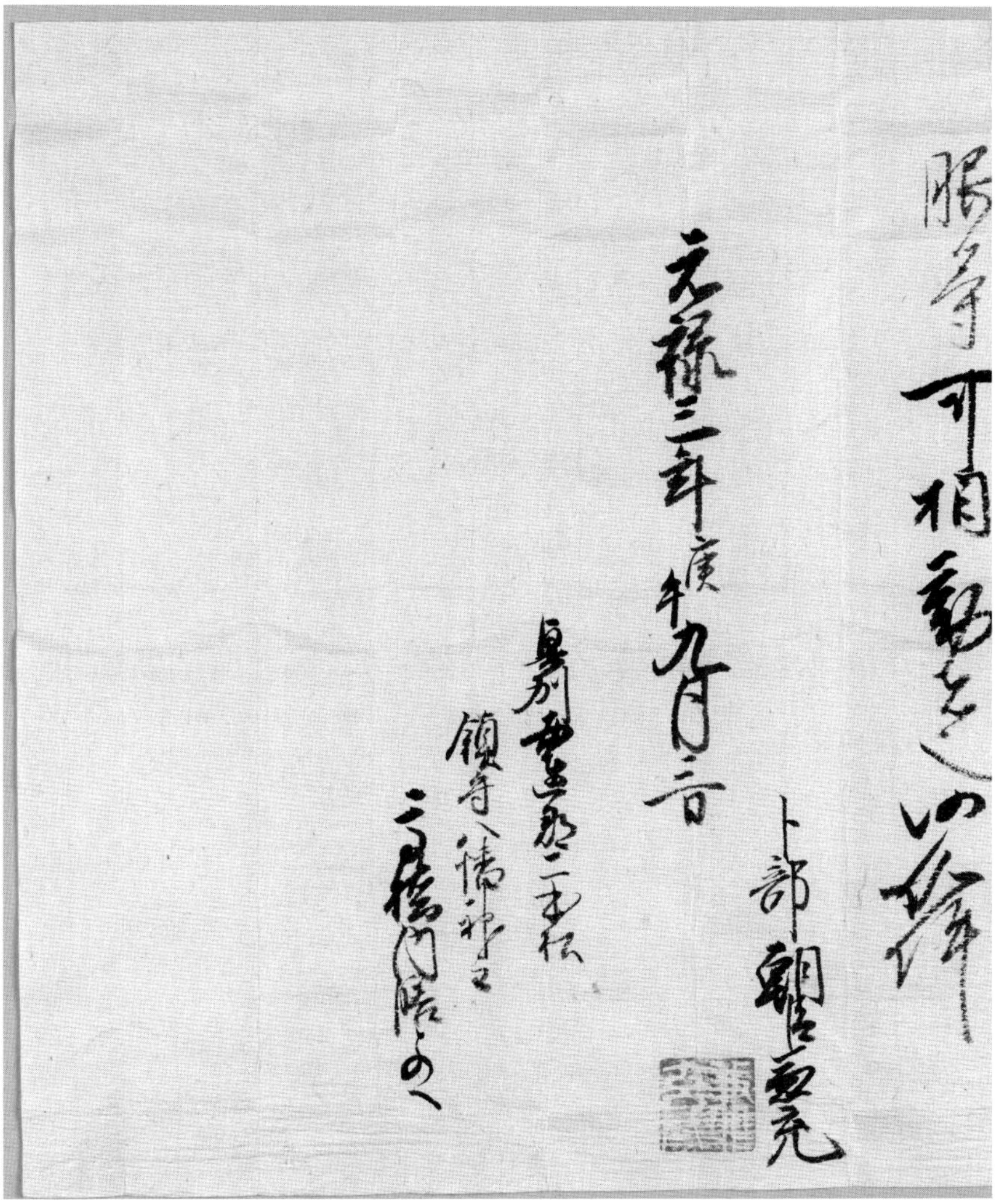

卜部朝臣兼充（朱印）〔印文「兼充」〕

元禄三年庚午九月三日

奥州安達郡二本松

鎮守八幡神主

高橋内膳とのへ

一二、鍋島綱茂起請文 〈六三二〉（四〇・一×五五・〇糎）

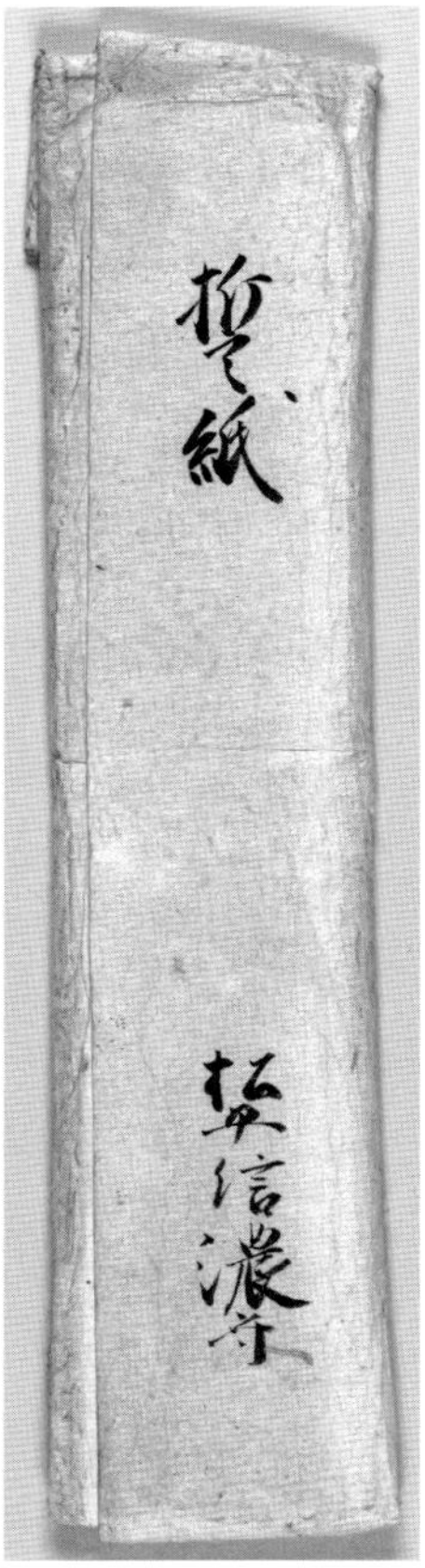

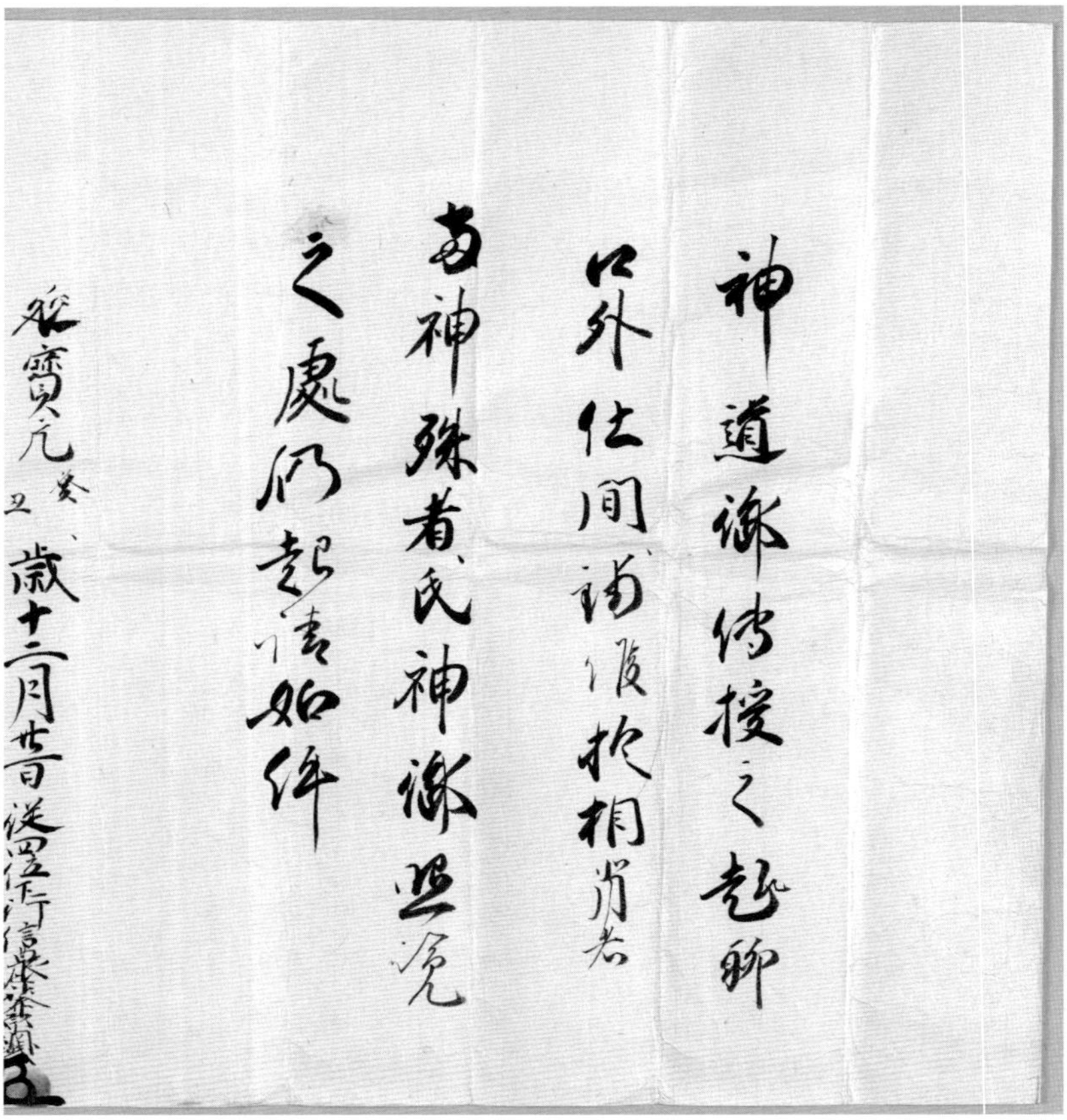

（包紙ウハ書）

誓紙　　　松平信濃守

神道御傳授之趣、聊

口外仕間鋪候、於相背者、

両神殊者氏神御照覧

之處、仍起請如件、

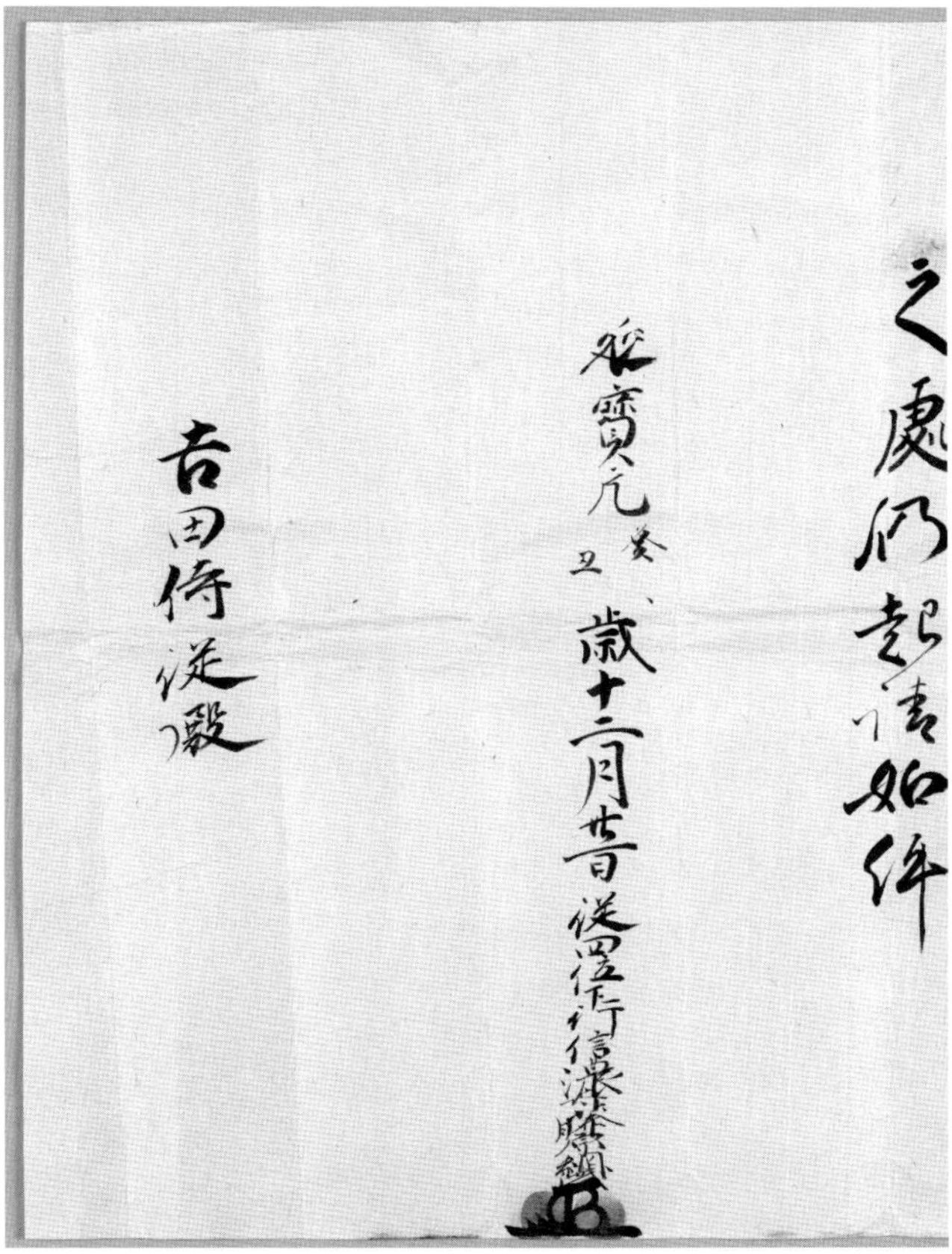

延寶元癸丑歳十二月廿一日　従四位下行信濃守藤原綱茂（花押・指判）

吉田侍従殿

一三、菅原氏女起請文〈六三三〉（三八・〇×四七・九糎）

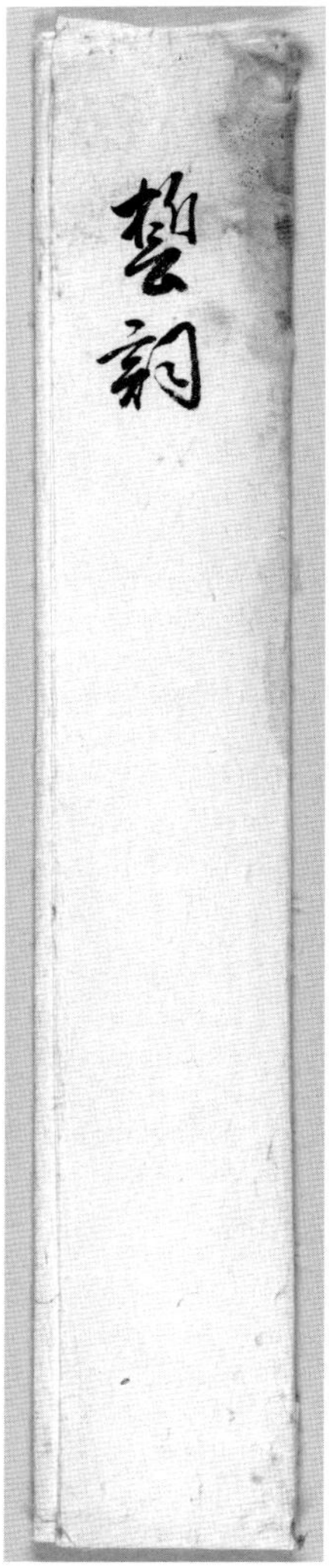

（包紙ウハ書）

誓詞

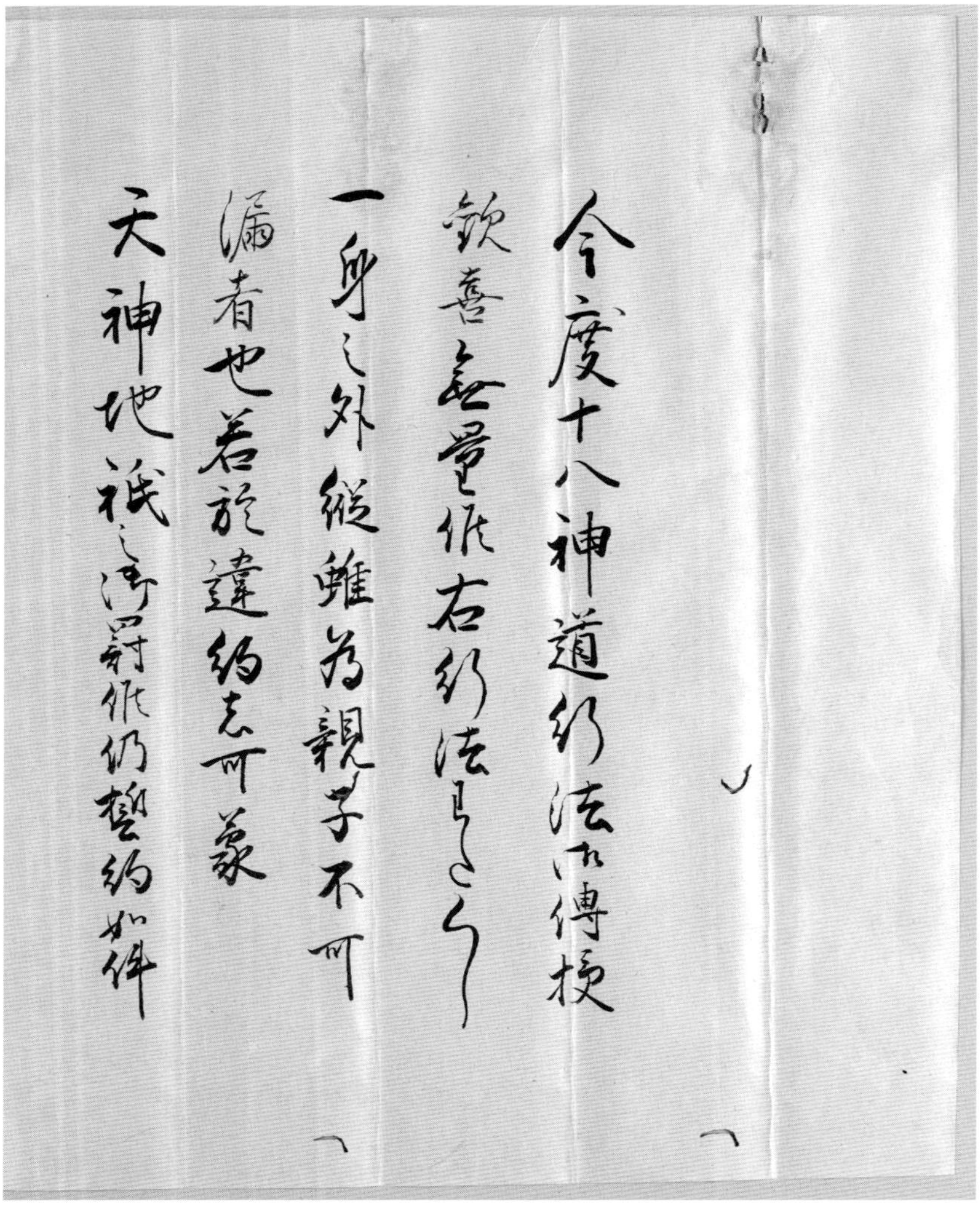

今度十八神道行法御傳授、

歓喜無量候、右行法、わたくし

一身之外、縦雖為親子、不可

漏者也、若於違約者、可蒙

天神地祇之御罰候、仍誓約如件、

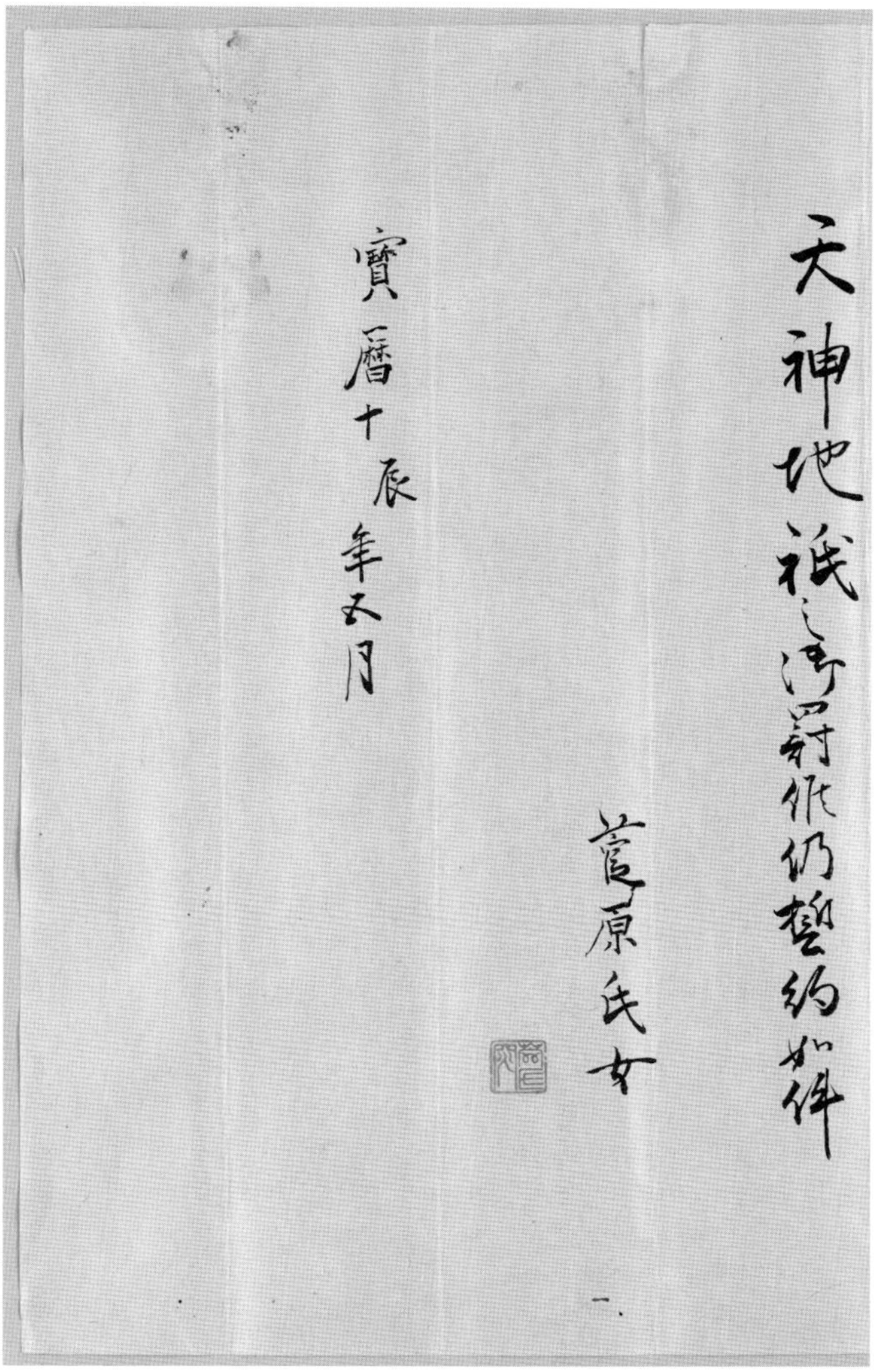

菅原氏女（朱印）〔印文「菅氏□」〕

宝暦十辰年五月

一四、酒井忠寄起請文〈六三四〉（三八・八×四八・二糎）

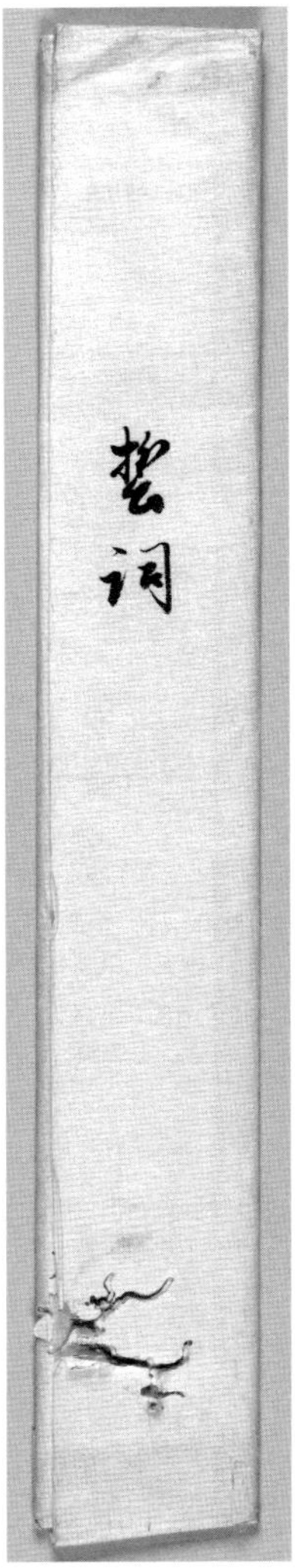

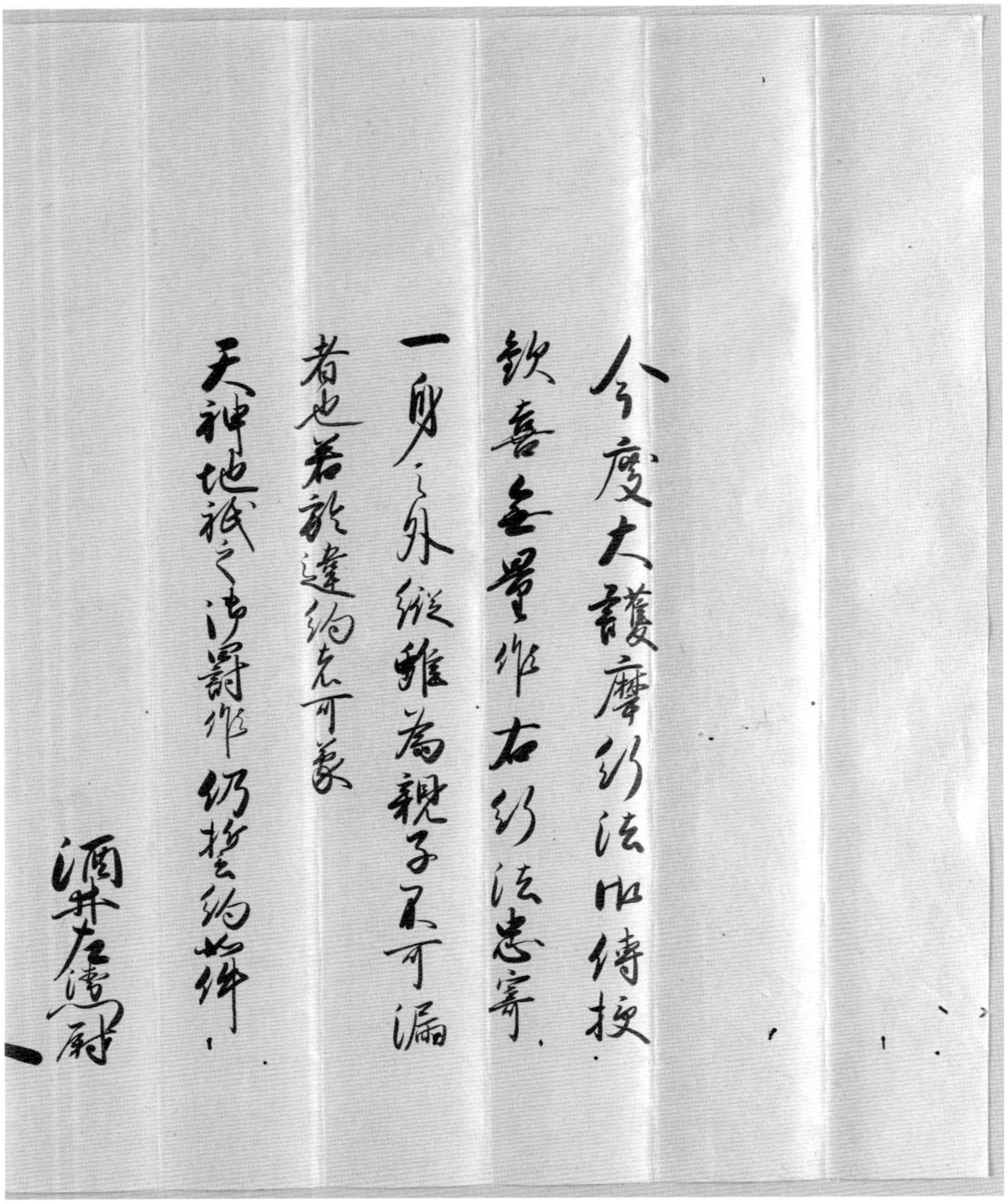

（包紙ウハ書）

誓詞

今度大護摩行法御傳授、
歡喜無量候、右行法、忠寄
一身之外、縦雖為親子、不可漏
者也、若於違約者、可蒙
天神地祇之御罰候、仍誓約如件、

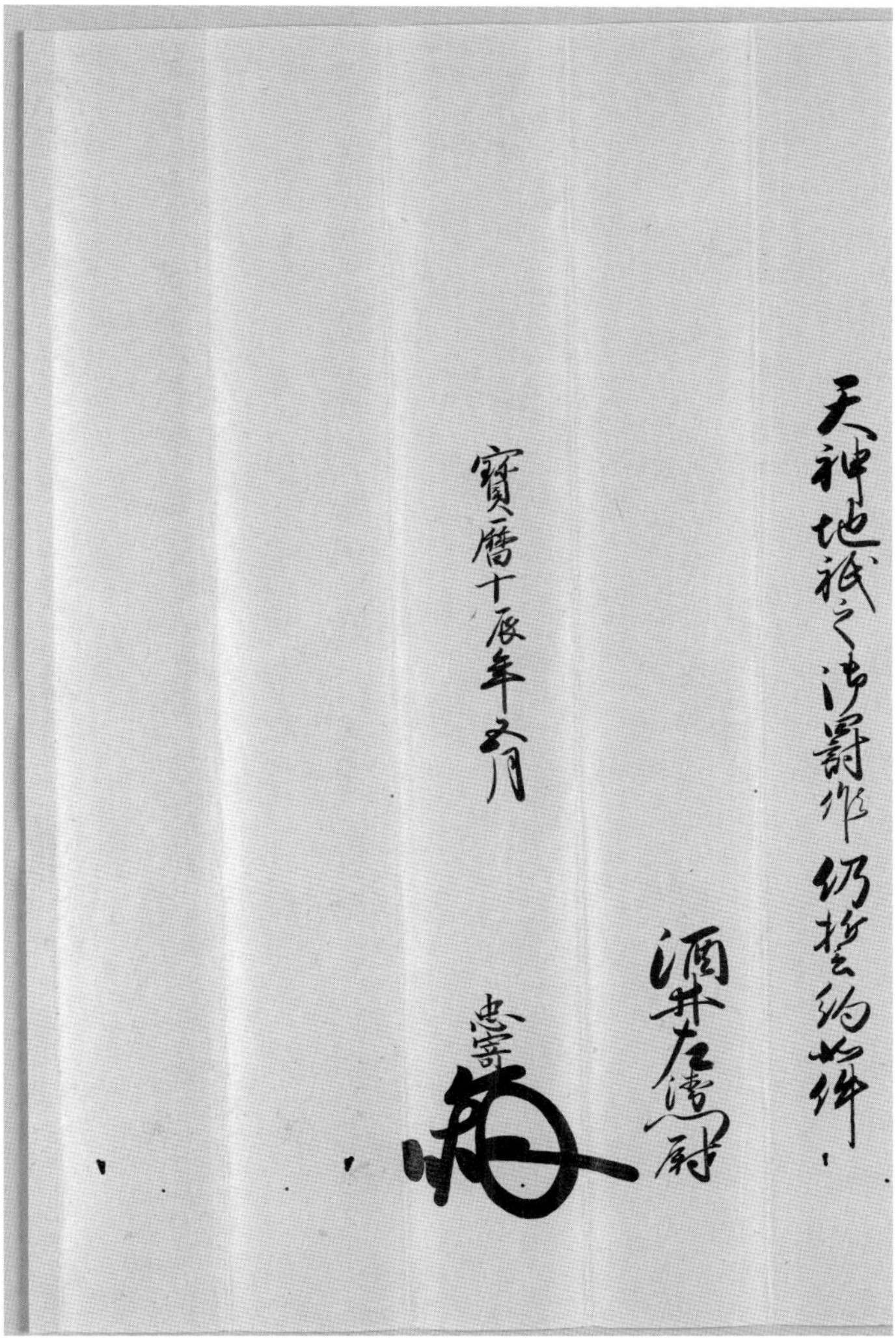

酒井左衛門尉

宝暦十辰年五月　　忠寄（花押）

一五、錦織従久起請文 〈六三五〉 （三二・四×四六・六糎）

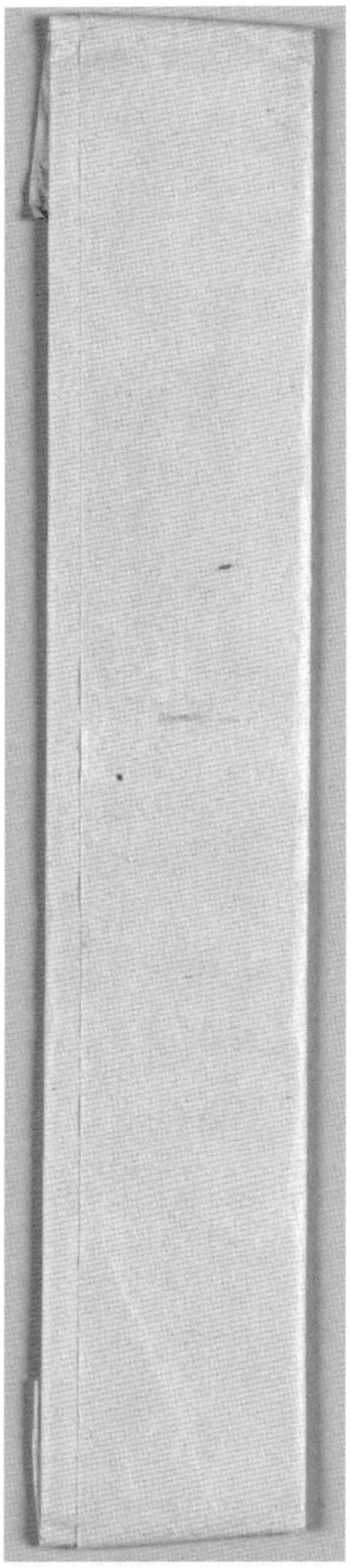

（包紙）

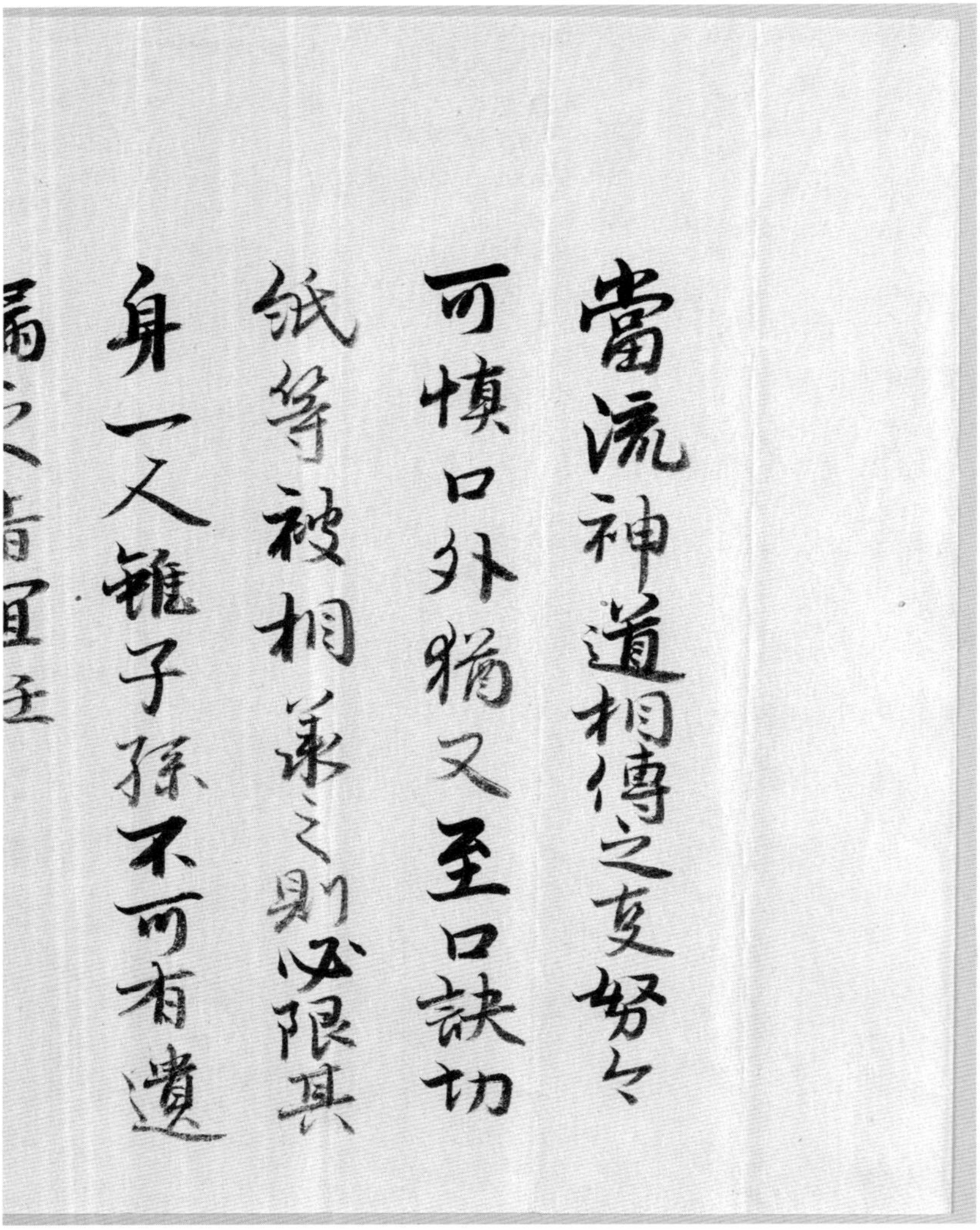

當流神道相傳之事、努々
可慎口外、猶又至口訣切
紙等被相兼之、則必限其
身一人、雖子孫、不可有遺

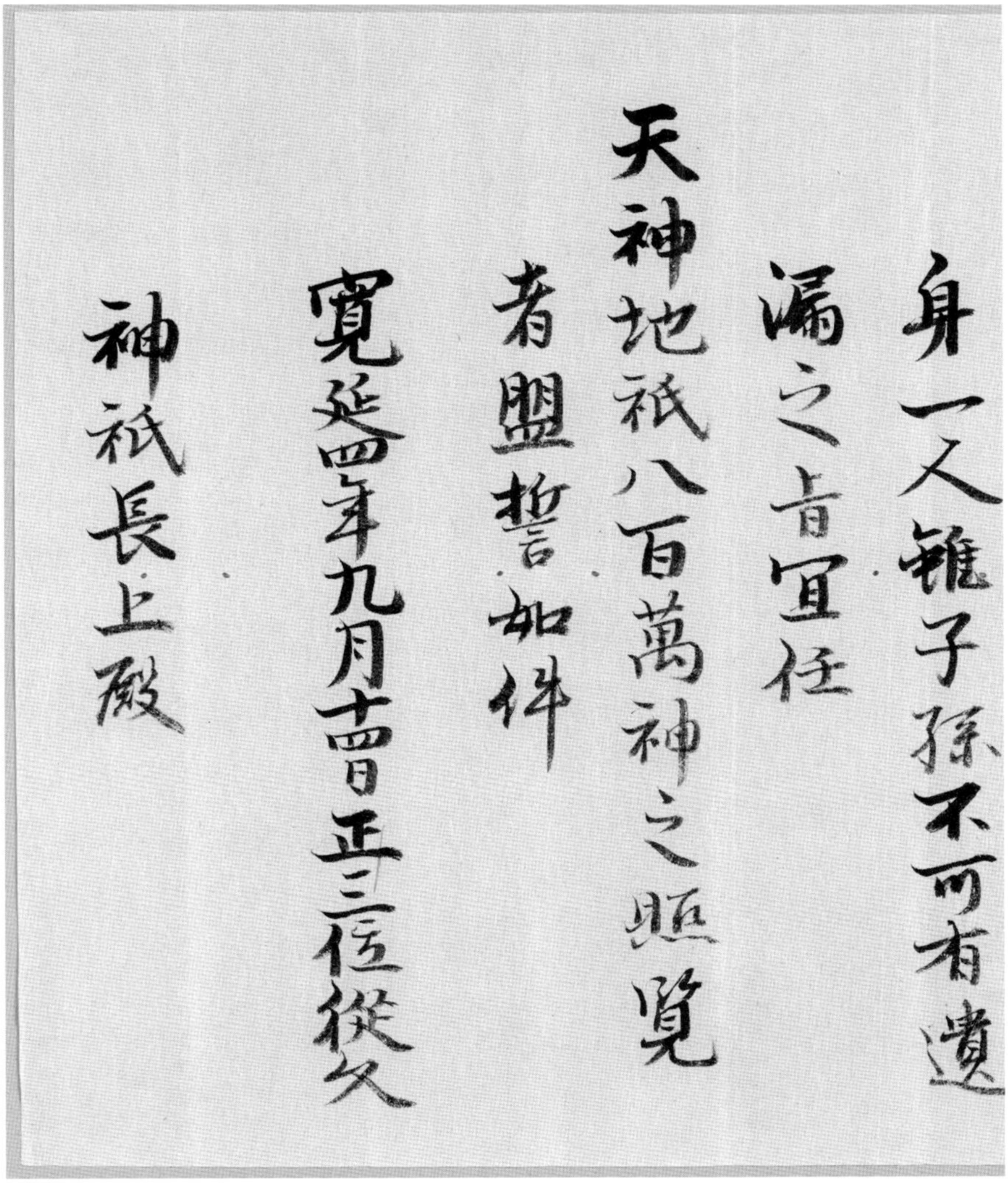

漏之旨、宜任

天神地祇八百萬神之照覧

者、盟誓如件、

寛延四年九月十四日　正三位従久(錦織)

神祇長上殿

一六、萩原兼武起請文　〈六三六〉（三二・五×四六・〇糎）

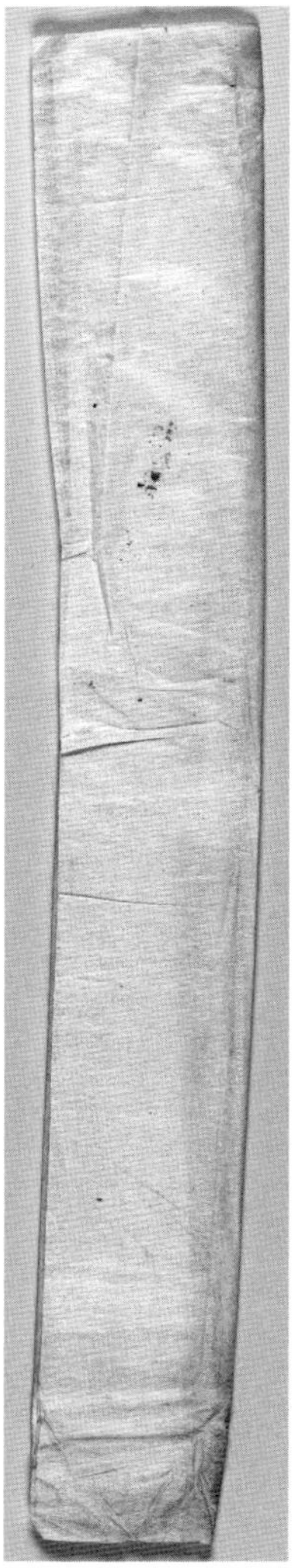

（包紙）

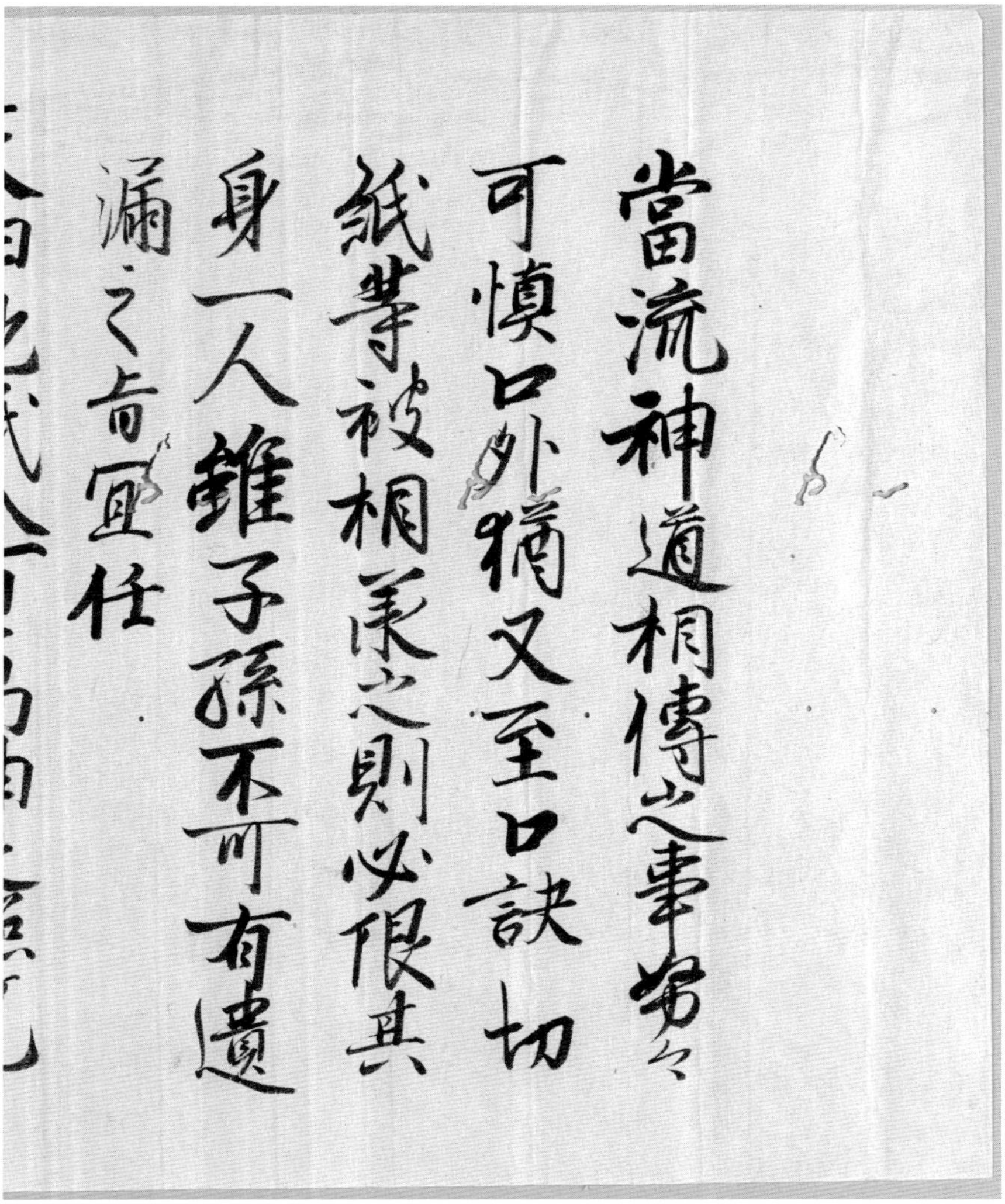

當流神道相傳之事、努々
可愼口外、猶又至口訣切
紙等被相兼之、則必限其
身一人、雖子孫、不可有遺
漏之旨、宜任

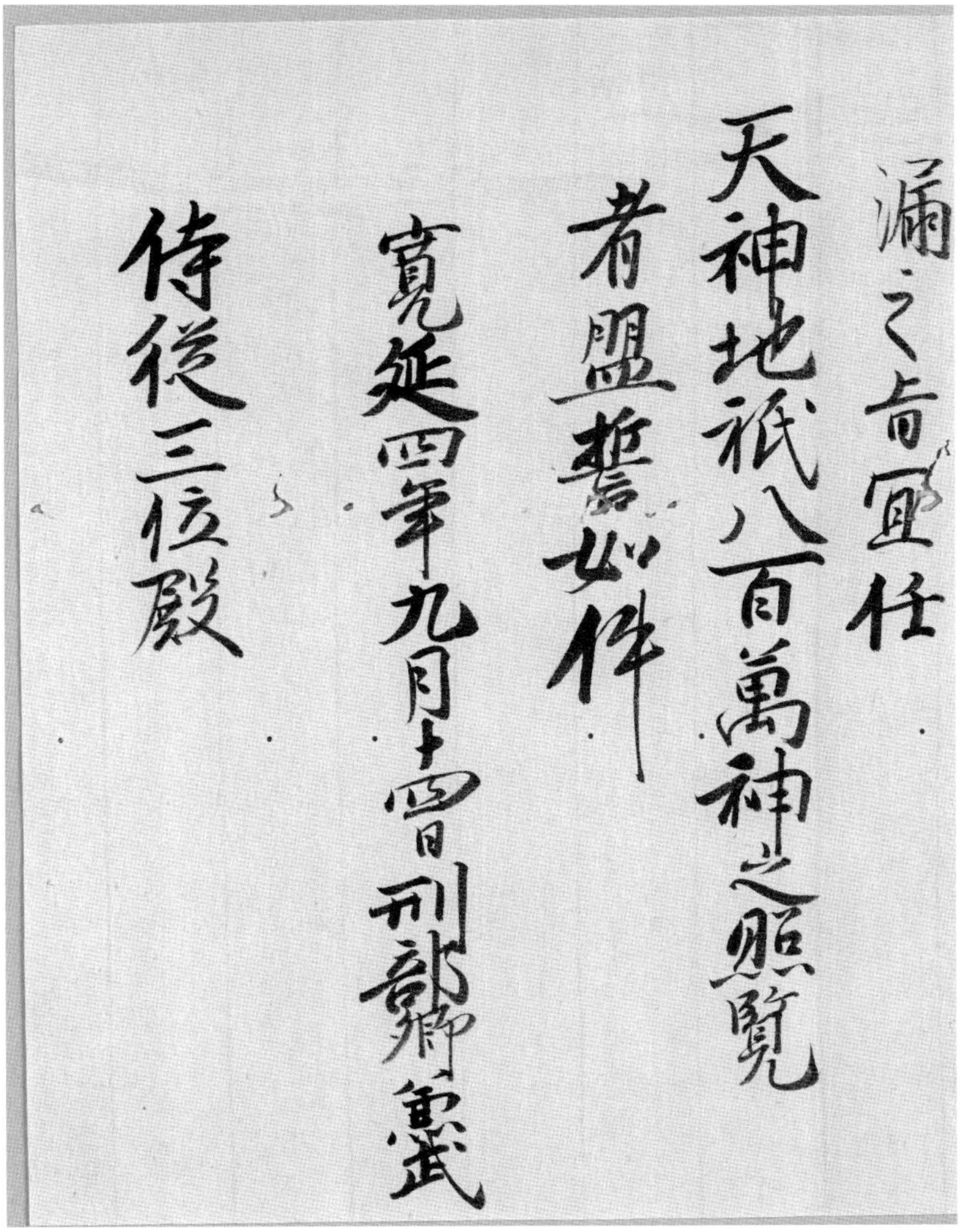

天神地祇八百萬神之照覧

者、盟誓如件、

寛延四年九月十四日　刑部卿兼武

侍従三位殿

一七、實榮起請文　〈六三七〉　(三三・〇×四六・〇糎)

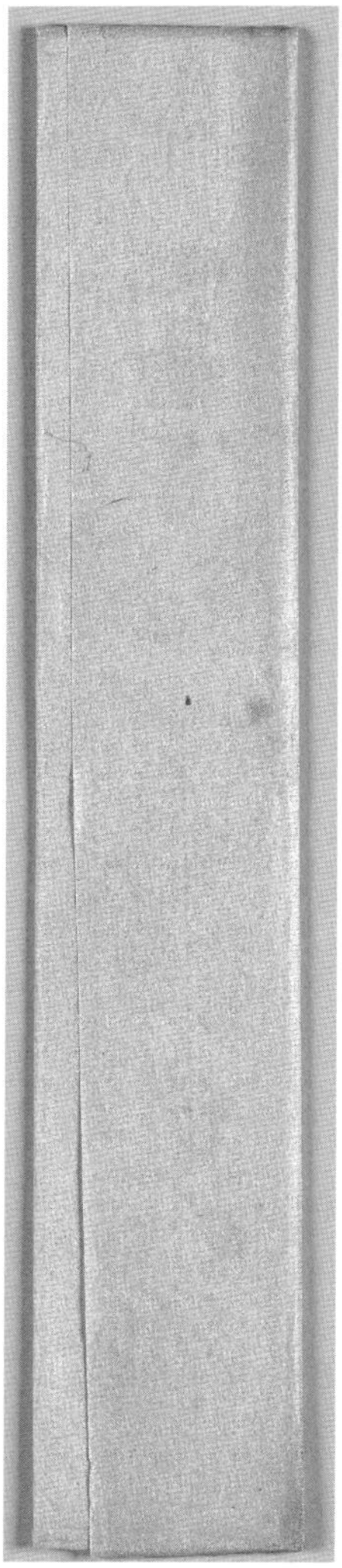

(包紙)

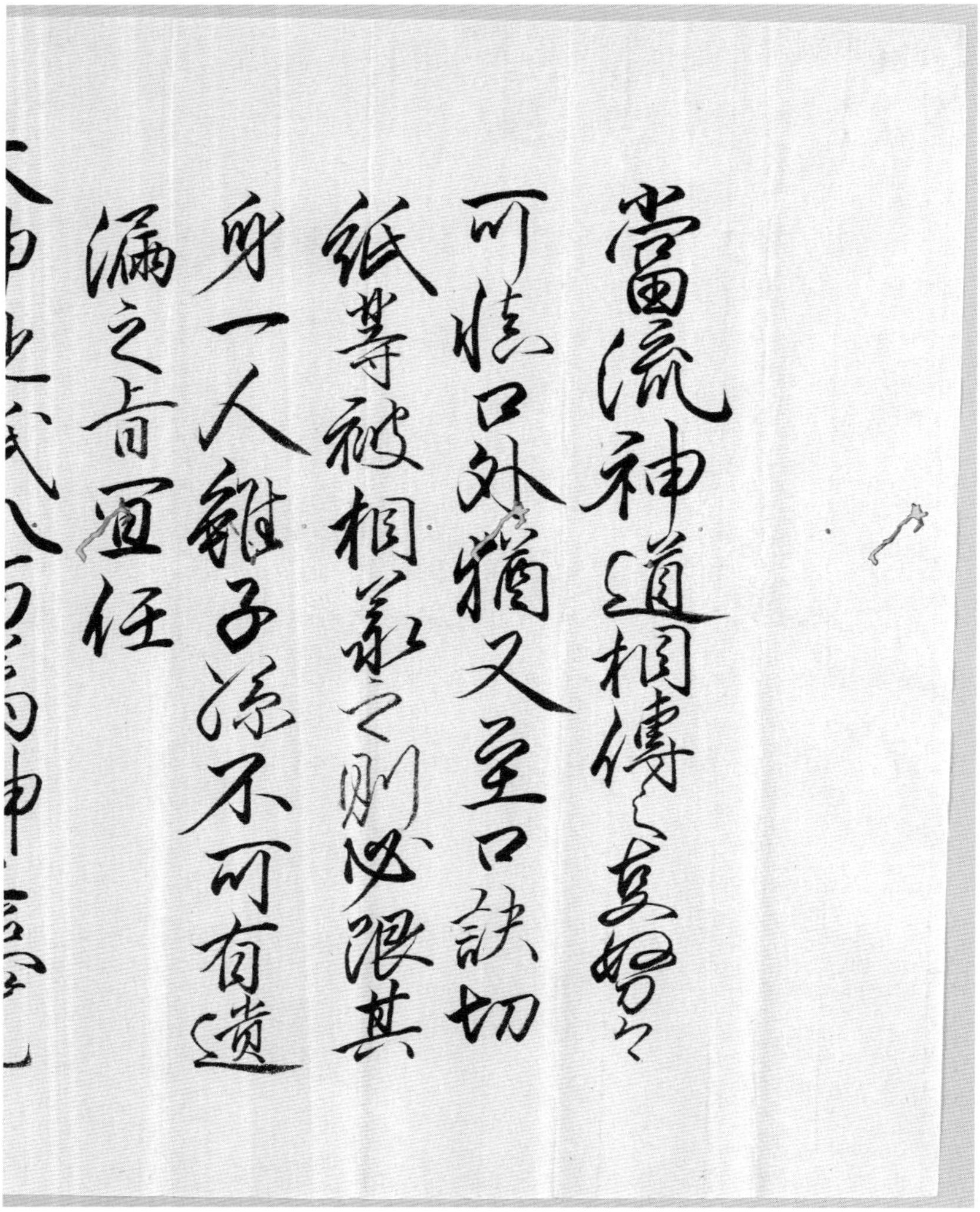

當流神道相傳之事、努々
可慎口外、猶又至口訣切
紙等被相兼之、則必限其
身一人、雖子孫、不可有遺
漏之旨、宜任

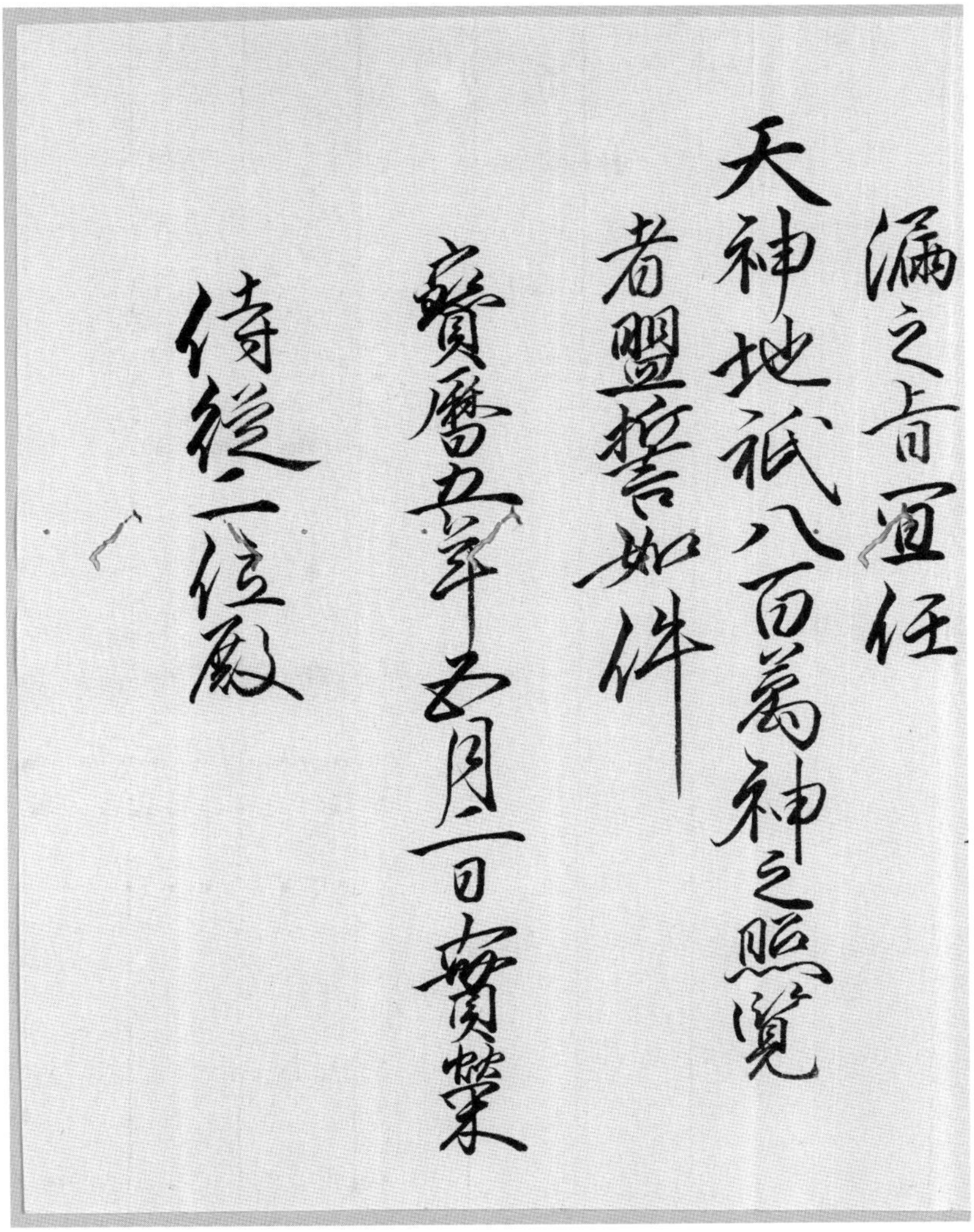

天神地祇八百萬神之照覧

者、盟誓如件、

寶暦五年五月二日　實榮

侍従二位殿

一八、藤谷為香起請文 〈六三八〉 （三三・三×四五・二糎）

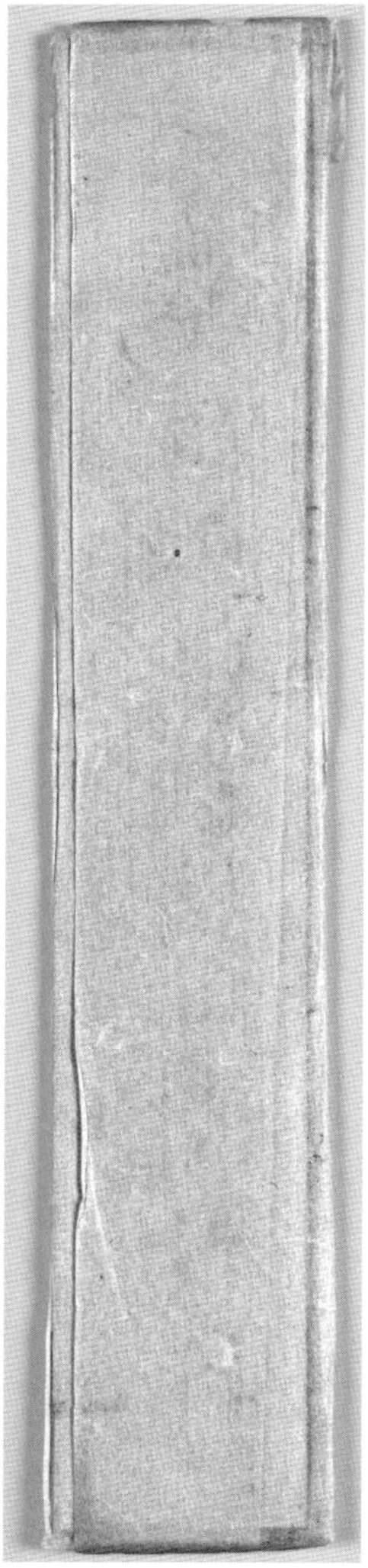

（包紙）

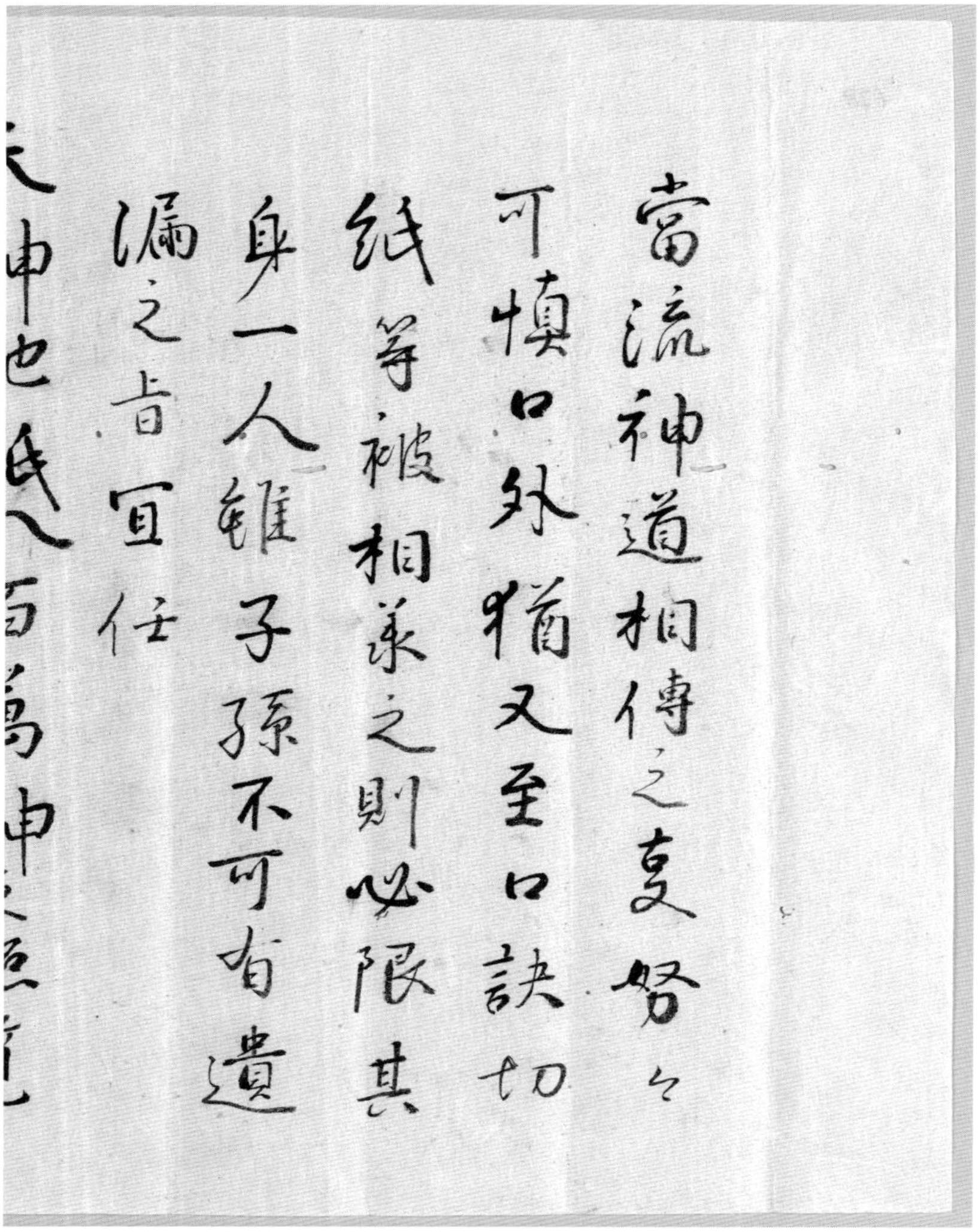

當流神道相傳之事、努々
可慎口外、猶又至口訣切
紙等被相兼之、則必限其
身一人、雖子孫、不可有遺
漏之旨、宜任

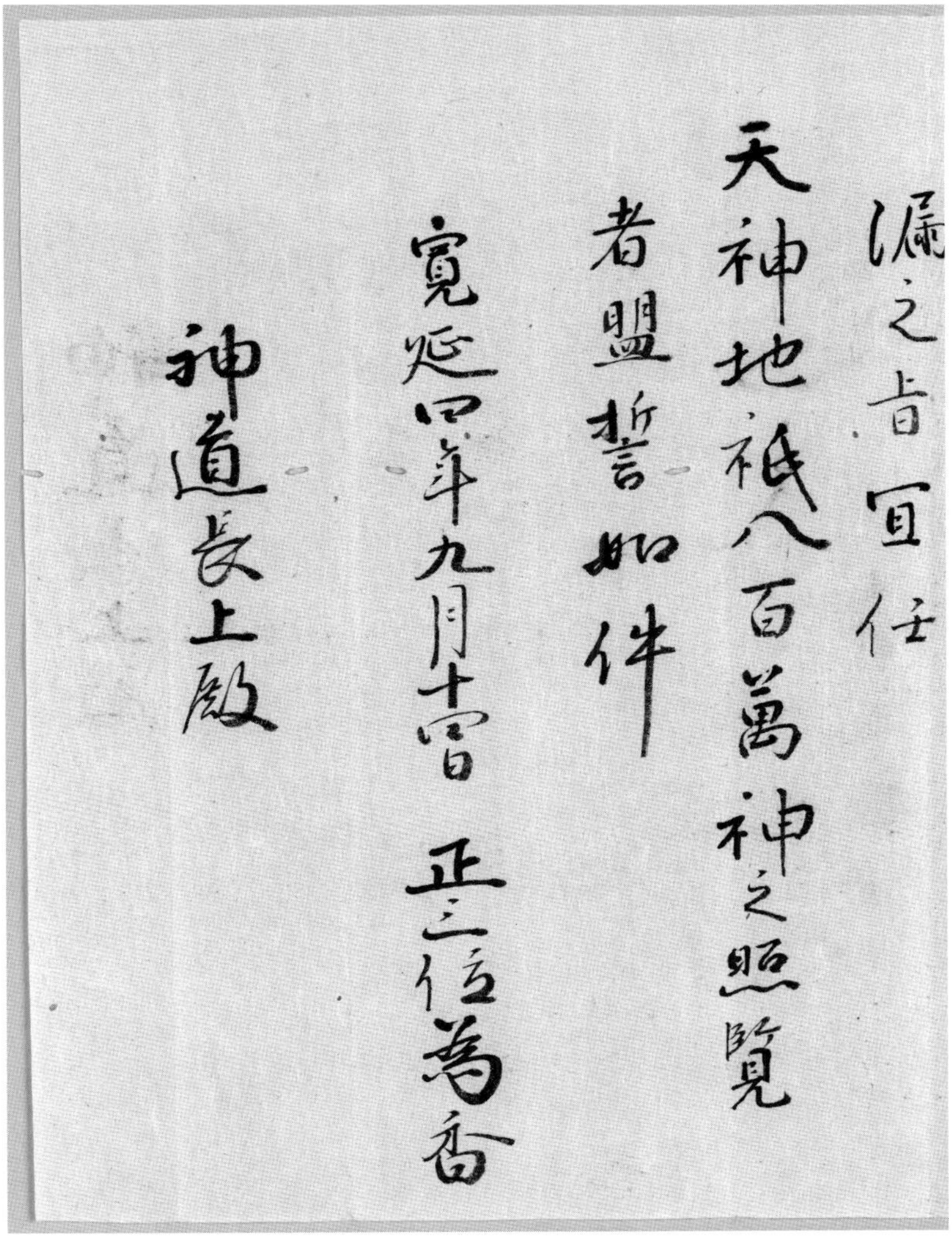

天神地祇八百萬神之照覧

者、盟誓如件、

寛延四年九月十四日　正三位為香

神道長上殿

一九、和田重年起請文〈六三九〉（三三・四×四六・一糎）

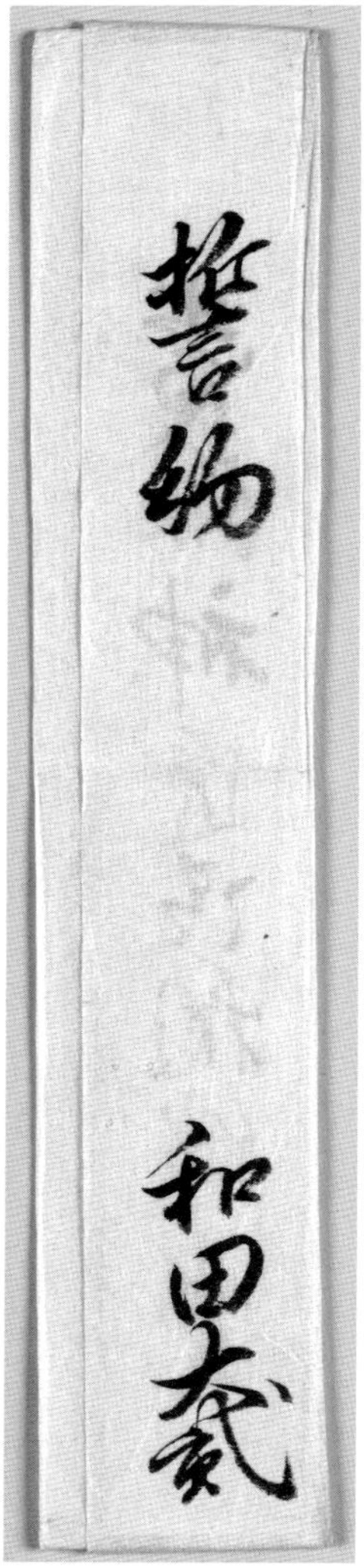

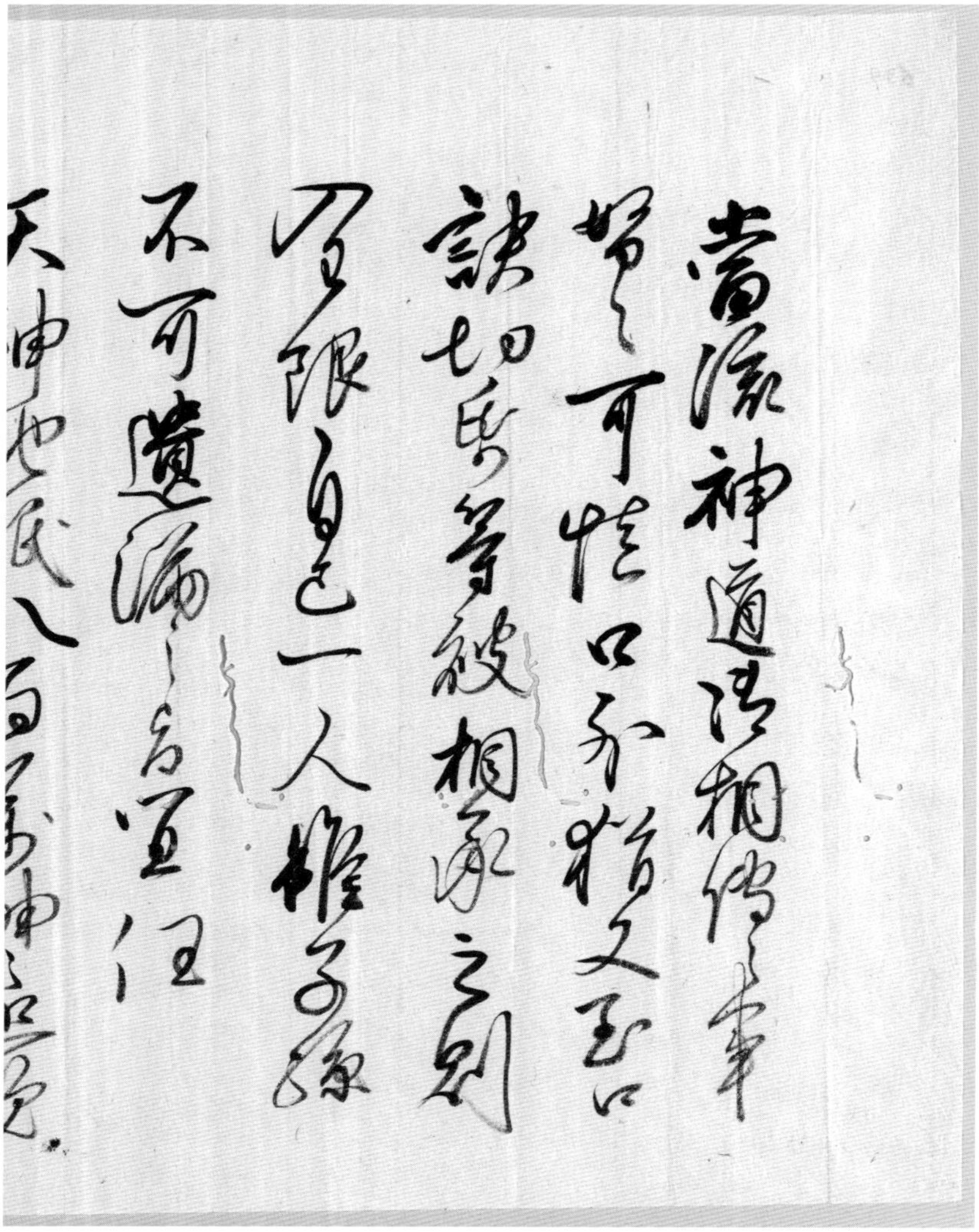

（包紙ウハ書）

誓約　　和田大貮

當流神道御相傳之事、
努々可慎口外、猶又至口
訣切帋等被相承之、則
全限自己一人、雖子孫、
不可遺漏之旨、宜任

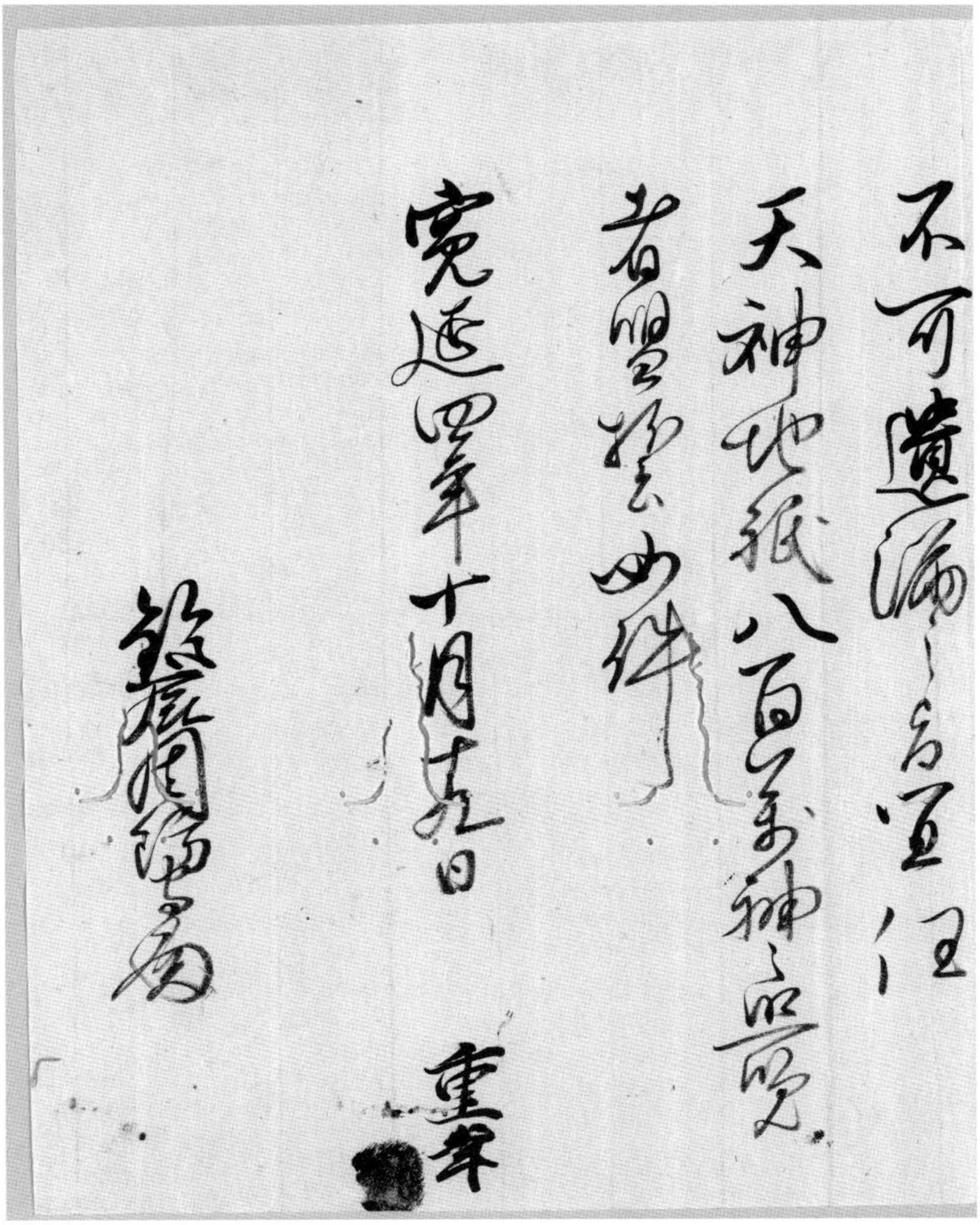

天神地祇八百萬神之照覧

者、盟誓如件、

寛延四年十月十九日　　重年

（墨拇印）

鈴鹿周防守殿

二〇、萩原兼領起請文〈六四〇〉（三三・〇×四六・〇糎）

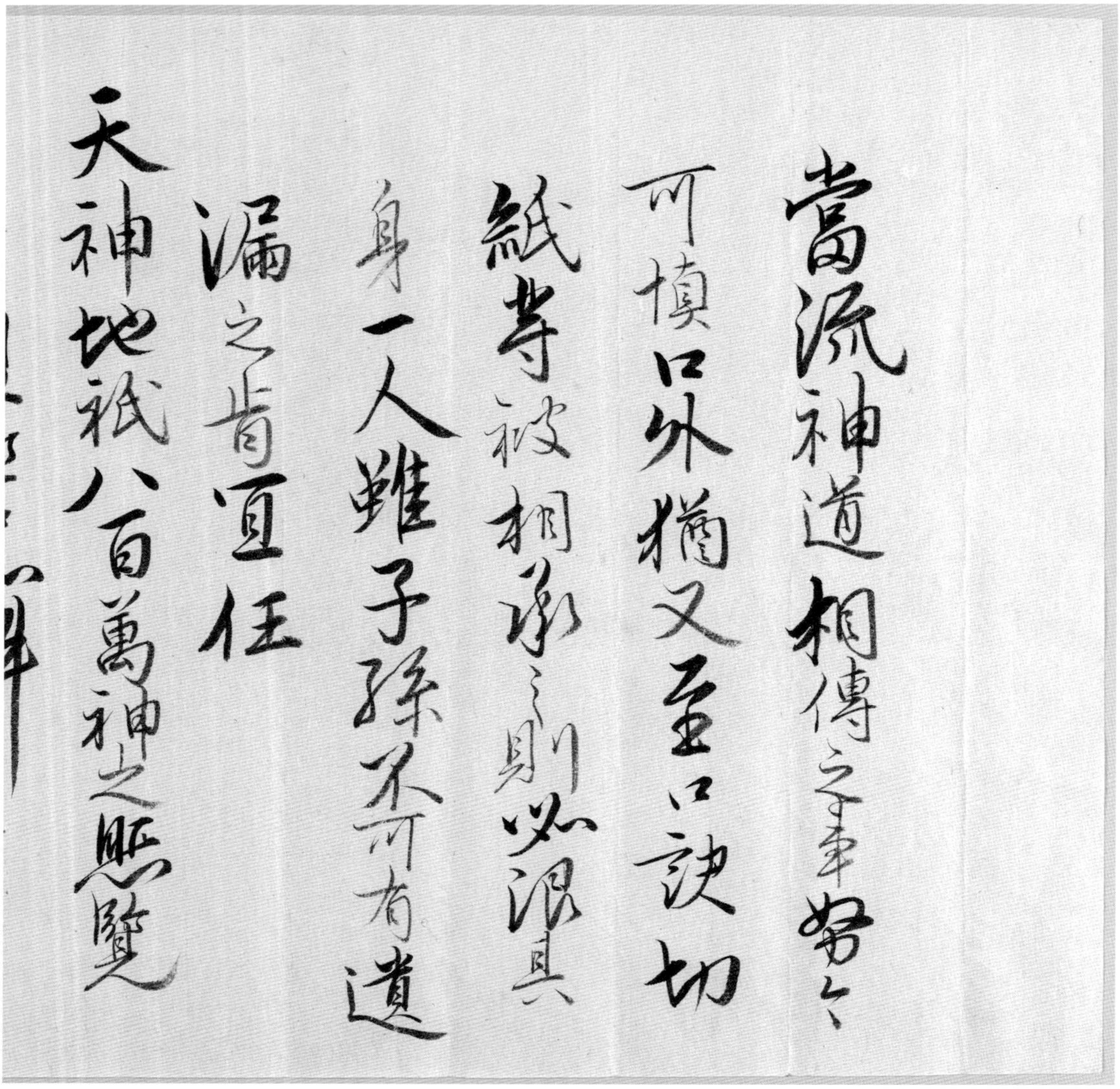

當流神道相傳之事、努々
可慎口外、猶又至口訣切
紙等被相承之、則必限其
身一人、雖子孫、不可有遺
漏之旨、宜任
天神地祇八百萬神之照覽

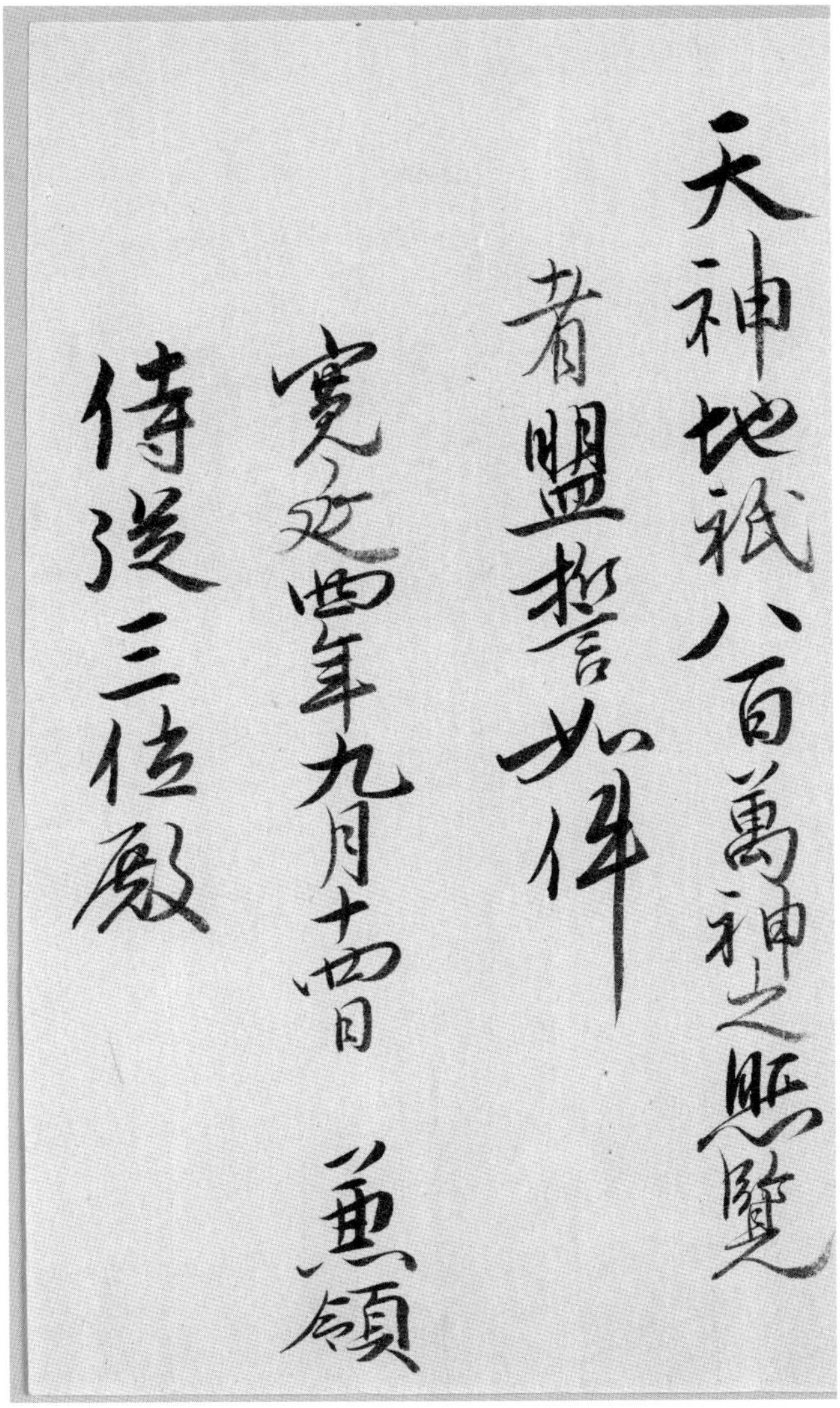
天神地祇八百萬神之照覧
者盟誓如件
寛延四年九月十四日　兼領
侍従三位殿

者、盟誓如件、

寛延四年九月十四日　兼領

侍従三位殿

二一、松平忠刻起請文 〈六四一〉 （三三・〇×四六・五糎）

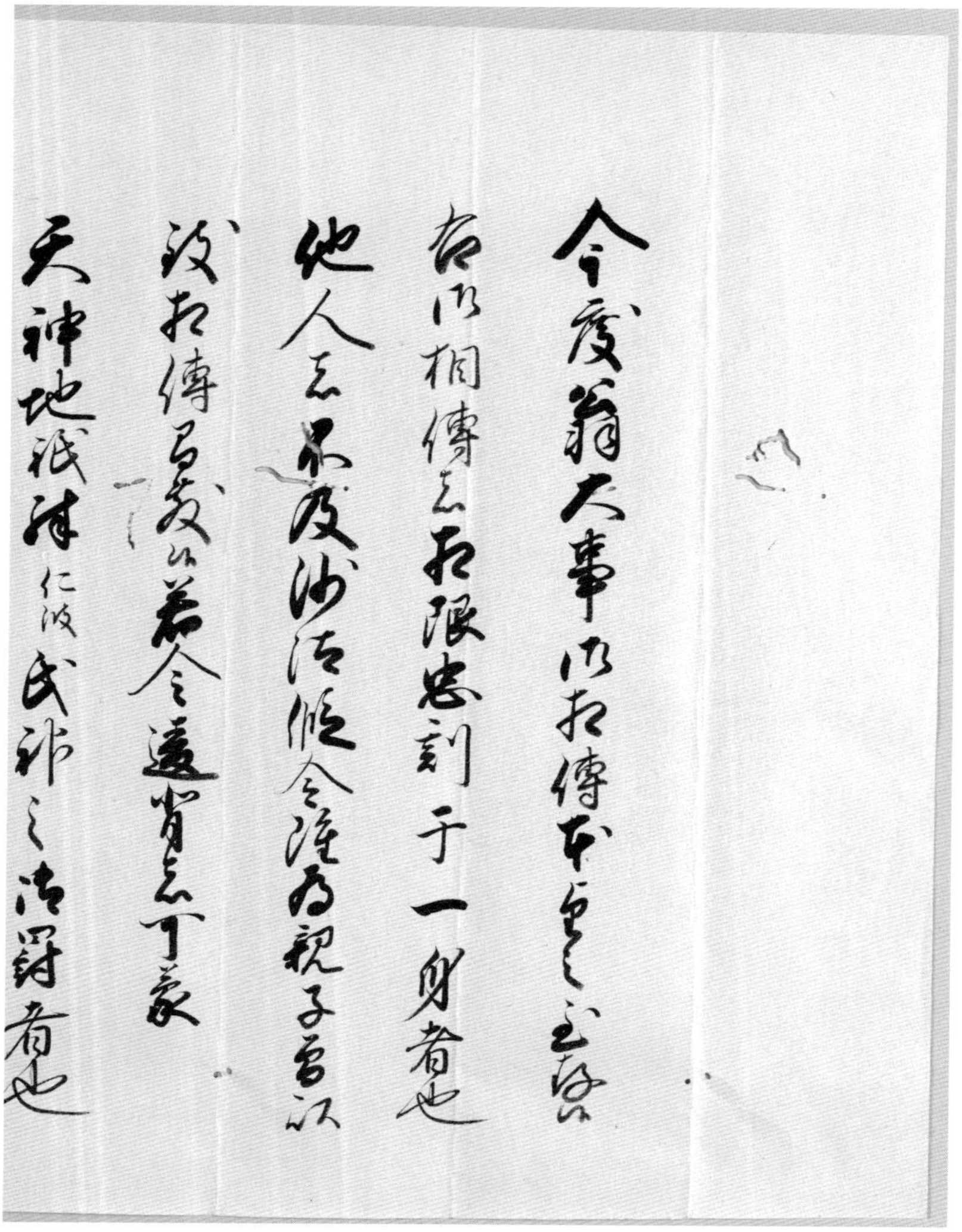

（包紙ウハ書）
翁神文

今度翁大事御相傳本望之至存候、
右御相傳者、相限忠刻于一身者也、
他人者不及沙汰、縦令雖為親子、曽以
致相傳間敷候、若令違背者、可蒙

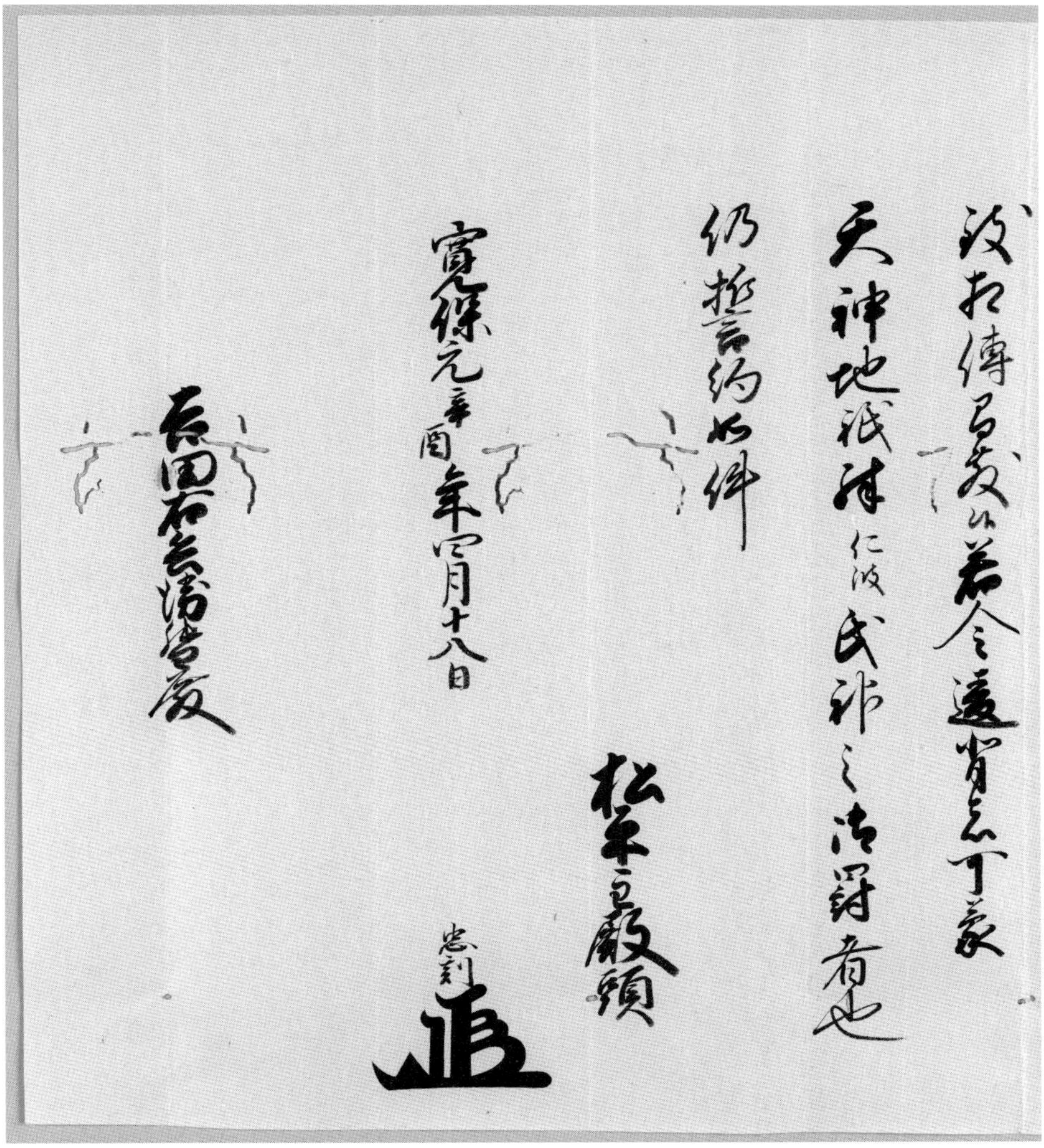

天神地祇殊には氏神之御罰者也、

仍誓約如件、

松平主殿頭

寛保元辛酉年四月十八日　忠刻（花押）

吉田右兵衛督殿

二二、水野勝政起請文　〈六四七〉　（三二・八×四六・四糎）

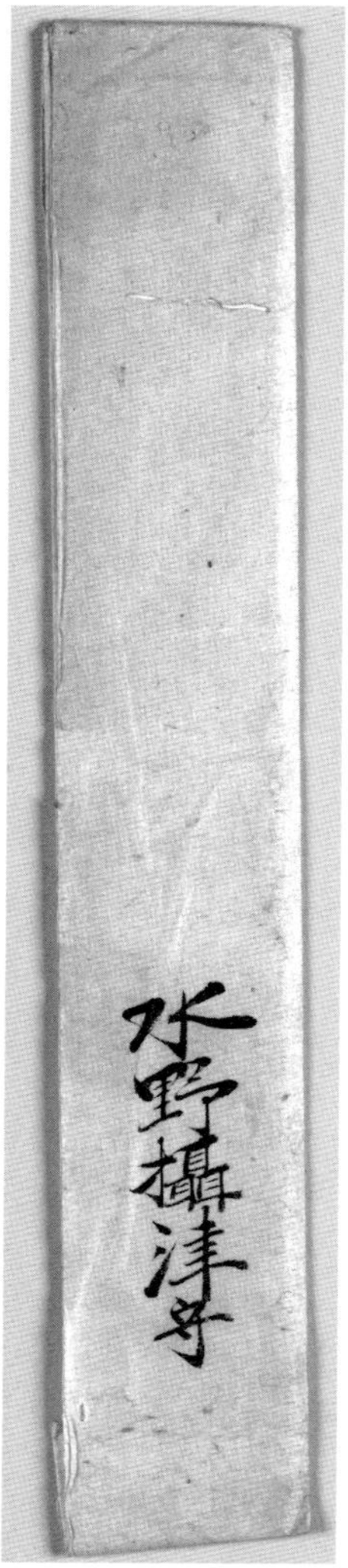

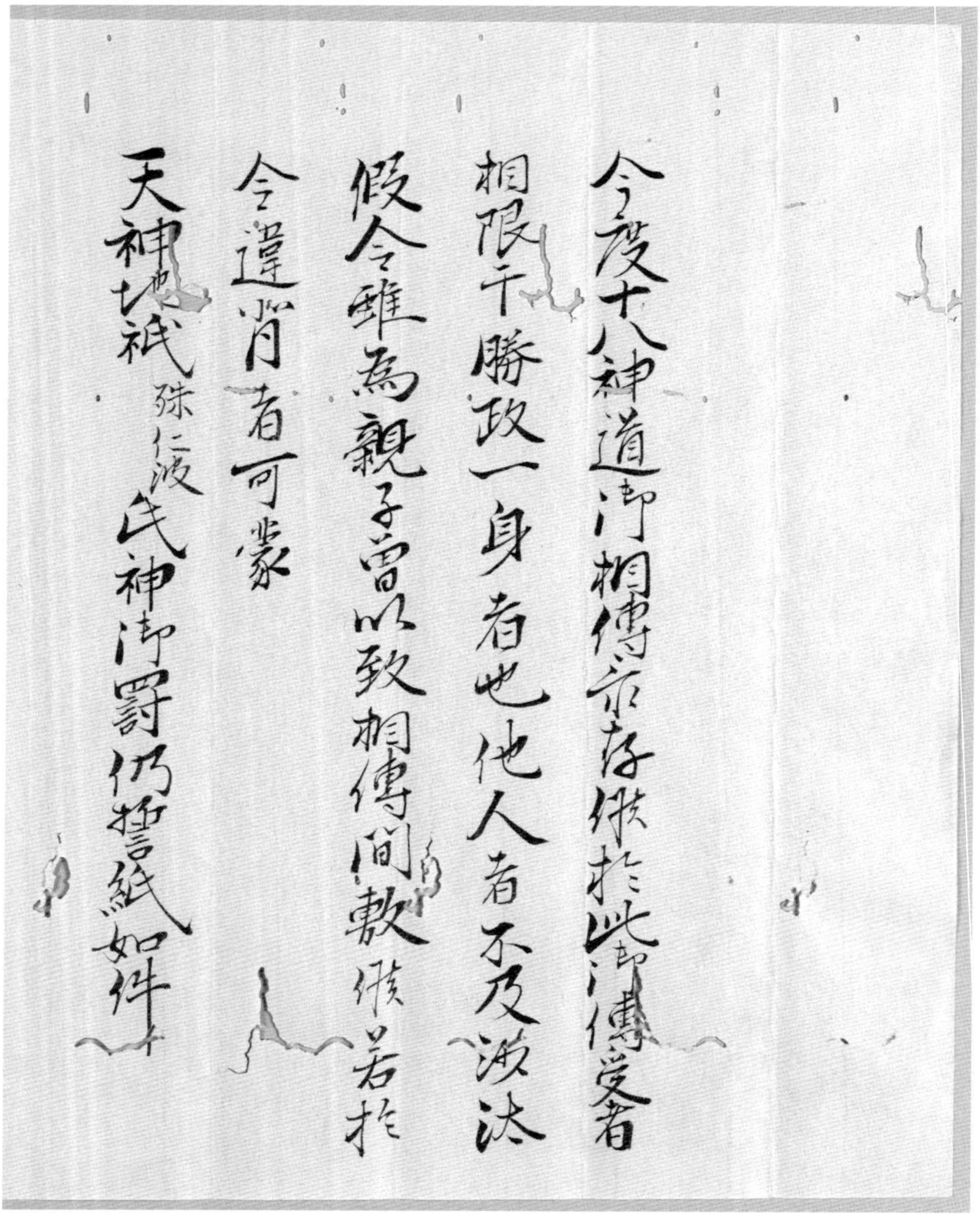

（包紙ウハ書）

水野攝津守

今度十八神道御相傳忝存候、於此御傳受者、
相限于勝政一身者也、他人者不及沙汰、
假令雖為親子、曽以致相傳間敷候、若於
令違背者、可蒙
天神地祇殊には氏神御罰、仍誓紙如件、

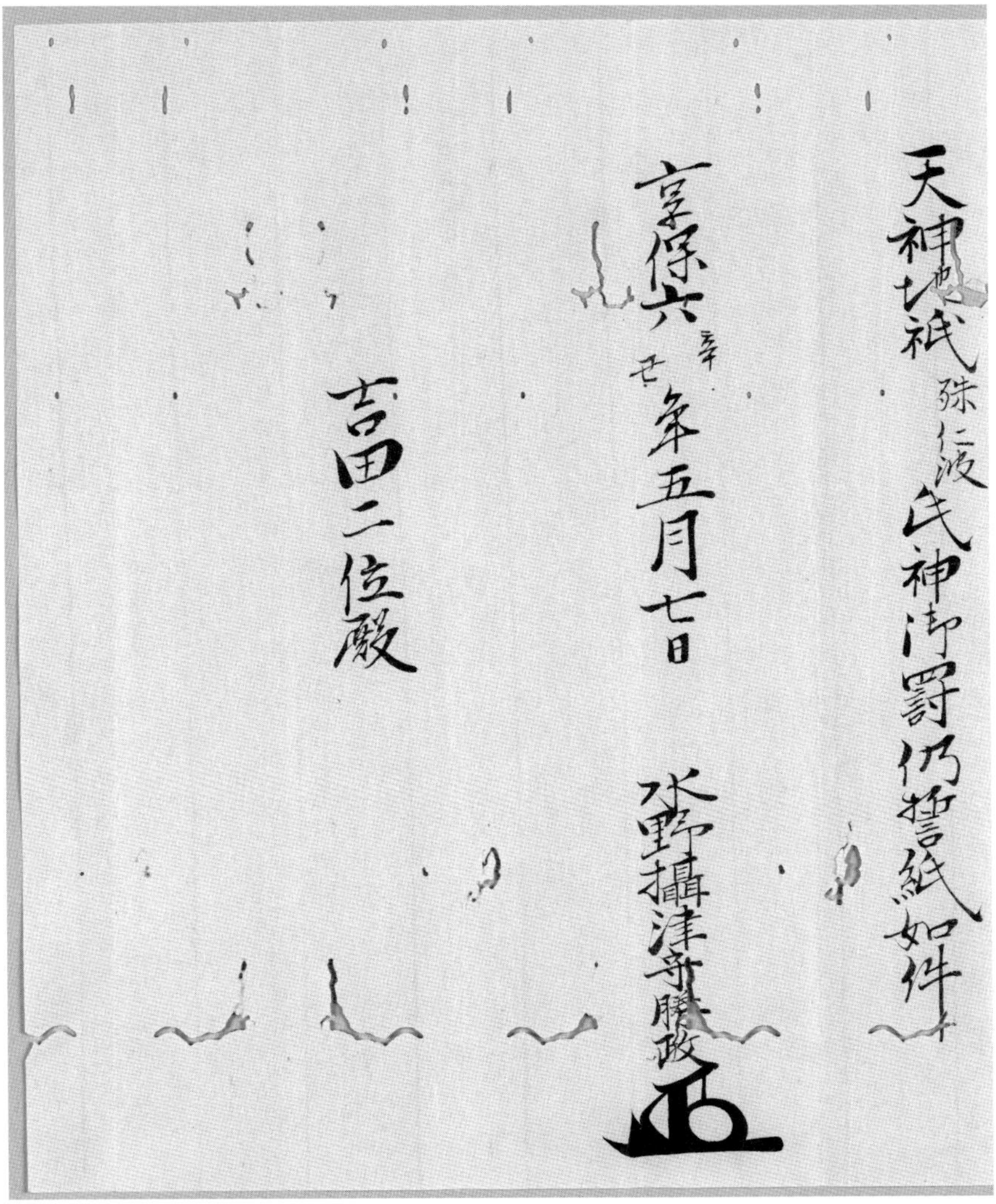
天神地祇殊ニ波氏神御罰仍誓紙如件
享保六辛丑年五月七日
水野攝津守勝政（花押）
吉田二位殿

享保六辛丑年五月七日　　水野攝津守勝政（花押）

吉田二位殿

二三、萩原兼武起請文〈六五〇〉（三三・〇×四五・七糎）

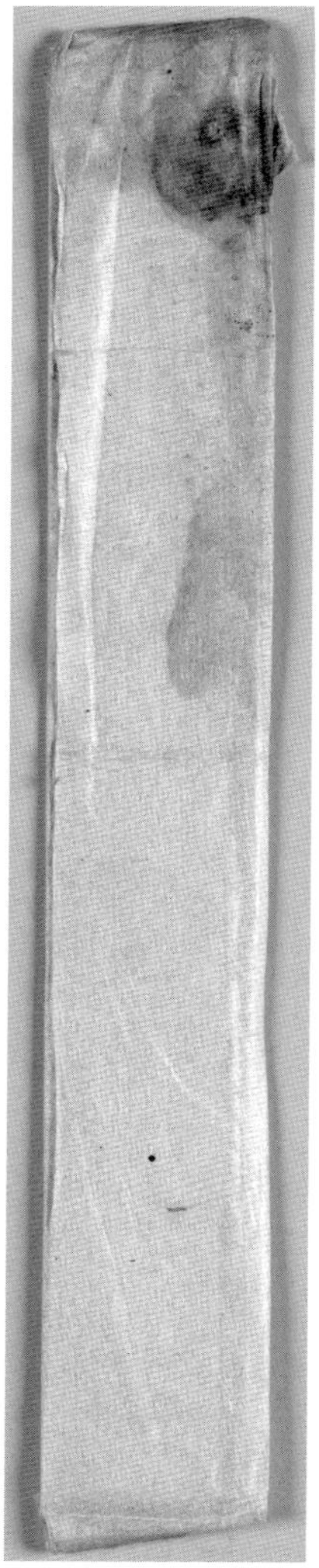

（包紙）

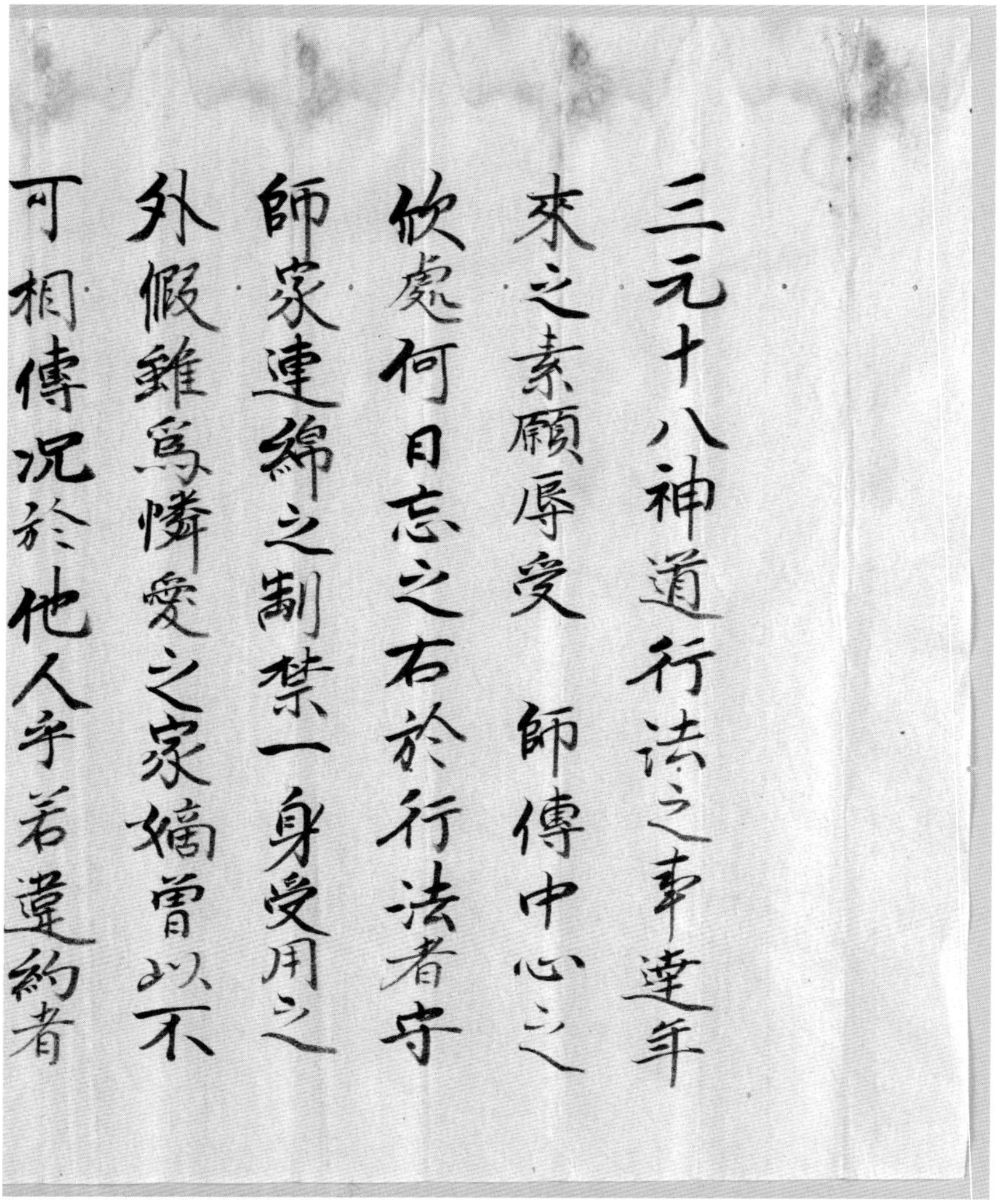

三元十八神道行法之事、達年
來之素願、辱受　師傳中心之
欣處、何日忘之、右於行法者、守
師家連綿之制禁、一身受用之
外、假雖為憐愛之家嫡、曽以不

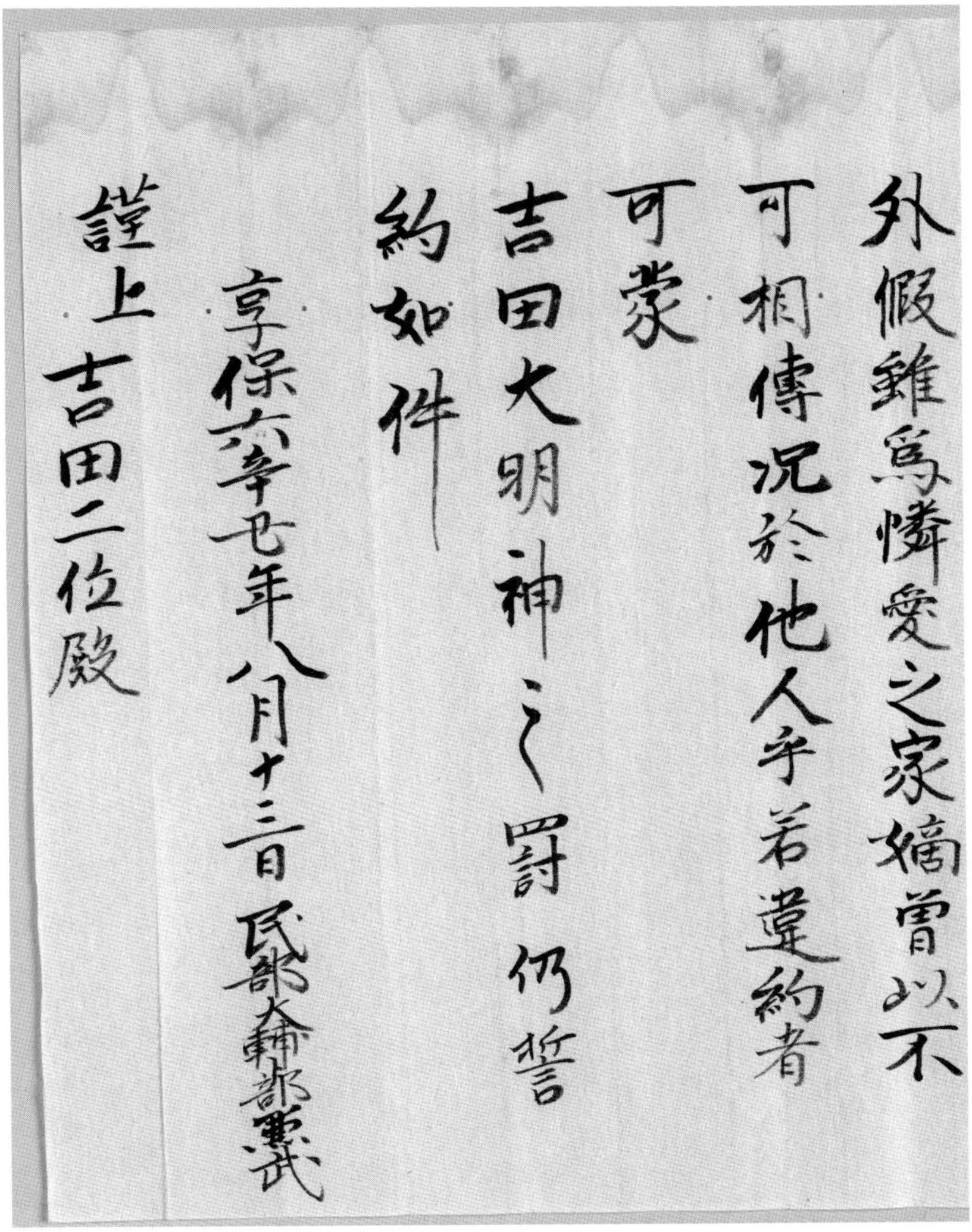
外假雖為憐愛之家嫡曾以不
可相傳況於他人乎若違約者
可蒙
吉田大明神之罰仍誓
約如件
享保六辛丑年八月十三日　民部大輔卜部兼武
謹上　吉田二位殿

可相傳、況於他人乎、若違約者、
可蒙
吉田大明神之罰、仍誓
約如件、

享保六辛丑年八月十三日　民部大輔卜部兼武

謹上吉田二位殿

二四、鍋島綱茂起請文 〈六五一〉 （三八・〇×五二・四糎）

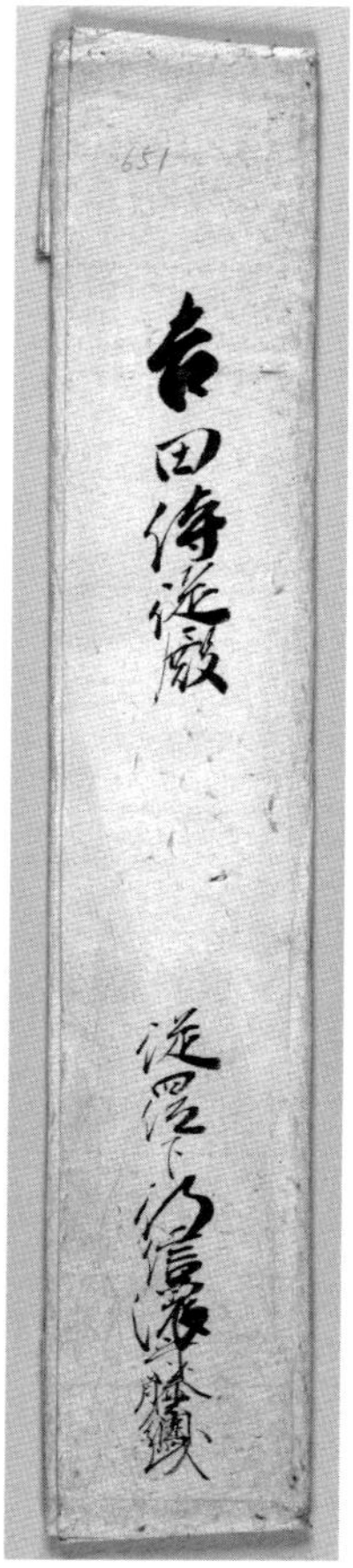

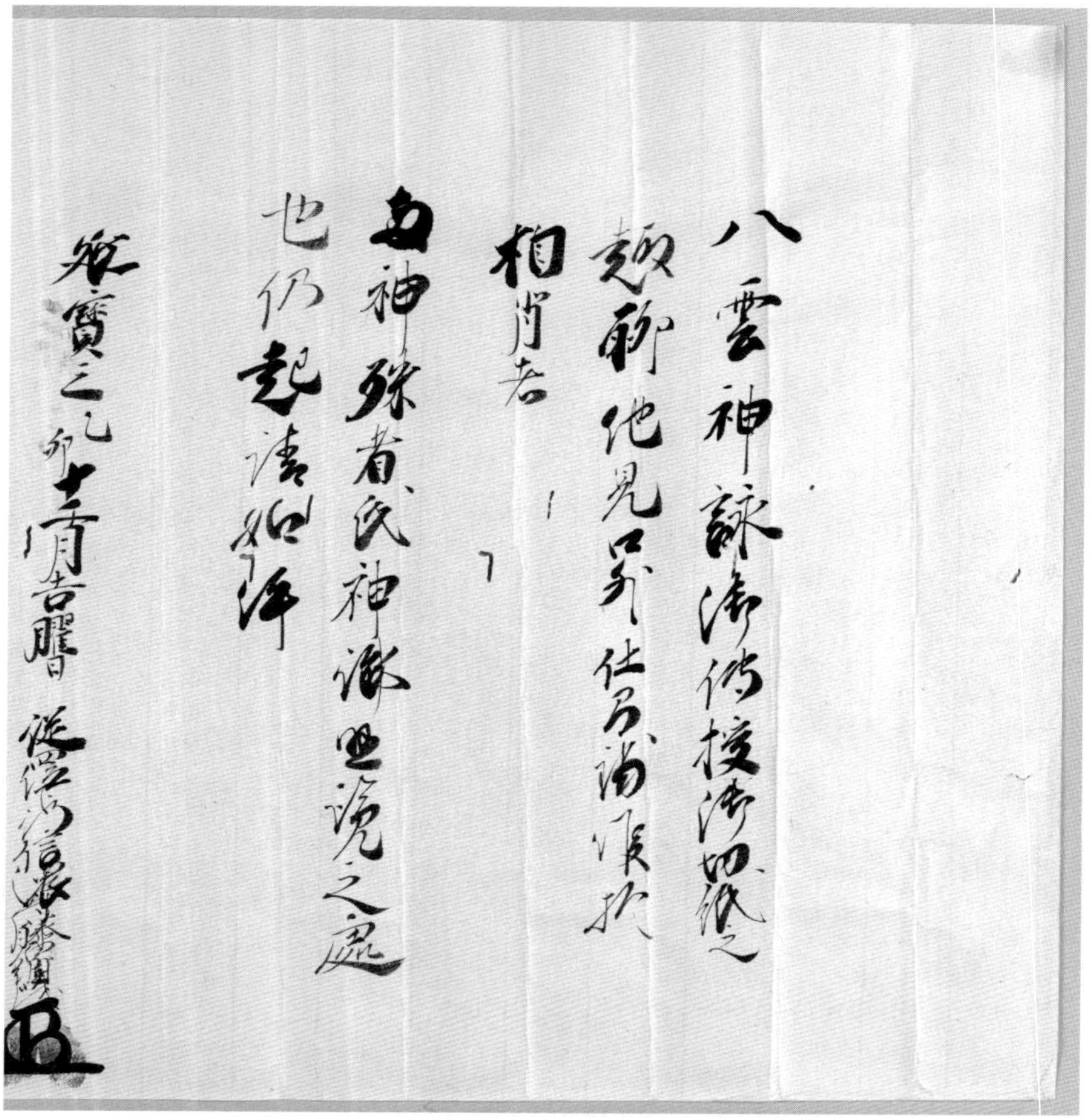

（包紙ウハ書）

吉田侍従殿　　従四位下行信濃守藤原綱茂

八雲神詠御傳授御切紙之

趣、聊他見口外仕間鋪候、於

相背者、

両神殊者氏神御照覧之處

也、仍起請如件、

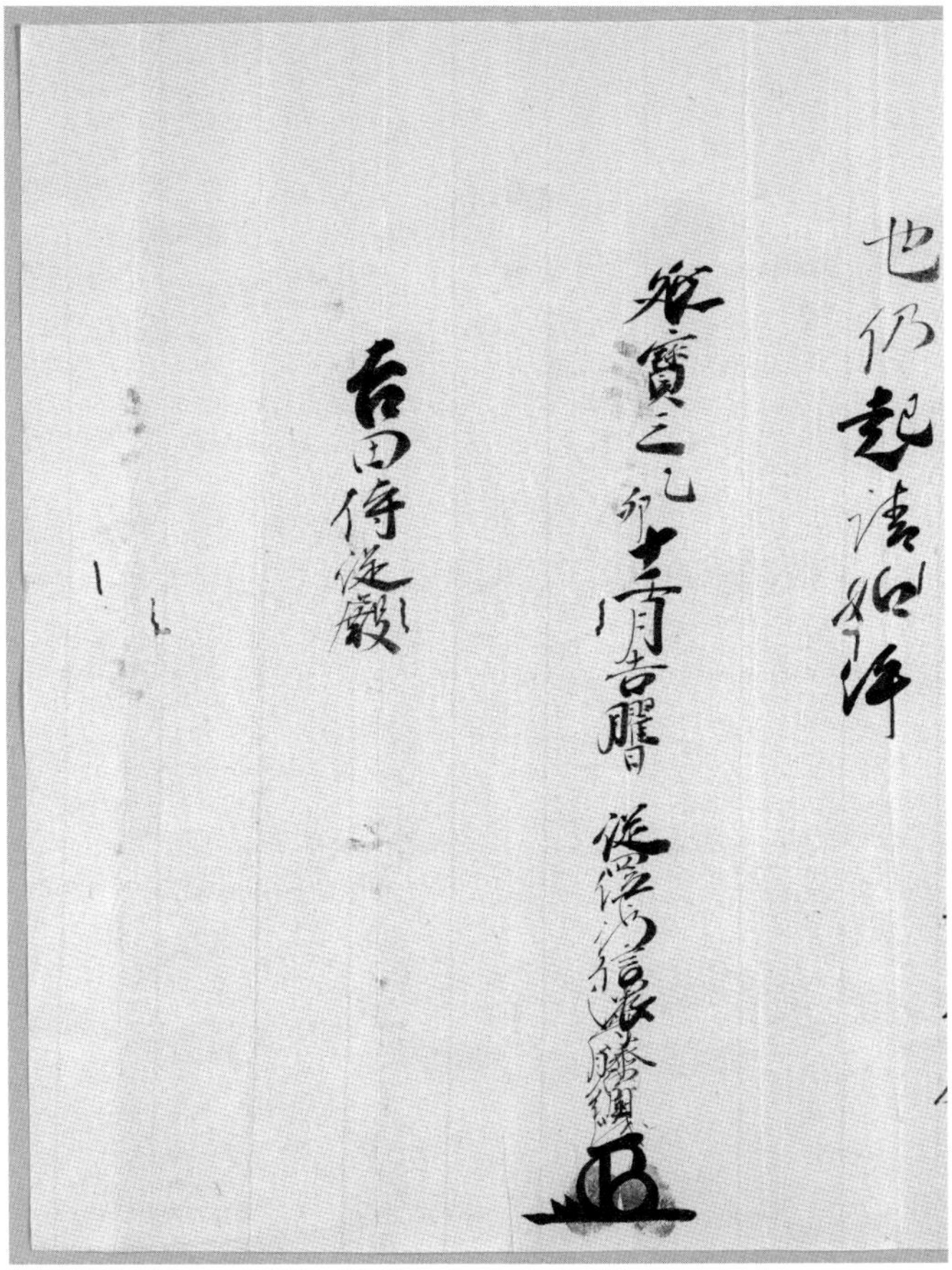

延實三乙卯十二月吉曜日　從四位下行信濃守藤原綱茂（花押・指判）

吉田侍従殿

二五、穂波晴宣起請文　〈六五二〉　（三六・〇×四九・五糎）

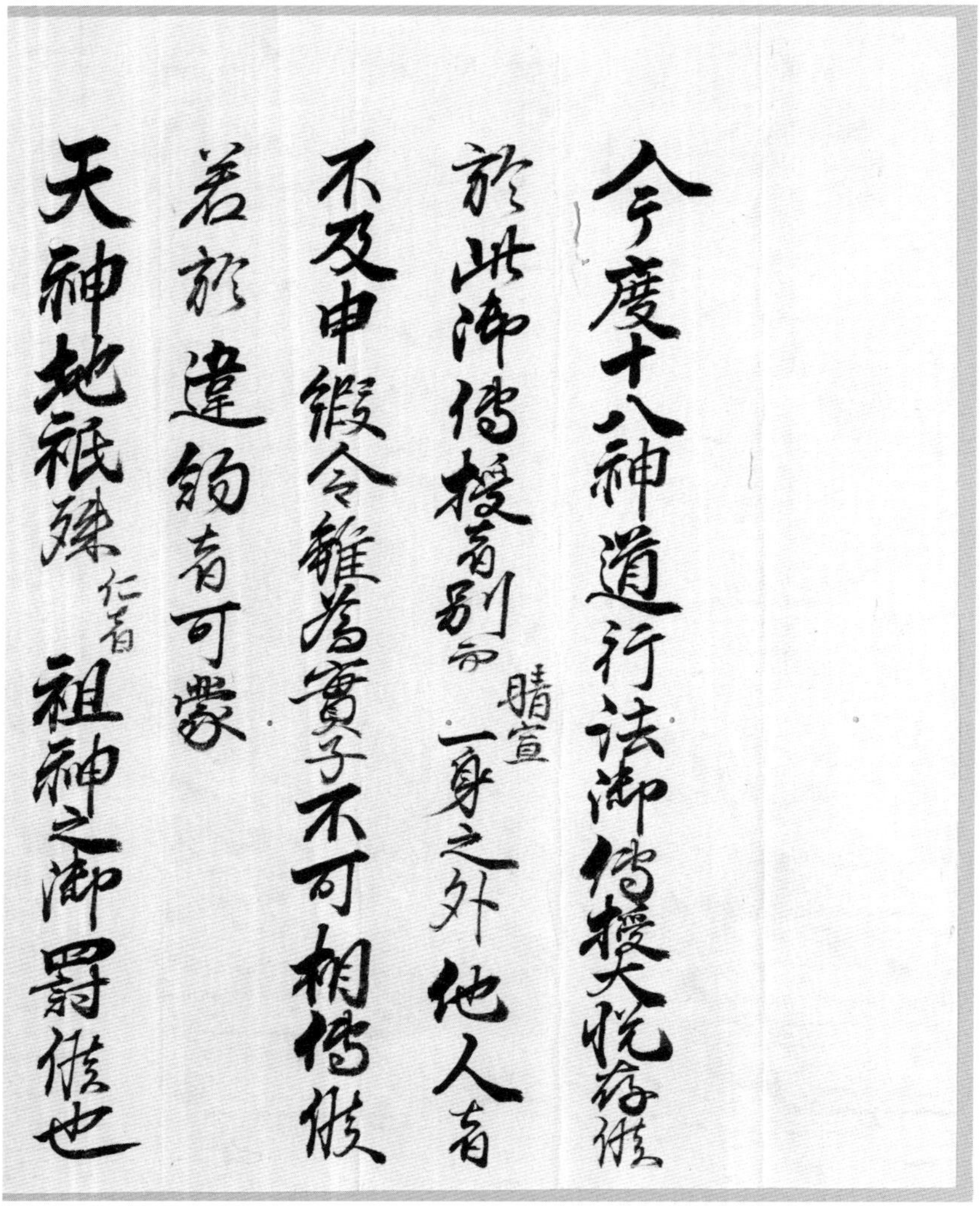

（包紙ウハ書）

謹上侍従三位殿　　治部卿藤原晴宣

今度十八神道行法御傳授、大悦存候、

於此御傳授者、別而 晴宣 一身之外、他人者

不及申、假令雖為實子、不可相傳候、

若於違約者、可蒙

天神地祇殊には祖神之御罸候也、

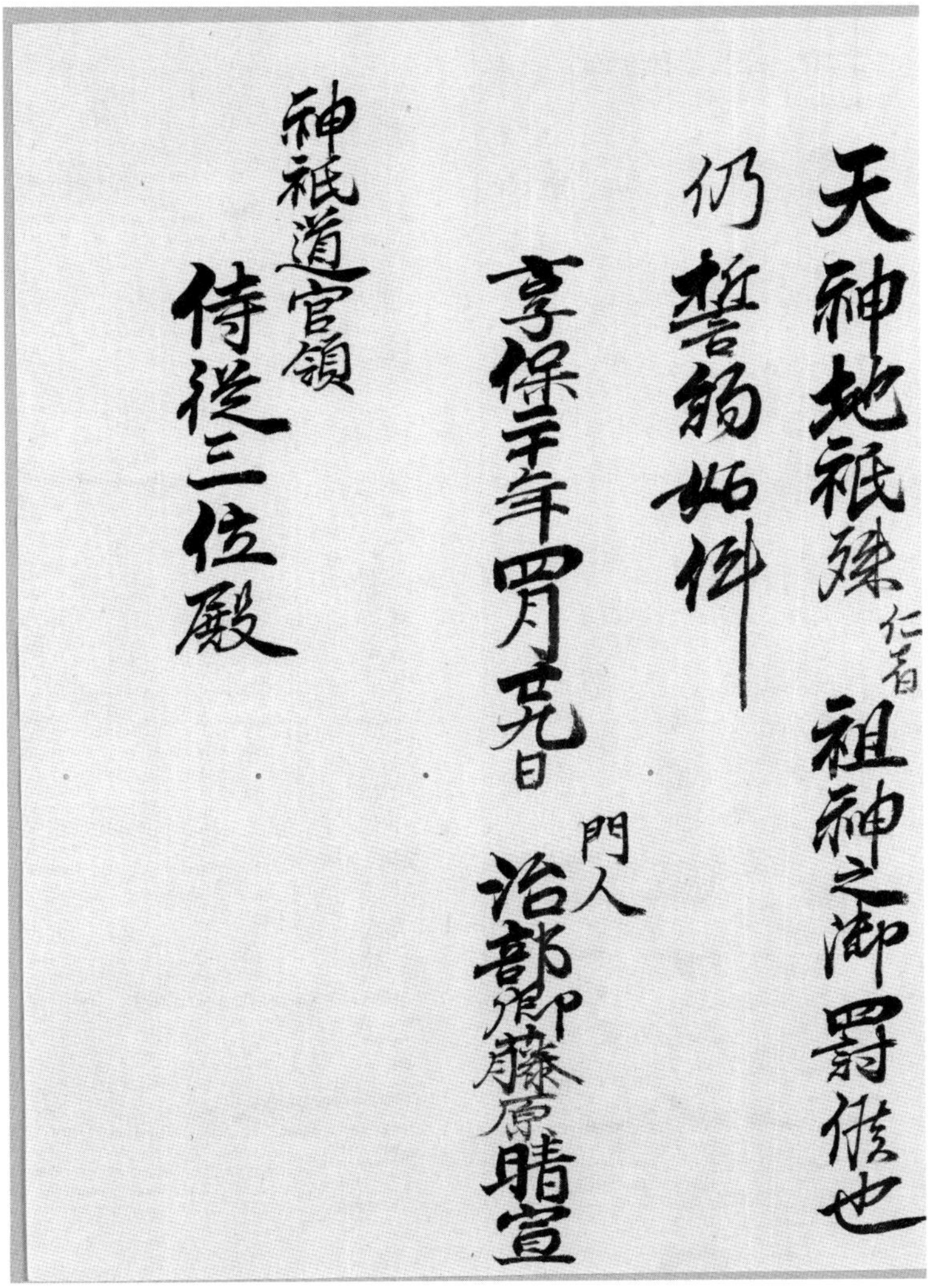
天神地祇殊仁者　祖神之御罰候也
仍誓約如件
享保二十年四月廿九日
門人
治部卿藤原晴宣
神祇道官領
侍従三位殿

仍誓約如件、

享保二十年四月廿九日　門人 治部卿藤原(穂波)晴宣

神祇道官領

侍従三位殿

二六、安井直重起請文〈六五三〉（三六・一×四九・六糎）

（外包紙ウハ書）
勢州津城主
藤堂大學頭高治翁大事相傳之誓約
弁書状一通

（外包紙裏書）
享保二十乙卯五月六日
封

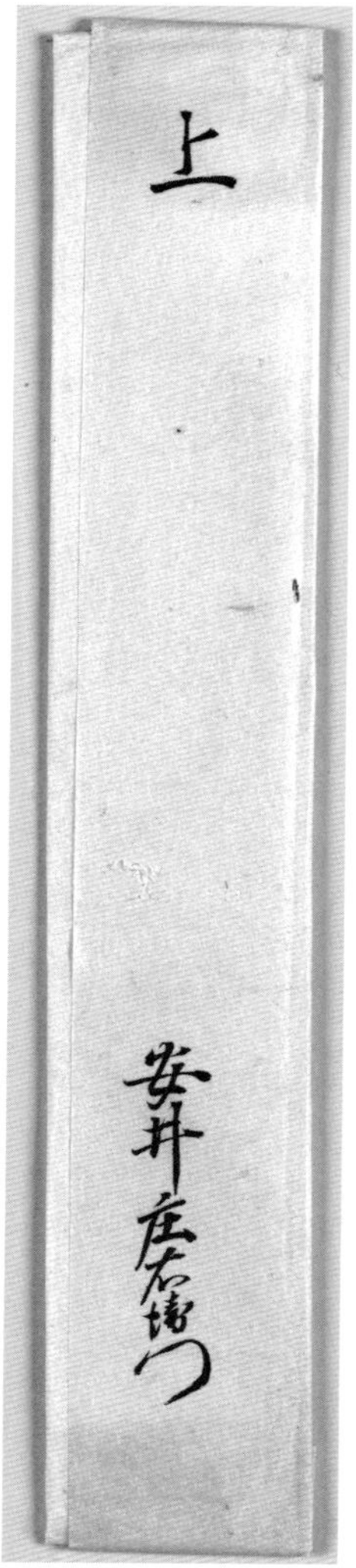

（内包紙ウハ書）
上　　安井庄右衛門

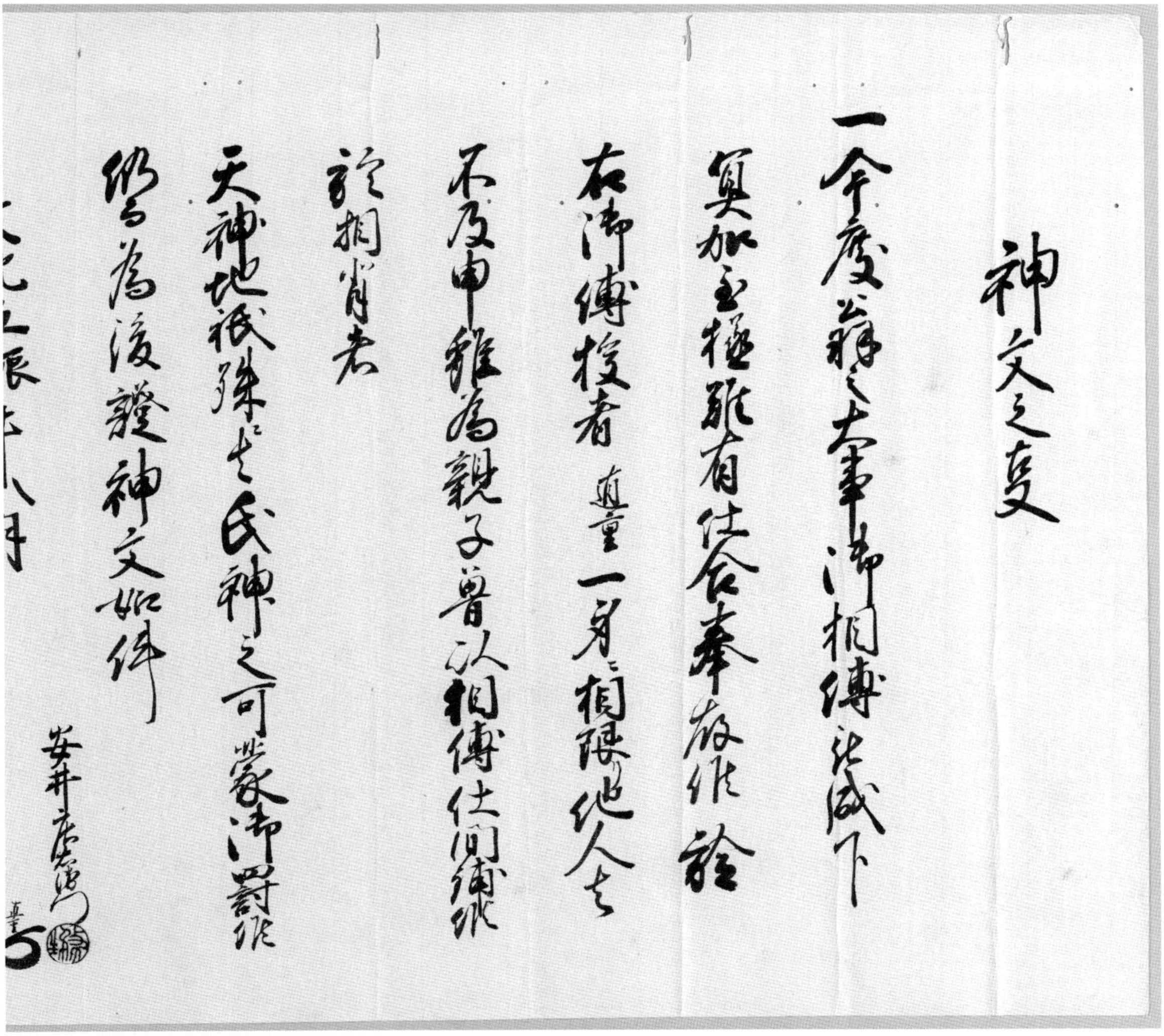

神文之事

一　今度翁之大事御相傳被成下、

冥加至極、難有仕合奉存候、於

右御傳授者直重一身ニ相限り、他人者

不及申、雖為親子、曽以相傳仕間鋪候、

於相背者、

天神地祇殊ニ者氏神之可蒙御罰候、

仍而為後證、神文如件、

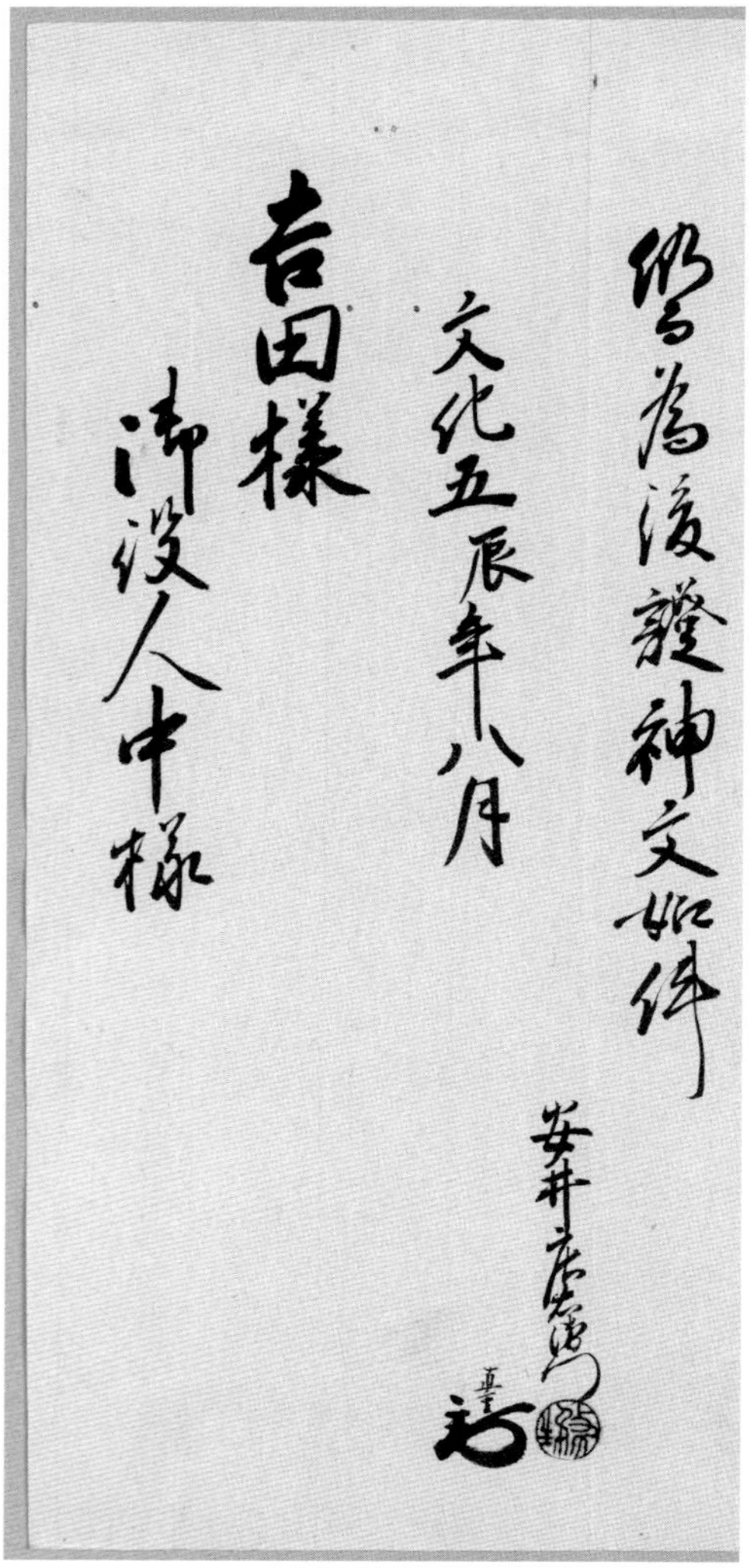

安井庄右衛門（黒印）

文化五辰年八月

直重（花押）

吉田様

御役人中様

二七、藤堂高治起請文　〈六五四〉（三六・五×四九・七糎）

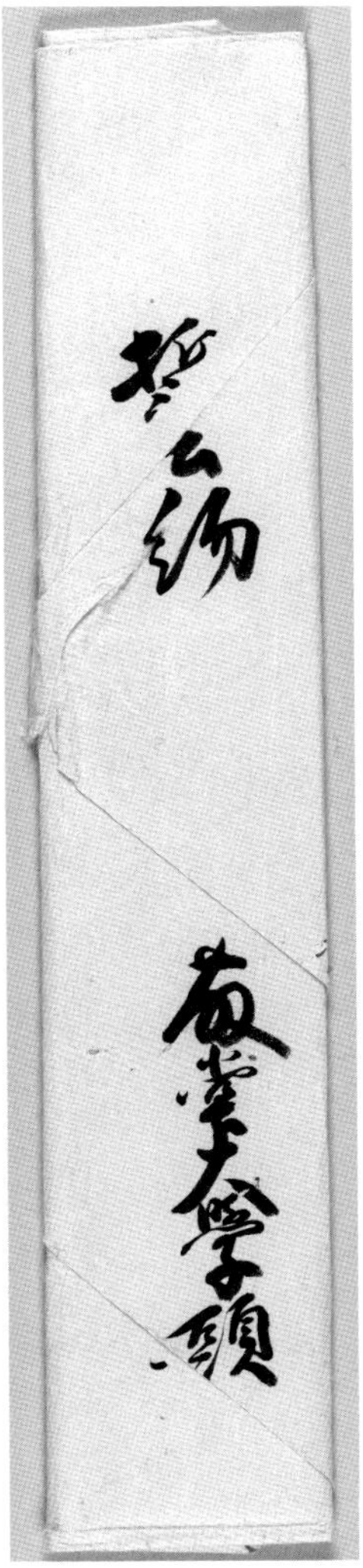

（外包紙ウハ書）

誓約　藤堂大學頭

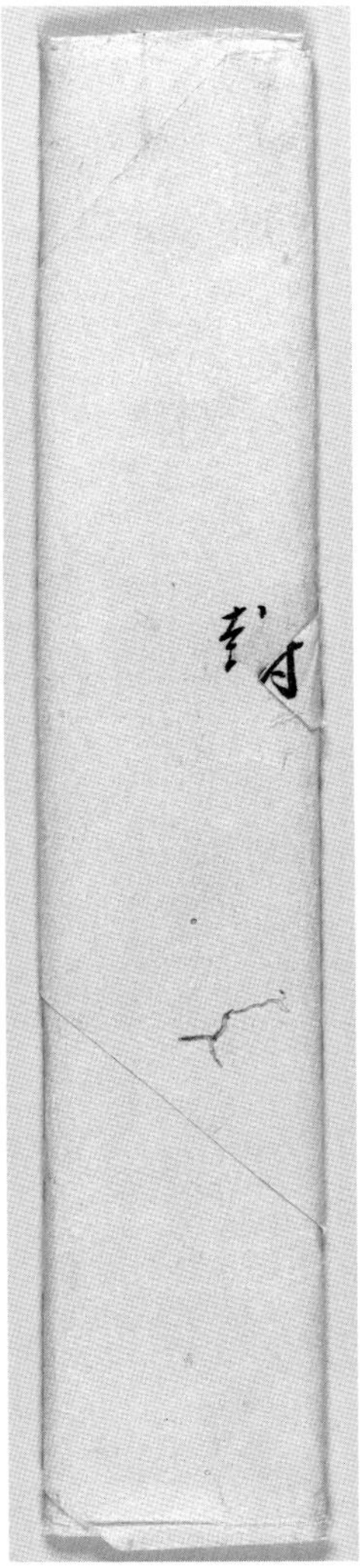

（外包紙裏書）

封

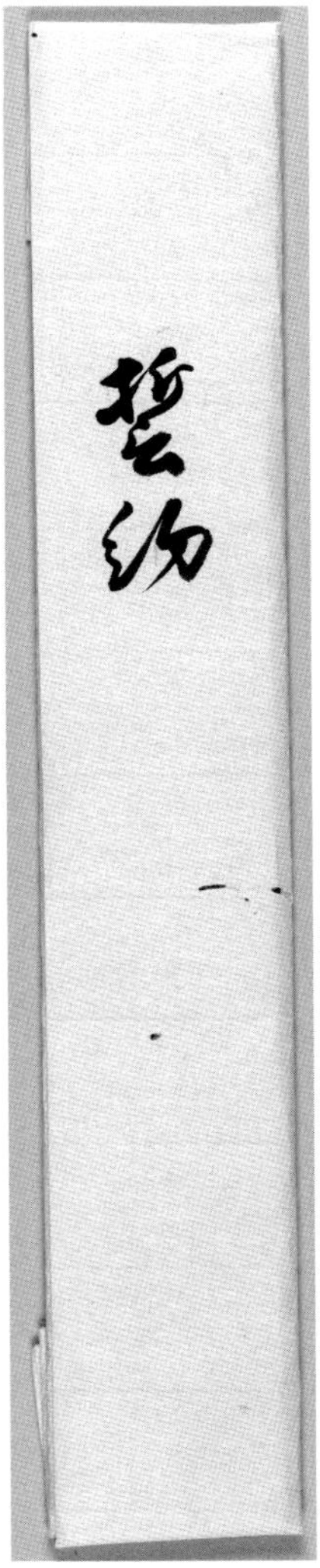

（内包紙ウハ書）

誓約

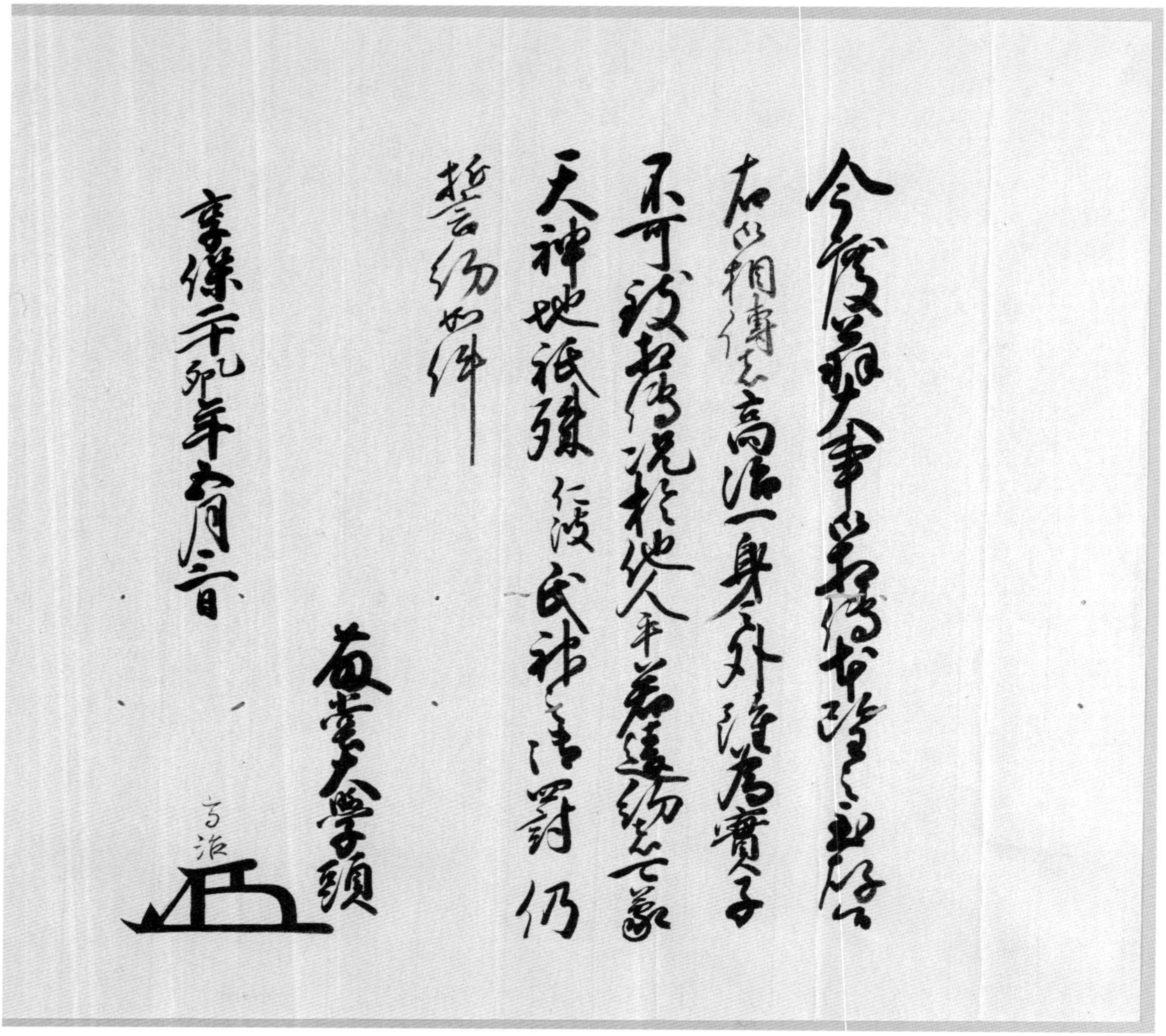

今度翁大事御相傳本望之至存候、

右御相傳者、高治一身之外、雖為實子、

不可致相傳、況於他人乎、若違約者、可蒙

天神地祇殊には氏神之御罰、仍

誓約如件、

藤堂大學頭

享保二十乙卯年五月三日　高治（花押）

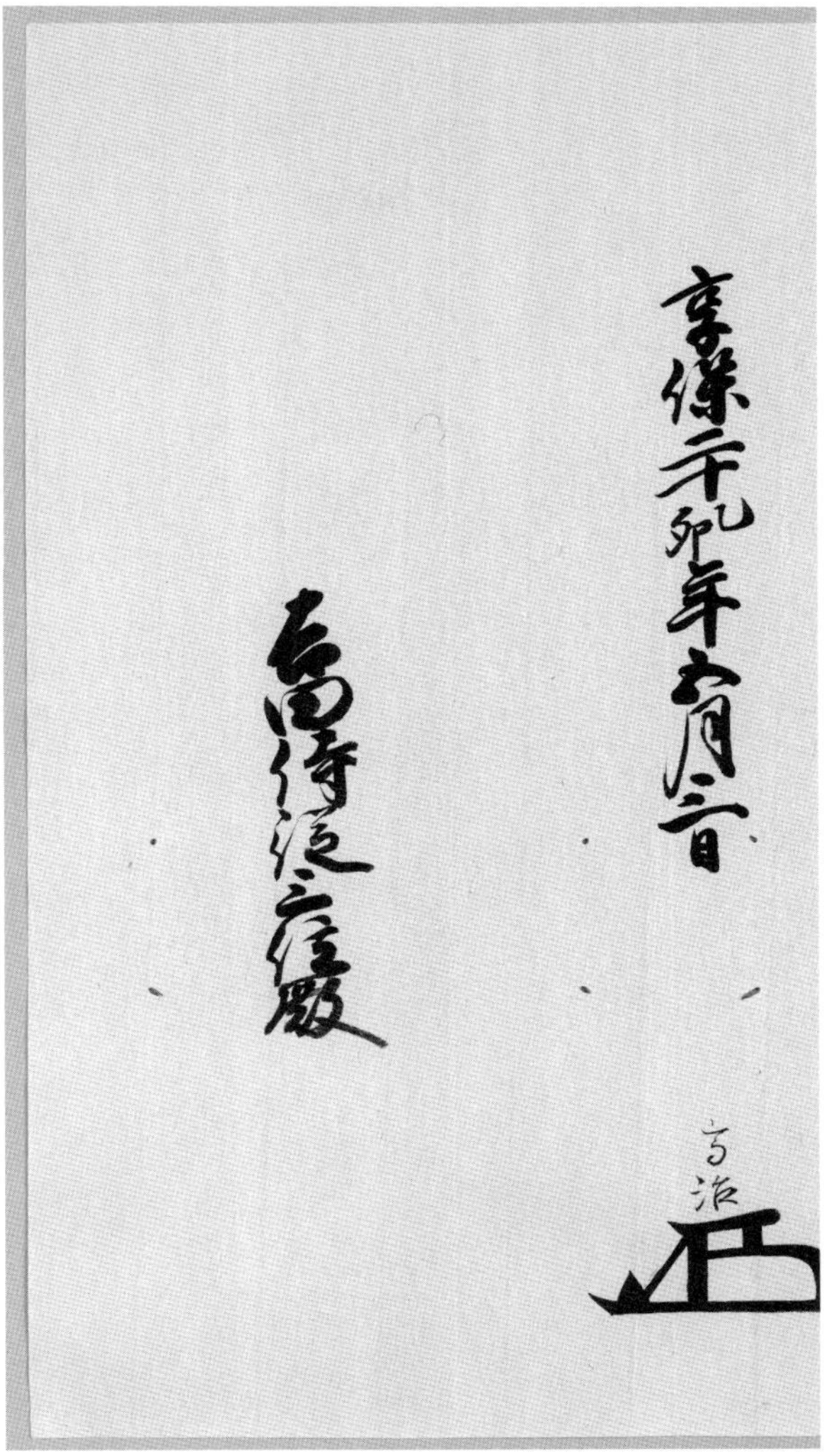

吉田侍従三位殿

二八、中臣正治起請文 〈六九〇〉 （三六・五×五〇・二糎）

（包紙ウハ書）
宝暦四年五月廿六日神文之事

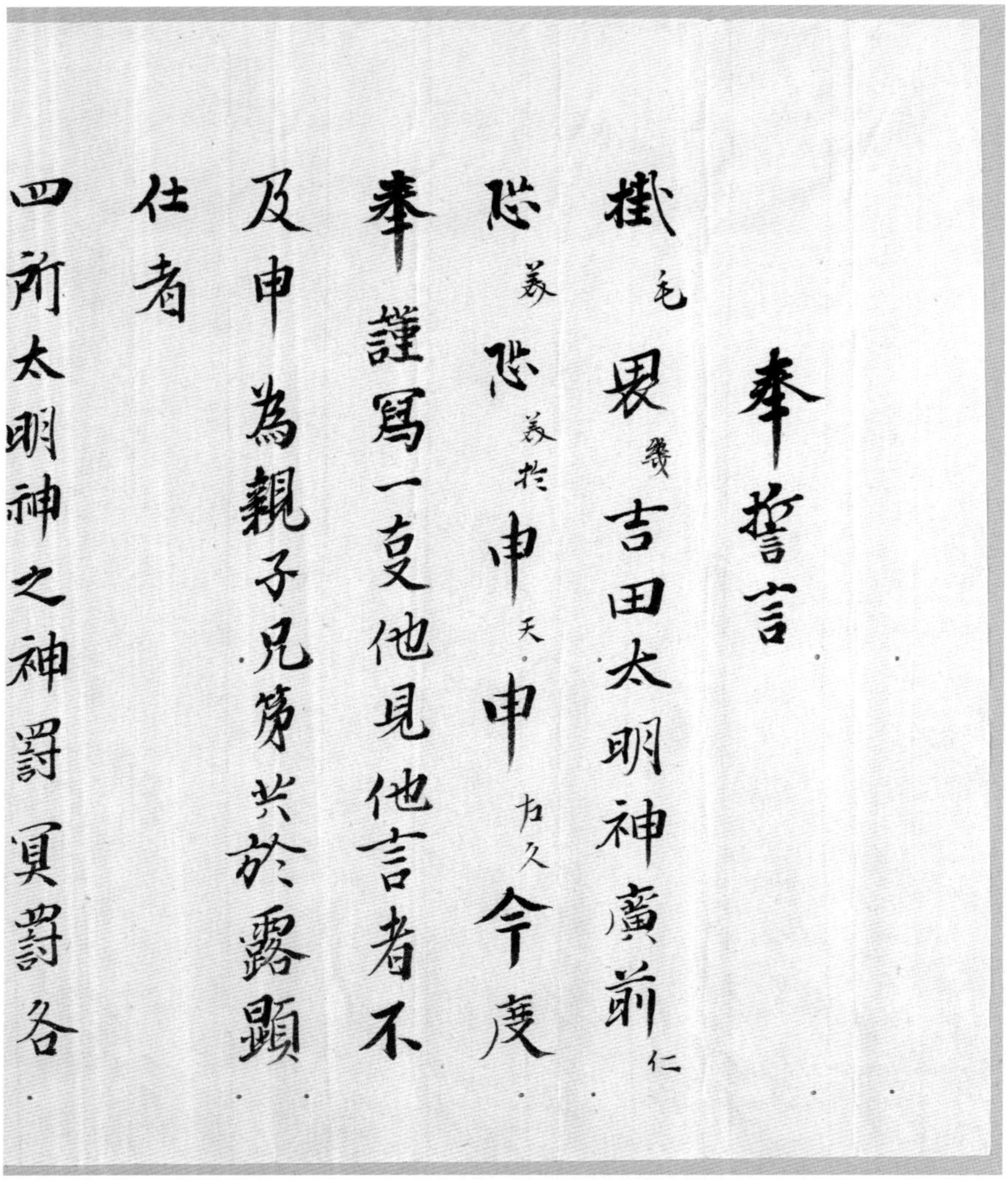

奉誓言

掛毛畏幾吉田太明神廣前仁
恐美恐美於申天申左久、今度
奉謹寫、〔難脱カ〕一事他見他言者不
及申、為親子兄第〔弟〕共、於露顕
仕者、

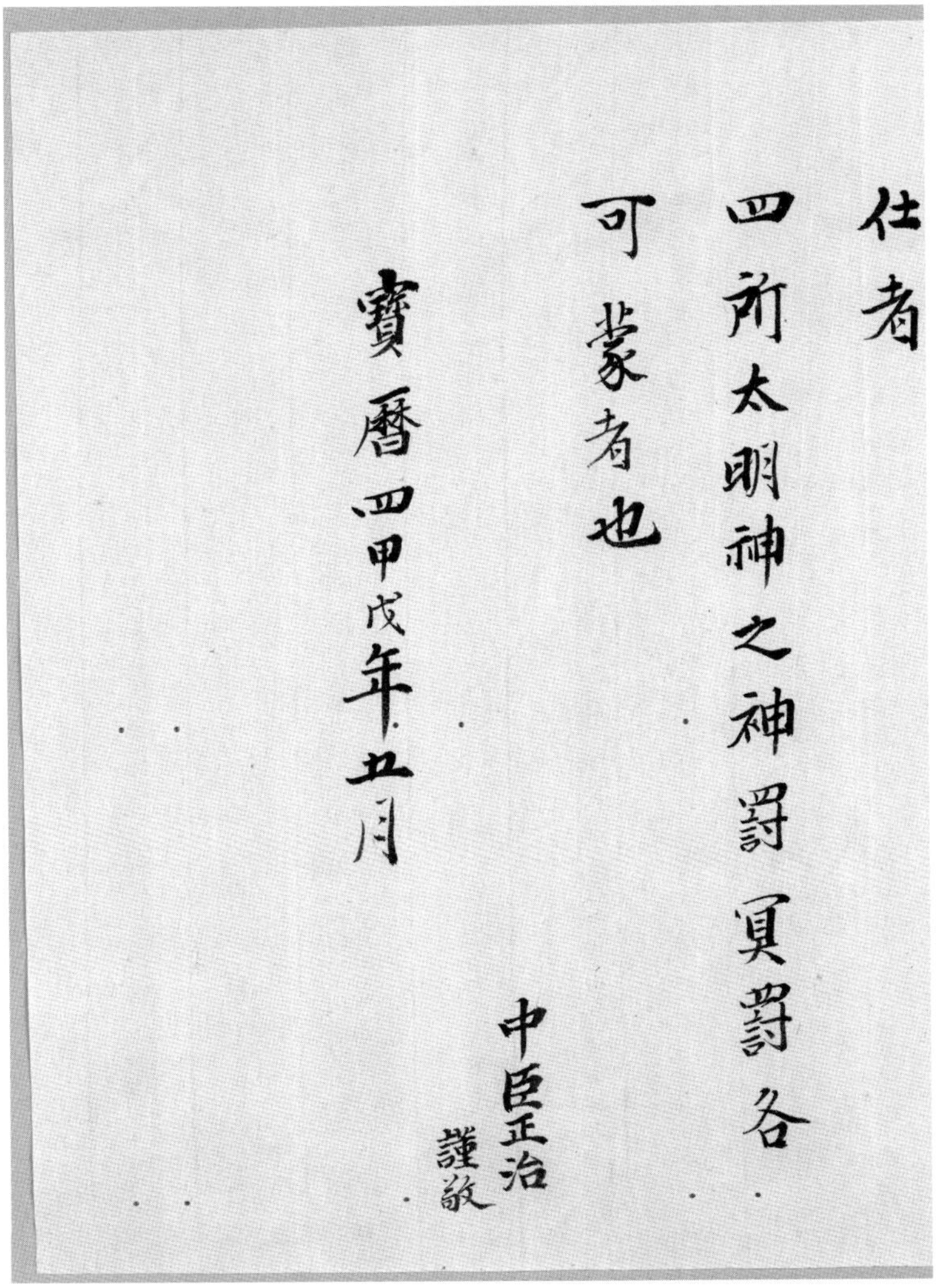

仕者
四所太明神之神罰冥罰各
可蒙者也
寶暦四甲戊年五月
中臣正治
謹敬

四所太明神之神罰冥罰各
可蒙者也、

中臣正治
謹敬

寶暦四甲戊〔戌〕年五月

二九、山田美濃介起請文 〈六九一〉 （二七・八×三九・九糎）

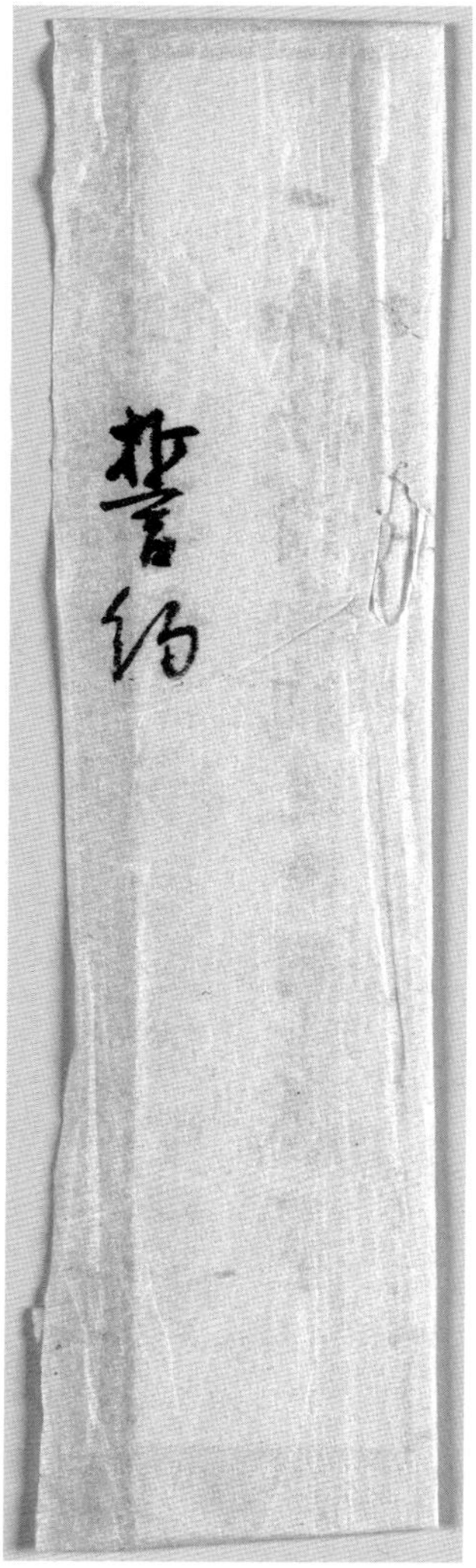

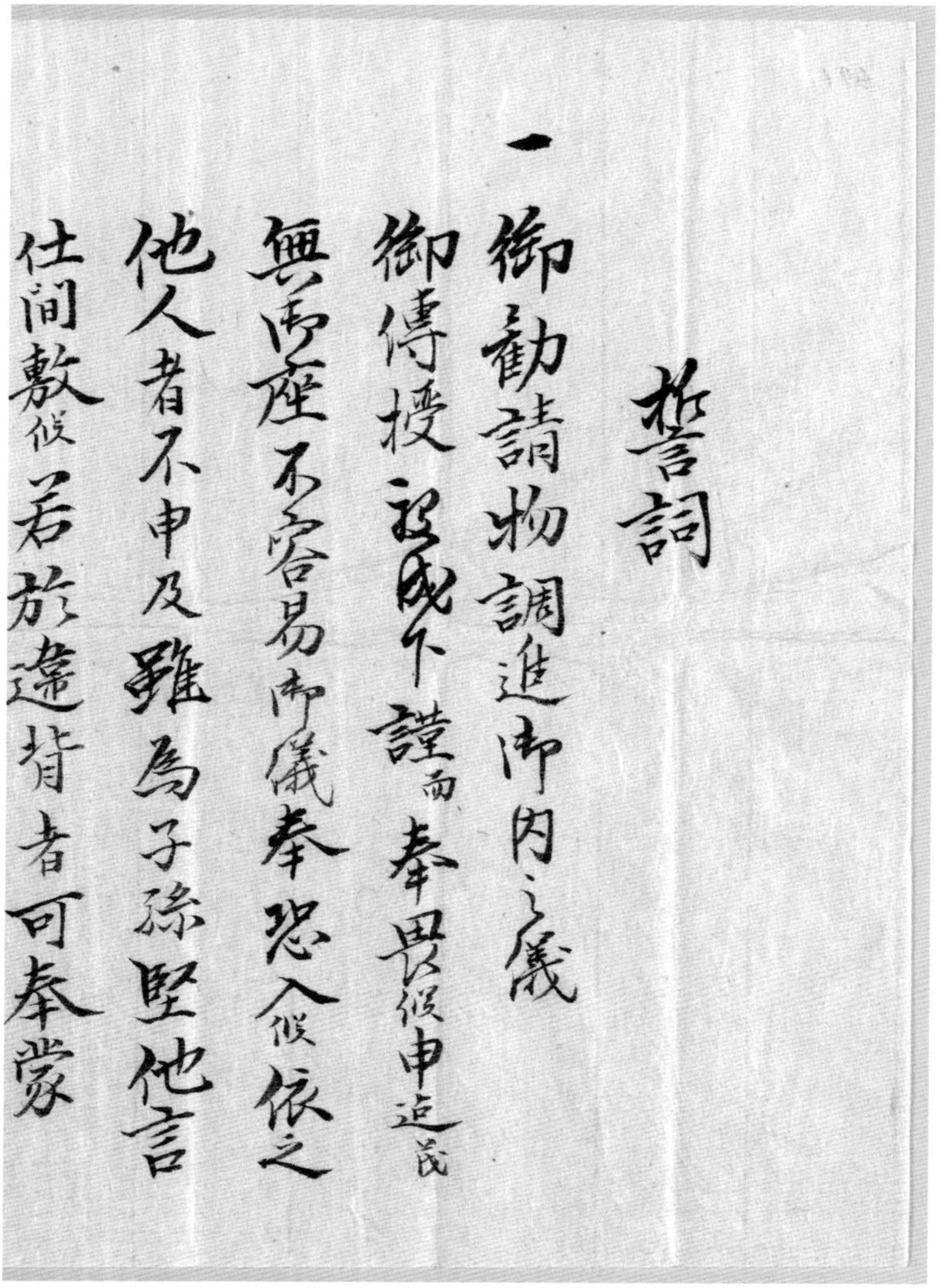

（包紙ウハ書）

誓約

誓詞

一 御勧請物調進御内之儀、

御傳授被成下、謹而奉畏候、申迠も

無御座、不容易御儀奉恐入候、依之

他人者不申及、雖為子孫、堅他言

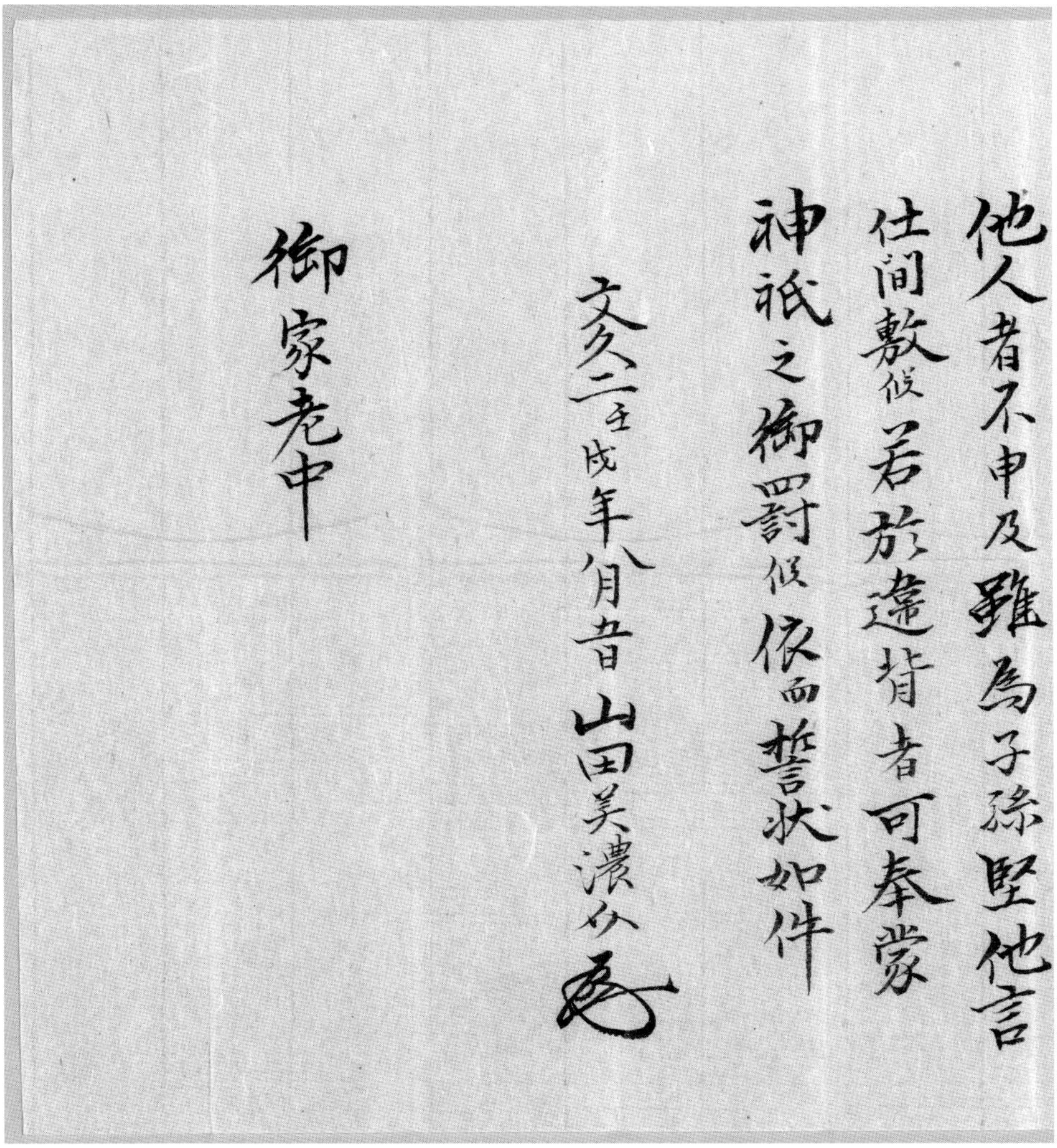
他人者不申及雖為子孫堅他言
仕間敷候若於違背者可奉蒙
神祇之御罰候依而誓状如件
文久二壬戌年八月五日　山田美濃介（花押）
御家老中

仕間敷候、若於違背者、可奉蒙
神祇之御罰候、依而誓状如件、

文久二壬戌年八月五日　山田美濃介（花押）

御家老中

三〇、万里小路淳房書状〈七一一〉（三二・八×四八・〇糎）

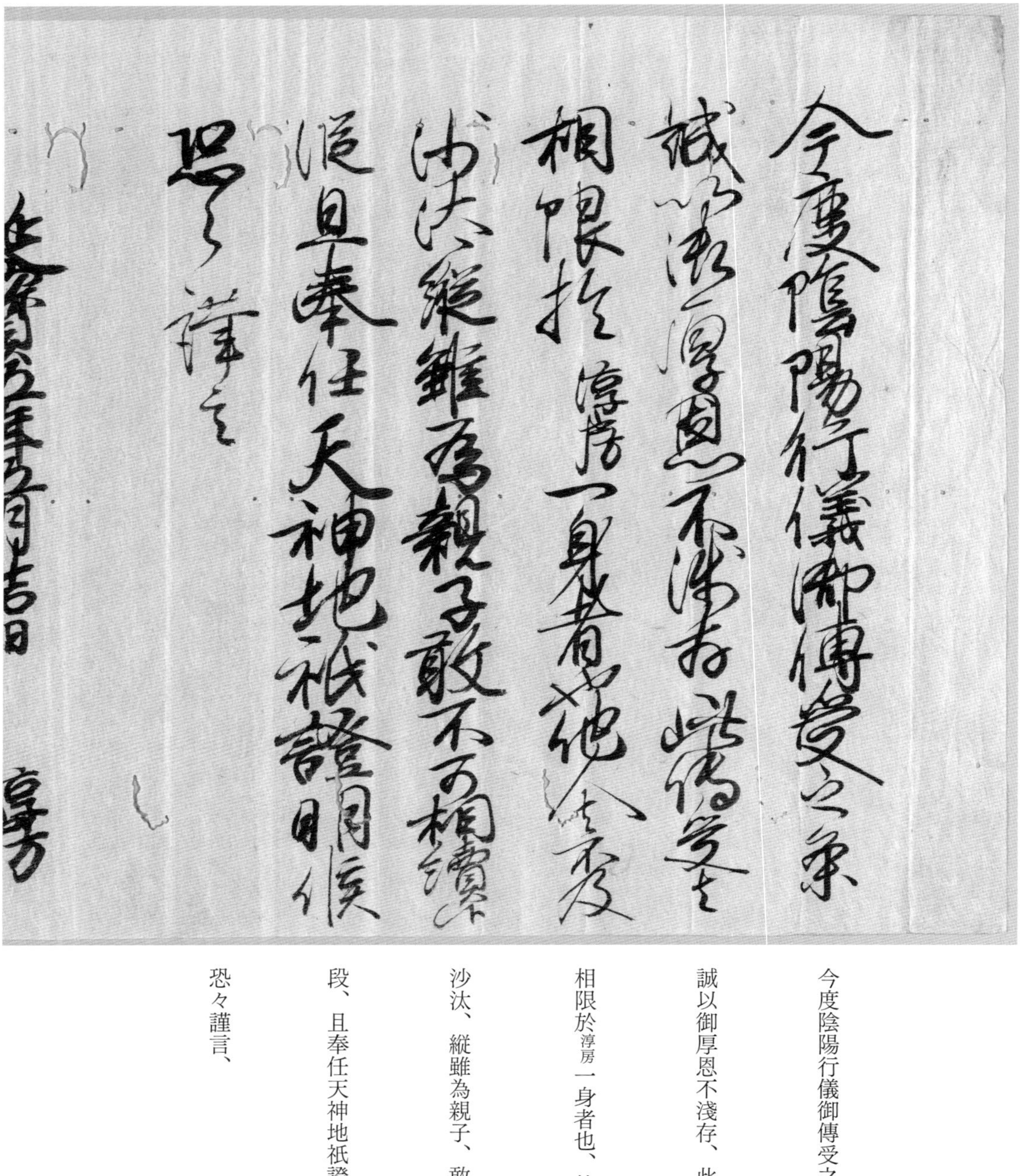

今度陰陽行儀御傳受之条、
誠以御厚恩不淺存、此傳受者
相限於淳房一身者也、他人者不及
沙汰、縦雖為親子、敢不可相續候
段、且奉任天神地祇證明候、
恐々謹言、

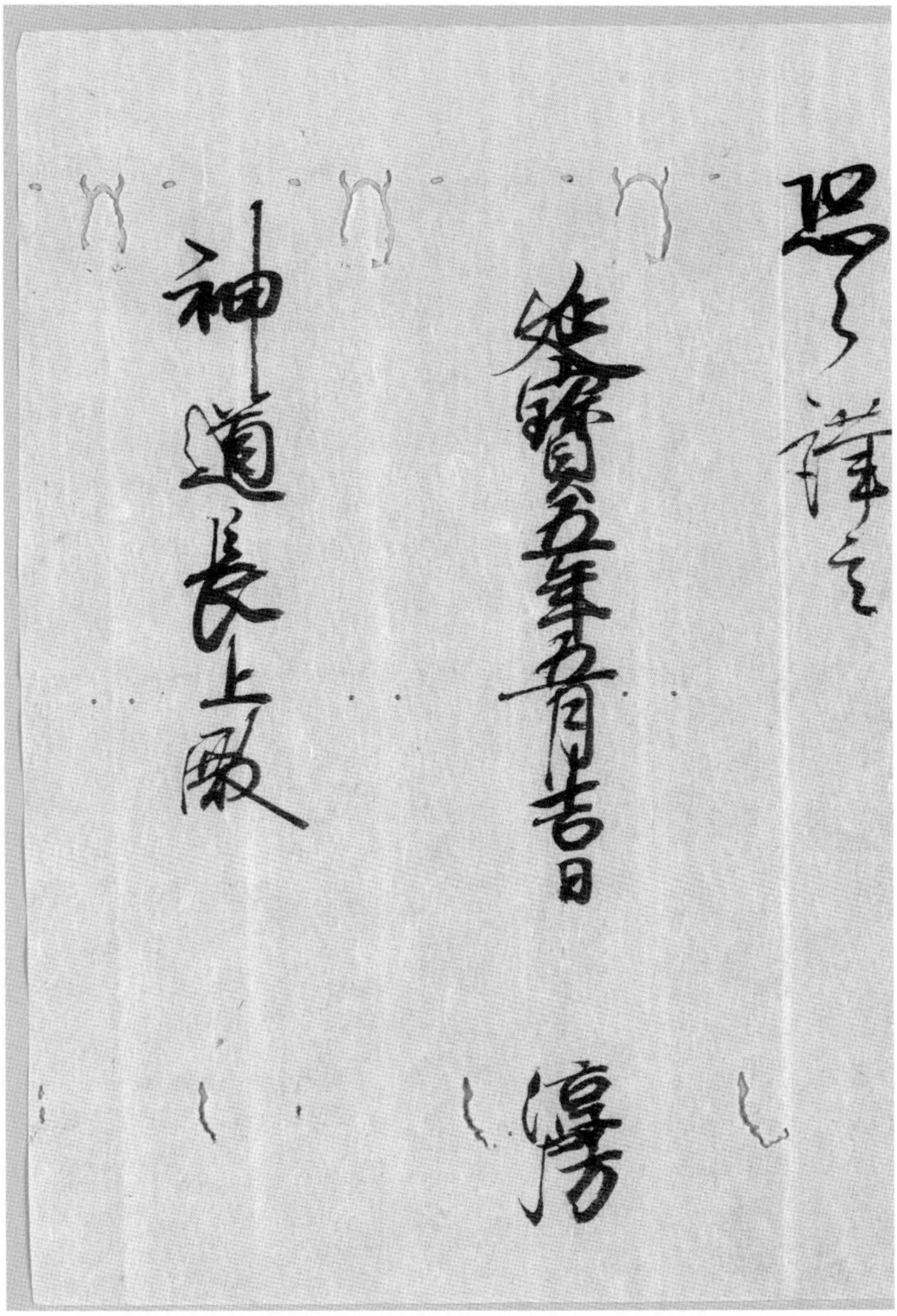
恐々謹言
延寶五年五月吉日　淳房
神道長上殿

延寶五年五月吉日　　淳房

神道長上殿

三一、上田末則起請文　〈七五三〉　（二八・一×四一・三糎）

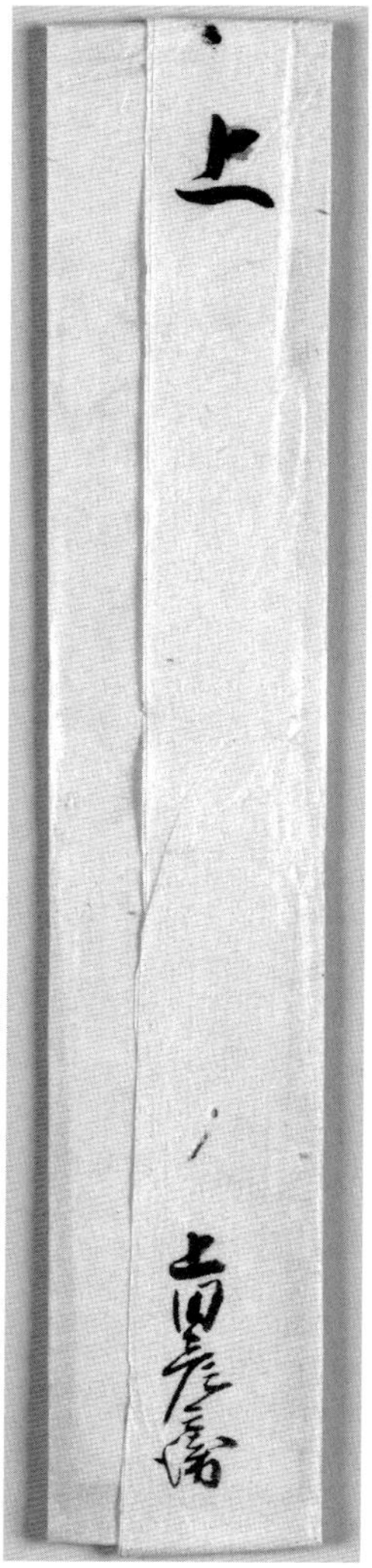

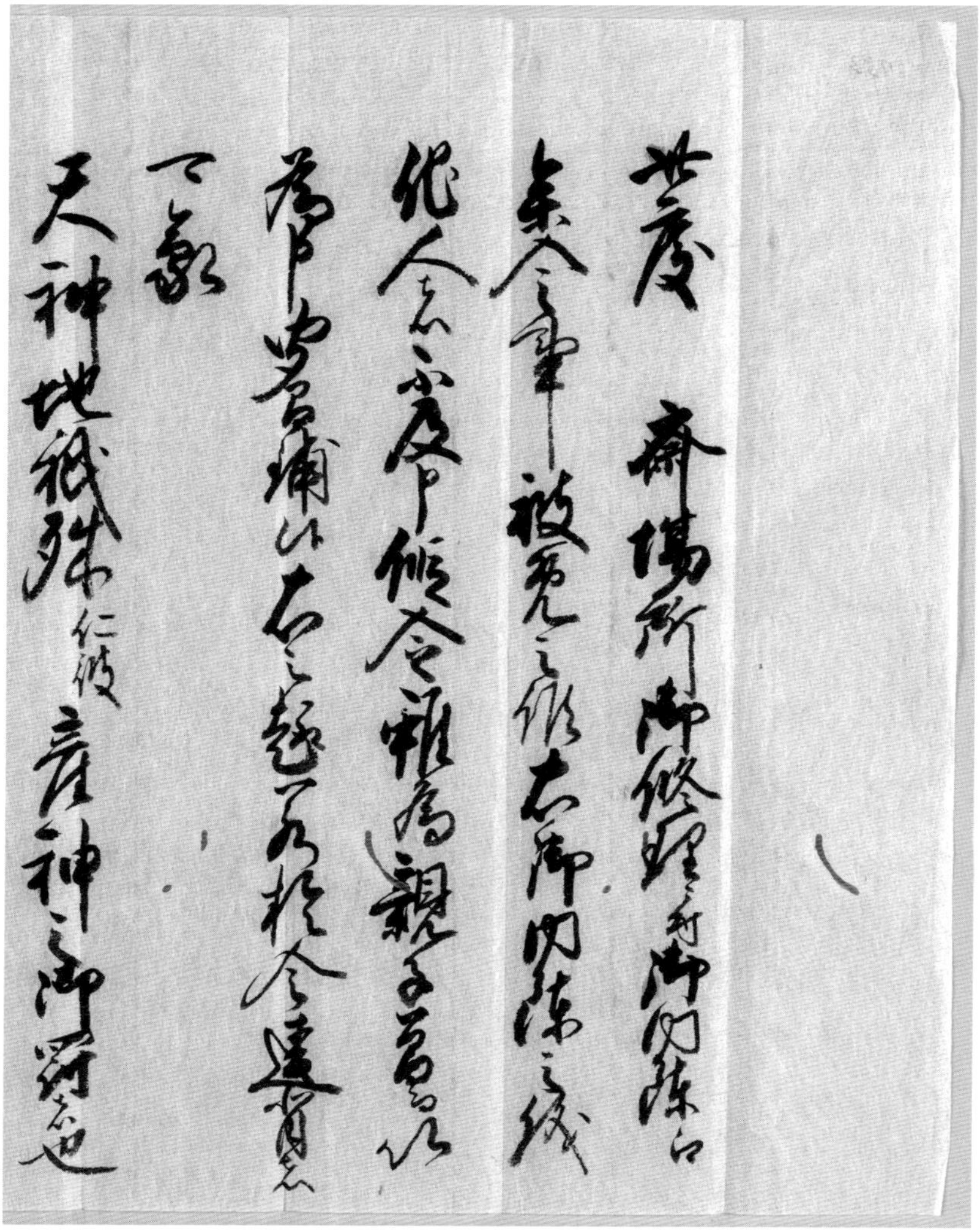

（包紙ウハ書）

上

上田彦兵衛

此度　斎場所御修理ニ付、御内陳〔陣、以下同じ〕江

参入之事被免之候、右御内陳之儀、

他人者不及申、假令雖為親子、曽而以

為申聞間鋪候、右之趣、若於令違背者、

可蒙

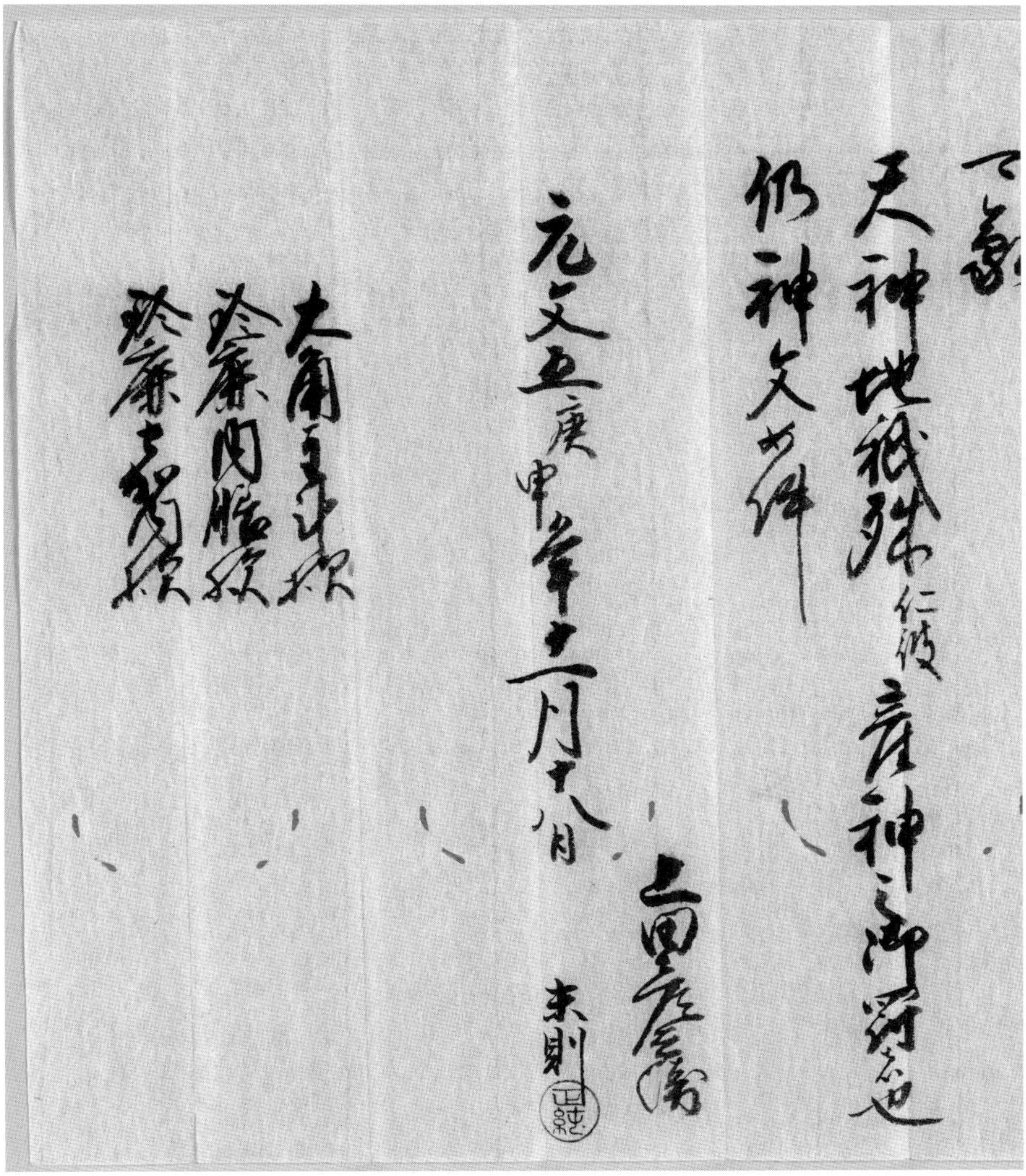

天神地祇殊には産神之御罰者也、

仍神文如件、

上田彦兵衛

元文五庚申年十一月十八日　末則（黒印）〔印文「正純」〕

大角主計様

鈴鹿内膳様

鈴鹿嘉内様

三二、鈴鹿正業起請文〈七五四〉（二八・〇×四一・〇糎）

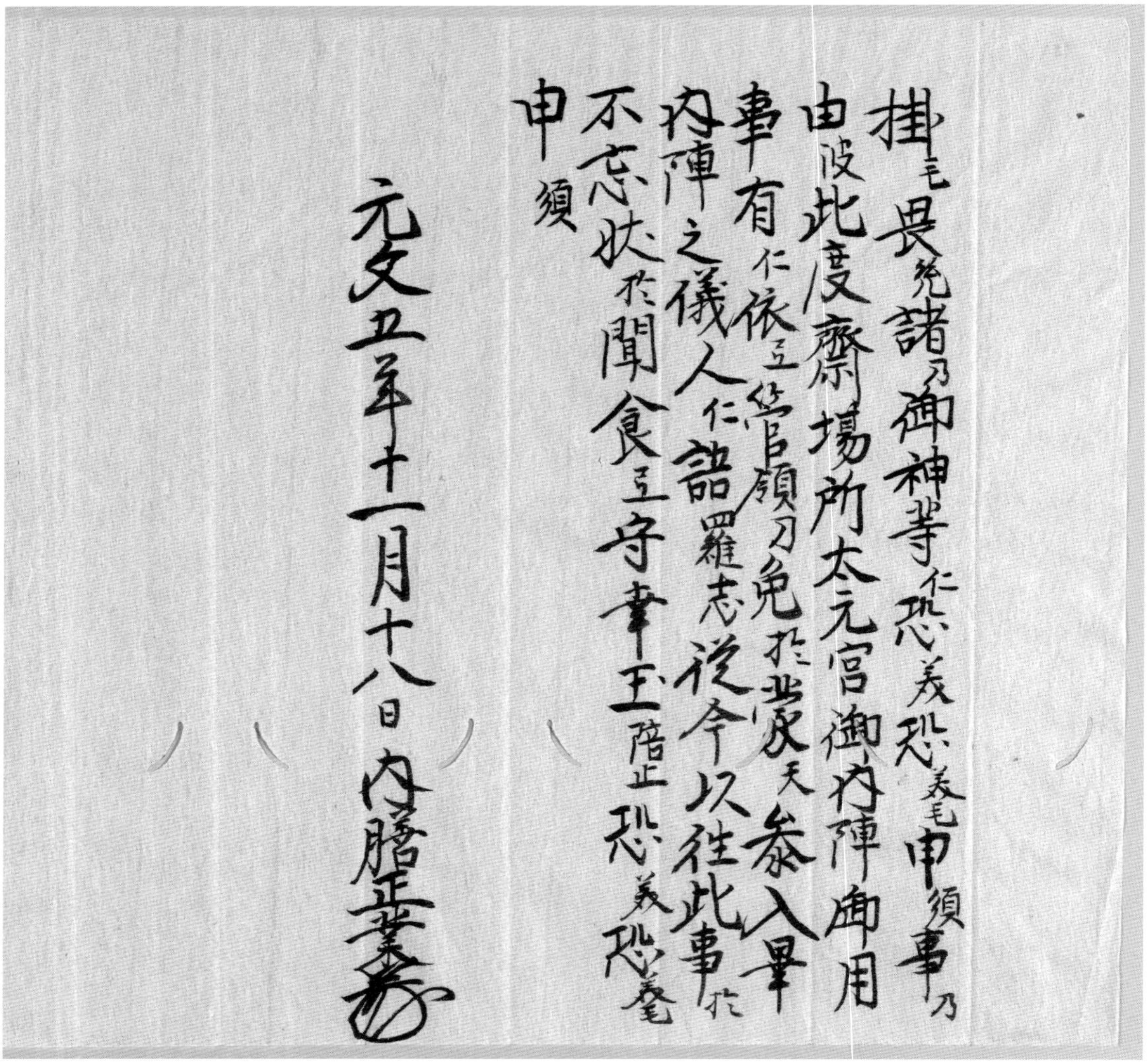

掛毛畏幾諸乃御神等仁恐美恐美毛申須、事乃
由波、此度斎場所太元宮御内陣御用
事有仁依弖、管領乃免於蒙天参入畢、
内陣之儀、人仁語羅志、従今以往此事於
不忘状於聞食弖守、幸玉陪止恐美恐美毛
申須、

元文五年十一月十八日　内膳正業（花押）

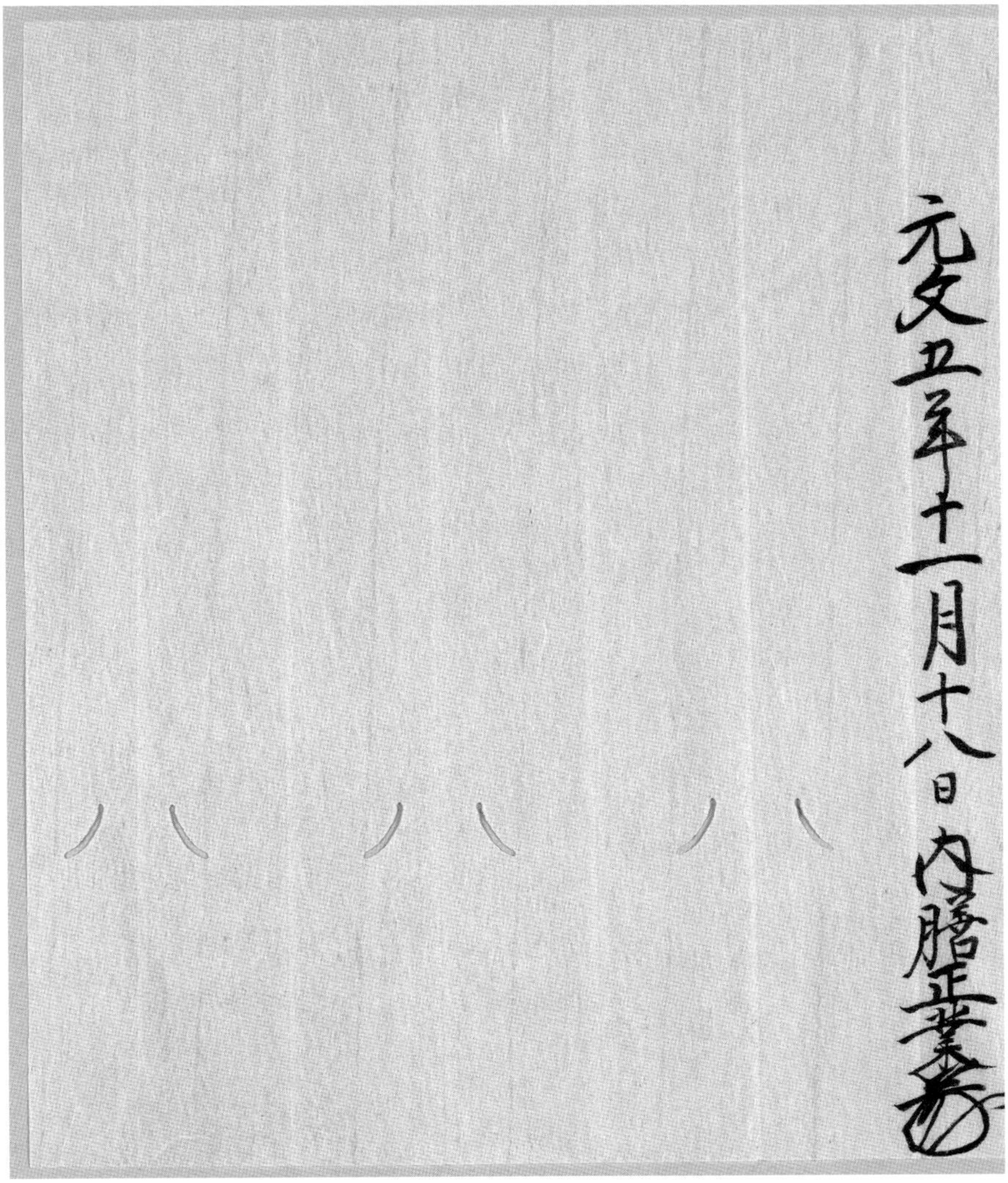
元文五年十一月十八日　内膳正業

三三、風早公長起請文〈七八一〉（三二・八×四六・三糎）

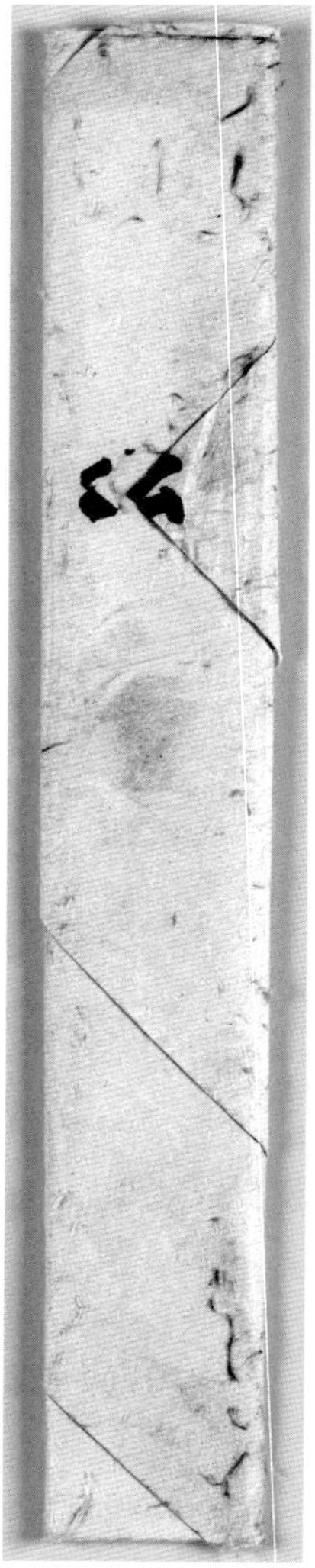

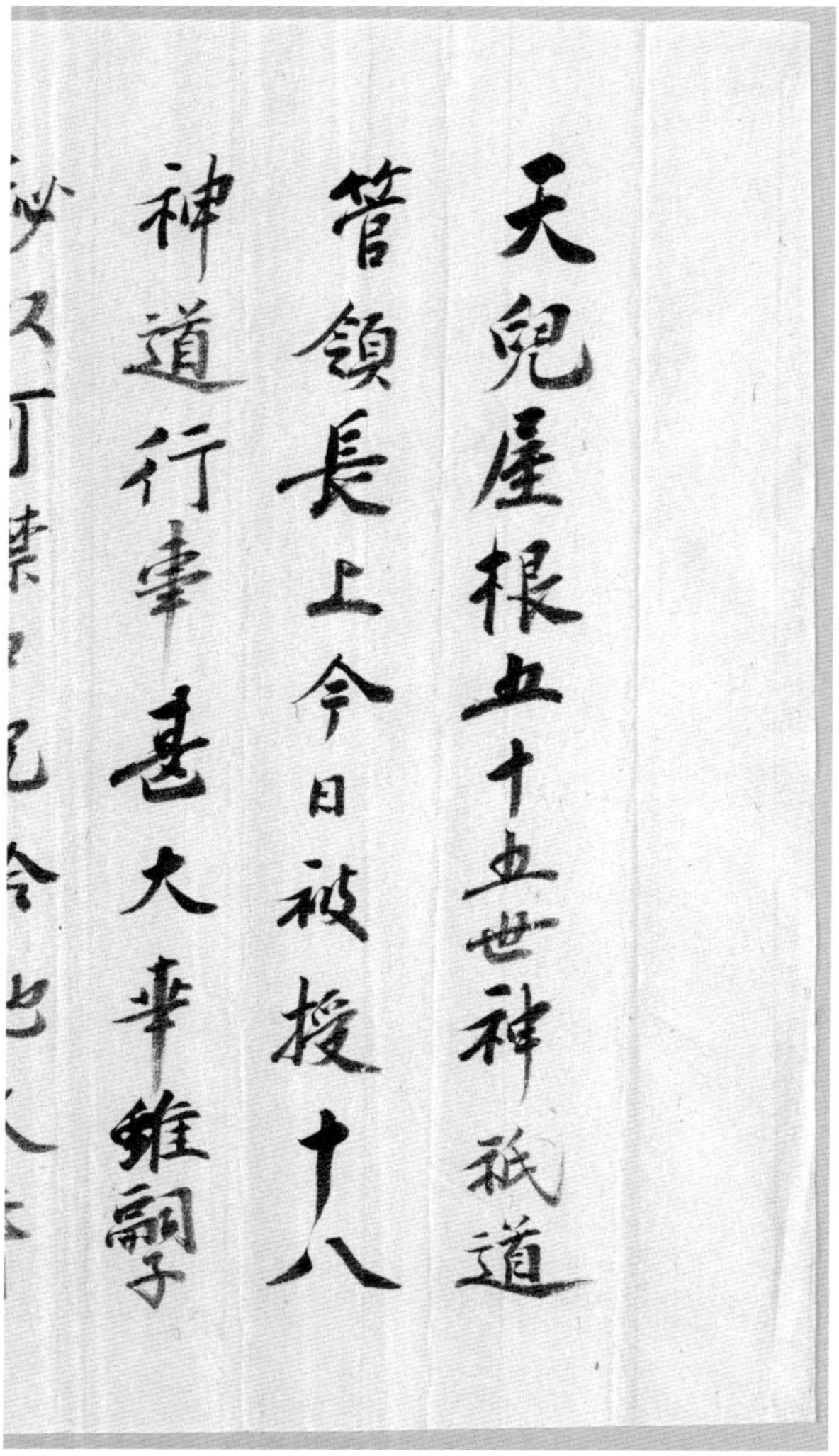

（包紙ウハ書）
吉田二位殿　　公長

（包紙裏書）
公

天児屋根五十五世神祇道
管領長上、今日被授十八
神道行事、甚大幸、雖嗣子、

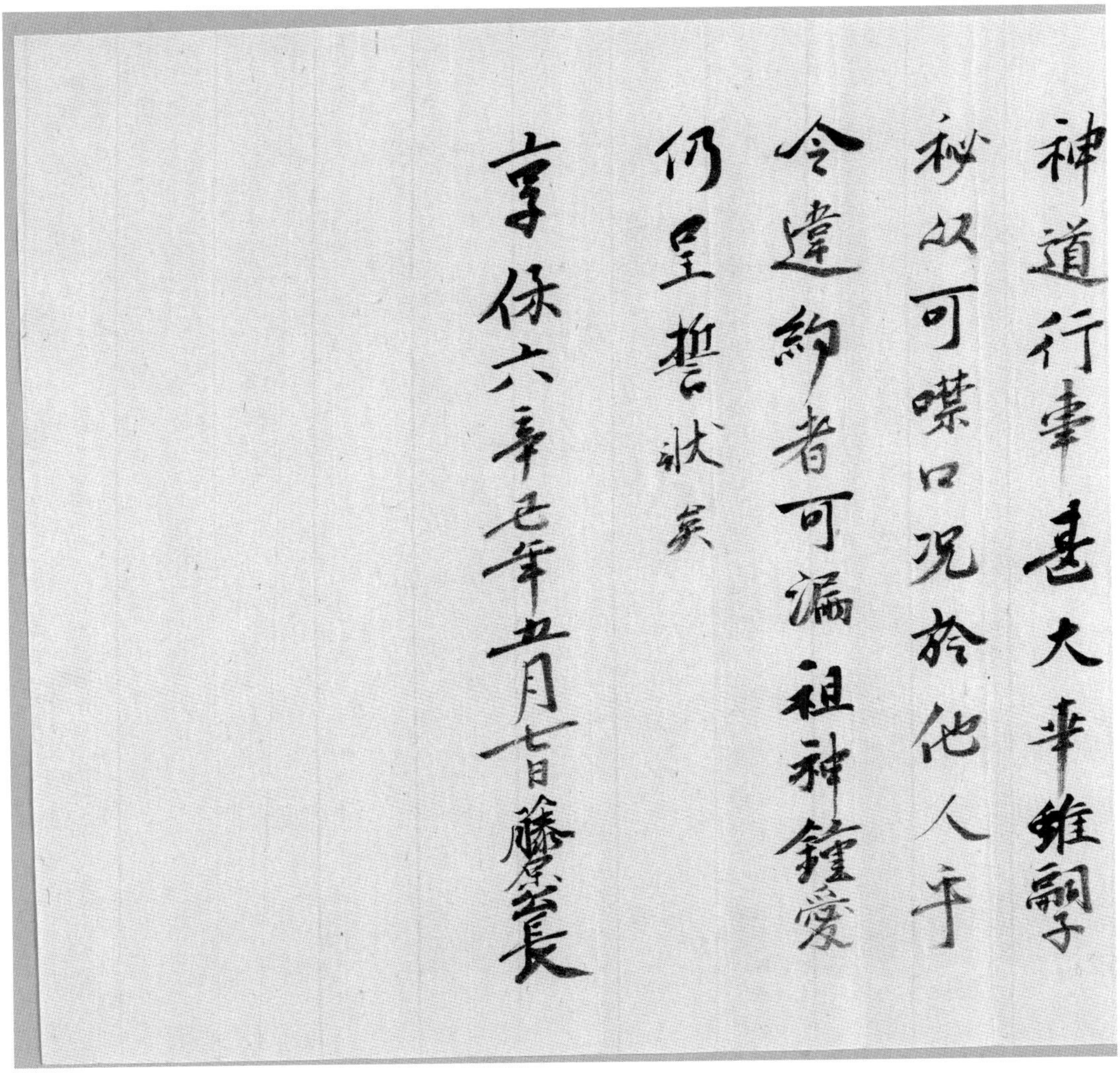
神道行事甚大事雖嫡子
秘以可喋口況於他人乎
令違約者可漏祖神鍾愛
仍呈誓状矣
享保六辛丑年五月七日藤原公長

秘以可喋口、況於他人乎、
令違約者、可漏祖神鍾愛、
仍呈誓状矣、
享保六辛丑年五月七日藤原公長

三四、坊城俊将誓約状 〈七八二〉 （三三・八×四六・〇糎）

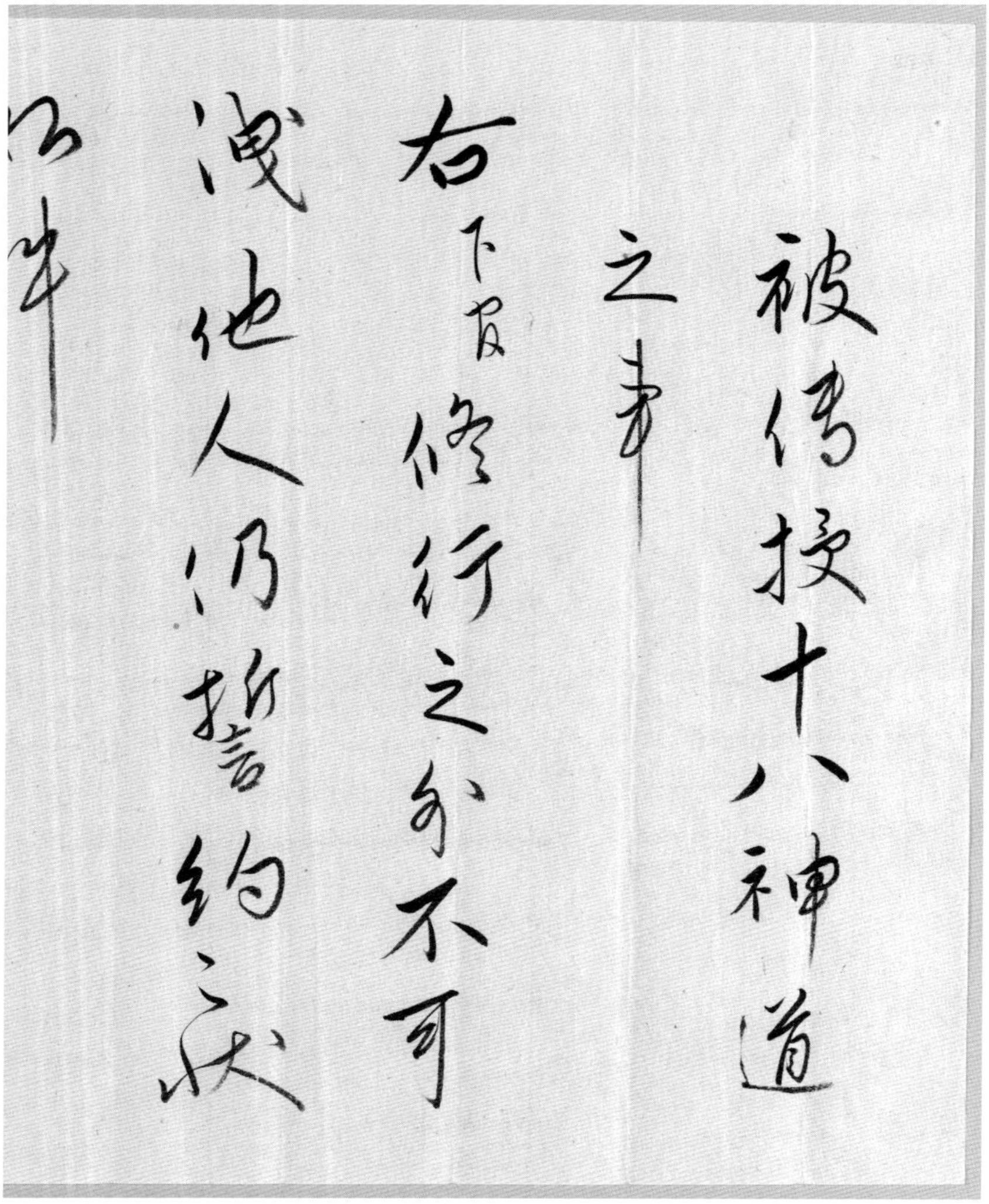

（包紙ウハ書）
謹々上　吉田二位殿　　右中辨藤原俊将

被傳授十八神道
之事
右下官修行之外、不可
洩他人、仍誓約之状

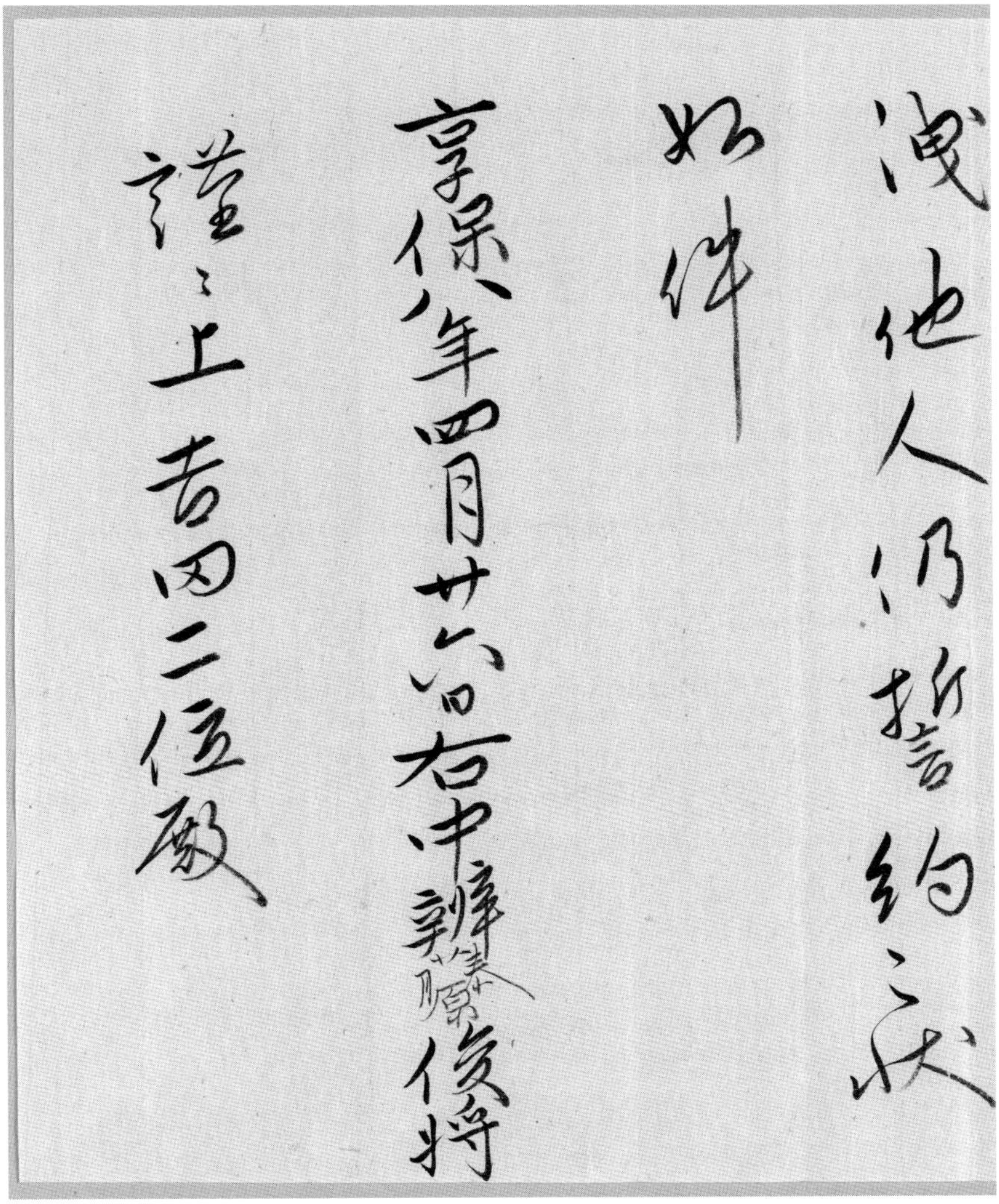

如件、

享保八年四月廿六日右中辨藤原俊将

謹々上　吉田二位殿

三五、風早公長起請文〈七八三〉（三三・六×四五・八糎）

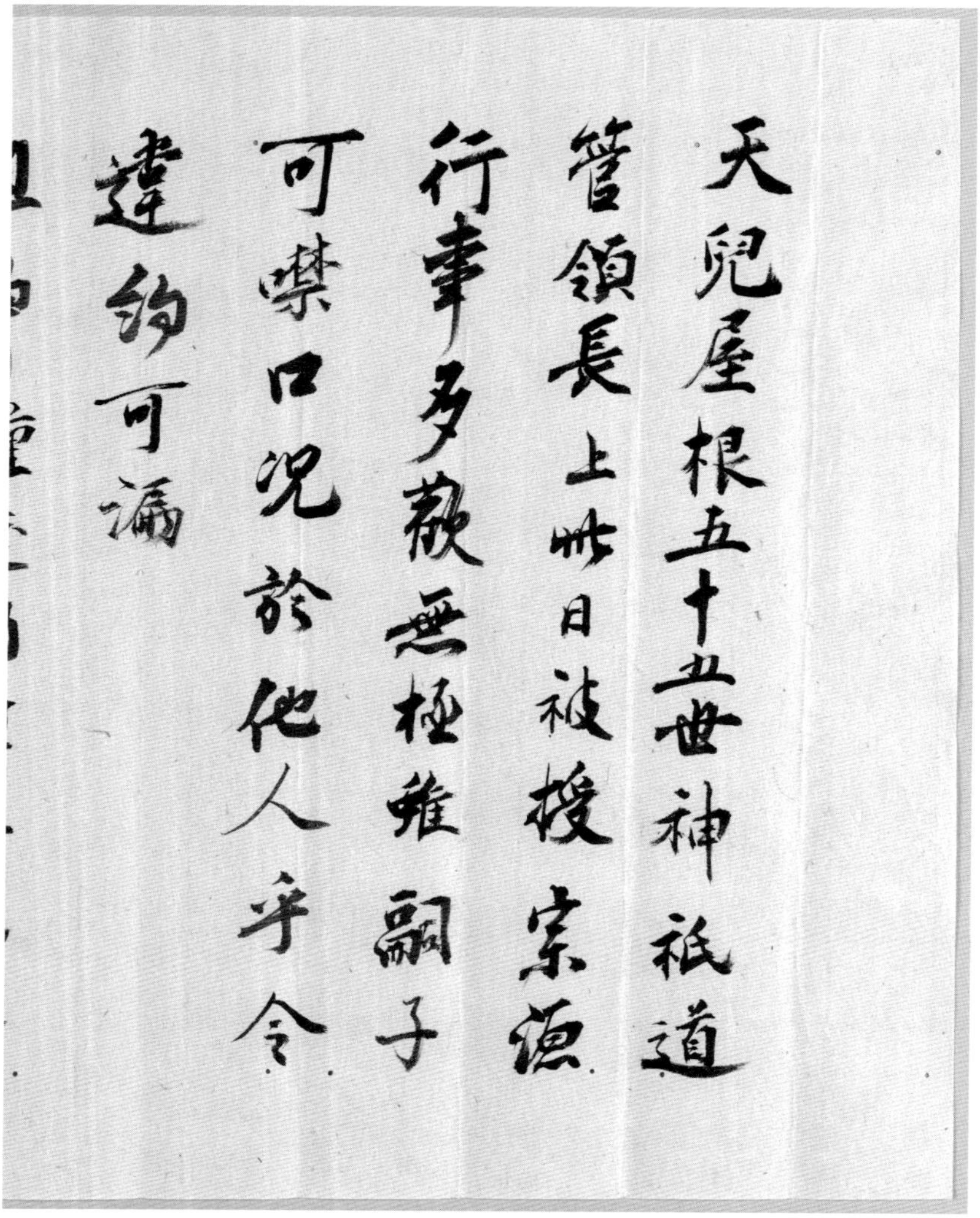

（包紙ウハ書）
〆　卜二位殿　　公長

天兒屋根五十五世神祇道
管領長上、此日被授宗源
行事、多歡無極、雖嗣子、
可噤口、況於他人乎、令
違約、可漏

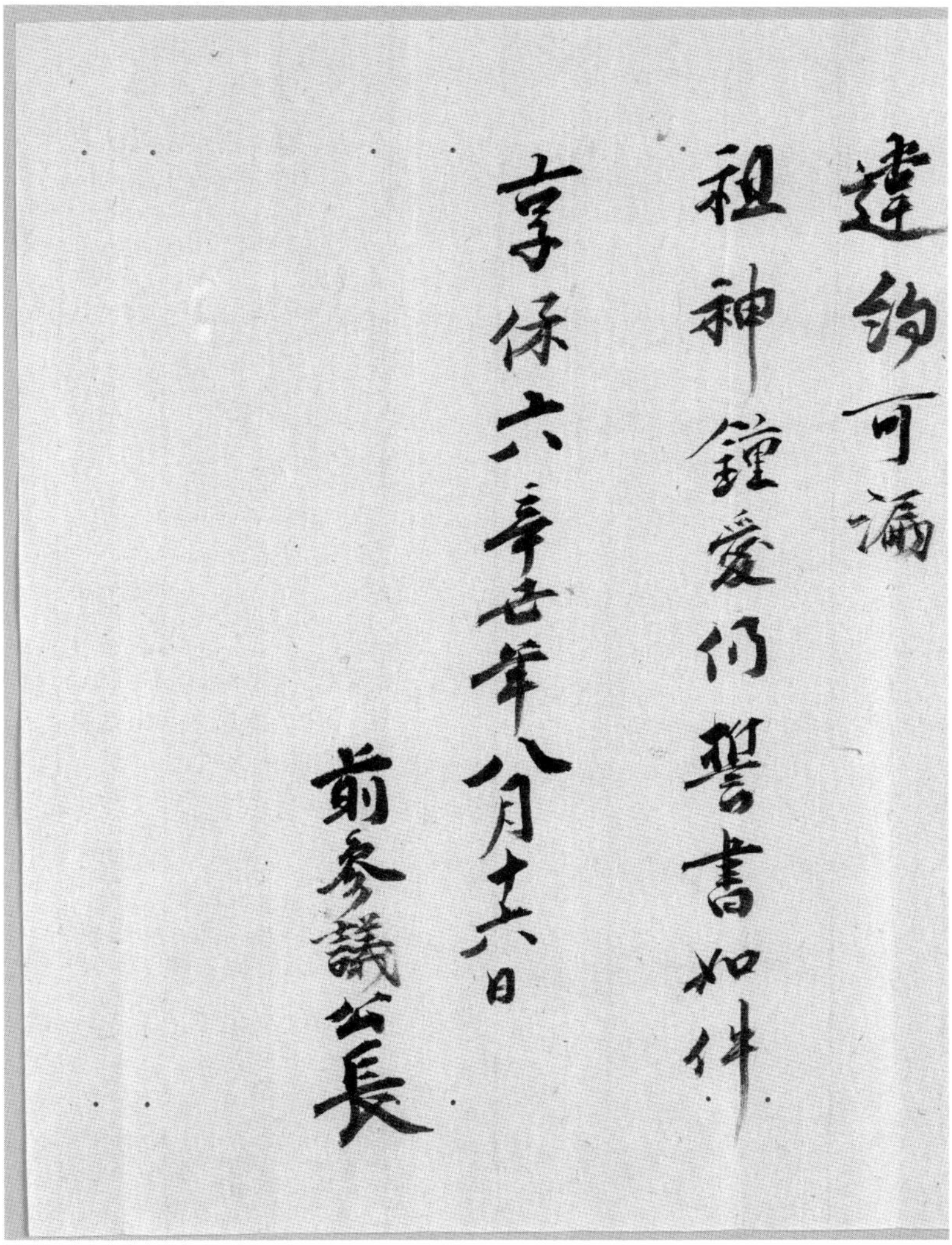
違約可漏
祖神鍾愛仍誓書如件
享保六辛丑年八月十六日
前参議公長

祖神鍾愛、仍誓書如件、

享保六辛丑年八月十六日

前参議公長

三六、藤原實積起請文 〈七八四〉（三二・八×四六・三糎）

（包紙ウハ書）

〆　卜二位殿　實積

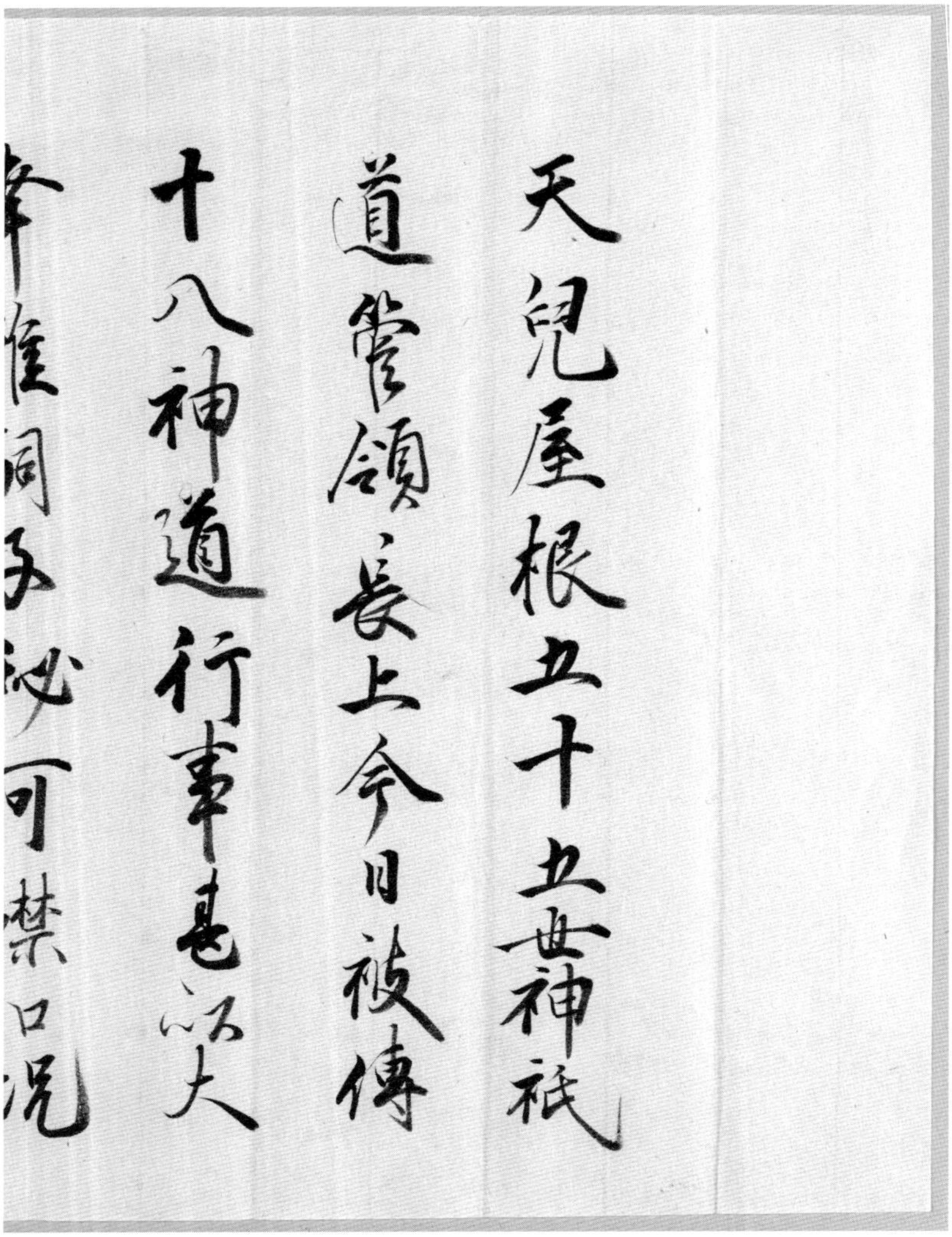

天兒屋根五十五世神祇
道管領長上、今日被傳
十八神道行事、甚以大

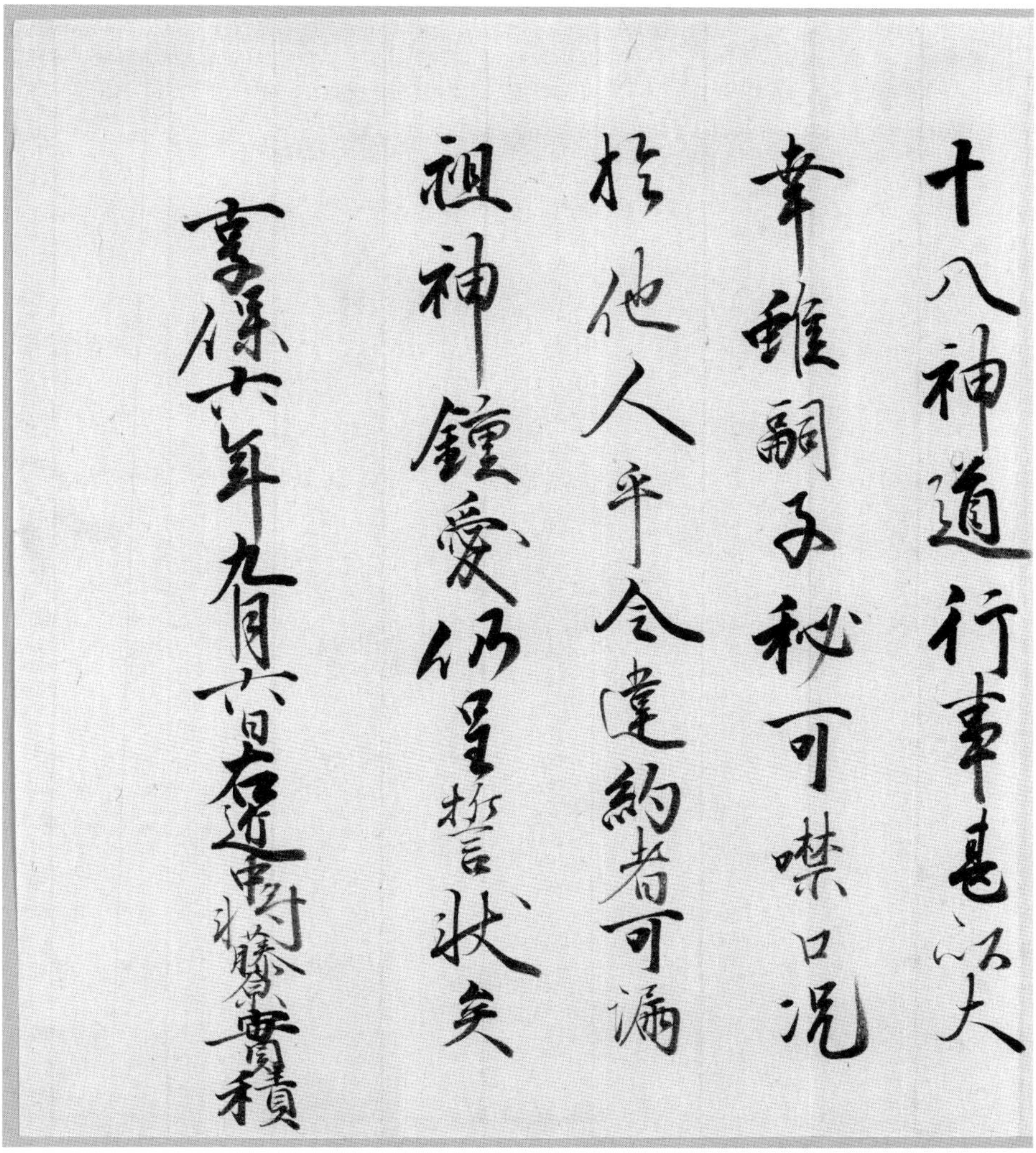
十八神道行事甚以大
幸雖嗣子秘可噤口況
於他人乎令違約者可漏
祖神鍾愛仍呈誓状矣
享保六年九月六日右近中将藤原實積

幸、雖嗣子、秘可噤口、況
於他人乎、令違約者、可漏
祖神鍾愛、仍呈誓状矣、

享保六年九月六日　右近中将藤原實積

三七、大村純鎮起請文 〈七八五〉 （三六・四×五〇・一糎）

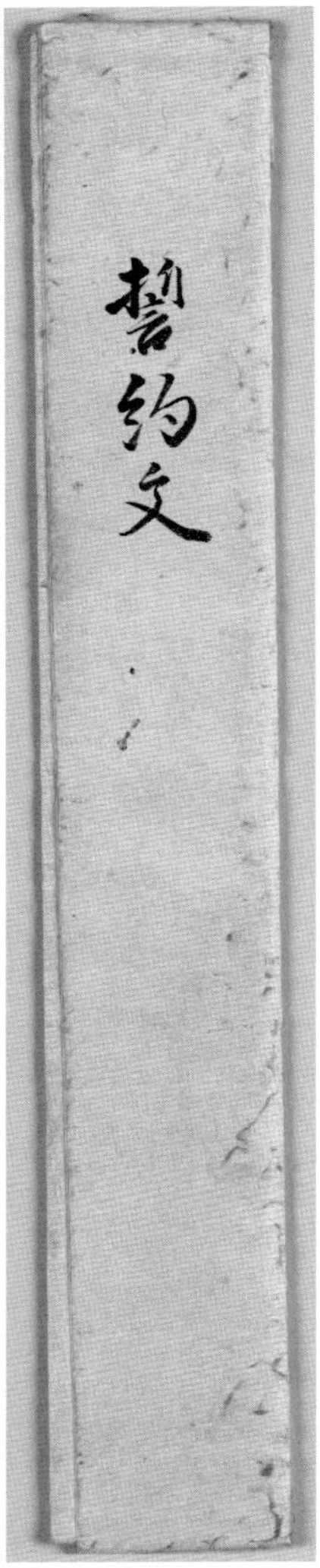

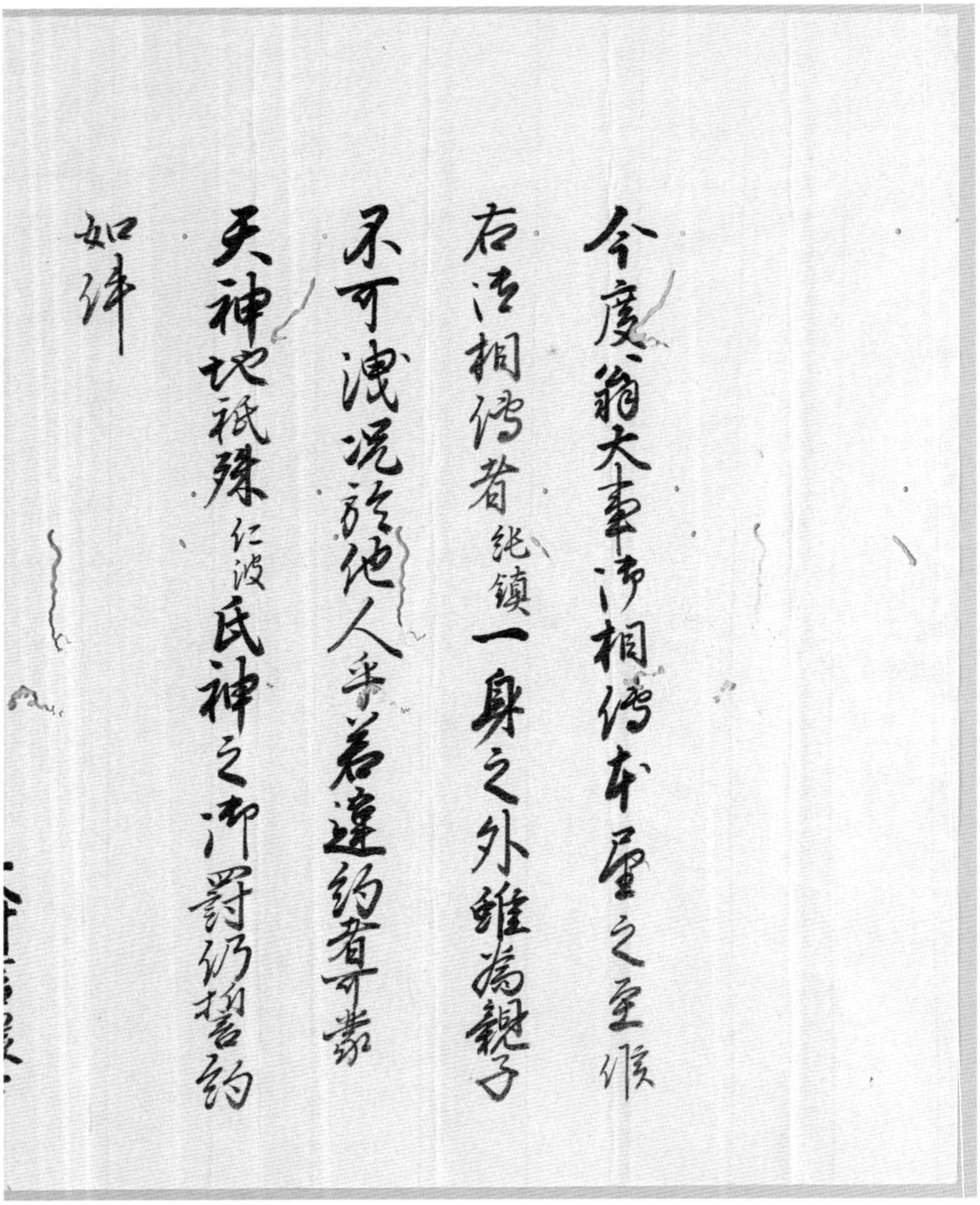

（包紙ウハ書）
誓約文

今度翁大事御相傳、本望之至候、
右御相傳者純鎮一身之外、雖為親子、
不可洩、況於他人乎、若違約者、可蒙
天神地祇殊には氏神之御罰、仍誓約
如件、

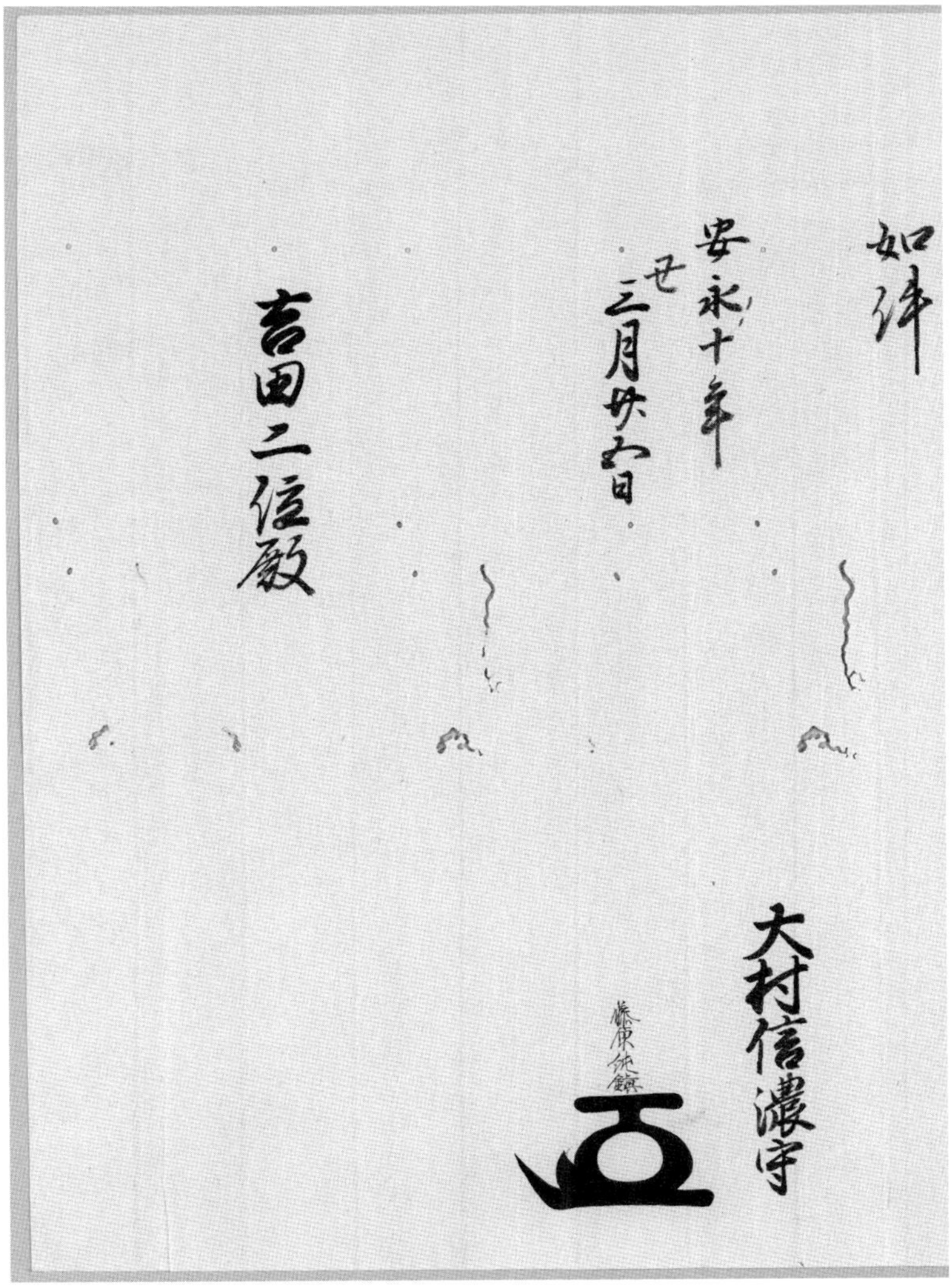

安永十年
丑三月廿五日
大村信濃守
藤原純鎮（花押）

吉田二位殿

〔解説 二〕

起請文と牛玉宝印

千々和 到

Ⅰ 起請文とは

一、起請文とその初見

人が約束をするときに、神・仏にかけて誓うということは、『日本書紀』にも記録されている。ただ、それらは「言葉」による誓いで、これは「誓言（せいごん）」と呼ばれる。その約束を文書の形で書き、その実例が残されているのは、十二世紀以降のこととなる。それが、「起請文」と呼ばれる文書の発生である。

紙本史料で初見とされる起請文は、東大寺文書の中に見られる「三春是行起請文」で、十二世紀半ばの久安四年（一一四八）のものであり、以前からよく知られていた。これは誓約内容が記された後に、もしこれが偽りであれば罰をうけるという「罰文（ばちもん）」が続くものである。こうした書式の起請文は、その後も広汎に用いられており、私の研究グループでは、これを「罰文型起請文」と呼ぶことにしている。

ところが平成十九年（二〇〇七）、滋賀県の琵琶湖北岸の塩津港遺跡で、大きな木簡がたくさん発見された。それらのうちには、まず神々を勧請（かんじょう）し、次に誓約内容を書き、そして文末に、以上にウソがあれば、勧請した神々の罰を受ける、という形式の起請文を書したものが多く見られた。さらにそれらの起請文木簡のうち最古の年次は、なんと保延三年（一一三七）と書されたものだった。つまり紙本史料の起請文よりも、九年もさかのぼることになったのである。この書式の起請文は、少し遅れた時期の起請文が石山寺文書などで知られており、これらを私は「勧請型起請文」と呼んでいたが、この木簡の発見によって、十二世紀、起請文の黎明期に、二つの書式が同時に存在していたことが判明した。

そして、もう一つ重要なことは、江戸時代の起請文の常識によって、しばしば起請文は「熊野の牛玉宝印の裏に書かれ、しかも血判がされるもの」、と言われるのだが、黎明期の起請文には、牛玉宝印は用いられず、血判も据えられることはなかった。つまり、江戸時代の起請文の書式は、それ自体が歴史的に形成されてきたものなのだ、ということである。

二 牛玉宝印の発生と起請文

牛玉宝印はしばしば「起請文の料紙」と理解されているが、本来は修正会（しゅじょうえ）・修二会（しゅにえ）など初春のまつりで調製・配布される護符の一種である。現在でも、奈良県や滋賀県などをはじめ全国の古刹のうちには、こうした行事が続けられているところがある。

平安末期から、熊野詣などの記録に「牛玉」の名が散見されており、これは牛玉の朱印を額（おでこ）に捺したり、小紙片に捺した朱印を授与したものだったと思われる。のちに差異化を図るために発行した寺社名が書かれ、さらには版木で刷られるようになったのであろう。そうして授与された牛玉宝印は、通常は身の守りとして用いられ、あるいは家の戸口などに貼られて家の守りとされたものである。

鎌倉時代になると、起請文を作成するときにこの牛玉宝印を料紙として書くことが始まった。現存する史料の中では文永三年（一二六六）十二月の東大寺世親講衆等連署起請文に用いられた「東大寺二月堂牛玉宝印」と「那智滝宝印」とが最古のものである。これはいずれも版木で刷られた牛玉宝印であり、それ以前から牛玉宝印があったことは間違いないと言える。

ただ、『吾妻鏡』文治元年（一一八五）五月二十四日条には、源頼朝に疑われた源義経が「諸神諸社の牛玉宝印の裏」に全く異心をもっていない旨を記した数通の起請文を書いて提出したという記事（いわゆる「腰越状」）があるが、起請文・牛玉宝印の研究からすると、この記事に信をおくことは難しい。

Ⅱ　本書収載の起請文

以下に本書に収録した各起請文について概観する。なお、吉田神社の文書については、別項〔解説二〕を参照されたい。

一、東寺足軽禁制起請文

最近「京都府立京都学・歴彩館」という名前で新しくなった施設は、かつて京都府立総合資料館という名の中世史研究のメッカだった。蜷川虎三知事の時代、京都の東寺（教王護国寺）が所蔵していた「東寺百合文書」のうち一部の文書が寺外に流出し、売られていることが発覚したことを心配した歴史研究者や市民の要望をうけて、京都府が東寺から多くの文書を購入し、きちんと保存するとともに、調査や研究に資することを目指して公開するために作った施設が、この総合資料館だったという。以後、文書が重要文化財、国宝となっても、研究のためには調査をさせてくれる、貴重な施設だった。

東寺文書の多くは、加賀藩前田家から寄進された「あいうえお・・・」、「アイウエオ・・・」などと名前がついた百の箱に納められて保存されていたので、それを「東寺百合文書」と呼ぶのだが、それ以外に、寺の事務方が持っていた文書もあったようで、ここで紹介する文書は、そうした文書のうちの一通だと考えられる。

この文書は、明治三十八年（一九〇五）の調査による影写本「武内文書」（東京大学史料編纂所）に所収され、多くの研究者がこの文書を参考にして研究を進めてはいたものの、文書原本は誰も見ることができなかった、いわば幻の文書だった。

しかし、平成十八年（二〇〇六）の十二月、京都の古書展でこの文書が出品された。何とか研究者がこれを落札しなければまた闇にもぐってしまう、という使命感で東京大学史料編纂所の伊藤敏子氏と千々和が相談して札を入れ、何とか落札することができた。その後、この文書は、千々和が保管して、東寺文書研究会で参加者に見てもらい、國學院大學博物館でも展示するなど公開をした後、二人の相談で、國學院大學図書館に寄贈した。

この文書は、応仁の乱の余韻の残る京都で、東寺寺内の寺官・小者・百姓等が寺の仕事を放りだして大名の軍勢の足軽になろうとするのを禁じ、その決まりを守ることを誓った起請文である。

この文書については、すでに黒川直則氏の「東寺の起請文と牛玉宝印」（『京都府立総合資料館紀要』八、一九八〇）や、酒井紀美氏の「戦場の中の東寺境内」（蔵持重裕編『中世の紛争と地域社会』、二〇〇九、岩田書院）などが触れていて、だが、これまでは前述の影写本所収の史料を参照されていた。文書の原本を見ることができてわかった大きな点の一つは、いわば想像の外だったが、「略押」とされていたものが、実はその一部は、「筆軸印」（筆の軸端をハンコのように使う）だった、ということであろうか。貴重な発見だった。

そしてもう一つは、これをきっかけとしてゼミ生と一緒に文書の原本を仔細に検討することで、これまで「江戸時代のもの」とされていた〝角のある蛇〟の字の「御影堂牛玉宝印」の版木が、実際には少なくとも正長二年（一四二九）以降、改版されておらず、現代まで使われていた古いものだということが確定できたことだった。これらの「発見」は、「東寺御影堂牛玉宝印に関する一考察」と題して、平成十九年（二〇〇七）八月四日の東寺文書研究会で千々和が報告して、周知のこととなっている。その後、中央に「御影堂」、左に「宝印」、右に「牛玉」という字が刷り出されるこの「御影堂牛玉宝印」の版木は、国指定の重要文化財に指定された。

二、鳥羽藩御側坊主等起請文について

平成十四年（二〇〇二）に、東京大学史料編纂所の橋本政宣氏から、ある古書店から「某藩御側坊主等起請文」という起請文が売りに出されているとの貴重なご教示をいただいた。さっそく連絡を取り、原物を拝見したところ、これは、江戸時代の御側坊主などの身分の人間たちが、職務上見聞きしたことを、他人はもちろん家族にも口外しないことなどを誓ったもので、これまでまったく未紹介の興味深いものであった。早速國學院大學神道資料館の館長の三橋健氏に相談し、すぐに購入していただくことができた。

偶然にも、この文書を購入したすぐ後に、國學院大學の「神道と日本文化の国学的研究発信の拠点形成」という名のプロジェクトが、文部科学省二十一世紀COEプログラムに採択され、その研究対象となり、調査の中で、この起請文群は、牛玉宝印の研究や起請文の研究の上できわめて興味深い文書群であることがわかってきた。さらにその調査作業にあたり、様々な調査手法を開発することができた点でも、重要な資料となったのである。

まずこの起請文群の概要を記すと、全部で四十通を越えるの起請文からなり、寛政元年（一七八九）を初見として安政・文久年間にいたる江戸後期から幕末までの間のもので、その後の調査と整理の結果、「鳥羽藩御側坊主等連署起請文群」と名付けることが適当だろうという結論になった。なぜそうなったかというと、これらの起請文の宛名の中には「稲垣」姓が頻出し、また起請文以外のごくわずかな書状の中に、「稲垣信濃守」あての書状があったからである。また中の数通の文書内容から、この大名家がしばしば大坂加番役を勤めたこともわかった。こうしたことから「稲垣信濃守」は代々の鳥羽藩主の名乗りであり、幕末の鳥羽藩の分限帳や大坂加番役を勤めたときの記録が皇學館大學史料綴纂所や三重県立図書館などに残されていることもわかった。これらの文書・記録と、起請文の宛名などに出てくる藩士の名の多くが一致することも明らかになり、この起請文群が鳥羽藩の文書群であることは間違いない、となった。

詳細に見てみると、たとえばすでに書かれた起請文に、別の時期の起請文が貼り重ねられた、興味深い事例もあった（一〇頁参照）。

なお、この起請文群の中には、それら起請文を書いて署名をし、さらに血判をするときに使ったのではないかと考えられる、「誓詞針」と書かれた紙に包まれた縫い針が二本含まれていた。同様の「誓詞針」は、東北歴史博物館の塩田達也氏のご教示で同館所蔵佐藤家文書中にもあることを知り、調査させていただいたが、これまではあまり聞いたことのない資料である。江戸時代の随筆等には血判の際に針を用いると良い旨記されているが、江戸時代の誓詞・血判の作法を知る上で、きわめて貴重な実物資料であるといえよう。

さてこの起請文群は、大半の料紙に熊野牛玉が用いられ、早い時期の四通が「那智滝宝印」であるほかは、「熊野山宝印」、それも新宮ではなく「熊野本宮」の牛玉宝印が料紙として用いられている。江戸時代の起請文に熊野牛玉が用いられることは常識に属するが、実は熊野牛玉とはいっても、熊野三社のうちの「那智滝宝印」を用いることが圧倒的に多い。これは御師などからなる牛玉宝印の頒布の組織が、那智社が最も充実していたことによるのであろうが、ここでは「那智滝宝印」が少ないことも、特徴のひとつといえる。

こうした特徴が見られたので、調査作業は、起請文の読解と同時に、これらの牛玉宝印を仔細に比較検討してみることからはじめた。

牛玉宝印の調査は、まず墨刷りの牛玉宝印紙の観察と、トレースした紙での比較検討を行った。また朱宝印については一枚の牛玉宝印紙の中に大体五つの朱印が捺されているが、どれもあまり鮮明ではないので、まず一枚の紙の中のいくつかの朱印を鮮明なところを少しずつトレースして合成することによって朱印の復元を行い、それをもとに比較検討することにした。いずれも膨大な時間を要し、精細な作業が必要だったが、幸い学内に保管されている文書群だったので、こうした手作業の調査が可能だったわけである。

その結果、この熊野本宮の牛玉宝印には、いずれも共通する欠損があることがわかった。牛玉宝印では、短時間に大量の摺りを行なうためだろうか、よく摺りのむらが生じて、墨がついていない部分があることがある。だがこの起請文群では、そうした摺りむらとは明らかに異なる版木そのものの欠損が見出せた。しかもその欠損は、当然のことだが、ほぼ時期を追って広がっていくようだということがわかった。

とすると、熊野本宮の牛玉宝印は、全てが同一の版木から刷り出されたものであることになる。起請文の年号からすると、寛政九年（一七九七）から文久三年（一八六三）までの七十年近くにわたっている。このように数多くの起請文の料紙がほぼ一つの版木から刷り出されたことが明らかになり、その版木が七十年近くにわたって使用され続けていたことが確実にわかった例は、前述した、同じく私たちの調査による東寺御影堂の牛玉宝印を別にすれば、決して多くないだろう。

一方、朱の宝印は、それこそが牛玉宝印の本質であるが、朱宝印は写真ではあまり明瞭でないことなどから、これまでほとんど調査された事例はなかった。しかし鮮明な部分をトレースして合成する手法によって、この起請文群が二種類の朱宝印が捺されている牛玉宝印に分けられることがわかった。つまり、同一の版木から刷り出された牛玉宝印紙なのに、二つの朱印が捺されるグループに分かれていたのである。このような事例も、おそらくこの調査がはじめて明らかにしたことだといえよう。現代の熊野本宮では、朱の宝印を毎年作り変えると聞く。いつから、そのように変わったのか、とても興味深いことだ。

以上のような具体的に明らかにできた点を、さらに他の史資料とあわせて検討した作業が、『神道と日本文化の国学的研究発信の拠点形成 II』に掲載された大河内千恵氏の「鳥羽藩御側坊主等連署起請文群にみる熊野本宮牛玉宝印について」である。大河内氏の論考は、こうした調査成果をもとに、これらの起請文群が書かれた場所が江戸と大坂だろうと推定しえている。私は、この論考は、起請文の書かれた場やその儀礼の情景の具体的な復元までを見通した、起請文、あるいは牛玉宝印についての、史料学的検討の現段階における到達点を示すものと評価することができると考えているが、氏は、その後さらに検討を加え改稿した論文を「鳥羽稲垣家の起請文」と題して『近世起請文の研究』（二〇一四、吉川弘文館）に掲載している。

なお、今回、本書でこの起請文群を紹介するについては、全点の史料を、髙見澤美紀氏と堀越祐一氏に詳細に検討していただいた。その検討の結果、得られた知見も多く、全文翻刻の中で、できるだけそうした情報を伝えられるようにお願いした。こうしたご苦心の結果も、今後、お二人からぜひ論文として報告がなされることを期待したい。

以上、長くなったがこの文書群が、そうした新研究を支えた史料として、今後、より広範な方々の研究がなされるよう、すべての資料の精細な写真を、この機会に提供したいと考えた理由を記させていただいた。

三、久我家文書に見える起請文

「久我家文書」は、昭和六十三年（一九八八）に国の重要文化財にも指定されている、國學院大學図書館が誇る文書であり、いわば國學院大學にとって最高の宝物である。(註1)

原蔵者の久我家は、村上天皇の孫の師房が寛仁四年（一〇二〇）に源朝臣の姓を賜わり、その孫にあたる源雅実を祖とした中院流の家である。久我家は、五摂家につぐ清華家の第一として、太政大臣等の役職につくなど繁栄したが、室町時代には足利義満によって源氏長者の地位を奪われた。その一方、近世には当道座の本所としての地位を確立したことでも知られている。

こうした歴史の中で、多くの文書が残されたが、近代になり、久我通久が皇典講究所初代副総裁であった縁により、家の文書が國學院大學図書館に収蔵されることになった。二千四百六十一通に上る古文書群は、宮内庁書陵部蔵の九条家文書と並ぶ代表的な公家文書だとされている。

この文書は、大別して中世の家領文書、近世公家文書、当道座関係文書の三群に分けられるが、その中心を占める家領文書は千百通を超え、「中院流家領目録案」（鎌倉時代後期写）によれば、平安時代後期の中院流村上源氏の所領は二十八ヶ国七十一ヶ所に及んでおり、その多くは本家職が皇室にあり、久我家が領家職を所有したとされる。

さて、久我家文書については、横山晴夫氏による翻刻が『國學院雑誌』に昭和三十五年（一九六〇）～四十三年（一九六八）に掲載され、次いで昭和五十七年（一九八二）～六十二年（一九八七）まで足かけ六年をかけて、國學院大學創立百周年記念事業として小川信氏を中心に、続群書類従完成会から『久我家文書』（全五巻）が刊行されている。さらに重要文化財としての修復が完成したことを記念して、平成八年（一九九六）に京都国立博物館と東京国立博物館で、『中世の貴族　重要文化財久我家文書修復完成記念特別展観』が開催され、その図録が、写真をふんだんに収めて刊行されている。そして、その写真は、現在、國學院大學図書館のホームページでの公開もなされている。そうした事情を踏まえて、本書では、起請文、または起請詞を含む文書に限って参考のために選択し、その一部を収録することにした。ところで、中世に書かれる起請文は、通常、牛玉宝印を料紙とすることが多いことは言うまでもない。だが、久我家文書に見られる起請文等には、牛玉宝印が見られないようだということは、重要かもしれない。若き日の近衛前久が関東で戦う上杉謙信の元に行くことを誓って書いた永禄二年（一五五九）起請文は、血書でしかも牛玉宝印（熊野牛玉の一種の神蔵牛玉宝印）に書かれていることがよく知られるが（『国史大辞典』図版特集「牛玉宝印」）、寡聞にして、他の公家の起請文で牛玉宝印を用いた例を知らない。また、武家ではあるが将軍の足利義輝と義昭が上杉謙信に渡した起請文は、白紙に書かれている（上杉家文書）。

なお、近世の天皇・公家についてだが、彼らは時に起請文を書くが、それは白紙に書かれており、牛玉宝印には書かれていないという山口和夫氏からご教示いただいた事例は、久我家文書の起請文を考える上でも、私は重要で参考になると思う。(註2)

◆　◆　◆

起請文の研究史は、ここでは触れられない。ただ、スマホとシンポジウム全盛の時代だけど、少しは「本」を読もうよ、という意味もある企画だろうと思って、最近の三人の方の本、起請文に関するお仕事を紹介させていただく。一つは呉座勇一氏の『日本中世の領主一揆』（二〇一四、思文閣出版）、次に月井剛氏の『戦国期地域権力と起請文』（二〇一六、岩田選書）、そして大河内千恵氏の『近世起請文の研究』（二〇一四、吉川弘文館）だ。どれも、史料から出発し、先行研究を踏まえ、時に先行研究を批判して議論を進めている。起請文の持つ意味を再検討し、ここから、起請文研究が、また始まるのだろうと予感させてくれる。

折角本学は、山崎種二旧蔵文書を持ち、その中には鎌倉前期の古い書式の起請文が二通もあるのだが、ちょっとした事情で、これらを収められなかった。しかし、今までは研究者たちからほとんど顧みられなかった近世の起請文を、信念をもってたくさん収載し、分析を加えることができた。意味のある仕事になったと思う。

かつて私の書いた文章を、「近世にも起請文は生きている」と佐々木潤之介氏から批判されたことがあったのだが、ご存命なら、私を、少しは褒めてくれるかもしれないと思いたい。

【註】

（註1）中世の久我家については、小川信氏の愛弟子の岡野友彦氏の『中世久我家と久我家領荘園』（二〇〇二、続群書類従完成会）を参考文献として紹介しておきたい。

（註2）霊元天皇の寛文年間の例。（難波家旧蔵文書。山口和夫「天皇・院と公家集団」『歴史学研究』第七一六号、一九九八）

〔解説二〕

吉田神道関係近世文書

〈請求番号　貴―二二五七〉

大河内千恵

一、吉田文書の誓詞　その概要

國學院大學図書館には近世吉田神道の奥儀伝授や吉田家の家政に関する文書（吉田神道関係近世文書。以下吉田文書と呼ぶ）が約一〇〇〇点所蔵されている。[註1] それらは近年整理作業が始められたばかりで、全容はいまだ明らかではないが、神文や「誓」「誓約」などの文言を含む「誓詞」に関しては、おおむね調査が完了したと思われる。[註2] その成果を踏まえて、ここでは、従来論じられることがほとんどなかった吉田家の誓詞に関してその概要を述べ、いくつかの問題について論じてみたい。[註3]

現在確認しているところでは、吉田文書には三十八通の誓詞・誓詞の写が含まれている。差出人別の内訳は、大名・大名家臣が十七通、公家が十二通、吉田家家臣が六通、詳細不明が三通である。提出年次は、寛文八年（一六六八）から文久二年（一八六二）で、誓約内容は、能・和歌などの秘伝伝授（翁大事・和歌三神・八雲神詠）・神道行事に関する秘伝伝授（十八神道行事・宗源行事・大護摩行法・陰陽行儀など）・その他（秘伝書写・吉田家役職就任・吉田家役職遂行など）の三種類に大別できる。多くの芸能がそうであったように、吉田家でも秘伝の伝授に際しては、誓詞の提出を義務付けていたこと、また、家政においても、家臣や職人などが吉田家の様々な役を勤める際には、職務の遵守を誓う誓詞が出されていたことが確認できる。江戸時代、役職遵守の起請文を出すことは武家社会では一般的なことだったが、吉田家でも同じように誓詞を提出させていたことが確認できたことはきわめて興味深い。

誓詞の料紙はみな白紙一紙で、牛玉宝印などの護符に書かれたものは一通もなかった。また、三十八通すべてに署名はあるが、大名・大名家臣がすべて花押も据えているのに対し、公家はすべて据えていない。吉田家家臣は花押有りが四通、無しが二通である。

血判は三十八通すべてに据えられていないが、血判を連想させる朱色の指頭の判が捺された誓詞（六二三・六三二・六二八・六五一・六八五号）が五通含まれている。これらはすべて左右の指各一本の指先約二センチ前後に朱をつけて花押に重なるように二本並べて捺されており、一定の捺し方が存在していたことがうかがわれる。この朱の指頭の判は、他に例を見ない珍しい事例であるので、次項で改めて検討する。

このほか、署名・花押に加えて黒印を捺したもの（六五三号）、署名に黒印を押したもの（七五三号）、朱印を捺したもの（六三三号）、拇印を捺したもの（六三九号）がそれぞれ一通ずつ確認できた。

神文は、大名・大名家臣・公家の誓詞では以下のように六種類に分類できる。

a型「両神」「氏神」「照覧」を記すタイプ（六二三・六二四・六三二・六二八・六五一号）
b型「天神地祇」「罰」を記すタイプ（六二九・六二五・六二六・六三四号）
c型「氏神」「天神地祇」「罰」を記すタイプ（六四七・六五四・六四一・七八五・六五三号）
d型「祖神」「鍾愛」を記すタイプ（六五六・七八一・七八三・七八四号）
e型「天神地祇」「八百万神」「照覧」を記すタイプ（六三五・六三八・六三六・六四〇号）
その他（六二七・七九九・六三〇・七一一・六五〇・七八二・六五二号）

大名・大名家臣の神文はa・b・c・その他（六二七・七九九・六三〇号）の四型、公家の神文はd・e・その他（七一一・六五〇・七八二・六五二号）の三型である。このように、同文の神文が複数あり、型を分類できることから、誓詞を提出する場合、吉田家側から誓詞雛形が提供されたと考えられる。

大名・大名家臣の神文のうち、a型は「両神（イザナギ・イザナミ）」を勧請し、誓約内容に関して神の照覧を願う珍しい神文であるが、これは寛文八年（一六六八）から延宝三年（一六七五）に書かれた佐賀藩鍋島光茂（なべしまみつしげ）（寛永九年（一六三二）〜元禄十三年（一七〇〇））・綱茂（承応元年（一六五二）〜宝永三年（一七〇六））父子の神文に限定される。一方b・c・その他の神文は、すべて元禄五年（一六九二）以降に書かれており、なおかつこれらは一例を除き（七九九号）、「天神地祇」「氏神」「日本大小神祇」の三つの文言のどれかを単独もしくは複数用い、すべて「罰」を記すという、同文ではないもののとても似通った神文である。吉田家による誓詞雛形の提供は、現存誓詞中もっとも古い寛文八年（一六八八）の鍋島光茂誓詞をはじめとするa型の段階ではすでに行われていたものとみられるが、元禄五年（一六九二）までにはa型神文を使用した雛形は使用されなくなり、代わってb・c型神文が使用されていったと考えられる。

公家の神文は、d・e・その他の三型であるが、十二通のうち「罰を蒙る」を記しているのは二通（六五〇・六五二号）のみであり、公家は「罰」の文言を避ける傾向がある。

吉田家家臣の神文（五〇五・六八九・七五三・六八五・六九〇・六九一号）はすべて異なっている。神文以外の書式（花押の有無や文章の形式など）もさまざまで、家臣の誓詞は大名や公家とは違って個々の自由裁量によって書かれていた可能性がある。

二、朱で捺した二本の指の判（朱指判）

前項で述べたように、吉田文書には、朱で捺した指頭の判（仮に朱指判と呼ぶ）がみられる。指に墨をつけて捺す行為については、佐藤進一・石井良助・綾村宏各氏により、奈良時代から行われており、なおかつそれは署判者を証明するしるしとする、という発想に基づくものであったことが明らかになっている。[註4] しかし、いずれの事例も先端と指節に印をつけたり、墨をつける指も一本〜三本と同一ではなく、捺す位置も日付左下や署判の一部にかかるなど捺し方がばらばらで、一定の作法までは成立しておらず、事例としてもそう多くはなかったと考えられる。指で捺した判について現在明らかになっていることはおおむね以上であり、吉田文書に残る朱指判は、従来全く知られていなかったといってよいだろう。

朱指判の捺された五通（六二三・六三二・六二八・六五一・六八五号）は、寛文八年（一六六八）から延享元年（一七四四）の間に書かれており、このうち四通（六二三・六三二・六二八・六五一）は鍋島光茂・綱茂（つなしげ）父子の誓詞で、残り一通のみ（六八五号）垂加神道家で、のち吉田家の学頭に転じた松岡雄淵（まつおかゆうえん）（元禄十四年（一七〇一）〜天明三年（一七八三））の誓詞である。

鍋島光茂・綱茂父子の誓詞はいずれも能・和歌・神道の秘伝伝授に関する誓詞、松岡雄淵の誓詞は吉田家代々の記録・秘伝について口外しないことを誓ったものである。

光茂・綱茂父子、松岡雄淵の三人は現在確認できる範囲では、いずれも過去にこのような判を誓詞に捺した形跡はなく、朱指判は吉田家の判の作法の一つであった可能性がある。このことを裏付ける重要な史料があるので、以下にあげる。霊元天皇の議奏であった東園基量（ひがしぞのもとかず）の貞享三年（一六八六）十一月の日記（『基量卿記』）である（カッコ内は筆者による）。

（貞享三年十一月）十三日

一萩原・桑原近習一紙之義、申渡了、明日於柳原可書進由申付了、

十四日（中略）

一萩原・桑原一帋於柳原亭各列座、見血判、如去夏也、萩原依神職、
血判之義辞申、於吉田家以手形為誓由也、則以左右脂塗黒、押之、如
血判、此度此通、於桑原令血判了、(註5)

貞享三年（一六八六）十一月、霊元天皇は自分と皇太子（のちの東山天皇）への忠誠を誓わせるため、関白を始め議奏・近習の廷臣たちに血判起請文を提出させたが、右は共に近習であった吉田家分家萩原員従（はぎわらかずより）と桑原長義（くわばらながよし）が、武家伝奏柳原資廉（やなぎわらすけかど）邸で起請文を提出した際の記録である。員従は「神職」であることを理由に血判を拒み、「於吉田家以手形為誓」と述べている。そのうえで左右の指に墨を塗って血判のように捺した。指判の形状は不明だが、「以左右脂（＝指）塗黒、押之、如血判」とあるから、手形ではなく血判のように見える指の判であったと思われ、まさに吉田文書の朱指判に近いものだったことが予想される。「於吉田家以手形為誓」との作法が、いつごろ成立したのかはよくわからないが、員従の養父萩原兼従（かねより）は、血判の代わりに朱の手形を捺した起請文を残しており（後述）、少なくとも、萩原兼従の作法として血判の代わりに朱の手形を捺す行為があったことは確実で、兼従の作法が吉田家の作法として取り入れられていったと考えられる。そして、員従が「於吉田家以手形為誓」と述べたうえで指判を捺していることから、誓詞に手形を捺す作法はやがて朱指判を捺す作法へと変化していったと思われる。

手形が指判に変化していった理由については今のところ関連史料を見いだせず、想像の域を出ないが、実務的な理由から指判に代わっていったのではないかと考えている。すなわち、手のひら全体に墨をつけて捺す「手形」では、準備にも後始末にも時間がかかり過ぎるうえ、衣服や畳を汚す恐れもあり、実用的ではなかったと思われる。加えて、江戸時代に入ると武家社会では血判は程よい大きさが好まれるようになり、豊臣政権下でみられたような巨大な血判は見られなくなっていくが、(註6)こうした時代の趨勢から、手形ではなく血判の形状に近い指判が用いられていくようになったのではないかと考えている。

以上の検討から鍋島光茂・綱茂父子の誓詞に捺された朱指判は、吉田家からの指示で捺されたものであり、それは萩原兼従ゆかりの作法であったことが分かった。なお、後述するように、元禄五年（一六九二）までに吉田家では朱指判を用いなくなるが、延享元年（一七四四）に松岡雄淵が朱指判を据えた誓詞（六八五号）を提出している。その理由は明らかではないが、萩原家と親密な関係にあった雄淵が、兼従の遺徳を慕って朱指判を意図的に用いた、とも解釈できるのではないだろうか。(註7)

三、両神（イザナギ・イザナミ）を勧請した神文

萩原兼従は天正十八年（一五九〇）吉田兼治（かねはる）の長子として生れ、祖父兼見の養子となって萩原を称し、豊臣秀吉を祀る豊国社社務職となった人物である。元和元年（一六一五）豊臣氏の滅亡により職を失った後は吉田家の後見人となり、万治三年（一六六〇）八月十三日に死去するまで実質的に吉田家を支えていた。(註8)

兼従の朱の手形が捺された起請文は、熊本細川家家臣で能の家でもあった金春流中村家に代々伝えられてきたもので、寛永六年（一六二九）二月、中村少兵衛にあてて書かれた。(註9)起請文は二紙から成り、一紙目の白紙に翁大事の秘伝を口外しないこと、能に精進することなどが前書として記され、那智滝宝印を貼り継いだ二紙目に「伊弉諾伊弉冊(ママ)両神之御罰可罷蒙者也、仍起請文如件、寛永六巳歳二月吉日　萩原卜部□(兼カ)□（花押）」と記している。そして一紙目と二紙目の継ぎ目から二紙目にかけて、朱の両手形が捺されている。

この起請文では、朱の手形とともに神文に吉田文書神文a型と同じ「両神」が勧請されていることに注目したい。イザナギ・イザナミの両神を勧請する神文はほかにあまり例がなく、a型神文と兼従起請文の「両神」

が偶然一致したとは考えにくい。むしろ、朱指判同様、朱指判を据えた誓詞の神文（a型）もまた、兼従に由来すると考えるのが自然だろう。

つまり吉田家では、万治三年（一六六〇）に死去した萩原兼従ゆかりの誓詞書式（朱指判・「両神」勧請の神文）が、秘伝伝授の誓詞雛形として寛文八年（一六六八）から延宝三年（一六七五）まで使用されたことになり、われわれは誓詞書式を通して、江戸時代初期の吉田家における萩原兼従の存在感を具体的に知ることができるのである。

四、誓詞書式の改変

前項までの検討で、吉田家では江戸時代初期（延宝三年ごろ）まで秘伝伝授の誓詞雛形として萩原兼従ゆかりの書式を用いていたことを確認したが、この書式は元禄五年（一六九二）までには大きく改変されたようだ。それまで朱指判を据え、a型神文を書いていた鍋島光茂は、元禄五年（一六九二）吉田兼連宛誓詞写（六二七号）では花押のみを据え、神文には「日本之大小神祇、殊氏神罰可罷蒙、仍誓状如件」と記している。繰り返し述べているように、吉田家では秘伝伝授の誓詞には雛形があったと考えられるから、元禄五年（一六九二）の光茂誓詞書式の変化は、吉田家から示された誓詞雛形の書式改変を意味する。

なぜ誓詞書式が改変したのだろうか。考えられる理由のひとつとして、萩原兼従が死の直前まで後見人として支えていた、吉田家当主兼連の成長と自立があげられる。兼従死去時の万治三年（一六六〇）当時、兼連はわずか七歳であったが、寛文八年（一六六八）・十一年（一六七一）に教学・行法の返伝授を受け、元禄三年（一六九〇）には霊元院に中臣祓を講釈するほどに実力をつけ、名声が高まる。[註10] もはや吉田家では兼従の権威に頼る必要はなく、兼連による吉田神道を強調する意図をもって、新しい誓詞書式が選ばれたのではないだろうか。

まとめ

吉田文書の誓詞について検討を重ねてきたが、明らかになったことをまとめると次のとおりである。

①誓詞は現在三十八通が確認される。それらは大名・大名家臣・公家が和歌・能・神道秘伝の伝授を受ける際に提出した誓詞のほか、吉田家家臣や職人が吉田家の様々な役を勤める際に提出した誓詞も含まれる。

②秘伝伝授の誓詞は、基本的には吉田家から誓詞書式の雛形が提示され、提出者はそれに従って誓詞を作成したと考えられる。

③吉田文書誓詞のうち五通に左右の指各一本の上部約二センチほどの部分に朱を塗り、花押の上に重ねるように二本揃えて捺した判が確認できた。五通の判はみな同じ形状であることから、判としての作法が成立していたと考えられる。このような判について今まで報告例はなく、名称がないので、検討の都合上「朱指判」と仮に名付けた。

④朱指判の淵源は明らかではないが、吉田家分家の萩原兼従が血判の代わりとして朱の手形を捺した寛永六年（一六二九）の起請文が現存していること、「基量卿記」貞享三年（一六八六）十一月十四日条に、兼従の養嗣子員従が「於吉田家以手形為誓」と述べたうえで起請文に指判を捺したことが記されていることから、萩原兼従又は員従発案の判であった可能性がある。

⑤朱指判とともに使用された「両神」を勧請する神文もまた、萩原兼従が用いた神文をもとにしていると考えられ、吉田家では兼従の思想が反映した誓詞書式が延宝三年（一六七五）まで使用された。

⑥兼従ゆかりの朱指判と「両神」を勧請した神文を用いる誓詞書式は元禄五年（一六九二）までには使用されなくなる。これは、吉田家当主兼連が成長し、新しい誓詞書式を選んだ結果と考えられる。

【註】

（註1）堀越祐一「吉田家文書の概要について」（國學院大學校史・学術資産研究会報告レジュメ、二〇一三年九月十三日実施）。

（註2）この文書については、国学院大学大学院・千々和到ゼミの二〇一四年度演習で調査・読解がされ、いくつかの文書は翻刻と解説が『吉田神道の起請文』（平成二十七年度國學院大學大学院特定課題研究「護符及び起請文の歴史学的、美術史的研究」報告書）に収められている。本稿でも適宜これを参照した。なお、佐藤進一は『古文書学入門』（一九七一、法政大学出版局）で「ある事柄について偽りのない旨を宣誓し、つぎに、もし偽りがあれば神仏の罰を蒙るべきことの二点を記述」した文書を起請文と定義しておられる。筆者は大よそこの定義に従うが、吉田文書には、「ある事柄について偽りのない旨を宣誓」しているが、文中に「誓」の文言を含みながらも神文の無い文書や、宣命書の文書など、さまざまな形式があり、この起請文の定義に合わない文書が多く含まれる。そこで、本稿では「誓詞」という用語を主に用い、「誓詞」の要件は、神仏への誓いの文言があること、文中に「誓」などの文言が使われていること、の二点とした。

（註3）詳細は大河内千恵「吉田神道家と指判」（『国史学』二二〇号、二〇一六）で論じた。

（註4）佐藤進一『古文書学入門』（前掲）、石井良助『はん』（一九六四、学生社）、奈良国立博物館編『特別展　東大寺文書の世界』一三五–六頁（展覧会図録、一九九九、奈良国立博物館編）。

（註5）「基量卿記」（東京大学史料編纂所架蔵謄写本）

（註6）血量が少ない血判が好まれていくことを表す事例の一つに、延享二年（一七四五）ごろから江戸幕府に提出される起請文血判の血をつける位置が花押の丸の中、と定まっていくことをあげたい。花押の丸の中に血判を収めるには、付ける血はごく少量でなくてはならない。つまり、これはごく少量の血で血判を据えることを意味する。血判の血をつける位置が定まっていく経過については大河内千恵『近世起請文の研究』（二〇一四、吉川弘文館）第Ⅰ部第二章参照。

（註7）吉崎久「松岡忠良の門人簿―京都大学蔵『渾成堂門人名簿』」（『神道史研究』二一巻六号、一九七三）に引用されている松岡家の記録『年中雑録』には、天明三年（一七八三）十一月十三日に雄淵が亡くなった際、葬儀には萩原家の使者ばかりではなく、当主員領も参列し、雄淵の霊号は員領の父兼武によって記された旨が記録されており、雄淵と萩原家との親交の深さが察せられる。

（註8）『国史大辞典十一巻』（一九九〇、吉川弘文館）「はぎわらかねより」項。

（註9）寛永六年二月吉日萩原起請文（中村家文書四二号）。現在中村家文書は熊本市指定有形文化財となっている。熟覧をお許しくださったご当主中村勝氏に心からお礼を申し上げます。

（註10）元禄三年（一六九〇）十一月二十一日（「基量卿記」東京大学史料編纂所架蔵謄写本）

那智参詣曼荼羅　巻子本・掛幅本

巻子本1

巻子本2

巻子本3

巻子本4

巻子本5

巻子本6

巻子本7

巻子本8

巻子本9

巻子本10

那智参詣曼荼羅

巻子本11

巻子本12

那智参詣曼荼羅

巻子本13

巻子本14

巻子本15

那智参詣曼荼羅

巻子本16

掛幅本 1

掛幅本 2

復元図場面①

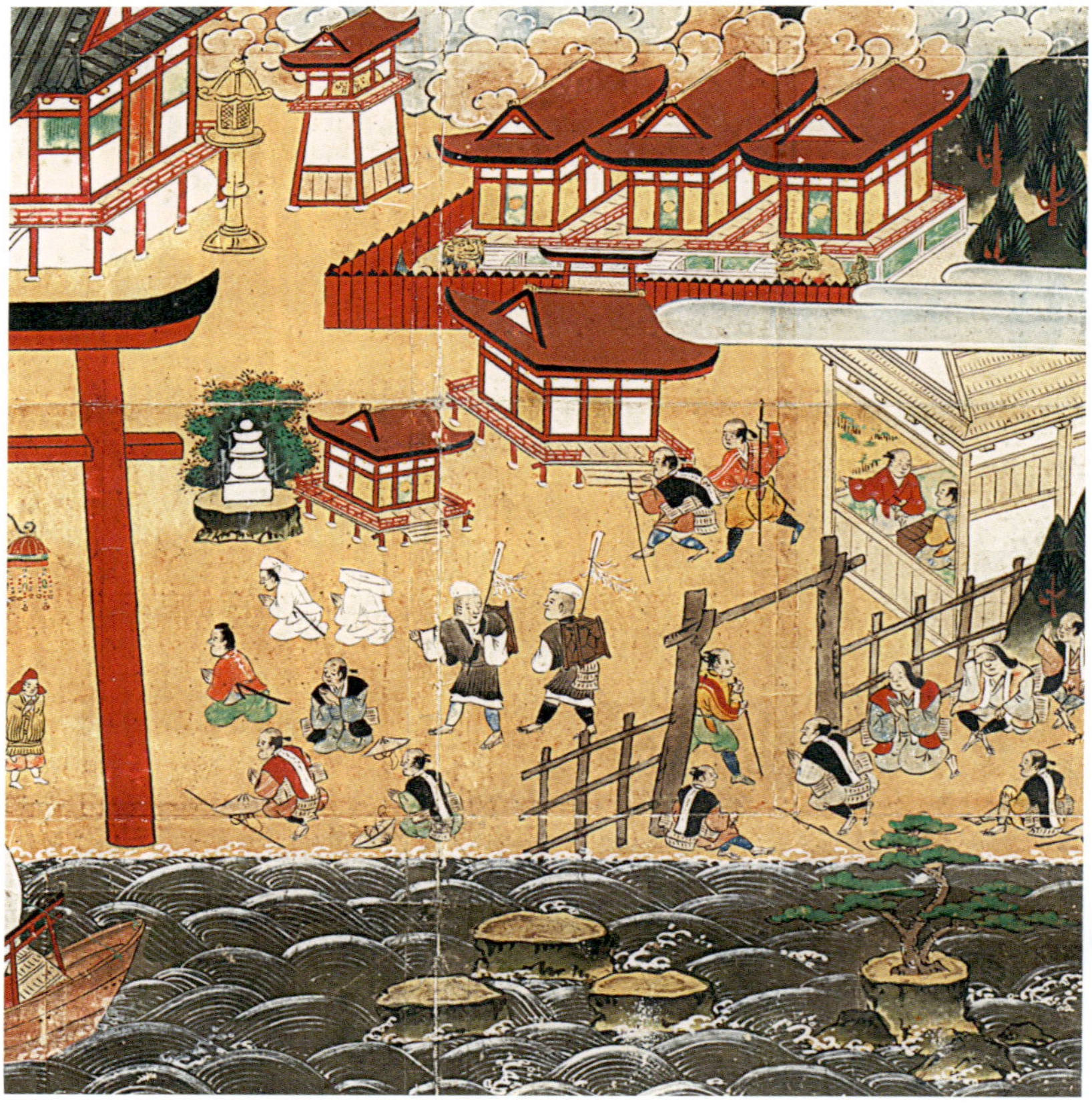

掛幅本場面①

復元図場面②

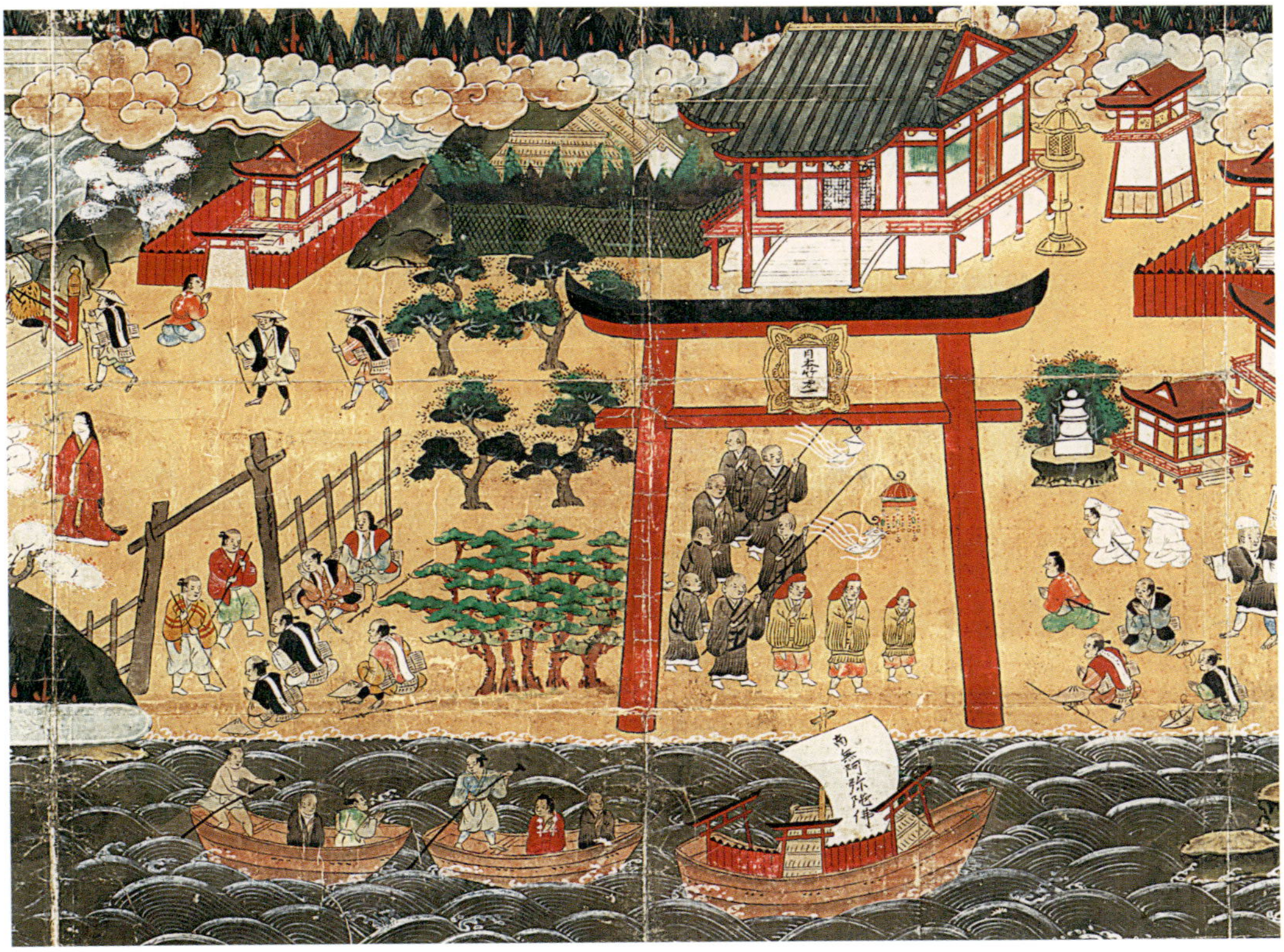

掛幅本場面②

復元図場面③

掛幅本場面③

復元図場面④

掛幅本場面④

復元図場面⑤

掛幅本場面⑤

復元図場面⑥

掛幅本場面⑥

復元図場面⑦

掛幅本場面⑦

復元図場面⑧

掛幅本場面⑧

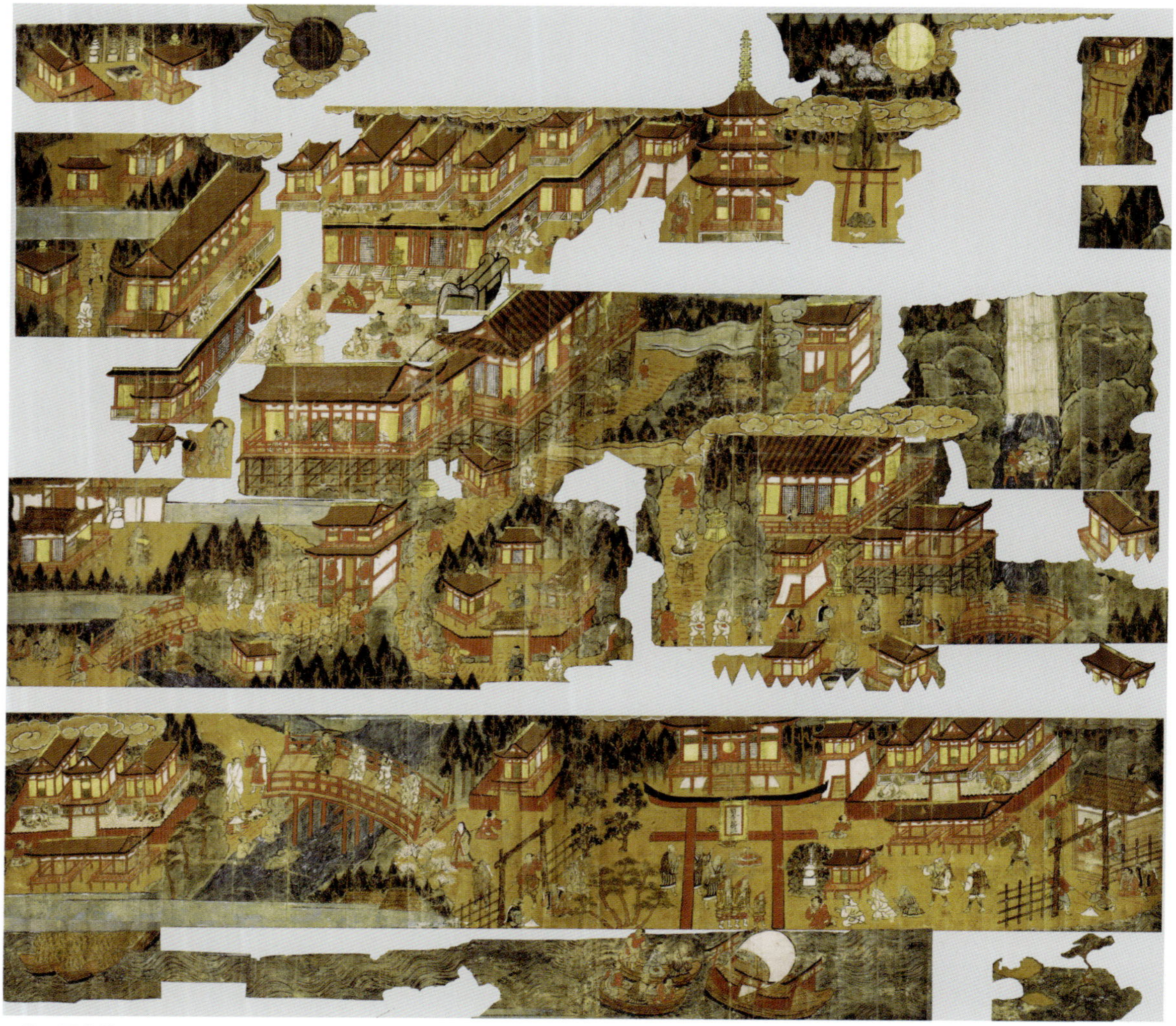

復元図全体

〔解説三〕

那智参詣曼荼羅

巻子本　紙本著色　三二・五×七八三・四糎
掛幅本　紙本著色　一五三・二×一五九・四糎

吉田敏弘

一、那智参詣曼荼羅

「参詣曼荼羅（さんけいまんだら）」とは、中世末~近世初期の寺社霊場の堂舎伽藍や境内社殿の景観、そこへ至る参詣道中の主要な名所旧跡などを、多数の人物図像を交えて大画面の画幅に描いた一群の絵図を指す用語である。[註1]そこには、各寺社霊場の縁起や仏事神事、参詣道中の様々な情景が描画されており、見る者に参詣行動を仮想体験させる効果をもっている。多くの場合、画面上部には、描出された空間が完結した宗教的小宇宙であることを象徴する日輪・月輪が描かれ、礼拝画としての側面も兼ね備えていた。

しかし礼拝画とはいっても、中世初期以来の作成系譜をもつ「宮曼荼羅（みやまんだら）」や「垂迹曼荼羅（すいじゃくまんだら）」などにみられる宗教的・神秘的な象徴性とは全く趣を異にし、「参詣曼荼羅」はより大衆的・現世的な具体性を特色としていた。それは、「参詣曼荼羅」が民衆に向けて神仏への信仰と喜捨を勧め、参詣に誘う目的で作成・利用されたことを示唆している。安価な紙と泥絵具を用いて描画され、傷みを考慮することなく折畳まれて保管された「参詣曼荼羅」は、丁重に扱われる絵画作品というよりも、日常的な利用に供される「絵図」のカテゴリーに属する作品であった。

当時、寺社修造のための勧化活動を担ったのは、諸国を行脚する山伏や比丘尼たちであったが、とりわけ熊野比丘尼の活動として民衆に広く知られていたのが「絵解き」であった。多くの絵画作品などにも描かれているように、[註2]熊野比丘尼は「観心十界図（かんじんじゅっかいず）」を用いて、人の一生ののちに来るべき死後の世界、亡者の世界を説き、とりわけ地獄界・餓鬼界・畜生界に堕ちることへの恐怖心に訴えかけて、民衆に信仰を促したという。この「観心十界図」と「参詣曼荼羅」が一対のものとして伝存した事例が示すように、[註3]「参詣曼荼羅」もまた比丘尼や山伏の勧化活動の携行品であり、民衆を寺社参詣に誘う絵解きの具として活用された可能性が高い。

近年の諸研究によって、「参詣曼荼羅」と本願との深い関わりが明らかにされてきた。[註4]寺社諸施設の修造を本務として、多数の山伏や比丘尼を統括していた本願所は、十六世紀半ばには勢力を大きく拡大し、境内周辺に本願寺院を構え、寺家や社家と肩を並べるような存在に成長していた。[註5]「参詣曼荼羅」に描かれた霊場空間には、本願所や彼らの活動の一端がさりげなく埋め込まれており、縁起や行事にも深くかかわっていた当時の本願所・本願寺院の役割の大きさをうかがわせる。

こうした研究成果をふまえ、本願所・本願寺院は、山伏や比丘尼に「参詣曼荼羅」を提供しただけでなく、自らその作成を企画・発注した主体であると考えられるようになった。[註6]「参詣曼荼羅」における建築物や各種施設に関する豊富な知識・情報は、その修造を本務とする本願所ならではのものであった。

十七世紀には寺社内の一大勢力に成長した本願所であったが、十八世紀になると、江戸幕府の庇護を受けた社家や寺家の支配下に入るようになり、独自の経済活動を展開することが困難となった。本願所との繋がりもやがては途絶え、地方に定着する山伏や比丘尼も少なくなかった。こうした状況の中で、もはや「参詣曼荼羅」は再生産されることもなくなり、しだいにその役割を終息させていったのである。この意味で、「参詣曼荼羅」は寺社史における「本願の時代」を象徴する遺品といえよう。

「参詣曼荼羅」の遺品としては、伊勢神宮や富士山本宮大社など全国各地に勧進活動を展開した著名寺社のほか、西国三十三カ所札所を描く「参詣曼荼羅」も数多く伝存している。熊野三山の一として、また落差日本一の那智瀧で世上名高い霊場那智山を描いた「那智参詣曼荼羅」は、その代表例であるとともに、いささか特異な存在であるといえるかもしれない。大半の寺社の「参詣曼荼羅」が一～数点のみ現存するのに対し、那智のそれは現在確認されているだけでも三十数点と、他に例をみない多数の作品が残されている。西国巡礼一番札所如意輪堂（青岸渡寺）を擁することとあいまって、熊野比丘尼や山伏による全国的な勧化活動の広範な展開が、「那智参詣曼荼羅」の大量生産を促した要因とみられる。

その最古の遺品の一つとみなされる闘鶏神社本（和歌山県田辺市）の裏書写には、慶長元年修理の旨が明記されており、作成が十六世紀中葉まで遡りうることは確実である。その他の諸本はこれより遅く、十七世紀の作成と推定される事例も少なくない。しかし、作成時期や絵師の技量に由来する多少の相違が含まれているとはいえ、これらの作品がすべて同一の構図と内容をもち、高い画一性を保持しているのは、強力な粉本と継続的な製作体制の存在によるものである。地方における熊野勧化活動の拠点、熊野比丘尼や山伏が定着した寺や旧家に多数伝存してきたことも、「那智参詣曼荼羅」の普及と実用的性格を物語る事実であろう。

十六世紀末の那智山には、熊野九本願中の七つ、御前庵主、瀧庵主、那智阿弥、春禅坊、行屋坊、浜の宮補陀洛山寺、妙法山阿弥陀寺の七本願寺院が存在していた。このうち前五カ寺が那智山内に所在し、それぞれ修造を担当する施設・建物が分担されていたという。[註7] そこに描かれた縁起や伝説、歴史的景観はもとより、那智七本願の歴史をたどるうえでも、「那智参詣曼荼羅」は格好の研究資料としてかけがえのない価値をもっている。

二、國學院大學図書館所蔵の「那智参詣曼荼羅」

國學院大學図書館所蔵の「那智参詣曼荼羅」は掛幅本一点と巻子本一点の計二点であり（以下、特に断らない限り、これらを「掛幅本」、「巻子本」[註8]と略記する）、いずれも購入資料であるため、伝来は明らかではない。

「掛幅本」は紙本著色、現在軸装であるが、他の「那智参詣曼荼羅」諸本と同様に、かつて折畳まれて保管されていた痕跡が明瞭に残る。サイズもまた、約一五〇センチ四方を標準とする「那智参詣曼荼羅」一般と同等である。「掛幅本」は絵が丁寧かつ明瞭で保存状態も良く、細部の観察には適している。

他方「巻子本」は大変珍しい巻子体裁の作品であり、同種の「那智参詣曼荼羅」は他にホノルル美術館本が知られるのみである。[註9]

「巻子本」を収める木箱には「熊野縁起絵巻」の表題が記されているが、その内容は、「那智参詣曼荼羅」に登場する様々な場面を横長に配列したもので、絵巻とはいえ、詞書も付属しない。しかも、「巻子本」の画面を子細に観察すると、随所に料紙の細かな切断と接合の痕跡が認められ、元来の掛幅を巻子の体裁に再構成したものと判断できる。なお、この点はホノルル美術館本も同様で、やはり掛幅を自由に切断して巻子に仕立て直したものとされるが、場面の切り分け方や配列は異なり、巻子への再構成に定型はなかったようだ。

「巻子本」における料紙の切断・接合は決して単純ではなく、個々の建物や人物の単位で切り分け、場所を移動させている例も認められる。切断によって空白となった個所には雲烟・素槍霞・樹林・岩場などの背景図像を埋め草に用い、全体の雰囲気を整えている。さらに、随所に加筆・補筆の痕跡も検出され、編集作業は微細にわたっている。それらは肉眼観察だけでは判断できない箇所も多く、今後の詳細な調査に俟つところが大きい。

「那智参詣曼荼羅」諸本の系統分類を試みた諸研究[註10]は、いずれもこの「巻子本」の絵相が闘鶏神社本を含む初期（十六世紀後半）の作例に属することを明らかにしている。これに対し「掛幅本」は、初期の絵相からいくつかの特徴的な変化が反映された後期（十七世紀前半カ）の作例に含まれている。頬骨が出たたくましい男性の面貌や、爪先立ちをするような歩行者の姿勢など、「巻子本」に含まれる絵相の特徴は、下坂守氏[註11]による工房分類中の工房Ⅰに相当し、闘鶏神社本と同様に、数ある「参詣曼荼羅」の中でも早い時期の作例とみなしてよいだろう。[註12]

本書の刊行にあたり、「巻子本」の高画質写真画像ファイルを加工して、その原本となったオリジナルの大画面本（以下、「巻子原本」と略称）を新たに復元した（四一六ページ）。ただし、ここには「巻子本」調製時点での加筆もそのまま反映され、「巻子原本」にないはずの図像も含まれている場合がある。主要図像・場面の構成に関しては、闘鶏神社本に準拠して配置を試みたが、その結果、「巻子原本」が闘鶏神社本と極めて近似する内容をもつことを再確認するに至った。

部分写真①～⑧では、この「巻子原本」復元画像と「掛幅本」の同じ場面を並べ、比較対照できるように配列している。以下では、①～⑧にほぼ対応する八つの場面ごとに、描かれた景観・情報を概観し、「巻子原本」・「掛幅本」の表現の違いを点検する。なお、文中に示す（1）～（77）の数字は図1・2の図中に示す番号に対応するものである。また、描かれた建物施設の名称に関しては、主として山本殖生氏の復元・比定を参照した。[註13]

三、各場面の構成と特色

【場面①　浜の宮と海上の小島】

画面右下端の浜の宮関（9）が熊野新宮方面からの参詣道中の起点となる。この関所は濁川関（にごりがわのせき）とも呼ばれ、参詣者から百文ずつ「寛文ヨリ六十年以前マデ」取っていたというから、[註14]絵の情景は明らかに十六世紀にさかのぼるものである。道を塞ぐ木戸を越えると右脇に関所小屋（10）があり、二人の役人が着座対面する。「巻子本」ではこの小屋の棟木の上に一羽の鶏を描くが、これは他に例を見ない。

関を通過すると浜宮三所権現（浜の宮王子）の拝殿（11）と本殿（12）で、本殿の瑞垣内を白砂敷に描く点は、闘鶏神社本とは異なる「巻子本」の特徴である。拝殿は「巻子本」では割拝殿だが、「掛幅本」ではその特徴は失われ、さらに本殿と異なる向きで描かれたため、拝殿とは見えない。関所周辺に、二人の六十六部廻国聖を描くのは定型。小屋脇で巡礼者を捕らえようとする木戸番のモチーフは、「掛幅本」をはじめ後期の作品に採用されているが、「巻子本」や闘鶏神社本にはみられない演出である。

浜から海に目を移すと、一本の松が生えた山成島（やまなりじま）（1）と三つの岩礁が浮かぶ。三つの岩礁は補陀落（ふだらく）渡海船に因む名称があり、渡海船の帆を立てた帆立島（ほたてじま）（4）、曳舟の綱を切った綱切島（つなきりじま）（2）、渡海を嫌がる金光坊（きんこうぼう）を海に沈めた金光坊島（3）である。山成島の松は、那智浜から入水した平維盛（これもり）が自らの銘跡を書き付けたという『平家物語』の逸話に因むもの。なお、「巻子本」では、金光坊島に船を見送るような一人の人物図像が描かれているが、これは「巻子本」での追加図像と判断できる。

なお、海を表す波の表現をみると、「巻子本」は自由な流線型の波形を重ねた表現であるのに対し、「掛幅本」では整った青海波（せいがいは）文様の繰り返しによる表現となっている。この違いは、「那智参詣曼荼羅」諸本の分類における基本的指標の一つとされている。

【場面②　補陀洛山寺と補陀落渡海】

浜宮三所権現の左は補陀洛山寺の境内となり、鐘楼（15）、千手堂（16）が並ぶ。「巻子本」での千手堂は、浜の大鳥居（17）と軸線（画面上方の三重塔に至る）を合わせた正面観の威容を示すが、「掛幅本」では斜方

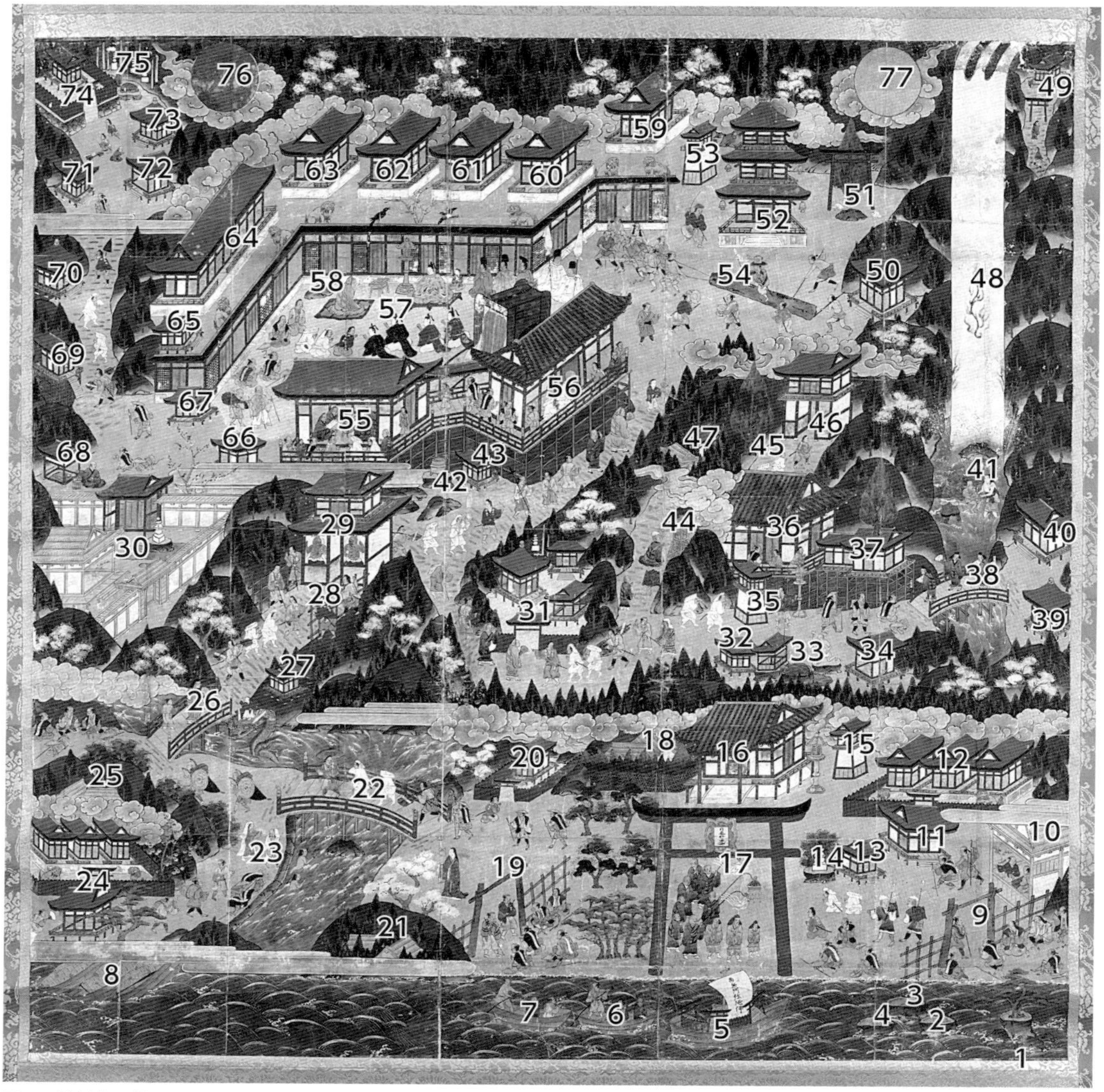

図１　掛幅本に描かれた景観と場所（番号は本文と対応）

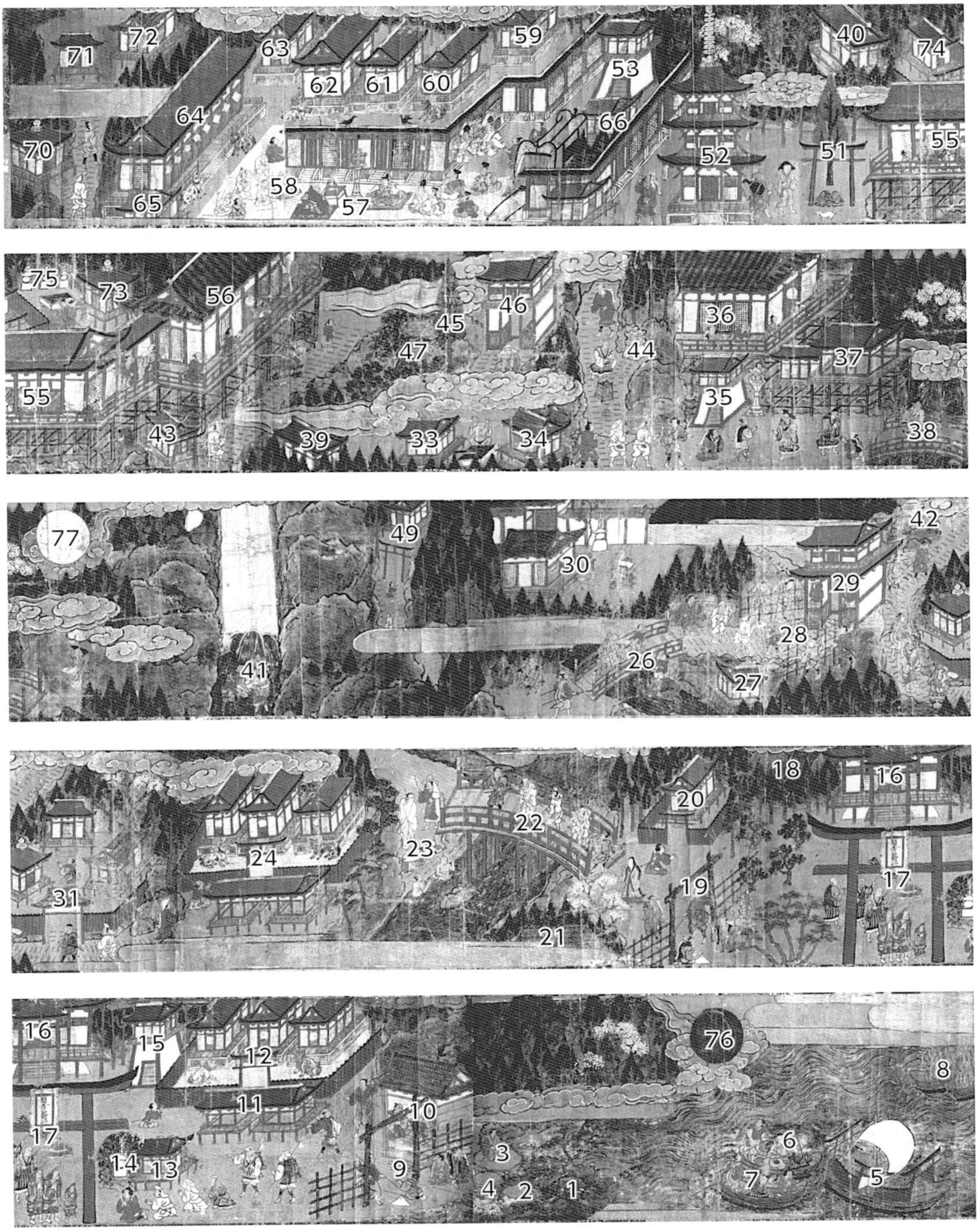

図２　巻子本に描かれた景観と場所（番号は本文と対応）
なお、本図は巻子本を５分割し、巻頭から巻末を下から上への順に並べている。

観に代わり、同右脇に燈籠一基が添えられた。

補陀洛山寺は、享禄年間までに本願寺院となり、比丘尼・山伏統括の一拠点となった。千手堂左脇にみえる二棟の草葺屋根（18）は、この本願寺院の房舎を表す図像かもしれない。開基と伝えられる智定房以来、この浜から出ることで知られた補陀落渡海の描写は、「那智参詣曼荼羅」中の重要場面の一つとなっている。

海に向いて「日本第一」の文字額が掛かる大鳥居の下には、赤い頭巾をかぶる補陀落渡海僧三名とそれを見送る葬列僧の姿が描かれる。海上には四方鳥居建で「南無阿弥陀仏」の帆を張る補陀落渡海船一艘（5）と、二艘の随行船（6・7）が右方向に進む。随行船は本来曳舟で、渡海船の前方に位置するが、「那智参詣曼荼羅」では渡海船の後ろに描かれるのが定型である。

三名の渡海僧のうち、右の一人の体形が小さく描かれていることから、先の山成島の図像と同様、これを『平家物語』平維盛と兵衛入道重景・石童丸一行の入水の場面と解する説が有力である。この解釈に従えば、鳥居右脇に地蔵堂（13）と並んで立つ五輪塔（14）を維盛供養塔に比定することも可能であろう。また葬列の僧の数が「巻子本」三名、闘鶏神社本四名であるのは、両本の違いの一つ。さらに「掛幅本」では七名に増加する。

【場面③　二ノ瀬橋から大門へ】

海はさらに左へ、那智川河口の俵船（8）に象徴される天満湊へ続き、陸側には天神社（24）が描かれる。新宮方面から陸路での起点となる浜の宮関に対し、天満湊は海路によるもう一つの参詣道の起点であった。とりわけ俵船は富を象徴するとともに、本願の別称である「穀屋」の含意とも解される。

一方、参詣道は補陀洛山寺を過ぎて、ただちに次の関所（19）に到る。地名から推測して、この関所を川関ないし井関に比定する説が一般的だが、詳細は明らかでない。さらに那智川を溯り、市野々王子社（20）を右に見て、二ノ瀬橋（22）で那智川を渡る。図中では、補陀洛山寺から二ノ瀬橋間、約五キロメートルの道法が大幅に短縮されているが、関連する場や施設、名所のみを次々と連ねてゆく手法は「参詣曼荼羅」特有の空間表現である。

図中では短いこの区間だが、沿道の参詣者たちの図像とは趣を異にし、満開の桜の木の前にたたずむ一人の貴女の図像が彩を添えている。この貴女は一般に、月の障でも熊野権現より参詣を許されたという伝承の主、和泉式部と解され、二ノ瀬橋の手前で入山を躊躇する風情が示されているようだ。二ノ瀬橋は別名「禊橋」と呼ばれ、図中においても、これを渡った参詣者たちが、この河原で水垢離をとり、巫女のお祓いを受ける、という禊の場面（23）を詳しく描いている。なお、貴女図像の前面に、木立に囲まれた草葺屋根が二軒姿を見せている（21）。

ところで、「巻子本」は禊の場面の下、那智川右岸沿いに松林を伴う岩場を描き、天満湊と空間を分離させている。他方、「掛幅本」ではこの位置に米俵を担って登りくる一行の姿が描かれ、俵船から米俵が山上の本願・穀屋のもとへ搬送される様子を表現しているようだ。この表現の違いもまた諸本分類の指標の一つであり、明らかに「巻子本」が古様を示している。この部分は実際の交通状況の変化が反映されている可能性もあり、今後の検討に俟ちたい。

禊の場面を過ぎて、参詣道には、「掛幅本」にみえるように高野聖の二人連れの姿を描くのが定型であるが、「巻子本」にはこれが欠けている。ただし、「巻子本」の該当箇所には料紙切断の痕跡が認められ、「巻子原本」には定型通り高野聖が描かれていた可能性が高い。ちょうど料紙の切断線にかかっていたため、傍らの草葺屋根（25）とともに切り取られ、「巻子本」の他の場面に再配置されることはなかったのだろう。

ここで参詣道は右上に方向を変え、一ノ瀬川（振カ瀬川）に架かる振カ瀬橋（26）に至る。この振カ瀬橋では、一ノ瀬川から出現した「龍に乗る童子」が橋上の香衣を着した高僧と対峙している場面が目を引く。縁起ないし伝承に基づく図像であろうが、その詳細は明らかでない。龍に乗る童子は那智大瀧の龍神の化身とされ、これと対峙する高僧のもつ扇は、ここで龍神の神霊を受けたのち、童子に伴われて参詣道を本殿まで登り、西御前に祀られる。図中におけるこの扇の一連の流れを、那智の火祭りにおける扇褒めの神事と関連させる解釈もある。[註15] 振カ瀬橋上の人物構成では、諸本に違いが認められる。「巻子本」は僧侶と先導する稚児、「掛幅本」は僧侶と後に従者を描く。闘鶏神社本は僧侶一人のみで、この点は「巻子本」と闘鶏神社本の重要な違いのひとつである。

振カ瀬橋を渡ると直ちに大門坂の坂道（道路に段切様の短い横線を施す）となる。右手に見える祠は多富気王子社（27）、さらに進むと十一文関（28）を経て、両脇に仁王像が立つ大門（29）に至る。参詣道は大門を過ぎて二股に分かれ、右上に直進すると本殿方面、大門から右下に向かうルートは瀧本に至る道中となる。

なお、大門の左の山稜を越えて描かれる門構えの大きな建物は、那智山の本願寺院の一つ、御前庵主（30）に比定されている。本殿の目前に位置する御前庵主は、当時の那智七本願を代表する本願所であった。「掛幅本」はじめ諸本では御前庵主表門を描くのが定型だが、「巻子本」は、「巻子原本」には描かれていたはずの表門・表塀を黄土色絵具で消し去り、その上に扇をもつ僧侶の図像を配置したものと思われる。

【場面④　奥の院と参詣道】

大門で参詣道は二股に分かれている。まず大門からまっすぐ右上に坂を上る参道に目を向けると、参道左脇に湯立の祓に用いられたといわれる大きな湯釜（42）があり、その傍らの祠は児宮（43）に比定される。参道の上部には、稚児に先導される僧侶を描くのが定型で、先の振カ瀬橋の童子と僧侶に擬せられることもある。「巻子本」、「掛幅本」ともに定型に倣うが、「巻子本」の僧侶図像は周辺に切断跡が見え、他から移動された可能性も残る。

大門に戻り、右下に向かう道をとると、三つの堂舎が朱の瑞垣に囲まれた境内地、奥の院（31）に出る。「巻子本」では三つの堂舎の中央に左を向いて合掌する参詣者一名を描くが、「掛幅本」では参詣者の姿に代えて、左奥に五輪塔や卒塔婆を描く。ここが死者の供養の場であったことを示す情報の追加であり、後期諸本に共通する特徴である。

奥の院の門前に描かれた人物図像でも、僧侶の位置と数に特徴がある。「巻子本」では門の左脇に香衣一名、「掛幅本」は同じ位置に二名で前が香衣となる。なお、闘鶏神社本ではこの位置ではなく、奥の院右の参詣道分岐点（目立つ大杉付近）に二名の僧侶（前の一名は香衣）を描く。「巻子本」ではこの位置に合掌する参詣者一名を補筆しているが、元来は二名の僧侶の図像が存在した可能性が高く、巻子作成時に切断され他の場所へ移動されたものと思われる。上述の御前庵主の僧侶、および如意輪堂右参道の僧侶であった可能性を指摘しておきたい。

奥の院の右手でさらに道は二股に分かれ、右へ直進すると那智瀧方面へ、画面上方への坂を上ると本殿方面へ至る。後者では、金経門鉄塔（44）に納経する六十六部廻国聖の図像が定型となっている。金経門は中世には著名な埋経所で、史跡那智経塚に指定されている地区である。ここから雲烟を挟んでさらに高みに登ると伏拝門（46）。傍らに立つ杉の巨木は千貫杉（45）で、社殿造営に多大な貢献があったと伝えられる千貫比丘尼に因む名木とされている。

なお、千貫杉の左側に木立に囲まれた二棟の屋根が見えるが、那智阿弥と瀧庵主に比定されている。いずれも那智七本願中の有力本願寺院であった。なお、「掛幅本」ではこのうち右側の建物が檜皮葺の朱塗柱で、房舎ではなく、堂舎としての表現に代わっている。

【場面⑤　瀧本と那智瀧】

奥の院右の分岐点より右側の一帯が瀧本で、最も大きな建物は瀧本千手堂（36）、その右傍には屋根の上に生貫杉がそびえる飛瀧権現拝殿（37）が位置する。いずれも舞台造り建築で、とりわけ生貫杉の生命力は見る者を圧倒する。千手堂の前には鐘楼（35）と大燈籠、参詣道を挟んで前面の閼伽井（33）では水垢離をとる修行者の姿が定型である。閼伽井の右には瀧本護摩堂（34）、左には地蔵堂（32）だが、後者を描くのは後期諸本の特徴で、「巻子本」などにはみえない。

瀧本護摩堂の右には、瀧壺をまたいで霊光橋（38）が架かり、対岸もまた別所と呼ばれる行場であった。諸本ではここにも二棟の堂舎（39・40）を描いている。

その別所から独特の八咫烏帽を被った瀧衆が、霊光橋を渡る姿が描かれる。その瀧衆が手にする文字の書かれた紙は牛玉宝印で、瀧衆による牛玉宝印調整神事を象徴する場面と解釈されている。[註16]「那智瀧宝印」の由来を示す重要な場面だが、瀧衆の人数や位置には諸本で細かな違いが存在する。基本となる闘鶏神社本では、別所に一名、霊光橋上に二名、飛瀧権現前に一名を配置し、別所にて調整した牛玉宝印を飛龍権現前で参詣者に授与する、という場面設定が想定される。「掛幅本」では橋上に三名を描くのみで、別所から飛龍権現前へ、という動きが曖昧となっている。「巻子本」の橋上一名という配置は他に例を見ないが、ここにも巻子編集段階での作為が想定され、「巻子原本」は闘鶏神社本と同じ配置であった可能性が高い。

霊光橋の上部には那智大瀧が、「掛幅本」にみるように、画面の上半分を超える高さで流れ落ち、所々に飛沫を上げるさまが鮮やかな胡粉の白で表現される。瀧の中程の火炎図像（48）が不動明王を暗示し、その下に文覚瀧（41）の場面、すなわち、瀧修行で絶命寸前の文覚上人を制多迦童子・金伽羅童子が救命する、という『平家物語』の一節を描くのが定型である。「巻子本」では画面の高さ（料紙幅）の制約から、文覚瀧より上部は削除された。文覚瀧の上部にあったはずの火炎図像の一部は擦り消された痕跡が残る。

【場面⑥　三重塔と田楽場】

画面右上隅、三筋に分かれた瀧頂部の右に描かれた鳥居を伴う社殿（49）は、山上堂ないし花山法皇庵室跡とみなされている。瀧の上部をすべて削除した「巻子本」だが、瀧の右側の山道と山上の社殿は文覚瀧の右側に下方移動させて活かしている。「掛幅本」はここをめざして登る人物に瀧衆を交えることで、瀧上にも行場が存在することを暗示する。

日輪（77）を挟んで、左には「ふり石」と呼ばれる聖石と神聖な杉（大黒杉）の巨木を祀る鳥居（51）があり、ここに白鼠の図像を添えるのが定型である。その左には三重塔（52）が正面観で描かれ、さらに鐘楼（53）が続く。

これらの前面の広場は田楽場（54）となっており、御木曳 釿始の儀式がにぎやかに繰り広げられている。釿始とは、年篭に全国から奉加を持参して那智に戻った山伏や比丘尼たちが、正月十一日に新年の修造行事の開始を祝って実施した本願の行事であり、那智では拝殿において御前庵主が勤めることになっていた。[註17]諸本では拝殿ではなく三重塔前の広場で、釿始に代えて御木曳の場面を描くのが定型であったが、これは「参詣曼荼羅」を絵解きしたであろう本願たちの自己表現の場面であったと解される。しかし、「巻子本」はこの場面をすべて削除しており、「巻子原本」の表現を知ることはできない。

「掛幅本」はじめ諸本で田楽場の右に描かれた宝形造の堂（50）は尊勝堂に比定されるが、「巻子本」は田楽場とともにこの堂も削除したようだ。

【場面⑦　本殿斎庭周辺】

場面⑥の左が那智山の中心、那智大社・如意輪堂（青岸渡寺）の境内である。まず景観構成から述べておくと、斎庭（57）の下辺を画する大きな建物が拝殿（55）、これとつながり右上に延びる瓦葺屋根が青岸渡寺本堂の如意輪堂（56）である。斎庭の左上隅には、神武天皇を橿原へ送り届けた八咫烏がこの地に戻り石になったという伝説をもつ「烏石」（58）があり、これに対応するように、透塀の上には二羽の烏が描かれている。複雑に折れ曲がった透塀の内側に進むと、正面には五つの本殿が並び、右から瀧宮（59）、証誠殿（60）、中御前（61）、本社西御前（62）、若一王子社（63）と続く。その左下、斎庭方向を向いた長い社殿は八社宮（64）、次いで八百万の神を祀るという満山護法社（65）である。

院政期を中心に法皇・上皇の熊野詣が相次いだことは著名だが、斎庭はそうした貴人の御幸の場面であり、右端に牛車とその御者を描くことで貴人の地位を暗示する。闘鶏神社本裏書（慶長元年）が花山院の那智瀧千日参籠に言及していること、西国巡礼も花山院を創始者とする伝承が存在することなどから、貴人を花山院と解する見解が一般的である。対面する高僧は、この場面のみに登場する緋衣に描くのが定型で、白河院御幸の大先達を務めた園城寺僧誉とみる説も有力だが、「掛幅本」では同図に複数登場する香衣に描き、社僧最長老の一臈などを想起させる。

さらに、貴人の右側には随行した近臣、左側には一般の道者・巡礼者が描かれる。これらの人物図像の人数や衣装などは諸本によって細かな違いがあるが、基本構成は共通する。「巻子本」は斎庭自体が切断・接合により横長に再構成されており、オリジナルの状況を正しく再現できないが、復元図のように移動させると闘鶏神社本に近似することが確認できる。他方、「掛幅本」をはじめとする後期諸本は、近臣たちを衣冠の正装で描くという特徴がある。

斎庭を左下へ御前庵主方面に出ると、行者堂（66）、護摩堂（67）があり、このあたりに琵琶法師の図像が描かれるのも定型であった。

【場面⑧　妙法山】

参詣道は那智大社境内から、画面左上部の女人高野・妙法山へ向かう。護摩堂左の閼伽井（68）では、水を汲む僧の姿が定型だが、「掛幅本」はここに座して水を飲む参詣者の姿を添えている。その上には、御前庵主が牛玉宝印を扱ったという大黒堂（69）、そして如法道場（70）と続くが、この辺りまではまだ境内の周辺である。なお、「巻子本」では閼伽井と大黒堂が削除された。

ここから山道となり、およそ五十町の道程で、那智七本願のひとつに数えられた妙法山阿弥陀寺境内にたどり着く。境内左下は阿弥陀堂（71）、右下は拝殿（72）で、次の宝形造が大師堂（73）、奥の瑞垣に囲まれた社殿は荒神（74）に比定されている。大師堂と荒神の中間には五輪塔・卒塔婆（75）があり、参拝する道者や僧の姿が描かれる。ここにみえる方形ないし楕円形の壇は、『法華験記』が伝える応照上人の火定三昧跡かもしれない。

四、「巻子本」の特質と意義

以上、「掛幅本」との比較を通じて、「巻子原本」が十六世紀後半に遡るとみられる初期の一群に属することを確認した。いくつかの細部の差異を含むとはいえ、「巻子原本」は他の諸本と比べて闘鶏神社本と最も近い内容をもつ作品と判断できる。絵相の特徴もまた、下坂守氏の指摘する工房Ⅰの特徴を備えており、全体像は失われたとはいえ、「那智参詣曼荼羅」の原型を知るうえで重要な作品といえる。

さらに、現存作例が少ない巻子の体裁に仕立てられた二次的作品自体も、「参詣曼荼羅」のもうひとつの利用形態を示す貴重な事例と判断できる。以下では、この「巻子本」の特質を改めて整理し、いくつかの問題点を列挙することにしたい。

まず、「巻子本」の制作方針であるが、「巻子本」の調製にあたっては、「巻子原本」の上部（日輪・月輪）と下部（海）を切断したのち、残りを、場面のまとまりを考慮しながら巻子の幅（三二センチメートル前後）に横長に裁断し、これを原本下段から上段への順序で貼り継いでゆくことを基本としていた。浜の宮関から天神社にいたる区間は、「巻子原本」の横一列をそのまま採用した部分であり、これによって「巻子原本」の横幅が約一六四センチメートルと判明する。こののち、天神社の左から巻末に至るまでは、順序を考慮して適宜前後を入れ替えながら配列しており、場面に即して切り取られた空白部分は、残余の切断断片から補充され、全体の体裁を整えたものと思われる。

一つの場面が分割され前後に配列されたのは、瀧本の部分と本社殿・斎庭の部分である。これらはそれぞれの場面の縦幅が巻子の幅を大きく超えているため、複雑な切り貼りと配列によってすべての図像を活用するよう配慮されている。とりわけ斎庭の再現では、八社殿や透壁、牛車や人物までを細かく裁断して、巻子幅にこれらを違和感なく配列することに成功している。那智瀧・滝本の場合は、上下三段に分けて切り抜かれた図像を、右から瀧上の社殿、文覚の瀧、霊光橋から瀧本の順に配列し、あたかも縦方向に圧縮したような配列で一体感を再現した。

これに対し、本来的な意味を失った場面もある。まず補陀落渡海の場面は、渡海船と曳舟、四つの小島、大鳥居前の渡海僧と葬列などがすべて切り離されたため、場面としての一括性が失われ、それぞれ別の意味を表す図像と化した。俵船も天満湊と切り離され、海の添景となった感がある。妙法山は境内が上下二つに切り分けられ、上の荒神や大師堂が如意輪堂・拝殿の左上の空白部に配置されたため、いずれの図像もその正しい意味を失う結果となった。

また、「巻子原本」にあったはずだが、「巻子本」から完全に削除された場面として、御木曳釿始の田楽場がある。闘鶏神社本では三重塔の左右に田楽を囃す人物が一人ずつ配置されているが、「巻子本」ではそれらに代えて琵琶法師の図像を移動させたり、巫女の姿を追筆する、などの繕いが施された。その他の建物や施設では、田楽場に接続する尊勝堂、御前庵主に近い閼伽井と大黒堂の図像が、また特徴ある人物図像では二ノ瀬橋付近の高野聖の図像が再利用されなかった。さらに画面再構成上とは無関係に見える改変として、御前庵主の門と塀の消去も挙げておかねばならない。これらが偶然的な処置であったのか、あるいは意図的な削除であったのかは、さらなる検討が必要である。

以上の様々な改変が確認されたが、奥の院—大門—振カ瀬橋—御前庵主の区間でのみ、左から右へ順序をとる原図をそのまま再利用したことに由来する逆行が認められるものの、「巻子本」の場面展開は、参詣道中の順序とさほど大きな不整合をきたしてはいない。海岸の浜の宮から道中が始まり、大門で霊場に入り、まず那智瀧・滝本へ、そして如意輪堂・本殿へ、という参詣の基本的な流れは再現に成功している。

とはいえ、大画面の「巻子原本」に備わっていたはずの地図的構成、あるいは案内図的機能を、「巻子本」に求めることはできない。上下左右に自由に視線を走らせることが可能な大画面とは異なり、巻子の細長い画面は、右から左へと不可逆的に展開する構成をとり、その諸場面は時間軸によって統合されている。「巻子本」では、月輪が冒頭の海と船の場面に置かれ、日輪は那智瀧の左に置かれることとなった。ここでの日輪・月輪は、小宇宙の表象という本来の意味を失い、夜ないし早朝と真昼という一日の時間の経過を表象する記号と化しているように思われる。原図に由来するとはいえ、那智瀧に日輪を置く構成は、絵解きそのものがここにクライマックスを置いていたことの証となろう。

「巻子本」木箱の表題、「熊野縁起絵巻」は、こうした「巻子本」ならではの機能や用途をよく表現するものといえる。群衆に向けて霊場世界の全容を解き明かす大画面の「参詣曼荼羅」とは異なり、「巻子本」はより親密な雰囲気の中で霊場の様々な縁起や霊験、奇瑞を物語するのにふさわしい体裁であった。熊野比丘尼が室内で数名の女性に向けて地獄を絵解きする図も広く知られるところだが、同じ空間で縁起絵巻も絵解きされたにちがいあるまい。

そこで問題となるのは、「巻子本」に加えられた「巻子原本」改変の時期と背景である。これについては、現時点で確実な知見は得られておらず、今後の課題とせざるを得ないが、ここでは若干の着眼点を指摘しておくことにしたい。

上述した御前庵主の表門・塀の消去は、現実の表門・塀の撤去と関連している可能性がある。延享元年四月「寺社奉行衆申渡し状」(註18)には、社家側がその撤去を願い出、この折に撤去は命じられなかったが、閼伽井への通路確保について社家・本願が申し合わせる旨が指示されている。

この文書は、社家・本願間の様々な争点全般にわたり、寺社奉行として社家側の優位を保証した画期的な裁許であった。すでに延宝三年「寺社奉行掟」(註19)にて本願と修験道との分離、本願の「願職」専一が命じられていたが、延享の申渡しでは、さらに一歩進んで、社殿修復の願出も社家に委ねられるところとなり、本願の社中での地位と活動が厳しく制限されることとなった。さらに、本願寺院の無住化が進む中で、浜の宮と妙法山もまた社家一臈の支配が認められ、本願はこの二カ所からの撤退を余儀なくされている。

上述の「巻子本」で意味を失った場所や削除された場面が、いずれもこの文書で本願が失った権益と深く関わっていることに注目したい。すなわち、御木曳釿始の削除は本願の社殿修造権喪失、浜の宮での補陀落渡海と妙法山の場面の意味喪失は、本願の両所からの撤退に関連した処理であった可能性も想定できる。この折、本願のうち、天台宗であった御前庵主のみは色衣着用が認められたようだが、それは東叡山や国主(紀州徳川家)に無断で社家が御前庵主の色衣を差し押さえたのが失礼である、という理由によるものであった。表門撤去の猶予とともに、御前庵主については相応の地位保全があったかに思われるが、いずれにしても本願の存立基盤がここに至って大きく後退したことは明白である。「巻子本」に加えられた様々な改変が意図されたものであるとすれば、それは山内における本願勢力のこうした衰退状況を反映したものとみなすこともできるのではなかろうか。

なお、ホノルル美術館蔵の巻子本那智参詣曼荼羅は、補陀落渡海の場面などにまとまりを保持していることが確認され、國學院大學図書館蔵本とは作成のコンセプトを異にしていることを付言しておきたい。

以上、若干の臆説を述べた。「巻子本」に関しては、現在傷みが激しく、詳細な調査を行い難い状況にある。今後、光学的調査を含めて、さらに細部における加工の痕跡を丹念に明らかにするとともに、さらなる分析が加えられることを期待したい。

付記　「巻子本」の原本調査にあたり、下坂守氏、林利久氏の御教示を得た。記して謝意を表する。

【註】

(註1)　武田恒夫「社寺参詣曼荼羅とその背景」(京都国立博物館編『古絵図』(一九六八、特別展覧会図録)所収)下坂守『日本の美術三三一　参詣曼荼羅』(一九九三、至文堂)。

(註2)　根井浄・山本殖生『熊野比丘尼を絵解く』(二〇〇七、法蔵館)

(註3)　那智参詣曼荼羅武久家本、穀屋寺蔵紀三井寺参詣曼荼羅など。大阪市立博物館編『社寺参詣曼荼羅』(一九八七、展覧会目録)。

(註4)　下坂守「中世的勧進の変質過程」(『古文書研究』三四号、一九九一)、根井浄『改訂補陀落渡海史』(二〇〇八、法蔵館)大高康正『参詣曼荼羅の研究』(二〇一二、岩田書院)など。

(註5)　豊島修「中世末期における熊野那智本願について」(『大谷学報』五七号四巻、一九七八)、太田直之『中世の社寺と信仰』(二〇〇八、弘文堂)。

(註6)　根井浄「熊野三山の本願と比丘尼たち」(『説話―異界としての山』(一九九七、翰林書房)所収)。

(註7)　前掲註5のほか、鈴木昭英「熊野本願略史」(熊野本願本書研究会編

『熊野本願所史料』（二〇〇三、清文堂出版）所収）、豊島修編『寺社造営勧進本願職の研究』（二〇一二、清文堂出版、特に山本殖生「大規模な熊野三山本願所の展開」）など。

（註8）林利久「『熊野縁起絵巻』の紹介」（『國學院大學図書館紀要』一号、一九八九）、國學院大學大学院地図学ゼミ「國學院大學図書館蔵巻子本那智参詣曼荼羅」（『國學院大學図書館紀要』八号、一九九六）。「巻子本」に関する本稿の記述はこれらに負うところが大きい。

（註9）静岡県立美術館『ホノルル美術館名品展』（一九九五、展示会図録）、根井・山本（前掲註2）。

（註10）庄司千賀「『那智参詣曼荼羅』考序説」（『芸能文化史』七号、一九八六）、西山克「那智参詣曼荼羅諸本の系統と明星本」（『岡崎市史研究』一〇号、一九八八）、根井浄（前掲註4、第四章）、などのほか、國學院大學大学院地図学ゼミ（前掲註8）でも分類に言及している。

（註11）下坂守（前掲註1）。

（註12）追筆や加筆を除いても、男性の面相などには多少のばらつきがあり、すべてが同一絵師の手になるものかどうか、さらに検討する余地がある。

（註13）①「那智山古地図の世界」、②「那智参詣曼荼羅の物語図像」、③「那智参詣曼荼羅の絵解きを追補する」（『熊野歴史研究』三、四、一五号、一九九六、一九九七、二〇〇八）。

（註14）『熊野見聞記』、山本殖生（上掲註13③）。

（註15）黒田日出男「熊野那智参詣曼荼羅を読む」（『思想』七四〇号、一九八六）。

（註16）山本殖生（前掲註13②）。

（註17）延宝五年「那智山和談證文写（先例之覚書）」米良文書一一六四号（『熊野那智大社文書』第四巻（一九七六、熊野那智大社）所収）。

（註18）米良文書補遺一六号（『熊野那智大社文書』第五巻（一九七七、熊野那智大社）所収）。

（註19）延宝三年「寺社奉行熊野三山本願所住職定書写」米良文書一一六三号（『熊野那智大社文書』第四巻所収）。

編集後記

「傳記や見聞集のような雑史的な資料よりも、また古記録と言われる日記類にもまして、史家が第一等史料として尚ぶ（たっと）のが古文書である」というのが、当時の史学科の小川信氏を委員長として、横山晴夫氏や小沼修一・鈴木正人・中野達平氏らが読解・執筆にあたられた『久我家文書』全五巻の冒頭に、國學院大學學長の吉川泰雄氏が「序」として寄せられた言葉である。それから三十五年を経て、本書が出版される。

歴史を学ぶ者にとって、「尚ぶのが古文書」という言葉は、現在でも十分に重い。これが、史学専攻が、「貴重書影印叢書」と銘打っているこのシリーズの五冊目の準備に、なかなか踏み切れなかった事情である。そして、ついに最終巻の出版をする時期が来てしまった。

史学専攻では、書籍としての貴重書ではなく、文書を重視した編集をしようと考えた。そこで、起請文という名の文書を中心に組もうと決めたのがやっと一年少し前のことだった。起請文とは、約束をして、それを違えることはない、もしも違えた場合には、神・仏の罰を蒙ると誓約する文書である。そして、起請文の料紙にはしばしば「那智滝宝印」とよばれる「牛玉宝印」がもちいられる。中世、近世の時代に、この牛玉宝印がどのような環境、風景の中で調製されたのか。それを考えてみたいと思って、本学が所蔵する二点の「那智参詣曼荼羅」も、できるだけ精細な写真で世に紹介しようと思った。たとえば、この絵の中に「那智滝宝印」の調製の様子が描かれているという方もいるのだが、それはどうなのだ？　こうした議論にも堪えうるような本を作ろう。こう考えた。歴史地理学を専攻する吉田敏弘氏は、このような企画に、本当にお忙しい中で、賛意を示してくれて、私よりもずっと早く原稿を作成して下さった。

以上、本書ができるまでの簡単な経緯を紹介して、編集後記に替えさせていただく。

平成二十九年三月

千々和　到

鳥羽藩起請文や吉田家起請文、那智参詣曼荼羅等の調査・研究に関わった方々

この文書の調査及び本書の執筆等には、大河内千恵・髙見澤美紀・堀越祐一の各氏が直接関わって下さったほか、掲載史料の調査、及び読解作業等には、太田直之、小保内進、清水正彦、新保稔、SEREBRAKOVA, Polina、相馬和将、高梨達也、高橋裕文、田中友貴、茶園紘己、豊澤岳、永沼菜未、比企貴之、水野嶺、森成史、矢嶋恵、山口詩織、山崎布美、吉岡孝の諸氏（五十音順）が、関わって下さっている。また、末筆になるが、原本の閲覧にご協力いただいた古山悟由氏と大東敬明・渡邉卓両氏ほかの國學院大學図書館、國學院大學博物館の皆様、本書の編成や出版にあたり、さまざまな無理を聞いてくださった朝倉書店、堀内カラーの方々にも、心からの謝意を表したい。

編集・執筆者紹介

記載内容（平成 29 年 3 月現在）
氏名（読み）　現職
　① 生年　② 学位　③ 専門分野
　④ 主な著作・論文

責任編集

千々和　到（ちぢわ・いたる）　國學院大學文学部教授
① 昭和 22 年（1947）生　② 文学修士（東京大学）　③ 日本中世史　④『日本の護符文化』（編著、弘文堂、2010 年）、『牛玉宝印―祈りと誓いの呪符―』（編著、町田市立博物館、1991 年）、『板碑とその時代』（平凡社、1988 年）。

編　　集

吉田敏弘（よしだ・としひろ）　國學院大學文学部教授
① 昭和 30 年（1955）生　② 文学修士（京都大学）　③ 歴史地理学　④『中世荘園絵図大成』（共編、河出書房新社、1997 年）、『絵図と景観が語る骨寺村の歴史』（本の森、2008 年）、「中世農業の展開と集村化現象」（『中世　日本と西欧―多極と分権の時代―』所収、吉川弘文館、2009 年）。

執　筆　者

大河内千恵（おおこうち・ちえ）　國學院大學文学部兼任講師
① 昭和 35 年（1960）生　② 博士（歴史学）（國學院大學）　③ 日本中・近世史　④『近世起請文の研究』（吉川弘文館、2014 年）、「近世の誓詞にみえる血判と端作り―起請文に関する資料論検討の基礎作業―」（『古文書研究』第 67 号、2009 年）「吉田神道家と指判」（『国史学』第 220 号、2016 年）。

髙見澤美紀（たかみさわ・みき）　國學院大學校史・学術資産研究センター客員研究員
① 昭和 43 年（1968）生　② 修士（歴史学）（國學院大學）　③ 日本近世史　④『古文書でよむ千葉市の今むかし』（共著、後藤雅知、吉田伸之編、崙書房、2016 年）、「下総国香取郡大根村における野境論と野の利用」（『國學院大學校史・学術資産研究』第 9 号、2017 年）、「國學院大學図書館所蔵「下総国香取郡本矢作村・大根村野境論裁許絵図」の解題と翻刻」（『國學院大學校史・学術資産研究』第 8 号、2016 年）。

堀越祐一（ほりこし・ゆういち）　國學院大學校史・学術資産研究センター客員研究員
① 昭和 43 年（1968）生　② 博士（歴史学）（國學院大學）　③ 日本中世史　④『豊臣政権の権力構造』（吉川弘文館、2016 年）、「秀吉権力と杉原家次」（『國學院大學校史・学術資産研究』第 9 号、2017 年）、「豊臣政権と毛利氏」（『國學院大學校史・学術資産研究』第 8 号、2016 年）。

大学院開設六十周年記念　國學院大學貴重書影印叢書　第5巻
起請文と那智参詣曼荼羅　定価は外函に表示

2017年3月30日　初版第1刷

編　者　大学院六十周年記念
　　　　國學院大學影印叢書編集委員会
責任編集　千々和　到
発行者　朝倉誠造
発行所　株式会社　朝倉書店

東京都新宿区新小川町6-29
郵便番号　162-8707
電　話　03（3260）0141
FAX　03（3260）0180
http://www.asakura.co.jp

〈検印省略〉

中央印刷・平河工業社・牧製本

ISBN 978-4-254-50545-0　C 3300　Printed in Japan